中国社会科学院
"建设中华民族现代文明"
专题文集

上 册

中国社会科学院科研局 编

中国社会科学出版社

图书在版编目（CIP）数据

中国社会科学院"建设中华民族现代文明"专题文集：全二册／中国社会科学院科研局编．—北京：中国社会科学出版社，2024.5
ISBN 978-7-5227-3388-3

Ⅰ.①中… Ⅱ.①中… Ⅲ.①中华文化—文化发展—文集 Ⅳ.①G12-53

中国国家版本馆 CIP 数据核字（2024）第 065876 号

出 版 人	赵剑英
项目统筹	朱华彬 喻 苗
责任编辑	范晨星 周 佳 郭曼曼
责任校对	郝洋阳
责任印制	王 超

出　　版	中国社会科学出版社
社　　址	北京鼓楼西大街甲 158 号
邮　　编	100720
网　　址	http://www.csspw.cn
发 行 部	010-84083685
门 市 部	010-84029450
经　　销	新华书店及其他书店

印刷装订	北京君升印刷有限公司
版　　次	2024 年 5 月第 1 版
印　　次	2024 年 5 月第 1 次印刷
开　　本	787 毫米×1092 毫米 1/16
印　　张	45.25
字　　数	545 千字
定　　价	128.00 元（全二册）

凡购买中国社会科学出版社图书，如有质量问题请与本社营销中心联系调换
电话：010-84083683
版权所有　侵权必究

出版说明

2023年6月2日，习近平总书记在中国社会科学院中国历史研究院出席文化传承发展座谈会并发表重要讲话，从党和国家事业发展全局和战略高度，深刻揭示了中华文明的突出特性，系统阐述了"两个结合"的重大意义，明确提出了"继续推动文化繁荣、建设文化强国、建设中华民族现代文明"这一新时代新的文化使命。习近平总书记的重要讲话，具有很强的政治性、思想性、战略性、指导性，是一篇闪耀着马克思主义真理光芒、充盈着中华文化独特气韵的光辉文献，是建设中华民族现代文明和社会主义文化强国的行动指南。

习近平总书记重要讲话发表以来，中国社会科学院把学习贯彻讲话精神作为首要的政治任务、理论任务和学术任务，坚持以习近平文化思想为引领，围绕习近平总书记关于文化传承发展的一系列新思想新观点新论断，充分发挥我院多学科综合研究的优势，组织实施中华民族现代文明研究阐释工程，着力探索建立全方位、成系统的中华民族现代文明研究体系，陆续推出了一批有价值、有分量的研究成果，努力在学习贯彻讲话精神、服务中华民族现代文明建设上走在前、作表率。

出版说明

为深入推进习近平总书记重要讲话精神的学习贯彻，在迎来讲话发表一周年之际，根据院长、党组书记高翔的要求，中国社会科学院从院党组和院内专家学者公开发表的关于讲话精神的研究阐释成果中，遴选一批有代表性的理论文章、学术论文和笔谈文章，汇编成《中国社会科学院"建设中华民族现代文明"专题文集》。文集分为上下册，分为"习近平文化思想研究""中华文明的突出特性""'两个结合'的思想内涵""文化传承发展""建设中华民族现代文明"五个专题，共收集了2023年6月至2024年5月期间正式发表的62篇文章，集中展示了讲话发表以来的阶段性研究阐释成果。

文集汇编工作在中国社会科学院院长、党组书记高翔指导下进行，副院长、党组成员甄占民参与组织，科研局会同中国社会科学出版社具体实施。

文集汇编工作得到了收录文章作者的支持，在此表示衷心感谢！

中国社会科学院科研局
2024年5月

总目录

上　册

建设中华民族现代文明的

　　行动指南 ……………………… 中共中国社会科学院党组（1）

创造属于我们这个时代的新文化 ………………… 高　翔（1）

一　习近平文化思想研究

习近平文化思想的深厚底蕴 …………………… 李国强（3）

深刻把握习近平文化思想的科学体系 …………… 辛向阳（24）

文化建设与独立自主走自己的路 ………………… 夏春涛（34）

用习近平文化思想指导文化载体研究

　　——"融通"与"结合"视角下的现代汉语问题…… 张伯江（50）

明体达用、体用贯通的多重维度及其具体展开

　　——论习近平文化思想的鲜明理论品格 …………… 杨洪源（67）

— 1 —

二　中华文明的突出特性

深刻把握中华文明突出特性的历史意义
　　与时代价值 …………………… 中共中国社会科学院党组（89）
深刻把握中华文明的突出特性 ………………… 陈志刚（101）
深刻把握中华文明的突出特性
　　——以考古学为中心的考察 ………………… 王　巍（107）
民族文学视域中的中华文明突出特性 ………… 杨杰宏（120）
从春节文化看中华文明的突出特性 …………… 郑任钊（130）
从历史连续性来认识中国 ……………………… 杨艳秋（137）
中华文明具有突出的创新性
　　——深刻把握中华文明的突出特性 ………… 张海鹏（141）
深刻理解中华文明的创新性 …………………… 何星亮（145）
从考古发现看中华文明突出的创新性 ………… 郭　物（152）
中华文明的突出创新性与中国共产党的
　　自我革命品格 ………………………………… 金民卿（157）
深刻理解中华文明突出的统一性 ……………… 邢广程（171）
中华文明"统一性"的历史特点与当代价值 …… 卜宪群（178）
多元一体，百川归海
　　——论中华文明的统一性 …………………… 王　巍（184）
中华文明包容性与中非文明互鉴 ……………… 郭　佳（192）
中华文明和平性的思想特点及其当代呈现 …… 刘　丰（204）
富民厚生、义利兼顾
　　——中华优秀传统文化中的重要元素之一 … 谌园庭（225）

三　"两个结合"的思想内涵

马克思主义同中华优秀传统文化相互契合的
　　历史考察 …………………………………… 卜宪群（231）
深刻理解"第二个结合"的首创性意义 ………… 张志强（238）
"第二个结合"是又一次的思想解放 …………… 赵剑英（261）
从"以人民为中心"看"第二个结合" …………… 李广子（275）
"第二个结合"与世界百年未有之大变局 ……… 龚　云（285）
"第二个结合"与面向未来的传统文化创新 …… 王宪昭（301）

下　册

四　文化传承发展

党领导文化建设的光辉历程及深刻启示 ……… 夏春涛（311）
传统文化的继承和发展要坚持历史唯物主义 … 张建刚（335）
从新时代中国文化观看近代中国历史和文化的转型 …… 张海鹏（345）
谈谈我国历史上的廉洁文化 …………………… 卜宪群（358）
继承与创新中国古代文学精神的文化主体性 … 张政文（369）
中国古典政治文明的历史传承与现代发展 …… 刘九勇（398）
以高度文化自觉担负起新的文化使命 ………… 金民卿（425）
更好担负起新时代新的文化使命 ……………… 辛向阳（433）

担负新的文化使命　着力推动文化产业
　　繁荣发展 ………………………………… 吴　田　胡乐明（439）
着力推动文化事业和文化产业繁荣发展 ……………… 冯颜利（446）
推动文化传承发展　促进各民族交往交流交融 ……… 邢广程（450）
讲好中国历史　向世界传播中华优秀传统文化 ……… 李国强（453）
繁荣发展文化产业　推动中华文化更好走向世界 …… 崔乃文（461）

五　建设中华民族现代文明

建设中华民族现代文明的指路明灯 ………… 中国历史研究院（467）
系统把握中华民族现代文明的丰富内涵 ………………… 王　广（477）
厚植中华民族现代文明建设的历史底蕴 ………………… 卜宪群（483）
中国式现代化的文化形态
　　——基于唯物史观的考察 ………………………… 周　丹（490）
中华民族现代文明的国家形态之维 ……………………… 方　正（512）
中华文明赋予中国式现代化以深厚底蕴 ………………… 刘　仓（531）
"以中国式现代化推进中华民族伟大复兴"的历史考察
　　——基于中国共产党奋斗史视角 ………… 贺新元　左钰洁（536）
为建设中华民族现代文明贡献历史学力量 ……………… 赵庆云（566）
基于中国文化的发展范式转变 …………………………… 张永生（572）
以开放包容建设中华民族现代文明 ……………………… 罗文东（581）
建设中华民族现代文明的意义与路径 …………………… 安德明（597）
中华民族现代文明建设的三大问题 ……………………… 王延中（607）
植根优秀传统文化土壤的当代中国政治制度 …………… 柴宝勇（624）

"国家治理文明"与中华民族现代文明建构 ……………… 展　龙（631）
在中华优秀传统文化创造性转化和创新性发展中

　　建设中华民族现代文明 ………………………… 陈志刚（641）
在推进中国式现代化中建设中华民族现代文明 ………… 张继焦（660）
以人口高质量发展推进中华文明现代化 ………………… 都　阳（664）
论人类文明新形态格局中的中华民族现代文明 ………… 王　莹（673）
构建人类命运共同体　推动世界人权事业更好发展 …… 孙南翔（682）
推动建设更加美好的世界 ………………………………… 孙壮志（687）

上册目录

建设中华民族现代文明的

　　行动指南 ……………………… 中共中国社会科学院党组（1）

创造属于我们这个时代的新文化 ………………… 高　翔（1）

一　习近平文化思想研究

习近平文化思想的深厚底蕴 …………………… 李国强（3）

深刻把握习近平文化思想的科学体系 ………… 辛向阳（24）

文化建设与独立自主走自己的路 ……………… 夏春涛（34）

用习近平文化思想指导文化载体研究

　　——"融通"与"结合"视角下的现代汉语问题 …… 张伯江（50）

明体达用、体用贯通的多重维度及其具体展开

　　——论习近平文化思想的鲜明理论品格 …………… 杨洪源（67）

二　中华文明的突出特性

深刻把握中华文明突出特性的历史意义

　　与时代价值 ……………………… 中共中国社会科学院党组（89）

深刻把握中华文明的突出特性 …………………… 陈志刚（101）

深刻把握中华文明的突出特性

  ——以考古学为中心的考察 ……………… 王　巍（107）

民族文学视域中的中华文明突出特性 …………… 杨杰宏（120）

从春节文化看中华文明的突出特性 ……………… 郑任钊（130）

从历史连续性来认识中国 ………………………… 杨艳秋（137）

中华文明具有突出的创新性

  ——深刻把握中华文明的突出特性 ……… 张海鹏（141）

深刻理解中华文明的创新性 ……………………… 何星亮（145）

从考古发现看中华文明突出的创新性 …………… 郭　物（152）

中华文明的突出创新性与中国共产党的

  自我革命品格 …………………………… 金民卿（157）

深刻理解中华文明突出的统一性 ………………… 邢广程（171）

中华文明"统一性"的历史特点与当代价值 …… 卜宪群（178）

多元一体，百川归海

  ——论中华文明的统一性 ………………… 王　巍（184）

中华文明包容性与中非文明互鉴 ………………… 郭　佳（192）

中华文明和平性的思想特点及其当代呈现 ……… 刘　丰（204）

富民厚生、义利兼顾

  ——中华优秀传统文化中的重要元素之一 ………… 湛园庭（225）

三　"两个结合"的思想内涵

马克思主义同中华优秀传统文化相互契合的

  历史考察 ………………………………… 卜宪群（231）

深刻理解"第二个结合"的首创性意义 ············· 张志强（238）

"第二个结合"是又一次的思想解放 ··············· 赵剑英（261）

从"以人民为中心"看"第二个结合" ············· 李广子（275）

"第二个结合"与世界百年未有之大变局 ············· 龚　云（285）

"第二个结合"与面向未来的传统文化创新 ············ 王宪昭（301）

建设中华民族现代文明的行动指南

中共中国社会科学院党组

文化关乎国本、国运。习近平总书记在文化传承发展座谈会上的重要讲话，聚焦推进中国特色社会主义文化建设、建设中华民族现代文明这个重大问题，进行了全方位、深层次阐述，提出了一系列新思想新观点新论断，发出了担负起新的文化使命、努力建设中华民族现代文明的时代最强音。这在中华文明发展史、马克思主义文化理论发展史上都具有里程碑意义，为我们在新的起点上继续推动文化繁荣、建设文化强国、建设中华民族现代文明提供了行动指南。

一 闪耀着马克思主义真理光芒、充盈着中华文化独特气韵的光辉文献

习近平总书记在文化传承发展座谈会上的重要讲话，站在中华民族伟大复兴和中华文明永续传承的战略高度，贯通历史、现实和未来，融通中国与世界，深刻把握历史发展逻辑和文化建设规律，系统

回答了有关文化传承发展的一系列重大理论和现实问题，具有很强的政治性、思想性、战略性、指导性，是一篇闪耀着马克思主义真理光芒、充盈着中华文化独特气韵的光辉文献。

习近平总书记的重要讲话凝练概括了中华文明的突出特性，深刻阐明了"两个结合"特别是"第二个结合"的重大意义，鲜明提出了更好担负起新的文化使命的重要要求，对建设中华民族现代文明进行了战略部署，是新时代党领导文化建设实践经验的理论总结，是我们党强烈文化担当和高度文化自信的集中体现，是推进文化传承发展和繁荣兴盛的根本指针，是建设中华民族现代文明和社会主义文化强国的行动指南。

习近平总书记的重要讲话充分体现了对中华文明和中国历史文化的科学认识和深厚情感，充分彰显了中国共产党人的历史自觉和文化自信，凝结着马克思主义的真理力量，蕴含着深厚的思想智慧、丰富的理论内涵和重大的方向指引，充分表明我们党对中华文明发展规律的认识和把握达到了新的高度，为推进文化理论创新、深化历史文化研究、建设中华民族现代文明提供了根本遵循。

二 深刻把握中华文明的突出特性，夯实中华民族现代文明的历史基础

习近平总书记指出："只有全面深入了解中华文明的历史，才能更有效地推动中华优秀传统文化创造性转化、创新性发展，更有力地推进中国特色社会主义文化建设，建设中华民族现代文明。"[①] 这为

[①] 习近平：《在文化传承发展座谈会上的讲话》，人民出版社2023年版，第1页。

我们深入把握中华文明的历史根脉，在新的历史起点上续写中华文明新的篇章提供了重要遵循。

中国文化源远流长，中华文明博大精深。我国具有百万年的人类史、一万年的文化史、五千多年的文明史。中华文明是世界上唯一绵延不断并以国家形态发展至今的伟大文明，中华优秀传统文化是中华民族生生不息、长盛不衰的文化基因，也是我们在世界文化激荡中站稳脚跟的根基。习近平总书记以科学缜密的历史思维和宏阔深邃的世界眼光，从中华优秀传统文化的内在机理和重要元素中，全面系统深刻揭示出中华文明具有突出的连续性、突出的创新性、突出的统一性、突出的包容性、突出的和平性。这五个突出特性是对中国历史的深刻总结，科学揭示了中华文明深厚的历史底蕴，深刻阐明了中华民族的文化基因所在、精神命脉所系、价值追求所向，是我们理解中华文明的指路明灯。

中华文明的突出特性，决定我们独特的发展道路和历史命运。习近平总书记指出："如果没有中华五千年文明，哪里有什么中国特色？如果不是中国特色，哪有我们今天这么成功的中国特色社会主义道路？"[1] 只有全面深入了解中华五千多年文明史，深刻把握中华文明突出的连续性、创新性、统一性、包容性、和平性，才能真正理解中国道路的历史必然性、文化内涵与独特优势，才能更有效地推动中华优秀传统文化创造性转化、创新性发展，更有力地推进中国特色社会主义文化建设，建设中华民族现代文明。

不忘本来，才能开辟未来。我们要全面客观地认识中华优秀传统

---

[1] 习近平：《在文化传承发展座谈会上的讲话》，人民出版社2023年版，第5页。

文化，就要正确认识中国共产党人精神谱系与中华优秀传统文化之间的内在联系。要把红色文化与中华优秀传统文化更加有机地结合起来、融合起来，在传承中华优秀传统文化中更好地赓续红色血脉。要坚持面向未来，坚持以科学态度对待传统文化，不割裂历史、不僵化保守，始终走在时代进步的最前沿，立破并举，在延续历史中开创未来。

三　深刻理解"两个结合"的重大意义，牢牢把握建设中华民族现代文明的根本遵循

旗帜决定方向，道路决定命运。中国特色社会主义是科学社会主义理论逻辑和中国社会发展历史逻辑的辩证统一，植根于中国大地和中华文化沃土、反映中国人民意愿、适应中国和时代发展进步要求。习近平总书记指出，"在五千多年中华文明深厚基础上开辟和发展中国特色社会主义，把马克思主义基本原理同中国具体实际、同中华优秀传统文化相结合是必由之路。这是我们在探索中国特色社会主义道路中得出的规律性的认识"[1]，这是我们取得成功的最大法宝。中国共产党人用马克思主义真理的力量激活了中华民族历经几千年创造的伟大文明，使中华文明再次迸发出强大精神力量。"两个结合"揭示了建设中华民族现代文明的源头活水，指明了建设中华民族现代文明的前进方向。

中国特色社会主义植根于中华文化沃土，深受中华优秀传统文化

---

[1]　习近平：《在文化传承发展座谈会上的讲话》，人民出版社2023年版，第1页。

的滋养，中华优秀传统文化是我们党创新理论的"根"。习近平总书记系统阐述了"两个结合"的丰富内涵和重大意义，指出："马克思主义和中华优秀传统文化来源不同，但彼此存在高度的契合性。""结合"的前提是彼此契合，相互契合才能有机结合。中国共产党人既是马克思主义的坚定信仰者和践行者，又是中华优秀传统文化的忠实继承者和弘扬者，对马克思主义和中华优秀传统文化的高度契合性有着深刻体认。"结合"的结果是互相成就，造就了一个有机统一的新的文化生命体，让马克思主义成为中国的，中华优秀传统文化成为现代的，让经由"结合"而形成的新文化成为中国式现代化的文化形态。"结合"筑牢了道路根基，让中国特色社会主义道路有了更加宏阔深远的历史纵深，拓展了中国特色社会主义道路的文化根基。中国式现代化赋予中华文明以现代力量，中华文明赋予中国式现代化以深厚底蕴。"结合"打开了创新空间，让我们掌握了思想和文化主动，并有力地作用于道路、理论和制度。更重要的是，"第二个结合"是又一次的思想解放，让我们能够在更广阔的文化空间中，充分运用中华优秀传统文化的宝贵资源，探索面向未来的理论和制度创新。

习近平总书记关于"结合"特别是"第二个结合"的深刻阐述，进一步巩固了我们的文化主体性，增强了我们建设中华民族现代文明的坚定性和自觉性。文化自信来自文化主体性。有了文化主体性，就有了文化意义上坚定的自我，中国共产党就有了引领时代的强大文化力量，中华民族和中国人民就有了国家认同的坚实文化基础。习近平新时代中国特色社会主义思想实现了马克思主义中国化时代化新的飞跃，是中华文化和中国精神的时代精华，是"两个结合"的光辉典范，是党和人民奋进新征程的行动指南，也是创造属于我们这个时代的新文化的根本遵循。建设中华民族现代文明，最根本、最重要的就是坚持以习近平新时代中国特色社会主义思想为指导，沿着习近平总书记指引的文化方向，推动文化繁荣、建设文化强国。

四 更好担负起新的文化使命，奋发有为建设中华民族现代文明

中国共产党自成立之日起就把建设民族的科学的大众的中华民族新文化作为自己的使命，积极推动文化建设和文艺繁荣发展。新民主主义革命时期，我们党提出"把一个被旧文化统治因而愚昧落后的中国，变为一个被新文化统治因而文明先进的中国"①，领导人民建设民族的科学的大众的新民主主义文化。社会主义革命和建设时期，我们党组织大规模的经济建设和文化建设，提出"百花齐放、百家争鸣"，大力建设社会主义文化。改革开放和社会主义现代化建设新时期，我们党重视文化建设，提出在建设高度物质文明的同时，努力建设高度的社会主义精神文明，发展面向现代化、面向世界、面向未来的，民族的科学的大众的社会主义文化。

党的十八大以来，以习近平同志为核心的党中央统筹中华民族伟大复兴战略全局和世界百年未有之大变局，在领导党和人民坚持和发展新时代中国特色社会主义的伟大实践中，把文化建设摆在全局工作的重要位置，不断深化对文化建设的规律性认识，提出一系列新思想新观点新论断，涵盖了文化建设的各领域和全过程，既有整体性的原

---

① 《毛泽东选集》第2卷，人民出版社1991年版，第663页。

则遵循又有各个领域的重要任务，既有全局性的战略部署又有各个方面的重大举措，是新时代党领导文化建设实践经验的理论总结，为丰富和发展马克思主义文化理论作出了原创性贡献，为建设中华民族现代文明提供了根本遵循。习近平总书记在文化传承发展座谈会上的重要讲话中提出了一系列新思想新观点新论断，进一步丰富和发展了我们党关于文化建设的思想。比如，明确提出"如果不从源远流长的历史连续性来认识中国，就不可能理解古代中国，也不可能理解现代中国，更不可能理解未来中国"；明确提出"在五千多年中华文明深厚基础上开辟和发展中国特色社会主义，把马克思主义基本原理同中国具体实际、同中华优秀传统文化相结合是必由之路"；明确提出"'结合'的结果是互相成就""让马克思主义成为中国的，中华优秀传统文化成为现代的，让经由'结合'而形成的新文化成为中国式现代化的文化形态"；明确提出"'结合'巩固了文化主体性"，"创立新时代中国特色社会主义思想就是这一文化主体性的最有力体现"；明确提出"新的文化使命"，强调"在新的起点上继续推动文化繁荣、建设文化强国、建设中华民族现代文明，是我们在新时代新的文化使命"；[①] 等等。这些新思想新观点新论断，充分体现了习近平总书记的高远战略考量、宏阔历史视野、高度文化自觉，为我们担负起新的文化使命、建设中华民族现代文明指明了前进方向、提供了根本遵循。

党领导人民一百多年的伟大奋斗是强国复兴的历史进程，也是文明转型的艰辛探索，不仅取得了革命、建设、改革的伟大胜利，从根

[①] 习近平：《在文化传承发展座谈会上的讲话》，人民出版社2023年版，第5—6、9—10页。

本上改变了中国人民被欺负、被压迫、被奴役的命运，而且成功走出中国式现代化道路，持续推进中华民族现代文明建设，深刻影响着世界历史进程。我们所建设的中华民族现代文明，是中国共产党领导的社会主义文明，是植根中华优秀传统文化、具有中华文化主体性的文明，是借鉴吸收人类一切优秀文明成果的文明。这种新型文明既遵循人类文明发展的普遍规律，又具有鲜明的民族特色和时代特征，体现科学社会主义先进本质，代表人类文明进步的发展方向。

文化是一个国家、一个民族的灵魂。习近平总书记强调，在新的历史起点上继续推动文化繁荣、建设文化强国、建设中华民族现代文明，要坚定文化自信，坚持走自己的路，立足中华民族伟大历史实践和当代实践，用中国道理总结好中国经验，把中国经验提升为中国理论，实现精神上的独立自主。要秉持开放包容，坚持马克思主义中国化时代化，传承发展中华优秀传统文化，促进外来文化本土化，不断培育和创造新时代中国特色社会主义文化。要坚持守正创新，以守正创新的正气和锐气，赓续历史文脉、谱写当代华章。不忘本来才能开辟未来，开放包容才能永葆生机。我们要从中华优秀传统文化中汲取营养，从与其他文明交流互鉴中获得启发，为建设中华民族现代文明汇聚起磅礴力量。

五 铭记嘱托、发挥优势，为建设中华民族现代文明贡献智慧和力量

"文明以止，人文也。观乎天文，以察时变；观乎人文，以化成天下。"国家之魂，文以化之，文以铸之。为建设中华民族现代文明服

务，是当前哲学社会科学界最重要的使命和任务。我们要站在推进中华民族现代文明建设的高度，全力加强中华民族现代文明研究，积极构建中国特色哲学社会科学，把历史责任和时代使命牢记心中、扛在肩上。

我们要深入学习领会、全面贯彻落实习近平总书记在文化传承发展座谈会上的重要讲话精神，更加深刻领悟"两个确立"的决定性意义，增强"四个意识"、坚定"四个自信"、做到"两个维护"，更好担负起新的文化使命，努力在建设中华民族现代文明方面取得实效。要自觉主动服务中华民族现代文明建设大局，既要推出具有较高学术水平的基础研究成果，更要推出对建设中华民族现代文明有重要参考、借鉴价值的应用对策成果，还要推出一批有说服力、有影响力的宣传阐释成果。要更加自觉地把建构中国自主的知识体系的重任肩负起来，推动中华民族现代文明研究知识创新、理论创新和方法创新，积极构建文化传承发展研究的学术范式。要加快构建中国话语和中国叙事体系，深化国际传播理论研究，创新国际传播方式方法，提高塑造国家形象、影响国际舆论的文化能力。要高度重视文明文化研究人才培养，努力建设一支政治可靠、学识深厚、贯通古今、融通中外的优秀中青年文明文化研究人才队伍。

使命光荣神圣，责任重如泰山。今天，赓续中华文明、推进中国特色社会主义文化建设开启了新的时代征程。我们要更加紧密地团结在以习近平同志为核心的党中央周围，切实把思想和行动统一到习近平总书记重要讲话精神上来，按照习近平总书记和党中央的要求办好中国社会科学院，为建设中华民族现代文明贡献自己的智慧和力量。

（原载《人民日报》2023 年 6 月 14 日第 9 版）

创造属于我们这个时代的新文化

高 翔[*]

党的十八大以来，习近平总书记将文化建设摆在治国理政的突出位置，坚定文化自信、秉持开放包容、坚持守正创新，不断深化对中国特色社会主义文化建设规律的认识，不断开辟马克思主义中国化时代化新境界，深刻把握中华文明发展规律，牢牢把握宣传思想文化工作的主动权，提出了一系列新时代文化建设的新思想新观点新论断，丰富和发展了马克思主义文化理论，形成了习近平文化思想。习近平文化思想为新时代文化建设提供了强大思想武器和科学行动指南，是新时代文化繁荣发展的旗帜和灵魂。习近平文化思想的形成是新时代文化繁荣发展最为突出的标志。

一 深刻理解习近平文化思想的里程碑意义

习近平文化思想，站在中华民族伟大复兴和中华文明永续发展的

---

[*] 高翔，中国社会科学院院长、党组书记。

战略高度，贯通历史、现实和未来，融通中国与世界，运用马克思主义基本原理，深刻洞察人类文明发展方向，在中华文明发展史、马克思主义文化理论发展史上都具有里程碑意义。习近平文化思想作为习近平新时代中国特色社会主义思想的文化篇，是习近平新时代中国特色社会主义思想的重要组成部分，在习近平新时代中国特色社会主义思想的理论体系中具有举足轻重的地位。

习近平文化思想，在新时代条件下，坚持马克思主义文化理论的基本要求，强调坚持和加强党对宣传思想文化工作的全面领导，坚持马克思主义在意识形态领域指导地位的根本制度，以社会主义核心价值观引领文化建设；强调坚持走中国特色社会主义文化发展道路，建设社会主义文化强国；强调坚持以人民为中心的创作导向，把社会效益放在首位；强调提高新闻舆论传播力、引导力、影响力、公信力，把互联网这个变量变成事业发展的增量，提升国家文化软实力和中华文化影响力，弘扬全人类共同价值。习近平文化思想丰富和发展了马克思主义文化理论，开辟了马克思主义文化理论的新境界，是我们党在新时代文化建设中把握历史主动的根本所在。

习近平文化思想，突出强调坚定文化自信，强调巩固文化主体性对于推进中华民族伟大复兴，对于建设文化强国、建设中华民族现代文明的重要意义，强调推动中华优秀传统文化创造性转化、创新性发展，强调要像爱惜自己的生命一样保护好历史文化遗产、守护好赓续好中华文脉，强调提升中华文化影响力、推动中华文化更好走向世界。习近平文化思想特别强调要全面深入了解中华文明的历史，深刻把握中华文明的突出特性，深刻认识中华文明发展规律，将建设中华民族现代文明作为中国式现代化的宏伟目标。习近平文化思想着力于铸就中华文化新辉煌，致力于开创人类文明新形态，在中华文明发展史特别是在实现传统与现代的有机衔接上，具有里程碑意义。

二 深刻领会习近平文化思想的科学内涵

习近平文化思想是一个体用兼备的体系。习近平文化思想在文化理论观点上实现了一系列创新和突破，提出了一系列具有深刻理论内涵和深厚学术含量的思想和观点，这是习近平文化思想的理论之"体"。

习近平文化思想的显著标志，是将文化建设摆在党和国家工作大局中的重要位置，强调文化关乎国本、国运，强调党的文化领导权对于党和国家前途命运的根本性意义。习近平文化思想立足中国特色社会主义事业发展全局，站在经济基础与上层建筑关系的哲学高度，深刻阐释了物质文明与精神文明协调发展的社会主义建设规律，深刻阐明了精神文明所具有的极为重要的本体论和认识论意义，特别指出"人无精神则不立，国无精神则不强"，把精神独立对于民族发展的重要意义提到了前所未有的高度，体现了习近平总书记深刻的文化主体性意识和高度的文化自觉。

习近平文化思想的核心关切，是对文化自信的高度重视。习近平总书记反复强调坚定文化自信，是事关国运兴衰、事关文化安全、事关民族精神独立性的大问题。习近平文化思想特别强调，要善于从中华文化宝库中萃取精华、汲取能量，保持对自身文化理想、文化价值的高度信心，保持对自身文化生命力、创造力的高度信心。习近平文化思想对文化自信的特殊重要性的强调，彰显了我们党高度的文化自觉和文化担当。

习近平文化思想的重要贡献，是提出"两个结合"，特别是"第二个结合"。习近平文化思想不但丰富和发展了马克思主义文化理论，而且集大成开新局，推动中华文明重焕荣光。"第二个结合"拓展了中国特色社会主义文化发展的道路，揭示了马克思主义基本原理与中华优秀传统文化的高度契合性，阐明了马克思主义与中华文明相互成就的历程及其结果，打开了中华文化的宝库，让中华优秀传统文化成为建设中华民族现代文明的历史基础，成为建设文化强国的文明根基。"第二个结合"赋予了建设中华民族现代文明的文化主体性，奠定了创造中国特色社会主义新文化的文明底蕴。

习近平文化思想的重大理论创新，是提出了在新的历史起点上继续推动文化繁荣、建设文化强国、建设中华民族现代文明这一新的文化使命。习近平总书记就推动文化繁荣、建设文化强国、建设中华民族现代文明进行了全方位、深层次思考，创造性地丰富和发展了我们党关于文化建设的思想。提出担负新的文化使命是新时代新征程党推动文化发展的必然要求，在中国式现代化进程中铸就社会主义文化新辉煌，建设中华民族现代文明，展现不同于西方现代化模式的新图景，创造一种全新的人类文明形态，是我们党的历史担当。"中华民族现代文明"作为习近平文化思想的重大标识性概念，是习近平文化思想的重大创新。"中华民族现代文明"作为中国式现代化的目标任务，是具有中华文化主体性的社会主义文明，是物质文明、政治文明、精神文明、社会文明、生态文明协调发展，促进全体人民共同富裕和人的自由全面发展的文明，是吸收人类一切优秀文明成果、推动构建人类命运共同体的文明。

三　深入把握习近平文化思想的实践要求

习近平文化思想在文化建设实践上围绕文化工作布局提出一系列重要部署和实践要求，这是习近平文化思想的实践之"用"。我们要在深刻领会习近平文化思想理论内涵的同时，明体达用、体用贯通，在习近平文化思想的指引下，进一步明确新时代文化建设的路线图和任务书。

用党的创新理论武装全党、教育人民是宣传思想文化工作的首要政治任务，要把拥护"两个确立"、增强"四个意识"、坚定"四个自信"、做到"两个维护"贯穿到宣传思想文化工作的各方面全过程，从思想上、政治上和行动上真正统一到以习近平同志为核心的党中央领导上来。习近平总书记高度重视世界百年未有之大变局下的新形势新挑战，高度重视掌握信息化条件下舆论主导权，在深刻把握信息化时代新闻传播规律的前提下，强调要始终坚持用社会主义核心价值观凝魂聚气、强基固本、以德树人、以文化人，广泛凝聚社会共识，巩固壮大奋进新时代的主流思想舆论。

新的文化使命为新的历史起点上的宣传思想文化工作指明了前进方向，规划了路线方针，部署了工作任务。新的文化使命是习近平总书记向新时代新征程的宣传思想文化工作发出的总动员令，必须深刻领会，真学真懂真信真用，真正做到内化深化转化，认真贯彻落实。

新时代新征程上，深入把握习近平文化思想的实践要求，需要我们着力加强党对宣传思想文化工作的领导，牢牢把握党的文化领导权；需要我们始终坚持以人民为中心的立场，着力建设具有强大凝聚力和引领力的社会主义意识形态，着力培育和践行社会主义核心价值观；需要我们面对国际国内新形势和宣传思想文化工作自身存在的问题，深刻认识信息化条件下新闻传播的新特点新规律，着力提升新闻舆论传播力、引导力、影响力、公信力；需要我们深刻认识保护历史文化遗产对于文化传承发展的重要意义，着力赓续中华文脉、推动中华优秀传统文化创造性转化和创新性发展；需要我们着力推动文化事业和文化产业繁荣发展，特别关注信息化时代文化繁荣发展的环境与条件，充分运用人文社会科学的认识工具，在宣传方式和手段上更加深入人心，更加适应受众的新变化，有针对性地展开宣传思想文化工作，寓道理于情感，寓道理于美的创造，寓道理于人伦日用。同时我们也要着力加强国际传播能力建设、促进文明交流互鉴，深刻分析西方意识形态机器的运作机制，有的放矢，讲好中国故事。我们需要进一步加强中国特色哲学社会科学"三大体系"建设，建构中国自主的知识体系，用中国道理总结好中国经验，把中国经验提升为中国理论，构建起中国话语和中国叙事体系，占据道义制高点，不断提升国家文化软实力和中华文化影响力。我们要充分激发全民族文化创新创造活力，不断巩固全党全国各族人民团结奋斗的共同思想基础，为全面建设社会主义现代化国家、全面推进中华民族伟大复兴，实现新的文化使命，努力创造出属于我们这个时代的新文化，提供坚强的思想保证、强大的精神力量、有利的文化条件。

（原载《求是》2023年第24期）

一

习近平文化思想研究

习近平文化思想的深厚底蕴

李国强[*]

2023年全国宣传思想文化工作会议取得的最重要成果,就是正式提出和系统阐述习近平文化思想。围绕习近平文化思想这一重大理论创新,学术界从思想内涵、理论渊源、思想价值、重要意义等多个维度,展开了深入研究。本文希冀从历史深处,结合马克思主义文化理论、党的文化建设历程、中华优秀传统文化等方面,进一步探究并阐明习近平文化思想的理论逻辑及其所蕴含的深厚历史底蕴和鲜明理论品格。

一 马克思主义文化理论是习近平文化思想的理论源泉

文化发展是马克思主义关注的重要问题。马克思主义创始人揭示了文化的本质和文化发展的一般规律,并对资本主义文化进行了批判

---

[*] 李国强,中国社会科学院中国历史研究院副院长,中国社会科学院大学历史学院院长。

性考察，对社会主义文化发展提出了建设性构想。习近平文化思想是对马克思主义文化理论的丰富发展，是对中国化时代化马克思主义文化理论的重大创新。

坚持党对文化工作的领导权，是对马克思主义文化具有意识形态属性理论的继承发展。马克思主义文化理论从社会实践出发，明确文化的本质是人的本质力量的对象化。马克思主义认为，一定的文化是一定社会的政治和经济在观念形态上的反映，社会政治、经济决定文化的性质和方向；同时，文化对政治、经济又具有反作用。在特定的阶级社会里，文化为特定的阶级服务，正如在社会主义制度和资本主义制度下的文化呈现出截然不同的状况一样，文化具备意识形态属性。恩格斯指出："政治、法、哲学、宗教、文学、艺术等等的发展是以经济发展为基础的。但是，它们又都互相作用并对经济基础发生作用。这并不是说，只有经济状况才是原因，才是积极的，其余一切都不过是消极的结果，而是说，这是在归根到底不断为自己开辟道路的经济必然性的基础上的相互作用。"① 文化的影响作用在性质上表现为促进或阻碍社会的发展与进步，在程度上表现为加速或延缓社会的发展进步。因此，充分发挥文化的积极作用，是引领社会发展的必然选择。

习近平总书记指出："党的十八大以来，党中央在领导党和人民推进治国理政的实践中，把文化建设摆在全局工作的重要位置，不断深化对文化建设的规律性认识，提出一系列新思想新观点新论断。"②

---

① 《马克思恩格斯文集》第10卷，人民出版社2009年版，第668页。
② 《习近平在文化传承发展座谈会上强调 担负起新的文化使命 努力建设中华民族现代文明》，《人民日报》2023年6月3日。

在新的历史起点上继续推动文化繁荣、建设文化强国、建设中华民族现代文明，应着力加强党对宣传思想文化工作的领导，着力建设具有强大凝聚力和引领力的社会主义意识形态。

人民性是马克思主义的本质属性，是贯穿习近平文化思想的根本政治立场。马克思恩格斯在理论和实践生涯中，一再强调"人"在历史发展中的作用。马克思指出，"人们自己创造自己的历史"。① 恩格斯强调："人们总是通过每一个人追求他自己的、自觉预期的目的来创造他们的历史，而这许多按不同方向活动的愿望及其对外部世界的各种各样作用的合力，就是历史。"② 马克思恩格斯在深入考察人类个体与群体的历史作用的基础上，科学阐释了人在创造历史中的作用，包括为满足精神文化需求而进行的精神生产。列宁进一步强调要提高所有劳动人民的文化水平，"必须取得全部科学、技术、知识和艺术。否则，我们就不可能建设共产主义社会的生活"。③

习近平总书记反复强调，"坚持以人民为中心。人民是历史的创造者，是决定党和国家前途命运的根本力量"。④ "历史是人民书写的，一切成就归功于人民。只要我们深深扎根人民、紧紧依靠人民，就可以获得无穷的力量，风雨无阻，奋勇向前。"⑤ "历史充分证明，江山就是人民，人民就是江山，人心向背关系党的生死存亡。"⑥ 人

---

① 《马克思恩格斯选集》第4卷，人民出版社2012年版，第649页。
② 《马克思恩格斯选集》第4卷，人民出版社2012年版，第254页。
③ 《列宁全集》第36卷，人民出版社2017年版，第48页。
④ 习近平：《决胜全面建成小康社会 夺取新时代中国特色社会主义伟大胜利——在中国共产党第十九次全国代表大会上的报告》，人民出版社2017年版，第21页。
⑤ 《新时代要有新气象更要有新作为 中国人民生活一定会一年更比一年好》，《人民日报》2017年10月26日。
⑥ 习近平：《在党史学习教育动员大会上的讲话》，人民出版社2021年版，第15页。

民立场是中国共产党的根本政治立场，也是马克思主义政党区别于其他政党的显著标志。中国共产党在百余年的奋斗中，始终以马克思主义的人民观锻造政治灵魂，取得革命、建设和改革发展的一个又一个胜利。

习近平文化思想将马克思主义世界观方法论贯穿始终，将马克思主义文化理论与建设中华民族现代文明紧密联系，致力于通过"两个结合"推进马克思主义文化理论中国化时代化，这是新时代社会主义文化强国建设取得历史性成就的根本原因。无数事实表明，在五千多年中华文明深厚基础上开辟和发展中国特色社会主义，把马克思主义基本原理同中国具体实际、同中华优秀传统文化相结合是必由之路。

二 党的文化建设历程厚植习近平文化思想的实践根基

马克思主义文化理论及其在 20 世纪初的新发展，推动了中国共产党的文化建设探索和文化思想的形成与发展。在百余年奋斗进程中，中国共产党把马克思主义基本原理同中国具体实际、同中华优秀传统文化相结合，找到了适合中国国情的新民主主义革命道路、社会主义革命道路、社会主义建设道路和中国特色社会主义道路，走出了一条具有中国特色的文化建设之路，成功推进和拓展了中国式现代化，开创了人类文明新形态，推动中华民族伟大复兴进入不可逆转的历史进程。

毛泽东同志在 1940 年《新民主主义论》中，提出"建立中华民族的新文化"的重大理论命题。他指出,"我们要革除的那种中华民族旧文化中的反动成分,它是不能离开中华民族的旧政治和旧经济的;而我们要建立的这种中华民族的新文化,它也不能离开中华民族的新政治和新经济"。[①] 毛泽东同志将中国文化战线上的斗争分为"五四"前与"五四"后两个历史时期,指出在"五四"以前,中国的新文化,是旧民主主义性质的文化,属于世界资产阶级的资本主义的文化革命的一部分。在"五四"以后,中国的新文化,是新民主主义性质的文化,属于世界无产阶级的社会主义的文化革命的一部分。[②] 1942年,毛泽东同志在《在延安文艺座谈会上的讲话》中再次强调"中华民族新文化"的性质与基本内涵,系统回答了"文艺为什么人服务、怎么服务"的问题。[③] 毛泽东同志关于新民主主义革命时期文化建设的系列重要论述,源于中国共产党领导的革命实践,是对新民主主义革命时期文化建设重要意义的理论思考和实践意义的科学概括,回答了中国共产党文化建设的任务、方向、目标等一系列根本性问题,奠定了中国共产党文化建设理论的基石。

改革开放以后,以邓小平同志为核心的党的第二代中央领导集体高度重视精神文明建设工作,以推动改革开放这个核心任务为出发点,强调文化建设与改革开放相协调的重要性,提出"面向现代化、面向世界、面向未来"的文化发展战略思想。[④] 以江泽民同志为核心的党的第三代中央领导集体,提出"中国共产党要始终代表中国先

[①] 《毛泽东选集》第2卷,人民出版社1991年版,第664页。
[②] 参见《毛泽东选集》第2卷,人民出版社1991年版,第663、664、698页。
[③] 参见《毛泽东选集》第3卷,人民出版社1991年版,第847—879页。
[④] 参见江泽民《高举邓小平理论伟大旗帜 把建设有中国特色社会主义事业全面推向二十一世纪——在中国共产党第十五次全国代表大会上的报告》,人民出版社1997年版,第21页。

进生产力的发展要求、始终代表中国先进文化的前进方向、始终代表中国最广大人民的根本利益"的重要思想。[①]"三个代表"重要思想将文化建设摆在突出位置，是对当时中国经济社会发展状况的深刻把握和深邃洞察，表明中国共产党人对文化思想工作的重视达到历史新高度。以胡锦涛同志为总书记的党中央，根据改革开放和中国特色社会主义发展过程中出现的新现象、面临的新形势，提出"科学发展观"重大战略思想，[②]坚持以人为本，深入弘扬社会主义文化主旋律，构建社会主义核心价值体系，成功开启了社会主义文化建设的新征程。

党的十八大以来，立足于新时代的制高点，习近平总书记围绕文化建设提出了一系列重要论述，从历史性成就、使命与地位、战略目标、实践举措等方面，阐明了社会主义文化建设的新的内涵与时代意义，建构了新时代社会主义文化体系，进一步指明了文化发展的前进方向。把文化发展列入国家"五位一体"总布局之中，在已有"三个自信"基础上增加文化自信，将社会主义文化提升到中国特色社会主义理论体系的核心层面，使中国特色社会主义从中华民族的文化沃土中汲取源源不断的生命力滋养，进一步把中国特色社会主义文化发展推进到了新境界。

2013年8月，习近平总书记在全国宣传思想工作会议上发表重要讲话，指出要"胸怀大局、把握大势、着眼大事，找准工作切入点和着力点，做到因势而谋、应势而动、顺势而为"，强调了意识形态

[①] 参见《胡锦涛文选》第1卷，人民出版社2016年版，第422页。
[②] 参见《胡锦涛文选》第2卷，人民出版社2016年版，第613页。

工作的性质和新时代党的宣传思想工作的重要职责，明确了"四个讲清楚"的要求，[①] 引导人们更加全面客观地认识当代中国、看待外部世界。习近平总书记一系列重要论述深刻阐明了在新的时代条件下如何从文化建设角度认识和做好宣传思想工作这一重大时代任务。

2018年8月，习近平总书记在全国宣传思想工作会议上强调，要"做好新形势下宣传思想工作，必须自觉承担起举旗帜、聚民心、育新人、兴文化、展形象的使命任务"，将党的十八大以来开展宣传思想工作的规律性认识概括为"九个坚持"。[②] 习近平总书记的重要论述突出了宣传思想工作"兴文化"的使命任务，要求将宣传思想工作与文化建设紧密结合，指明了新形势下党的宣传思想工作的行动方向。

2023年10月，习近平总书记对全国宣传思想文化工作会议作出重要指示，强调宣传思想文化工作要"为全面建设社会主义现代化国家、全面推进中华民族伟大复兴提供坚强思想保证、强大精神力量、有利文化条件"，明确了新的文化使命，提出了"七个着力"的战略部署。[③] 这次会议与上述前两次会议相比，不仅在名称上增加了"文化"二字，更为重要的是首次提出了"习近平文化思想"。

坚持"两个结合"特别是"第二个结合"，是丰富和发展马克思主义文化理论的关键路径。马克思主义文化理论深刻揭示了文化在人类历史中形成和发展的一般规律，为人们正确认识文化对于社会发展

---

① 参见《习近平谈治国理政》第1卷，外文出版社2018年版，第153、155—156页。
② 参见《习近平谈治国理政》第3卷，外文出版社2020年版，第312、311页。
③ 参见《坚定文化自信秉持开放包容坚持守正创新　为全面建设社会主义现代化国家全面推进中华民族伟大复兴提供坚强思想保证强大精神力量有利文化条件》，《人民日报》2023年10月9日。

的重要意义，充分发挥文化对于促进社会发展和人类文明进步的巨大推动作用指明了前进方向。列宁作为首次提出无产阶级文化概念的马克思主义者，指明了无产阶级文化建设的道路，即继承本国优秀传统文化与吸收国外优秀文化相结合。

在百余年奋斗历程中，中国共产党深刻认识到，马克思主义基本原理之所以要同中国具体实际相结合、同中华优秀传统文化相结合，就是要让马克思主义成为中国的。只有把马克思主义的基本立场观点方法与中国历史、中国文化、中国实践结合起来，才能不断地"让马克思主义说中国话"。毛泽东同志十分注重用民族的形式、群众的语言来阐释和发展马克思主义。《汉书》有一句话："修学好古，实事求是。"[1] 毛泽东同志将"实事求是"与马克思主义关于物质第一性、意识第二性的唯物论有机融合，赋予实事求是全新内涵，并使它成为党的基本思想路线和工作方法。邓小平同志用"小康"这个富有中国传统文化色彩的古老概念，赋予马克思主义反贫困理论中国特色，指明了中国特色社会主义道路的奋斗目标。习近平总书记把马克思主义为人类求解放思想与中华优秀传统文化民本思想相结合，提出人民至上思想；把马克思主义自然观与中华优秀传统文化天人合一思想相结合，提出"绿水青山就是金山银山"、人与自然和谐共生的生态观；把马克思主义的共同体思想与中华优秀传统文化中协和万邦、天下大同思想相结合，提出构建人类命运共同体理念。

党的文化建设，始终贯穿于中国共产党成长、壮大的全过程，中国共产党不仅是中华优秀传统文化的忠实传承者和弘扬者，而且是中

---

[1] 《汉书》卷53《景十三王传·河间献王传》，中华书局1962年版，第2410页。

华优秀传统文化的发展者和创新者。正是因为坚持把马克思主义基本原理同中国具体实际相结合、同中华优秀传统文化相结合，正是因为坚持实事求是、解放思想、与时俱进，中国共产党实现了马克思主义中国化时代化的三次理论飞跃，推动中华民族伟大复兴进入不可逆转的历史进程。党的文化建设的辉煌历程和取得的巨大成就，不仅厚植了习近平文化思想的实践基础，而且使习近平文化思想成为新时代文化强国建设最有力的政治前提和最重大的方向指引。

三 习近平文化思想植根于中华优秀传统文化沃土

在中华文明形成发展过程中，华夏大地上不同地区的文化相互交流、彼此融合，推动早期中国跨出了从蒙昧走向文明的一大步，奠定了以天人合一、和而不同、厚德载物、天下为公等为核心的中华优秀传统文化基因。[①] 中华优秀传统文化蕴含的哲学思想、人文精神、道德理念，在五千多年历史长河中不断淬炼，构筑了中华文明绵延至今的精神内核，是习近平文化思想形成的文化沃土。

（一）中华优秀传统文化中的文治理念，为坚持党对文化工作的领导权奠定文化底蕴

在中国传统政治思想中，德治、礼治思想有着极为重要的地位，

[①] 参见陈胜前《中国文化基因的起源：考古学的视角》，中国人民大学出版社2021年版，第260—270页。

是中华文化的重要体现。《尚书·尧典》记载尧舜时期:"克明峻德,以亲九族。九族既睦,平章百姓。百姓昭明,协和万邦。"《左传·成公十三年》记述道:"国之大事,在祀与戎。"《礼记·哀公问》记载,孔子在和鲁哀公交谈时指出:"古之为政,爱人为大。所以治爱人,礼为大。"《孔子家语·大婚》记述,"故为政先乎礼。礼其政之本与!"我国传统国家治理对文治的重视和推崇,厚植了中国共产党高度重视文化工作的历史根基。

习近平总书记指出:"文化自信,是更基础、更广泛、更深厚的自信,是更基本、更深沉、更持久的力量。"[①]"一个国家、一个民族的强盛,总是以文化兴盛为支撑的,中华民族伟大复兴需要以中华文化发展繁荣为条件。"[②] 坚持党的文化领导权是事关党和国家前途命运的大事。习近平总书记指出,意识形态关乎旗帜、关乎道路、关乎国家政治安全,"意识形态工作是党的一项极端重要的工作"[③]。"古人说:'灭人之国,必先去其史。'国内外敌对势力往往就是拿中国革命史、新中国历史来做文章,竭尽攻击、丑化、污蔑之能事,根本目的就是要搞乱人心。"[④] 在世界百年未有之大变局的背景下,意识形态安全问题更加突出;在启航新征程的新形势下,意识形态工作的地位更加显著。无论什么单位、什么部门,都不是意识形态安全的"清净之院""世外桃源",都面临严峻复杂的形势和风险挑战,都要

---

① 习近平:《在中国文联十大、中国作协九大开幕式上的讲话》,人民出版社2016年版,第6页。
② 《认真贯彻党的十八届三中全会精神 汇聚起全面深化改革的强大正能量》,《人民日报》2013年11月29日。
③ 《习近平谈治国理政》第1卷,外文出版社2018年版,第153页。
④ 《十八大以来重要文献选编》上,中央文献出版社2014年版,第113页。

直面来自历史虚无主义、文化虚无主义等各类错误思潮的冲击。

（二）中华优秀传统文化重视文脉传承，涵养了中国共产党人传承弘扬中华优秀传统文化的行动自觉

中华文明具有突出的连续性，其中一个重要体现就是文脉的传承，尤其是儒家思想的传承。[①] 儒家思想的传承脉络上接尧、舜、禹、汤、文王、武王、周公，到了孔子形成儒家学派，在之后两千多年与其他文化交流融通，在传承中得到不断发展。儒学在历史发展过程中不断吸收融合诸子百家学说，又在三教合流的大背景下借鉴佛道思想，进行融通、扬弃和创新，促进了中国传统文化的传承和发展。

重视文脉传承的思想对中华文化的发展有着重要影响。《论语·尧曰》最早论及王道相继之序，尧命舜而禅以帝位，舜又命以禹。《中庸》言孔子之道，"仲尼祖述尧舜，宪章文武"。孟子以五百年为界间隔圣人之道传绪，由尧、舜至于汤、文王、孔子，皆为五百有余岁。两汉以降，董仲舒、扬雄、王通等诸儒倡其道，立正学。中唐韩愈在《原道》中从先秦"王统"至孔孟之道，强调其正统和弘道意识。及至南宋，朱熹突出圣贤一脉相传的"十六字心传"。明代王阳明在"心即道""道即是良知"基础上主张自得其心求圣人之道，明清学人在历代学术的谱系化过程中不断使文脉得到传承发展，而且"成为在传统思想世界开凿缝隙以接引西学的契机"。[②]

[①] 参见鄢晓实《中国传统法治文化的再认识及其当代价值》，中国政法大学出版社2021年版，第63页。
[②] 葛兆光：《道统、系谱与历史——关于中国思想史脉络的来源与确立》，《文史哲》2006年第3期。

近现代以来，面对西方文化强烈冲击而出现的三千年未有之大变局，中国共产党把马克思主义基本原理同中国具体实际相结合，不断推进马克思主义中国化时代化，形成了革命文化和社会主义先进文化，为中华文化注入新的血液，推动中华文化进入一个新阶段。

（三）中华优秀传统文化中"民惟邦本"的价值追求，是"以人民为中心"的文化发展理念的源头活水

"民惟邦本，本固邦宁"是我国最早的民本思想阐述，鲜明地展现了我国古代先贤对人民主体地位的深刻认识。《孟子·离娄上》记载，孟子在孔子仁学的基础上推行仁政，提出："得天下有道，得其民，斯得天下矣；得其民有道，得其心，斯得民矣；得其心有道，所欲与之聚之，所恶勿施尔也。"《皇明经世文编》记载："盖民心之向背，系天命之去留。有天下者不能固结民心，而欲久安长治者难矣。夏、商、周、汉、唐、宋，俱有天下数百年，而历世之绵远者，固结民心之所致也。"[①] 这些记述都表明，民心向背是决定历代王朝能否持久稳定的根本。

西周是中国传统民本思想的发轫期。"敬天保民"的思想使人从原始宗教中解脱出来，人的主体地位和生命价值受到重视，凸显了从"神本"走向"人本"的人文精神和政治文明。《尚书·五子之歌》中的"民惟邦本，本固邦宁"，是中国传统民本思想的源头和核心，民众在治理国家中的地位和作用得到社会认同。孔子认为"民无信

---

① （明）李贤：《上中兴正本疏》，载（明）陈子龙等选辑《皇明经世文编》卷36，中华书局1962年版，第276—277页。

不立",主张获取人民信任是政治稳定的前提。孟子进一步完善了传统民本思想,提出"民贵君轻"说,"民为贵,社稷次之,君为轻"。这反映了"爱民重民"的"民本"人文关切。就中国传统民本思想的价值合理性而言,统治者应把"民"作为执政之"本",将实现仁者爱人、重民养民作为"仁政"的最高价值原则和追求,把是否有利于人民作为国家长治久安的根本标准,这是儒家民本思想的应然诉求。

历史实践中的民本具有道德和政治的双重标识性。一方面,民本尤其是儒家民本,极具道德理想主义的价值论内涵。政治首先要解决价值问题,当民本被儒家作为一种仁政、德治的政道大加弘扬之时,即被赋予极高的道德意义,最理想的、最好的统治者被认为是完全践行民本思想的统治者。民本建立在"礼"的道德规则之上,它分别"以'仁'与'和'作为标志理念构建国家—民众之间理想的道德秩序与互动关系",[①] 民本对君主权力的相对约束、对人民的政治地位与历史作用的积极肯定,蕴含了重要的道德价值。更重要的是,民本为先秦以来的主流政治思想提供了一种统一的、自洽的伦理基础,帮助中国传统政治在数千年的演进中保持了总体上的连续性和稳定性,成为传统政治描绘其开明形象的决定性论据。另一方面,民本终归是一种指导统治行为的政治思想,因此,它在根本上是一种执政观或统治观,提供了一套关于如何实践"民为邦本,政在养民"的治理规则。

习近平文化思想从中华优秀传统文化中探寻民本思想的初貌,汲

[①] 王正绪、赵健池:《民本贤能政体与大众政治心理:以政治信任为例》,《开放时代》2021年第4期。

取"民惟邦本，本固邦宁""以百姓心为心"等执政智慧，深入挖掘历史文化积淀中的民本精髓，对传统民本思想进行了创造性转化和创新性发展，提出"以人民为中心"的文化发展理念，对繁荣发展文化事业和文化产业，满足人民日益增长的精神文化需求，不断增强人民的精神力量具有重大意义。

（四）中华优秀传统文化中的"大一统"思想，为铸牢中华民族共同体意识提供历史根据

中华大地上繁衍着众多民族，在中华文明形成过程中，各民族共同开拓辽阔的疆域，共同书写悠久的历史，共同创造灿烂的文化，共同培育伟大的精神。夏、商、周时期，已经形成以中原地区为中心，包括"五方之民"的"族群观"。这一时期的族群观念，高度重视文化的作用，超越了狭隘的种族观念。春秋战国时期，在"天下""四海""夷夏之别"等思想基础上进一步生成"大一统"观念，为中华民族共同体的最终形成奠定了深厚的文化基础。秦朝实施"书同文，车同轨，量同衡，行同伦"，开启我国统一多民族国家发展历程；汉代设立西域都护府统辖新疆，唐代创设羁縻府州经略边疆，元代设宣政院管理西藏，清代设立理藩院、实施盟旗制等，使统一多民族国家不断走向巩固。

鸦片战争以后，外敌入侵，家国破碎，民不聊生，我国逐步沦为半殖民地半封建社会，但"大一统"思想成为团结国人的重要精神力量。无数志士仁人在"大一统"思想的召唤下，为探求救亡图存之路而前仆后继。1921年中国共产党成立后，肩负起为人民谋幸福、为民族谋复兴的使命。在中国共产党领导下，全国各族人民团结一心、英勇奋斗、浴血奋战，共同谱写出争取国家独立、民族复兴、文明振兴的壮丽诗篇。

"大一统"思想讲求"六合同风,九州共贯",① 注重文化认同下的国内政治秩序统一。铸牢中华民族命运共同体意识,强调休戚与共、荣辱与共、生死与共、命运与共的共同体理念,与"大一统"思想具有高度一致性。习近平总书记指出:"加强中华民族大团结,长远和根本的是增强文化认同,建设各民族共有精神家园,积极培养中华民族共同体意识。"② 培育中华民族共同体意识,就是要深化文化认同、汇聚民族力量,大力弘扬中华优秀传统文化,在尊重差异、包容多样中实现各民族文化交融共生、和谐发展,形成各民族同呼吸、共命运、心连心的强大精神纽带。

(五)中华优秀传统文化中的"和合共生"理念,为交流互鉴的文明观提供思想资源

中华民族历来是一个爱好和平的民族,爱好和平的思想深深嵌入了中华民族的精神世界,和平、和睦、和谐构成中华优秀传统文化的核心内容。源起于万年前、率先在黄河中下游和长江中下游地区发端的中国农业,不仅对中国历史的发展、中华民族的成长起到关键性作用,而且是奠定中华优秀传统文化和平和谐和睦思想理念的重要基础。以农为本的生产生活方式,培育出以血缘为基础的社会组织,对家族兴旺的责任和对祖先的敬奉,衍生出"敬天法祖"的观念,逐步萌发出天人合一、讲求秩序,贵和尚中、善解能容,厚德载物、和

---

① 《汉书》卷72《王吉传》,中华书局1962年版,第3063页。
② 《习近平著作选读》第1卷,人民出版社2023年版,第285页。

而不同的思想元素,"和合"成为流淌在中华民族血液中最朴素的文明基因。《左传·隐公六年》说:"亲仁善邻,国之宝也。"《礼记·中庸》说:"万物并育而不相害,道并行而不相悖。"这是中华文明信守和平理念的朴素表达。在中华文明五千多年发展史中,中华民族以"君子和而不同""和羹之美,在于合异"为信条,以"百姓昭明,协和万邦"为追求,以"天下大同,声教远被"为志向,凝练出"以和为贵""和而不同""万方融合"的民族品格。[①]

中华文明在与世界不同文明的交互汇聚中持续丰富。大量考古发现确证,真正意义上的中西文化交流五千多年前就已经起步,我国的彩陶、黍、稻向西传播,西亚和亚欧草原的黄牛、绵羊、山羊、小麦、青铜和块炼铁技术传入我国。汉代丝绸之路的开通,使胡麻、胡桃、胡萝卜、胡瓜、葡萄、石榴、琥珀等从东地中海和西亚、中亚来到中国,丰富了中华文明的物质内涵,也为异域宗教文化进入中华大地提供了通道。印度的佛教、印度教、耆那教,波斯的祆教、景教、摩尼教,西亚的伊斯兰教,以色列的犹太教,欧洲的天主教、基督教等,沿丝绸之路传入我国。我国历史上很早就有自身所服膺的儒家思想和本土宗教,但对外来思想与宗教兼容并蓄,在中华大地上都有其发展空间,最终因中国化本土化而丰富了中华民族的精神内涵,和融为中华文明的重要组成部分。

中华文明为人类文明进步事业作出重要贡献。公元8世纪前后,汉字、儒家思想、律令制度以及科学技术传播到朝鲜、日本、越南等

[①] 参见中国历史研究院《以中华文明的包容性夯实构建人类命运共同体的根基》,《当代世界》2023年第10期。

地，深刻影响了东亚许多国家的政治体系、社会结构和价值观念。源于我国的大乘佛教经陆路传到朝鲜、越南，经海路传到日本，对亚洲邻国佛教发展产生很大影响。科举制传至欧洲后，为近代欧洲国家所效仿，并运用到官吏制度改革中，促成西方的文官制度。[①] 以指南针、造纸术、火药、活字印刷术为代表的中华文明，传播至世界各地，深刻影响了西方国家的历史进程。

中华人民共和国成立以来，中华民族在与世界各文明的交往中追求和平、维护和平、推进和平。我们坚决抗击外来侵略，坚持"和平共处五项原则"，坚守永不称霸的承诺。习近平总书记倡议共建"一带一路"和打造人类命运共同体，推动不同社会制度、不同意识形态、不同历史文化、不同发展水平的国家在国际事务中利益共生、权利共享、责任共担，致力于构建一个和平和谐和睦的美好世界，使世界各国人民共享太平繁荣。

"和"是中华传统文化中最为推崇的精神追求，是中华民族最具代表性的思想观念。"和实生物，同则不继"，人类命运共同体倡导求同存异、聚同化异，共同构建合作共赢的新型国际关系，这与我国传统的思想理念具有共通性。习近平总书记指出："不同文明凝聚着不同民族的智慧和贡献，没有高低之别，更无优劣之分。文明之间要对话，不要排斥；要交流，不要取代。人类历史就是一幅不同文明相互交流、互鉴、融合的宏伟画卷。我们要尊重各种文明，平等相待，互学互鉴，兼收并蓄，推动人类文明实现创造性发展。"[②]

[①] 参见中国历史研究院《以中华文明的包容性夯实构建人类命运共同体的根基》，《当代世界》2023年第10期。
[②] 《习近平在联合国成立70周年系列峰会上的讲话》，人民出版社2015年版，第18页。

四　习近平文化思想的实践意义和理论品格

党的十八大以来，习近平总书记把宣传思想文化工作摆在党和国家事业显著位置，为新时代文化发展指明了方向、提出了要求、擘画了蓝图，在持续深化新时代文化理论创新和实践发展的进程中，形成了习近平文化思想，这一思想具有重大实践意义和鲜明理论品格。

（一）习近平文化思想是新时代中国特色社会主义文化建设的强大思想武器

习近平文化思想是我们认识世界、判断是非的根本遵循。坚持以习近平文化思想为指导，是我们走向未来的根本和关键。只有立场坚定、理论彻底，才能面对各种社会思潮的冲击。

习近平总书记指出要"充分激发全民族文化创新创造活力，不断巩固全党全国各族人民团结奋斗的共同思想基础，不断提升国家文化软实力和中华文化影响力，为全面建设社会主义现代化国家、全面推进中华民族伟大复兴提供坚强思想保证、强大精神力量、有利文化条件"。[①] 习近平文化思想既坚持马克思主义文化理论基本原理，又传承弘扬中华优秀传统文化，彰显了中华民族和中国共产党人的思想文化新境界，为全党全社会坚定历史自信、文化自信，建设社会主义文化强国指明了方向，具有极为重要的理论性和实践性。

[①]《坚定文化自信秉持开放包容坚持守正创新　为全面建设社会主义现代化国家　全面推进中华民族伟大复兴提供坚强思想保证强大精神力量有利文化条件》，《人民日报》2023年10月9日。

（二）以习近平文化思想为旗帜，担负起建设中华民族现代文明的时代使命

习近平总书记在文化传承发展座谈会上，发出"创造属于我们这个时代的新文化，建设中华民族现代文明"的伟大号召。习近平总书记基于中华民族五千多年文明史的深邃思考，立足强国建设、民族复兴伟业，贯通历史、当下、未来，融通古今中外，鲜明地提出建设中华民族现代文明这一全新时代命题，它是习近平文化思想的重要组成部分，标志着中国共产党对中国特色社会主义文化建设规律的认识达到了新高度，表明中国共产党的历史自信、文化自信达到了新高度，为以文化赋能中国式现代化提供了强大思想武器和科学行动指南。

历史自信是文化自信的根基和支撑。坚持古为今用、推陈出新，充分挖掘和运用中华优秀传统文化，不断赋予科学理论鲜明的中国特色和时代内涵，把马克思主义思想精髓同中华优秀传统文化精华贯通起来、同人民群众日用而不觉的共同价值观念融通起来，把跨越时空、超越国界、富有永恒魅力、具有当代价值的文化精神弘扬起来，为弘扬中华优秀传统文化、增强历史自信提供坚强支撑。坚守中华文化立场，深入发掘中华优秀传统文化的思想理念、人文精神和道德规范，深入阐释中华文明的五个突出特性，深刻揭示"两个结合"特别是"第二个结合"的重大意义，把握增强中华文明传播力、影响力的深厚基础、内在动力和基本原则，用中华文明历史阐释中国实践。

（三）习近平文化思想是新时代中国特色哲学社会科学鲜明的政治底色

哲学社会科学具有显著的意识形态属性，世界上从来没有纯而又纯的哲学社会科学，在回答和解决人与社会面临的重大问题中，以什么样的思想为指导，关乎举什么旗、走什么路，为了谁、依靠谁，实现什么目标、达到什么目的等一系列原则性、根本性问题，决定着哲学社会科学的政治方向、学术导向和价值取向。作为习近平文化思想的有机组成部分，习近平总书记关于哲学社会科学的重要论述，鲜明地标注了中国哲学社会科学的方向、道路、任务和目标，为新时代加快构建中国特色哲学社会科学学科体系、学术体系和话语体系，为科学阐释中国道路、精准解读中国实践、完整建构中国理论提供了根本遵循。

当代中国哲学社会科学最显著的时代特征、最鲜明的理论品质，就是始终坚持以习近平文化思想为引领。新时代中国哲学社会科学事业取得的诸多成就，充分表明坚持以习近平文化思想为科学指引，中国哲学社会科学事业才能行稳致远。以党的创新理论筑牢思想之基，是当代中国哲学社会科学永葆理论之树常青的最大保障，也是当代中国哲学社会科学在前行路上不迷失、不偏航的最大保障。

以习近平文化思想为指引，当代中国哲学社会科学必须坚持把马克思主义基本原理同中国具体实际相结合、同中华优秀传统文化相结合，从中华民族伟大的历史实践和当代实践出发，深入探索本源，深入挖掘中华优秀传统文化的思想精华和价值内核，用中国道理总结好中国经验，把中国经验提升为中国理论，科学回答中国之问、世界之问、人民之问、时代之问。

以习近平文化思想为指引，当代中国哲学社会科学必须坚定文化自信、秉持开放包容、坚持守正创新，做有思想、有灵魂、有风骨的理论研究。既不盲从各种教条，也不照搬外国理论，在与世界的交流、交融、交锋中，坚守中华文化立场，强化价值引领、激发奋斗精神，不断增强全民族的凝聚力、向心力、创造力，为强国建设、民族复兴提供坚守正道的定力、勇毅前行的动力、变革创新的活力；在与国际学术思潮的交流、交融、交锋中，展开平等而有尊严的对话，清晰而响亮地发出中国哲学社会科学的正声。

以习近平文化思想为指引，当代中国哲学社会科学必须担负起建设中华民族现代文明的新时代文化使命，紧紧围绕中国式现代化这个最大的政治，以我们正在做的事情为中心，挖掘新材料、发现新问题，提炼出有学理性的新理论，概括出有规律性的新实践，不断加快建构中国特色哲学社会科学自主知识体系，努力打造具有中国特色、中国风格、中国气派的哲学社会科学学派，以高质量理论成果赋能中国特色社会主义的伟大实践。

总之，从中华文明五千多年历史进程中观察，从党的百年历史征程中体察，从新时代十年伟大变革中感悟，习近平文化思想既有思想理论层面的认识论，也有实践层面的方法论，既有宏观层面的规律性认识，也有具体层面的实践路径，是马克思主义文化思想的新发展、新创造、新升华。习近平文化思想植根于广袤的中华大地和深厚的中华民族历史沃土，茹古涵今，博大精深，点亮了以中国式现代化开创人类文明新形态的灯塔，熔铸着强国建设、民族复兴的精神之魂，充分彰显了习近平总书记马克思主义政治家、思想家、战略家的历史主动精神、非凡理论勇气、卓越政治智慧、强烈使命担当，必将成为中华文化思想发展史上最璀璨的篇章。

（原载《中国社会科学》2024年第3期）

深刻把握习近平文化思想的科学体系

辛向阳[*]

党的十八大以来，习近平总书记在系统总结新时代党领导文化建设实践经验的基础上，就新时代文化建设提出一系列新思想新观点新论断，形成了习近平文化思想。习近平文化思想内涵十分丰富、论述极为深刻、逻辑科学严密，深刻回答了新时代我国文化建设举什么旗、走什么路、坚持什么原则、实现什么目标等根本问题，丰富和发展了马克思主义文化理论，丰富和发展了世界文明理论，构成了习近平新时代中国特色社会主义思想的文化篇。新时代新征程，必须深入领会这一重要思想蕴含的重大创新观点、科学方法论和关于文化建设的战略部署，深刻认识这一重要思想是一个不断展开的、开放式的、科学系统的思想体系，必将随着实践深入不断丰富发展。

关于坚持党的文化领导权。 坚持党的文化领导权是事关党和国家前途命运的大事。习近平总书记指出："守正，守的是马克思主义在

---

[*] 辛向阳，中国社会科学院马克思主义研究院党委书记、院长、研究员。

意识形态领域指导地位的根本制度，守的是'两个结合'的根本要求，守的是中国共产党的文化领导权和中华民族的文化主体性。""经济建设是党的中心工作，意识形态工作是党的一项极端重要的工作。"面对改革发展稳定复杂局面和社会思想意识多元多样、媒体格局深刻变化，在集中精力进行经济建设的同时，一刻也不能放松和削弱意识形态工作，必须把意识形态工作的领导权、管理权、话语权牢牢掌握在手中，任何时候都不能旁落，否则就要犯无可挽回的历史性错误。习近平总书记强调，坚持和加强党对宣传思想文化工作的全面领导，党管宣传、党管意识形态、党管媒体是坚持党的领导的重要方面，要"坚持政治家办报、办刊、办台、办新闻网站"。巩固马克思主义在意识形态领域的指导地位，巩固全党全国人民团结奋斗的共同思想基础，全面落实意识形态工作责任制，"各级党委要负起政治责任和领导责任，把宣传思想工作摆在全局工作的重要位置，加强对宣传思想领域重大问题的分析研判和重大战略性任务的统筹指导"，"要牢牢掌握意识形态工作领导权"。

关于推动物质文明和精神文明协调发展。坚持和发展中国特色社会主义的重要要求是推动物质文明和精神文明协调发展，实现中国梦是物质文明和精神文明比翼双飞的发展过程，中国式现代化是物质文明和精神文明相协调的现代化。物质富足、精神富有是社会主义现代化的根本要求；物质贫困不是社会主义，精神贫乏也不是社会主义。习近平总书记强调，"以辩证的、全面的、平衡的观点正确处理物质文明和精神文明的关系"，"只有物质文明建设和精神文明建设都搞好，国家物质力量和精神力量都增强，全国各族人民物质生活和精神生活都改善，中国特色社会主义事业才能顺利向前推进"。人无精神则不立,国无精神则不强。要继续锲而不舍、一以贯之抓好社会主义精神文明建设,为全国各族人民不断前进提供坚强的思想保证、强大的精神力量、丰润的道德滋养。不断厚植现代化的物质基础,不断夯实人民幸福生活的物质条件,同时大力发展社会主义先进文化,加强理想信念教育,传承中华文明,促进物的全面丰富和人的全面发展。

关于"两个结合"的根本要求。"两个结合"的根本要求拓展了中国特色社会主义文化发展道路。在文化传承发展座谈会上,习近平总书记对"两个结合"特别是"第二个结合"作了全面系统深入的阐述。他指出,在五千多年中华文明深厚基础上开辟和发展中国特色社会主义,把马克思主义基本原理同中国具体实际、同中华优秀传统文化相结合是必由之路。历史正反两方面的经验表明,"两个结合"是我们取得成功的最大法宝。"结合"的前提是彼此契合,结果是互相成就,"结合"筑牢了道路根基、打开了创新空间、巩固了文化主体性。"第二个结合"要求我们更加自觉地运用马克思主义世界观和方法论,辩证科学地认识中华民族的历史起源以及演进规律,更加客观全面地认识中华文明的突出特性;充分运用中华优秀传统文化的宝贵资源,探索面向未来的体制、机制、制度等方面创新,以新的制度推动中国特色社会主义文化事业发展。

关于新的文化使命。新的文化使命彰显了我们党促进中华文化繁荣、创造人类文明新形态的历史担当。习近平总书记强调,"做好新形势下宣传思想工作,必须自觉承担起举旗帜、聚民心、育新人、兴文化、展形象的使命任务","巩固马克思主义在意识形态领域的指导地位、巩固全党全国各族人民团结奋斗的共同思想基础","在新的起点上继续推动文化繁荣、建设文化强国、建设中华民族现代文明，是我们在新时代新的文化使命"。习近平总书记强调，要坚持中国特色社会主义文化发展道路，发展社会主义先进文化，弘扬革命文化，传承中华优秀传统文化，激发全民族文化创新创造活力，增强实现中华民族伟大复兴的精神力量。"对历史最好的继承就是创造新的历史，对人类文明最大的礼敬就是创造人类文明新形态。"我们建设的中华民族现代文明是中国共产党领导的社会主义文明，是一种全新的文明形态，这一文明最大限度激发中华文明优秀基因，使之实现现代化飞跃。

关于坚定文化自信。坚定文化自信，是事关国运兴衰、事关文化安全、事关民族精神独立性的大问题。习近平总书记指出："我们说要坚定中国特色社会主义道路自信、理论自信、制度自信，说到底是要坚定文化自信。""文化自信，是更基础、更广泛、更深厚的自信，是更基本、更深沉、更持久的力量。"中华文明历经数千年而绵延不绝、迭遭忧患而经久不衰，这是人类文明的奇迹，也是我们自信的底气。坚定文化自信，就是坚持走自己的路，立足中华民族伟大历史实践和当代实践，用中国道理总结好中国经验，把中国经验提升为中国理论，既不盲从各种教条，也不照搬外国理论，实现精神上的独立自主。要把文化自信融入全民族的精神气质与文化品格中，养成昂扬向上的风貌和理性平和的心态。坚定文化自信，离不开对中华民族历史的认知和运用。在社会长期演进过程中，形成了中国人看待世界、看待社会、看待人生的独特价值体系、文化内涵和精神品质。这是我们区别于其他国家和民族的根本特征，铸就了中华民族博采众长的文化自信。

关于培育和践行社会主义核心价值观。培育和践行社会主义核心价值观是凝魂聚气、强基固本的基础工程。习近平总书记指出："核心价值观，承载着一个民族、一个国家的精神追求，体现着一个社会评判是非曲直的价值标准。"核心价值观是一个国家的重要稳定器，能否构建具有强大感召力的核心价值观，关系社会和谐稳定，关系国家长治久安。习近平总书记强调："核心价值观的养成绝非一日之功，要坚持由易到难、由近及远，努力把核心价值观的要求变成日常的行为准则，进而形成自觉奉行的信念理念。""要注意把社会主义核心价值观日常化、具体化、形象化、生活化，使每个人都能感知它、领悟它，内化为精神追求，外化为实际行动，做到明大德、守公德、严私德。"核心价值观是文化软实力的灵魂、文化软实力建设的重点。

关于掌握信息化条件下舆论主导权、广泛凝聚社会共识。 掌握信息化条件下舆论主导权、广泛凝聚社会共识是巩固壮大主流思想文化的必然要求。习近平总书记深刻指出："没有网络安全就没有国家安全，没有信息化就没有现代化，网络安全和信息化事关党的长期执政，事关国家长治久安，事关经济社会发展和人民群众福祉，过不了互联网这一关，就过不了长期执政这一关，要把网信工作摆在党和国家事业全局中来谋划，切实加强党的集中统一领导。"网络空间是亿万民众共同的精神家园。网络空间天朗气清、生态良好，符合人民利益。互联网已经成为舆论斗争的主战场。在互联网这个战场上，我们能否顶得住、打得赢，直接关系我国意识形态安全和政权安全。习近平总书记强调："管好用好互联网，是新形势下掌控新闻舆论阵地的关键，重点要解决好谁来管、怎么管的问题。"习近平总书记的重要论述系统回答了为什么要建设网络强国、怎样建设网络强国的一系列重大理论和实践问题，明确了事关网信事业发展的一系列方向性、根本性、全局性、战略性重大问题，明确了做好党的新闻舆论工作的原则要求和方法路径。

关于以人民为中心的工作导向。以人民为中心的工作导向体现了我们党领导和推动文化建设的鲜明立场。习近平总书记指出，"人民性是马克思主义的本质属性"，"人民立场是中国共产党的根本政治立场"，"中国共产党的根本宗旨是全心全意为人民服务"。他强调："文艺要反映好人民心声，就要坚持为人民服务、为社会主义服务这个根本方向。""以人民为中心，就是要把满足人民精神文化需求作为文艺和文艺工作的出发点和落脚点，把人民作为文艺表现的主体，把人民作为文艺审美的鉴赏家和评判者，把为人民服务作为文艺工作者的天职。"哲学社会科学研究要"坚持以马克思主义为指导，核心要解决好为什么人的问题。为什么人的问题是哲学社会科学研究的根本性、原则性问题。我国哲学社会科学为谁著书、为谁立说，是为少数人服务还是为绝大多数人服务，是必须搞清楚的问题"。坚持人民至上是习近平新时代中国特色社会主义思想重要的世界观和方法论，文化建设各个领域各个方面各项工作都要贯彻人民性要求和人民立场。

关于保护历史文化遗产。保护历史文化遗产是推动文化传承发展的重要基础。习近平总书记历来高度重视历史文化遗产的保护问题。习近平总书记指出，中华文明探源工程等重大工程的研究成果，实证了我国百万年的人类史、一万年的文化史、五千多年的文明史。历史文化遗产"不仅属于我们这一代人，也属于子孙万代"。"革命文物承载党和人民英勇奋斗的光荣历史，记载中国革命的伟大历程和感人事迹，是党和国家的宝贵财富，是弘扬革命传统和革命文化、加强社会主义精神文明建设、激发爱国热情、振奋民族精神的生动教材。"习近平总书记强调，"要敬畏历史、敬畏文化、敬畏生态，全面保护好历史文化遗产，统筹好旅游发展、特色经营、古城保护，筑牢文物安全底线，守护好前人留给我们的宝贵财富"。不忘历史才能开辟未来，善于继承才能善于创新。历史文化遗产承载着中华民族的基因和血脉，要把历史文化遗产保护放在第一位，同时要合理利用，使其在提供公共文化服务、满足人民精神文化生活需求方面充分发挥作用；历史文化是城市的灵魂，要像爱惜自己的生命一样保护好城市历史文化遗产。

关于构建中国话语和中国叙事体系。习近平总书记指出，要"增强中华文明传播力影响力。坚守中华文化立场，提炼展示中华文明的精神标识和文化精髓，加快构建中国话语和中国叙事体系，讲好中国故事、传播好中国声音，展现可信、可爱、可敬的中国形象"，"要讲清楚中国是什么样的文明和什么样的国家，讲清楚中国人的宇宙观、天下观、社会观、道德观，展现中华文明的悠久历史和人文底蕴，促使世界读懂中国、读懂中国人民、读懂中国共产党、读懂中华民族"。习近平总书记强调，用中国理论阐释中国实践，用中国实践升华中国理论，打造融通中外的新概念、新范畴、新表述，更加充分、更加鲜明地展现中国故事及其背后的思想力量和精神力量。加强对外文化交流和多层次文明对话，开展"感知中国""走读中国""视听中国"等活动，讲好中国故事，说清中国道理，传播好中国声音，促进民心相通。

关于促进文明交流互鉴。习近平总书记提出弘扬全人类共同价值、落实全球文明倡议等重要理念、重大主张，着眼的是开放包容，为推动人类文明进步、应对全球共同挑战提供了战略指引。习近平总书记指出："文明没有高下、优劣之分，只有特色、地域之别。""文明因交流而多彩，文明因互鉴而丰富。文明交流互鉴，是推动人类文明进步和世界和平发展的重要动力。"自古以来，中华民族就以"天下大同""协和万邦"的宽广胸怀，自信而又大度地开展同域外民族交往和文化交流，曾经谱写了万里驼铃万里波的浩浩丝路长歌，也曾经创造了万国衣冠会长安的盛唐气象。我们应该坚持世界是丰富多彩的、文明是多样的理念，让人类创造的各种文明交相辉映，编织出斑斓绚丽的图画，共同消除现实生活中的文化壁垒，共同抵制妨碍人类心灵互动的观念纰缪，共同打破阻碍人类交往的精神隔阂，让各种文明和谐共存，让人人享有文化滋养。我们坚持的是平等的文明观，强调文明有差异性，没有高低优劣之分；我们坚持的是互鉴的文明观，强调各个文明都可以找到彼此的互补之处；这是一种对话的文明观，强调对话而不是对抗、沟通而不是脱钩。

新时代呼唤文化的大发展，并催生伟大的文化思想。习近平文化思想植根于新时代中国特色社会主义实践，以马克思主义为魂，以中华优秀传统文化为根，以文化发展的创新实践为基础，以建设包括中华民族现代文明在内的社会主义先进文化为任务，以推进文化强国、民族复兴为使命，是对马克思主义文化理论的丰富发展和重大创新。习近平文化思想体现了理论与实践、认识论与方法论的辩证统一，既有文化理论观点上的创新和突破，又有文化工作布局上的部署要求，明确了新时代文化建设的路线图和任务书，为做好新时代新征程宣传思想文化工作、担负新的文化使命提供了强大思想武器和科学行动指南。

习近平文化思想阐明了中国特色社会主义文化发展道路。党的二十大报告指出，全面建设社会主义现代化国家，必须坚持中国特色社会主义文化发展道路。习近平文化思想为坚定不移走好这条道路提供了科学指引。中国特色社会主义文化发展道路是中国特色社会主义道路在文化发展领域呈现出来的具体道路，是总结中国共产党领导文化事业发展经验特别是新时代历史经验基础上探索出来的道路。中国特色社会主义文化发展道路，源自中华民族五千多年文明历史所孕育的中华优秀传统文化，熔铸于党领导人民在革命、建设、改革中创造的革命文化和社会主义先进文化，植根于中国特色社会主义伟大实践。这就决定了中国特色社会主义文化发展道路是推动中华优秀传统文化创造性转化、创新性发展的道路，是坚持和弘扬革命文化和社会主义先进文化的道路；这就决定了中国特色社会主义文化发展道路是践行人民至上价值理念，充分保障人民基本文化权益、满足人民多样化和高质量精神文化需求的道路；这就决定了中国特色社会主义文化发展道路是不断增强国家文化软实力，促进各国文明平等交流互鉴的道路。

习近平文化思想指明了文化发展的客观规律。习近平文化思想内含一系列关于文化发展规律的论断。比如，"第二个结合"，是我们党对马克思主义中国化时代化历史经验的深刻总结，是对中华文明发展规律的深刻把握。我们不仅要把握中华文明发展规律，还在着力探索世界文明发展规律。习近平总书记指出："世界文明历史揭示了一个规律：任何一种文明都要与时偕行，不断吸纳时代精华。"在实践中，我们不断深化对文化建设的规律性认识，提出一系列新思想新观点新论断。新时代新征程，必须坚持把马克思主义基本原理同中华优秀传统文化相结合，用马克思主义激活中华优秀传统文化中富有生命力的优秀因子并赋予新的时代内涵，将中华民族的伟大精神和丰富智慧更深层次地注入马克思主义，打通魂脉和根脉，使之成为文化发展的大动脉。习近平文化思想是新时代党领导中国特色社会主义文化建设实践经验的科学总结，是对马克思主义文化理论的创造性发展，是对人类文化思想的巨大贡献，为我们推进中国式现代化提供了强大的思想武器。

（原载《红旗文稿》2024年第2期）

文化建设与独立自主走自己的路

夏春涛*

习近平文化思想是习近平新时代中国特色社会主义思想的最新理论成果,充分体现了习近平总书记站在全局和战略高度,对新时代党领导文化建设新探索、新经验的科学总结,以及在新的历史起点上担负起新的文化使命的战略思考和部署。因此,学习、研究、阐释、贯彻习近平文化思想,要提到战略高度来认识,不能单纯地就文化论文化。其核心要义之一,就是深刻领悟文化建设、文化自信对坚持独立自主的战略意义。

一 文化自信是更基本、更深沉、更持久的力量

文化建设关乎民族气质、民族精神,关乎能否形成文化认同及内部凝聚力,而文化自信是文化建设的精髓。所谓文化自信,其核心要

---

* 夏春涛,中国社会科学院近代史研究所所长,中国社会科学院大学历史学院教授。

义是指基于对自身文化的自信，实现精神上的独立自主，坚持走自己的路。没有文化建设，文化自信就无从谈起，一个民族或国家也就不可能走出别具特色、切合实际的发展道路。中华优秀传统文化，中国共产党领导人民在革命、建设、改革中创造的革命文化和社会主义先进文化，以及持续发展至今的中国特色社会主义文化，都是激发文化自信的优秀文化，在历史进程中发挥了不可替代的重要作用。

以古代中国为例，自汉武帝始，儒学成为中国社会的正统思想和文化主脉，在中国古代思想文化领域占据统治地位，其影响渗透到社会各个阶层、各个方面。无论王朝如何兴替，儒学的权威地位始终没有动摇，由此形成牢不可破的文化认同。钱穆认为唐代之伟大远超过罗马，因为罗马帝国亡了，以后就再没有罗马；"唐室覆亡以后，依然有中国，有宋、有明、有现代，还是如唐代般，一样是中国"。[1] 这里面起决定作用的正是文化认同与传承，儒学成为维系中华民族生生不息、薪火相传的精神纽带。而罗马帝国单纯靠军事力量来维持，缺乏作为精神纽带的文化认同，分崩离析在所难免。儒学宣扬纲常伦理、严判上下尊卑，无疑带有时代和阶级的局限。但同时也要看到，儒学重视修身养性、推崇"内圣外王"，在此氛围下浸染成长的人有家国情怀、人文关怀，有使命担当、操守气节。以爱国主义为核心的民族精神贯穿漫长历史，支撑着中华民族始终自强不息、踔厉奋发。美国已故前国务卿基辛格曾由衷感叹道："如同几百年来前往中国的众多访客一样，我日益钦佩中国人民，钦佩他们的坚忍不拔、含蓄缜

---

[1] 钱穆：《中国历代政治得失》，九州出版社 2012 年版，第 75 页。注：近代日本抛出的"崖山之后无中国"说，以及当代美国"新清史"学派刻意渲染清朝的"满洲特性"，均为不经之说。

密、家庭意识和他们展现出的中华文化。"① 独树一帜的中华文化确保了古代中国发展的独立性，催生出璀璨的中华文明，对推动社会进步和人类文明发展作出卓越贡献。

革命文化即新民主主义文化，是中国共产党领导的人民大众的反帝反封建文化，形成、发展于新民主主义革命时期，以"革命"为价值取向和精神内核。毛泽东在《新民主主义论》一文中明确指出，我们要建立一个新中国，包括建立中华民族的新文化，"把一个被旧文化统治因而愚昧落后的中国，变为一个被新文化统治因而文明先进的中国"。该文深刻阐释了文化与政治、经济之间的辩证关系，强调："文化革命是在观念形态上反映政治革命和经济革命，并为它们服务的。""民族的科学的大众的文化，就是人民大众反帝反封建的文化，就是新民主主义的文化，就是中华民族的新文化。"② 在党的七大报告中，毛泽东又强调："民族压迫和封建压迫所给予中国人民的灾难中，包括着民族文化的灾难。……一切奴化的、封建主义的和法西斯主义的文化和教育，应当采取适当的坚决的步骤，加以扫除。"③ 土地革命时期的红色根据地建设，抗战时期的抗日根据地建设，以及解放战争时期的解放区建设，均涵盖以农村为中心的革命文化建设，新思想、新文化、新知识广为传播，进一步促成中国人民和中华民族的全面觉醒。党和人民军队内部充溢着崇高理想、优良作风和严明纪律，孕育出以伟大建党精神为源头的诸多革命精神，诸如革命和拼命精神，严守纪律和自我牺牲精神，大公无私和先人后己精

---

① ［美］亨利·基辛格：《论中国》，胡利平等译，中信出版社2012年版，"序"第1页。
② 《毛泽东选集》第2卷，人民出版社1991年版，第663、699、708—709页。
③ 《毛泽东选集》第3卷，人民出版社1991年版，第1082—1083页。

神，战胜一切敌人、克服一切困难的精神，坚持革命乐观主义、排除万难去争取胜利的精神。这种新文化、新精神折射出在半殖民地半封建社会的旧中国进行革命的艰巨复杂性，同时也成为中国共产党带领人民不懈探索、走出中国革命新路的强大精神支撑。

相对于封建主义文化、资本主义文化，社会主义文化是富有活力的先进文化。按照党的既定方略，新中国的前途是社会主义，其文化建设必然是社会主义先进文化建设。伴随着经济建设高潮的到来，新中国兴起一个文化建设高潮，除扫除文盲、大力发展教育、着力改变文化落后状况外，主要是在思想文化领域破旧立新，即进行思想改造、文化创新，把旧社会遗留下来的污毒洗刷干净。翻身做主的中国人民意气风发，精神面貌焕然一新，掀起全面建设社会主义的热潮。工人阶级以主人翁姿态积极投身建设，"铁人"王进喜矢志"宁可少活二十年，拼命也要拿下大油田"，是旧中国绝无可能出现的情形。广大农村也发生亘古未有的沧桑巨变，集体主义、无私奉献等理念日益深入人心，移风易俗蔚然成风，演绎出以大寨和红旗渠为代表的改造山河的壮举。总之，社会主义先进文化建设卓有成效，为新中国探索适合国情的社会主义建设道路并取得伟大建设成就注入强大精神力量。

党的十一届三中全会实现了具有深远意义的伟大历史转折，开启了改革开放和社会主义现代化建设新时期。以倡建社会主义精神文明为标志，社会主义先进文化建设在经历挫折后转入正轨，逐渐被纳入中国特色社会主义事业总体布局。党的十五大报告首次将经济、政治、文化三大建设并列论述，其第七部分标题为"有中国特色社会主义的文化建设"。不同于以往隔绝、对峙状态下的文化建设，新时期文化建设是在改革开放背景下展开的，中外思想文化的交流碰撞，西方各种社会思潮的强势传播，使我们压力骤增。党的十五大报告在分析文化建设的重要性与紧迫性时，便谈到综合国力剧烈竞争、世界范围各种思想文化相互激荡等因素。进入 21 世纪，文化建设的战略意义更加凸显。2001 年 12 月，即中国正式加入世界贸易组织之际，江泽民在中国文联七大、中国作协六大会议上敏锐指出："当今世界激烈的综合国力竞争，不仅包括经济实力、科技实力、国防实力等方面的竞争，也包括文化方面的竞争。……总体上处于弱势地位的广大发展中国家，不仅在经济发展上面临严峻挑战，在文化发展上也面临严峻挑战。"党的十六大报告也强调："当今世界，文化与经济和政治相互交融，在综合国力竞争中的地位和作用越来越突出。"[①] 党的十七届六中全会正式提出建设社会主义文化强国这一长期战略目标，意在提升国家文化软实力，以增强抵御风险能力，在日趋激烈的综合国力竞争中赢得主动。总之，新时期文化建设是建设中国特色社会主义的题中应有之义，同时也是在思想文化领域应对西方挑战的迫切需要。

党的十八大以来，中国特色社会主义进入新时代。新时代是承前启后、继往开来的时代，所面临的发展机遇和风险挑战均前所未有，保持战略定力坚定不移走自己的路显得尤为紧要。依托中华优秀传统文化，古代中国在治国安邦上颇有建树，长期保持繁盛；依托革命文化和社会主义先进文化，党带领人民分别走出中国革命和建设新路，开辟了中华民族伟大复兴的光明前景；中国特色社会主义文化

[①] 《江泽民文选》第 3 卷，人民出版社 2006 年版，第 399—400、558 页。

作为中华文化的最新形态，是开创中国特色社会主义新时代的强大精神支撑。中华优秀传统文化、革命文化、社会主义先进文化以及中国特色社会主义文化，都是通过文化建设推出的别具一格的优秀文化，由此催生出精神层面的文化自信。党的十八大报告明确表示"必须走中国特色社会主义文化发展道路"，"树立高度的文化自觉和文化自信"。[1]

有了文化自信，才能实现精神上的独立自主，进而树立实践层面的道路自信。"自信"之"自"字，即以我为主，所烘托的正是独立性、创新性。习近平总书记主持起草的党史上第三个历史决议总结了党百年奋斗的十条历史经验，其中之一是"坚持独立自主"。他郑重指出："独立自主是中华民族精神之魂，是我们立党立国的重要原则。走自己的路，是党百年奋斗得出的历史结论。"[2] 他在文化传承发展座谈会上更明确指出："坚定文化自信，就是坚持走自己的路。"[3] 基于对历史的科学总结和对现实的战略思考，习近平总书记将"三个自信"扩展为"四个自信"，深刻揭示了文化自信与道路自信之间的关系，深刻阐释了文化自信的战略意义，强调："我们说要坚定中国特色社会主义道路自信、理论自信、制度自信，说到底是要坚定文化自信。文化自信是更基本、更深沉、更持久的力量。"[4] 这三个"更"字，生动诠释了文化自信的地位与作用，标志着党对文

---

[1]《胡锦涛文选》第3卷，人民出版社2016年版，第637、640页。注：党的十八大报告由习近平同志主持起草。

[2]《中共中央关于党的百年奋斗重大成就和历史经验的决议》，人民出版社2021年版，第67页。注：独立自主是毛泽东思想活的灵魂三个基本方面之一。

[3] 习近平：《在文化传承发展座谈会上的讲话》，《求是》2023年第17期。

[4]《习近平谈治国理政》第2卷，外文出版社2017年版，第339页。

化自信重要性及紧迫性的认识达到了一个新高度。

二 意识形态决定文化前进方向和发展道路

中国特色社会主义文化建设是一个完整概念,"社会主义"四字是定性的,其标志之一就是坚持马克思主义在意识形态领域的指导地位,用马克思主义统领文化建设。党的十九大报告在阐述发展中国特色社会主义文化时,首先宣示"以马克思主义为指导",强调"意识形态决定文化前进方向和发展道路",① 深刻揭示了意识形态对文化建设的极端重要性。党的十九届四中全会从制度建设着手,首次将坚持马克思主义在意识形态领域指导地位确立为我们必须始终遵循的一项根本制度。党的二十大报告将建设社会主义文化强国的主旨概括为15个字,即"举旗帜、聚民心、育新人、兴文化、展形象"。"举旗帜"排在第一位,指高举中国特色社会主义伟大旗帜,鲜明回答了举什么旗、走什么路的问题。报告从五个方面论述文化建设,首先谈"建设具有强大凝聚力和引领力的社会主义意识形态",强调"意识形态工作是为国家立心、为民族立魂的工作"。②

所谓"以马克思主义为指导",即以中国化马克思主义为指导,用发展中的马克思主义指导新的实践。革命文化、社会主义先进文化、中国特色社会主义文化之所以能成为起精神支撑作用的新文化,助推我们独立自主走出革命和建设的新路,关键在于有党的创新理论

---

① 《习近平谈治国理政》第3卷,外文出版社2020年版,第32页。
② 习近平:《高举中国特色社会主义伟大旗帜 为全面建设社会主义现代化国家而团结奋斗——在中国共产党第二十次全国代表大会上的报告》,人民出版社2022年版,第43页。

的指导。党的二十大报告有句画龙点睛的话："实践告诉我们，中国共产党为什么能，中国特色社会主义为什么好，归根到底是马克思主义行，是中国化时代化的马克思主义行。"① 中国共产党在百年光辉历程中接续探索，实现马克思主义中国化三次历史性飞跃，分别形成毛泽东思想、中国特色社会主义理论体系、习近平新时代中国特色社会主义思想。从理论创新、实践创新角度讲，党的百年奋斗史可概括为实现马克思主义中国化三次历史性飞跃，引领走出两条新路——中国革命新路和中国特色社会主义建设新路，开创了中国特色社会主义新时代。作为习近平新时代中国特色社会主义思想的重要组成部分，习近平文化思想围绕文化建设提出一系列新思想新观点新论断，指引新时代文化建设取得新成就。《中共中央关于党的百年奋斗重大成就和历史经验的决议》从十三个方面概括新时代党和国家事业取得的历史性成就、发生的历史性变革，第七方面专论文化建设，其结语着重阐释了意识形态对文化建设的引领作用，指出："党的十八大以来，我国意识形态领域形势发生全局性、根本性转变，全党全国各族人民文化自信明显增强，全社会凝聚力和向心力极大提升，为新时代开创党和国家事业新局面提供了坚强思想保证和强大精神力量。"② 理论创新成为新时代文化建设、文化自信的最鲜明标志，同时也是文化建设、文化自信的最根本保证。

然而，关于马克思主义对文化建设的指导意义，国内有人存在模

---

① 习近平：《高举中国特色社会主义伟大旗帜　为全面建设社会主义现代化国家而团结奋斗——在中国共产党第二十次全国代表大会上的报告》，人民出版社2022年版，第16页。
② 《中共中央关于党的百年奋斗重大成就和历史经验的决议》，人民出版社2021年版，第46页。

糊甚或错误认识。这主要是受美西方影响。美西方长期对中国实施"西化"战略，借助经济、科技等优势推行文化霸权，加大文化输出及思想价值观念渗透。抛出"文明冲突论"的美国政治学家亨廷顿一语道破天机："对一个传统社会的稳定来说，构成主要威胁的，并非来自外国军队的侵略，而是来自外国观念的侵入，印刷品比军队和坦克推进得更快、更深入。"[①] 我们起初从文化视角谈综合国力竞争，正是主要着眼于抵御美西方"西化"图谋，防范对方在意识形态领域的渗透。近年来，美西方更加不遗余力地对中国进行意识形态渗透，鼓吹所谓"普世价值"，一味"唱衰""妖魔化"中国，肆意诋毁中国共产党领导和中国特色社会主义道路。在此蛊惑下，有人盲目推崇西方文化、西方模式——倘若这么做，中国发展会因为生搬硬套、邯郸学步而遭遇挫折，导致国力受损，甚或沦为别人的附庸，其结果是灾难性的。很显然，社会主义和资本主义两种意识形态、两种社会制度的较量与斗争将是长期、复杂、尖锐的。这种较量非同小可，关乎中国举什么旗、走什么路、向何处去，关乎国家和民族的前途命运。这正是中央号召树立文化自信的主要着眼点。

正确评价党领导的文化建设、坚持文化建设的社会主义方向，涉及如何看待中国新旧文化之间的关系。毛泽东早在 1938 年就明确表示："今天的中国是历史的中国的一个发展；我们是马克思主义的历史主义者，我们不应当割断历史。从孔夫子到孙中山，我们应当给以

---

① ［美］塞缪尔·P. 亨廷顿：《变化社会中的政治秩序》，王冠华等译，生活·读书·新知三联书店 1989 年版，第 141 页。

总结，承继这一份珍贵的遗产。"① 党的七大闭幕词以"愚公移山"为题，毛泽东在重要历史转折关头借用中国古老寓言故事，号召全党"下定决心，不怕牺牲，排除万难，去争取胜利"，极富感染力。作为中华文化的最新形态，中国特色社会主义文化立足于中华优秀传统文化、革命文化和社会主义先进文化，是一个前后衔接、推陈出新而形成的有机整体。但是，某些西方人却别有用心地将之割裂开来。还有人借古讽今、以古非今，对中华传统文化持赞赏态度，却极力否认中国共产党建设新文化的巨大贡献和意义，动辄对我们说三道四、指手画脚。

其实，对于这种"教师爷"般颐指气使的说教，以及将中国新旧文化割裂开来或对立起来的不经之谈，就连一些西方学者也不以为然。纽约大学历史和国际关系学者派克新近接受采访，便表示赞同老一辈美国学者的看法，认为必须从中国的角度来理解中国，而不仅仅是用美国现实政治思维方式或西方政治学、社会科学的传统来看待中国；认为了解中国独特的历史背景将永远是了解中国文化的一个重要方面。他援引费正清的话说："中国是一个独特的文化整体，无法用西方标准来评估。"在他看来，年轻一代美国人缺少对中国，特别是对中国文化和文明的思考；美国智库当下的思考，在很大程度上是非历史性的。② 新加坡前资深外交官、新加坡国立大学教授马凯硕亦认为，中华文明是历史上最强大、最具韧性的文明之一；如果根据过去两

---

① 《毛泽东选集》第 2 卷，人民出版社 1991 年版，第 534 页。注：五四时期提出"打倒孔家店"，反映了在民族危亡之际除旧布新、建设新文化的决绝心理，有其历史合理性。今天，随着国力日趋强盛，我们更加自信、从容、科学地看待传统文化，更加重视守住自己的文化之根。这种变化折射出国力、国势、国运的沧桑巨变，令人无限感慨。

② 《美国应学会如何与中国合作》，《环球时报》2023 年 11 月 3 日。

千多年来的实际表现，用一个指数衡量不同人类文明的相对强弱和韧性，那么中华文明可能高居榜首。谈到中美博弈，他认为："一个人口只有中国四分之一、历史只有250年的国家，不可能对拥有5000年文明史的国家进行演变。"① 这两位学者均关注到中国历史和文化的独特性，关注到中国古代文化和文明对当代中国的影响，颇有见地。

正确理解中国新旧文化之间传承与发展的辩证关系，势必涉及一个深层次问题，即如何看待党的理论创新与文化建设之间的关系。习近平总书记明确提出"第二个结合"，即把马克思主义基本原理同中华优秀传统文化相结合，对此作了科学解答，在理论创新上取得重大突破。马克思主义与中华优秀传统文化来源不同，两者能否结合？习近平总书记分析指出，两者存在高度的契合性，故而能够有机结合。"结合"的结果是互相成就，让经由"结合"而形成的新文化成为中国式现代化的文化形态。这有力回应了将马克思主义与中华优秀传统文化割裂开来的错误观点。关于"结合"的深层次意义，习近平总书记指出，"结合"筑牢了道路根基、打开了创新空间、巩固了文化主体性。"第二个结合"让中国特色社会主义道路有了更加宏阔深远的历史纵深，拓展了中国特色社会主义道路的文化根基。更重要的是，"第二个结合"是又一次的思想解放，让我们能够在更广阔的文化空间中，充分运用中华优秀传统文化的宝贵资源，探索面向未来的理论和制度创新。②

---

① 《华盛顿为何放弃改变中国的战略》，《环球时报》2021年12月3日。
② 习近平：《在文化传承发展座谈会上的讲话》，《求是》2023年第17期。注：要完整准确地理解和领会"两个结合"，澄清所谓"'第一个结合'不重要了""'第二个结合'取代第一个结合"等错误观点。

"结合"不是简单混合或叠加,而是孕育新生命、新事物。习近平总书记解释道,"结合"造就了一个有机统一的新的文化生命体。一方面,马克思主义激活了中华文明基因,使之实现从传统到现代的跨越;另一方面,中华优秀传统文化充实了马克思主义的文化生命,推动马克思主义不断实现中国化时代化的新飞跃,显示出日益鲜明的中国风格与中国气派,"中国化马克思主义成为中华文化和中国精神的时代精华"。[①] 他进而分析了文化主体性与文化自信之间的关系:任何文化要立得住、行得远,要有引领力、凝聚力、塑造力、辐射力,就必须有自己的主体性。文化自信就来自我们的文化主体性。这一主体性主要体现在三个方面:由中国共产党带领中国人民在中国大地上建立;在传承和发展中华优秀传统文化、革命文化、社会主义先进文化,以及借鉴吸收人类一切优秀文明成果的基础上建立;通过"两个结合"建立。创立新时代中国特色社会主义思想就是这一文化主体性的最有力体现。[②] 通过"第二个结合"说、"文化主体性"说,党的理论创新与文化建设之间的关系首次得到富有新意的科学阐释:中国化马克思主义既是政治层面居指导地位的意识形态,同时又具有文化属性,是中华文化和中国精神的时代精华;当代中华文化即中国特色社会主义文化,具有突出的主体性,党的理论创新就是这一文化主体性的最有力体现;有了文化主体性,文化自信就有了根本依托。也就是说,坚定文化自信与坚持马克思主义在意识形态领域的指导地位是合为一体的。在当代中国,坚持马克思主义在意识形态

[①] 习近平:《在文化传承发展座谈会上的讲话》,《求是》2023年第17期。
[②] 习近平:《在文化传承发展座谈会上的讲话》,《求是》2023年第17期。

领域的指导地位、巩固全党全国各族人民团结奋斗的共同思想基础，是文化建设的题中应有之义，顺理成章、天经地义。倘若背离党的创新理论，就丢掉了文化自信，也就不能独立自主走自己的路。

中国共产党是世界上最大的马克思主义执政党，坚持马克思主义在意识形态领域指导地位与坚持党的领导密不可分。中国共产党领导是中国特色社会主义最本质的特征、中国特色社会主义制度的最大优势，这是正确党史观的核心论断。美西方却硬把我们的最大优势说成最大"缺陷"，腆然以其自身政治制度为标准对我们横加指责，肆意诋毁、否定党的领导。其实，美西方金钱政治、"选举民主"的虚伪性已是众所周知；面对国力渐走下坡、国内乱象丛生的窘境，美国自我吹嘘的底气也已大不如前。漫长峥嵘岁月，见证了中国共产党带领人民勇毅前行、不懈奋斗的光辉历程，深刻诠释了党史的主题主线、主流本质：党历史发展的主题是实现中华民族伟大复兴，主线是独立自主走自己的路，主流是始终走在时代前列、引领中国发展进步，本质是与人民心连心、同呼吸、共命运。单就文化建设而论，中国共产党始终代表着中国先进文化的前进方向，坚持为人民服务、为社会主义服务，坚持百花齐放、百家争鸣，以社会主义核心价值观引领文化建设，努力培育时代新风、培养时代新人；关于文化建设的思考和部署既一脉相承又与时俱进，一张蓝图绘到底，接续奋斗、久久为功，避免了折腾和倒退。所有这些，都是西方资产阶级政党绝不可能做到的，充分彰显了坚持党的文化领导权的必要性和优越性。

方向决定前途，道路决定命运。坚持马克思主义在意识形态领域的指导地位，坚持党的文化领导权，也就坚持了正确的文化前进方向和发展道路,进而确保我们坚持中华民族的文化主体性,坚持人民在文化建设中的主体作用,坚持让全体人民共享文化发展成果。以上是我们的独特优势所在,为我们坚定道路自信提供了强大精神支撑。

三 担负起新的文化使命,努力建设中华民族现代文明

新时代新起点,呼唤我们在文化建设上有更大作为。中国特色社会主义进入新时代,我国社会主要矛盾已转化为人民日益增长的美好生活需要和不平衡不充分的发展之间的矛盾,其表现之一便是人民对物质文化生活提出了更高要求。我们沿着中国特色社会主义道路高歌猛进,实现第一个百年奋斗目标,中国发展站在了更高历史起点上,为维护世界和平、促进共同发展作出巨大贡献,为人类解决贫困这一世界性难题提供了中国智慧、中国方案。然而,美西方却处心积虑地诋毁、抹黑、围堵我们,蓄意打断中华民族伟大复兴的历史进程。如前所述,社会主义和资本主义两种意识形态、两种社会制度的较量与斗争将是长期、复杂、尖锐的。目前,我们在国际上的声音还不够大,有时仍处于有理说不出、说了传不开的境地,"西强东弱"的国际舆论格局尚未根本扭转。从长远看,今后中美之间的文化软实力之争会愈发升级,其背后是道路、理论、制度之争。习近平总书记在文化传承发展座谈会上郑重指出:"在新的起点上继续推动文化繁荣、建设文化强国、建设中华民族现代文明,是我们在

新时代新的文化使命。"① 这体现了从战略高度对时势的深刻把握和洞察。

"海纳百川，有容乃大。"坚定文化自信，坚持独立自主、走自己的路，与学习借鉴人类创造的一切优秀文明成果并不矛盾。我们将继续以开放包容的胸怀熔铸古今、汇通中西，但学习借鉴绝不等同于照抄照搬，而是古为今用、洋为中用，其落脚点是创新。从大历史视角看，中华文明具有突出的创新性，创新不是推倒重来另起炉灶，而是推陈出新、革故鼎新。这种强大的内生发展驱动力强化了中华文明的延续性，进而决定了中华民族发展的独立性。中华民族现代文明是面向未来的人类文明新形态，所谓"新形态"主要体现在两个方面：一是与古代中国比，二是与当代西方比。今天念兹在兹的中华民族伟大复兴不是复古而是创新，不是简单地再现汉唐雄风、康乾盛世，而是把中国建成富强民主文明和谐美丽的社会主义现代化强国，是在崭新的中国特色社会主义形态下振兴中华，是一种更高层次的辉煌。当代西方文明是资本主义文明，虽在取代封建主义文明上有其进步意义，但其制度本质上同样是剥削制度，代表极少数人的利益，无法摆脱两极分化等与生俱来的梦魇，在国际事务中推行"丛林法则"也大失人心，最终必然会走向没落。相比之下，社会主义社会致力于消灭剥削、消除两极分化，最终达到共同富裕；致力于推动物质文明和精神文明协调发展、促进人的全面发展；致力于维护世界和平、促进共同发展，构建人类命运共同体，故而具有资本主义社会所不具备的感召力、凝聚力、生命力。归根到底，中华民族现代文明是中国特色

---

① 习近平：《在文化传承发展座谈会上的讲话》，《求是》2023年第17期。

社会主义文明，是对以往一切文明和社会形态的超越，这也正是中华民族伟大复兴之"伟大"一词的寓意所在。

"天若有情天亦老，人间正道是沧桑。"建设中华民族现代文明，保持志不改、道不变的坚定和从容，必须坚持以习近平新时代中国特色社会主义思想为指导。在当代中国，坚持习近平新时代中国特色社会主义思想，就是真正坚持马克思主义。习近平新时代中国特色社会主义思想是继毛泽东思想、邓小平理论之后，中国共产党第三次直接以领袖的名字来命名创新理论，进一步凸显了习近平总书记在党中央和全党的核心地位。"新时代"是个大的时间概念，包括到21世纪中叶实现第二个百年奋斗目标。这意味着我们今后的理论创新都是在现有理论框架内进行，是对习近平新时代中国特色社会主义思想的丰富和发展。理论创新是对创新理论最好的坚持。作为习近平新时代中国特色社会主义思想的最新理论成果，习近平文化思想是不断推进理论创新的生动体现。以习近平文化思想指导新时代文化建设，文化建设便有了科学行动指南，就能进一步增强我们的文化自信，继续坚定不移走自己的路。

（原载《中国社会科学》2024年第3期）

用习近平文化思想指导文化载体研究

——"融通"与"结合"视角下的现代汉语问题

张伯江[*]

中华优秀传统文化是一个完整的体系,习近平总书记从政治、社会、文明和世界观等角度作了全面的概括:"天下为公、天下大同的社会理想,民为邦本、为政以德的治理思想,九州共贯、多元一体的大一统传统,修齐治平、兴亡有责的家国情怀,厚德载物、明德弘道的精神追求,富民厚生、义利兼顾的经济伦理,天人合一、万物并育的生态理念,实事求是、知行合一的哲学思想,执两用中、守中致和的思维方法,讲信修睦、亲仁善邻的交往之道等,共同塑造出中华文明的突出特性。"[①] 习近平总书记关于近现代文学艺术的论述,就集中体现了实事求是、知行合一的精神和执两用中、守中致和的思维:不取绝对的"对立"或"同一"观,而是秉持"和而不同"的中国哲学观,看重"融通"和"结合"。他一直强调要让马克思主义走入

---

[*] 张伯江,中国社会科学院语言研究所所长,中国社会科学院大学文学院教授。
[①] 习近平:《在文化传承发展座谈会上的讲话》,人民出版社2015年版,第2页。

中国、中华优秀传统文化走进现代；强调"人类文明是由世界各国各民族共同创造的"，我国文学艺术"不仅为中华民族提供了丰厚滋养，而且为世界文明贡献了华彩篇章"。这种深重的历史情怀和宽广的世界胸怀，是我们守住马克思主义魂脉和中华优秀传统文化根脉，从历史走向未来的可靠保证。

一 习近平文化思想对中国共产党文化观的深化和发展

习近平文化思想，既是对毛泽东、邓小平等老一辈马克思主义者文化思想的全面继承，更是新时代新形势下的理论创新。党的二十大报告中"民族的科学的大众的社会主义文化"[①] 和"面向现代化、面向世界、面向未来的"[②] 文化属性描述，分别是对毛泽东、邓小平文化和教育论述的继承和发展；关于"资源融通"和"两个结合"的重要论断，则体现了当代中国马克思主义文化理论的重要发展。毛泽东提出的"民族的科学的大众的社会主义文化"是在对"五四"以来各种非无产阶级文化的辨析中，凝聚了对新中国政治和文化发展方向的深刻思考而形成的明确主张；邓小平的"三个面向"则是立足于20世纪后半叶的中国与世界、为中国如何以自己的现代化方式走向未来所指明的方向；而习近平文化思想的形成，正是在中国式现

[①] 习近平：《高举中国特色社会主义伟大旗帜　为全面建设社会主义现代化国家而团结奋斗——在中国共产党第二十次全国代表大会上的报告》，人民出版社2022年版，第43页。

[②] 习近平：《高举中国特色社会主义伟大旗帜　为全面建设社会主义现代化国家而团结奋斗——在中国共产党第二十次全国代表大会上的报告》，人民出版社2022年版，第43页。

代化成绩斐然、中国文化日益显现人类文明价值的背景下，中国共产党人对历史之问和时代之问的根本回答。不同思想文化资源的融通和中国与西方的结合成为最鲜明的理论创新。

习近平总书记在提出"加快构建中国特色哲学社会科学"[①] 任务时，首先明确了把握好继承性和民族性的关系问题，强调要善于融通古今中外各种资源，特别是马克思主义的资源、中华优秀传统文化的资源、国外哲学社会科学的资源。这一论断打破了一个时期里关于传统与现代、东方与西方、马克思主义与非马克思主义等思潮与方法之间简单对立的僵化思想，引领我们寻求各种资源之间融通的可能性，既是一次思想的解放，也同时给出了明确的方法论指向。在庆祝中国共产党成立100周年大会上的讲话中，习近平总书记更明确地指出，在新的征程上，我们必须"坚持把马克思主义基本原理同中国具体实际相结合、同中华优秀传统文化相结合"[②]。在文化传承发展座谈会上，习近平总书记进一步确认了"两个结合"的理论价值，指出"结合"的前提是彼此契合、"结合"的结果是互相成就、"结合"筑牢了道路根基、"结合"打开了创新空间、"结合"巩固了文化主体性。从"融通"到"结合"再到"巩固文化主体性"，凸显了中国共产党文化观的视野、胸怀和自信。

这种对文化主体性的自信不是一朝一夕形成的，百余年来中华大地上发生的文化革命和社会革命就见证了从怀疑、探索到确立的过程。五四运动前夜，进步知识分子还没有也不可能形成对中华优秀传

[①] 习近平：《高举中国特色社会主义伟大旗帜　为全面建设社会主义现代化国家而团结奋斗——在中国共产党第二十次全国代表大会上的报告》，人民出版社2022年版，第43页。
[②] 习近平：《在纪念五四运动100周年大会上的讲话》，人民出版社2019年版，第13页。

统文化作创造性转化、创新性发展的理性认识，更没有经历革命文化和社会主义先进文化的实践，在借鉴吸收其他文明成果时也没有成熟的经验。文化领域的反思与探索首先发生在语言文学上，中国现代文学是百年前文化革新最重要的成果之一，文学革命直接促成了现代通用汉语的成长与定型。作为相较于世界其他文明的语言使用人数最多的现代汉语，一百年来走过了一条什么样的道路，如何认识它的文化价值，这不仅是具体学科内的学术问题，更是广泛意义上的文化思想问题，需要从文化思想高度加以阐释。

中国现代文学是伴随着马克思主义在近现代中国的传播而发展起来的，带着鲜明的反封建和现代化启蒙色彩。习近平总书记高度评价五四运动"是一场传播新思想新文化新知识的伟大思想启蒙运动和新文化运动"，并指出："五四运动前后，我国一批先进知识分子和革命青年，在追求真理中传播新思想新文化，勇于打破封建思想的桎梏，猛烈冲击了几千年来的封建旧礼教、旧道德、旧思想、旧文化。"[①] 新文化运动给中国文学带来了全新的面貌，不仅摒弃了言之无物、机械仿古、无病呻吟、滥调套语、阿谀雕琢、陈腐铺张的不良文风，而且树立了平易晓畅、鲜活清新、抒情立诚的崭新风尚。新文学在鲜活与陈腐之间作出了清醒的风格选择，在文言与白话之间作出了明确的文体选择，而且依照西方文学建立了一些全新的文体：现代小说、话剧、诗歌、散文等。应该说，新文化运动的成就，首先是马克思主义理论资源在中国青年思想中占据了统治地位，与此同时，在文化、科学、艺术等领域，来自西方的思想文化资源也深深冲击了

---

① 习近平：《在纪念五四运动 100 周年大会上的讲话》，人民出版社 2019 年版，第 2、3 页。

我们的文化传统,为中国文化开启现代篇章产生了积极影响。但是,三种资源的融通还远没有成为普遍的现实。

新文学最引人注目之处在于语言形式的更新。如何评价起始于"五四"前后的这场语言革命?毛泽东在高度评价"五四"以后的新文化时,也高度认可了"语言革命"的成就,他在《新民主主义论》中说:"在'五四'以后,中国产生了完全崭新的文化生力军……这支生力军在社会科学领域和文学艺术领域中,不论在哲学方面,在经济学方面,在政治学方面,在军事学方面,在历史学方面,在文学方面,在艺术方面(又不论是戏剧,是电影,是音乐,是雕刻,是绘画),都有了极大的发展。二十年来,这个文化新军的锋芒所向,从思想到形式(文字等),无不起了极大的革命。"[①] 在毛泽东作出上述文艺论断的基础上,习近平总书记进而强调指出:"20世纪初,在五四新文化运动中,发端于文艺领域的创新风潮对社会变革产生了重大影响,成为全民族思想解放运动的重要引擎。"[②]

在追踪了五四新文化的发展轨迹后,毛泽东明确指出"民族的科学的大众的文化",就是"中华民族的新文化"。四十余年以后,邓小平提出"面向现代化,面向世界,面向未来"的教育发展方向。江泽民在庆祝中国共产党成立八十周年大会上的讲话中把二者综合在一起,明确表述为"面向现代化、面向世界、面向未来的,民族的科学的大众的社会主义文化"。党的十七届六中全会通过的《中共中央关于深化文化体制改革 推动社会主义文化大发展大繁

---

① 《毛泽东选集》第2卷,人民出版社1991年版,第697—698页。
② 习近平:《在文艺工作座谈会上的讲话》,人民出版社2015年版,第6页。

荣若干重大问题的决定》和党的二十大报告中都沿用了这个说法。而习近平总书记关于"资源融通"和"两个结合"的重要论断，则是对社会主义文化思想的进一步丰富和发展。作为中国文化最重要的载体，语言文化在这百余年间先后经历了存废之争、文体之争、雅俗之争和民族形式与现代化之争等重大争议。今天回首来看，每一次分歧的发生，每一个潮流的变向，以及诸多无疾而终的尝试，大多与没有解决好"资源融通"和"两个结合"这个根本问题相关。

有了融通和结合的观点，我们对一些文学史上存在争议的问题就有可能得出新的认识，得出更具有历史高度与前瞻性的看法。就百年前诞生的新文学及其带来的语言革命而言，究竟是保守性向人民性的回归，还是对上千年文言传统的割裂？是语言本体性精神传统的新生，还是工具性的机械追求导致舍本逐末？是民族共同语统一性凝聚力的增强，还是对方言、欧化等多样化表现形式的制约？这些认识上的分歧，还不时出现在现代文学研究的论述中，已经造成了一定程度上的思想混乱。这不仅不利于对现代文学发展历程作出科学的评价，更不利于正确把握未来的发展方向。究其原因，还是在于缺少"融通"与"结合"的思想高度。

二 用历史和发展的文化观看待文化载体

20世纪中国思想文化发展的主线，就是马克思主义的传播和指导地位的确立。"马克思主义进入中国，既引发了中华文明深刻变革，也走过了一个逐步中国化的过程。"① 这个"中国化过程"既是中国共产党人的鲜明特质，也是百余年来我国文化建设最宝贵的经验。当中华传统思想文化经历剧烈变革的阵痛时，首当其冲的是各种文化载体，或饱受质疑，或屡经改造，许多争议伴随着整个 20 世纪。仅拿中国语言文学来说，白话文、语体文是该跟传统文言作彻底的语体切割，还是该在一定程度上向传统回归？我们的书写工具汉字，究竟是人民心声的障碍，还是文化精神的负载？是应该改造文字打造一个"有声的中国"，还是借由语素文字丰富的意涵，来窥知古往今来文字里凝聚的中国人对世界的认知？文学争议不仅是文学史的评价分歧，应该看作中国式现代化进程中对文化道路的选择与取舍问题。因此，回顾和思考百余年来对文化载体的价值评判，就成为文化研究中的一个重大问题，也是党的创新理论系统化、学理化阐释的一个理想例证。

习近平总书记在谈到"要加强对五四运动历史意义的研究"②时，明确提出"要从历史逻辑、实践逻辑、理论逻辑相结合的高度，从五四运动以来中国的政治史、思想史、文化史、社会史等各领域开展研究，总结历史规律，揭示历史趋势"，这就为我们讨论五四新文学语言革命的性质和意义指明了方向。"现代汉语"是五四新文化的一个标志性成果，也是当今国家通用语言文字的坚实内核，它究竟具有什么样的文化内涵，它的生命力如何体现了习近平文化思想的理论穿透力，我们拟从历史逻辑、实践逻辑和理论逻辑加以论列。

---

① 习近平：《在哲学社会科学工作座谈会上的讲话》，人民出版社 2016 年版，第 9 页。
② 《新中国 70 年大事记（1949.10.1—2019.10.1）》下，人民出版社 2020 年版，第 1954 页。

（一）现代汉语的历史逻辑

白话和文言，究竟是选择关系，还是继承关系？新文化运动初期，激进的改革派视文言为"死语言"，以"我手写我口"为信念，先后祭出了白话文学和语体文。新时期以来，又有一种复古情绪泛起，强烈反对白话文运动及其一切，把文言与白话置于非此即彼的选择中。我们不妨先从学理上做一个观察。现代汉语面貌之所以不同于古汉语，一般人的印象，其实是来自韵律节奏上的"骈""散"之别。文言给人以节律有致、韵味隽永的感觉，关键在于读起来的韵律感；白话让人觉得散，句子长短不一，没有相对齐整的长短限制，又有轻音重读相间，好像没什么规律。事实上，汉语的文体样式从上古到近现代一直没有停止演变，其背后的原因就在于语音结构在变。据考证研究，远古时期汉语存在一个字含有两个韵素的现象，到周秦时期发生了从一个字占两个节拍到单音节、单节拍的重大变化，我们于是看到反映那一时期语言特点的四言诗大量存世。① 文学的文体是适应语言结构的产物。到了东汉中后期，双音词大量出现，其发展势头一直延续到今天，成为现代汉语词汇最重要的组成部分。也就是从东汉时起，由于单双音节词并存，才依次出现了奇数字的五言诗、七言诗乃至唐宋以后的长短句。唐宋以后的文学形式，给人的明显印象是句子长短越来越多样化，这一方面是因为单音节词和双音节词的错落搭配，另一方面是因为实词虚化现象越来越多，虚字在语音上较实字为轻，语言节奏必然呈现松紧交错的局面。可以说，汉语文学打破齐

---

① 冯胜利：《汉语韵律文学史：理论构建与研究框架》，《中国社会科学》2022年第11期。

整的骈俪格局，形成"长短律"，已有上千年的历史。具体而言，汉语的近现代的韵律格式包括以下六个特征：字数不等、轻重不一、缓急有差、虚实相间、骈散交替、没有格律。① 其实，纵观一部汉语发展史或曰整个中国文学史，两千多年里，一直是朝着这个方向发展的。每个历史时期，都清晰可见这几个因素在不断增多或者强化。因此说，汉语本来没有文言和白话的清楚界限，也没有古代汉语和现代汉语的明显区分，更不存在现代文学和古代文学之间的"断裂"。从语言发展的历史逻辑而论，现代汉语不能简单地看作新文化运动中某些激进理论主张的结果，而是汉语历史发展多音节化、实词虚化改变语言节奏的自然结果。应该说，在汉语发展的历史上，每个时代有每个时代的"现代汉语"，都是正常的历史选择。

（二）现代汉语的实践逻辑

从古代到近代，汉语一直在使用中调整和塑造着自己的通行性和规范性，如同每个时代都有在中华大地上使用的"雅言""通语"一样，从来不是人工创造、人为规定的，而是在文学实践和社会实践中自然磨合而成的。百年来的现代汉语形成了一个稳定和谐的体系，在现当代文学的经典作品中，不管是明清小说传统、民间文学的形式，还是外来的语言因素以及新文学实践中形成的新传统，都水乳交融地融合在一起。我们或许可以指出哪一篇作品的哪些词句带有某种方言色彩或既有文体的影子，却很难认定哪一位作家、哪一部大型作品完全是旧式白话的翻版或者是外国作品的汉化版，没有一部作品不是多

---

① 冯胜利：《论韵律文体学的基本原理》，《当代修辞学》2010年第1期。

种新旧风格的综合。20世纪40年代的"民族形式问题论争",就新文学的语言实践而言,并不是各种文体风格已经到了难以调和的险境,也不是一定要通过一场范围颇广的论争方能解决的难题。30年代的大众语讨论和40年代的民族形式论争,不管是当时讨论的参与者还是此后数十年里文学史的叙述者,都有意无意地贬低其语言论争价值,而强调他们论争的意义远在语言之上。论者不愿面对语言运用中融通、融化的成熟现实带给他们的深刻启发,宁愿停留在片面夸大某种论点,而在论证中与不同意见者形成尖锐对立。这也是西方学术传统中的对立观给中国学术论辩带来的深刻影响。其实,语言作为文化最重要的载体和呈现者,它的调适能力和对文化本体的影响力实在是被忽视了。如果当时以及其后的论者能够多多观察语言实践本身,他们认识的深度和共识有可能会超出原地踏步式的争辩,而可以想得更深、看得更远些。新文学仅用了不到半个世纪的时间,就塑造了自己融汇古今的文化风格,像朱自清、汪曾祺的散文风格,传统与现代语言精神的融通已经不着痕迹;郭沫若的新诗创作,尽管面貌全新,也无处不体现着诗骚传统。新文学出现不久,人们谈论到汉语中似乎越来越多出现"欧化"现象,有人指责这种句法背离了汉语的本色,有人称赞是给汉语带来了活力和精密化。其实,只要我们认真观察一下所谓的欧化汉语,就会发现,它一方面给传统汉语拘谨的部分增添了张力,另一方面,其种种看似新鲜的表达法,又无不植根于汉语既有的格局之中,换句话说,真正背离汉语传统的"欧化句法"并未发生:汉语并没有依照西方语言而产生名词的复数标记或格标记,句子也没有发明出大量的后置从句——而这些才是西方语言最重要的句法特点。总的来看,现代汉语的文学实践展现给我们的,是一个在统一性与多样性之间保持合理张力的成熟的体系。

（三）现代汉语的理论逻辑

习近平总书记指出："一个国家文化的魅力、一个民族的凝聚力主要通过语言表达和传递。"① 这句话深刻道出了语言的文化承载功能、精神凝聚功能和人际交流功能。作为数千年汉语自然发展的一个重要阶段，现代汉语一如既往地承载了语言的全方位功能。值得讨论的是，在现代文学研究界，工具性成了"五四"新文学以来的争议话题，其实这个问题之所以形成争议，也跟认识的片面性有关。中国人不是从新文化运动开始以后才有了语言工具性的认识的，荀子所说的"名无固宜""名无固实"其实说的就是语言的工具性，与此同时，中国古人历来更是把"载道明理"的功能理解渗透到语言文字本身。新文化运动以后，我国学者了解到西方语言学把语言看作工具的共识，并且连带得到工具是可选择、可换用的观念，于是对汉语的"工具性"效益产生了怀疑，这才出现了是否要弃用汉语汉字、可不可以给汉语设计一套拼音方案的议论。郜元宝这样概括早期知识分子的语言文化理想："中国社会文化的现代性转变，首先表述为语言的本质、人和语言的关系的某种历史性变革。无论人的本质还是文学的本质，其现代性的进步与解放，首先都被理解为以西方现代为榜样的语言的进步与解放。只有成为自己的语言的主人，人才能自由地接受教育，自由地获取知识，自由地扩大视野，自由地在政治、经济各个

---

① 《习近平同德国汉学家、孔子学院教师代表和学习汉语的学生代表座谈 强调掌握一种语言就是掌握了通往一国文化的钥匙》，《人民日报》2014年3月30日。

领域为自己争取合法的权益,并在文学美学上成功地表达自我。"①从这段引文中,已经可以感受到"语言工具论"者对语言工具崭新文化功能的期待。但也是从这段引文中,我们或多或少感觉得到引述者站在宏观文化立场上对这种西化的语言工具文化观的不认同。近些年来,现代文学研究界对这种工具性的语言观,对语言表音与表意性能的话题格外感兴趣,有些论者对一百年前文化界引入的现代语言观念颇有微词,认为工具观或多或少抛弃了汉语言文字所负载的文化传统,忽视了"汉语的智慧和汉语的生殖力"。②郜元宝对这个问题有自己的思考:"现代文学的奠基者对语言文字的理解本来就有许多简单化乃至根本错误的地方,研究现代文学的学者们受此影响,也不把语言文字当作文学史研究必须慎重对待的问题,这就导致了双重的粗糙:一是和古代文学相比,中国现代文学因为对语言文字的许多简单化理解而显出的文学的粗糙,一是现代文学研究界因为不注重语言文字问题而在理解和描述现代文学历史时暴露出来的学术的粗糙。"③这在很长一段时间内确实是文学的遗憾也是学术的遗憾。与此同时我们也应该看到,"五四"前后引进的语言学理论并非那么片面、那么偏激,洪堡特的名言"民族的语言即民族的精神,民族的精神即民族的语言",这不仅是中国语言文化学者的共识,更是党的创新理论中最基本的学理支撑。从毛泽东给新民主主义文化的定义开始,党的几代领导人对新文学、新语言、新文化的这种理论定位是一以贯之的。

---

① 郜元宝:《汉语别史——现代中国的语言体验》,山东教育出版社2010年版,第106—107页。
② 李春阳:《白话文运动的危机》,生活·读书·新知三联书店2017年版。
③ 郜元宝:《汉语别史——现代中国的语言体验》,山东教育出版社2010年版,第141页。

习近平总书记指出："中华民族精神，既体现在中国人民的奋斗历程和奋斗业绩中，体现在中国人民的精神生活和精神世界中，也反映在几千年来中华民族产生的一切优秀作品中，反映在我国一切文学家、艺术家的杰出创造活动中。"① 现代汉语有其略显粗糙的一面，也有日渐精美的另一面，更有我们用不同的理论眼光去发现和审视其美学价值的巨大空间。中国学者对现代汉语的价值理解也并不限于工具意义，百年以来，现代汉语的文化价值也随着实践的发展越来越得到理论阐释和认定。从何其芳、林庚等学者对新诗形式的关注和关于新诗格律的理论总结，到近年来冯胜利等学者对现代书面汉语庄雅性质的系统论述，沈家煊关于古今汉语"以对为本，共鸣律动"成为文明传承重要原因的理论假说，现代汉语的美学价值已经成为逻辑自足的理论现实。

如何评价现代汉语和现代文学的发展，不是一个简单的学术问题，而是一个文化观的问题。简单地站在古今对立或中西对立的立场上，很难完整准确地看到一部健康成长的文化史，捕捉到其中"一脉相承的精神追求、精神特质、精神脉络"，看清现代文化发展史"以古人之规矩，开自己之生面"的本质特征。

三 从中国式范畴观看习近平文化思想的方法论价值

贯通在习近平文化思想中的"明体达用、体用贯通"特征，是

---

① 《习近平著作选读》第1卷，人民出版社2023年版，第537页。

习近平总书记观察文化现象、思考文化规律的普遍方法，体现着深刻的方法论价值。这种方法论，时刻坚持马克思主义基本观点，又不忘中国实际；既立足文化本体，又注重转化和发展；既注重现实问题，又保持历史思维和前景展望；既关注共同命运，又看重各美其美；既敬重人类文明，又聚焦中国形态。这里渗透着深刻的中国式哲思。赵汀阳从中国古人的"人类共在"的存在观推出"世界无外"的天下观，为人类命运共同体理念提供了某种哲学理论支撑。这种思想的基础，在沈家煊看来，就是中国区别于西方的独特范畴观。

不同民族的人民在认识世界时认知方式的不同集中体现在范畴观上。沈家煊认为，汉语现象的背后隐藏着一种与西方不同的范畴观，中国学者的任务就是要把这种范畴观揭示出来。我国的现代学术大多是在"西学东渐"之后逐渐形成理论体系的，很多学科不自觉地袭用了西方传统的基本范畴观。两相区别的范畴，在西方的范畴观里，总是在内涵和外延上都相对立的。然而这并不是区别范畴的唯一方式，两相对待的范畴完全可以是在外延包含、内涵交融的情况下体现出它们的深刻不同。这种新的范畴观的核心理念是"和而不同"，沈家煊认为，中国很多根本性的传统思想都体现了中国概念的"包含观"。如"天人合一"："人"是"天"的一部分（"人之始生，得之于天"）；"体用不二"："体"就是"道"，抽象的"道"包含在具象的"器"之中；"有生于无"："无"不是什么都没有，而是指无限可能性，"无"包含和规范着"有"；"物犹事也"："物"是"意之所在"，"事即物也"没有意义，"物犹事也"才有意义。[①]

[①] 沈家煊：《从语言看中西方的范畴观》，《中国社会科学》2017年第7期。

之所以说习近平总书记主张的"三种资源融通"和"马克思主义基本原理与中华优秀传统文化相结合"是创新性的理论发展，就是因为，这种理论契合了中国哲学本质上的思维方式和认识，可以在新的高度上帮我们澄清一些理论争议和模糊认识。回到上文讨论的中国现代文学语言问题，我们可以重新审视一下争议的焦点和破解的出路。有论者指出：20世纪中国文学语言问题中，存在"两个完全对立的语言观念：工具论语言观和本体论语言观，它们互相对立，前者作为一种主流的语言观念深深地制约了中国现代文化和现代文学的品质，而后者虽被压抑却一直存在，以其注重'语言之体验'对于弥补现代汉语所受到的某种伤害起到重要的作用"。[1] 与此相关的还有"音本位"和"字本位"的对立，以及欧化、方言与现代汉语主体性的对立问题。这种对新文化运动的"反思"——从语言的工具性、音本位和统一性追求，转而强调语言本体的精神属性、汉语的文字表现、语言的多样化和差异性，表面看是对百年前"西化"倾向的反思和向汉语文化传统的"回归"，事实上，这种非此即彼的"对立"思维方式，本身就是西方化的认识方法和批评方法。

习近平总书记在深刻阐释"和而不同"的文明观时说过："不同文明凝聚着不同民族的智慧和贡献，没有高低之别，更无优劣之分。文明之间要对话，不要排斥；要交流，不要取代。人类历史就是一幅不同文明相互交流、互鉴、融合的宏伟画卷。我们要尊重各种文明，平等相待，互学互鉴，兼收并蓄，推动人类文明实现创造性发展。"[2]

---

[1] 郜元宝：《汉语别史——现代中国的语言体验》，山东教育出版社2010年版，"总序"第22页。

[2] 《习近平谈治国理政》第2卷，外文出版社2017年版，第524—525页。

中国式的范畴观不仅可以解释文明之间的对立与融通，也可以更好地解释文学争议，从而帮助我们更准确地理解中国文化。我们认为，语言的本体性和工具性不是对立的概念，语言的文化精神包含工具属性，工具属性是文化精神的产物，工具身上永远带有文化精神。语言就其实质来说是文化精神的体现，其工具侧面可以独立研究却不可能独立存在。汉语的书写形式和语音形式也不是对立的概念，汉字中带有语音信息。汉字的表音功能后起于表意功能，汉字的表意本质为表音功能提供了基础，注入了活力，丰富了表音能力。现代汉语文学百年实践的成就，并非有些学者断言的那样"粗糙化"的局面，文学创作并没有因为语言工具性的觉醒而泯灭了天然的诗性。现代汉语以对言为本、以"视韵"构形的精神特质，不仅保证了汉语文学精神的生生不息，而且得到了中国式认知方式的理论支撑。汉语的统一性和多样性、差异性更不是对立的概念，语言使用的差异性和多样性包含统一属性。白话文运动初期关于口语性与规范性的简单化主张并没有成为现实，因为统一性基于多样性，所谓的规范汉语就是由口语的、方言的、欧化的种种具体表现方式组成的。规范汉语不是人造语言，不是抽象语言，而是现实语言形式。总的来说，现代汉语百余年来的新发展有其自身的历史逻辑、实践逻辑和理论逻辑，我们过去对它的某些简单化批评，不是因为它本身的发展存在严重的问题，而是理论和方法论的欠缺限制了我们得出正确的文化观察。正确的范畴观不仅帮助我们准确地认识历史，更能驱使我们创造汉语文学更好的未来。

回首百余年来现代汉语走过的道路，我们看到，新文化运动让中国了解了西方，尝试用西方的现代化方式改造汉语文化。这种努力使古老的中华文明很快找到了与世界对话的方式，也使中国人感受到科学的精神，学习了逻辑的思维，丰富了认知世界的方式。但是如果习惯于用西方的范畴观认识和批评，则不利于准确把握中国文化的核心概念和理解方式。在全面了解世界之后，更应该有能力用中国的方式表述自己。如果不懂资源融通和"两个结合"的意义，就难免从"五四"反封建的主张推导到对传统的全面否定，把百年来中国人民的马克思主义选择狭隘理解为反对资产阶级文化的一切，把爱国主义主张简单推向拒绝外来文化的极端。新时代我们对马克思主义与中国、东方与西方、传统与现代的全新认识，正是对西方范畴观的超越，昭示了基于中国哲学的语言文化观的回归，是践行习近平文化思想的文学理论新实践。我们以近现代中国语言文化发展和评价争议分析的实例，思考习近平文化思想应用于具体文化载体中的认识论问题，目的就是想说明，习近平文化思想的意义，不仅在于提升了文化在推进中华民族伟大复兴中的重要作用，提出了建设中华民族现代文明的伟大使命，在方法论价值上，也为我们解读文化现象、评价文化载体的发展史，给出了深刻而系统的思维和分析方法，以中国式范畴观为特色，推导出新的哲学境界。

（原载《中国社会科学》2024 年第 3 期）

明体达用、体用贯通的多重维度及其具体展开

——论习近平文化思想的鲜明理论品格

杨洪源[*]

  理论品格是一种理论或思想所应具备的基本要求和特征，是判断观点和论断是否升华为理论乃至思想的重要标准。作为习近平新时代中国特色社会主义思想的文化篇，习近平文化思想具有鲜明的理论品格，即明体达用、体用贯通。当前，理论界将此普遍解释为实践基础上的理论创新和理论指导下的实践创新。同时，学者们也对"体用"这对中国哲学经典范畴的多种含义，进行了较为详尽的考察，论述了其所表征的主体与功能的关系、本质与现象的关系、原则与方法的关系，为准确理解习近平文化思想的鲜明理论品格，提供了必要的学理性支撑。从"体用"范畴的上述三个维度出发，本文力求全面把握习近平文化思想的理论品格，更好地理解这一思想在文化理论上的创新突破，进一步明确其在文化建设上的布局要求，不断推动文化建设

---

[*] 杨洪源，中国社会科学院哲学研究所研究员，中国社会科学院大学哲学院教授。

基础上的文化理论创新，实现理论创新与实践创新的良性互动。

一 把握主体本位和功能客位的内在联系

作为中国思想的固有概念和体现中华民族智慧的重要范畴，"体"首先指代实体、主体、形体等，也就是可感知的有形事物或者具有独立性的东西；"用"则意味着该事物的作用、功能、属性等。《荀子·富国》指出："万物同宇而异体，无宜而有用为人，数也。"[①]即认为万物并存于宇宙之中而形体各不相同，虽不能主动地迎合人们的需要却对人都有用，这是一个客观的规律。具体到文化这一事物上，"体用"范畴首先强调的是文化主体性和文化功能之间的内在联系。近代以降，"体用"与"古今中西之争"问题相交织，被中国知识分子赋予文化的主体本位与功能客位的含义，以此回应西方文化对中国文化的冲击，试图破解追求近代文明之"用"同维护自身文明之"体"无法兼得的困境，在中国思想界引起了激烈的论争，形成了各种不同的理论主张。

文化主体性与文化功能的相互关系，也是马克思主义文化理论的基本要点之一。马克思主义认为，文化是人类社会特有的发展样态，它贯穿于人类社会的各个领域，体现着人的本质和人的发展。马克思早在青年时期就尝试摆脱德国观念论的影响，从人的主体性而非绝对精神或绝对观念出发来把握文化，指明人的主体性能够使人自身的本质力量对象化，形成了关于文化即人化的认识。立足满足人的需要、

[①] 张觉：《荀子译注》，上海古籍出版社2012年版，第117页。

人的社会活动或社会制度安排，马克思探讨了文化对人的需要的价值规范和个体行为的作用，特别是对人的教化，使之不断实现本质的自我确证；考察了文化在社会历史中的地位，包括文化在无产阶级运动中的重要作用、宗教文化对资本主义文明起源的塑造功能等。恩格斯揭示了文化与经济、政治的辩证关系，指出"政治、法、哲学、宗教、文学、艺术等等的发展是以经济发展为基础的"，"它们又都互相作用并对经济基础发生作用"。① 延续马克思和恩格斯的上述观点，马克思主义文化理论始终主张文化功能的发挥有赖于坚持文化主体性，并且把文化的功能拓展为传承社会经验和知识、维持社会历史连续性、增强各民族自我意识、为社会发展凝聚力量等。

习近平文化思想秉承马克思主义关于文化的主体性和功能的基本观点、中国传统体用论的主体与功能的关系以及实现这两者的有机结合，从文化自信的高度出发理解文化的功能，揭示出文化自信的前提在于文化主体性的确立和巩固，从而深刻把握文化的主体本位及功能客位的内在联系，使之成为这一重要思想明体达用、体用贯通的主要表现。

坚定文化自信是习近平文化思想的重要命题之一，彰显对文化的地位及作用的认识达到了新高度。这一重要思想不仅用"灵魂"来描述文化在一个民族和国家中的地位，强调文化自信是更基础、更广泛、更深厚的自信，是更基本、更深沉、更持久的力量；而且创造性地提出坚定文化自信，将它与道路自信、理论自信、制度自信相并列，阐明其重大意义，即事关国运兴衰、文化安全和民族精神独立

---

① 《马克思恩格斯文集》第 10 卷，人民出版社 2009 年版，第 668 页。

性。中国既是一个拥有百万年人类史、一万年文化史、五千多年文明史的古老国家，也是一个社会主义国家、最大的发展中国家。面对如何使中国从文化大国走向文化强国，如何为强国建设、民族复兴凝聚力量等重大问题，习近平文化思想把坚定文化自信，进一步归结为担负起新时代新的文化使命所应当遵循的原则，认为唯此方可推动中华优秀传统文化创造性转化、创新性发展，传承与发展革命文化、社会主义先进文化，在文化强国建设和中华民族现代文明建设中展现新气象新作为。

文化自信源于文化主体性，文化主体性是文化自信的根本依托。习近平文化思想系统回答了为什么要有文化主体性、什么是文化主体性、怎样巩固文化主体性的问题。这一重要思想指出，一种文化只有具备主体性，才能够形成引领力、凝聚力、塑造力、辐射力，才能立得住、行得稳、走得远。没有文化主体性，就不能更好汲取自己的优秀传统文化精华、对一切人类文明成果择善而从，也难以具有坚持走自己的道路的决心和意志。有了文化主体性，便有了文化意义上的坚定自我与肩负文化使命的高度自觉。中华文明所具有的突出的连续性，即作为世界上唯一没有中断、以国家形式发展至今的文明形态，充分表明它的"自我发展、回应挑战、开创新局的文化主体性与旺盛生命力"[1]。换言之，整个中华文明发展史即为中华文化主体性不断塑造、完善、巩固、变革的过程。从先秦子学、两汉经学、魏晋玄学到隋唐佛学、宋明理学，再到明清朴学、乾嘉之学，其间虽历经焚书坑儒、五胡乱华、靖康之耻等浩劫，却始终屹立不倒、文脉赓续。究

---

[1] 习近平：《在文化传承发展座谈会上的讲话》，《求是》2023年第17期。

其原因，就在于积淀了特色鲜明、底蕴深厚、根基稳固的文化主体性。

近代以来，在西方文明的侵袭下，中华文明遭受难以赓续的深重危机，全盘西化的社会思潮一度盛行，对中国传统文化的否定和批判占据主导，中华文化的主体性日渐式微。为了破解中国自近代以来面临的"古今中西之争"，解决这一重要问题背后体现的文化主体性强弱难题，中国共产党人历经百年奋斗，成功探索出中国式现代化这一实现中华民族伟大复兴的唯一正确道路，创造了人类文明新形态。这种全新的人类文明形态，在始终坚持马克思主义指导地位的同时，不断传承中华优秀传统文化，充分吸收人类文明的一切优秀成果，引领人类文明进步的发展方向。当代中国的文化主体性，"是通过把马克思主义基本原理同中国具体实际、同中华优秀传统文化相结合建立起来的"①，体现于中国共产党团结带领全国各族人民弘扬中华优秀传统文化、继承革命文化、发展社会主义先进文化之中。

从上述意义上讲，中华文化主体性中的文化，不仅仅是历史的、民族的，更是当代的、世界的。这一文化主体性的最有力体现，就在于创立了习近平新时代中国特色社会主义思想这个"两个结合"光辉典范。作为习近平新时代中国特色社会主义思想的重要组成部分，习近平文化思想创造性地将"第二个结合"作为又一次思想解放，从文化主体性和文化自信的关系维度阐述了它的标志性意义。不论是对中国道路、理论、制度的认识，还是历史自信和文化自信，抑或在传承中华优秀传统文化中推进文化创新的自觉性，都提升到了新的高

---

① 习近平：《在文化传承发展座谈会上的讲话》，《求是》2023年第17期。

度，让中华民族的文化主体性更加巩固。

二 坚持透过外在现象看内在本质并揭示规律

在中国思想体系中，"体用"范畴的第二层内涵是本质与现象的关系。这里的"体"不再是独立的主体、有形的实体，而是一切事物的根本性质、最高本体或本原，是事物各要素之间的内在联系、事物内部包含的必然性的综合反映。与之相对，"用"则指代本体派生出来的具体事物，是在事物产生、发展和变化中表现出来的外在联系和客观形式。宋明理学经常在上述辩证的意义上使用"体用"范畴，并以此建立起儒学的本体论。例如，程颐在解释《周易》时以"理"与"象"说明体用关系："至微者理也，至著者象也。体用一源，显微无间。"[1] 这就是说，"体"和"用"既有密切的关联，又分属不同的层次，前者具有形而上的优先性。秉承这一思路，朱熹进一步指出，虽"体用一源"，却始终存在"体"和"用"的先后之分、精粗之别，这两者之间有着逻辑展开上的因果关系。不仅如此，朱熹还对"体用"范畴进行了广泛运用，甚至扩展到关于心性的阐释。显然，"体用"范畴同样适用于对文化的理解，因为文化现象在人的世界中无所不在，需要人们打破习以为常，形成对文化本质的深刻认识。

从纷繁复杂的文化现象或文化存在形态中把握文化的本质，揭示文化发展的历史过程与内在规律，是马克思主义关注的重要问题。根据马克思主义文化理论的基本观点，文化不论是表现为物质的还是非

---

[1] （宋）程颢、程颐：《二程集》第3册，王孝鱼点校，中华书局1981年版，第689页。

物质的形态,在本质上都是人的类本质活动(劳动)的对象化,也就是内在于人们的实践活动中并在实践结果中变成现实的人的意识。因此,在人类实践和社会发展的一定历史阶段,必然存在着同这个阶段的物质生活和生产方式相适应的文化现象。简言之,文化的产生与发展是一个历史的过程。起初,人们把自身生活的决定力量归结为各种自然物,将自然神化为宗教信仰和崇拜对象,尚未形成真正意义上的文化。随着人的生产实践的发展,人们逐渐意识到其生活从根本上取决于他们自身,进而形成关于文化的初步概念,在文化与自然之间作出区分。到了阶级社会,文化从对自然的崇拜中摆脱出来,逐渐受到统治阶级的影响,继而发展到同它的创造者相对抗甚至异化的程度,并且在资本主义社会达到顶点。

相比于封建文化,资本主义文化提出的自由、平等、民主等使人脱离直接的相互依赖,因而具有一定的先进性。但是,资本主义文化的根本目的在于维护资产阶级的统治和利益,最大限度占有工人的剩余劳动,让人彻底陷入物的依赖关系中。它否定无产阶级文化,是工人阶级发展的思想阻碍。因此,批判资本主义文化、使文化复归其本质,建立更为先进的文化形态以促进人的自由全面发展,是文化发展的必然趋势。按照马克思的设想,在未来理想社会即共产主义社会中,文化真正成为人的自由自觉活动的对象,使"人以一种全面的方式,就是说,作为一个完整的人,占有自己的全面的本质"[①]。在社会主义社会向共产主义社会的过渡中,社会主义先进文化能够提供坚强的思想保证、强大的精神力量、有利的文化条件。

---

① 《马克思恩格斯文集》第 1 卷,人民出版社 2009 年版,第 189 页。

马克思主义关于文化的本质、文化发展及其规律的认识，贯穿着坚持本质与现象的辩证统一。这与中国传统体用论中的本质与现象的关系是彼此契合的，为马克思主义文化理论和中国传统文化观的有机结合提供了前提条件。习近平文化思想的形成，正是这种结合从可能变为现实的明证。这一重要思想立足中国特色社会主义建设的伟大实践，全面系统地回答了新时代建设什么样的文化、如何建设这样的文化的重大问题，进一步阐明了中国特色社会主义文化的本质和发展方向，深刻揭示了文化发展和文化建设的一般规律，实现了透过文化的现象认识其本质和规律，极大地展现了明体达用、体用贯通的鲜明理论品格。

究其实，中国特色社会主义文化这一提法中的"中国特色"和"社会主义"，本身即已指明了它的本质所在。正如习近平总书记强调的："我们的社会主义为什么不一样？为什么能够生机勃勃、充满活力？关键就在于中国特色。中国特色的关键就在于'两个结合'。"[①] 在五千多年文明发展中孕育的中华优秀传统文化，在中国共产党和人民伟大斗争中产生的革命文化和社会主义先进文化，共同汇聚成中国特色社会主义文化。我们要建设的中国特色社会主义文化，是社会主义先进文化而不是其他什么文化，马克思主义的指导和科学社会主义的原则不能丢，丢了就不是社会主义先进文化了。

就其发展方向而言，中国特色社会主义文化是面向而非背离现代化、世界、未来的，是民族的科学的大众的而非媚外的愚昧的小众的。其中，面向现代化意味着我们的文化发展必须同现代化进程相一

---

① 习近平：《在文化传承发展座谈会上的讲话》，《求是》2023年第17期。

致，坚持与时俱进，充分汲取现代文明的成果，推动传统文化的现代化转型，使之与现代社会相适应。面向世界表明了我们的文化发展必须具有开放性和包容性，深化交流互鉴，积极吸收世界各国的优秀文化成果，推动中华文化更好地走向世界。面向未来昭示着我们的文化发展必须具有前瞻性和创新性，紧跟时代步伐，积极探索新的文化形态和文化模式，激发全社会的文化创新活力，为未来发展奠定坚实的基础。民族的科学的大众的文化，在中国的革命、建设和改革的不同时期有着不同的内涵。中国特色社会主义的最本质特征在于中国共产党领导。中国共产党自成立时起，就把建设民族的科学的大众的中华民族新文化作为使命，先后提出建设民族的科学的大众的新民主主义文化、大力建设社会主义文化、发展民族的科学的大众的社会主义文化，积极推动文化建设和文化发展。进入新时代，习近平文化思想创造性地提出建设中华民族现代文明的重要命题，赋予文化建设更加重大的使命任务，使之成为民族的科学的大众的文化的全新内涵。

在进一步阐明中国特色社会主义发展道路的同时，习近平文化思想还深化了对文化发展和文化建设的一般规律的认识，尤其是准确把握到文化传承、文化创新、文化交流的相互关系。历史和实践表明，继承、创造、互鉴是文化得以延续和发展的前提条件、内在动力、必由之路。一方面，文化传承与文化创新相互关联、互为前提，文化传承的重要目的在于更好地进行文化创新，唯有在传承基础上的文化创新方为真正意义上的创新。习近平文化思想辩证地阐释了继承中华优秀传统文化与创造属于当今时代的中华民族现代文明之间的关系，既肯定文化的传承性又强调文化的选择性；充分认识到文化发展与文化建设的本质在于创造性实践，着力推动中华优秀传统文化的创造性转化、创新性发展，坚持在"两个结合"中实现文化的推陈出新。另一方面，文化的传承和创新都离不开文化交流。文化多样性是人类社会的基本特征，文化正是由于有差异、相互交流和借鉴才得以存在。习近平文化思想指出中华文明具有突出的包容性，强调这从根本上决定了"中华文化对世界文明兼收并蓄的开放胸怀"①。必须更加广泛地同世界各国进行文化交流，更加充分地借鉴人类创造的一切优秀文明成果，不断推动文化的传承与发展。

三 实现根本原则同具体方法的有机结合

原则与方法的关系，是中国传统体用论的第三个维度。除却本体和实体、本质和本原，"体用"范畴中的"体"还有根本原则、内在目的之义。相应地，"用"则为根本原则的具体运用、内在目的之实现方式，也就是具体方法、外在手段。先秦时代同"体用"意义相近的"本用"，早就表达出根本原则及其具体运用的含义。人们所熟知的清末洋务派的指导思想"中体西用"，起初被冯桂芬在《校邠庐抗议》中揭示出来，经由"中学为体，西学为用"概念的正式提出，最后由张之洞作出了全面阐释，即"中学为内学，西学为外学；中学治身心，西学应世事"。② 所谓"中学为体"，是指以中国的伦常名教为根本；"西学为用"则意味着学习西方的科学技术为我所用。值得注意的是，作为根本原则的"中体"，绝不意味有一个自我封闭的、

---

① 习近平：《在文化传承发展座谈会上的讲话》，《求是》2023年第17期。
② （清）张之洞：《劝学篇》，冯天瑜、姜海龙译注，中华书局2016年版，第317页。

僵化的体系，而是一个开放的、发展的体系，因为中国文化本身就是在不忘本来、吸收外来中，实现传承、发展、创新的。

马克思主义文化理论同样有着作为前提的一些根本原则。诚然，对文化自身的内在逻辑、文化发展的内在动力等的考察，构成了文化理论的普遍性内容。但是，文化从根本上只有置于社会历史中才能得到真正的理解。正是在这个意义上，社会存在决定社会意识这个唯物史观所揭示的基本原理，成为马克思主义文化理论的一大基本原则。依据这一原则，每个个体在社会中所处的环境或地位不同，使得他们的意识之间出现差异，形成各种各样的文化观念。诚如马克思和恩格斯所言："统治阶级的思想在每一时代都是占统治地位的思想。"[①] 为了给予社会存在以合理性的论证，每个时代都会有占统治地位的文化，并由此产生了文化领导权。在俄国社会主义革命和建设中，列宁始终强调无产阶级政党对文化建设的领导，总结了掌握无产阶级文化领导权的重要方法，包括在同错误思潮的斗争中坚持和发展马克思主义、把无产阶级文化特别是以阶级政治意识为代表的先进理论"从外面灌输给工人"[②] 等。同理，人民群众是历史的创造者的原理，也是适用于马克思主义文化理论的根本原则，它内在地要求必须坚持以人民为中心的宣传思想文化工作导向。

习近平文化思想把适用于马克思主义文化理论的基本原理，同中国传统体用论中的原则与方法的关系相结合，系统阐述了文化建设中的若干根本原则及其具体运用，诸如坚持党的文化领导权、宣传文化

---

① 《马克思恩格斯文集》第1卷，人民出版社2009年版，第550页。
② 《列宁选集》第1卷，人民出版社2012年版，第363页。

思想工作必须坚持以人民为中心的导向、建设中华民族现代文明的基本遵循与方法路径等，充分彰显明体达用、体用贯通的鲜明理论品格，谱写了中国化时代化的马克思主义文化理论新篇章。

坚持党的文化领导权是事关党和国家前途命运的大事。回顾中国共产党百余年奋斗历程，掌握文化领导权始终是党的一项重要任务。党的一大决议中就明确提出了迅速占领文化思想阵地的要求。在社会主义革命和建设时期，以毛泽东为主要代表的中国共产党人，深刻认识到党对思想文化的领导决定着社会主义的发展。改革开放以来，从建设高度的社会主义精神文明到建设有中国特色的社会主义文化，再到坚定不移走中国特色社会主义文化发展道路，中国共产党始终高度重视文化领导权建设。新时代以来，习近平总书记深刻总结党的历史经验、洞察时代发展大势，把坚持党的文化领导权提升到前所未有的高度。习近平文化思想中的党的文化领导权理论，既有"意识形态关乎旗帜、关乎道路、关乎国家政治安全"[①]"意识形态工作是党的一项极端重要的工作"[②]"必须把意识形态工作的领导权、管理权、话语权牢牢掌握在手中"[③]等带有原则性的重大判断，又有"建设具有强大凝聚力和引领力的社会主义意识形态"[④]、全面落实意识形态工作责任制、坚持党对新闻舆论工作的领导、加强党中央对网信工作的集中统一领导、加强和改善党对哲学社会科学工作的领导、牢牢掌握党对高校工作的领导权等方法论意义上的具体部署，表明了对新时代

[①]《习近平关于社会主义文化建设论述摘编》，中央文献出版社2017年版，第35页。
[②]《习近平著作选读》第1卷，人民出版社2023年版，第147页。
[③]《习近平关于社会主义文化建设论述摘编》，中央文献出版社2017年版，第21页。
[④]《习近平著作选读》第2卷，人民出版社2023年版，第34页。

文化地位作用的深刻认识，体现了对党的意识形态工作的科学把握。

为什么人的问题，是一个根本性和原则性问题。人民性是马克思主义的本质属性，也是习近平文化思想的根本政治立场。党性和人民性具有内在的一致性、有机的统一性。为了人民、依靠人民、服务人民是党领导文化建设的本质要求。坚持党的文化领导权，必然意味着宣传思想文化工作必须坚持以人民为中心的导向，不断满足人民精神需求、增强人民精神力量、丰富人民精神世界。在确立上述根本原则的基础上，习近平文化思想进一步提出了服务群众同教育引导群众相结合、满足需求同提高素质相结合的方法，要求多宣传报道"人民群众的伟大奋斗和火热生活""人民群众中涌现出来的先进典型和感人事迹"[①]。关于新时代文艺工作，习近平文化思想强调坚持以人民为中心的创作导向，坚持为人民服务、为社会主义服务的根本方向。一方面，要守住为人民服务的初心，把为人民服务作为文艺工作者的天职、把人民作为艺术表现的主体，推出更多增强人民精神力量的优秀作品；另一方面，坚持养德、修艺相统一，引导文艺工作者把崇德尚艺作为一生的功课，培育大批德艺双馨的文学艺术家，造就规模宏大的文化文艺人才队伍。

除此之外，习近平文化思想还从理论与实践、历史同现实、国际和国内的结合上，阐明了建设中华民族现代文明应当遵循的原则和方法，即坚定文化自信、秉持开放包容、坚持守正创新。具体而言，坚定文化自信，就是坚持走自己的路。要立足中华民族的伟大历史实践和当代实践，用中国道理总结好中国经验并提升为中国理论，绝不一

[①]《习近平著作选读》第1卷，人民出版社2023年版，第148页。

味盲从各种教条也不照搬照抄外国理论，从而实现精神上的独立自主。同时，要把文化自信融入中华民族的精神气质与文化品格中，全面养成昂扬向上的民族风貌和理性平和的民族心态。对内提升先进文化的凝聚力和感召力、对外增强中华文明的传播力和影响力，是建设中华民族现代文明的内在要求。秉持开放包容，意味着"坚持马克思主义中国化时代化，传承发展中华优秀传统文化，促进外来文化本土化，不断培育和创造新时代中国特色社会主义文化"[①]，以此破解"古今中西之争"，形成一批贯通古今、融汇中西的文明成果。对于文化建设而言，守正是确保不迷失自我和方向、不犯颠覆性错误，创新则是为了把握及引领时代。不仅要守好马克思主义在意识形态领域的指导地位，守住"两个结合"的根本要求，守牢中国共产党的文化领导权和中华民族的文化主体性；而且要以马克思主义为指导，真正做到古为今用、洋为中用、辩证取舍、推陈出新，努力实现传统与现代的有机衔接。

四　推进理论创新与实践创新的良性互动

在关于体用关系的表达上，明体达用和体用贯通的内涵是一致的。明体达用出自北宋胡瑗提出的教育思想，始见于元代张光祖对其教育思想的如下概括："胡安定公瑗，字翼之，患隋唐以来仕进尚文辞而遗经业，苟趋利禄，其教学者必以明体达用为本。"[②] 它的原义

---

① 习近平：《在文化传承发展座谈会上的讲话》，《求是》2023年第17期。
② （元）张光祖：《言行龟鉴》，徐敏霞、文青校点，辽宁教育出版社2001年版，第3页。

是将圣贤之道传授学生,并在此基础上用于小到为人处世、大到研究治国之道和治国安邦的实践。换句话说,就是内在地挺立道体、坚守义理,以此实现修身齐家治国平天下。胡瑗的明体达用思想对后世影响深远,黄宗羲尊其为"宋初三先生"之首、宋学第一等人物,钱穆认为这一思想代表着宋学精神。相比之下,体用贯通则是现代才有的说法。随着时代的发展,明体达用、体用贯通被赋予新的内涵,用以表述理论与实践的辩证关系。

实践与认识的辩证关系原理是马克思主义的基本原理。实践的观点是马克思主义认识论首要的、基本的观点,马克思主义理论区别于其他理论的一大显著特性在于实践性。马克思主义认为,认识来源于实践,人们通过实践的方式获得关于世界的知识,又根据获得的知识指导实践,并且在实践的过程中不断改造世界,实现了实践产生认识、认识指导实践的辩证发展过程。理论作为认识的高级形式和系统化的理性认识,是实践的产物。实践是理论的源泉、基础、前提、动力以及正确与否的检验标准。人们的实践活动总是受一定的意识支配的,故而理论具有指导实践的作用。正确的理论能够成功地指导实践,在于它准确地反映了事物发展的客观规律,科学总结了人们在实践活动中所积累的经验。实践是不断发展的,这决定了科学的理论必须不断随着实际的变化、实践的发展而不断创新发展。正确处理理论与实践的关系,必须真正做到理论联系实际。对于马克思主义政党来说,坚持理论联系实际,就是把马克思主义基本原理同本国实际相结合,运用马克思主义的立场、观点、方法来分析和解决实际问题。

中国共产党一贯重视理论工作,主张理论必须同实践相统一。不断推进实践基础上的理论创新,用科学的理论指导实践,推动理论创新和实践创新的良性互动，是中国共产党的优良传统。强调习近平文化思想明体达用、体用贯通的鲜明理论品格，深刻表明这一重要思想体现了"两个结合"的根本要求。习近平文化思想既包括文化理论观点上的创新突破，又涵盖文化工作布局上的部署要求，实现了文化理论创新与文化建设发展的有机统一。综观习近平总书记明确的新时代文化建设的路线图和任务书，无论是将文化自信纳入"四个自信"的创造性做法、"九个坚持"对党的宣传思想文化工作内在规律的概括、坚持党的文化领导权的提出、文化建设方面"十四个强调"的阐述、中华文明突出特性的总结、"两个结合"重大意义的揭示、新时代新的文化使命及其遵循原则的阐明、宣传思想文化工作"七个着力"目标要求的明确，还是在主持召开文化建设各主要领域工作会议中提出的一系列目标任务、多次主持召开中央会议审议通过一系列宣传思想文化工作改革发展方面的规划和方案、在全国各地考察各类文化传承发展项目并提出的一系列要求、在多个重大国际场合阐明对全球文化发展和文明交流互鉴的一系列中国立场与中国方案，都展现着明体达用、体用贯通的特点。

问题是时代的口号，是创新的起点和动力源。理论创新和实践创新的过程，就是不断发现问题、分析问题、解决问题的过程。习近平文化思想及其鲜明理论品格的形成，从根本上离不开坚持问题导向。

新时代开启之时，我们在文化建设上面临着错综复杂的形势。改革开放取得的历史性成就使人们对中国特色社会主义道路的认同度不断提高，中国共产党坚持物质文明和精神文明两手抓、两手硬，推动中国特色社会主义文化繁荣发展，创造了生机勃勃的社会主义先进文化，为民族复兴凝聚起主动的精神力量、提供了强大的精神支撑。同时，意识形态领域也有一些突出的矛盾和问题亟待解决：一些人对中国特色社会主义制度的自信不足，一些党员干部理想信念动摇、宗旨意识淡薄、缺乏斗争精神；一些人对意识形态工作不同程度地存在"虚无论""无用论""教条论"等认识误区与错误论调；一些错误思潮沉渣泛起，拜金主义、享乐主义、极端个人主义、历史虚无主义等有所滋长；"网络舆论乱象丛生，严重影响人们思想和社会舆论环境"①；等等。因此，习近平总书记站在党和国家全局高度，深刻揭示了意识形态重要的极端重要性，全面论述了宣传思想工作的目标任务、原则立场、重要方针、创新要求、力量整合等，就坚定文化自信、牢牢掌握意识形态工作领导权、培育和践行社会主义核心价值观、繁荣发展社会主义文艺等，提出了一系列新思想新观点新论断，实现了对社会主义文化建设正本清源、举旗定向之效："党的理论创新全面推进，中国特色社会主义和中国梦深入人心，社会主义核心价值观和中华优秀传统文化广泛弘扬，主流思想舆论不断巩固壮大，文化自信得到彰显，国家文化软实力和中华文化影响力大幅提升，全党全社会思想上的团结统一更加巩固。"②

进入"两个一百年"奋斗目标的历史交汇期，我国思想文化建设取得了重大进展，也面临不少困难和挑战，意识形态领域斗争依然复杂。各种观点泥沙俱下，一些错误思潮乘虚而入，鼓吹"共产主义虚无缥缈"等；一些人刻意歪曲历史、丑化英雄，甚至抱着泛娱乐化、泛物质化的态度；社会热点表现出很多新的特点，一些孤立事件

---

① 《习近平著作选读》第1卷，人民出版社2023年版，第4页。
② 《习近平谈治国理政》第3卷，外文出版社2020年版，第310—311页。

和民生问题经过网络传播成为舆论事件等。为了解决这些问题，推动新时代文化建设在守正创新中继续前进，习近平总书记在这一时期深刻总结宣传思想工作取得的历史性成就和历史性变革的基本经验，不断深化对宣传思想工作的规律性认识，明确提出了"九个坚持"；围绕"举旗帜""聚民心""育新人""兴文化""展形象"，系统阐述了新形势下宣传思想工作的使命任务；提炼出中国特色社会主义的文化优势，擘画了到2035年建成文化强国的目标及其具体要求，创造性提出"两个结合"的重大论断等，"推动新时代宣传思想文化事业取得历史性成就，意识形态领域形势发生全局性、根本性转变，全党全国各族人民文化自信明显增强、精神面貌更加奋发昂扬"①。

新时代新征程，实现中华民族伟大复兴进入不可逆转的历史进程和关键的历史节点。越是接近目标，越需要付出更为艰巨、更为艰苦的努力，越需要增强人民力量、振奋民族精神，不断推进文化自信自强，从而更好地掌握历史主动。针对宣传思想文化工作所面临的新形势新任务新问题，包括世界范围的意识形态斗争更加尖锐复杂、我国意识形态安全始终面临风险挑战以及文化建设仍存在不少难题，习近平总书记全面系统地阐释了中华文明具有的突出的连续性、突出的创新性、突出的统一性、突出的包容性、突出的和平性，深刻论述了"两个结合"的重大意义和重要内涵，创造性地提出在新的历史起点上继续推动文化繁荣、建设文化强国、建设中华民族现代文明的新文化使命及其重要原则，明确提出了做好新时代宣传思想文化工作

---

① 《坚定文化自信秉持开放包容坚持守正创新　为全面建设社会主义现代化国家　全面推进中华民族伟大复兴提供坚强思想保证强大精神力量有利文化条件》，《人民日报》2023年10月9日。

"七个着力"的方略,为社会主义文化建设指明了路径方向、提供了强大的思想武器。实践发展没有止境,理论创新也没有止境。作为新时代党领导文化建设实践经验的理论总结,习近平文化思想是一个不断展开的、开放式的、科学系统的思想体系,必将随着实践的深入不断丰富发展,不仅指导我们谱写建设中华民族现代文明的实践华章,而且为创造人类文明新形态、引领世界文明发展进步贡献中国智慧、中国力量。

[原载《中共中央党校(国家行政学院)学报》2023年第6期]

二

中华文明的突出特性

深刻把握中华文明突出特性的历史意义与时代价值

中共中国社会科学院党组

在文化传承发展座谈会上,习近平总书记全面系统深刻揭示出中华文明具有突出的连续性、突出的创新性、突出的统一性、突出的包容性、突出的和平性。习近平总书记的重要论述,运用辩证唯物主义和历史唯物主义的科学方法,站在新时代中国特色社会主义伟大实践的战略高度,是对中华文明发展规律的深刻认识,是对中华文明内在特质的深刻揭示,不仅具有重大的历史意义,更具有强烈的时代价值,需要我们深刻理解和把握。

一 "五个突出特性"是对中华文明发展规律的深刻把握

在漫长的历史进程中,中华民族以自强不息的决心和意志,走过了不同于世界其他文明体的发展历程。习近平总书记深刻指出:"为什么中华民族能够在几千年的历史长河中顽强生存和不断发展呢?很

二 中华文明的突出特性

重要的一个原因,是我们民族有一脉相承的精神追求、精神特质、精神脉络。"① "五个突出特性"充分彰显了中华文明一脉相承的内在特质。

中华文明是世界上唯一绵延不断且以国家形态发展至今的伟大文明,具有突出的连续性。中华民族具有百万年的人类史、一万年的文化史、五千多年的文明史,形成了独具特色、博大精深的价值观念和文明体系,包括儒家思想在内的中国传统思想文化中的优秀成分,对中华文明形成并延续发展几千年而从未中断,对形成和巩固中国多民族和合一体的大家庭,对形成和丰富中华民族精神,都发挥了十分重要的作用。历史充分证明,中华文明具有自我发展、回应挑战、开创新局的文化主体性与旺盛生命力。深厚的家国情怀与深沉的历史意识,为中华民族打下了维护大一统的人心根基,成为中华民族历经千难万险而不断复兴的精神支撑。中华文明的连续性绝不是一些偶然历史现象的简单归纳,更不是文明的停滞,而是文化的一脉相承与承前启后的推陈出新,是文明的整体性与文明的阶段性的高度统一。

中华文明是革故鼎新、与时俱进、自强不息的文明,具有突出的创新性。文明创新是文明前进的源泉。没有创新的文明是一潭死水,没有连续性创新能力的文明是不可能长久的文明。中华文明之所以能够在世界文明的百花园中长盛不衰,根本原因就在于中华文明的创新性。中华文明革故鼎新、与时俱进、自强不息,追求"苟日新,日日新,又日新"的与时俱进精神是中华文明的核心理念。《易传》说:"《革》,去故也。《鼎》,取新也。"革故鼎新就是除旧布新。追求自

---

① 《习近平关于社会主义文化建设论述摘编》,中央文献出版社2017年版,第119页。

强不息是中华文明的精神品格。《易传》言："天行健，君子以自强不息。"革故鼎新、与时俱进、自强不息精神不断推动着中华文明在物质形态、制度形态、文化形态上前后相继，创造出一个又一个文明高峰。

中华文明是多元一体、向内凝聚、团结集中的大一统文明，具有突出的统一性。政治认同、文化认同和心理认同是一个民族文化主体性的突出反映，追求统一的大一统理念，是中华文化主体性的重要内容。在五千多年的历史长河中，中华文明逐渐形成"六合同风、九州共贯"的大一统思想。源于先秦的大一统理念，在秦汉以后转化为政治实践。这种治国理念与制度设计，在数千年的政治过程中获得了广泛认同。"事在四方，要在中央""车同轨，书同文，行同伦"等制度，有力维护了统一多民族国家的稳固。历史一再证明，国家统一是国家繁荣发展的前提，分裂只能给人民带来灾难、给历史带来倒退。当然，中华文明的统一性并不是消除文化的差异性。在大一统的政治框架内，各民族共同创造的中华文化展现出多姿多彩的样态。

中华文明是多元汇聚、兼收并蓄、开放交流的文明，具有突出的包容性。文明的包容性是文明海纳百川伟大胸襟的体现，也是文明汲取丰富营养而不断壮大的根本所在。中华文明是在多民族共生共存的历史环境中生长起来的，中华民族发展壮大的历史，就是一部各民族多元文化汇聚的历史。中华文化向来是以共同认可的经典、礼仪、道德、历史等来凝聚民族共同体。中国历史上很早就有自身所服膺的儒家思想和本土宗教，但对外来思想与宗教并不排斥，各种外来宗教和思想在中华大地上都有发展的空间，它们最终也因中国化本土化而丰富了中华民族的精神世界，融为中华文明的一个组成部分。中华文明

二 中华文明的突出特性

对外开放、兼收并蓄，丝绸之路的开辟、外来作物的引进、佛教的东传、郑和下西洋、西学东渐等，表明中华民族从物质文化、精神文化各个层面都充分吸取其他民族的优秀精华，同时也把中华优秀传统文化向周边地区乃至更遥远的地域传播。"有容，德乃大"，中华文明厚德载物，以宽广的胸怀塑造出包容万物的品格。

中华文明主张群己合一，倡导交通成和、共生并进、保合太和，具有突出的和平性。"己所不欲，勿施于人"，"己欲立而立人，己欲达而达人"。中华文明主张以道德秩序构造一个群己合一的世界，在人己关系中以他人为重，体现出一种集体主义精神。中华文明倡导交通成和，反对隔绝闭塞；倡导共生并进，反对强人从己；倡导保合太和，反对丛林法则。中华民族历来是一个爱好和平的民族，中国人自古就推崇"协和万邦""亲仁善邻，国之宝也""四海之内皆兄弟也""远亲不如近邻""亲望亲好，邻望邻好""国虽大，好战必亡"等和平思想。中国从不认同"国强必霸论"，中国人的血脉中没有称王称霸的基因，爱好和平的思想深深嵌入了中华民族的精神世界。习近平总书记指出："古往今来，中华民族之所以在世界有地位、有影响，不是靠穷兵黩武，不是靠对外扩张，而是靠中华文化的强大感召力和吸引力。我们的先人早就认识到'远人不服，则修文德以来之'的道理。阐释中华民族禀赋、中华民族特点、中华民族精神，以德服人、以文化人是其中很重要的一个方面。"[①]

[①] 《习近平关于社会主义文化建设论述摘编》，中央文献出版社2017年版，第6页。

二 准确把握"五个突出特性",深刻理解"第二个结合"的历史必然性

"五个突出特性"是对中华文明发展规律的深刻把握。"五个突出特性"的归纳,是对中华文明精髓的深刻认识,表明我们党的历史自信、文化自信达到了新高度,表明我们党在传承中华优秀传统文化中推进文化创新的自觉性达到了新高度。马克思主义基本原理同中华优秀传统文化相结合,与中华优秀传统文化的突出特性密不可分。正如习近平总书记所指出的,如果没有中华五千年文明,哪里有什么中国特色?如果不是中国特色,哪有我们今天这么成功的中国特色社会主义道路?

"五个突出特性"是对中华优秀传统文化历史地位的充分肯定。"五个突出特性"的概括,是对中华文明史的科学总结,也是对中华优秀传统文化当代价值的高度肯定,使中华优秀传统文化获得全新认识,必将有力推进"第二个结合"。马克思主义是科学理论,但马克思主义能不能同中华优秀传统文化相结合以及如何结合并没有现成答案可循。在世界范围内,如何处理传统与现代的关系,也始终是很多国家面临的难题。近代以来,中华民族的坎坷命运深刻影响到中华文化的历史命运。一些人将近代中国落后挨打的原因完全归结于文化,全面否定传统文化,主张全盘西化;也有一些人对传统文化刻舟求剑,抱残守缺。这两种极端的态度,究其根本,都是没有以科学的理论为指导分析看待传统文化。中国共产党从成立之日起,既是中国先进文化的积极引领者和践行者,又是中华优秀传统文化的忠实继承

二 中华文明的突出特性

者和弘扬者。我们党始终重视中华优秀传统文化的历史价值，始终坚持马克思主义中国化时代化的发展道路，用马克思主义真理力量激活古老的中华文明。特别是党的十八大以来，习近平总书记将对中华优秀传统文化的认识提升到前所未有的高度，将中国特色社会主义与五千多年中华文明相结合，开辟了中国特色社会主义更加宏阔深远的历史纵深，拓展了中国特色社会主义道路的文化根基，使中华优秀传统文化在新时代绽放出夺目的光彩。

"五个突出特性"是对中华优秀传统文化重要元素的科学总结。中华优秀传统文化有很多重要元素，共同塑造出中华文明的突出特性，中华文明的突出特性又为马克思主义基本原理同中华优秀传统文化相结合奠定了重要基础。中华文明继往开来、革故鼎新，王朝交替变化没有阻隔文化的一脉相承，中华文明的连续性、创新性、统一性、包容性与和平性在不同历史时期展现出不同的风貌。鸦片战争以后，中华文明遭受前所未有的创伤，国家蒙辱、人民蒙难、文明蒙尘，但这并不意味着中华文明中断。近代中国曾经尝试过很多条道路，但实践证明只有马克思主义才最契合中国实际。习近平总书记指出："马克思主义和中华优秀传统文化来源不同，但彼此存在高度的契合性。"[①] 中华优秀传统文化中承认世界物质性的朴素唯物观，强调事物对立转化的朴素辩证观，重视知行合一的实践观，追求天下为公的大同观，注重民众历史作用的民本观等，与马克思主义的世界观、辩证法、社会发展观、人民群众观等相契合，为"第二个结合"提供了丰厚思想文化滋养。

---

① 习近平：《在文化传承发展座谈会上的讲话》，《求是》2023年第17期。

"五个突出特性"是对中华优秀传统文化中治国理政经验智慧的深刻把握。"五个突出特性"是马克思主义基本原理同中华优秀传统文化相结合得出的科学认识,又为马克思主义基本原理同中华优秀传统文化相结合提供了实践指引。正如习近平总书记所指出的,在五千多年中华文明深厚基础上开辟和发展中国特色社会主义,把马克思主义基本原理同中国具体实际、同中华优秀传统文化相结合是必由之路。这是我们在探索中国特色社会主义道路中得出的规律性认识。"结合"的前提是彼此契合;"结合"的结果是互相成就,造就了一个有机统一的新的文化生命体;"结合"筑牢了道路根基;"结合"打开了创新空间;"结合"巩固了文化主体性。因此,马克思主义同中华优秀传统文化相结合不仅是思想层面的结合,更是实践层面的结合。中华文明很早就形成了自己独特的治理理念与制度实践,这种理念与实践世代传承、连绵不绝。由此我们看到一种独特的历史现象,中国历史上有许多王朝前后更替或相互并存,但治理体系既没有因此中断断裂,也没有各行其是,而是表现出高度的同质性、内生性与延续性。因此,我们必须深刻把握中华文明"五个突出特性"的内涵,立足中华民族伟大历史实践和当代实践,探索面向未来的理论创新和制度创新。

三 深刻理解"五个突出特性"的时代价值,更好担负起新时代新的文化使命

习近平总书记指出:"只有全面深入了解中华文明的历史,才能更有效地推动中华优秀传统文化创造性转化、创新性发展,更有力地

二 中华文明的突出特性

推进中国特色社会主义文化建设，建设中华民族现代文明。"[1]"五个突出特性"是对中华文明史的高度概括阐述，对推进中国特色社会主义文化建设、建设中华民族现代文明具有重大现实价值。

牢牢把握中华文明突出的连续性，坚定不移走中国特色社会主义道路。习近平总书记指出："中华文明的连续性，从根本上决定了中华民族必然走自己的路。如果不从源远流长的历史连续性来认识中国，就不可能理解古代中国，也不可能理解现代中国，更不可能理解未来中国。"[2] 中华文明的连续性是中国的国情，今天的中国是历史的中国发展传承而来。习近平总书记强调，"世界上没有完全相同的政治制度模式，政治制度不能脱离特定社会政治条件和历史文化传统来抽象评判，不能定于一尊，不能生搬硬套外国政治制度模式"，[3] "设计和发展国家政治制度，必须注重历史和现实、理论和实践、形式和内容有机统一。要坚持从国情出发、从实际出发，既要把握长期形成的历史传承，又要把握走过的发展道路、积累的政治经验、形成的政治原则，还要把握现实要求、着眼解决现实问题，不能割断历史，不能想象突然就搬来一座政治制度上的'飞来峰'"。[4] 中国特色社会主义是科学社会主义理论逻辑和中国社会发展历史逻辑的辩证统一。"独特的文化传统，独特的历史命运，独特的基本国情，注定了我们必然要走适合自己特点的发展道路"，[5] 这条路就是中国特色社会主义道路，也是建设中华民族现代文明必须遵循的根本道路。

---

[1] 习近平：《在文化传承发展座谈会上的讲话》，《求是》2023年第17期。
[2] 习近平：《在文化传承发展座谈会上的讲话》，《求是》2023年第17期。
[3] 《习近平著作选读》第2卷，人民出版社2023年版，第29页。
[4] 《习近平著作选读》第1卷，人民出版社2023年版，第261页。
[5] 《习近平著作选读》第1卷，人民出版社2023年版，第150页。

牢牢把握中华文明突出的创新性，坚持守正不守旧、尊古不复古的进取精神。习近平总书记指出："中华文明的创新性，从根本上决定了中华民族守正不守旧、尊古不复古的进取精神，决定了中华民族不惧新挑战、勇于接受新事物的无畏品格。"[①]"常"与"变"在中国哲学中被视为一对辩证统一、互为表里的概念。"周虽旧邦，其命维新。"中华文明的连续性正是以不断创新的显著特点，演绎出一曲静水深流与波澜壮阔相互交织的交响乐。我国几千年的历史，曾经创造了无与伦比的制度文明，孕育并形成了关于国家制度和治理的丰富思想。中国历史上的制度安排具有长期的稳定性，但稳定性中又包含着不断创新的因素，"去就有序，变化应时"的理念主导着制度设计不断顺应时代的变化而变化，促进着文明发展和社会有序流动。中国共产党是中华民族伟大创新精神的继承者和弘扬者。当代中国正经历着我国历史上最为广泛而深刻的社会变革，也正在经历着人类历史上最为宏大而独特的实践创新。我们应当以守正不守旧、尊古不复古的进取精神，以不惧新挑战、勇于接受新事物的无畏品格建设中华民族现代文明，续写中华文明的新篇章。

牢牢把握中华文明突出的统一性，坚定维护国家统一，坚决反对分裂，铸牢中华民族共同体意识。习近平总书记指出："中华文明的统一性，从根本上决定了中华民族各民族文化融为一体、即使遭遇重大挫折也牢固凝聚，决定了国土不可分、国家不可乱、民族不可散、文明不可断的共同信念，决定了国家统一永远是中国核心利益的核

---

① 习近平：《在文化传承发展座谈会上的讲话》，《求是》2023年第17期。

二 中华文明的突出特性

心，决定了一个坚强统一的国家是各族人民的命运所系。"[1] 在中国长达几千年的历史长河中，统一是历史的主流，是历史发展的方向，是广大人民的愿望。中华文明的统一性源于中华文明统一的经济文化基础。中华文明统一性的突出特性，是中华文明珍贵的历史遗产，它不仅在历史上发挥出积极作用，对我们今天推进中国特色社会主义文化建设、建设中华民族现代文明也有着十分重大的现实意义。我们应当从中华文明统一性中汲取铸牢中华民族共同体意识的宝贵资源，筑牢维护国家统一、坚决反对分裂共同信念的坚强文化基石。

牢牢把握中华文明突出的包容性，坚持多元并包、兼收并蓄、开放交流。习近平总书记指出："中华文明的包容性，从根本上决定了中华民族交往交流交融的历史取向，决定了中国各宗教信仰多元并存的和谐格局，决定了中华文化对世界文明兼收并蓄的开放胸怀。"[2] 中华文明在包容中连续，在包容中创新，在包容中统一，包容性始终拓展着中华文明的广阔胸襟。包容是一种汇聚。中华民族始终以开放包容的态度看待其他文明，始终以向内自我约束、向外开放交流的精神构建自身独特的民族精神。包容是一种并存，包容是一种开放。以数千年大历史观之，对外开放是中华民族的主流和趋势。自古以来，中华民族就以"天下大同""协和万邦"的宽广胸怀，自信而又大度地开展同域外民族交往和文化交流，谱写了万里驼铃万里波的浩浩丝路长歌，创造了万国衣冠会长安的盛唐气象。我们应当秉持开放包容，以包容性的广阔胸怀加强对外交往交流，向世界展示中华民族兼

---

[1] 习近平：《在文化传承发展座谈会上的讲话》，《求是》2023年第17期。
[2] 习近平：《在文化传承发展座谈会上的讲话》，《求是》2023年第17期。

收并蓄的开放精神。

牢牢把握中华文明突出的和平性，做世界和平的建设者、全球发展的贡献者、国际秩序的维护者。习近平总书记指出："中华文明的和平性，从根本上决定了中国始终是世界和平的建设者、全球发展的贡献者、国际秩序的维护者，决定了中国不断追求文明交流互鉴而不搞文化霸权，决定了中国不会把自己的价值观念与政治体制强加于人，决定了中国坚持合作、不搞对抗，决不搞'党同伐异'的小圈子。"[1] 中华文化是主张万物一体的文化。"仁者，以天地万物为一体"的宇宙观，决定了中国人和平、和睦、和谐的世界观。在人与自然的关系上，中华文化认为"和实生物"；在人与人的关系上，中华文化主张"和为贵"；在人与自身的关系上，中华文化强调"致中和"。中华文化并不是无原则的"和"，而是主张"和而不同"，在包容多样性的同时又尊重差异性。中华文明和平性的突出特性为建设世界和平、促进全球发展、维护国际秩序提供了中国智慧。对话而不是对立，交流而不是隔绝，合作而不是对抗，协商而不是强加，建设而不是破坏，应当是今天世界各文明之间遵循的和平准则，也是构建人类命运共同体的基本法则。

每一种文明都扎根于本民族的土壤，都凝聚着一个民族的历史智慧和精神追求，都有自己存在的价值。中华优秀传统文化是中华民族的根脉，是实现中华民族伟大复兴的文化支撑，是在世界文化激荡中站稳脚跟的文化根基。我们必须深刻理解和把握中华文明的"五个突出特性"，不断推动中华优秀传统文化创造性转化、创新性发展，

---

[1] 习近平：《在文化传承发展座谈会上的讲话》，《求是》2023年第17期。

赓续历史文脉，谱写当代华章，为推进中国特色社会主义文化建设，建设中华民族现代文明贡献智慧和力量。

（原载《求是》2023年第18期）

深刻把握中华文明的突出特性

陈志刚[*]

习近平总书记在文化传承发展座谈会上强调："中国文化源远流长，中华文明博大精深。""中华优秀传统文化有很多重要元素，共同塑造出中华文明的突出特性。"只有全面深入了解中华五千多年文明史，深刻把握中华文明突出的连续性、创新性、统一性、包容性、和平性，才能真正理解中国道路的历史必然性、文化内涵与独特优势，更有效地推动中华优秀传统文化创造性转化、创新性发展，更有力地推进中国特色社会主义文化建设，建设中华民族现代文明。

中华文明具有突出的连续性。中华文明探源工程等重大工程的研究成果，实证了我国百万年的人类史、一万年的文化史、五千多年的文明史。中华文明是世界上唯一没有中断的文明。在人类历史的长河中，有很多文明辉煌之后就被湮没，只有中华文明保持五千多年连绵不断，从远古一直延续发展到今天，这可以说是人类文明发展的奇

---

[*] 陈志刚，中国社会科学院习近平新时代中国特色社会主义思想研究中心特约研究员，中国社会科学院马克思主义研究院研究员。

二 中华文明的突出特性

迹。毛泽东同志提出:"一个民族能在世界上在很长的时间内保存下来,是有理由的,就是因为有其长处及特点。"① 习近平总书记指出:"为什么中华民族能够在几千年的历史长河中顽强生存和不断发展呢?很重要的一个原因,是我们民族有一脉相承的精神追求、精神特质、精神脉络。"② 中华民族在几千年历史中创造和延续的中华优秀传统文化,是中华民族的根和魂,是我们在世界文化激荡中站稳脚跟的根基,也是我们实现中华民族伟大复兴必须珍惜的重要财富。历史不能割裂,当代中国是历史中国的延续和发展。独特的文化传统,独特的历史命运,独特的基本国情,从根本上决定了中华民族必然走自己的路。习近平总书记强调:"如果没有中华五千年文明,哪里有什么中国特色?如果不是中国特色,哪有我们今天这么成功的中国特色社会主义道路?"如果不从源远流长的历史连续性来认识中国,就不可能理解古代中国,也不可能理解现代中国,更不可能理解未来中国。

中华文明具有突出的创新性。《周易·系辞传》云:"日新之谓盛德,生生之谓易。"汤之《盘铭》曰:"苟日新,日日新,又日新。"习近平总书记明确指出,"革故鼎新、与时俱进是中华文明永恒的精神气质","创新精神是中华民族最鲜明的禀赋。在5000多年文明发展进程中,中华民族创造了高度发达的文明,我们的先人们发明了造纸术、火药、印刷术、指南针,在天文、算学、医学、农学等多个领域创造了累累硕果,为世界贡献了无数科技创新成果,对世界

---

① 《毛泽东思想年编(一九二一——一九七五)》,中央文献出版社2011年版,第780页。
② 《习近平关于社会主义文化建设论述摘编》,中央文献出版社2017年版,第119页。

文明进步影响深远、贡献巨大，也使我国长期居于世界强国之列"。不仅如此，中华文明也为人类文明的发展提供了许多思想智慧。如儒家思想为欧洲的启蒙运动提供了重要的思想资源。中华文明之所以具有突出的连续性，很重要的一点是因为中华文明具有突出的创新性，能够守正创新，具有守正不守旧、尊古不复古的进取精神，具有不惧新挑战、勇于接受新事物的无畏品格。创新是一个民族进步的灵魂，是一个国家兴旺发达的不竭动力。中华文明的突出创新性，使得中华文明长期引领人类文明发展进步。

中华文明具有突出的统一性。几千年来，中华民族在长期的发展进程中，不同文化、不同民族互相交流融合，不但形成了以儒家文化为主的多元一体的文化格局，也形成了各民族牢不可破、和谐相处的中华民族共同体。习近平总书记指出："一部中国史，就是一部各民族交融汇聚成多元一体中华民族的历史，就是各民族共同缔造、发展、巩固统一的伟大祖国的历史。""各民族之所以团结融合，多元之所以聚为一体，源自各民族文化上的兼收并蓄、经济上的相互依存、情感上的相互亲近，源自中华民族追求团结统一的内生动力。"[①]中华文明具有突出的统一性，从根本上决定了中华民族各民族文化融为一体，即使遭遇重大挫折也牢固凝聚，决定了国土不可分、国家不可乱、民族不可散、文明不可断的共同信念，决定了国家统一永远是中国核心利益的核心，决定了一个坚强统一的国家是各族人民的命运所系。在中国的悠久历史中，始终把维护国家统一看作天经地义、义不容辞的神圣使命与责任。尽管在一些历史时期也曾出现过分裂局

---

① 习近平：《论坚持人民当家作主》，中央文献出版社2021年版，第284页。

二 中华文明的突出特性

面,但统一始终是主流。而且不论分裂的时间有多长、分裂的局面有多严重,最终都会重新走向统一。近代以来,在拯救民族危亡的伟大斗争中,各族人民血流到了一起、心聚在了一起,共同体意识空前增强,中华民族实现了从自在到自觉的伟大转变。在血与火的抗争中,各族人民深刻认识到,中华民族是一个命运共同体,一荣俱荣、一损俱损;各民族只有把自己的命运同中华民族的命运紧紧连接在一起,才有前途,才有希望。民族复兴、国家统一是大势所趋、大义所在、民心所向。中华文明的突出统一性是中华民族强大的根基。新时代新征程,我们要深刻把握中华文明的统一性,不断铸牢中华民族共同体意识,不断增进各族群众对伟大祖国、中华民族、中华文化、中国共产党、中国特色社会主义的认同,不断凝聚14亿多中国人的磅礴力量,积极推进祖国的完全统一。

中华文明具有突出的包容性。文明因交流而多彩,文明因互鉴而丰富。中华文明之所以具有突出的连续性,还在于其突出的包容性,以海纳百川的宽阔胸襟成就其大。兼收并蓄是文化自信的表现,也是文化创新的前提和基础。中华文明是在中国大地上产生的文明,既是中国各民族文化交流互鉴而形成的文明,也是同其他文明不断交流互鉴而形成的文明。中华文明的包容性,从根本上决定了中华民族交往交流交融的历史取向,决定了中国各宗教信仰多元并存的和谐格局,决定了中华文化对世界文明兼收并蓄的开放胸怀。习近平总书记指出:"中华文明绵延传承至今从未中断,从不具有排他性,而是在包容并蓄中不断衍生发展。通过古丝绸之路的交流,古希腊文明、古罗马文明、地中海文明以及佛教、伊斯兰教、基督教都相继进入中国,与中华文明融合共生,实现本土化,从来没有产生过文明冲突和宗教战争。"① 近代以来，马克思主义传入中国，引发了中华文明深刻变革，实现了中华文明的再造和新生。改革开放的深入推进，更使得中华文明有更多的机会广泛吸收人类文明的优秀成果，在兼收并蓄中焕发出新的魅力、活力。特别是党的十八大以来，习近平总书记坚持弘扬平等、互鉴、对话、包容的文明观，以宽广胸怀理解不同文明对价值内涵的认识，尊重不同国家人民对自身发展道路的探索，以文明交流超越文明隔阂，以文明互鉴超越文明冲突，以文明共存超越文明优越，弘扬中华文明蕴含的全人类共同价值，提出了人类命运共同体的重要理念，为解决全球和平赤字、发展赤字、安全赤字、治理赤字提供了中国智慧、中国方案、中国力量。

中华文明具有突出的和平性。中华优秀传统文化崇尚"以和邦国""和而不同""以和为贵""天下为公"。亲仁善邻、协和万邦是中华文明一贯的处世之道。几千年来，和平观念深深地融入了中华民族的血脉中，刻进了中国人民的基因里。历史证明，和平发展、合作共赢才是人间正道，穷兵黩武、霸权主义必然导致国家衰败。中华文明的和平性，从根本上决定了中国始终是世界和平的建设者、全球发展的贡献者、国际秩序的维护者，决定了中国不断追求文明交流互鉴而不搞文化霸权，决定了中国不会把自己的价值观念与政治体制强加于人，决定了中国坚持合作、不搞对抗，决不搞"党同伐异"的小圈子。新时代，我们要继续坚持弘扬中华文明的和平性，高举和平发展合作共赢的旗帜，积极承担大国责任，旗帜鲜明地反对霸权主义，推动建设相互尊重、公平正义、合作共赢的

---

① 《习近平同希腊总统帕夫洛普洛斯举行会谈》，《光明日报》2019年5月15日。

新型国际关系,积极推动国际关系民主化,努力为促进世界和平发展作出新的贡献。

(原载《光明日报》2023年6月20日第6版)

深刻把握中华文明的突出特性

——以考古学为中心的考察

王 巍[*]

习近平总书记在文化传承发展座谈会上指出,中华优秀传统文化有很多重要元素,共同塑造出中华文明的突出特性,并系统阐述了中华文明的五个突出特性,对我们深刻认识和认同中华文明,建设中华民族现代文明具有重要指导意义。本文从考古学视角,对中华文明的突出特性略作阐释。

一 连续性

习近平总书记指出,中华文明具有突出的连续性,从根本上决定了中华民族必然走自己的路。如果不从源远流长的历史连续性来认识中国,就不可能理解古代中国,也不可能理解现代中国,更不可能理解未来中国。连续性也就是绵延不断,这是中华文明有别于世界其他

---

[*] 王巍,中国社会科学院学部委员,河南大学特聘教授,中国考古学会理事长。

二 中华文明的突出特性

古老文明最突出的特点。埃及文明、两河流域文明、印度河流域文明以及玛雅文明、印加文明，虽然都盛极一时，但这些古老文明最终都没能摆脱湮灭的命运。唯有中华文明不断延绵，薪火相传，历久弥新，直至今日仍然欣欣向荣。

纵观中华文明起源、形成与发展的历史，可以看出，虽然发展的过程历经坎坷，虽然王朝的更迭频繁，虽然开创各个王朝的民族主体有所不同，但是他们最终都融入了以汉民族、汉文化为主体的大熔炉之中，成为中华文明连续发展的环节与组成要素。中华文明五千多年发展的历程中形成了丰富的文化基因和独特的民族精神，一直成为保持中华文明连续性的重要内生动力和坚强基石。

反映中华文明连续性最突出的文化符号非汉字莫属。商代的甲骨文已经是非常成熟的文字体系，具备了象形、指事、会意、形声等造字方法，显然经历了漫长的文字起源、形成和早期发展的历程。从甲骨文到西周金文，再到秦篆、汉隶、魏碑、楷书、行书、草书等，虽然书体不断变化，但万变不离其宗，一直延绵至今，不曾中断。

表现中华文明连续性的不只是汉字，几千年来一直延续至今的许多理念、习俗、制度之中无不蕴含着这种连续性。例如，"中"的观念源远流长。作为其表现形式的择中建都、择中立宫的城市规划原则，建筑的中轴线规划理念，左右对称、前后几进院落的高等级建筑格局，在被学术界认定为夏代后期都城的河南偃师二里头遗址的布局中已有明确体现，在距今5300年被学术界认为是河洛古国首都的河南巩义双槐树遗址也已初见端倪。

仁德、忠义、崇礼、诚信，以及以民为本、以和为贵等价值观，一直在中华民族的思想观念中延续，成为中华优秀传统文化的精髓。

此外，在民间流传的很多习俗，如除夕、春节全家团圆吃年夜饭、守岁、放鞭炮，正月十五闹花灯，清明节为逝去的亲人扫墓，端午节吃粽子、划龙舟，中秋节全家团圆吃月饼赏月，重阳节登高为老人祈福等日用而不觉的风俗习惯，都起源很早，世代相传，体现着中华文明和中华优秀传统文化的连续性。中华文明的连续性，使生生不息的中华民族保持着深厚的文化底蕴，秉持着深沉的文化基因，在不断变化的社会环境中始终坚持自身的文化传统不迷失、不动摇，坚持走自己的道路，沿着自身的历史轨迹不断发展。

二 创新性

习近平总书记指出，中华文明具有突出的创新性，从根本上决定了中华民族守正不守旧、尊古不复古的进取精神，决定了中华民族不惧新挑战、勇于接受新事物的无畏品格。中华民族是聪明勤奋、不断进取、不断创新的民族。创新性始终是推动中华文明不断发展的重要动力。

早在距今一万五六千年前，由于植物性食物在人们生活中所占比例的增加，需要盛放、煮炊，于是中华先民发明了陶器。中国是世界范围内最早制作陶器的地区。在距今10000年前，华北地区的先民们发明了栽培粟和黍，长江中下游的先民发明了栽培稻。农业的出现使人们过上了定居生活，手工业技术也不断进步，人们的精神生活日益丰富。

农业的出现、定居的生活，导致家畜饲养的出现。距今接近8500年前的河南舞阳贾湖遗址，发现了迄今年代最早的家猪和酿酒

二　中华文明的突出特性

的证据。还出土了多件用鹤类尺骨制作的七孔骨笛,可以演奏七声阶的乐曲。这在世界范围内是最早的,是中华先民的创新发明,改写了世界音乐史。

同样是在距今8000多年前,中华先民发明了琢玉的工艺技术,制作出玉玦、玉坠等较为精致的玉器。此后琢玉技术不断发展创新,距今5500—5000年间辽河流域红山文化和长江下游的凌家滩文化的玉龙、玉鸟、玉龟制作都极为精致。到了良渚文明时期,琢玉工艺技术达到了高峰。良渚文化的玉琮神徽纹饰1毫米的宽度内竟然有5—6条刻线,可以说是极其精细的。

大约距今4000年前,长江下游的先民们发明了以瓷土为原料,用1000多摄氏度高温烧造的最初的瓷器,也叫原始瓷器。此后瓷器的制作技术不断创新发展,多样的瓷窑各具特色、争奇斗艳,使瓷器工艺成为中华文明物质层面最具代表性的成就之一。

丝绸也是中华文明创新性的代表成就之一。山西夏县西阴村和师村遗址,曾出土距今6000年前的蚕茧和用石或陶制的蚕蛹;在河南郑州荥阳青台遗址,曾出土了距今5300年的丝织品残片,表明在距今6000年前黄河中游地区的先民已经发明了养蚕缫丝。此后,丝绸织造技术不断进步。长江中游地区春秋时期的楚墓出土了多件丝织品。到了汉代发明了提花机,长沙马王堆汉墓中出土的素纱单衣重不到100克,堪称奇迹。中国古代的丝绸有绫罗锦缎绮等十余个品种,养蚕缫丝技术通过丝绸之路传播到世界各地。

距今5000—4500年前中华先民接受了西亚地区的冶金术。当时,西亚和中亚地区的冶金术多是铸造简单的工具和武器。中国古代工匠结合高温烧制陶器的技术,发明了用陶范铸造青铜容器的方法。河南偃师二里头遗址出土了铜爵、铜斝、铜盉、铜鼎等形体较大、造型复杂的青铜器，制作技术十分精湛。冶铁术也有类似情况。大约在距今3000年前的西周时期，铁器和冶铁术经中亚传入中国黄河中游地区。中华先民吸收借鉴铜器铸造的方法，发明了范铸法铸造铁器技术。针对铸铁制品含碳量很高、缺乏韧性的缺陷，发明了铸铁脱碳技术，促进了铁制工具的普及。这一技术发明比欧洲早1000多年，是冶铁史上具有里程碑意义的创新。与此同时，钢铁锻造和热处理工艺技术在春秋战国时期取得了显著进步。汉代以后，中华先民又发明了炒钢、灌钢等工艺技术，都比欧洲早上千年。

中华先民的创新精神在数学、医学等方面也多有表现。在商代已经出现了十进位计数法；约成书于西汉时期的《周髀算经》说明中国人在西周早期就已经掌握了勾股定理的基本原理。《九章算术》中首次提到分数、负数及加减运算的法则。南北朝时期的数学家祖冲之将圆周率精算到小数点后第七位，表明当时中华先民掌握的数学知识达到世界领先水平。在中医药方面，以《黄帝内经》、张仲景《伤寒杂病论》、李时珍《本草纲目》等医药著作和以扁鹊、华佗、张仲景、孙思邈等为代表的高超医术，都是中华先民不断总结经验、不断创新的结晶。至于享誉中外的四大发明，更是中华文明创新性的卓越体现。

在制度文明层面，中华先民们也不断创新。例如，秦始皇统一中国后实行郡县制，各地的官吏直接由中央王朝派遣，从而从根本上实现了中央王朝对各地方的稳固统治。西汉王朝实行削藩和盐铁官营等措施，巩固了中央王朝的统治。具有深远意义的制度还有北魏开始实施的均田制，避免了土地被豪强大族兼并，对促进农业的发展起到了重要作用。科举制不仅对中国古代历史的影响甚为广泛，在近代西方文官制度建立之前，是世界公认的先进选才制度，也是中国古代对世界产生广泛影响的制度之一。

三 统一性

习近平总书记指出，中华文明具有突出的统一性，从根本上决定了中华民族各民族文化融为一体、即使遭遇重大挫折也牢固凝聚，决定了国土不可分、国家不可乱、民族不可散、文明不可断的共同信念，决定了国家统一永远是中国核心利益的核心，决定了一个坚强统一的国家是各族人民的命运所系。早期中华文明就体现出"多元一体"的特征，纵观中华文明的起源、形成、发展的历史，可以看出，统一性始终是主旋律，具有久远的历史渊源。

距今10000年前，长江中下游地区发明了栽培稻，华北地区发明了栽培粟和黍。距今8000多年前，水稻传播到了淮河上游。距今8000多年前的兴隆洼文化已经能够制造较为精致的玉石装饰品组合——玉玦和条形玉坠。同类的玉制装饰品组合在稍晚些的长江下游地区河姆渡文化中也可以看到。形制特殊的玉玦，以及它和玉坠的组合，分别在中国的北方和南方出现，恰恰说明不同区域的史前文化存在着交流。在兴隆洼文化中，有来自黄海一带蚌壳串成串的装饰，也说明内陆地区与沿海地区的人们存在交流。

距今6000多年前，黄河中游地区出现了龙的信仰。在河南濮阳西水坡遗址发现的一座仰韶文化墓葬中，尸骨的东西两侧用蚌壳堆出龙和虎的形象，竟然与汉代的四神中东青龙西白虎的方位一致，或说明四神思想具有久远的史前渊源。在距今5500—5300年的辽河流域红山文化和同时期长江下游的凌家滩文化中，都出土了身体呈C形的玉龙，两地还出土了同样的玉龟和姿势相同的玉人。这不仅说明龙的观念在北至东北西部、南至长江下游已经广为流传，也说明南方和北方的社会上层存在着交流。

这种交流在陶器中看得更加清楚。在长江中游距今8000年的史前文化中，可以看到具有来自淮河上游贾湖文化和来自长江下游跨湖桥文化因素的陶器。距今6000年前，黄河中游地区的仰韶文化中期以花和鸟为图案的彩陶图案逐渐向周围扩展。到距今5300年前后的时候，这类彩陶图案的分布范围南达长江上中下游，北至华北平原北部燕山山地的西辽河流域，西到甘青地区，东抵黄河下游，出现了第一次中原地区文化向周围强烈影响的局面，也有学者称之为"最初的中国"。这一现象可能与黄帝炎帝集团的兴起和影响范围的扩展有关。

从上述考古发现可以看出，距今5000年前后，中华大地各区域的史前文化在各自基础上独自发展的同时，与周邻地区发生密切的联系，形成了一些共同的文化因素，或可称为"文化基因"。其发展的模式呈向内凝聚式，长江流域、淮河流域、黄河流域和辽河流域初步形成了早期中华文化圈。

到了尧舜时期，以山西襄汾陶寺遗址为代表的黄河中游先民，广泛吸收周邻地区的先进文化因素，力量不断壮大，对周围地区影响的范围也不断增大。到了大禹时期，中原文化对周围的影响进一步增强。这一时期的长江中下游地区可以清晰地看到中原文化的影响。夏代后期，二里头文化出现了一系列新的变化，几种本来是武器或工具

二 中华文明的突出特性

的玉器被赋予表明等级和通神的功能，成为玉礼器。在继承尧舜时期铜器制作技术的基础上，发明了青铜容器的制作技术，制作出爵、斝、盉、觚等青铜酒器和铜鼎；在宫室制度方面，初步形成了以中轴线、左右对称、前后几进院落等为特征的宫室制度。这些制度尤其是玉礼器的一种——玉璋向周邻地区辐射，其分布范围达到东南沿海的福建南部和香港地区，向西南到达成都平原，在广汉三星堆遗址和成都金沙遗址都可见到，西北到达陇东地区，形成了前所未有的中原王朝文化的强烈辐射。中华早期文明从各区域文明独自起源，发展为中原王朝引领的局面。

商王朝建立后，继承了夏王朝青铜容器和玉礼器制度，并赋予其新的内涵，工艺技术也更加熟练高超。在这一阶段，冶金术向周围广大地区传播，长江上中下游、黄河上游下游和辽河流域相继进入青铜时代。各地都出土了与中原青铜礼器相似，而又具有各自特色的青铜器。周朝风格的青铜器在各个诸侯国出土，反映出周王朝的宫室制度、埋葬制度以及礼乐制度在各诸侯国普遍实施，形成了前所未有的中原王朝对周围广大地区实行稳定控制的局面。

春秋战国时期，周王朝势力衰微，各诸侯国群雄并起，相互竞争兼并，先后出现了春秋五霸和战国七雄。最终，秦始皇统一了中国。通过实施一系列统一政策，如统一文字、度量衡，在全国建驰道，特别是在全国推行郡县制，中央王朝的政令可以得到彻底贯彻，达到了前所未有的大一统局面。七国之乱后，西汉总结经验教训，采取削藩和盐铁官营等措施，扩大郡县制范围，巩固了国家统一。

此后无论是统一王朝还是多民族政权并存，无论和平时期还是战乱纷争，文化传统仍然保持延续，统一仍是历史的主旋律。虽然建立王朝的主体民族有所变化，但是万变不离其宗，他们都大量承袭了中原思想、文化和政治制度，各少数民族也不同程度地吸收了汉文化及其政治制度，以华夏后裔相标榜，目标都是要一统天下，建立全国统一的王朝，共同促进了统一多民族国家的发展。在中华民族悠久的历史中，统一始终是大势所趋、人心所向。中华民族向心力、凝聚力始终强大，成为维护国家统一的内生动力，是统一多民族国家形成、巩固、发展的重要基因。

四　包容性

习近平总书记指出，中华文明具有突出的包容性，从根本上决定了中华民族交往交流交融的历史取向，决定了中国各宗教信仰多元并存的和谐格局，决定了中华文化对世界文明兼收并蓄的开放胸怀。在中华文明起源、形成、发展过程中，都始终秉持兼收并蓄，开放包容，在交流互鉴中发展。

大约在10000年前，长江中下游的先民们发明了稻作农业。距今8000多年前，位于淮河上游、河南东南部的贾湖文化就从长江流域接受了稻作农业。大约在6000多年前，黄河中游地区的仰韶文化在继续粟和黍旱作农业的同时，从淮河流域接受了稻作技术。到了距今4300—4100年，山西襄汾陶寺等中原地区积极吸收周围地区先进的文化因素，包括南方的稻作、黄河下游地区大汶口文化的木质棺椁制度和陶制酒器、长江下游良渚文化的玉琮和玉璧、长江中游特色玉饰……中原地区如此大量地吸收各地文化因素的现象生动地反映了其文化包容性。特别值得一提的是，这一时期，从西亚地区经中亚地区

二 中华文明的突出特性

和中国的西北地区吸收了小麦的栽培技术，从南方地区吸收了水稻栽培技术，并发明了大豆的栽培，加之北方地区传统的粟黍栽培，中原地区形成了五谷齐备的状态。在家畜饲养方面，在继续以家猪和狗为主的基础上，从西亚、中亚地区引进了黄牛、绵羊。正是五谷齐备，多种类家畜饲养，使得抵御自然灾害的能力显著增强，为文明的持续发展奠定了坚实基础。上述现象表明，黄河中游地区之所以后来成为中华文明的引领者，与其所具有的兼收并蓄的包容性，积极吸纳周围先进的文化因素密不可分。

中华文明的包容性在西周时期也有清晰反映。大约距今3000年前，西周时期的黄河中游地区从西亚地区接受了铁器和玻璃器及其制作技术。为战国到西汉时期冶铁术的发展奠定了基础。对佛教的吸纳，也突出地反映出中华文明的包容性。东汉明帝时期，佛教从印度传入中原，但本土的道教并未被摈弃，而是两者长期并存，在民间甚至相互融合，都成为信仰的对象。西汉张骞通西域，极大地促进了汉王朝对中亚西亚地区文化的交流互鉴，丰富了汉文化的面貌。唐代更是将包容性发挥到极致。在唐王朝的宫廷乐舞中，有来自世界各地的舞蹈，如高丽乐、天竺乐、龟兹乐等。唐王朝的开放包容体现在各个方面。在唐朝，来自世界各地的人来到长安。2004年在西安出土的日本第十次遣唐使井真成的墓碑就是例证；还有中亚的粟特人曾在唐长安城经商做官；我们也经常可以看到唐三彩俑中胡人牵骆驼的形象。唐代，从西亚等地区引进种植的水果、蔬菜、香料等更是数不胜数。由此可见，包容性确实是中华文明的一个突出特性。

五　和平性

习近平总书记指出，中华文明具有突出的和平性，从根本上决定了中国始终是世界和平的建设者、全球发展的贡献者、国际秩序的维护者，决定了中国不断追求文明交流互鉴而不搞文化霸权，决定了中国不会把自己的价值观念与政治体制强加于人，决定了中国坚持合作、不搞对抗，决不搞"党同伐异"的小圈子。纵观中华民族五千多年的文明史，虽然也经历过战火纷飞的年代，但我们可以看到，中华民族始终是一个爱好和平的民族，从未依仗强大的武力大肆进行领土扩张。原因之一就是因为"以和为贵"的理念始终渗透在中华民族的文化基因之中。

正是由于有这样的文化基因存在，所以即便在非常强大的汉王朝和唐王朝等时期，中华民族也并未通过军事扩张手段来扩充自己的领土和势力范围，而是实行睦邻友好的政策，通过羁縻政策来经略王朝直接控制区之外的广大地区，也就是通过册封的方式来承认各地酋帅对自己势力范围的控制。在《后汉书》和《三国志》中可以看到东汉和魏国的皇帝册封日本列岛九州北部的倭奴国王和倭国女王，并赏赐丝绸、铜镜等大量物品的记载。在日本九州北部福冈县志贺岛出土了东汉皇帝赏赐给"汉委奴国王"的龟钮金印，与古代文献记载恰相吻合。以日本古坟时代（公元3—7世纪）的关西地区为中心，豪族墓葬中往往都出土有中国风格的铜镜，与《三国志》记载的魏国皇帝赏赐给倭女王卑弥呼铜镜百枚的记载相吻合。

这种方式被广泛用于处理我国古代王朝与周邻国家和地区的关

系。对于那些实力比较强大的部族集团，往往秉持以和为贵的方略，采取加强交流的方式。著名的昭君出塞就是汉王朝采取这一政策的具体体现。这一政策成为历朝历代的重要外交手段，对于维持和平发挥了重要作用。对于北方游牧民族对汉地生产的农副产品和手工业制品的需求，通过开通茶马互市的方式互通有无，以尽量避免其采取抢夺的方式获取这些必要的生活物资。传为佳话的松赞干布和文成公主的结亲也是唐王朝和吐蕃睦邻友好的实证。在陕西唐章怀太子墓的壁画中，可以看到来自外国的使臣向唐朝皇帝朝贡觐见的场面。正是由于中华文明所具有的和平性，使中华民族避免了很多本有可能爆发的战争，减少了战争给民众带来的痛苦。

长城的兴建从另一个侧面反映了中华文明的和平性。战国时期，燕齐赵楚等国纷纷建造长城，以防御其他诸侯国的进攻。秦始皇修建万里长城，是出于防御游牧民族入侵的考虑。明代隆庆和议之后，长城沿线出现"塞上物阜民安，商贾辐辏，无异于中原"的兴旺景象。凭靠长城的坚强护卫，遏制了游牧民族军事上的侵扰，农、牧民族在长期和平交往中彼此增进感情，消除隔阂，在思想文化、生活习俗上也互相融合。

丝绸之路更是中华文明和平性的生动写照，处于当时领先地位的汉朝，张骞奉汉武帝之命两次出使西域，开通了丝绸之路，打通了交通贸易的通道，推进了东西方的互利合作。明代郑和下西洋，也是出于开通海上丝绸之路的目的，加深了中国同东南亚、东非国家的友好关系。在东非肯尼亚东部沿海地区曾发现中国风格的瓷器和自称祖先是跟随郑和船队而来的华人后裔。在南海多次发现的沉船中可以看到，船内主要的货物都是瓷器等生活用品，足见海上丝绸之路是友好之路、和平之路、贸易之路。

需要指出的是，中华文明这五个特性之间是密切联系的，从某种意义上可以说是互为因果的。比如，中华文明具有连续性，五千多年绵延不断，原因是多方面的。中华文明所具有的创新性使中华文明发展史上涌现无数创新成果，同时并不满足于对外来先进文化因素的模仿，而是在积极吸收的基础上不断发展创新。正是由于中华文明的向心力、凝聚力和感召力，使中华民族和中华文明从五千多年前满天星斗式的各区域文明起源形成发展，成为不断巩固发展的统一多民族国家。中华文明所具有的包容性，使我们在几千年文明发展过程中的绝大部分时段内，保持着开放的姿态，积极吸收其他先进文明的先进因素，从而使中华文明的内涵不断丰富，始终保持活力。中华文明具有的和平性使我们一直秉持与周邻国家友好相处的睦邻政策，世界大同的理想一直是中华先民的最高理想。这些共同促成中华文明绵延不断、日益辉煌。

（原载《光明日报》2023年7月3日第14版）

民族文学视域中的中华文明突出特性

杨杰宏[*]

在 2023 年 6 月 2 日的文化传承发展座谈会上，习近平总书记对中华文明突出特性的论述，以及对"两个结合"尤其是"第二个结合"的深刻认识，为建设中华民族现代文明指明了方向。我国是由 56 个民族构成的大家庭，中华文明是由我国各个民族共同缔造而成的。其中，中华文学作为中华文明的重要组成部分，也具有中华文明的五个突出特性。从民族文学视角来阐释中华文明的五个特性，有利于更加全面深入地学习领会习近平总书记的重要讲话精神，有利于推动中华民族文学的繁荣发展，有利于铸牢中华民族共同体意识。

一 连续性：中原与边缘的"太极推移"关系推动中华民族文学

中华文明突出的连续性主要是就历时性而言的，即其文明史源远

---

[*] 杨杰宏，中国社会科学院民族文学研究所副研究员。

流长，从未断绝，表现出超强的文明韧性与稳定性。中华民族文学也具有突出的连续性。我们一说到中国文学，都会言及《弹歌》《诗经》《楚辞》，以及汉赋、唐诗、宋词、元曲、明清小说，乃至现当代文学。这些不同时代产生的文体及经典名篇构成了璀璨斑斓的中国文学星空，成为中华文明的重要标志。"蒹葭苍苍，白露为霜。所谓伊人，在水一方。"① 2500 年前写下的诗句至今依然让我们怦然心动，显示出中国文学绵延不绝的生命力。

但是，上述这些文体及作品并不能涵盖中华民族文学的整体。毋庸讳言，长期以来的中国文学史书写在不同程度上忽视了少数民族文学的贡献和影响。杨义指出："中华民族具有多元一体的结构，但过去的文学史只重视中原文化动力系统而忽视了富于活力的边缘文化动力系统，只重视汉族的书面文学而忽视了少数民族的口传文学。事实上，少数民族文学对中国文学发展的影响无处不在。"② 历史上，中国文学文风的几次大转变与民族文化交融密切相关，北方游牧民族的剽悍、雄浑、刚健之风深刻影响了中原传统文风，一扫以往颓废、靡丽、纤弱的文风，极大地提振了积极开朗、刚健有为的中国文学风气。杨义还指出："中原中心文化面临着两难的尴尬，它有领先发展的优先权，具有吸引力、凝聚力，但凝聚容易引起凝结，进而凝固化。但是边缘文化，地位不显，禁忌较少，身处边缘带有原始性、流动性，带有不同的文化板块结合部的混合性，这些都是活力的特征。"③ 中原文化与处于边缘的少数民族文化在不断的碰撞融合中形成了"太极推移"的动力关系，

---

① 程俊英：《诗经译注》，上海古籍出版社 2012 年版，第 128 页。
② 杨义：《重绘中国文学地图的方法论问题》，《学术研究》2007 年第 9 期。
③ 杨义：《重绘中国文学的历史地图》，《文史哲》2015 年第 3 期。

推动着中国文化与中国文学不断更新发展、延绵不绝。

中华民族文学的连续性既有整体性的表现，也有构成整体的个体表现，二者具备相辅相成、互鉴互补的辩证关系。据调查，格萨尔演述艺人扎巴生前共说唱25部，总计近60万诗行，600多万字。这个数字意味着什么呢？它相当于25部荷马史诗，15部印度史诗《罗摩衍那》，3部《摩诃婆罗多》。如果按字面计算，则相当于5部《红楼梦》。① 从《格萨尔王》的雏形期（公元前3世纪至公元5—6世纪）推算，这部活态史诗流传至今已有两千多年历史，而且现在仍处于创编过程中，体现出强大的文化生命力。习近平总书记将我国的"三大史诗"——《格萨尔》《玛纳斯》《江格尔》与故宫、长城、大运河、四大名著等中华文明的标志并列。另外，我国还传承着众多形态各异、类型众多的活态史诗，如以古老的象形文字记载的东巴史诗，记载在贝叶上的傣族史诗，以及广泛分布于南方的创世史诗、迁徙史诗等。这些众多的史诗不仅纠正了"中国没有史诗"的谬论，丰富了中国文学文类，而且为中国文学的发生机制、发展史研究提供了有力的证据。可以说，我国民族文学为中华民族文学的可持续发展提供了文化动力，也为中华文明连续性特征的形成作出了贡献。

二 创新性：中华民族文学繁荣发展的动力源泉

习近平总书记在文化传承发展座谈会上指出："中华文明具有突

---

① 降边嘉措：《扎巴——一位卓越的〈格萨尔〉说唱家》，中国民族文学网，http://iel-cassen/ztpd/ktctyj/gzccr/200610/t20061002_2762221shtml，2023年6月11日。

出的创新性,从根本上决定了中华民族守正不守旧、尊古不复古的进取精神,决定了中华民族不惧新挑战、勇于接受新事物的无畏品格。"①"守正不守旧、尊古不复古的进取精神"也是中华民族文学发展进步的动力源泉。

"文章合为时而著,歌诗合为事而作",这是唐朝诗人白居易在"新乐府运动"中提出的文学主张。他提倡文学应反映时代,反映现实,关注民生,促进社会发展进步。白居易的文学主张既是他个人的文学总结,也是他对中国文学创新性特征的集中概括。"文章合为时而著",由此形成了具有不同时代特色的文学作品及文学形式。依古体诗而言,最早出现的诗歌——《弹歌》属于二言诗,到西周至春秋时期形成了《诗经》的四言诗,汉代之后逐渐发展出五言诗和七言诗,其变化特征呈现出诗句字数越来越多的趋势。诗句字数的变化既有时代推动社会生产力发展并作用于文学的经济基础因素,也有与不同文化交流、碰撞的互鉴推动作用。例如有研究者指出:"由于佛教的传入,中国学者在翻译的过程中发现了汉语的双声、叠韵等特点,才促成了五绝、五律、七绝、七律等最具汉语特色的诗歌形式的出现。"②

任何文化只有在海纳百川、开放进取中才能获得不竭的发展动力。中国文学史就是一部多民族文学之间的创新发展史。屈原的代表作《离骚》就明显带有楚地"巫风",其中的"卜名""陈辞""先戒""神游""问卜""降神"等部分都借用了民间巫术的形式。词体形成于唐代,起源于燕乐,而燕乐主要来自北乐系统的西凉乐和龟

---

① 《习近平在文化传承发展座谈会上强调 担负起新的文化使命 努力建设中华民族现代文明》,《人民日报》2023年6月3日。
② 李云雷:《文学的传承与创新》,《文艺报》2018年7月2日。

兹乐，尤其是"胡部新声"对词的产生、发展影响深远。竹枝词作为一种倚声填词的文体，深受巴渝地区巴人、濮人、僚人、楚人等民族民歌音韵的影响。边塞诗的产生、发展、内容与民族边疆地区的戍边、战争密切相关，少数民族的风俗习惯、语言、宗教、精神气质对其产生了深远的影响。佛教通过丝绸之路上的民族地区传入中原后，对中国传统文学也产生了深远的影响。

当然，文化上的影响是相互的，是共赢共享的。中原文学对少数民族文学也产生了深远的影响，推动了少数民族文学的创新发展。例如壮族歌剧《刘三姐》中的民歌唱词直接引用了汉族地区的七言四句形式，在广西多民族参与的歌圩活动中，汉语、壮语成为歌手们普遍采用的语言，有些歌手能够在这两种语言之间自由转换；西北各民族间流传的花儿民歌调也多采用汉语演唱，曲调也有汉族民歌特色；锡伯族《小曲子》的曲调、内容都深受周边汉族地区秧歌戏的影响；白族的民歌调山花体、大本曲属于汉、白文化共融的产物，而吹吹腔直接借用了滇戏唱腔；贵州布依族的地戏与明代"洪武调卫"时期的军屯移民文化密切相关；《牛郎织女》流传到苗族地区后，改名为《天女与农夫》，农夫破解了天父设下的重重难题后娶回了天女；《梁山伯与祝英台》在白族地区，两个主人公被改造为自力更生、勤快能干的劳动能手。

三 统一性：中华民族文学的精神核心

"文运同国运相牵，文脉同国脉相连。"① 习近平总书记以高度凝

---

① 《习近平关于社会主义文化建设论述摘编》，中央文献出版社2017年版，第172页。

练的语言，阐述了文学与国家、时代血脉相连的关系，揭示了文学的精神核心，体现了对中国文学发展规律的深度把握。

中华民族文学一直具有鲜明的思想取向，即以爱国主义为核心，以维护国家统一、民族团结为主旨。这一共同的思想观念在各民族共同保疆卫国、抵御外敌的斗争中得到了强化，进一步推动了中华民族共同体意识的巩固与发展。"不远万里，去俗归德，心归慈母。"[1] 这是东汉永平年间西南夷白狼王献给东汉朝廷的《白狼歌》，表达了追慕中原文明、向往国家统一的思想主题。18世纪维吾尔族诗人翟梨里说"坐立难安，只因远离祖国的门边""每当静心独处，祖国情思花雨泻"[2]。维吾尔族诗人阿布都热衣木·纳扎尔在《热碧亚与赛丁》中写道："地球上，数祖国最宝贵。"[3] 丽江纳西族木氏土司作家群是一个典型的爱国诗人群体：木公的诗句"忧国不忘驽马志，赤心千古壮山河"[4]，表达了为保家卫国愿效驽马之志的决心；木增的诗句"不辞百折终朝海，泛斗乘槎我欲从"[5]，表达了维护国家统一、诚心报国的强烈心愿。恩施容美田氏土司作家群中代表人物有9人之多，诗文集30部，诗文传世者千余篇，其中《甲申除夕感怀》组诗、《披陈忠赤疏》、《搏得病虎作病虎行》等作品都表达了强烈的爱国情感。

由此可见，各民族通过文学架设起了交流与交融的文化桥梁，沟

---

[1] 彭新有、沙振坤编著：《云南古代汉文学作品选》，云南大学出版社2019年版，第4页。
[2] 李国香：《李国香卷》，载范鹏、王福生总主编，艾买提编选《陇上学人文存》，甘肃出版社2017年版，第358页。
[3] 李国香：《李国香文集》第3集，中国文联出版社2004年版，第243页。
[4] 和钟华、杨世光编：《纳西族文学史》，四川民族出版社1992年版，第502页。
[5] 余海波、余嘉华：《木氏土司与丽江》，云南民族出版社2002年版，第334页。

通了彼此的心灵，深化了中华民族文化认同和国家认同，推动了中华民族共同体意识的巩固和发展。

四 包容性：中华民族文学繁荣发展的根本保障

陈寅恪在研究隋唐时期民族关系时发现，当时人们的胡汉之分不在种族而在文化，由此提出了"文化大于种族"的论断。这与儒家所提倡的教化思想相统一。"观乎人文，以化成天下"，这种文化价值观反映了中华文明的包容性。正是这种海纳百川、有容乃大的包容性，为中华民族文学的繁荣发展提供了根本保障，铸就了博大精深的泱泱中华文明。我们不仅拥有《诗经》、《楚辞》、唐诗、宋词，也拥有三大史诗、神话集群、民间百戏、传统千艺。

中华文明的包容性在我国多民族文学的文学题材、语言文字、思想价值等方面得到了充分体现。首先是题材方面。汉族的许多文学作品逐渐被各族人民结合自己民族的生活特点，改编成叙事歌、唱词或戏剧，形成了这些作品的少数民族语言形式"异文本"。其中著名者如《梁山伯与祝英台》《孟姜女》《鲁班》《刘文龙菱花镜》《金云翘传》等，以及《三国演义》《水浒传》中的一些故事。

其次是语言文字方面。我国民族文学既有本民族的传统文学，又有用汉语和汉族民歌形式创作和传唱的民间文学，这是长期以来各民族与汉族频繁交往、交流、交融的结果。如广西的歌圩是由壮族、汉族、仫佬族、毛南族、瑶族等多民族民间歌手构成的民歌海洋，壮语、汉语成为彼此互通的语言。多民族之间的文学作品翻译也架起了深化中华民族共同体意识的文化桥梁。《诗经》、汉赋、唐诗、宋词、元曲、明清小说以及类型丰富的民间故事、传说，都在民族地区流传着翻译文本。到近现代，《三国演义》《水浒传》《西游记》《红楼梦》《隋唐演义》《说岳全传》等名著通过书面或口头文本的翻译，在民族地区广泛传播。

最后是思想观念方面。中原地区的《三侠五义》《三国演义》《水浒传》《隋唐演义》《说岳全传》《孟姜女》《白蛇传》《梁山伯与祝英台》等小说、传说、话本在少数民族地区广泛流传，这些文学作品所包含的道德观、价值观、人生观随之传播到不同民族中，并融入民族传统文化价值观中，为促进中华民族共同体意识的生成和发展起到了内化作用。

五 和平性：中华民族文学最深层的文化基因

在文化传承发展座谈会上，习近平总书记指出："中华文明具有突出的和平性，从根本上决定了中国始终是世界和平的建设者、全球发展的贡献者、国际秩序的维护者。"[1] 2017年1月18日，习近平总书记在联合国日内瓦总部的演讲中强调："几千年来，和平融入了中华民族的血脉中，刻进了中国人民的基因里。"[2] 从民族文学视角来看，讴歌和平、追求和平一直是各民族文学不变的主题，也是中华民族文学最深层的文化基因。少数民族文化中的和平性因社会经济发育

---

[1] 《习近平在文化传承发展座谈会上强调　担负起新的文化使命　努力建设中华民族现代文明》，《人民日报》2023年6月3日。

[2] 习近平：《共同构建人类命运共同体——在联合国日内瓦总部的演讲》，《人民日报》2017年1月20日。

二　中华文明的突出特性

程度不同，表现形态也呈现出多元性特征，例如与自然和谐共生的生态伦理观，与各民族和平共处、维护国家和平安定的价值观。

很多少数民族在长期与大自然相处的过程中，形成了顺应自然、尊重自然、保护自然的生态伦理观。纳西族东巴教视自然神为人类的亲兄弟，二者在天神面前签订了和谐共处的协议：人类一旦破坏了大自然，就要遭受报复；而保护、尊重大自然，则会受到自然神的庇佑。这在东巴神话经典《署鹏争斗》中有形象的描述。彝族史诗《勒俄特依》也认为人与自然同根同源，相互依存，密不可分。

随着民族文化交融的推进，人与自然和谐共处的生态伦理观发展成为各民族和谐共处的文化价值观。这一价值观在各民族广泛流传的兄弟同源的神话史诗中，得到了充分体现。纳西族创世史诗《崇般图》认为纳西族、藏族、白族是同父同母所生的亲兄弟；而阿昌族创世史诗《遮帕麻与遮咪麻》认为汉族、傣族、纳西族、景颇族、傈僳族、阿昌族、德昂族等民族的祖先都是同母所生；德昂族史诗《达古达楞格莱标》认为汉族、傣族、傈僳族、景颇族、德昂族、白族、回族等民族的祖先皆为兄弟关系。这种民族同源神话在怒族、独龙族、哈尼族、彝族、傣族、白族、基诺族、拉祜族、佤族、傈僳族、珞巴族、门巴族、藏族、壮族、苗族、瑶族等众多民族的神话中广为流传，展现了各兄弟民族和谐共处、共融共生的民族关系，反映了中华民族大家庭高度融合的文化基因。

随着中华民族多元一体格局的逐渐形成，民族间的交往不断扩大，维护国家统一、民族团结以及反对战争成为各族人民的共识及普遍价值观。保境安民、推动民族和平统一、让人民过上幸福安宁的日子，是伟大史诗《格萨尔》的主题思想。在史诗里，格萨尔王自称上天赐给他的神圣使命是"世上妖魔害人民，抑强扶弱我才来"①。纳西族史诗《黑白战争》，讴歌了维护和平、反对战争的英雄人物。彝族经典文献《玛牡特依》中说："如若战争常发生，养儿不能见亲人，君主遭难，人民遭殃。""人类追求幸福安宁的生活，牲畜追求水草丰美之地。"②维吾尔族文学经典《福乐智慧》中说："国家兴旺，百姓安居乐业，国中将会人人为你祈福。"③

在文化传承发展座谈会上，习近平总书记为建设中华民族现代文明提出了三个明确要求——坚定文化自信、秉持开放包容、坚持守正创新，这为推进新时代中华民族文学可持续发展阐明了路径。只有做到这三点，我们才有能力保障国家统一、推动进步繁荣、维护和谐安定，全面实现中华民族伟大复兴。

（原载《文学遗产》2023 年第 5 期）

---

① 降边嘉措主编：《〈格萨尔〉大辞典》，海豚出版社 2017 年版，第 50 页。
② 李群育：《丽江彝族"尔比"文化的价值及精神》，《丽江日报》2023 年 6 月 19 日。
③ 优素甫·哈斯·哈吉甫：《福乐智慧》，郝关中、张宏超、刘宾译，新疆科学技术出版社 2006 年版，第 722 页。

从春节文化看中华文明的突出特性

郑任钊[*]

"中国文化源远流长,中华文明博大精深。"[①] 习近平总书记在文化传承发展座谈会上强调,中华优秀传统文化有很多重要元素,共同塑造出中华文明的突出特性。春节是中华民族最古老、最重要、最具特色的传统节日,它承载着我们民族共同的历史记忆,凝聚着民族精神和传统价值理念,寄托着中国人的情感与追求。春节文化是中华五千多年文明的鲜活见证,它从上古一路走来,伴随中华民族穿越数千年的历史长河,深深融入民族的文化血脉。中华文明具有的突出的连续性、创新性、统一性、包容性、和平性,在春节的发展历史和文化内涵中都可以得到清晰展现。

---

[*] 郑任钊,中国社会科学院习近平新时代中国特色社会主义思想研究中心研究员,中国社会科学院古代史研究所研究员。

[①] 《习近平在文化传承发展座谈会上强调 担负起新的文化使命 努力建设中华民族现代文明》,《人民日报》2023年6月3日。

一

春节源远流长，可以追溯到上古时期人们一年丰收之后的庆祝活动，甲骨文中"年"就是人背负禾粟的象形字，本义即农作物的收获。在先民庆祝丰收和祈求丰收的活动之中，形成了岁末祭祀先祖神祇的腊祭。《隋书·礼仪志》记载"古称腊者，接也，取新故交接"，说明腊祭蕴含除旧迎新之意。腊祭起源甚早，《礼记·郊特牲》说"伊耆氏始为蜡"。伊耆氏为上古帝王，或说为尧，或说为神农氏。腊祭至少在春秋时期就已成为一个盛大节日。《礼记·杂记下》记载孔子弟子子贡看到的腊祭场面是"一国之人皆若狂"，可见当时节日气氛之浓厚。

汉武帝以前，历代岁首所在月份各不相同，夏以寅月，商以丑月，周以子月，秦以亥月。武帝太初元年（前104年）颁布太初历，确定用夏正，即以夏历正月朔日（初一）为岁首。自此以后的两千多年里，除了几次短暂的变更，汉武帝确立的岁首一直延续下来。

历史上，岁首又被称为元日、元朔、元辰、元旦、正旦、正朔、新正、岁日等。汉代《四民月令》记载正旦之日要"躬率妻孥，絜祀祖祢"，子孙"各上椒酒于其家长，称觞举寿，欣欣如也"，还要"谒贺"师长亲朋。我们看到，后世过年的习俗在两千多年前大体都已形成。

辛亥革命之后改用公历，以公历1月1日为元旦，改称夏历（农历）正月初一为春节。春节作为中华民族的传统节日至少已传承了两千多年，其源头更可追溯到中华文明的早期发展阶段，其中祭祀祖先、迎新祈福等传统习俗及其精神内核亦是一直绵延不绝。

二

春节是一个除旧迎新的节日，从本质上反映了中华民族对"新"的不懈追求，反映了中华民族求新求变的进取精神。孜孜不懈地追求变化、追求发展、追求进步，是中华民族数千年来创造辉煌文明、历经磨难却愈加壮大的精神源泉。

《礼记·月令》讲："数将几终，岁且更始。"中国古人以自然秩序为人间秩序的源头和规范，人间的生产生活、政治活动都要因循四时节律。元日是一年之始，元日的前一天则是一岁之终，被称为"除日"或"除夕"。"除"即去除之意，去除的不仅是旧的一年，还意味着灾祸疫病的驱除，各种旧秽的扫除。

"改岁宜新"，是说人们要以全新的姿态迎接新的一年。"履端元日，正始之初"，人们祈盼新的一年有一个良好的开端。年岁更替之际，中国人表现出积极的人生态度，既有"应转悟前非""愿除旧妄生新意，端与新年日日新"的自我反省，更有"努力尽今夕，少年犹可夸""老夫冒冷披衣起，要听雄鸡第一声"的自我勉励。无论老少，都期许新年当有新作为。

新春"万物资始"，要"惟新政理"。《周礼》记"正月之吉，始和，布治于邦国都鄙"，孙诒让解释道："正月正岁，岁时更始，将以除旧布新，明布治县（悬）法，皆所以新王事也。"王安石著名的《元日》诗"爆竹声中一岁除，春风送暖入屠苏。千门万户瞳瞳日，总把新桃换旧符"，就是借咏元日，抒发除旧立新的意象。

"春节"的名称其实也是在传统之上的创新。"春节"之称古已有之，《后汉书·杨震传》载"冬无宿雪，春节未雨"，但这里指的是立春。今天的"春节"是给旧称赋予了合理的新内涵。从遥远的腊祭到今天的春节，从桃符到春联，从压胜钱到压岁钱，还有腊八、小年、除夕、守岁、破五、元宵等年俗的逐渐形成，春节一直在与时俱进。时至今日，网上拜年等新的过年方式不断涌现，春节文化还在不断推陈出新。

三

岁首在古代又称"正朔"，正即正月，朔即初一。古代正朔有着非常特殊的意义。《史记》说："王者易姓受命，必慎始初，改正朔，易服色。"自汉武帝确定夏正以后，后世虽然不轻易改正朔，但颁布历法仍然是王朝统治的象征。"大一统"除了政治和思想上的统一，也体现在礼乐等方方面面。

"大一统"观念的确立也与正月紧密相关。"大一统"一词出自《春秋公羊传》，其认为《春秋》首书"元年春王正月"就是为了推崇一统。于是一年之始被赋予了独特意义，成为维系"大一统"的"政教之始"："夫王者，始受命改制，布政施教于天下，自公侯至于庶人，自山川至于草木昆虫，莫不一一系于正月，故云政教之始。"

自汉代起，历代皆在元日举行盛大的元日朝会。四方来贺，万邦来朝，"齐八荒于蕃服兮，咸稽首以来王"，充分展现了国家的统一、各民族对国家的认同。

除夕之夜，"家庭举宴，长幼咸集"的"合家欢"是千百年来中国人最重视的过年方式，也使得我们早就将个人、家庭的幸福与国家的安定繁荣紧紧联系在一起，从自然的血缘亲情之爱推广扩大至国家之爱，最终发展为心怀家国天下的责任担当。

四

习近平总书记指出："中华文明从来不用单一文化代替多元文化，而是由多元文化汇聚成共同文化，化解冲突，凝聚共识。"① 春节是中华民族的共同节日，是在漫长的历史进程中，各族人民追求团结统一，不断加深政治经济文化联系，不断交往交流交融的结果。

早在《汉书》中，就有匈奴单于来会正旦朝贺的记载。《新唐书》记突厥可汗遣使"朝正月，献方物"，并称"今新岁献月，愿以万寿献天子"。后来宋辽、宋金三百年间互遣贺正旦使，更是使春节成为民族交往交流交融的一道桥梁。

历代少数民族建立的政权，也多仿建有元日朝会的制度。历史上靺鞨人"每岁时聚会作乐，先命善歌舞者数辈前行，士女相随，更相唱和，回旋宛转"。党项人"岁时往来，以相劳问，少长相坐，以齿不以爵，献寿拜舞"。时至今日，各民族在长期的互动中形成了各具特色的节日习俗，丰富了春节的文化内涵。

不同地方、不同民族的年俗多种多样，但在春节这个特殊的时刻，天南海北的人们汇聚成一个整体。虽年俗多种多样，但其精神内核却趋向一致，都蕴含着注重亲情、不忘本源的道德情感，爱国爱

---

① 习近平：《在文化传承发展座谈会上的讲话》，人民出版社2023年版，第4页。

家、祈望国泰民安的家国情怀，祈福禳灾、向往和美康乐的生活理想。这是中华儿女的共同追求，也是中华民族共同体意识的重要体现。

五

春节是阖家团圆、欢乐祥和的节日，传承着中华民族和平、和睦、和谐的理念，既追求人与人之间的团结与和谐，也追求人与自然的和谐。《礼记》说正月是一个"天地和同"的时节，"禁止伐木，毋覆巢，毋杀孩虫、胎夭飞鸟，毋麛毋卵"，特别强调"不可以称兵，称兵必天殃"，反对在正月发动战争。

春节是平安幸福的节日，反映了中国人对未来美好生活的殷切期望。《礼记·郊特牲》记载了上古的蜡辞："土反其宅，水归其壑，昆虫毋作，草木归其泽。"《诗经·生民》也点明祭祀祖先的一个重大意义就是"以兴嗣岁"，即兴旺来年。可见祈求天人和谐、五谷丰登，从上古时代起就是新年的重要内容。千百年来，"吉吉利利，百事都如意""年丰穰，世泰平"，成为每一个中国人对未来一年的美好愿景。

春节是祥和欢乐的节日。《礼记·月令》说："腊先祖五祀，劳农以休息之。"《礼记·杂记下》中，孔子用"一张一弛，文武之道"解释了年末过节的意义，即忙碌了一年，需要放松开心一下，并将之上升到周文王、周武王的治国之道。"共欢新故岁""相守夜欢哗""岁岁年年，共欢同乐，嘉庆与时新"，从古至今，祥和欢乐是春节不变的主题。

二 中华文明的突出特性

时至今日,春节的意义不仅限于中国,世界上已有不少国家将春节确立为法定节日。2023年12月22日,第78届联合国大会协商一致通过决议,将春节(中国农历新年)确定为联合国假日。随着春节文化进一步走向世界,和平、和睦、和谐的理念,必将在构建人类命运共同体、推动人类社会发展进步、走向更加美好未来的进程中发挥更大的作用。

(原载《光明日报》2024年2月9日第6版)

从历史连续性来认识中国

杨艳秋[*]

作为古代中国的延续和发展的现代中国,正在为全面建成富强民主文明和谐美丽的未来中国进行着人类历史上最为宏大而独特的实践创新。习近平总书记指出:"如果不从源远流长的历史连续性来认识中国,就不可能理解古代中国,也不可能理解现代中国,更不可能理解未来中国。"我们要深入学习领会习近平总书记关于中华文明具有突出的连续性的重要论述,更加全面系统地研究中国历史和中华文明,在对历史的深入思考中更好认识过去、把握当下、面向未来,从而在强国建设、民族复兴的新征程上坚定历史自信、增强历史主动。

习近平总书记指出:"一个民族的历史是一个民族安身立命的基础。"人们自己创造自己的历史,但既不是随心所欲地创造,也不是在选定的条件下创造,而是在直接碰到的、既定的、从过去承继下来

---

[*] 杨艳秋,中国社会科学院历史理论研究所党委书记、所长,研究员。

二 中华文明的突出特性

的条件下创造。我们说历史就是过去,但从某种意义上说,历史是过去的现实、现实是将来的历史。历史犹如长河,这条长河奔涌向前,其过去、现在和未来不可分割。马克思、恩格斯指出:"历史不外是各个世代的依次交替。每一代都利用以前各代遗留下来的材料、资金和生产力;由于这个缘故,每一代一方面在完全改变了的环境下继续从事所继承的活动,另一方面又通过完全改变了的活动来变更旧的环境。"[①] 这就说明,每一代人的生活,都建立在前一代留下的历史遗产之上;我们今天的一切生活现状,如风俗习惯、社会潮流、学术思想等,无一不是由过去的历史累积或演变而来的。

中华民族具有五千多年连绵不断的文明史,创造了博大精深的中华文化,为人类文明进步作出了不可磨灭的贡献。中华文明是生活在中华大地上的各民族共同创造的,各民族共同经历的非凡奋斗、共同培育的民族精神、共同创造的美好家园、共同坚守的理想信念,铸就了辉煌灿烂的中华文明。几千年的沧桑岁月,把我国56个民族、14亿多人紧紧凝聚在一起。在漫长的历史进程中,中华民族虽历经磨难,但向往统一、反对分裂、天下一家、同源共祖的历史认同观念贯穿中华民族发展历史进程,推动中华民族一次次战胜灾难、一次次渡过难关,统一的多民族国家不断巩固和发展,中华文明得以一脉相承、连续不断。

从中华文明突出的连续性来认识中国,更能深刻感悟中华文明的博大精深,更能找到中华民族何以能始终屹立于世界民族之林的答案所在。也正是因为这个突出的连续性,让我们这个古老又伟大的民族

[①] 《马克思恩格斯选集》第1卷,人民出版社1995年版,第88页。

必然走自己的路，让我们建设的社会主义必然是中国特色社会主义而不是别的什么主义。现代中国正经历着我国历史上最为广泛而深刻的社会变革，我们正在中国特色社会主义道路上全面建设社会主义现代化国家、以中国式现代化全面推进中华民族伟大复兴。习近平总书记指出："如果没有中华五千年文明，哪里有什么中国特色？如果不是中国特色，哪有我们今天这么成功的中国特色社会主义道路？"中国特色社会主义不是从天上掉下来的，而是党和人民历尽千辛万苦、付出巨大代价取得的根本成就，是在对中华民族五千多年悠久文明的传承中走出来的。中华文明具有突出的连续性的深厚底蕴，赋予了中华民族自信自立自强的精神基因，筑牢了中国道路的根基，决定了解决中国的问题只能在中华大地上探寻适合自己的道路和办法。

历史从昨天走到今天再走向明天，人类的前进总是承继着前人。古今中外，概莫能外。当前，世界百年未有之大变局加速演进，中华民族伟大复兴进入关键时期，中华文明再次来到新的发展关口。新征程上，我们继续走好自己的路，就要以高度的文化自信实现精神上的独立自主，就要深刻认识到我们正在建设的中华民族现代文明必然延续着这个国家和民族的精神血脉，需要薪火相传、代代守护，需要与时俱进、勇于创新。我们要立足中华文明突出的连续性，认清当代中国所处的历史方位，明确我们所推进和拓展的中国式现代化深深植根于中华优秀传统文化，是赓续古老文明而不是消灭古老文明的现代化，是从中华大地长出来而不是照搬照抄其他国家的现代化，是文明更新的结果而不是文明断裂的产物，增强历史自觉、掌握历史主动、坚定历史自信，在乱云飞渡中把牢正确方向，在风险挑战面前砥砺胆识，在承前启后、继往开来中创造属于我们这一代人的历史伟业。

(原载《人民日报》2023年7月18日第9版)

中华文明具有突出的创新性

——深刻把握中华文明的突出特性

张海鹏[*]

自古以来,中华文明在继承创新中不断发展,在应时处变中不断升华,积淀着中华民族最深沉的精神追求。习近平总书记指出:"中华文明具有突出的创新性,从根本上决定了中华民族守正不守旧、尊古不复古的进取精神,决定了中华民族不惧新挑战、勇于接受新事物的无畏品格。"[①] 深刻认识中华文明的悠久历史、感知中华文明的博大精深,就要深刻把握中华文明具有突出的创新性这个重要特征。这不仅有利于我们树立正确的文明观、历史观,而且对于在新的起点上继续推动文化繁荣、建设文化强国、建设中华民族现代文明具有重要意义。

中华文明源远流长、博大精深。自强不息、革故鼎新、与时俱进是中华文明永恒的精神气质,追求日日新是中华文明的鲜明特点。回

---

[*] 张海鹏,中国社会科学院学部委员,中国社会科学院近代史研究所研究员。

[①] 《习近平在文化传承发展座谈会上强调　担负起新的文化使命　努力建设中华民族现代文明》,《人民日报》2023年6月3日。

二 中华文明的突出特性

顾历史可以看到，中华文明突出的创新性，鲜明地体现在国家制度和国家治理思想的发展中。周朝实行分封制。秦朝统一中国后在地方上采用郡县制，实行"书同文，车同轨""令黔首自实田"，推动政治、经济、文化制度在继承中创新，建立了中央集权的统一多民族国家。后来，隋唐开创实行科举制、元代确立行省制度、明代废除宰相制度、清代实施对少数民族因俗而治的政策等，都是对国家治理体系的重大创新，都不同程度地体现了中华文明中"变则通"的创新思想。

中华文明具有突出的创新性，还体现在我们创造了灿烂辉煌的文化。从思想到器物、从艺术到科技，中华文明突出的创新性在历史长河中熠熠生辉。中华民族不仅涌现了老子、孔子、庄子、孟子、墨子、孙子、韩非子等闻名于世的伟大思想巨匠，产生了儒、道、墨、名、法、阴阳、农、杂、兵等各家学说，创作了诗经、楚辞、汉赋、唐诗、宋词、元曲、明清小说等伟大文艺作品，传承了《格萨尔》《玛纳斯》《江格尔》等震撼人心的伟大史诗，在科技上也有诸多领先世界的发明……正是我们自己创造和培育的独具特色、博大精深的中华文化，为中华民族生生不息、长盛不衰提供了强大精神支撑。

鸦片战争以后，由于西方列强入侵和封建统治腐败，中国逐步成为半殖民地半封建社会。中国共产党坚持以马克思主义为指导，团结带领中国人民不断推进理论创新、实践创新、制度创新、文化创新以及其他各方面创新，彻底摆脱了被欺负、被压迫、被奴役的命运。回顾历史，为什么照搬西方政治制度模式的各种方案都不能完成中华民族救亡图存和反帝反封建的历史任务？为什么中国共产党能够带领中国人民成功开辟实现中华民族伟大复兴的正确道路？究其原因，在于中国共产党坚持把马克思主义基本原理同中国具体实际相结合、同中华优秀传统文化相结合，把马克思主义中国化时代化的科学理论作为治国理政的指导思想，尊重中华文明发展的历史脉络，同时发扬恪守正道、与时俱进、革故鼎新的历史文化传统，为中华民族生生不息、发展壮大提供了不竭的思想源泉。

习近平总书记强调："守正才能不迷失方向、不犯颠覆性错误，创新才能把握时代、引领时代。"[①] 回望历史，我国国家制度和国家治理思想的传承和创新，深刻体现了中华文明勇于创新、善于创新的人文传统和治理智慧。天下为公、天下大同、民为邦本、富民厚生、义利兼顾、自强不息的优秀价值理念为中国共产党所继承和发展，"为万世开太平""先天下之忧而忧，后天下之乐而乐"等主张又在中国共产党治国理政过程中结合新的时代条件不断推陈出新。百余年来，我们党继承和弘扬中华文明具有的突出的创新性，用马克思主义真理的力量激活了中华民族历经几千年创造的伟大文明，使中华文明再次迸发出强大精神力量。作为中华文化和中国精神的时代精华，习近平新时代中国特色社会主义思想的创立是我们文化主体性的最有力体现，标志着中华民族和中国人民的文化自信、文化自觉达到了新的历史高度。

新时代新征程，我们要大力弘扬中华文明具有的突出的创新性，扎根中华大地，继续推进中华优秀传统文化创造性转化、创新性发展，把马克思主义的思想精髓和中华文化的精神特质融会贯通起来，为全面建

[①] 习近平：《高举中国特色社会主义伟大旗帜　为全面建设社会主义现代化国家而团结奋斗——在中国共产党第二十次全国代表大会上的报告》，人民出版社2022年版，第20页。

设社会主义现代化国家、全面推进中华民族伟大复兴注入强大精神力量。

（原载《人民日报》2023年6月27日第9版）

深刻理解中华文明的创新性

何星亮[*]

中华文明源远流长、博大精深,是中华民族独特的精神标识,是当代中国文化的根基,是维系全世界华人的精神纽带,也是中国文化创新的宝藏。习近平总书记在文化传承发展座谈会上强调"中华优秀传统文化有很多重要元素,共同塑造出中华文明的突出特性",并深刻阐述了"中华文明具有突出的创新性"[①]。

中华文明的创新性源自中华民族的创新精神。从历史文献记载来看,中华民族向来崇尚创新创造,主张革故鼎新。《周易》中的"富有之谓大业,日新之谓盛德,生生之谓易"、《礼记·大学》中的"苟日新,日日新,又日新"等语,都饱含着创新精神。公元554年成书的《魏书》首现"创新"一词,书中记载"革弊创新者,先皇之志也"。几千年来,创新精神活跃于中华民族各个历史时期,体现

---

[*] 何星亮,中国社会科学院学部委员,中国社会科学院民族学与人类学研究所研究员。
[①] 《习近平在文化传承发展座谈会上强调 担负起新的文化使命 努力建设中华民族现代文明》,《人民日报》2023年6月3日。

二　中华文明的突出特性

在中华文明各个方面。中华文明在应对内外环境变化中不断变革，在传承的基础上不断创新，因而能够始终保持生机活力，成为人类历史上唯一一个绵延五千多年至今未曾中断的灿烂文明。新时代新征程，我们要继承和弘扬中华文明的创新性，以创新推动中国式现代化、建设中华民族现代文明。

一　我国古代物质文明成就所体现出的创新性

包括文明赖以存在的物质资料生产以及科学技术发展状况的物质文明，体现生产力发展水平，在很大程度上反映人们认识世界和改造世界的能力。根据《中国大百科全书》有关资料，中国历史上的科学技术在生产实践中不断创新发展，经过夏、商、周三代的发展，在秦汉时期形成自己的范式，其后经历了南北朝、北宋和晚明三次高峰期。

秦汉时期，中国完成了诸如纸、指南车、记里鼓车、手摇纺车、织布机、水碓、龙骨水车、风扇车、独轮车、钻井机、浑天仪和候风地动仪等许多重大技术发明，形成了算学、天学、舆地学、农学和医学五大学科范式。南北朝时期，数学家祖冲之计算出圆周率在3.1415926 至 3.1415927 之间，这一精度保持近千年之久；农学家贾思勰的《齐民要术》在中国农业发展史上具有里程碑意义，标志着中国农学体系的成熟。北宋时期，毕昇在雕版印刷全盛的时代发明胶泥活字，开活字版印刷时代之先河；曾公亮等人编著的《武经总要》记载了火药配方和包括火箭在内的各种火器，以及用于航海的水罗盘指南鱼的制造方法；沈括在数学、物理、天文、地理和工程技术诸多领域都作出创造性的贡献，并作为全才型科学家而享誉世界。晚明时期，李时珍的《本草纲目》提出了接近现代的本草学自然分类法；宋应星的《天工开物》简要而系统地记述了明代农业和手工业的技术成就，其中包括许多世界首创的技术发明。

在几千年的文明发展进程中，中华民族创造了闻名于世的科技成果，在农、医、天、算等方面形成了系统化的知识体系，取得了以四大发明为代表的一大批发明创造。马克思指出："火药、指南针、印刷术——这是预告资产阶级社会到来的三大发明……总的来说变成科学复兴的手段，变成对精神发展创造必要前提的最强大的杠杆。"这些物质文明和科学技术发展成就，是古代中国对世界的贡献，也充分证明创新是推动人类文明进步的根本动力，创新性是中华文明的一个突出特性。

二 我国古代制度文明成就所体现出的创新性

制度文明是处理各种社会关系、有效管理社会的规范体系成果，主要功能在于满足人们的社会生活需求、维护社会秩序、保障人们生命和财产安全等，包括政治制度、法律制度、治理体系等。我国制度建设源远流长。《周易》中就记有"节以制度，不伤财，不害民"，大意就是以典章制度为节制，就不会伤财害民。我国历史上不仅创造了闻名于世的科技成果，也创造了世界领先的制度文明。

比如，我国古代地方行政制度历经多次变革。周朝实行分封制。秦朝统一中国后，除都城设内史管辖外，在地方上采用郡县制，将全国划分为36个郡（后增为40多个郡），郡下设县。汉承秦制，早期实行郡县与封国并行的制度，武帝以后直到东汉末期基本上采用郡县制。东汉末期到魏晋南北朝时期，在郡、县两级之上设州一级地方政权建制，形成州—郡—县的三级行政区划制度。元代确立行省制度，行省成为州、府之上的地方行政区。这些变化反映了我国古代治理体系的创新发展，集中体现了我国古代治理智慧。我国古代制度文明和治理智慧，可以为我们坚持和完善中国特色社会主义制度、推进国家治理体系和治理能力现代化提供有益借鉴。

又如，我国自古以来形成了世界法制史上独树一帜的中华法系，积淀了深厚的法律文化。夏、商、周的法律以习惯法为主，礼刑并用。春秋时期，各诸侯国的法律制度发生重大变化，成文法陆续颁布。比如，秦国奉行法家学说，任法为治。商鞅在李悝《法经》的基础上，改法为律，制定《秦律》。秦统一中国后，秦始皇将秦国的法律推行至全国，建立起全国统一的封建法制。隋唐时期是中国法律制度发生重大变革的时期。隋朝制定《开皇律》，在封建法典中占有重要地位。唐朝编定《唐律疏议》30卷，为大唐盛世奠定了法律基石，成为中华法系的典范。不仅如此，《唐律疏议》的基本原则和具体制度还超越国界，成为不少国家学习的范本。在我国特定历史条件下形成的中华法系，显示了中华民族的伟大创造力，凝聚了中华民族的精神和智慧。

我国历史上的政治制度、法律制度、人才选拔制度等，都是随着社会发展不断改革创新发展的，而且在持续推陈出新中维系着中国古代制度文明的连贯性与整体性。

三　我国古代精神文明成就所体现出的创新性

精神文明是文明社会的观念和意识形态，是物质文明和制度文明在人们头脑中的反映，包括伦理道德、思想理念、文化艺术等方面的成就。

中华优秀传统文化蕴含着丰富的思想理念、价值和道德规范。比如，孔子最早提出"仁""礼""义"三个范畴，孟子进一步提出"仁义礼智"四个范畴，董仲舒在此基础上加了一个"信"，发展为"仁义礼智信"五常，成为当时普遍认同的价值标准。此后，"五常"一语频频出现在史籍中，成为中华传统文化的精神内核。又如，宋代在综合先秦儒家道德观念的基础上，形成了"孝悌忠信礼义廉耻"八德，体现着评判是非曲直的道德标准，为中华文明注入深厚的伦理责任和家国情怀，潜移默化地影响着中国人的行为方式。

中国传统哲学思想发展已有三千多年的历史，经历了先秦子学、两汉经学、魏晋玄学、隋唐佛学、宋明理学等学术发展阶段，产生了儒、释、道、墨、名、法、阴阳、农、杂、兵等各家学说，形成了厚德载物、明德弘道的精神追求，实事求是、知行合一的哲学思想，执两用中、守中致和的思维方法等诸多思想元素。这些哲学思想为古人认识世界、改造世界提供了重要依据，也为中华文明发展奠定了哲学基础，为人类文明发展作出了重大贡献。

中国的工艺美术历史悠久、品种繁多、技艺精湛，起源可追溯到旧石器时代的石器。此后，在漫长的社会发展过程中，中国的青铜器、陶瓷、丝绸、刺绣、漆器、玉器、珐琅、金银制品和各种雕塑工艺品等，都取得了辉煌成就。这些工艺品浸润着中华民族的文化精神和审美意识，展现了中华审美风范。历史上著名的"丝绸之路"和"海上丝绸之路"，充分反映了中国工艺美术的高度发展及其对世界文化的影响。

几千年来，中国古代精神文明不断发展变化、不断融合创新，取得了一系列重要成果。中国古代精神文明代表着中华民族独特的精神标识，为中华民族生生不息、发展壮大提供了丰厚滋养。

四　传承和弘扬中华文明的创新性

创新始终是推动一个国家、一个民族向前发展的重要力量，也是推动整个人类社会向前发展的重要力量。回望中华民族五千多年的文明发展史，无论是物质文明、制度文明还是精神文明的丰富发展，都是发扬创新精神取得的成果。历史充分证明，中华民族是具有伟大创新精神的民族，中华文明具有突出的创新性。全面建设社会主义现代化国家、建设中华民族现代文明，必须继承和弘扬中华文明的创新性。

当代中国的伟大社会变革，不是简单延续我国历史文化的母版，不是简单套用马克思主义经典作家设想的模板，不是其他国家社会主义实践的再版，也不是国外现代化发展的翻版，而是一项前无古人的开创性事业，还有许多未知领域，需要我们在实践中去大胆探索和创新。习近平总书记指出："抓创新就是抓发展，谋创新就是谋未来。"[①] 我

[①] 中共中央文献研究室编：《习近平关于科技创新论述摘编》，中央文献出版社2016年版，第7页。

们要传承和弘扬中华文明的创新性，把创新摆在国家发展全局的核心位置，让创新贯穿党和国家一切工作，让创新在全社会蔚然成风。深入理解和把握中华文明突出的创新性，在新征程上更有效地推动理论创新、实践创新、制度创新、文化创新以及各方面创新，我们一定能够全面建成社会主义现代化强国、推动中华文明重焕荣光。

(原载《人民日报》2023年7月24日第9版)

从考古发现看中华文明突出的创新性

郭 物[*]

习近平总书记在文化传承发展座谈会上指出:"中华文明具有突出的创新性,从根本上决定了中华民族守正不守旧、尊古不复古的进取精神,决定了中华民族不惧新挑战、勇于接受新事物的无畏品格。"[①] 大量考古发现揭示中华文明突出的创新性,也说明中华民族是人类历史中具有突出创新性的民族,"苟日新,日日新,又日新"的理念贯穿在历史发展中。

一 中国古代的高温控制技术较为先进,带来中国早期铜器与铁器的快速发展

烧制陶器是中国古人用火制造器物的开始。

---

[*] 郭物,中国社会科学院考古研究所研究员。
[①] 《习近平在文化传承发展座谈会上强调 担负起新的文化使命 努力建设中华民族现代文明》,《人民日报》2023年6月3日。

江西万年仙人洞遗址出土了距今约两万年的陶片，这是迄今发现的世界上最早的陶片遗存，烧制温度在740—840摄氏度。浙江上山遗址、河北尚义四台遗址、河北康保兴隆遗址都出土了距今万年前后的陶片。

不少陶器代表了我国在陶器制造技术和艺术审美方面突出的创新性。比如，考古工作者在河南龙山岗遗址中，发现了五千多年前的蛋壳黑陶杯，属于长江中游屈家岭文化。考古学家将其描述为"黑如漆，亮如镜，薄如纸，硬如瓷"。在此基础上，山东地区四千多年前的龙山文化中的蛋壳黑陶高柄杯，造型修长优美，胎薄如蛋壳，厚度仅为0.2毫米，黝黑锃亮，达到较高的工艺水平。制造这样的陶器，有赖于艺术造诣的水准，更依靠技术层面的成熟。保证陶器制作的成功，要严格筛选泥料、反复捶打、合理阴干等，最重要的是控制炉温，保证还原、渗碳和磨光等步骤的顺利进行。这些都属于当时的"高科技"。

对于窑内温度高低和可控性的不断探索，让古代中国在很多方面具有了先发优势。商代，古人将铜炉温度提高至1200摄氏度，使中国的青铜冶炼技术在世界范围内处于领先位置。商朝的青铜冶炼促进了原始瓷器冶炼技术的产生，为后来的冶铁奠定了基础。西周时期，中国人可以将铜炉温度提高到1300摄氏度。

中国古人利用自身长期积累的高温控制技术和青铜器陶范铸造技术，创新铁器的生产技术。公元前700年前后，中国古人已利用高炉在高温液态下铸造铁器。为降低生铁制品的脆性、提高其韧性，春秋战国之际，古人发明了铸铁退火技术。经过战国时期不断的技术创新，至汉代基本形成了生铁冶炼和利用生铁制钢的技术体系，成为世界冶金史上重大的发明创造之一。在这一体系中，冶炼可得到白口铁、灰口铁和麻口铁等不同含碳量和微观结构的生铁产品；生铁制品经过退火处理，可得到脱碳铸铁、韧性铸铁和铸铁脱碳钢等不同材质的钢铁制品；生铁经过炒钢处理，可得到不同含碳量的钢材；通过百炼钢等工艺，生产出钢材，锻造成优质兵器；灌钢这一"杂炼生柔"的技法则创造性地将含碳量高的生铁和含碳量低的熟铁等材料相熔合，整体成钢。

铁器技术的改造创新和产量的大幅提升，使中国在汉代时期，普及了铁农具、铁工具和铁兵器。汉代，自西域传入的铁器技术经过中国古人的创新提升后，又传回西域。铁工具和铁兵器的普及，为汉代开荒耕地、开疆拓土、建立思想文化统一的王朝提供了生产力支撑。

高温控制技术也使中国在陶器的基础上独创性地发明了烧制瓷器的技术。由此，源远流长、窑口丰富、多姿多彩的瓷器成为中华文明的代表性器物之一，也成为宋元明时期海上丝绸之路的代表性产品之一。

二　既有原创型创新，也善于结合自身情况，开展改造型的再创新

玉文化是中华文明重要的组成，中国人对于玉器的喜爱延续至今。

八千多年前，中国古人发明了琢玉的工艺技术，制作出玉玦、玉坠等较为精致的玉器。此后，琢玉技术不断发展创新。在距今5500—5000年间，辽河流域的红山文化和长江下游的凌家滩文化的

玉龙、玉鸟、玉龟制作都较为精致。中国古人不但尽力检索自然界中能够达到美石标准的石头，而且在雕琢玉器方面发明了很多技术，较有代表性的是琮和璧。良渚文化以"琮璜璧钺"为代表的礼玉文化的传播，以及与大汶口文化的整合再传播，影响深远。而更深层次的创新，是将玉器升华到精神和思想的高度。比如，《周礼》记载的"以玉作六器，以礼天地四方：以苍璧礼天，以黄琮礼地，以青圭礼东方，以赤璋礼南方，以白琥礼西方，以玄璜礼北方"；孔子认为君子的品性、节操、气度、风骨和思想可以同美玉的特质相类比；等等。

考古发现的蚕桑及其制造出的各类精美的丝绸，体现了中华文明突出的创新性。山西夏县师村遗址出土的石雕蚕蛹表明：早在六千多年前的仰韶文化早期，生活在晋南地区的远古先民便已经开始养蚕。2022年6月，离夏县不远的闻喜县上郭遗址，在一座半地穴式房屋中，出土了一枚距今至少5200年的石雕蚕蛹。河南荥阳汪沟遗址出土距今5500多年的织物残存，是迄今为止黄河流域发现的最早的丝织品实物。良渚文化钱山漾遗址出土了距今4400年左右的绢片、丝带、丝线等丝织品实物。丝绸通过丝绸之路传播到中亚、西亚和地中海地区，受到世界各地人民的喜爱，丝绸之路以及和平合作、开放包容、互学互鉴、互利共赢的丝路精神由此产生。

20世纪50年代，在湖南长沙发现一座西晋永宁二年的墓葬，出土了一组陶骑俑与陶鞍马俑。一些俑在马鞍左侧前缘系有三角形小镫，而马的右侧没有装镫，这应当是"上马脚扣"，这种辅助性的脚扣在中国、印度和欧亚草原都有发现。从考古发现看，目前有年代可考、最早最完整的马镫，是辽宁省北票市房身村北沟墓地8号墓出土的木芯包铜片马镫，时间约为公元3世纪中叶至4世纪初。此后，朝阳袁台子东晋墓壁画、冯素弗墓的出土品等考古发现，大致显示出马镫由产生到初步成熟的发展过程。马镫的成熟使用，标志着马具的完备，使得骑兵的发展进入一个新的阶段，骑兵和战马得以很好地结合在一起，使复杂的战术动作和阵列训练变得容易了，为十六国时期到南北朝时期重甲骑兵——甲骑具装的发展，提供了技术方面的基础。马镫引入欧洲以后，促成了重甲骑兵的发展，产生了较为深远的影响。可以说，小小的马镫也是中华文明突出创新性的典型考古发现之一。

除了"四大发明"，我们从考古发现可以看到中华文明的不少独创发明。中华文明的发展历程中，不但有很多"从0到1"的创新，还特别善于结合自身情况，开展改造型的再创新，如青铜礼器、轮辐式马拉双轮战车、铜镜、玻璃、金银器等。中华民族将创新性与包容性相结合，兼收并蓄、兼容并包，以自身为主体，不断发展壮大，最终形成多元一体的大一统国家。

（原载《人民日报》2023年9月2日第6版）

中华文明的突出创新性与中国共产党的自我革命品格

金民卿[*]

习近平总书记在文化传承发展座谈会上,深刻阐明了中华文明突出的创新性特质,这种创新性从根本上决定了中华民族守正不守旧、尊古不复古的进取精神,不惧新挑战、勇于接受新事物的无畏品格。中国共产党是中华优秀传统文化的忠实继承者和弘扬者,把中华文明的突出创新性同马克思主义的革命批判性、马克思主义政党的先进性纯洁性有机结合起来,在一百多年的发展中不断进行批评和自我批评,不断进行自我净化、自我完善、自我革新、自我提高,铸就了勇于自我革命的鲜明品质。

一 勇于自我革命是中国共产党的鲜明品格

中国共产党是坚定中国立场、传承中国历史文化、立足中国具体

---

[*] 金民卿,中国历史研究院近代史研究所研究员、中国社会科学院大学教授。

二 中华文明的突出特性

实际的马克思主义先进政党,从成立伊始就接过近代以来中国历史发展的接力棒,确立为中国人谋幸福、为中华民族谋复兴的初心使命,致力于完成民族独立、人民解放的历史任务,并在此基础上实现国家富强、人民幸福,为实现中华民族伟大复兴而不懈奋斗。

发展前进的道路并不平坦。一百多年来,中国共产党一路走来遭遇了各种风险挑战,不仅要应对来自国内外反动势力的残酷镇压、战争围剿、制裁打压,而且要同党内各种错误思想和行为进行艰苦斗争,尤其是在长期执政条件下必须应对尖锐复杂的"四大危险""四大挑战"。在艰苦战争环境和复杂执政环境下,中国共产党之所以能够始终不忘初心使命,始终保持先进性纯洁性的本质本色,战胜了一个又一个世所罕见的困难,取得了一个又一个举世瞩目的胜利,不仅因为她在长期斗争中锻造出来的战胜敌人的强大能力,同时也因为她在长期自身建设中所形成的伟大自我革命精神。正如习近平总书记所指出的:"做到不忘初心、牢记使命,并不是一件容易的事情,必须有强烈的自我革命精神。"[①]

自我革命的鲜明品格是中国共产党区别于其他政党的根本标志之一。1927年,大革命惨遭失败,成千上万的共产党人和革命群众倒在血泊之中。在此关键时期,中国共产党没有悲观绝望、怨天尤人,而是以强大的自我革命勇气,审查和纠正自身的错误。在八七会议上,年轻的中国共产党人郑重指出,"我们党公开承认并纠正错误,不含混不隐瞒,这并不是示弱,而正是证明中国共产主义运动的力

[①] 《全党必须始终不忘初心牢记使命 在新时代把党的自我革命推向深入》,《人民日报》2019年6月26日。

量。我们深信本党的生命与力量决不致于怕披露和批评我们的疏忽和缺点，甚至于披露之于我们阶级仇敌之前也无所怕……无产阶级之先锋队能够在自己错误经验里学习出来，绝无畏惧的披露自己的错误并且有力量来坚决的纠正。"[1] 会议深刻总结了大革命时期党在革命领导权、统一战线、武装斗争、农民运动等方面的严重错误和沉痛教训，在知错、认错、纠错的基础上，抓住土地革命和武装斗争这两个核心问题，确立土地革命和武装起义的总方针，开始独立领导革命新实践、探索革命新道路。土地革命斗争前期，"左"倾错误思想在党内特别是中央领导层严重存在，给党和革命事业造成重大损害，第五次反"围剿"严重失败，党中央和中央红军被迫离开中央苏区进行战略转移。长征途中，中国共产党人召开遵义会议，以自我革命精神深刻检讨红军战略战术方面的重大是非问题，严厉批评中央主要领导人和共产国际顾问李德的重大错误，果断改变中央领导核心，事实上确立了毛泽东同志在党中央和红军的领导地位，开始确立以毛泽东同志为主要代表的马克思主义正确路线在党中央的领导地位，开始形成以毛泽东同志为核心的党的第一代中央领导集体，开启了党独立自主解决中国革命实际问题新阶段，在最危急关头挽救了党、挽救了红军、挽救了中国革命。经过自我革命，中国共产党日益走向成熟，中国革命事业日益走向胜利。全面抗战时期，中国共产党再次以伟大的自我革命精神，通过理论学习、自我反省、批评与自我批评、总结经验等形式，开展以反对主观主义、宗派主义、党八股为重要内容的整

---

[1]《中国共产党中央执行委员会告全党党员书》，载中共中央文献研究室、中央档案馆编《建党以来重要文献选编（1921—1949）》第 4 册，中央文献出版社 2011 年版，第 410—411 页。

二 中华文明的突出特性

风运动，系统彻底地清算党内教条主义错误，提高全党的马克思主义水平。经过这次整风运动，党日益成为全国范围的、广大群众性的、思想上政治上组织上完全巩固的马克思主义政党。在此基础上召开的党的七大，确立了毛泽东在全党的领导核心地位和毛泽东思想在全党的指导思想地位，全党在思想上政治上组织上达到空前的团结统一。

此后，中国共产党团结带领人民继续进行艰苦卓绝的革命斗争，取得了新民主主义革命的伟大胜利，成立了人民当家作主的新中国，彻底结束了中国半殖民地半封建社会的历史，彻底改变了近代以来中国人民和中华民族的悲惨命运。在领导社会主义革命建设改革的长期实践中，中国共产党勇于进行具有不同历史特点的伟大斗争，敢于直面发展过程中的挫折失误，不断推进执政条件下的自我革命，开创并不断发展中国特色社会主义事业。特别是党的十八大以来，以习近平同志为核心的党中央，立足新时代历史方位，以高度的战略清醒和深刻的忧患意识，着眼长期执政、改革开放、市场经济、外部环境的考验，着力防范精神懈怠、能力不足、脱离群众、消极腐败的危险，坚定不移推进全面从严治党，果断清除党和国家的严重隐患，党在革命性锻造中更加坚强，党的团结统一更加巩固，创造力、凝聚力、战斗力显著增强，焕发出新的强大生机活力，勇于自我革命、从严管党治党的鲜明品格得到了进一步彰显。

一百多年来，中国共产党不断由小到大、由弱到强、从胜利走向胜利，一个根本原因就在于始终保持自我革命精神，从不讳疾忌医，勇于刀刃向内，着力解决自身问题，不断进行深刻改造和自我重塑。一百多年的历史以不争的事实雄辩地证明，中国共产党是一个具有强大自我革命勇气和能力的马克思主义先进政党，从不掩饰自己的挫折失误，敢于而且善于知错认错纠错，敢于而且善于清除自身不足而开创新的局面，这是中国共产党始终保持自身先进本质、战胜各种困难挑战、不断取得新胜利的重要法宝。

习近平总书记总结党的历史经验，立足党在新时代面临的风险挑战，在领导全面从严治党的伟大实践中明确提出："勇于自我革命，是我们党最鲜明的品格，也是我们党最大的优势。中国共产党的伟大不在于不犯错误，而在于从不讳疾忌医，敢于直面问题，勇于自我革命，具有极强的自我修复能力。"[1] 在党的十九大上，他再次突出强调，勇于自我革命，从严管党治党，是我们党最鲜明的品格。党的第三个历史决议也总结指出，勇于自我革命是中国共产党区别于其他政党的显著标志。自我革命精神是党永葆青春活力的强大支撑，党历经百年沧桑更加充满活力，其奥秘就在于始终坚持真理、修正错误。在这些论述的基础上，习近平总书记进一步提出了自我革命的重要思想，跳出历史周期率的第二个答案，以伟大自我革命引领伟大社会革命的重大观点，这些思想构成了习近平新时代中国特色社会主义思想的重要组成部分。

二 党的自我革命品格传承了中华文明的突出创新性

中华民族史是一部从未间断、接续发展、不断更新的文明创造史。远古时代的原始共产主义生产实践，形成了原始的公有制生产关系和公有集体观念；随着私有制生产关系的出现和不断发展，"私"

---

[1] 习近平：《论坚持全面深化改革》，中央文献出版社2018年版，第325页。

二 中华文明的突出特性

"家""国"等文化观念开始产生。殷周时期,奴隶制形成发展,以礼制为典型标识的等级秩序和文化形态占据统治思想地位。春秋战国时期,生产力进一步发展,生产关系急剧变化,阶级斗争日趋激烈,"礼崩乐坏"局面出现,形成百家争鸣的文化格局,产生了老子、孔子、墨子、孟子、庄子、荀子等一大批思想家,留下了《诗》《书》《礼》《易》《春秋》《离骚》等一大批文化经典,以及"仁""义""诚""信""道""术""势""法""名""实"等思想观念。封建社会秩序巩固之后,"大一统"观念兴起并不断完善,纲常伦理化的儒学理论长时期成为主流意识形态,两汉经学、魏晋玄学、隋唐佛学、宋明理学、陆王心学、清代朴学等相继出现。近代以降,中国社会性质剧烈变化,阶级斗争和民族斗争呈现新的特点,中华思想发生重大转型,中国传统文化、外来各种新旧思潮、马克思主义科学理论,在中国思想领域展开激烈的交锋和斗争,力图占据指导思想地位而成为中国社会实践的引领者。经过比较借鉴和思想较量,马克思主义被确立为改造中国的根本指导思想,并在实践发展和理论探索中获得中国化时代化,中国化时代化的马克思主义指导中国革命取得伟大胜利,中国社会制度实现了根本性变革,中华优秀传统文化实现创造性转化和创新性发展,中华民族现代文明正日益走向现实。

历史连续中创新进取的文明发展史,铸就了中华文化以我为主、差异融合、创新再生的发展逻辑,在持续不断的中心扩散与向心凝聚的双向互动中,形成了多元一体的中华民族共同体和中华文明共同体。中华民族在长期发展中不断对生产生活、阶级斗争的实践进行凝练提升,留下了丰富多彩、内涵深刻的文化成果。中华文化以其海纳百川的开放性和包容性,不断吸收外来文化的优秀元素,并使之转化和融会为自身的有机组成部分，春秋时期的儒家、道家、墨家等不同文化的差异融合，汉代以降的儒学、佛教、道教等不同文化的差异融合，近代以来的中国传统文化、西方文化、马克思主义等不同文化的差异融合，就是中华文化在不同时期融合发展的典型代表。正是在差异融合的基础上，中华文明不断更新其形式，补充其内容，丰富其内涵，扩大其外延，不断成就新的文明形态，融会成绵延数千年而未曾中断、守护根基而又不断创新的文明长河。

中华文明差异融合的历史进程和发展逻辑中，包含着革故鼎新、创新发展的内在基因，不惧新挑战、勇于接受新事物的无畏品格，开拓新局面、创造新事物的文化传统。在发生发展的早期，中华文明就包含着坚定的创新意志、丰富的创新思想和强大的创新能力。中国早期的文化典籍《周易》，代表了中华先民在很早时期就已经注重探索自然和社会发展变易的现象和规律，在把握世界变化的基础上强调"天行健，君子以自强不息""地势坤，君子以厚德载物"，展现了上下求索、自强不息、宽厚包容、融合创新的精神。出自《诗经·大雅·文王》的"周虽旧邦，其命维新"经典名句，体现了中华民族早期发展中超越自我、革故鼎新的强烈意志。屈原在《离骚》中提出的"路漫漫其修远兮，吾将上下而求索"，"虽九死其犹未悔"，表达了追求真理、超越现实的人生追求。《大学》把"新民"作为大学之道"三纲"的重要组成部分，强调"苟日新，又日新，日日新"的文化旨趣，把超越自我、不断更新作为君子人格、社会理想的重要内涵。宋代著名改革家王安石倡言"天变不足畏，祖宗不足法，人言不足恤"，彰显变法革新、改变现状的坚定意志。

这些内容经过千百年文化传承，孕育了坚持守正与出新相统一、

二　中华文明的突出特性

在保持连续性中勇于自我超越的文化品格。一方面，勇于发现自身的不足，勇于告别昔日的自我，绝不因循守旧、停步不前，绝不拘泥于先人而是勇于突破先人，形成了守正而不守旧、尊古但不复古的进取精神，不断在改造客观世界和主观世界中走向更高的境界，始终朝着最高理想而求索不止，形成中华文明突出的创新性。另一方面，创新发展不是文明断裂式的推倒重来，在前进道路上没有丢掉老祖宗、忘记来时路，而是在不忘初心的基础上承担新使命，在传承优秀文化内容的前提下吸收新元素、创造新文明，始终保持着中华文明突出的连续性。也就是说，在开拓创新中弘扬优良传统，在坚持优良传统中开拓创新，形成守正与创新的辩证统一、良性互动、持续发展。

中国共产党秉承中华民族守正出新的文化传统，不仅做中华优秀传统文化的忠实继承者和弘扬者，更是它的勇敢创新者和发展者，自我革命的鲜明品格就是这种继承与发展、弘扬与发展的思想结晶。早在新民主主义革命时期，毛泽东就明确指出，中华民族有许多珍贵的文化遗产，我们要在马克思主义指导下批判性地学习、继承、改造和发展它们，"我们这个大民族数千年的历史，有它的发展法则，有它的民族特点，有它的许多珍贵品……我们是马克思主义的历史主义者，我们不应该割断历史。从孔夫子到孙中山，我们应该给以总结，我们要承继这一份珍贵的遗产"。[1] 我们党突出强调，"中国共产党人是我们民族一切文化、思想、道德的最优秀传统的继承者，把这一切优秀传统看成和自己血肉相连的东西，而且将继续加以发扬光大。中

---

[1]《建党以来重要文献选编（1921—1949）》第15册，中央文献出版社2011年版，第651页。

国共产党……就是要使得马克思列宁主义这一革命科学更进一步地和中国革命实践、中国历史、中国文化深相结合起来"[1]。在党的自我建设、自我发展的问题上,毛泽东突出强调全党牢记"户枢不蠹""流水不腐"的中国文化智慧,坚持"惩前毖后""治病救人"的思想方法,发扬批评与自我批评的优良作风,勇于承认和清算自身错误。进入新时代,习近平总书记反复强调,中国共产党不是历史虚无主义者,也不是文化虚无主义者,要成为中华优秀传统文化的忠实继承者和弘扬者。他把传统文化的守正出新品格同党的批评与自我批评作风结合起来,同新时代全面从严治党实践有机结合起来,原创性地提出勇于自我革命是中国共产党人最鲜明的品格,领导全党刀刃向内、刮骨疗毒,实现自我更新、自我超越,在伟大自我革命中把党锻造成为始终走在时代前列、人民衷心拥护、勇于自我革命、经得起各种风浪考验、朝气蓬勃的马克思主义执政党。

三 党的自我革命品格是"两个结合"的重要体现

党的自我革命品格,是对中华文明突出创新性的丰富和发展,同中华优秀传统文化之间有着深厚的历史和文化的连续性。中华文明守正出新、自我超越的传统,在治国理政实践中具体体现为自我批评、自我警醒、自我变革、自我完善的思想智慧,从春秋时期"臧文仲之叹"到延安窑洞中的"黄炎培之问",中国历史上的"历史周期率"

---

[1] 《建党以来重要文献选编(1921—1949)》第 20 册,中央文献出版社 2011 年版,第 318 页。

问题就是典型代表。

《春秋左传》记载：鲁庄公十一年（公元前683年）秋，宋国遭遇洪灾，鲁庄公遣使到宋国慰问，宋湣公对鲁国来使言道："孤实不敬，天降之灾，又以为君忧，拜命之辱。"这是宋国执政者的深刻自责、自省，力求从自身失误中寻找灾祸出现的原因。鲁国贤臣臧文仲听了宋湣公的自谴后感叹道："宋其兴乎！禹、汤罪己，其兴也浡焉；桀、纣罪人，其亡也忽焉。"就是说，执政者若能做到自我反省和矫正，国家就会兴旺发达，否则就会人亡政息。这种"兴浡亡忽"的历史周期率在几千年王朝更替历史中得到体现，历代王朝的清明时期大都与统治者的"罪己"相关，而衰亡者则往往是不从自身寻找原因而"罪人"。例如，隋炀帝"性不喜人谏"，不知"罪己"只知"罪人"，自以为是而不知己非，闭目塞听而不纳人谏，迅速走向灭亡，即所谓"其亡也忽"；唐太宗则"每闲居静坐，则自内省，恒恐上不称天心，下为百姓所怨"，正是因为有了这种自我警醒与自我约束，贞观之治得以形成，即所谓"其兴也浡"。

进入近代以来，中国社会急剧变动，各种政治力量接续登场，兴衰成败更迭不断。基于此，1945年7月，黄炎培在延安的窑洞中向毛泽东提出了自己的疑问，并向共产党人寻求跳出历史周期率的答案。他讲道：我生六十多年，耳闻的不说，所亲眼看到的，真所谓"其兴也浡焉""其亡也忽焉"，一人，一家，一团体，一地方，乃至一国，不少都没有跳出这周期率的支配力。一部历史，"政怠宦成"的也有，"人亡政息"的也有，"求荣取辱"的也有。总之没有能跳出这周期率。中共诸君从过去到现在，我略略了解了。就是希望找出一条新路，来跳出这周期率的支配。针对"黄炎培之问"，毛泽东答道:"我们已经找到新路,我们能跳出这周期率。这条新路,就是民主。只有让人民来监督政府,政府才不敢松懈。只有人人起来负责,才不会人亡政息。"①

这是毛泽东给出的中国共产党人跳出历史周期率的"第一个答案"。当然,毛泽东给出的答案,绝不是简单地把矛盾和问题交给人民,仅仅依靠人民来解决党自身的问题,而是以党的自我批评为前提。在党的七大上,毛泽东已经明确提出,严肃认真的自我批评"是我们和其他政党互相区别的显著的标志之一"。② 这就是说,批评和自我批评是中国共产党认识和纠正自身错误的正确做法,进行伟大自我革命的重要方式,在长期发展中成为党的一大优良作风和重要法宝。

在新时代的历史方位中,习近平总书记基于新的发展实践和风险挑战,在新的"赶考"中进一步探索党的建设路径,在汲取中华优秀治理经验、总结历史经验教训、传承党的优良作风的基础上,创造性地给出了中国共产党人跳出历史周期率的"第二个答案":"如何跳出治乱兴衰的历史周期率?毛泽东同志在延安的窑洞里给出了第一个答案,这就是'只有让人民来监督政府,政府才不敢松懈'。经过百年奋斗特别是党的十八大以来新的实践,我们党又给出了第二个答案,这就是自我革命。"③ 自我革命就是要补钙壮骨、排毒杀菌、壮士断腕、去腐生肌,毫不留情地清除侵蚀党的健康肌体的病毒,坚持不懈地提高自身的免疫力,防止政怠宦成、人亡政息,使党在长期执

---

① 中共中央文献研究室编:《毛泽东年谱(1893—1949)》(中),中央文献出版社 2013 年版,第 611 页。
② 《毛泽东选集》第 3 卷,人民出版社 1991 年版,第 1096 页。
③ 《习近平谈治国理政》第 4 卷,外文出版社 2022 年版,第 541 页。

二 中华文明的突出特性

政过程中始终保持旺盛的生机活力。

很显然，从毛泽东的"第一个答案"到习近平总书记的"第二个答案"，中国共产党在自我革命问题上，传承了中华文明自我超越、革故鼎新的基因，守正出新的创新性特质，实现了对古代优秀治国理政经验的创造性转化和创新性发展。

但是，中国共产党的自我革命，绝不是中国传统革故鼎新思想的简单传承或直接翻版，而是马克思主义基本原理同中国具体实际、中华优秀传统文化相结合的重大成果和典型体现。自我革命直接源自马克思主义本身的革命批判性。马克思主义认为，矛盾双方的对立统一是事物发展的根本动力，一切事物的发展归根到底是自我否定的过程，通过内部的否定之否定，事物实现螺旋式上升而发展到新阶段。马克思主义本身的发展就是辩证否定、自我扬弃的历史。马克思正是通过深度的自我思想清算，才走向唯物主义和共产主义，创立马克思主义新世界观。马克思主义在创立时就强调"要对现存的一切进行无情的批判，所谓无情，意义有二，即这种批判不怕自己所作的结论，临到触犯当权者时也不退缩"。[①]

自我批判、自我革命的精神贯穿于马克思主义政党成长发展的全部进程，正是在不断进行自我反思、自我纠正的过程中，共产党才得以实现自我革新、自我超越、发展壮大。马克思恩格斯提出，勇于批评和自我批评是马克思主义政党和无产阶级革命运动的生命要素，"一个政党宁愿容忍任何一个蠢货在党内肆意地作威作福，而不敢公

[①] 《马克思恩格斯全集》第 1 卷，人民出版社 1956 年版，第 416 页。

开拒绝承认他，这样的党是没有前途的"。① 列宁指出，是否正确地对待并勇敢承认和纠正自己的错误，是衡量党是否郑重、是否成熟的重要标志，"公开承认错误，揭露犯错误的原因，分析产生错误的环境，仔细讨论改正错误的方法——这才是一个郑重的党的标志，这才是党履行自己的义务，这才是教育和训练阶级，进而又教育和训练群众"。② 斯大林也强调，共产党敢于公开对自身的缺点进行无情的批评，"自我批评是我们党坚强的标志，而不是我们党软弱的标志……过去这样，将来也永远是这样"。③

中国共产党人继承了马克思主义政党的这个优秀品质，把自我革命确立为克己制胜的重要法宝、必须坚持的优良作风、始终不能忘记的鲜明品格。自我革命品格是由党的先进性纯洁性本质所决定的。中国共产党始终坚持马克思主义政党的政治属性和人民立场，"始终代表最广大人民根本利益，与人民休戚与共、生死相依，没有任何自己特殊的利益，从来不代表任何利益集团、任何权势团体、任何特权阶层的利益"。④ 因为没有任何自己的特殊利益，党才能谋根本、谋大利，从人民根本利益出发来检视自己，直面包括自身错误在内的各种问题，坦承自身缺点不足，勇于进行自我革命。自我革命也是中国共产党坚守远大理想的必然要求。中国共产党从一开始就把实现共产主义作为最终目标和最高理想，要"创造一个共产主义的社会"。⑤ 实

---

① 《马克思恩格斯全集》第34卷，人民出版社1972年版，第90页。
② 《列宁专题文集》（论无产阶级政党），人民出版社2009年版，第352页。
③ 《斯大林选集》上卷，人民出版社1979年版，第345页。
④ 《习近平谈治国理政》第4卷，外文出版社2022年版，第9页。
⑤ 《建党以来重要文献选编（1921—1949）》第1册，中央文献出版社2011年版，第488页。

二 中华文明的突出特性

现远大理想不可能一蹴而就，需要一代一代共产党人接续奋斗、持续努力，为此必须始终以强大的战略定力克服包括自身错误在内的各种困难，始终保持发展奋斗的意志和能力。一百多年来，中国共产党就是在远大理想的激励和支撑下不懈奋斗，不断在改造客观世界的同时实现自我改造，在自我革命中不断实现跨越和发展。

总之，中国共产党是扎根于中国土壤的马克思主义政党，既毫不动摇地坚持马克思主义指导地位，始终不渝地坚守马克思主义的魂脉；又忠实传承、弘扬和践行中华优秀传统文化的精华，一以贯之地坚守中华优秀传统文化的根脉；在一百多年发展历程中，坚持不懈地把马克思主义基本原理同中国具体实际、同中华优秀传统文化相结合，不断开辟中国化时代化马克思主义的新境界。勇于自我革命的鲜明品格，就是"两个结合"的重要体现和重大成果。马克思主义的革命批判精神、马克思主义政党的先进性纯洁性本质，给中华文明的突出创新性、中国传统治理的历史周期率思想，注入了新的强大生命和思想灵魂，使之摆脱了旧的时代局限，释放出真理性力量和普遍性价值，上升到新的高度和境界。中华文明的突出创新性特质、传统文化中的历史周期率思想，为马克思主义的革命批判性在中国共产党的实践和思想中扎根、发展，提供了深厚的文化根基和沃土，使之呈现出中华民族的历史和文化特点，凝结为中国共产党自我革命的鲜明品格。

（原载《近代史研究》2023 年第 4 期）

深刻理解中华文明突出的统一性

邢广程[*]

在几千年历史长河中，中国形成了统一的多民族、拥有14亿多人口而又精神上文化上高度团结统一的国家，这在世界上是独一无二的。习近平总书记在文化传承发展座谈会上发表的重要讲话，将"具有突出的统一性"作为中华文明的突出特性之一。习近平总书记指出："中华文明具有突出的统一性，从根本上决定了中华民族各民族文化融为一体，即使遭遇重大挫折也牢固凝聚，决定了国土不可分、国家不可乱、民族不可散、文明不可断的共同信念，决定了国家统一永远是中国核心利益的核心，决定了一个坚强统一的国家是各族人民的命运所系。"[①] 深入学习领会习近平总书记关于中华文明具有突出的统一性的重要论述，对于我们在强国建设、民族复兴的新征程上凝聚起勇往直前、无坚不摧的强大力量具有重大意义。

---

[*] 邢广程，中国社会科学院学部委员，中国社会科学院中国边疆研究所所长。
[①] 《习近平在文化传承发展座谈会上强调 担负起新的文化使命 努力建设中华民族现代文明》，《人民日报》2023年6月3日。

一　中华文明突出的统一性的历史表现

习近平总书记指出："在几千年历史长河中，中国人民始终团结一心、同舟共济，建立了统一的多民族国家，发展了56个民族多元一体、交织交融的融洽民族关系，形成了守望相助的中华民族大家庭。"[①] 从古至今，各民族都为祖国大家庭的形成和发展贡献了力量。建立了向内凝聚的统一多民族国家和形成了多元一体的中华民族大家庭是中华文明具有突出的统一性的重要历史表现。

建立向内凝聚的统一多民族国家。我国地理特征为西高东低，大江大河多呈"一江春水向东流"之势。这样的地理条件决定了中原地区的黄河流域自然环境比较优越，经济发展较快，文化水平比较先进，能够对周围地区产生辐射力和吸引力。早在先秦时期，我国就逐渐形成了以华夏族为凝聚核心、"五方之民"共天下的交融格局。中原地区的华夏族从黄河中下游向外发展，逐步形成了汉族；生活在中原地区周边的少数民族部落逐步向内聚集，形成了多民族融合互动、向内凝聚的自然历史过程。此后，我国历史上的政治局面大致可以归为三类，即以汉族为主体的统一王朝、以少数民族统治者为主建立的统一王朝、多民族王朝并立，这三类政治局面都表现出极强的向内凝聚特性。以汉族为主体的统一王朝通过中原地区经济、社会和文化的发展，协同和带动周边少数民族发展，形成强大的向内凝聚力；以少数民族统治者为主建立的统一王朝本身就是向内凝聚的产物，这些王

[①] 《习近平讲故事》第2辑，人民出版社2022年版，第181页。

朝入主中原后又极大地带动了周边少数民族向内凝聚的趋势；在多民族王朝并立的时期，各并立的王朝都以正统自居，并极力争夺中原地区的"正统"地位，即使在这样的时期，大一统思想依然在起作用，中华文明依然表现出突出的统一性，各民族文化融为一体的内聚性依然在发展。这些历史现象的产生，很重要的一个原因是秦朝实行"书同文，车同轨，量同衡，行同伦"，成为中国统一的多民族国家的重要起点。此后，无论哪个民族入主中原，都以"统一天下"为己任。这表明，在中国历史发展进程中，各民族逐步形成了强大的凝聚力，向内凝聚的结果使中华文明呈现出突出的统一性。

形成多元一体的中华民族大家庭。"多元一体"中的"多元"和"一体"深刻反映了中华民族各民族内在的多样性和统一性之间辩证和谐的共同体关系，恰如其分地反映了中华文明起源和发展的模式。目前我国有56个民族，各民族在漫长的历史进程中形成了各自的文化传统，此为"多元"。不过，这些民族从来不是以相互隔绝、相互排斥状态出现的，各民族大杂居小聚居，相互嵌入，具有不可分割的内在联系，形成了共同体，此即"一体"，这就是中华民族。在中华民族共同体中各民族之间你中有我、我中有你，谁也离不开谁，形成了强烈的共同体意识、共同价值追求和文化认同，56个民族这个"多元"在中华民族这个"一体"中得到充分体现。鸦片战争以后，中国逐步沦为半殖民地半封建社会，国家蒙辱、人民蒙难、文明蒙尘，中国人民遭受了前所未有的劫难。一部中国近代史就是各族人民团结起来救亡图存的历史。在外来侵略寇急祸重的严峻形势下，我国各族人民手挽着手、肩并着肩，英勇奋斗，浴血奋战，打败了穷凶极恶的侵略者，捍卫了民族独立和自由，共同书写了中华民族保卫祖国、抵御外侮的壮丽史诗。在中华民族和中华文明的危急时刻，各民族总是能够同仇敌忾、保家卫国，生动体现了中华文明突出的统一性。

二 中华文明突出的统一性对于中华民族发展的重大意义

一部中国史，就是一部各民族交融汇聚成多元一体中华民族的历史。习近平总书记关于中华文明具有突出的统一性的重要论述，深刻揭示了中华文明突出统一性对于中华民族发展的重大意义，我们要深入学习领会其丰富历史内涵和鲜明时代价值。

中华民族各民族文化融为一体，即使遭遇重大挫折也牢固凝聚。在漫长的历史长河中，中华大地上各民族通过交往互动，逐步形成了水乳交融的和谐关系，共同营造了统一的共有精神家园。这个统一的共有精神家园容纳和融合了各民族各具特色的文化，最终融为一体，并形成中华民族共同体意识。历史上中华民族虽曾遭遇很多挫折，但中华文明始终一脉相承、绵延至今，一个基础性原因就是在中华文明突出的统一性作用下，中华民族各民族拥有"融为一体"的共有精神家园。

中华民族各民族拥有国土不可分、国家不可乱、民族不可散、文明不可断的共同信念。国土是中华民族各民族共同生活、繁衍生息的疆域和空间，是我们前辈世世代代留下来的极其宝贵的不动产。在中国历史上，一切分裂国土的行为都没有好下场，都受到了历史的惩罚。现在和未来，一切妄想分裂国土的行径也都不会有好下场。国家是中华民族各民族共同创造的，是我们共同的家园。在中国历史上，一切搞乱国家的行径都受到了历史的无情审判。现在和未来，一切妄想搞乱国家的行径也必然遭到全体中国人民的反对和谴责。在中国历史上，中国人用血的代价换来的宝贵经验教训是，团结统一是福、分裂动荡是祸。现在和未来，一切妄想拆散民族的行径也一定会遭到历史的惩罚和人民的唾弃。中华文明是世界上唯一绵延不断且以国家形态发展至今的伟大文明。我国先民创造的许多伟大文明成果具有超越时空的永恒价值，现代中国和未来中国必定传承中华文明，必然走自己的文明之路。

国家统一永远是中国核心利益的核心。自公元前221年秦朝建立至今的两千多年里，统一始终是中国历史的主流。中国历史上的教训时刻提醒我们：国家分裂必然意味着社会动荡，而社会动荡则是生灵涂炭的开始，绝不能容许国家分裂的历史悲剧重演。当前，实现中华民族伟大复兴进入了不可逆转的历史进程。实现祖国完全统一，是全体中华儿女的共同愿望，是实现中华民族伟大复兴的必然要求。中华文明突出的统一性告诉我们，国家统一过去是、现在是、未来永远都是中国核心利益的核心。

一个坚强统一的国家是全国各族人民命运所系。近代以来的中国历史表明，一个羸弱的国家不可能维护住国家的核心利益，不可能保护好各民族群众，不可能给全体中国人民带来幸福安宁。中华人民共和国的成立向世界宣告，中国人民从此站起来了，中华民族任人宰割、饱受欺凌的时代一去不复返了。中华人民共和国成立后，中国共产党团结带领全国各族人民实现了中华民族从站起来到富起来的伟大飞跃，迎来了中华民族从富起来到强起来的伟大飞跃。历史经验充分证明，一个坚强统一的国家才能维护国家主权、统一和领土完整，捍卫国家主权、安全、发展利益，才是各族人民利益所系、幸福所系、命运所系。

三 为深入研究中华文明突出的统一性贡献史学力量

古往今来，历代中国人民都用自己的行动维护着中华文明突出的统一性。面向未来，我国历史研究工作者应不断深化研究，为传承和巩固中华文明突出的统一性贡献史学力量。

做好重大学术问题研究。广大历史研究工作者要坚持以习近平新时代中国特色社会主义思想为指导，全面贯彻落实习近平总书记关于历史研究的系列重要讲话和重要指示批示精神，以重大问题为抓手，做好中华文明突出统一性的学术研究工作。具体来看，我们要进一步回答好中华文明起源、形成、发展的基本图景、内在机制以及各区域文明演进路径等重大问题；深入研究阐释中华文明起源所昭示的中华民族共同体发展路向和中华民族多元一体演进格局；讲清楚中华文明是什么样的文明、中国是什么样的国家，讲清楚中国人的宇宙观、天下观、社会观、道德观，展现中华文明的悠久历史和人文底蕴；等等。

推动创造性转化、创新性发展。我国古代思想家和历史学家所确立的六合同风、九州共贯的大一统思想是中华优秀传统文化中的精华。中华民族始终把大一统视为"天地之常经，古今之通义"，长期的大一统传统塑造了中华文明突出的统一性。在建设中华民族现代文明的进程中，大一统传统和理念具有重要时代价值。中国历史研究院首批重点课题之一《清代国家统一史》从国家统一的视角客观阐述清代国家实现统一、巩固统一和维护统一的历史进程，较好地体现了大一统思想。我们要继续做好古代大一统思想的深度研究，推动其创造性转化、创新性发展，实现大一统传统与现代国家统一的有机衔接，不断筑牢中国人民国家认同的坚实文化基础。

深入总结历史经验。司马迁在《史记》中将少数民族纳入中国史，随后的历代史著都延续这个体例和传统。这些史著真实客观和系统地记载了中华民族各民族融为一体的历史事实，体现出我国古代史学维护中华文明突出统一性的担当。今天，我们要着力提高中华文明突出统一性的研究水平，整合中国历史、世界历史、考古等方面研究力量，深入总结中华文明和中华民族实现、巩固和维护国家统一的历史经验，揭示维护国家统一的历史规律，把握国家统一的历史趋势，推动有关中华文明突出统一性的历史研究不断走深走实，推出一批有思想穿透力的精品力作。

（原载《人民日报》2023年7月31日第9版）

中华文明"统一性"的历史特点与当代价值

卜宪群[*]

习近平总书记在文化传承发展座谈会上的重要讲话中指出:"中华优秀传统文化有很多重要元素,共同塑造出中华文明的突出特性。"[①] 其中"统一性"就是"五个突出特性"之一。统一性作为中华文明的突出特性之一,在中国历史上发挥着重要作用,也呈现出鲜明特点,从根本上决定了中华民族各民族文化融为一体,即使遭遇重大挫折也牢固凝聚,决定了国土不可分、国家不可乱、民族不可散、文明不可断的共同信念,决定了国家统一永远是中国核心利益的核心,决定了一个坚强统一的国家是各族人民的命运所系。

---

[*] 卜宪群,中国社会科学院习近平新时代中国特色社会主义思想研究中心特约研究员,中国社会科学院古代史研究所研究员、所长。

[①] 《习近平在文化传承发展座谈会上强调 担负起新的文化使命 努力建设中华民族现代文明》,《人民日报》2023年6月3日。

一 统一性有悠久的历史渊源

中华民族的统一性有悠久的历史渊源，经历了漫长的历史道路。考古证实，黄河流域、长江流域、珠江流域、西辽河流域、北方草原文化区，都是中华文明的摇篮，呈现出多元性色彩。但中华文明起源又表现出统一性，即以中原为核心的文明具有相对的稳定性，对周边文明产生深刻影响，周边文明又有向中原文明内聚的特点。我国著名考古学家苏秉琦先生曾经用"满天星斗"来形容中华大地上的"文明火花"，"满天星斗"不意味着中华文明起源是各自孤立的，他提出的中国考古学六大文化区系类型学说，破除了中原中心论，又揭示了各区系之间相互影响，你中有我、我中有你的事实。中华文明多元一体的格局就是在这六大体系范围内"平衡又不平衡"中发展起来的。今天，中华文明起源中蕴含的"统一性"因素被更多的考古资料所证实，中华文明探源工程提出文明定义和认定进入文明社会的中国方案，实际就是对中国浩如烟海的考古资料中"统一性"因素的理论性总结。文明元素的统一性是统一政治共同体产生的重要因素。距今5000年前后的龙山文化后期，中原中心地位更加突出，熔铸了各地区的文化因素，展示出兼容并包与海纳百川的广阔胸襟，从这里率先走出了中国最早的国家夏朝，将各地区的文明要素最终汇聚成了统一的政治实体。

中华文明的统一性经历了不同的发展阶段，是以国家形态绵延不断传承下来的统一文明形态。夏商周是中华文明统一性的早期发展阶段，由于氏族血缘关系还没有被彻底打破，那时统一的程度还不高，不仅邦国林立、族系林立，中央与地方的关系十分松散，而且王的权力也很有限。虽然如此，统一性的步伐没有停止。三代不断建立巩固标志性的中央都城，加强王权、王畿力量和改变对地方管控方法，至周代，已经形成了比较稳固的、统一的"天下共主"政治体制。以华夏族为核心，具有共同血缘认同、文化认同的多民族共同体初步形成。中华文明统一性的基本特征、思想基础以及独特的发展道路，是在这个时期奠定的。秦汉至明清是中华文明统一性巩固发展时期。在长达两千多年的历史长河中，统一是历史的主流，是历史发展的方向，是广大人民的愿望，是积极有为的治国理政者为之奋斗的目标。秦的统一、两汉的统一、西晋的统一、隋的统一、唐的统一、北宋的统一、元的统一、明的统一、清的统一，尽管统一的程度、力度和主体民族各有差异，但都是中华文明统一性特性的典型表现。中国没有分裂的经济基础和文化基础，中国历史上分裂的主要原因是中央集权的衰落和民族矛盾的加剧。因此，中华民族无论怎样分裂、分裂主体来自哪个民族，最后都要走向统一，这是中国历史一个鲜明的特点。

二 统一性有牢固的制度保障

统一性是中华文明历史主体性的集中体现，是决定中国历史发展主流方向的核心，是中华文明连续性、创新性、包容性、和平性特性的载体。没有统一性作为根本保障，中华文明就失去连续、创新、包容、和平的基本平台。一部中华文明发展史，也是一部中华文明不断在新的历史高度上走向统一的历史。中华文明统一性的突出特性并不是从天上掉下来的，它是中华民族在伟大历史实践中创造积累的经济社会文化因素所形成的历史必然趋势,是数千年中华制度文明不断巩固发展的结果。

体现中央和地方关系的国家结构是国家统一性的重要标识。先秦是统一性制度建设初创时期。夏朝国家结构还有不同看法,有人认为是"方国部落联盟",有人认为是"第一个统一的奴隶制中央集权的王朝",但无论学者如何看待,夏朝不是一个孤立的城邦国家应当是共识,从这个时期开始,中华文明多元一体的国家制度建设中已经出现统一性要素是没有疑问的。商朝国家结构中的统一性因素在增强,传世文献和甲骨文都反映商朝对方国的控制力加强,中央和地方的关系更加紧密,因此有人认为商朝是一个"比较集中的中央权力的国家"。周朝的国家结构性质也有不同意见,但以礼乐制度、分封制度为基础构建的国家结构形式,是中国历史上统一中央集权的一个重要发展阶段。统一性是社会经济发展的结果而不是政治家的发明,先秦社会生产力的不断发展,是先秦国家统一性不断增强的关键所在。思想文化是社会经济发展在意识形态上的重要表现。春秋战国时期,追求"统一性"成为诸子百家思想的主流,要求"定于一""天下为一"的呼声高涨,一个顺应社会经济发展,代表新的历史潮流的"统一性"制度建设、文化建设的大一统国家结构即将降生。

秦汉至明清是统一性制度建设的发展与成熟时期。秦汉大一统国家的建立,为统一性的制度建设创造了历史条件。秦统一后,"海内为郡县,法令由一统",又相继制定了"车同轨、书同文、行同伦"等各种措施,将战国以来各自为政的政治经济社会文化现象规范划一,奠定了此后统一多民族国家"统一性"的制度基础。两千多年传统社会统一性制度建设的核心大体围绕以下几个方面展开:一是重视维护以君主为核心的中央集权。"事在四方，要在中央"，中央的统摄地位不可动摇。从三公九卿到三省六部，再到内阁制和军机处，从郡县制到行省制，都是为了保障中央权威的贯彻实施。二是重视主流意识形态的构建。没有意识形态的统一，就没有政治统一的思想基础。汉代，经过思想家推崇改造，并经汉武帝认可，确立了儒家思想的主流地位。儒家思想既满足了尊君一统的现实政治需求，又与社会大众的价值观相契合，成为历代"统一性"的思想基础。三是重视以民本为基础的国家治理措施制定。以大一统为代表的中国历史上的"统一性"理念，主张政治清明、社会稳定、经济繁荣、文化包容，否则就不能称之为"大一统"的盛世或治世。因此，历代统治者尽管不是人民根本利益的代表者，但在整顿吏治、发展生产、调节贫富、文化建设以及社会治理政策制定上，还是可以看到民本思想的深刻影响。延续不断的制度建设，是中华文明统一性的根本保障。

三 统一性是珍贵的文化遗产

中华文明统一性的突出特性，是中华文明留给我们的一份珍贵文化遗产，它不仅在历史上发挥出积极作用，对我们今天中国特色社会主义文化建设，中华民族现代文明建设也有着十分重大的现实意义。

统一性是铸牢中华民族共同体意识的宝贵资源。统一的政治共同体是统一的民族共同体意识产生的基础。特别是秦汉以后，中华民族政治共同体以大一统的政治形态稳固下来，有力地促进了中华民族共同体意识的统一，并在各个历史时期以不同的形式表现出来。这一共同体意识，以儒家思想为核心，以历史认同、血缘认同、文化认同为基础，将中华民族各民族文化紧紧融为一体。今天，习近平总书记提出铸牢中华民族共同体意识，是新时代中华民族的历史使命。古今不同，内涵不同，但我们应当科学借鉴"统一性"的历史经验，在中国共产党的领导下，加强各民族交往交流交融，促进各民族像石榴籽一样紧紧抱在一起，共同团结奋斗、共同繁荣发展。

统一性是维护国家统一、坚决反对分裂共同信念的坚强基石。统一是中国历史的主体，也是深植于中国人民心中的信念。在中国历史上，分裂给中华民族带来的更多是灾难。维护统一的根本是制度，统一性的制度建设不仅是历史中国也是当代中国核心利益中的核心，正如习近平总书记所指出的那样："制度优势是一个国家的最大优势。"[1] 中华文明统一性的制度建设告诉我们，必须继承统一性的制度遗产，坚定国土不可分、国家不可乱、民族不可散、文明不可断的信念，坚决反对以任何形式分裂国家的企图，用制度把各族人民牢固凝聚在一起。

中华文明的统一性是寓于多样性中的统一，是多元一体的统一，这从根本上决定了中华文明的统一性不是消除文化差异性的统一，而是在坚守中华文化统一性立场的同时，又展现出中华文化的多姿多彩。

（原载《人民日报》2023年8月28日第10版）

---

[1] 《习近平著作选读》第2卷，人民出版社2023年版，第277页。

多元一体，百川归海
——论中华文明的统一性

王 巍[*]

习近平总书记在文化传承发展座谈会上的重要讲话中，对中华文明的特性作了精辟的总结，明确指出中华文明具有突出的连续性、创新性、统一性、包容性、和平性。这是对中华文明特性第一次完整表述，是对中华五千多年文明进程和历史经验所作的科学总结。进行了20年的"中华文明探源工程"的目标之一，是研究以中原地区为中心、为引领的中华文明多元一体格局的形成过程，也就是研究中华文明的统一性的由来和发展。纵观中华文明的历史进程，虽然有分有合、进程曲折，但从多元走向一体，国家的统一始终是发展的主线。这一趋势并非秦始皇统一中国后才形成，数千年前的史前时期各个地区就已有交流，在相互学习借鉴中取长补短、共同发展，一体化具有深厚坚实的基础和久远的渊源。

---

[*] 王巍，中国社会科学院学部委员，河南大学特聘教授，中国考古学会理事长。

一　中华文明统一性的史前基础

（一）距今 10000 年到 7000 年前中华大地各区域的交流

距今 9000 年前出现在长江中下游地区的稻的栽培技术被淮河流域的史前先民所吸收。河南舞阳贾湖聚落遗址出土了炭化稻、石制和骨制的农业手工业生产工具。1 万年前发明于华北地区的粟和黍栽培技术也向周围地区传播。此后，农业逐渐发展，人口逐步增加，人们的精神生活日益丰富，人们活动的能力日益增强，各区域之间的交流日益活跃。

距今 8000 多年前分布于我国东北西部地区的兴隆洼文化已经能够制造较为精致的玉石装饰品组合——玉玦和条形玉坠。值得注意的是，同类的玉玦和玉坠的装饰品组合在稍晚些的长江下游地区河姆渡文化中也可以看到。形制相同的玉玦，以及它和玉坠的组合，分别在中国的北方和南方出现，应是不同区域的史前文化存在着交流的反映。在兴隆洼文化中，有来自黄海一带蚌壳串成串的装饰，说明内陆地区与沿海地区的人们存在交流。距今七八千年前史前文化的交流在陶器中看得更加清楚。在长江中游距今 8000 多年的史前文化中，可以看到来自淮河上游贾湖文化和来自长江下游的跨湖桥文化因素的陶器。

在长江下游浙江萧山跨湖桥遗址出土了距今 8000 多年，残长达 5.8 米的独木舟，说明当时的人们已经具有了较远距离的航行能力，扩大了交往的范围。

（二）距今6000年到4000年前中华大地文化趋同性的增强

距今6000多年前，黄河中游地区出现了龙的信仰。在河南濮阳西水坡遗址发现的一座仰韶文化墓葬中，尸骨的东西两侧用蚌壳堆出龙和虎的形象，竟然与汉代的四神中东青龙西白虎的方位一致，或说明四神思想具有久远的史前渊源。在距今5500—5300年的辽河流域红山文化和同时期长江下游的凌家滩文化中，都出土了身体呈C形的玉龙，两地还出土了同样的玉龟和姿势相同的玉人。不仅说明龙的观念在北至东北西部，南至长江下游已经广为流行流传，还暗示出南方和北方的社会上层存在着交流。到了夏商时期，龙的形象广泛出现于黄河流域、长江流域和辽河流域，三星堆文化中可以见到近十种龙的形象，就是明证。

距今6000年前，黄河中游地区的仰韶文化中期以花和鸟为图案的彩陶图案逐渐向周围扩展。距今5500年前后，到达黄河流域全境和长江中下游北部地区。到距今5300年左右的时候，这类彩陶图案的分布范围南达长江上中下游，北至华北平原北部及燕山山地的西辽河流域，西到甘青地区，东抵黄河下游，第一次出现了中原地区文化向周围广大地区强烈影响的态势，这一现象极有可能是黄帝炎帝集团兴起和影响范围扩展的反映，也有学者称这一现象为形成了"最初的中国"。

距今5500—5000年左右，各地区的文明进程都进入新的阶段。这一阶段，各地出现规模巨大的中心性聚落，制作精致、规模大的高等级建筑和规模大、随葬品丰富的墓葬。在长江中下游、黄河下游和辽河流域的高等级的墓葬中，都随葬制作精致的玉器。而且，这些玉器与6000年前多为装饰品的情况不同，出现了玉石钺和龙、龟、鸟等动物形象的玉器，表明这些玉器与当时人们的信仰密切相关，成为通神、祭神的工具。由于它们都处在权贵墓葬中，说明这些玉器也具有显示持有者尊贵身份的作用。

到了距今4300—4100年的尧舜时期，中原地区的势力集团崛起。在山西襄汾陶寺遗址发现的面积达280万平方米的大型城址被认为是尧舜时期的都城所在。在这个遗址中可以看到黄河下游大汶口文化陶制酒器、长江下游良渚文化的玉琮和玉璧、长江中游石家河文化的双翅形玉饰等文化因素，表明中原地区的势力集团广泛吸收周邻地区先进文化因素，力量不断壮大。到了大禹的时期，中原文化对周围的影响显著增强，在长江中下游地区，可以清晰地看到中原文化影响的到来。

二　夏商周时期以来统一性的增强

距今4000年左右，夏王朝在中原地区建立。中华文明从满天星斗式的古国文明，进入由中原王朝引领的王国文明阶段。夏王朝经过了200年左右的积蓄力量，到了夏代后期，以河南偃师二里头遗址为都城的二里头文化，出现了一系列新的变化。在宫室制度方面，初步形成了以中轴线、左右对称、前后几进院落为特征的宫室制度。在继承尧舜时期铜器制作技术的基础上，发明了青铜容器的制作技术，制作出爵、斝、盉、觚等青铜酒器；几种原本是用作武器或工具的玉器，如玉戈、玉璋、玉钺等被赋予通神祭神的功能，由于只有身份高贵的贵族才具有主持祭祀的资格，所以，这些玉器同时也具有表明持有者尊贵身份的功能，成为玉礼器。尤其是玉器的一种——玉璋向周围强烈辐射，其分布范围达到东南沿海的福建南部和香港地区，西北到达陇东地区，向西南到达成都平原。在四川广汉三星堆遗址和成都金沙遗址都发现多件这类玉璋，而且出土一件青铜人像双手持玉璋，跪姿，应是在举行祭祀的场景，证明这类玉器是祭祀神灵的用具，从而解决了学术界关于此类玉器功用的争论。夏王朝发明的用于通神的玉璋在各地的广泛分布，耐人寻味。表明夏商王朝势力的扩展并非依靠军事扩张，而是靠自身先进的文化，也就是"软实力"，实现对广阔地区的影响，中华早期文明从多元走向一体，即从各区域文明独自起源，发展为以中原王朝为引领的历史格局。

商王朝建立后，继承了夏王朝青铜容器和玉礼器制度，并赋予其新的内涵，工艺技术也更加熟练高超。在这一阶段，商王朝的冶铜术向周围广大地区传播，使长江上中下游、黄河上游下游和辽河流域的文化相继进入青铜时代。各地发现的商代方国都出土了中原商王朝风格的青铜礼器，又出土了具有各地自身特色的青铜器。中原商王朝对周围方国产生强烈影响，引领了中国青铜文明的发展。

墓葬制度方面，商王朝的墓葬以墓道的有无和多少以及墓葬规模的大小来区分不同阶级、阶层尊卑贵贱的制度也为各方国广泛接受。各地相继发现带有一条、两条甚至四条墓道的各方国高级贵族的墓葬。

周王朝建立后，实施分封制。周王把自己的至亲和大臣分封到各地做诸侯，实现了商王朝所未能实现的对广阔地区的直接、稳定的统治。周朝系统的青铜器在各个诸侯国出土，反映出周王朝的宫室制度、埋葬制度以及礼乐制度在各诸侯国普遍实施，形成了前所未有的中原王朝对周围广大地区实行稳定统治的局面，中华文明的统一性得到显著增强。

春秋战国时期，周王朝势力衰微，各诸侯国群雄并起，相互竞争兼并，先后出现了春秋五霸和战国七雄。思想方面出现百花齐放，百家争鸣的局面。但有一点，就是各个诸侯国都是以统一中国为目的。最终，秦国统一了中国。通过实施一系列统一的政策，如统一文字、度量衡，在全国建驰道，这些措施不仅有文献为证，还可以从各地发现的秦驰道、秦代度量衡和秦代的文字遗物得到证明。特别重要的是，秦王朝在全国推行了郡县制，中央王朝的政令可以得到彻底的贯彻，达到了前所未有的大一统局面，统一多民族国家开始形成。

西汉时期效法西周实施分封制，在各地分封了大大小小的诸侯国列国。汉景帝时期，实力强大的吴王刘濞联合其他六个诸侯国，发动叛乱，被汉王朝平定。汉王朝总结经验教训，采取削藩和盐铁官营等措施，扩大郡县制的范围，巩固了国家的统一。

东汉王朝末年，中国又陷入群雄并起、争霸割据的局面。魏蜀吴三国争霸，都以统一中国为目的，最终建立晋朝，结束了东汉末年分裂割据的局面，出现了短期的统一。五胡十六国时期，北方战乱不断。豪族士大夫南下建立了东晋政权，中国进入南北分立的局面。即便如此，汉文化的传统仍然在延续。五胡十六国时期，北方的匈奴、鲜卑、羯、氐、羌族都不同程度地吸收了汉文化及其政治制度，有些如匈奴还标榜自己是华夏后裔。而且，各种势力的目标都是要一统天下，建立全国统一的王朝。南北朝时期，在这一历史进程中，最突出的是拓跋鲜卑建立的北魏王朝。以孝文帝改革为标志，拓跋鲜卑全面

二 中华文明的突出特性

汉化。北魏后期的都城——洛阳城在全面继承汉王朝都城和宫室制度的基础上进行创新，形成了对后世王朝产生强烈影响的都城和宫室制度。最终，继承西魏的北周统一了中国，建立了隋朝。中国历史进入了又一个发展的盛世——隋唐时期。

五代十国之后，宋王朝与辽、金又形成南北分立的局面。但是无论是辽还是金，仍然大量吸收汉族的政治制度和思想文化等因素，在辽代和金代的都城中，都可以看到中原王朝的都城和宫室制度的影子。此后，从元朝统一中国到明清王朝，虽然建立王朝的主体民族有所变化，但是万变不离其宗，他们都大量地承袭了汉族的思想、文化和政治制度。

实证中华文明统一性的还有一个极好的例证，就是位于北京的明清时期的历代帝王庙。此庙为明太祖朱元璋下令修建。当中有三皇五帝到各个朝代皇帝的像。这里不仅是明朝皇帝去祭拜的地方，清朝的皇帝也都常去祭拜，以此表明清王朝也是以中华正统自居。

辛亥革命推翻了清王朝，建立了中华民国。此后，虽然历经坎坷，但国家的统一始终是历史进程的主旋律。

综上所述，中华文明的统一性并非始自秦始皇统一中国，而是具有久远的史前时期和夏商周三代的历史渊源，是经历了由涓涓细流到江河汇流、百川归海。尽管岁月流转，王朝更迭，尽管南方北方，分分合合，但统一始终是大势所趋，人心所向。中华民族向心力、凝聚力始终存在，成为维护国家统一的内生动力，是统一多民族国家形成、巩固、发展的重要基因。正如习近平总书记在文化传承发展座谈会上指出的那样："中华文明具有突出的统一性，从根本上决定了中华民族各民族文化融为一体、即使遭遇重大挫折也牢固凝聚，决定了国土不可分、国家不可乱、民族不可散、文明不可断的共同信念,决定了国家统一永远是中国核心利益的核心,决定了一个坚强统一的国家是各族人民的命运所系。"①

(原载《光明日报》2023年9月4日第6版)

---

① 《习近平在文化传承发展座谈会上强调 担负起新的文化使命 努力建设中华民族现代文明》,《人民日报》2023年6月3日。

中华文明包容性与中非文明互鉴

郭 佳[*]

习近平总书记在文化传承发展座谈会上指出："中华文明具有突出的包容性，从根本上决定了中华民族交往交流交融的历史取向，决定了中国各宗教信仰多元并存的和谐格局，决定了中华文化对世界文明兼收并蓄的开放胸怀。"[①] 正因为中华文明突出的包容性，使得中华文明具有广阔的视野和丰富的内涵。在当今世界百年未有之大变局加速演进、安全挑战层出不穷、世界经济复苏艰难、各种文化思潮激流涌荡、冷战思维甚嚣尘上、"文明冲突论"沉渣泛起的背景下，中国以独特的东方智慧和远见，提出了"以文明交流超越文明隔阂、文明互鉴超越文明冲突、文明包容超越文明优越"[②] 的全球文明倡议。中国和非洲虽然远隔千山万水，但都拥有辉煌灿烂的文明，中华文明

---

[*] 郭佳，中国社会科学院西亚非洲研究所助理研究员。
[①] 《习近平在文化传承发展座谈会上强调 担负起新的文化使命 努力建设中华民族现代文明》，《人民日报》2023年6月3日。
[②] 习近平：《携手同行现代化之路——在中国共产党与世界政党高层对话会上的主旨讲话》，《人民日报》2023年3月16日。

和非洲文明都是世界文明的重要组成部分,双方的文明交往源远流长。中非两大文明平等相待、求同存异,相互包容、相得益彰,践行不同文明美美与共、和谐共生的理念,将为构建中非命运共同体贡献力量,对于世界文明交流互鉴也具有示范意义。

一 中华文明包容性

中华文明包容性具有丰富的内涵,它从传统文化中走来,中国传统哲学是中华文明包容性的底色。自古以来,中华文明包容性表现为对域内不同民族和文化的融合,以及对域外异质文化的吸纳,正是这种兼收并蓄的开放胸怀,使得中华文明生生不息,绵延不绝,并随时代变迁不断创新发展,塑造出中华民族现代文明。

(一)中华文明包容性植根于中国传统哲学观念

中国传统哲学是中国传统文化的内核,也是中国传统价值观念的重要源头。它源远流长、博大精深,其中蕴含的和而不同、厚德载物、有容乃大等思想理念,是中华文明包容性的思想来源与文化支撑,构成了中华文化的包容基因。

自古以来,"和"在中国哲学中占有特殊地位,是中华传统文化的核心概念和价值追求。"和"的本意是和谐、协调,"和而不同"则体现了中国哲学的智慧,即多样性的统一。中国哲学中的"声一无听,物一无文""和实生物,同则不继"等观念都是这一思想的诠释。在中国哲学观念中,"同"就是"一",排斥异质文化因素和文

二 中华文明的突出特性

化成分，追求绝对的同一，就不能增益，不能有生命，不能有创造，事物只有在多样性的统一与和谐中才能得以丰富和发展。"和而不同"的思想意味着，和谐并非等同于相同事物的简单叠加，要接受差异性，尊重多样性，以开放包容的态度实现和谐共存。

在中国传统文化中，经常以天地山河作比，表达包容万象的处世哲学和文化理念。《周易》曰"地势坤，君子以厚德载物"[1]，意思是说，天地最大，它能包容万物，天地合而万物生、四时行。君子应该像大地一样，德行敦厚，胸怀宽广，进而包容诸象，承载万物。李斯在《谏逐客书》中亦言："太山不让土壤，故能成其大；河海不择细流，故能就其深。"[2] 意思是，泰山不舍弃任何土壤，所以才能那样高大；河海不排斥任何细流，所以才能那样深广，以此启迪人们要具有包容万象的博大胸怀和普惠万物的无私大爱。《周易》中的"天下同归而殊途，一致而百虑"[3]，《礼记》中的"万物并育而不相害，道并行而不相悖""乐者为同，礼者为异。同则相亲，异则相敬"[4] 等，无不在强调多元、包容、兼收并蓄的精神。

（二）中华文明包容性表现为对不同文明的兼收并蓄

中华文明是在与其他文明不断交流互鉴中逐渐形成的开放体系。正如习近平总书记所指出："中华文明自古就以开放包容闻名于世，

---

[1] （宋）朱熹撰，廖名春点校：《周易本义》卷一，中华书局2009年版，第44页。
[2] （汉）司马迁：《史记》卷八七《李斯列传》第8册，中华书局1982年版，第2545页。
[3] 《周易本义》卷三，中华书局2009年版，第249页。
[4] 王文锦译解：《礼记译解》下册，中华书局2016年版，第822、549页。

在同其他文明的交流互鉴中不断焕发新的生命力。"①这种文明间的交流互鉴，不仅表现在对域内各民族、地域文化的融合发展上，也表现为对异域异质文化的吸纳和借鉴上。正是这种对外来文化兼收并蓄的传统，维系了中国传统文化脉络的绵延不绝，成为中华文明在几千年的历史变迁中不断传承、不断发展的根本原因。

历史上，中华文化并非单一血脉传承，而是在漫长的历史发展过程中融合了各民族的文化而成。纵观历朝历代，从东周初期的白狄内迁，到五胡十六国、衣冠南渡，从僚人入蜀到隋朝一统，再到唐末五代十国、女真南下、满人入关等，伴随着各民族统一、分裂、离散、聚合的反复交替，各地域民族文化不断交融发展，最终形成了内涵丰富、博大精深的中华文化及其体系。

中华文明的包容性还体现在对异域文化的吸纳上。汉代丝绸之路的开辟，不仅带动了中西方商业往来，也促进了文化的交流，佛教就是在那个时期传入中国。也正是中华文化的开放、包容，方使佛教文化得以同儒家文化和道教文化相融合，最终形成了具有中国特色、"儒释道"融会贯通的佛教文化。唐朝时期，景教、伊斯兰教、波斯文化等相继传入，佛教、道教、儒教、伊斯兰教、印度教、摩尼教等十余种教派曾在泉州长期共处，泉州因此被誉为世界宗教博物馆。明代郑和下西洋，开启了中国与东南亚、非洲各国的文化交流，近年来在非洲东海岸国家肯尼亚的考古发掘中，发现了数个明朝时期的瓷片及铜币，证实了郑和到访非洲并同非洲进行文化交流的真实性，在这

---

① 《习近平在中共中央政治局第三十九次集体学习时强调　把中国文明历史研究引向深入　推动增强历史自觉坚定文化自信》，《人民日报》2022年5月29日。

个过程中，中华文化吸收并借鉴了其他民族文化的有益成分，焕发出新的生命力。

（三）中华文明包容性塑造了中华民族现代文明

近代以来，中国以开放包容的态度在追求真理与复兴的道路上不懈努力，塑造了中华民族现代文明。1840年鸦片战争后，中国逐渐沦为半殖民地半封建国家。为挽救民族危亡，无数仁人志士探索救国救民的真理，先后发起了洋务运动、戊戌变法、辛亥革命，试图借鉴西方先进制度和文化，在器具装备、科学技术、政治制度、价值观念层面进行变革，以改变中国落后的面貌。这些探索虽然由于自身的局限性，最终以失败告终，但仍然开阔了中国人的视野，从而在一定程度上推动了中国社会的进步。随后，新文化运动掀起了思想解放的浪潮，主张向西方学习，提倡民主与科学，促进了马克思主义同中国工人运动相结合，从而为改变中国近代历史的航向与航程创造了前所未有的条件。1978年开始的改革开放，传承发展了包容、革新、开放的文化思想，成为中国历史上的又一次伟大转折。改革开放的内涵与要旨就是借鉴吸纳国外先进科学技术和思想文化，它开辟了现代化发展的新路径，提供了社会制度的新范本，催生了全球治理的新体系，使多元化的制度文明和价值理念因为中国的成功而在世界范围内形成和拓展，丰富了世界文明的多样性。党的十八大以来，"一带一路"倡议、人类命运共同体、全球发展倡议、全球安全倡议、全球文明倡议等，也无不体现着中华民族的包容、创新传统，以及将中华优秀传统文化与现实相结合的独创性理念。

二 非洲与中国传统价值观念的相似性与差异性

非洲与中国山水相隔，距离遥远，有着不同的自然风貌和人文环境，但传统价值观念的主体却颇为契合。非洲价值观念植根于非洲传统文化中，尽管非洲传统文化形式呈多样性，但其本质内涵及其在观念层面上的反映具有普同性，形成了以统一和谐的宇宙观、集体至上的群体观、长幼有序的等级观、注重现世生活的处世观等为共同特征的非洲价值观念。非洲传统价值观念在处理人与自然、人与社会关系时尊奉和谐、包容、团结、共生等理念，这些基本理念与中国传统价值观念具有高度的相似性与共通性，本质上都有别于西方现实主义宣扬的零和博弈和所谓"文明冲突论"。非洲和中国传统价值观念的相似性主要表现在以下几个方面。

第一，统一和谐的宇宙观。非洲传统宇宙观强调世间万物的整体性、统一性、和谐性，认为物质与精神、主体与客体并非二元对立，而是合二为一的。在非洲传统观念中，宇宙万物是由各种存在按照"力量法则"（即力量等级原则）有序排列组合而构成的一个完整体系，宇宙间一切力量都是相互联系、相互影响的。非洲人的这种宇宙观在行为处世中表现为"物我合一"，据此，在处理人与自然、人与社会关系时，非洲人秉持宽容、达观、仁爱的态度，注重维护人与自然及社会关系的和谐，例如，在法律诉讼时他们的最终目的并非一定要裁决出是非，而是使争执双方达成和解，这与中国传统哲学中"天人合一"思想以及儒家崇尚的"和为贵"思想不谋而合。

第二，群体意识。非洲传统价值观是以群体而非个人为核心的，

二　中华文明的突出特性

群体意识在非洲的伦理道德中始终居于至高无上的地位。正如肯尼亚著名哲学家约翰·姆比蒂所说，个人只有生活在集体中才能获得合法身份和社会地位，他的衣食才能得到保障，他的生活才有意义，一个人如果脱离了共同体就成了一个被社会遗弃、孤独无援、无名无姓的"陌生人"，就会失去生路，无地位和安全可言。① 非洲传统社会中"大树下的民主"就是个人意志服从集体利益的反映；南部非洲乌班图思想的核心内涵"因为我们存在，所以我存在"，不仅仅表达了个体对于共同体的依赖，也包含着个体对于共同体的责任；非洲谚语"独行快，众行远"，贴切地表达了集体主义的观念。19世纪以来，非洲知识分子在非洲联合自强的道路上不断探索，产生过各种与集体主义相关的思想，如布莱登的"非洲复兴思想"，恩克鲁玛的"泛非主义"，桑戈尔的"黑人传统精神"，尼雷尔的"乌贾马"思想等。同样，中国也有着集体主义的传统，《论语》中的"克己复礼为仁"，《汉书》中的"公而忘私，国而忘家"等，都强调群体利益、个体对社会的责任和义务。

第三，长幼有序的等级观念。非洲传统宇宙观中各种力量有序排列的观念反映在社会领域，便形成了以年龄作为主要标准来划分等级的制度，在这种等级关系中，长者居于最高位，是智慧的象征，同时也是"有形世界"与"无形世界"的接合部，即生者与死者之间的联系者。② 非洲有很多关于老人的谚语，例如"走向死亡的老人就是在不断燃烧的图书馆""人老智慧至""老人能讲出最好的故事"等，

---

① 张宏明：《非洲群体意识的内涵及其表现形式》，《西亚非洲》2009年第7期。
② 张宏明：《非洲传统宗教蕴含的价值观念和影响力》，载张宏明主编《非洲发展报告No. 21（2018—2019）》，社会科学文献出版社2019年版，第81页。

在非洲的语境中,"老人"几乎就是"地位""智慧"与"权威"的同义语,这同中国尊老敬老的传统道德文化相符合。

上述非洲文明和中华文明的共性超越了政治和经济,是历史上中非交往源源不断的前提,也是当前中非文明交流互鉴的基石。中非价值观念虽有诸多共性,但也存在一些差异。例如,对时间的认知和规划意识方面,在非洲传统时间观念中,"现在"是对个人来说最有意义的时期,如果事件是遥远的,那么它就不能被想象,因此"未来"几乎不存在;在传统的非洲思想中,规划遥远的未来被认为是"建造空中楼阁"[①]。此外,非洲政治民主化之后,在政治价值观方面也表现出与中国的差异性,包括对民主内涵、民主政体的理解,对"不干涉内政"原则的认知等。对此,中非双方需要以开放包容的态度,秉持求同存异的原则,平等看待对方文明的存在,开展两种文明间对话,弥合因文化冲突造成的文明隔阂。

三 在包容中推动中非文明互鉴

志合者,不以山海为远。中非交往源远流长,从班固的《汉书》,到唐代杜环的《经行记》、宋代周去非的《岭外代答》及赵汝适的《诸蕃志》,从元代汪大渊的《岛夷志略》,到明代费信的《星槎胜览》,再到清代林则徐的《四洲志》、魏源的《海国图志》;从陆上丝绸之路到郑和下西洋,从间接联系到直接接触,中国古代文献典籍中关于非洲的记载不胜枚举,中非悠久的交往史为中非文明互鉴构

---

① John S. Mbiti, *African Religions and Philosophy*, NewYork: Anchor Books, 1970, p.3.

二 中华文明的突出特性

建了深厚的根基。进入 21 世纪以来，在中非合作论坛机制的引领下，中非文明互鉴得到了进一步丰富和发展，成为中非全面战略合作伙伴关系的五大支柱之一。目前，促进文明交流互鉴不仅仅是中非双方共同的认知和意愿，同时也是推动中非合作持续健康发展和构建中非命运共同体的重要途径。为了在新时期继续深化中非文明互鉴，本文提出如下建议。

（一）在文化互补性中探寻中非文明互鉴新的融合点

由于自然地理、人文历史方面的差异，加之中非处于不同的发展阶段，因此双方在艺术、文学、手工制造业、农业灌溉技术、传统医学、文化遗产保护等方面都具有高度的互补性。中非之间应利用文化互补性，探寻文明互鉴的新融合点，构建中非文明互鉴共赢的新模式。例如，在绘画、雕塑、陶艺、编织、音乐等艺术创作方面，中非双方具有不同的艺术风格和表现形式，它们都源于各自的民族文化，带有强烈的民族特色和文化气息，相互之间可以交流借鉴。在文化遗产保护和流失文物回归方面，中非双方也可以加强合作，经验互补，传承好人类共同的文明遗产。中非通过吸纳对方文化的有益元素，可以丰富自身文明的内涵，促进文明的创新与进步，增强自身的文化魅力和国际影响力。

（二）充分发挥中非智库的功能和作用

加强中非智库间的经验交流和知识共享，尤其是在观念、思想和意识形态领域要加强对话，挖掘中非之间共同的哲学价值观，以中非双方的发展实践构建自主知识体系，破解由西方学者主导的冷战知识体系，共同建构一套新的人类命运共同体知识体系，推动多边主义，反对霸权主义。特别是中国非洲研究院，作为中非文明对话的重要平台，应汇聚中非学术智库资源，加大中非智库联合研究力度，提高集体发声能力。鉴于许多关于非洲的历史叙事是由西方书写的，充满了偏见，包括对于中非关系的描述也是充满了歧视和偏见，中非学者应从加强文明互鉴的角度，融汇双方智慧，深度挖掘史料，加强理论创新，以更加多元和包容的叙事方式，共同推动《非洲通史（多卷本）》和《（新编）中国通史》的编纂，建立属于我们的叙事体系。

（三）加强中非人文交流中价值层面的沟通

中非人文交流中一直存在着"结构性"缺陷，即人文交流更注重"事务性"层面的交流，"价值层面"的沟通则相对匮乏，中非双方缺少观念上的互动、共享、共鸣与共识，从而难以将中非文明互鉴引向深入，这需要从民间与官方两个层面加强引导。

首先在民间层面上，深化中非民间论坛机制，加强有关非洲和非洲问题的介绍、宣传与普及，在大批国人"走进非洲"的同时，鼓励部分对中非文化都有一定了解的人"走入非洲"，增进中非民众间的深层接触。重视和发挥青年在中非文明传承及交流中的作用，鼓励中非青年读懂对方，做中非文明的参与者、践行者；行万里路，做中非交流的贡献者；知行合一，成为中非友好的引领者。

其次在官方层面上，不以文化大国自居，加强文化平等意识，在宣介中国文化的同时，也要组织相关科研人员、涉非工作人员加强对非洲文化的研究。文化的交流要超越中国特色，寻求中非两种文化，特别是传统文化中的交汇点，加深对彼此价值观念的认知；在增强中国文化的感染力、吸引力、辐射力的同时，使双方的文化交往产生更多的共融、共通、共鸣、共荣，从而构建中非文化外交的话语体系；通过坦诚的良性互动，达到释疑解惑、包容互鉴的目的，避免误读与误解。

（四）加强中非文化产业合作

习近平总书记强调，我们要共同倡导重视文明传承和创新，充分挖掘各国历史文化的时代价值，推动各国优秀传统文化在现代化进程中实现创造性转化、创新性发展。[①] 为此，要加强中非文化产业合作，出台相关政策，鼓励、扶持中非双方文化产业对接，结合双方文化产业的特点，实现优势互补、互利共赢。培养文化专业人才，鼓励双方文化产业之间的经验和技术分享，中国可以向非洲提供文化领域的技术、设备和人员培训方面的援助，以提升非洲在文化交流中的能力和影响力。

（五）推进数字化技术在中非文明互鉴中的应用

数字化技术和互联网的普及为中非文明互鉴提供了更为便捷的方式和更多可能，要充分利用数字化技术和网络虚拟交流平台，推动中非文明互鉴走深走实。例如，通过网络分享各自的文化、艺术、音

[①] 习近平：《携手同行现代化之路——在中国共产党与世界政党高层对话会上的主旨讲话》，《人民日报》2023年3月16日。

乐、电影等；通过远程教育和合作研究项目，使中非学生、学者和研究人员共享知识、经验和研究成果；通过在线学习平台进行语言和文化传播；通过数字化技术和平台发展文化创意产业，创造独特的文化产品和体验，向全球推广各自的文明和价值观。

（原载《文学遗产》2023年第6期）

中华文明和平性的思想特点及其当代呈现

刘 丰[*]

中华文明是世界上唯一绵延不断且以国家形态发展至今的伟大文明,中华文明是一个博大精深且独具特色的文明体系。习近平总书记指出:"如果没有中华五千年文明,哪里有什么中国特色?如果不是中国特色,哪有我们今天这么成功的中国特色社会主义道路?只有立足波澜壮阔的中华五千多年文明史,才能真正理解中国道路的历史必然、文化内涵与独特优势。"[①] 中华文明五千多年深厚的文明史,是我们建设中国特色社会主义的根基,是我们文化自信的底气,更是我们建设中华民族现代文明的坚实基础。

习近平总书记在文化传承发展座谈会上的重要讲话,高屋建瓴地从中华文明五千多年的文明史中提炼出中华文明具有的"五个突出特性",即中华文明具有突出的连续性、创新性、统一性、包容性、和平性。"五个突出特性"使中华文明在数千年的历史长河中虽然历

---

[*] 刘丰,中国社会科学院哲学研究所研究员。
[①] 习近平:《在文化传承发展座谈会上的讲话》,人民出版社2023年版,第5页。

经波折，但一直百折不挠、自强不息，形成了波澜壮阔的文明画卷。"五个突出特性"蕴含在中国历史和中华文明的方方面面，是研究中华文明的重要内容。

中华文明所具有的"五个突出特性"是相互联系、相互成就的统一体。一方面，连续性是基础，是其他几个突出特性的前提，而和平性则与包容性形成有机的关系，中华文明兼容并包、有容乃大的包容性决定了中华文明是和平的而不是侵略的。另一方面，和平性又为其他四个突出特性的进一步发展创造了条件，和平、和谐、和睦是中华文明五千多年来一直传承的价值理念，体现在中华文明的连续发展、交流互鉴与不断创新之中。

在中国传统思想中，从个体的身心和谐、人与人关系的和谐、人与自然的和谐，到社会秩序的和谐，一以贯之的是和谐理念，"平天下"（《礼记·大学》）、"为万世开太平"[①] 等思想是中华优秀传统文化崇尚和平、和谐的集中体现。从中华文明的历史发展来看，中华文明突出的和平性始终贯穿于中国历史的各个阶段，并且体现在中国传统哲学、政治、经济、文学、艺术等各个领域，成为塑造中华民族的思维习惯、生活态度、价值取向的重要因素，也是中华文化被普遍认同的人文精神。可以说，中华文明数千年不间断的连续发展历程也是中华文明和平性的展开过程。

[①] （宋）张载：《张载集》，中华书局1978年版，第320页。

一　中华文明和平性的本体论依据

中华文明崇尚和平、和谐的特性建立在中国哲学深厚的基础之上，中国哲学认为宇宙自然本身就是和谐的，这是中华文明和平性的本体论依据。老子说："道生一，一生二，二生三，三生万物。万物负阴而抱阳，冲气以为和。"（《老子》第四十二章）"三"就是阴阳和合之气。在老子看来，宇宙万物皆在阴阳二气的相互作用下达到了和谐的状态。《周易·系辞上》又说："一阴一阳之谓道。"宇宙就是阴阳变化的一个和谐的整体，这是中国哲学的基本观念。反之，如果打破了阴阳的和谐，势必会引起自然灾害，如西周末年的伯阳父在解释地震的发生时就说："夫天地之气，不失其序；若过其序，民乱之也。阳伏而不能出，阴迫而不能烝，于是有地震。今三川实震，是阳失其所而镇阴也。"（《国语·周语上》）伯阳父认为，宇宙自然就是阴阳的和谐运转，但如果这个和谐被破坏了，就会产生如地震这样的灾害，同时这些自然灾害会给社会带来不利的影响。

《周易·乾·彖传》说："保合大和，乃利贞。""大和"即"太和"，指的是四时冲和之气。高亨解释说："太和非谓四时皆春，乃谓春暖、夏热、秋凉、冬寒，四时之气皆极调谐，不越自然规律，无酷热，无严寒，无烈风，无淫雨，无久旱，无早霜，总之，无特殊之自然灾害。天能保合太和之景象，乃能普利万物，乃为天之正道，故曰：'保合大和，乃利贞。'"[①] 这也就是说，保持太和的状态就能给

[①] 高亨：《周易大传今注》，齐鲁书社1979年版，第55页。

天下万物带来和平吉祥。

北宋时期的哲学家张载在传统哲学的基础之上，建立了以"太虚"或"气"为宇宙本体的哲学体系，而"太和"指的就是太虚与万物共存，并通过阴阳二气的感应相互联系、相互作用的有机统一体，"太和"是气的存在及运动形态的总称，也是宇宙的总称。[1] 张载说："太和所谓道，中涵浮沈、升降、动静、相感之性，是生絪缊、相荡、胜负、屈伸之始。……不如野马、絪缊，不足谓之太和。"[2] 张载以气作为宇宙万物的本体，"太和之气"中包含沉浮升降动静等相感之性。"野马""絪缊"都是指气的运动、交感。通过张载的描述可知，因太和之气的相感之性，故能发生无穷的变化，从而化生出整个世界。太和之气变化流行的过程也就是"道"，张载说："由气化，有道之名。"[3] "太和之道"是对天道的结构与特征的揭示，在中国传统哲学当中也具有本体论的意义。因此，中华文化崇尚和平、和谐，是有充分的哲学依据的。

另外，张载还认为，作为宇宙本体的气内在地涵有对立，所谓"一物两体，气也。一故神（自注：两在故不测），两故化（自注：推行于一）"[4]。因为有一，故有不测之妙用；因为有二，故变化无穷。因此张载又说："有象斯有对，对必反其为；有反斯有仇，仇必和而解。"[5] 张载认为，天地万物都有其对立面，对立面之间必反向而为，导致对立的双方势均力敌，成为敌对的两方，但最终对立的双

---

[1] 参见侯外庐等主编《宋明理学史》上卷，人民出版社1984年版，第103页。
[2] （宋）张载：《张载集》，中华书局1978年版，第7页。
[3] （宋）张载：《张载集》，中华书局1978年版，第9页。
[4] （宋）张载：《张载集》，中华书局1978年版，第10页。
[5] （宋）张载：《张载集》，中华书局1978年版，第10页。

方都将归于和谐。

冯友兰认为,"仇必和而解"体现的是张载的辩证法思想。如果用《周易·系辞上》"一阴一阳之谓道"的思想来看,张载的看法是在一个阶段内,阴占优势,在另一个阶段内,阳占优势,并不是说只有一个阴,只有一个阳。占优势者并不能完全消灭它的对立面,这就是张载所说的"仇必和而解"。[①] 张岱年也认为,矛盾的对立面的斗争结果情况比较复杂,"但和解不失为一种较好的可能"。[②]

笔者认为,张载的"仇必和而解"虽然含有辩证法因素,但从张载整体思想来看,"仇必和而解"还是"太和"哲学的另一种表述。因为宇宙阴阳二气的运动最终会达到"太和"的状态,这同时也是对立的双方的最终趋向。"仇必和而解"既是张载"太和"哲学的体现,同时也是一种具有中华文化特点的思维方式,这与中国哲学的中庸、中正一样,在根本的哲学层面上决定了中华文化的尚和精神。

二 中华文明和平性的思想基础

中华文明突出的和平性除了以中国哲学中的"太和""仇必和而解"为其哲学依据,还以中国哲学的天人合一为其思想基础。作为中国哲学主流的天人合一思想决定了中华文明必然以和平的方式对待社会与自然。

[①] 参见冯友兰《中国哲学史新编》第5册,人民出版社1988年版,第134—135页。
[②] 参见张岱年《漫谈和合》,《社会科学研究》1997年第5期。

天人关系是传统中国哲学的核心议题。在中国哲学"究天人之际"的理论思考中，天人之间的合一是一种主流认识，这也是中华文化的重要特征。其中，"天""人"的含义都比较复杂，"天"既有自然之义，又有义理和道德的含义，甚至有某种神秘因素；"人"既可以指个人，又可以指社会。而"合一"的方式，更是多种多样，有顺天守时、主张自然规律与人事法则一致的"合一"，有从原始宗教礼仪一直发展至天人感应的神秘的"合一"，也有人的道德与天命、天理的"合一"。

第一，顺天守时的天人合一。如果从中华文明的历史发展来看，中国哲学的天人合一根源于传统农业文明对于自然节律的认识。传统的中华文明是一种农业文明，分析研究中华文明的特点，不能脱离中华文明的物质生产实践。研究中国哲学的天人合一思想，也需要从早期农业文明对自然节律的认识和理解入手。在农业文明中，人的日常生活、社会生活甚至政治活动都应该顺应自然规律，与自然节律的变化相一致。这种根源于农业文化的朴实的自然观念，在历史的发展过程中逐渐形成了顺天守时的思想，在此基础上发展出天人一体的观念。

保存在今本《大戴礼记》中的《夏小正》，将自然的天象、物候和人事活动安排在一起，比较典型地反映了先民顺天守时的思想，这种思想的根本特征在于强调人事活动应该与自然节律一致。《夏小正》虽然据说是夏礼，但它反映的内容应当更加古老，是早期文明在长期的历史发展过程中逐渐形成的人事与天时合一的思想。这应当是早期的天人合一思想。

在《尚书·尧典》当中又记载了帝尧"乃命羲、和，钦若昊天，

二　中华文明的突出特性

历象日月星辰，敬授人时"。这也是把天象、历数、物候和人事紧密联系在一起，把自然界和人类社会看成一个整体。但与《夏小正》不同的是，《尧典》所说的是帝尧命令羲、和掌管天地，又命他们的四个儿子分别掌管春夏秋冬四时，由他们观测天象，根据四时来"敬授人时"。这样，原始的顺天守时的观念，逐渐发展成为与自然节律相一致的政令。从《左传》《国语》可以看出，至春秋时期，政治举措要与时令相符，已经是当时的一种普遍认识。《左传·僖公五年》记载："五年春王正月辛亥朔，日南至。公既视朔，遂登观台以望，而书，礼也。凡分、至、启、闭，必书云物，为备故也。"这是说，每年秋冬之际，天子将第二年的历法颁于诸侯，历法所记的重点是每月初一为何日及有无闰月，谓之"班朔"。诸侯于每月朔日，以特羊告于庙，谓之"告朔"。告朔之后，仍在太庙听治一月之政事，谓之"视朔"，亦谓之"听朔"。《左传》所记，是说国君于二分、二至及四立之日，必登台以望天象，占其吉凶而书之。如有灾凶，早为之备。① 古人极其重视季节的变化和政治活动之间的相应关系。如果国君的政令、祭祀等行为不按照天时的变化而改变，则是非礼。"闰以正时，时以作事，事以厚生，生民之道于是乎在矣。不告闰朔，弃时政也，何以为民？"（《左传·文公六年》）

由此可见，按时行政是"生民之道"，国君一年的政事安排要与自然天时相符合。如《国语·周语中》说："先王之教曰：'雨毕而除道，水涸而成梁，草木节解而备藏，陨霜而冬裘具，清风至而修城郭。'"修筑道路、桥梁、宫室等活动都要在秋冬季节进行，一方面

---

① 参见杨伯峻《春秋左传注》，中华书局2009年版，第302—303页。

是因为秋冬季为农闲时节，同时也由于古人认为，秋冬季大地封闭，适于修筑。这都是政事与节气相符合的明显的例子。

至战国晚期形成的《吕氏春秋·十二纪》以及《礼记·月令》把以王为中心的四时教令更加系统化。按王梦鸥的解释："所谓'月'，乃包举天时；所谓'令'，即其所列举之政事。故合'月''令'而言，恰为'承天以治人'之一施政纲领。"①《月令》是为即将出现的统一的中央集权政权制定行政月历。它以一年十二个月为纲，把五方、五行、天象、帝神、五色、音律、祭祀、物候、人事等内容都安排进去，但其中心是王居明堂以行政令，要求王的政治与天时、自然相符合，否则就会带来灾异。

《管子》与《月令》同属战国中后期作品，当中的《四时》《五行》《幼官》《轻重己》等篇，也是按照四时、五行的框架，把天时、物候、政事包括进去，以君王为中心展开叙述。《管子·五行》篇说："以天为父，以地为母，以开乎万物，以总一统。"《管子·四时》篇又说："圣王务时而寄政焉。"要求君王把天道、地道、人道统一起来，这样就可以实现王道政治的理想。

由以上论述可以看出，从早期农业文明形成的顺天守时、遵守自然节律的思想，到战国后期形成的《月令》等思想，将人的日常生活、社会政治安排和自然的节律完全对应起来，形成了一个完整的图式。这是一种典型的天人合一思想。

第二，天人感应意义上的天人合一。"感应"也是"合一"的一种形式，其中以董仲舒的思想最有代表性。董仲舒认为，天是有意

---

① 王梦鸥：《三礼论文集》，台湾黎明文化事业股份有限公司1982年版，第251页。

二　中华文明的突出特性

志、情感和目的的，天以灾异遣告的形式向人展示它的意志。在董仲舒看来，天人感应的基础是天人相副，即天和人是同类的，人体的各个部分象征着自然的各领域，如"人有三百六十节，偶天之数也；形体骨肉，偶地之厚也。上有耳目聪明，日月之象也；体有空窍理脉，川谷之象也；心有哀乐喜怒，神气之类也。观人之体一，何高物之甚，而类于天也"（《春秋繁露·人副天数》）。董仲舒甚至还认为，自然的四季和人的喜怒哀乐之情也是一致的，比如"春，喜气也，故生；秋，怒气也，故杀；夏，乐气也，故养；冬，哀气也，故藏；四者，天人同有之"（《春秋繁露·阴阳义》）。经过这样的比附，就达到了"天人一也"（《春秋繁露·阴阳义》）。

第三，人的德性与天地的"合一"。在儒家思想当中，天人合一还指人的德性与天地合一，如《中庸》说"天命之谓性"，孟子说"尽心知性知天"（参见《孟子·尽心上》），《周易·乾·文言》说大人"与天地合其德，与日月合其明，与四时合其序，与鬼神合其凶吉，先天而天弗违，后天而奉天时"。这都是指人性与天道的合一。在儒家看来，人通过道德实践而实现自我的转化，就可达到与天同一的境界，这是儒家哲学天人合一思想的主要内容。后来理学家主张"心与理一"，更是将儒家的天人合一推向了更加精致、更加形上化的理论形态。

张载批判佛教以现实世界为幻妄的思想，而儒学"则因明致诚，因诚致明，故天人合一，致学而可以成圣，得天而未始遗人"。[①] 这里明确提出"天人合一"的主张。张载解释发挥了传统儒学"诚则

[①] （宋）张载：《张载集》，中华书局1978年版，第65页。

明矣，明则诚矣"（《中庸》）的思想，在诚明互动的工夫中实现天人合一，致力于为学而成圣成贤。二程主张"一天人"，他们说："须是合内外之道，一天人，齐上下"①，程颢又说："天人一也，更不分别。"② 朱熹也主张"天人本只一理。若理会得此意，则天何尝大，人何尝小也！"③ 朱熹认为，人性与天道本为一体，更无分别，天理作为宇宙本体也是人性和道德的本源，人通过道德的自我实现，也能达到同天理的统一。这是理学天人合一思想的基本内容。

天人合一是理学的最高境界。理学认为，天人合一是人与自然的高度和谐统一，天人合一也就是认识到了"万物一体"。如程颢就说："仁者，浑然与物同体。"④ 王阳明也明确主张"万物一体"，他甚至认为，人的良知，就是草、木、瓦、石的良知，若草、木、瓦、石无人的良知，就不可以为草、木、瓦、石。甚至天地若无人的良知，亦不可为天地。这是因为："天、地、万物与人原是一体，其发窍之最精处，是人心一点灵明，风雨露雷、日月星辰、禽兽草木、山川土石，与人原只一体。故五谷、禽兽之类皆可以养人，药石之类皆可以疗疾，只为同此一气，故能相通耳。"⑤ 天地万物一气贯通，彼此相连，"圣人之心，以天地万物为一体"⑥，这与张载说的"民胞物与"的思想一样，是用具体的描述表达了理学天人合一的最高境界。

当然，在中国传统哲学当中，也有主张天人相分的看法，如荀子

---

① （宋）程颢、程颐：《二程集》，中华书局1981年版，第59页。
② （宋）程颢、程颐：《二程集》，中华书局1981年版，第20页。
③ 黎靖德：《朱子语类》，中华书局1986年版，第387页。
④ （宋）程颢、程颐：《二程集》，中华书局1981年版，第16页。
⑤ 邓艾民：《传习录注疏》，上海古籍出版社2012年版，第230页。
⑥ 邓艾民：《传习录注疏》，上海古籍出版社2012年版，第113页。

二　中华文明的突出特性

说的"明于天人之分"(《荀子·天论》),汉代的王充激烈地反对董仲舒的天人相与思想,唐代柳宗元主张"天人不相预"[1],刘禹锡提出"天与人交相胜"[2],这些思想都主张天人相分,反对天人合一,但整体上来看,这些看法并不占中国古代思想的主流。中国传统哲学思想的主流还是认为天、人是合一的。张岱年认为:"古代所谓'合一',与现代语言中所谓'统一'可以说是同义语。合一并不否认区别。合一是指对立的两方彼此又有密切相联不可分离的关系。"[3] 也就是说,人与自然是密切联系、不可分离的对立统一关系。

中国传统思想认为,人是自然的一部分,自然有普遍规律,人要服从这个规律。同时,自然也不是独立存在的客体,而是内在于人的存在,因此道德规律和自然规律是一致的。中华文化所追求的最高境界就是天人一体的天地境界。

从中国哲学中天人合一思想的不同形态可以看出,天人合一思想根植于中华文明,无论哪一种形式的天人合一思想,都主张人类社会应当与自然一致,人在发挥积极主动性的同时,也要认识到人与自然的统一性,人性与天道的一致性。尤其是宋明以后提出的民胞物与、万物一体的思想,更是将人类社会看作是一个整体,人与自然是一个和谐统一的整体。因此,中国哲学的天人合一思想奠定了中华文明和平性的哲学基础与思维结构,也决定了中华文明的和平性的特征。在这样的哲学指引之下,中华文明主张万物彼此相连,对待他人要"己

---

[1] 参见(唐)柳宗元《柳宗元集》,中华书局1979年版,第817页。
[2] (唐)刘禹锡:《刘禹锡集》,中华书局1990年版,第68页。
[3] 张岱年:《中国哲学中"天人合一"思想的剖析》,《北京大学学报》(哲学社会科学版)1985年第1期。

所不欲，勿施于人"（《论语·颜渊》），推己及人，不能以邻为壑，这些内容都构成了中华文明的重要特征。

三 中华文明和平性的思想特点

中华文明所具有的突出的和平性，是以中国哲学的宇宙论作为哲学依据，以中国哲学中的天人合一思想为基础的，因此可以说，中华文明的和平性是建立在中国哲学深厚的基础之上的。在这个总的基础之上，中华文明的和平性还具有几个明显的特征。

第一，中国哲学与中华文化中崇尚的"和"是一体多面的。

中国传统思想认为，人不是原子式的独立个体，而是通过礼与家庭、社会以及国家联系在一起。老子说："修之于身，其德乃真。修之于家，其德乃余。修之于乡，其德乃长。修之于国，其德乃丰。修之于天下，其德乃普。"（《老子》第五十四章）这是用道将身、家、国、天下贯穿起来。《礼记·大学》的修身、齐家、治国、平天下，也是由内到外一线贯通的。

与中国传统哲学一样，中华文明的和平性也涵盖了个人、社会、自然以及天下，这几个方面都可以用"和"贯通起来。个人的身心和谐就是《中庸》所说的"中和"之道，社会的和谐就是孔子提出的"己所不欲，勿施于人"的忠恕之道，人与自然的和谐就是人事要遵循自然的法则，这是中国古代各家较为常见的主张。而中国传统文化中对于中正平和的君子人格的塑造与追求，对于讲信修睦的人际关系的重视，对于顺应自然、人与自然和谐相处理念的提倡，最终都要指向平治天下，实现天下的大同。这是中华文化的一个重要特征。

二　中华文明的突出特性

中华文化在整体上重视社会现实，尤其突出强调社会的和平稳定，"为万世开太平"是传统士人共同的理想抱负，集中体现了中华文化对于和平理想的最高的追求。

由此可见，中华优秀传统文化中的和平思想具有丰富的内涵。儒家哲学的"内圣外王"之道、修齐治平之理想，是内外一体贯通的。这不仅说明中国传统思想中的和平、和谐思想具有多重含义，同时也表明中华文化的各个方面都可以在和平、和谐思想观念之下统一起来。

第二，中华文明当中的"和"是以秩序、矛盾为前提的。

中华文化的尚和思想并不是不承认矛盾、抹杀秩序差异，而是在承认矛盾、秩序的基础之上，去追求更高层面的和谐。

《左传》记载春秋时期齐国晏婴提出"和"与"同"的差异。晏婴从饮食、音乐一直谈到社会政治，生动形象且又细致明确地揭示出"和"与"同"的区别，主张尚"和"去"同"。在他看来，饮食、音乐要由不同的因素构成，"济五味，和五声"，这样的羹才是美味可口的，音乐才是悦耳动听的。由此引申到治理国家方面，则要求做到"以平其心，成其政也"，实现社会的和谐稳定。这是"和"。反之，如果元素单一，这就是"以水济水"，无论是饮食还是音乐，都是不可食、不可听的。放到治理国家方面，如果不能听取不同意见，这只是"同"而不是"和"。（参见《左传·昭公二十年》）可见"和"就是在综合不同元素、不同意见之上形成的真正的和谐。

儒家对于礼乐的阐述也很好地表明了这一点。《礼记·乐记》说："乐者，天地之和也；礼者，天地之序也。""乐者为同，礼者为异。"这些说法都表明，礼别异，乐统同，礼乐相互配合，礼乐指向的是秩序与和谐的有机统一体。《论语·学而》记载有子说的"礼之用,和为贵"也是这个意思。前人的注疏认为这里讲的是礼乐关系,皇侃《论语义疏》说:"明人君行化,必礼乐相须,用乐和民心,以礼检民迹。……和,即乐也。变乐言和,见乐功也。"[1] 这就是说,乐以和为主,但如果仅以和为目标,"不以礼节之",那也是不行的。假若把礼作广义的理解,即包括乐在内,那么,"分""别""异"应是礼的思想,"和"则是乐的思想。可以套用"体用"这对范畴进行解释,"分"为体,"和"为用;礼为体,乐为用。如朱熹《论语集注》说:"礼之为体虽严,而皆出于自然之理,故其为用,必从容而不迫,乃可为贵。"[2] 陈澔注解《礼记·儒行》说:"礼之体严,而用贵于和。"[3] 体用是理学的主要范畴,据之可以对礼乐关系进行非常贴切的解释。所以,礼乐的思想并不是只有"和",而是包含了礼的别异思想,这两个方面结合起来,才是礼乐的真正含义,在秩序基础之上的和谐,才是儒家所肯定的"和为贵"。

孔子说"君子和而不同,小人同而不和"(《论语·子路》),就是综合了春秋以来关于"和—同"的思想而进一步的提炼。儒家重视的和,是在充分尊重差异、秩序的前提之下形成的多样性的和谐。《中庸》说:"万物并育而不相害,道并行而不相悖",这才是中国哲学所理解的真正的和谐。

第三,中华文明中的"和"是有生命力的。

中国传统思想中的"和"是以秩序和差异为前提的,因此在

---

[1] 参见黄怀信《论语汇校集释》,上海古籍出版社2008年版,第74页。
[2] (宋)朱熹:《四书章句集注》,中华书局1983年版,第51页。
[3] (元)陈澔:《礼记注》,上海古籍出版社2016年版,第664页。

二 中华文明的突出特性

"和"的思想当中就蕴含着内在的张力,"和"的思想指向了一种生命力。

据《国语·郑语》记载,西周末年周太史史伯就明确地说:"和实生物,同则不继。""同"就是事物的单一性,若"以同裨同",只是单一的重复,如同一个声调、同一种颜色、同一个口味等,因为单一没有变化而没有内在的生机,不能产生新的事物,因而也就不能长久,不可能持续发展。而"和"则不同,"和"是各种不同事物的协调与配合,如史伯认为万物是由"土与金木水火杂"而生的,这样就会相互作用、配合而产生出新的事物,"夫如是,和之至也"。

中国哲学是重视生生的哲学。《周易·系辞》说:"天地之大德曰生",又说:"生生之谓易",中国哲学理解的宇宙是一个不断创生的、有生机的永恒过程。周敦颐在《太极图说》中说:"太极动而生阳,动极而静,静而生阴。静极复动。一动一静,互为其根"[1],又说:"二气交感,化生万物。万物生生,而变化无穷焉。"[2] 二程说:"'生生之谓易',是天之所以为道也。天只是以生为道。"[3] 这都是说,宇宙是在阴阳二气的作用之下不断创生的一个永恒的过程。如张岱年就认为:"宇宙乃是一个生生不已的大流,此即所谓易,易是宇宙中一根本事实。"[4] 又说:"宇宙乃是一日新无疆的历程。"[5] 这是中国哲学的一个基本认识,也是中国哲学的重要特点。

中国传统哲学不但认为宇宙是大化流行、生生不已的,而且也认

---

[1] (宋)周敦颐:《周敦颐集》,中华书局2009年版,第4页。
[2] (宋)周敦颐:《周敦颐集》,中华书局2009年版,第5页。
[3] (宋)程颢、程颐:《二程集》,中华书局1981年版,第29页。
[4] 张岱年:《中国哲学大纲》,中华书局2017年版,第151页。
[5] 张岱年:《中国哲学大纲》,中华书局2017年版,第151页。

为宇宙是一个和谐的统一体，和谐统一是大化流行得以发生的根本原因。因此，中国传统哲学认为，"和"是"生"的根本原因，宇宙之所以能够创生、生生不已，就是因为"和"。史伯说的"和实生物"讲的也是这个基本的原理。老子在讨论万物生成的时候说"万物负阴而抱阳，冲气以为和"（《老子》第四十二章），《淮南子·天文训》解释说："道曰规始于一，一而不生，故分而为阴阳，阴阳合和而万物生。"这就更加明确地说明，"冲气"就是阴阳二气相互激荡而成的一种匀适和谐的状态，万物都是在这种状态中产生的。《庄子·田子方》也说："至阴肃肃，至阳赫赫，肃肃出乎天，赫赫发乎地，两者交通成和而物生焉。"荀子说："万物各得其和以生。"（《荀子·天论》）《礼记》说："阴阳和而万物得。"（《礼记·郊特牲》）《礼记·乐记》在讲到礼乐秩序的时候说："乐者，天地之和也；礼者，天地之序也。和，故百物皆化；序，故群物皆别。"礼乐体现了天地的秩序与和谐。"百物皆化"之"化"，郑注："犹生也。"[1] 天地和谐，故能化生万物。天地之和就是"地气上齐，天气下降，阴阳相摩，天地相荡，鼓之以雷霆，奋之以风雨，动之以四时，暖之以日月，而百化兴焉。如此，则乐者天地之和也"（《礼记·乐记》）。此外，《管子·内业》篇中说："凡人之生也，天出其精，地出其形，合此以为人。和乃生，不和不生。察和之道，其精不见，其征不丑。"王充也说："夫治人以人为主，百姓安而阴阳和，阴阳和则万物育，万物育则奇瑞出。"（《论衡·宣汉》）从这些论说中可以看出，中国传统哲学认为，天地阴阳的和谐是万物创生的根本动因，也是宇

---

[1] 参见（清）阮元校刻《十三经注疏》，中华书局1980年版，第1530页。

宙能够充满生机的根本原因。

四 中华文明和平性的当代呈现

由以上几个方面可知，中华文明具有的突出的和平性，建立在深厚博大的中国哲学基础之上，体现在中华文明的方方面面。中华五千多年光辉灿烂的文明中孕育出了崇尚和平、和睦、和谐的理念，这些价值理念从根本上决定了中华文明的和平性。中华文明之所以能够延续数千年而生生不已、枝繁叶茂、果实累累，其重要原因在于突出的和平性。

习近平总书记指出："中华民族历来爱好和平，和平、和睦、和谐的追求深深植根于中华民族的精神世界之中。"[①] 和平性已经嵌入中华文明，形成中华文明的文化基因，这就从根本上决定了当代中国始终是世界和平的建设者、全球发展的贡献者、国际秩序的维护者。中华文明突出的和平性为推动构建人类命运共同体奠定了坚实历史根基，也为人类命运共同体理念的落实提供了源源不断的文化滋养。

构建人类命运共同体理念是中华文明突出的和平性在当代的最高体现，是习近平总书记站在深入思考"建设一个什么样的世界、如何建设这个世界"等关乎人类发展前途命运的高度而提出的战略构想，为人类社会实现共同发展、持续繁荣、长治久安提供了中国方案，体现了中国致力于为世界和平与发展作出更大贡献的大国担当。构建人类命运共同体和中国古代协和万邦、天下一家的理念是相通的，同时

---

① 习近平：《论坚持推动构建人类命运共同体》，中央文献出版社2018年版，第156页。

又融合了中华人民共和国成立以来一贯主张的和平共处五项原则的精神、构建和谐世界的愿景，体现了中国将自身发展与世界发展相统一的全球视野、世界胸怀和大国担当，具有重大理论意义和现实意义。

从人类历史的发展，尤其是从近代历史来看，中国特色社会主义走的是和平发展的道路。邓小平曾经强调："我们搞的是有中国特色的社会主义，是不断发展社会生产力的社会主义，是主张和平的社会主义。只有不断发展社会生产力，国家才能一步步富强起来，人民生活才能一步步改善。只有争取到和平的环境，才能比较顺利地发展。"[①] 和平与发展是中国特色社会主义的特征。

经过四十多年的改革开放，中国特色社会主义建设取得了举世瞩目的成就，综合国力极大提升，但有一些人按照所谓的"文明冲突论"，或者国强必霸的逻辑，对中国的发展道路提出了质疑。因此，研究中华文明突出的和平性，强调中国坚持和平发展的理念和道路，具有非常重要的理论意义和现实意义。

习近平总书记指出："自古以来，中华民族就积极开展对外交往通商，而不是对外侵略扩张；执着于保家卫国的爱国主义，而不是开疆拓土的殖民主义。中国近代史，是一部充满灾难的悲惨屈辱史，是一部中华民族抵抗外来侵略、实现民族独立的伟大斗争史。历经苦难的中国人民珍惜和平，绝不会将自己曾经遭受过的悲惨经历强加给其他民族。中国人民愿意同世界各国人民和睦相处、和谐发展，共谋和平、共护和平、共享和平。"[②] 习近平总书记还指出："中国从一个积

[①] 《邓小平文选》第3卷，人民出版社1993年版，第328页。
[②] 习近平：《论坚持推动构建人类命运共同体》，中央文献出版社2018年版，第152—153页。

二 中华文明的突出特性

贫积弱的国家发展成为世界第二大经济体，靠的不是对外军事扩张和殖民掠夺，而是人民勤劳、维护和平。中国将始终不渝走和平发展道路。"① 正因为我们经历过战争和苦难，所以才异常珍惜和平。中国多次公开声明，将坚定不移走和平发展道路，同时也将推动各国共同坚持和平发展，坚持通过以对话协商等和平方式解决分歧和争端。党的二十大报告向全世界庄严宣告："中国式现代化是走和平发展道路的现代化。我国不走一些国家通过战争、殖民、掠夺等方式实现现代化的老路，那种损人利己、充满血腥罪恶的老路给广大发展中国家人民带来深重灾难。我们坚定站在历史正确的一边、站在人类文明进步的一边，高举和平、发展、合作、共赢旗帜，在坚定维护世界和平与发展中谋求自身发展，又以自身发展更好维护世界和平与发展。"② "中国维护世界和平的决心不会改变"，"中国促进共同发展的决心不会改变"，"中国打造伙伴关系的决心不会改变"，"中国支持多边主义的决心不会改变"。③ 这四个"不会改变"是中国向世界的庄严承诺，它为构建人类命运共同体、更好凝聚人类文明共识提供了有力保障。

我们要在中华文明五千多年的基础之上建设中华民族现代文明，中华民族现代文明赓续的是中华优秀传统文化。从历史上来看，中华民族自古以来就爱好和平，崇尚和谐，"为万世开太平"是中国人的最高理想。中华文化中蕴含着丰富的"以和为贵""和而不同"的宝贵思想。中国当代的发展和取得的成就是中国人民努力奋斗得来的，

---

① 习近平：《论坚持推动构建人类命运共同体》，中央文献出版社2018年版，第423页。
② 《习近平著作选读》第1卷，人民出版社2023年版，第19页。
③ 《习近平著作选读》第1卷，人民出版社2023年版，第569—571页。

而不是通过殖民掠夺、武力侵犯得来的。中国近代以来遭遇了一百多年的动荡和战争，给中国人民带来巨大灾难，因此，中国人民深知和平的宝贵，绝不会放弃维护和平的决心和愿望。"己所不欲，勿施于人"，中国绝不会把自己曾经遭受过的悲惨命运强加给其他国家和民族。

从现实发展来看，中国需要和平。我们认为，和平与发展依然是时代的潮流，中国自20世纪80年代以来经济社会文化的飞速发展，靠的就是国内外的和平环境。目前中国依然需要和谐稳定的国内环境与和平安宁的国际环境，任何动荡和战争都不符合中国人民的根本利益。因此，中国是世界和平的坚定维护者。

中国改革开放的历史已经证明，"和平发展是中国基于自身国情、社会制度、文化传统作出的战略抉择，顺应时代潮流，符合中国根本利益，符合周边国家利益，符合世界各国利益，我们没有理由去改变它。"① 因此，习近平总书记多次明确地表示，"中国坚持走和平发展道路，坚持独立自主的和平外交政策，不是权宜之计，而是我们的战略选择和郑重承诺。"② 这是基于中国五千多年的文明史以及对当代世界形势的判断而向世界作出的庄严承诺。习近平总书记曾指出："走和平发展道路，是中华民族优秀文化传统的传承和发展，也是中国人民从近代以后苦难遭遇中得出的必然结论。"③ 中华文明所具有的突出的和平性，决定了中华文化的性质，也决定了中国道路的方向。自中华人民共和国成立以来，我们在与全世界交往的过程中，始

---

① 习近平：《论坚持推动构建人类命运共同体》，中央文献出版社2018年版，第153页。
② 习近平：《论坚持推动构建人类命运共同体》，中央文献出版社2018年版，第277页。
③ 习近平：《论坚持推动构建人类命运共同体》，中央文献出版社2018年版，第1页。

终贯彻了独立自主的和平外交政策。从和平共处五项原则的提出，到推动建设和谐世界，到习近平总书记提出的构建人类命运共同体，一层层递进，一层层提升，一以贯之的是中华民族崇尚和平、和睦、和谐的思想，是追求天下为公、河清海晏的理想，这是中国古代哲学中以和为贵、和而不同，民胞物与、四海一家，为天下谋大同、为万世开太平思想的现代体现，是中华文明突出的和平性的生动呈现。

（原载《哲学研究》2024年第5期）

富民厚生、义利兼顾

——中华优秀传统文化中的重要元素之一

谌园庭[*]

近日，习近平总书记在文化传承发展座谈会上发表重要讲话，对中华文化传承发展的一系列重大理论和现实问题作了全面系统深入的阐述。习近平总书记在讲话中强调："中华优秀传统文化有很多重要元素，共同塑造出中华文明的突出特性。"[①] 其中，"富民厚生、义利兼顾的经济伦理"是习近平总书记专门列举的重要元素之一。"富民厚生"是中华优秀传统文化中关于经济领域和经济工作一以贯之的思想观念，反映了中国古代先圣先贤们关于经济社会发展的民本导向和道义原则。

"富民"一词最早的文献记载可以追溯到《管子》一书。《管子·治国第四十八》开篇即写道："凡治国之道，必先富民。民富则易治也，民贫则难治也。"与管子的思想相似，孔子同样十分看重百姓富足的重要

---

[*] 谌园庭，中国社会科学院习近平新时代中国特色社会主义思想研究中心特约研究员。
[①] 《习近平在文化传承发展座谈会上强调　担负起新的文化使命　努力建设中华民族现代文明》，《人民日报》2023年6月3日。

二 中华文明的突出特性

性,视之为政之要义。《论语·颜渊第十二》记载,孔子在回答学生子贡问政时提出"足食,足兵,民信之矣",把实现百姓的丰衣足食确立为经济、政治、社会安定的三大原则。在《论语·子张第十三》中,面对冉有"既庶矣,又何加焉"和"既富矣,又何加焉"的疑惑,孔子给出了"富之"而后"教之"的答案,明确提出"先使百姓富足,再进行教化"的主张。此间所言的"富之"和"足食"事实上都是"富民"的观念。孔子的学生有若发展了孔子的思想,进一步提出"百姓足,君孰与不足;百姓不足,君孰与足",强调了富国必须以富民为前提和基础。

先秦儒家的思想深刻地影响了历代封建王朝的执政理念,"富民"思想几千年来代代相传。放眼中华民族绵延千年的历史文化传承,消灭绝对贫困、全面建成小康社会、追求共同富裕是今日中国共产党人对人民的庄严承诺和价值追求,也是中华民族的先圣先贤们"富民"思想主张的当代体现。"厚生"一词的起源比"富民"更早,可以追溯到我国现今留存最早的上古文献汇编《尚书》。《尚书》是儒家"五经"之一,其《大禹谟》篇强调善政有"六府三事",六府指的是人民物质生活中的"金、木、水、火、土、谷",三事指"正德、利用、厚生"。唐代初年著名经学家孔颖达在为《尚书》作注疏时,专门解释道:"厚生,谓薄征徭,轻赋税,不夺农时,令民生计温厚,衣食丰足。"《尚书》所谓"六府"与"三事",合称"九功"。六府和正德、利用二事,其核心导归和指向均为"厚生"。"厚生"展现了深厚的富民养民情怀,是善政的标志与目的,也是善治的体现。

"义利兼顾"的观念是中国古代先圣先贤们呈现给当代世界各国的又一思想成果。中华优秀传统文化强调"义利相兼、以义为先"的价值观，与西方政治文化的理解和西方国家的政治实践有着本质上的差异。英国19世纪三度出任外交大臣、两次担任首相的帕麦斯顿有一句名言："没有永远的朋友，只有永远的利益。"这句"名言"不仅是英国处理对外关系的圭臬，也是近现代以来西方国家处理国际关系的基本准则。追求利益最大化、见利忘义，成为西方政治文化的真实写照，也是西方政治思想、政治文化中的严重硬伤。作为鲜明对照的是中国古代思想家关于"义利"关系的精彩论述。孔子在《论语·里仁篇》中直截了当地提出"君子喻于义，小人喻于利"的观点，从而给"义利"之辩划定了明确框架，为后世儒家的"义利"争辩确立了基本的价值判断标准。荀况在阐发孔子思想时提出了"以义制利"的观点。《荀子·大略》写道："义与利者，人之所两有也。虽尧舜不能去民之欲利；然而能使其欲利不克其好义也。虽桀纣不能去民之好义；然而能使其好义不胜其欲利也。故义胜利者为治世，利克义者为乱世。"荀况"义利两有"的主张，既克服了片面追逐自身利益、见利忘义的自私与狭隘；又避免了片面推崇"存天理、灭人欲"所导致的自我压抑的消极倾向。荀况"以义制利"的观点，涉及如何正确处理争取自身利益与尊重他人合法权益的问题，与孟子所说的"老吾老以及人之老，幼吾幼以及人之幼"的思想内核具有内在一致性，可以相互印证、相互注解。"义利兼顾"的理念，在数千年历史长河中早已内化为中国人的价值取向和精神追求，且具有十分明显的世界意义。它不仅是个人修齐治平的准则，还为当今各国处理纷繁复杂的国际事务提供了独特的中华智慧。

把"富民厚生、义利兼顾"的思想观念放在一起强调，构建了全面系统的经济伦理观。这一观念既与马克思主义基本原理相契合，也与中华优秀传统文化的精神内核一脉相承。可以说，实现"富民厚生、义利兼顾"，不仅是我们共产党人的政策主张和政策追求，更是中华民族伟大复兴的题中应有之义与实现民族复兴的重要标志。

（原载《光明日报》2023年7月11日第2版）

三

"两个结合"的思想内涵

马克思主义同中华优秀传统文化相互契合的历史考察

卜宪群[*]

习近平总书记在文化传承发展座谈会上指出:"马克思主义和中华优秀传统文化来源不同,但彼此存在高度的契合性。相互契合才能有机结合。"[①] 马克思主义传入中国并与中华优秀传统文化相结合,开辟和发展中国特色社会主义不是偶然,而是有着深刻的历史基础、哲学基础、文化基础和社会基础,是在"彼此存在高度的契合性"前提下的相互结合,结合的结果是互相成就、筑牢道路根基、打开创新空间、巩固文化主体性。

一 "相互契合"是一个历史卓识

"相互契合"明确了马克思主义之所以能够同中华优秀传统文化

---

[*] 卜宪群,中国社会科学院习近平新时代中国特色社会主义思想研究中心特约研究员,中国社会科学院古代史研究所研究员、所长。

[①] 《习近平在文化传承发展座谈会上强调 担负起新的文化使命 努力建设中华民族现代文明》,《人民日报》2023年6月3日。

三 "两个结合"的思想内涵

相结合,其前提是二者之间存在着高度的契合性。党的十八大以来,习近平总书记站在五千多年中华文明发展史的高度,以马克思主义思想家、战略家的宏阔视野,以辩证唯物主义和历史唯物主义的理论方法,就中国特色社会主义形成的历史渊源、文化基础、现实方位等重大理论和实践问题作出了一系列重大论断。这些论断既为中国特色社会主义道路的来源奠定了历史基础,也为马克思主义同中华优秀传统文化相结合寻找到科学依据,对全民族树立正确的历史观,坚定历史自信、文化自信具有重大意义。

"相互契合"是对中华优秀传统文化的高度肯定。如何看待中华传统文化是近代以来的一个重大政治命题和学术命题。我们党始终以辩证唯物主义和历史唯物主义的科学态度对待传统文化,但在对待传统文化的具体方法上也走过曲折道路。党的十八大以来,习近平总书记系统论述了中华优秀传统文化的历史演变、历史内涵、历史意义、发展方向,廓清了历史虚无主义和文化虚无主义对中华优秀传统文化的肢解曲解,充分肯定了中华优秀传统文化的价值,使中华优秀传统文化在新时代绽放出夺目光彩。

"相互契合"厚植了中国特色社会主义的历史底蕴。中国特色社会主义不是"从天上掉下来的",而是"具有无比深厚的历史底蕴"。中国特色社会主义是近代以来中国人民的历史选择,是科学社会主义理论逻辑和中国社会发展历史逻辑的辩证统一。

总之,"相互契合"科学阐释了马克思主义同中华优秀传统文化相结合的内在机理,厚植了中国特色社会主义道路的历史底蕴,光大了中华五千多年的历史文脉,是一个高瞻远瞩的历史卓识。

二 "相互契合"是对历史规律性的深刻把握

习近平总书记指出:"在五千多年中华文明深厚基础上开辟和发展中国特色社会主义,把马克思主义基本原理同中国具体实际、同中华优秀传统文化相结合是必由之路。这是我们在探索中国特色社会主义道路中得出的规律性的认识,是我们取得成功的最大法宝。"[1]

接受马克思主义是中国历史发展道路的必然。中华文明具有革故鼎新、继往开来的历史创新传统,王朝交替与文明演进呈现出并行不悖的趋势。但明清以降中国社会在经济关系、思想文化、社会阶层等领域呈现出来的变化显然不同于既往。资本主义萌芽或者说突破旧的封建人身束缚、具有新的经济关系特点的生产关系开始出现,市镇繁荣与市民阶层的涌现,推动了社会阶级关系的变化。对封建君主专制的批判和具有近代意识的启蒙思想的产生,使封建专制统治的合法性受到动摇。特别是鸦片战争以后,寻找救亡图存的维新变法和外来思潮的涌入,抵抗列强的入侵与清王朝的推翻,都意味着古老中国在国家制度与治理体系转型上的新探索。马克思主义正是在这一宏大历史背景下传入中国,并被先进的知识分子所接受。中国走向社会主义道路,高度顺应了明清以降的社会转型与近代以来改造传承古老中华文明的历史要求。近代中国曾经选择了很多条道路,但实践证明只有社会主义道路契合中国人民的追求,契合中国社会实际,才能承担起中

---

[1] 《习近平在文化传承发展座谈会上强调 担负起新的文化使命 努力建设中华民族现代文明》,《人民日报》2023年6月3日。

三 "两个结合"的思想内涵

华文明传承延续的重任。

接受马克思主义是中华文化具有开放包容性的集中体现。中华文化自先秦以来传承有序、广纳众采、博大精深、与时迁徙，不仅与制度体系、治理体系相得益彰，更集聚了诸多具有中国特色的永恒价值。中国延续不断的史学体系记载了自三皇五帝到如今的沿革脉络，炎黄被中华民族奉为共同祖先。"二十四史"将中华各民族各区域的历史都纳入统一多民族国家的范畴之内。以儒家文化为核心的道统说，不仅贯穿着对理想政治的不懈追求，也成功塑造出各历史时期共同的血缘认同、文化认同、政治认同和历史认同。从先秦诸子学、两汉经学、魏晋玄学、隋唐佛学、宋明清理学，到西学东渐、马克思主义传入中国，中华文化具有海纳百川、融会贯通、继承创新、开放包容的独特品格，它与马克思主义追求普遍真理的基本精神殊途同归。

接受马克思主义是中华优秀传统文化内在元素与唯物史观的高度契合。中国传统文化中的诸多元素，与马克思主义唯物史观的哲学思维、历史思维、文化思维存在着内在联系。《尚书》中的五行说、《周易》中的阴阳说，证明中国哲学中很早就有朴素的唯物观和辩证法的思维因素。中国人注重"知行合一"的文化传统，证明中国哲学中包含着对理论与实践相统一的辩证关系认识。《礼记》中"天下为公"的"大同"说，包含着中国人对理想社会的追求。《韩非子》中的"上古""中古""近古"划分、《史记》中"究天人之际，通古今之变"的追求，包含着中国人对客观历史规律的探讨。中国人注重"食货"的经济意识，与唯物史观关于物质生产在历史发展中的作用不谋而合。中国政治文化中的民本思想，与唯物史观关于人民群众历史作用的观点有相通之处。因此，中国人认同接受马克思主义有着深厚的历史文化基础。

实践证明，马克思主义是指导中国革命和建设的科学理论，是中华优秀传统文化现代转化的科学指引。习近平总书记指出："'结合'的结果是互相成就，造就了一个有机统一的新的文化生命体，让马克思主义成为中国的，中华优秀传统文化成为现代的，让经由'结合'而形成的新文化成为中国式现代化的文化形态。"[①]

三 "相互契合"是理论和制度创新的宝贵资源

"相互契合"使马克思主义扎根中国大地，同我国传承了几千年的优秀历史文化和广大人民日用而不觉的价值观念相融通，使中国特色社会主义道路有了更加宏阔深远的历史纵深，使我们能够在更广阔的文化空间中，充分运用中华优秀传统文化的宝贵资源，探索面向未来的理论和制度创新。

第一，必须深刻认识中华优秀传统文化的重要元素与突出特性。中华优秀传统文化具有与时俱进的内在品格，它之所以能够在不同历史时期为中华文明提供精神源泉、注入强大活力、焕发勃勃青春，展现出文明新形态，根本原因是中华文明的连续性、创新性、统一性、包容性、和平性。中国特色社会主义是马克思主义基本原理同中国具体实际、同中华优秀传统文化相结合的产物，它生长在中国大地，本

[①] 《习近平在文化传承发展座谈会上强调　担负起新的文化使命　努力建设中华民族现代文明》，《人民日报》2023年6月3日。

三 "两个结合"的思想内涵

身就是数千年中华文明发展进程的延续，是马克思主义同中华优秀传统文化相结合而产生的人类文明新形态。因此，从中华优秀传统文化中汲取营养，不断完善中国特色社会主义制度，推进国家治理体系和治理能力现代化，努力建设中华民族现代文明，是历史的必然、时代的要求。

第二，必须科学借鉴中华优秀传统文化中治国理政的历史经验。马克思主义同中华优秀传统文化的"结合"打开了创新空间，让我们掌握了思想和文化主动，并有力地作用于道路、理论和制度建设。中华文明彝伦攸叙，素重制度和治理体系安排。在国家结构上，中国在封建社会早期就确立了单一制的中央集权，没有使分裂的历史延续，极具深远意义。在权力运行上，自秦汉开始就构建起皇权之下设官分职、权责分明的官僚制，分层分类统理中央和地方行政事务的制度体系。行政与监察分途，政务与事务分职，以及谏官系统的完善，为各级行政机构权力廉洁运行提供了基础保障。在官员选拔上，逐步确立了任人唯能、听取民意、德先才后、考试考核的用人制度体系。在法律上，构建起体系完整、层级分明、德主刑辅的律令体系。在军事上，构建起维护中央集权、反对分裂、抵抗外来侵略的制度体系。在意识形态上，构建起以儒家为核心，兼容并蓄，与社会大众日常价值观相融合的制度体系。这些制度与治理体系相得益彰，是中华文明传承数千年的优秀传统文化，是构建中国特色社会主义制度与治理体系可以借鉴的深厚历史资源。

第三，必须立足中华民族伟大历史实践和当代实践。探索面向未来的理论与制度创新，是中国共产党领导的中国特色社会主义的理论与制度创新。这就要求理论工作者和文化工作者必须按照要求，立足中华民族伟大历史实践和当代实践，用中国道理总结好中国经验，把中国经验提升为中国理论，为建设中华民族现代文明，坚定文化自信，推动文化繁荣，建设文化强国，实现精神上的独立自主，培育和创造新时代中国特色社会主义文化作出自身的贡献。

（原载《光明日报》2023 年 6 月 21 日第 11 版）

深刻理解"第二个结合"的首创性意义

张志强[*]

在文化传承发展座谈会上,习近平总书记系统全面深入地阐述了"第二个结合"的重大意义,这些重要论述充满理论的深度和学术的厚度,在马克思主义理论史、中华文明史上具有里程碑式的意义。我们必须深刻理解"第二个结合"的首创性意义,充分把握"第二个结合"作为习近平新时代中国特色社会主义思想的内在原理和根本标志的重要意义,将"第二个结合"真正当作建设中华民族现代文明的根本遵循。

一 "第二个结合"是习近平总书记的首创性论述

在文化传承发展座谈会上的重要讲话中,习近平总书记清晰地区分了"第一个结合"与"第二个结合",并对"第二个结合"进行重

---

[*] 张志强,中国社会科学院哲学研究所所长、研究员,中国社会科学院大学哲学院教授。

点阐述，深刻凸显了"第二个结合"的首创性意义。习近平总书记在讲话中概括了"第二个结合"达到的一系列"新高度"，"第二个结合"达到的"新高度"就是新时代达到的"新高度"，这个新高度是新时代对马克思主义中国化时代化历史经验的深刻总结、对中华文明发展规律的深刻把握，是新时代对中国道路、理论、制度形成的新认识，是新时代历史自信和文化自信达到的新高度，是新时代传承中华优秀传统文化、推进文化创新的新自觉。因此，"第二个结合"是新时代的产物，"第二个结合"深刻体现了新时代自信自强的时代风貌。

在一定意义上，我们可以说"第二个结合"就是习近平新时代中国特色社会主义思想形成的根本性标志。正如毛泽东思想是马克思主义基本原理与中国具体实际相结合的产物一样，习近平新时代中国特色社会主义思想也正是在"第一个结合"基础上实现的"第二个结合"的科学产物。习近平总书记在省部级主要领导干部"学习习近平总书记重要讲话精神，迎接党的二十大"专题研讨班上的重要讲话中指出："我们坚持把马克思主义基本原理同中国具体实际相结合、同中华优秀传统文化相结合，形成了新时代中国特色社会主义思想，实现了马克思主义中国化新的飞跃。"[①] 这已经充分说明，"两个结合"是形成习近平新时代中国特色社会主义思想的根本途径，或者说，"第一个结合"基础上的"第二个结合"是形成习近平新时代中国特色社会主义思想的根本途径，也可以说"第二个结合"是

[①] 《高举中国特色社会主义伟大旗帜 奋力谱写全面建设社会主义现代化国家崭新篇章》，《人民日报》2022年7月28日。

三 "两个结合"的思想内涵

习近平新时代中国特色社会主义思想形成的内在机理，同时也可以认为"第二个结合"就是习近平新时代中国特色社会主义思想的形成原理。

"第一个结合"当然也是形成习近平新时代中国特色社会主义思想的基础，但如果没有"第二个结合"就不会有习近平总书记的理论创新。如何理解"两个结合"之间的关系，是理解习近平总书记如何实现理论创新的关键。

二 "两个结合"之间的关系与"第二个结合"的时代内涵

习近平总书记指出："我们的社会主义为什么不一样？为什么能够生机勃勃充满活力？关键就在于中国特色，中国特色的关键就在于两个结合。"[①] 这深刻阐明了中国具体实际、中华优秀传统文化赋予了中国的社会主义事业以中国特色。中国具体实际就是马克思主义基本原理需要适应的国情条件，国情是客观现实，理论要想发挥作用就必须面对客观现实。但理论若要真正理解现实、真正把握实际，就必须理解现实的来历，把握实际的根源。因此，对国情的认识，离不开对陶冶实际和塑造现实的文化乃至文明的认识和把握。在这个意义上，我们可以说文化或文明是更深刻最深厚的实际，实际则是文化或文明最直接的表现和更现实的结果。中华文明为中国具体实际提供了

[①] 新华述评：《筑牢中国特色社会主义道路根基——深刻理解"两个结合"的重大意义系列述评之四》，新华社，2023年6月22日。

历史根据和文化内涵。与具体实际相结合，必然要求进一步与文明或文化更深入地结合。相应地，与文化或文明相结合，也必然意味着与文化或文明的表现和结果相结合。这说明，在"第二个结合"中必然包含着对"第一个结合"的要求。如果说"第一个结合"中的实际是"自在"的实际，那么"第二个结合"里的文化或文明则是对实际的"自觉"。如果说"第一个结合"中的文化或文明还是自在契合的对象，那么"第二个结合"中的文化或文明已经是自觉契合的内容。坚持"第二个结合"必然意味着坚持了"第一个结合"，但只提坚持"第一个结合"，并不意味着对"第二个结合"的坚持。从"第一个结合"到"第二个结合"的提法的变化，是对实际的认识和把握从自在走向自觉的进步。因此，"第一个结合"与"第二个结合"不是领域之间的并列或叠加的关系，而是在同一领域中进行着的加上后的升华，是综合创新，是辩证创造。

从"两个结合"提出的不同时代背景和问题意识中，我们也可以深入理解"两个结合"之间的关系。"第一个结合"的核心关切是解决马克思主义如何适应中国国情，如何避免对马克思主义的教条主义认识，如何从中国实际出发，理论联系实际，实事求是地解决中国的问题。"第二个结合"的核心关切则是如何从中国特色社会主义的实践创新中实现马克思主义的理论再创造，如何真正实现自信自强、守正创新的时代风貌。

"两个结合"的总体目标和总体事业指向的都是中华民族伟大复兴，"第一个结合"完成了中华民族伟大复兴中站起来、富起来、强起来的任务，"第二个结合"则更进一步，把实现文明的全面复兴作为实现中华民族伟大复兴的标志。两个结合之间是完成时代任务的递

三 "两个结合"的思想内涵

进关系，前者为后者创造了前提、奠定了基础，后者则是对共同目标的充分实现和进一步完成。"两个结合"是同一个完整事业不断深入的两个阶段。

"第一个结合"里也涉及与历史文化相结合的内容，但这些内容更多地着眼于历史的经验和教训，更多地具有资治通鉴的意义，侧重于历史文化对于理解和认识国情的意义，同时也更侧重于中国传统文化中的批判性传统。"第二个结合"里的历史和文化，则具有一种宏阔的文明意识和深远的历史意识，更加侧重于文明的总体性意义，更加侧重于文明所陶冶的"国性"的含义。中华文明的突出特性就是文明所陶冶的"国性"的具体内涵。"第二个结合"意味着在"第一个结合"的实事求是世界观方法论基础上，进一步提炼创造出了新文明观和大历史观。

三 "第二个结合"创造了新时代的伟大文明成果

习近平总书记说："'结合'的结果是互相成就，造就了一个有机统一的新的文化生命体，让马克思主义成为中国的，中华优秀传统文化成为现代的，让经由'结合'而形成的新文化成为中国式现代化的文化形态。"[①] 习近平总书记的重大论断指示我们，"第二个结合"实现的马克思主义中国化时代化新飞跃、开辟的马克思主义中国化时代化新境界，就是让马克思主义在具有中国形式、中国形态之

[①]《习近平在文化传承发展座谈会上强调 担负起新的文化使命 努力建设中华民族现代文明》，《人民日报》2023年6月3日。

后，还具有了中国文化生命。"第二个结合"创造的时代成果之一，就是创立了具有中国文化生命的当代中国马克思主义——习近平新时代中国特色社会主义思想。习近平新时代中国特色社会主义思想就是具有中国文化生命的当代马克思主义，是中华文化和中国精神的时代精华。

中国共产党人信仰践行马克思主义与继承弘扬中华优秀传统文化是内在一致、不相矛盾的。

马克思主义让中华文明别开生面，实现了从传统到现代的跨越，发展出了中华文明现代形态。"第二个结合"创造的时代成果之一，就是让中华文明成为现代的，发展出了中华文明现代形态，创造出中华民族现代文明，创造出中国式现代化的文化形态。经由"第二个结合"，创造出一个新的文化生命体，为更好地建设中华民族的现代文明提供了根本性支撑。

"第二个结合"创造了新时代理论创新、实践创新这两个伟大的文明成果。习近平新时代中国特色社会主义思想，作为当代中国马克思主义，作为中华文化和中国精神的时代精华，就是推动建设中华文明现代形态的指导思想，就是建设中华民族现代文明的行动指南，就是创造中国式现代化文化形态的理论来源。如果说"第二个结合"是习近平新时代中国特色社会主义思想形成的根本途径，那么"第二个结合"也是建设中华民族现代文明、创造中国式现代化文化形态、发展中华文明现代形态的根本途径。

这两个伟大文明成果都经由"第二个结合"创造出来，"第二个结合"的历史地位是由这两个成果所赋予的。"第二个结合"使马克思主义和中华文明相互成就，创造出的两大成果共同构成了指引中国未来道路、理论、制度创新的根本遵循。

四 深刻领会"第二个结合"的伟大意义：新文明观与大历史观筑牢了道路根基

习近平总书记说："'结合'筑牢了道路根基，让中国特色社会主义道路有了更加宏阔深远的历史纵深，拓展了中国特色社会主义道路的文化根基。"[①]"第二个结合"通过打通中华文明道路与中国特色社会主义道路之间的连续性，让中华文明道路与中国特色社会主义道路一气贯通，成为同一条中国道路。一方面，中华文明道路经由中国特色社会主义道路而连续发展、延绵不断；另一方面，中华文明道路为中国特色社会主义道路奠定了更加深远宏阔的道路根基。中华文明为中国特色社会主义赋予了文明的底气和历史的前提，中国特色社会主义让中华文明焕发蓬勃生机，更有力地推动了中国历史的发展。中华文明赋予了中国特色社会主义以文明的荣耀和历史的自信，中国特色社会主义则为中华文明开辟了现代化的坦途。习近平总书记进一步说："中国式现代化赋予中华文明以现代力量，中华文明赋予中国式现代化以深厚底蕴。"[②]中国式现代化作为中国特色社会主义开辟的现代化道路，因此具有了中华文明史的宏阔意义，同时也具有了基于古老文明创造新的现代文明的深远意义："中国式现代化是赓续古老

[①]《习近平在文化传承发展座谈会上强调　担负起新的文化使命　努力建设中华民族现代文明》，《人民日报》2023年6月3日。
[②]《习近平在文化传承发展座谈会上强调　担负起新的文化使命　努力建设中华民族现代文明》，《人民日报》2023年6月3日。

文明的现代化，而不是消灭古老文明的现代化；是从中华大地长出来的现代化，不是照搬照抄其他国家的现代化；是文明更新的结果，不是文明断裂的产物。中国式现代化是中华民族的旧邦新命，必将推动中华文明重焕荣光。"[1]

"第二个结合"蕴含着一种新的文明观和一种大历史观。习近平总书记提出"第二个结合"的伟大意义，就在于确立了扬弃西方文明的、更加符合人类文明发展规律的文明观，树立了能够古今贯通、源流互质的历史认识论，让习近平新时代中国特色社会主义思想具有了宏阔的文明视野和深远的历史眼光。正是经由这种新的文明观和历史认识论，"第二个结合"成为建设中华民族现代文明的根本途径，为中华民族现代文明赋予了深刻的文明意义和历史底蕴。

"第二个结合"蕴含的新文明观是通过习近平总书记提出的"文化生命体"概念来界定的。"'结合'的结果是互相成就，造就了一个有机统一的新的文化生命体，让马克思主义成为中国的，中华优秀传统文化成为现代的，让经由'结合'而形成的新文化成为中国式现代化的文化形态。"[2] "新的文化生命体"就是中华民族现代文明，就是中华文明现代形态，就是中国式现代化的文化形态。

习近平总书记提出的"文化生命体"概念正是对文明的新定义。把"文明"定义为"文化生命体"，解决了长期以来学术界和理论界在文明和文化认识上的误区。关于"文明"的认识，我们实际上是基于"civilization"这个英文词的汉译来理解的，也就是说想当然地

---

[1]《推动中华文明重焕荣光》，《人民日报》2023年6月5日。
[2]《习近平在文化传承发展座谈会上强调 担负起新的文化使命 努力建设中华民族现代文明》，《人民日报》2023年6月3日。

三 "两个结合"的思想内涵

把"文明"两个汉字的意义直接等同于"civilization"的含义。但实际上，由汉字"文明"所表达的文明观与根据"civilization"而来的文明观，是两种完全不同的理解。

据布罗代尔的研究，"civilization"一词最先在18世纪的法国流行，一般指与野蛮（savage）状态相对立的开化状态。[①] 在拉丁语中，civitas 是公民权、公民身份的意思，civilitas 则是公民教养的意思。在古希腊罗马，公民权是自由人区别奴隶和外邦人的权利。因此，可以说它所对应的教养或文化、文明，本身就具有一种用以区别他者的意识和意义。因此，civilization 这个词始终带有它的拉丁词根 civitas 所具有的区别他者的身份意识。正是这种意识让 civilization 始终具有一种以特殊化自身的方式将自己与他者区别开来并划分等级的意图，civilization 就意味着文明与野蛮的对立，意味着一种文明化的历史进化论进程。根据这套文明等级论述，将地理大发现之后所认识到的全世界人群分成了 savage（野蛮的）、barbarian（蒙昧的）、half-civilized（半开化的）、civilized（文明的）、enlightened（明达的或启蒙的）五种，另外还有三个等级（野蛮、蒙昧、文明）和四个等级（野蛮、蒙昧、半开化、文明）的区分，这样一套文明等级论述就成为欧洲国家认识世界的基础性框架。无疑，在这个等级论述当中，文明就等于欧洲文明，[②] 而基督教则是最高文明的代表。文明等级论在19世纪与进步史观进行了深入的结合，黑格尔的世界史哲学就是文

[①] ［法］费尔南·布罗代尔：《文明史纲》，肖昶等译，广西师范大学出版社2003年版，第24页。

[②] 刘禾主编：《世界秩序与文明等级》，生活·读书·新知三联书店2015年版，第49、217、243页。

明等级论与进步史观结合的典范。与这套文明等级相应的是国际法中不同的权利，只有文明国家才具有国家主权，不同文明等级对应着高低不同的国际权利，野蛮人的土地属于等待开发的无主荒地。在这个文明等级当中，中国被放置在半蒙昧、半文明的位置，是不拥有完全主权的状态。这是以西方文明为中心的文明论。因此，"现代文明"就是以西方文明为中心的单数文明否定所有古老文明所呈现出来的"文明"。

"文明"两个汉字合成一个词，最早见于《周易》乾卦文言："见龙在田，天下文明。""见龙在田"是乾卦九二爻辞。孔颖达对文言的解释是："阳气在田，始生万物，故天下有文章而光明也。"① 根据冯时的研究，商周古文字的"文"，是一个人正面站立而明见其心的形状，"所以'文'的原始内涵实相对于'质'，如果说'质'的思想乃在表现人天生所具有的动物的本能，那么'文'显然已是经德养之后所表现的文雅，这种通过内心修养所获得的文雅自然是对初民本能之质的修饰，这种修养的文雅由内而外，以德容的形式彰显出来，这便是古人所称的'文明'的本义"。② 我们可以进一步引申冯时的说法，"文"即是"德"，而"文明"就是把人的内在之德表现出来、彰显出来，所以"文明"有时也称为"文章"。就"文明"作为人的内在之德来说，"文明"也可以称为"人文"，文明、人文也就是文德。不过，作为人之德的文德又是从哪里来的呢？又是一种什么样的品质呢？它是从天德而来的，是对天德的效法。冯时认为，古

---

① 《宋本周易注疏》，中华书局2018年版，第31页。
② 冯时：《观象授时与文明的诞生》，《南方文物》2016年第1期。

三 "两个结合"的思想内涵

人从观象授时的活动中认识到"时间为信"的意义,从而以信为天德,亦即《礼记·乐记》所说的"天则不言而信",郭店楚竹书《忠信之道》所说的"至信如时,毕至而不结"。《尚书·舜典》中说舜是"浚哲文明,温恭允塞",所谓"允塞"就是"信实"的意思。① "文明"就是人对信实、诚信之德的发扬。"人文"效法"天文","人德"得自"天德"。"文明"是人文效法天文的结果,是人依循天德而实现的人德。如果说"文"是贯通天人的"德",那么"明"就是人发明彰显这种德的努力。所以"文明"亦即"文章"。因此,"文明"这两个汉字,就是在天人互动中人将自身内部所具有的天地之德开显出来的方式,文而明之、文而章之,文明不是人与天地对立的产物,文明更不是人与人区隔的产物,而是天地借以开显自身的方式及其进程,天地人构成一个完整的生命共同体。历史就是这一生命共同体开显实践的文明进程。

习近平总书记在文化传承发展座谈会上的重要讲话中提出"文化生命体"这一崭新的概念来定义"文明"。文化生命体就是从天地人构成的生命共同体的意义上来把握文明的开显进程。在这一意义上,中华民族的现代文明和中华民族的古老文明,都是中华文明这个文化生命体开显天地之德的不同历史进程的连续阶段而已,中华民族现代文明是中华民族古老文明的连续生长,也是中华文明的现代形态。无论是古老文明还是现代文明,中华民族的"文明"价值观都一以贯之。

用文化生命体来定义"文明",意味着不同的文明不过是不同的

---

① 冯时:《观象授时与文明的诞生》,《南方文物》2016 年第 1 期。

文化生命体，文明的差异只是文化生命体开显天地之德的不同方式而已。天地人构成的生命共同体，是任何文明成立的基本条件。即使对于那些不从文化生命体角度理解文明的"civilization"而言，其实质也都是天地人共同构成的文化生命体而已。

因此，尽管文明是多样的、复数的，但作为文化生命体的文明可以在天地人共同体的意义上实现相互理解、交流互鉴。尽管不同文明之间不可能发生生命体的相互置换，更不能彼此替代，但多样的文明之间可以在交流互鉴、相互理解中形成一种符合人类文明发展规律的大文明，一种由全人类共享的文明，一种在不否定、不破坏多样文明的前提下形成的人类新文明。这种更大规模、更大格局的人类新文明，可以从中华文明的文明观中创造出来。这种基于文化生命体的文明观，从根本上解决了"普世主义"的迷思。在文化生命体之外存在的单数文明，只能从作为文化生命体的文明之间交往互动而创生，只能在多样文明的基础上开辟，没有一种取消和否定多样文明的单一文明，那种宣称"普世主义"的单一文明，是人造的抽象物，是一种幻觉的未来，并不是文化生命体具体而现实的创造。

用文化生命体来定义文明，从根本上解决了现代史上的反传统与"第二个结合"对中华优秀传统文化的肯定之间存在的表面上的冲突和矛盾，可以从根本上疏通不同时期对待传统文化的矛盾态度，可以从根本上理顺并超越中华优秀传统文化与现代化之间的对立关系。

用文化生命体来定义文明，可以建立起一种看待传统的内在视野。所谓内在视野，就是立足于文化生命体自身，从生命体自身的自我更化和新陈代谢的角度来理解"批判"和"否定"，把"批判"和"否定"作为生命体自我革命的环节。在生命体自我革命的意义上，

三 "两个结合"的思想内涵

批判和否定恰恰是生命体内在生命力的展现。因此,批判和否定就是为了生命体更好成长而进行的内在更生的环节。批判和否定,不过是文化生命体自身去粗取精、取精用宏的生命过程。今天的肯定和弘扬,是反题之后的合题,是对文化生命体内在生命力的调适理顺和正向激活,将生命体内部的张力转化为促进生命体生长的更为强大的动力。

用文化生命体定义"文明"所确立起来的内在视野,解决了一个困扰古老文明现代化的吊诡性处境,一个由资本主义扩张带来的现代化为古老文明设置的吊诡性处境:要么现代化而从文明传统中连根拔起,要么固守文明传统而被时代抛弃。文明传统成为与现代化的对立物,现代化让人沦落为从文明土壤中拔根的孤绝个体。用文化生命体来定义"文明",就为"批判"确立起了内在的约束性视野,以此深刻自觉到批判就是自我批判,革命就是生命体的自我革命的道理。基于别的文化生命体而来的批判,不可避免外部反思的立场,不可避免外部批判带来的绝对否定;基于外部立场和视野的批判,不是文明成长的环节,恰恰是一种文明对另一种文明的外部否定。对此,我们要有足够的理性自觉。

用文化生命体来定义文明,让我们可以在内在反思和内在批判的意义上,将批判和反思理解为激活文明生命力的必要环节,理解为文明成长的必要条件,理解为文明自觉的必要内容。因此,批判和肯定是同一个生命体经历的不同阶段和成长的不同环节而已,都是为畅达文明的生机,焕发文化生命体的活力而采取的主动作为,都是文化生命体的文化主体性的表现。

用文化生命体来定义文明,文化就不只是文明里的一个领域,而是文明的生命力本身。因此,关于文化的精华与糟粕的辨别,是作为文化生命体的文明自身完成的辩证综合的过程,去粗取精、取精用宏是文化生命体适应环境必然发生的过程,也只有从文化生命体的生命进程的整体来理解文明,我们才不会对传统采取轻慢而虚无的态度,才不会把自身所遭遇的挫折和困境都诿卸于古人,也不会仅仅从当下的功利需要出发从传统中随意去取、为我所用。我们只有从作为文化生命体的文明整体意义来对待传统和现代的内在关联和连续发展,看待作为文化生命体的文明的有机生长过程,才能真正领会"第二个结合"的伟大意义。

"第二个结合"通过基于中华文明的新文明观,为文明自觉奠定了文明观的基础,同时也为文化自信树立了文明自觉的基础。

用文化生命体来定义文明,自然蕴含着一种深刻的历史观,一种接续奋斗的历史观,这也是"第二个结合"的深刻内涵之一。习近平总书记曾指出:"我们党领导的革命、建设、改革伟大实践,是一个接续奋斗的历史过程,是一项救国、兴国、强国,进而实现中华民族伟大复兴的完整事业。"[①] 根据这种历史观,历史是在完成不同阶段任务的前提下连续发展的,历史也在总结经验中不断奠定迈向未来的基础。革命、建设、改革不同历史阶段之间,不能相互否定,不同历史阶段都统一在民族复兴的完整事业当中,统一在历代中国共产党人接续奋斗的历史过程当中。这就是习近平总书记提出的"接续奋斗"的大历史观。

---

① 习近平:《在纪念毛泽东同志诞辰120周年座谈会上的讲话》,人民出版社2013年版,第13页。

三 "两个结合"的思想内涵

根据这样一种接续奋斗的大历史观，历史上发生的曲折和顿挫都是朝向中华民族伟大复兴道路上必不可少的探索代价，也是最终实现中华民族伟大复兴的可资借鉴的宝贵资源。根据这样一种接续奋斗的历史观，不仅革命、建设、改革是连续发展、接续奋斗的历史进程，新中国史、中国近代史、中华民族发展史与五千多年中华文明史，都是连续发展、接续奋斗的历史进程，都是统一在中华民族伟大复兴总体事业上的不同历史阶段而已。这种接续奋斗的大历史观，正是新时代对中华文明通史精神的再次激活，也是中华文明通史精神的深刻体现。所谓通史精神，就是历史主动性精神。历史主动性精神，就是穷变通久、承敝通变的精神，就是在危机中创新机、在变局中开新局的精神。中国共产党接续奋斗的历史进程正是积极发挥通史精神，将中华文明的历史不断接续通达下去的历史进程。这种接续奋斗的大历史观重建了关于中国文明和历史的叙述，重建了中国共产党与中华文明史的内在关联。这种接续奋斗的大历史观确立起一种正确的历史认识论，亦即，后代不是通过否定和批判前代来确立自我意识的，后代是在前代奠定的前提和基础之上的继承和发展。每代都是在完成自身时代任务的前提下成为大历史不可或缺的环节。

"第二个结合"以接续奋斗的大历史观，建立了正确的历史认识论，为历史自信奠定了历史观的基础，从根本上解决了历史虚无主义问题。反对历史虚无主义，反对西方"普世价值"，需要我们重建历史自信，重建文化自信，重塑价值自信。为此，我们迫切需要从历史实践中形成高度自觉的理论认识，需要从历史实践的价值基础和群众基础中发现中华优秀传统文化，需要我们不仅从具体实际出发，更要从中华文明的历史文化实际出发，树立文化自信和历史自信。在"第一个结合"的基础上提出"第二个结合"的目的,就是要通过马克思主义基本原理与中华优秀传统文化的结合,来彻底解决自信自强、守正创新的时代课题。提出"第二个结合"的伟大意义,就在于通过文明观和历史观的重建,奠定了解决"普世主义"和历史虚无主义的认识论前提。

"第二个结合"中蕴含着接续奋斗的大历史观和文化生命体的文明观,是对历史虚无主义和所谓"普世价值"的西方现代文明观的扬弃。"第二个结合"深刻体现了新时代的自信自强、守正创新的时代风貌。

五　深刻领会"第二个结合"的伟大意义:在"又一次思想解放中"全面树立文化主体性

习近平总书记说:"更重要的是,'第二个结合'是又一次的思想解放,让我们能够在更广阔的文化空间中,充分运用中华优秀传统文化的宝贵资源,探索面向未来的理论和制度创新。"[①]"第二个结合"作为"又一次思想解放",是对中华优秀传统文化中宝贵资源的思想解放,让我们可以从中华优秀传统文化的宝库中探索面向未来的理论和制度创新的资源。"又一次思想解放"更是对过去将传统和现代对立的形而上学观点的解放,只有如此才能够真正解放思想,将传

[①] 《习近平在文化传承发展座谈会上强调　担负起新的文化使命　努力建设中华民族现代文明》,《人民日报》2023年6月3日。

三 "两个结合"的思想内涵

统文化看成宝库而非包袱,才能从传统文化的宝库中根据时代寻求未来创新的资源。经过"又一次思想解放",传统与现代才能真正建立起连续发展的关系,古老文明和现代化才能真正是连续发展的文明进程。经过"又一次思想解放",现代文明不再是对古老文明的否定和消灭,而是古老文明的赓续发展,是古老文明自我更新的结果。"又一次思想解放"昭示我们,不能"抛却自家无尽藏,沿门托钵效贫儿"①。

更为重要的是,"又一次思想解放"更是对文化主体性的全面解放。文化主体性既是文化生命体自我意识的觉醒、文化生命体成就自身的前提;又是文化生命体自我意识觉醒的结果,是文化生命体更具主动性地继续成长壮大的动力。对文化主体性的重视,是"第二个结合"的核心关切和重大意义所在。

在"第二个结合"中深刻体现了中华文明的文化主体性。中国共产党的文化主体性深刻体现了中华文明的文化主体性。中华文明的主体性来自中华文明的突出特性:中华文明五千多年连续不断的文明历史,中华文明革故鼎新、辉光日新的文明创造和历史进步的生命力,中华民族即使遭遇重大挫折也牢固凝聚的团结集中的统一性追求,中华文化包容和平的精神追求和开放胸怀。中华文明的文化主体性最为深刻地表现为五千多年文明道路的连续性,体现为中华民族必然走自己的路的自我决定权。中国共产党的文化主体性深刻体现为对中华文明道路连续性的自觉追求,对中国道路的自我决定。

在"第二个结合"中彻底实现了中华民族的文化主体性。文化

---

① 《王阳明全集》,上海古籍出版社1992年版,第790页。

主体性是中华民族和中国人民的精神支撑，文化主体性是中华民族和中国人民国家认同的坚实文化基础，文化主体性从根本上决定了中华民族必然走自己的路，决定了中华民族守正不守旧、尊古不复古的进取精神，决定了中华民族不惧新挑战、勇于接受新事物的无畏品格。中国共产党在"结合"中彻底实现了中华民族的文化主体性。中国共产党以马克思主义的真理之光激活了中华民族的文化主体性，推动了中华民族共同体意识的形成，开创了中国式现代化的文化形态，在"结合"中形成了新文化，开启了建设中华民族现代文明的伟大征程。中华民族的文化主体性的提出，也指向了对中华文明的文化主体性的实现和承担。"第二个结合"赋予了新时代中国特色社会主义文化主体性。习近平总书记在讲话中指出，"'结合'筑牢了道路根基，让中国特色社会主义道路有了更加宏阔深远的历史纵深，拓展了中国特色社会主义道路的文化根基"[①]。当代中国共产党人在"结合"中赋予了新时代中国特色社会主义的文化主体性。作为"第二个结合"科学产物的习近平新时代中国特色社会主义思想，最为有力地体现了这一文化主体性。习近平新时代中国特色社会主义思想，是对马克思主义中国化时代化历史经验的深刻总结，是对中华文明发展规律的深刻把握，是对历史自信、文化自信的全面深刻的展现，是在传承中华优秀传统文化中推进文化创新的最新成就。中国共产党的文化主体性在习近平新时代中国特色社会主义思想中得到了充分体现。

---

① 《习近平在文化传承发展座谈会上强调　担负起新的文化使命　努力建设中华民族现代文明》，《人民日报》2023年6月3日。

三 "两个结合"的思想内涵

中国共产党的文化领导权就是在解决古今中西问题中坚持中华民族文化主体性,在建设新文化、建设中华民族现代文明中坚持文化领导权。中国共产党的文化领导权来自对道路根基的文化自信,来自引领时代的文化自信,来自创造中华文明现代形态的高度自觉,来自开辟中国式现代化文化形态的高度自觉,来自建设中华民族现代文明的使命担当。中国共产党的文化主体性是中国共产党文化领导权的根基和依托。

在"第二个结合"中,中国共产党充分树立了自身的文化主体性,并奠定了中国共产党文化领导权的根基。习近平新时代中国特色社会主义思想最为有力地体现了中国共产党的文化主体性,经由"第二个结合",习近平新时代中国特色社会主义思想实现了中华文明、中华民族和中国特色社会主义的文化主体性的有机统一。

习近平总书记说:"经过长期努力,我们比以往任何一个时代都更有条件破解'古今中西之争',也比以往任何一个时代都更迫切需要一批熔铸古今、汇通中西的文化成果。"[①] 所谓"古今中西之争",就是近代以来的中国道路之争。"古今中西之争"的问题,是古代中国如何走出自己的现代的问题,是用古今之别取代中西之别,还是用中西之争取代古今之别,归根到底在于,是照搬西方、还是实现传统的创造性转化和创新性发展的问题。将中西之别简单化为古今之间的差别,意味着古代中国必然走向西方代表的现代,这是把西方的现代看成普遍进化的未来,是把照搬西方看成普遍规律的进化结果。将古今之别简单化为中西之间的对立,意味着古老中国是停滞

[①] 《中国特色的关键就在于"两个结合"》,《人民日报》2023 年 6 月 5 日。

而没有创新变化的中国，是缺乏创造未来能力的中国。这两条道路当然都未能解决"古今中西之争"，都不是解决"中国向何处去"的答案。

破解"古今中西之争"的根本条件在于是否能够真正确立起文化主体性，"古今中西之争"归根到底争的是文化主体性、争的是文化领导权。"中国向何处去"的问题，归根结底是中国能否走出自己道路的问题。照搬西方的结果，就是掉进西方为我们设置的吊诡陷阱当中：是要消灭自我的现代，还是要坚持没有未来的自我？只有从我们自己的文明根基中，找到文化创造的主体性，才能真正创造出属于我们自己的现代。因此，破解"古今中西之争"的关键，解决中国道路问题的关键，是走出中国自己的道路，树立起以中华文明、中华民族为根基的文化主体性。文化主体性是创造中国道路的前提，也是中国道路成功的结果。

"第二个结合"从根本上解决了当代中国的文化主体性问题，从而创造了解决"古今中西之争"的根本条件。对"古今中西之争"的破解，归根结底是对中国现代道路问题的根本解决。破解"古今中西之争"的结果，就是从古老文明的自我更化中创造出中华民族的现代文明，创造出中华文明的现代形态、开辟出中国式现代化的文化形态，创造出熔铸古今中西的新文化。

六 在"第二个结合"的指引下建设中华民族现代文明

习近平总书记说："'第二个结合'，是我们党对马克思主义中国

三 "两个结合"的思想内涵

化时代化历史经验的深刻总结,是对中华文明发展规律的深刻把握,表明我们党对中国道路、理论、制度的认识达到了新高度,表明我们党的历史自信、文化自信达到了新高度,表明我们党在传承中华优秀传统文化中推进文化创新的自觉性达到了新高度。"[1] 建设中华民族现代文明,是"第二个结合"的目标和宗旨。中国现代道路的方向,就是建设中华民族的现代文明。中华民族现代文明,既是马克思主义中国化时代化的重大成果,也是遵循中华文明发展规律的现代发展。在"第二个结合"中建设中华民族现代文明,表明我们党对道路、理论、制度的自信达到了文明自觉的高度,是我们党在传承中华优秀传统文化中推动文化创新达到高度自觉的表现。在"第二个结合"中建设中华民族现代文明,就是创造中华文明现代形态,开辟中国式现代化的文化形态,创造中国特色社会主义新文化。作为中华文明现代形态的中华民族现代文明,必定是符合中华文明发展规律的现代中华文明。作为中国式现代化文化形态的中华民族现代文明,必定是具有中华文明底蕴和根基的现代文化,也必定是具有现代化力量的中华文明。作为中国特色社会主义新文化,必定是将中华文明与中国特色社会主义一气贯通、与时俱进的新文化。

在"第二个结合"的指引下建设中华民族现代文明,就是建设一种基于中华文明根基的现代文明。这表明,现代文明不再是否定古老文明、与古老文明断裂的现代文明,而是从古老文明中连续生长出来的现代文明。建设一种遵循中华文明发展规律的中华现代文明,这

---

[1] 《习近平在文化传承发展座谈会上强调 担负起新的文化使命 努力建设中华民族现代文明》,《人民日报》2023年6月3日。

表明中华现代文明也是中华文明发展规律的产物；建设一种中华文明与中国特色社会主义一气贯通的新文明，这表明社会主义不仅仅是批判资本主义、取代资本主义的社会形态，更是一种与古老文明结合的社会主义文明形态，中国特色社会主义新文化就是这样一种社会主义文明形态的文化典范。

在"第二个结合"指引下建设中华民族现代文明，就是要在结合中华文明突出特性中建设中华民族现代文明。"第二个结合"结合的是中华文明突出的特性，结合的是由中华文明突出特性所构成的中华文明发展规律。

习近平总书记在文化传承发展座谈会上的重要讲话中指出："中华优秀传统文化有很多重要元素，共同塑造出中华文明的突出特性。"[1] 中华文明的突出特性构成了中华文明发展规律的内涵，是中华文明发展必须遵循的规律性内涵。中华民族现代文明作为中华文明的现代形态，也必须遵循中华文明发展规律，必须坚持和发展中华文明连续、创新、统一、包容、和平的突出特性。中华民族现代文明必定是发扬中华文明突出特性并赋予这些特性以现代形态的文明。

中华民族现代文明作为扬弃西方现代文明形态的人类文明新形态，不仅是一种社会主义新文明，同时也是一种坚持和发展了中华文明突出特性的现代文明。中华文明突出特性的历史形成，表明了一种天下文明的大格局，一种立足世界本身、超越自我中心的文明格局，一种万物并育而不害、道并行而不悖、万物各得其所、不齐而齐的大

---

[1] 《习近平在文化传承发展座谈会上强调　担负起新的文化使命　努力建设中华民族现代文明》，《人民日报》2023年6月3日。

文明，一种在具体文明之间经由交往交流交融而形成的、更加符合人类社会发展规律的新形态文明。

（原载《哲学研究》2023年第8期）

"第二个结合"是又一次的思想解放

赵剑英[*]

2023年6月2日召开的文化传承发展座谈会上,习近平总书记系统地总结了中华文明的五大突出特性,科学地阐述了"两个结合"的历史逻辑、理论逻辑和实践逻辑,鲜明地提出了建设中华民族现代文明这一重大时代课题,为中国特色社会主义文化和社会主义文化强国建设指明了前进方向、提供了根本遵循。特别是习近平总书记作出"'第二个结合'是又一次的思想解放"的重大理论判断,这是近代以来对中国传统文化、对马克思主义与传统文化关系认识以及关于如何进行中国特色社会主义文化建设的重大理论突破,表明我们党对中国道路、理论、制度的认识达到了新高度,表明我们党的历史自信、文化自信达到了新高度,表明我们党在传承中华优秀传统文化中推进文化创新的自觉性达到了新高度。

---

[*] 赵剑英,中国社会科学出版社社长,二级教授;中国社会科学院习近平新时代中国特色社会主义思想研究中心特约研究员。

三 "两个结合"的思想内涵

一 近代以来中国思想界关于中华传统文化价值的论争

近代以来,"数千年未有之大变局"深刻冲击了传统中国的社会结构,也逐渐重塑了中国人的思想观念。从鸦片战争后"睁眼看世界"到甲午战败后"吾国四千余年大梦之唤醒",国家蒙辱、人民蒙难、文明蒙尘,中华民族遭受了前所未有的劫难,甚至一度面临"亡国灭种"的危险。不论是为了"救亡"还是"启蒙",如何看待中国传统文化的价值都是绕不开的关键问题。

鸦片战争失败后,西方强势异质文明进一步涌入国门。以林则徐、魏源等开明士人为先驱,一些先进的中国人开始主动了解西方文化,反思传统文化。其后,洋务运动,戊戌变法,也都在坚持中国文化本位的基础上,学习西方经济发展的方式和政治制度来弥补中国文化之不足,促进了中国艰难的近代化进程。张之洞首提的"中学为体,西学为用",成为洋务运动指导思想,以西方标准,开办工厂、训练新军、建设学校、派遣留学生。后来的康有为撰写《孔子改制考》,以孔子为旗号宣扬改良,与光绪帝进行君主立宪改革,然而仅百日就被以慈禧为代表的顽固派扼杀。随着对西方文明的认识逐渐深入,中西文化冲突也更加激烈。例如,首批走向世界的士大夫代表——薛福成提出"凡兹西学,实本东来""变器卫道""体用兼该""道器兼备"等观点。他一方面承认中西方文化有自己的"新"和"旧",另一方面又认为,西方文化是由中国文化东传过去的,这就抬高了中国文化和中国圣人的作用。最终,他未能摆脱时代的局限,是按照旧的传统文化来理解和接受西方新文化，兼有先进性与局限性。

1905年科举制的废除，使儒学为主体的传统文化失去了制度支撑。随着民族危机的不断加重，辛亥革命爆发，但革命果实被袁世凯窃取。有识之士认识到，必须全面改造国人文化思想才能救中国。1915年前后，先进知识分子掀起新文化运动，以"民主"和"科学"为旗帜，"打倒孔家店"，大张旗鼓地宣传民主、科学思想，全面批判儒家的忠孝伦常观念，认为儒家文化与封建礼教长期交织在一起，限制思想，束缚人性。一些人认为中华文化就等同于落后文化，西方文化就是先进文化，以西方文化为标准评估中国文化，主张"重新估定一切价值"，刻意忽视中国文化积极方面。例如，傅斯年认为中国的家庭是"万恶之源"；鲁迅说中国几千年历史只是"吃人"，深入批判国民性；钱玄同讲"欲废孔学，不可不先废汉文"。在晚清统治腐朽无能、列强欺凌压迫、国势衰微的危急背景下，这些有识之士出于强烈的爱国热情，对民族现状和前途的忧愤，对中国传统文化的批判虽有极端过激之处，但也是可以理解的。

当然，在这些"激进"观点发出强音的同时，也遭到了"东方文化派""国粹派"等的反对。林纾自称拼了老命也要"竭力卫道"，他指责新文化运动是"覆孔孟，铲伦常"，文学革命是"尽废古书，行用土语为文字"。钱穆也主张，"中国文化，于世界为先进。古代学术思想，当有研讨之价值"。甚至如辜鸿铭者，反将儒家典籍外译到西方，推广中国传统文化。同时，更多的学者持有理性的主张。如，"学衡"派以学贯中西的姿态主张"昌明国粹，融化新知"。总之，新文化运动是我国近现代史上一次伟大的思想启蒙运动，但也遗

三 "两个结合"的思想内涵

留了文化认同危机和民族精神危机的历史难题。

20世纪三四十年代,中华民族正值生死存亡之际,民族意识的觉醒也促使人们意识到传统文化、民族特性不可割舍。张岱年先生说:"应付此种危难,必要有一种勇猛宏毅能应付危机的哲学。此哲学必不是西洋哲学之追随摹仿,而是中国固有的刚毅宏大的积极思想之复活,然又必不采新孔学或新墨学的形态,而是一种新的创造。"方克立教授后来评价道,张岱年先生"所倡导的以马克思主义哲学为基础和主导的中、西、马'三流合一'、综合创新之路,在20世纪中国哲学史中未能充分实现,至今仍然是中国哲学发展的正确方向和现实道路"。同时,1940年,毛泽东在《新民主主义论》中提出了"民族的科学的大众的"新民主主义文化,既强调了继承优秀民族文化遗产的必要性,也充分吸收了新文化运动的营养,这一文化主张所体现的包容性最大限度团结了当时中国各阶层,尤其是持不同观点的文化人士,为中国文化的发展指明了正确方向。

综合来看,这些探索体现了近代以来西方文化与中国传统文化之间的消长,其背后深层次的是国人对于传统文化的复杂态度。一方面,出于民族进步、国家富强的目的,要结束封建帝制,中国人须极力摆脱旧文化、旧思想的束缚,从根本上批判传统文化,以此改造思想,改造"国民性"。另一方面,随着对西方现代文明的认识加深,其弊端也日渐显露,而且,一些思潮也有"文化侵略"的影子。很多有识之士已经走出简单地肯定、否定,开始取长舍短,择善而从。但是,即便如此,国人依旧将近代落后的事实归咎于陈腐的传统文化,激进反传统的认知态度和思维方式一直潜在地影响国人。

二 马克思主义与中华优秀传统文化相结合的历史实践与理论总结

五四运动以后，马克思主义在中国开始广泛传播。早期中国共产党人把中国传统文化定义为封建文化，秉持唯物史观，对中国传统文化进行了广泛而深入的反省和批判。虽然一段时期内个别马克思主义者受到教条主义的影响，主张马克思主义与中国传统文化的根本对立，强调文化的时代性、阶级性，忽视了文化的民族性、普遍性和继承性，但随着马克思主义中国化的深入以及中国革命的发展，中国共产党逐渐确立起对于中华传统文化的辩证的、科学的态度，主张取其精华，去其糟粕，在继承中创新，在创新中发展。

毛泽东同志在 1938 年明确提出："学习我们的历史遗产，用马克思主义的方法给以批判的总结，是我们学习的另一任务。我们这个民族有数千年的历史，有它的特点，有它的许多珍贵品。对于这些，我们还是小学生。今天的中国是历史的中国的一个发展；我们是马克思主义的历史主义者，我们不应当割断历史。从孔夫子到孙中山，我们应当给以总结，承继这一份珍贵的遗产。"[①] 他还要求将传统文化中的"封建性的糟粕"和"民主性的精华"区别开来，取其精华，去其糟粕，以建设"民族的科学的大众的文化"。1943 年，毛泽东同志又对马克思主义中国化的"民族形式"问题作出了更为具体的阐释，明确提出把马列主义与"中国革命实践、中国历史、中

---

① 《毛泽东论党的作风和党的组织》，人民出版社 1983 年版，第 32 页。

三 "两个结合"的思想内涵

国文化"相结合①，后来，马列主义与"中国革命实践、中国历史、中国文化"相结合被合并成马列主义基本原理"同中国革命具体实践结合"并写入党章。中华人民共和国成立后，中国共产党又提出了"百花齐放、百家争鸣""古为今用，洋为中用"的文化发展方针，以繁荣发展社会主义文化。

但由于"左"倾错误，在相当长的一段时间内，"双百""双为"的文化方针并没有被贯彻好，以致发生"文化大革命"这样的灾难，在"破四旧"的过程中，传统文化遭到全盘否定，许多文化遗产遭受浩劫，文化事业遭受摧残，教训十分深刻。

党的十一届三中全会彻底否定了"文化大革命"，标志着中国进入了社会主义现代化建设的新时期，也标志着中国进入了文化建设的新阶段。邓小平同志反复强调要一手抓物质文明，一手抓精神文明，明确指出，"我们在建设具有中国特色的社会主义社会时，一定要坚持发展物质文明和精神文明"，"教育全国人民做到有理想、有道德、有文化、有纪律"。② 1992 年，党的十四大决定走邓小平同志提出的"有中国特色社会主义"的道路，这决定了中国的社会主义必然要有优秀传统文化的底色。1993 年，中共中央首次提出对青少年学生要进行中华优秀传统文化的教育。1997 年，党的十五大报告中首次提出中国特色社会主义的文化"渊源于中华民族五千年文明史，又植根于有中国特色社会主义的实践，具有鲜明的时代特点"。2002 年，党的十六大报告指出，要"发扬民族文化的优秀传统"，建设与中华

---

① 《毛泽东文集》第 3 卷，人民出版社 1996 年版，第 23 页。
② 《邓小平人口思想学习纲要》，人民出版社 1999 年版，第 31 页。

民族传统美德相承接的社会主义思想道德体系。2007年，党的十七大报告进一步强调，"中华文化是中华民族生生不息、团结奋进的不竭动力。要全面认识祖国传统文化，取其精华，去其糟粕"，"弘扬中华文化，建设中华民族共有精神家园"。

马克思在《路易·波拿巴的雾月十八日》中深刻指出，"人们自己创造自己的历史，但是他们并不是随心所欲地创造，并不是在他们自己选定的条件下创造，而是在直接碰到的、既定的、从过去承继下来的条件下创造"。[①] 可以说，不论从理论上还是实践上，中国共产党领导社会主义革命、建设和改革的各个时期，都注重中华优秀传统文化对国家建设、民族复兴的重要作用，并自觉将其与马克思主义进行结合，以此指导实践。从毛泽东同志以历史唯物主义的立场，批判吸收传统文化，带领中国人民取得了新民主主义革命的胜利，赋予了"实事求是"等传统概念新的时代内涵；到邓小平同志把《礼记》中的"小康"创造性地运用在新时期，推动了中国社会主义现代化的发展；江泽民同志提出"坚持依法治国和以德治国相结合"的治国理念；再到胡锦涛同志传承传统文化中的和谐理念，提出构建社会主义和谐社会的战略任务。中国共产党对待中华优秀传统文化的认识逐步深化，其根本立场与态度是辩证的扬弃，即"取其精华，去其糟粕"。可见，马克思主义中国化的实践历程凝练了中华优秀传统文化的精华。

---

① 《马克思恩格斯选集》第1卷，人民出版社2012年版，第669页。

三 "两个结合"的思想内涵

三 "第二个结合"的重大意义

习近平总书记指出,在五千多年中华文明深厚基础上开辟和发展中国特色社会主义,把马克思主义基本原理同中国具体实际、同中华优秀传统文化相结合是必由之路。同时,他特别强调,"第二个结合"是又一次的思想解放,让我们能够在更广阔的文化空间中,充分运用中华优秀传统文化的宝贵资源,探索面向未来的理论和制度创新。① 之所以说"第二个结合"是又一次的思想解放,根本原因在于我们对马克思主义与中华优秀传统文化相互关系的认识更加科学,更加符合中国实际和时代的要求,对中华优秀传统文化的认识、对中国特色社会主义建设和社会主义文化强国建设规律的认识更加深化了。"第二个结合"是建设中华民族现代文明的基础,为推动实现中华民族伟大复兴提供强大精神力量。

(一)"第二个结合"确立了对中华优秀传统文化、中华文明与马克思主义关系的科学认识

20世纪80年代末和90年代,随着思想解放的深入,各种外来思想涌入,中国知识界乃至社会各界对中华传统文化和西方文化的认识再次产生分歧,并进一步出现了对立的极端倾向。曲解"五四"精神,批判传统文化,再次倡导"打倒孔家店"者有之;说什么中华

---

① 《习近平在文化传承发展座谈会上强调 担负起新的文化使命 努力建设中华民族现代文明》,《人民日报》2023年6月3日。

文明是黄色文明，西方文明是蓝色文明，主张全盘西化者有之；倡导将"儒教"立为"国教"，将传统文化与马克思主义对立者有之。与此同时，作为主流意识形态的马克思主义被边缘化，在学术理论领域中"失语"、教材中"失踪"、论坛上"失声"。在社会上，历史虚无主义、文化虚无主义则甚嚣尘上，西方新自由主义思潮、感官享乐主义、极端个人主义大有市场，道德沦丧的现象时有发生。

之所以出现这些思想分歧和道德失衡问题，根本原因在于对中华传统文化没有形成科学认识，对中华文化与马克思主义、与西方文化之间的关系没有形成科学认识。

党的十八大以来，习近平总书记就中华优秀传统文化的内涵、范畴和现代价值发表了一系列重要讲话，作出了一系列重要指示批示，提出了许多新思想、新观点、新论断，将对中华优秀传统文化的重要性认识提升到新的高度，以高度的文化自信和历史自信，创造性地提出了"两个结合"理论。特别是"第二个结合"的提出，确立了对中华优秀传统文化、对中华文化与马克思主义关系的科学认识，确立了新时代中华文化主体性的根本立场、基本内涵与发展方向。

早在2014年9月24日，习近平总书记在纪念孔子诞辰2565周年国际学术研讨会暨国际儒学联合会第五届会员大会开幕会上就指出："中国共产党人是马克思主义者，坚持马克思主义的科学学说，坚持和发展中国特色社会主义，但中国共产党人不是历史虚无主义者，也不是文化虚无主义者"，"中国共产党人始终是中国优秀传统文化的忠实继承者和弘扬者"。[①] 不论在理论上还是实践中，中国共

[①] 习近平：《论党的宣传思想工作》，中央文献出版社2020年版，第83页。

三 "两个结合"的思想内涵

产党都自觉地在坚持和发展马克思主义的同时,继承和弘扬中华优秀传统文化,将融通马克思主义基本原理和中华优秀传统文化作为自身的历史使命。2022年10月28日,习近平总书记在安阳殷墟考察时指出,"中华优秀传统文化是我们党创新理论的'根',我们推进马克思主义中国化时代化的根本途径是'两个结合'"① 2023年6月30日,习近平总书记在中共中央政治局第六次集体学习时的重要讲话中指出,"马克思主义中国化时代化这个重大命题本身就决定,我们决不能抛弃马克思主义这个魂脉,决不能抛弃中华优秀传统文化这个根脉。坚守好这个魂和根,是理论创新的基础和前提。理论创新必须讲新话,但不能丢了老祖宗,数典忘祖就等于割断了魂脉和根脉,最终会犯失去魂脉和根脉的颠覆性错误"。② 马克思主义与中华优秀传统文化的关系,是"魂脉"与"根脉"的关系,是可以并行不悖同时也必须共同坚持的,这是由中国共产党的性质以及中国的发展实际决定的。不仅如此,还要在此基础上将两者有机结合,从而达到相互成就、相得益彰的目的。

处理好马克思主义与中华优秀传统文化的关系,是马克思主义中国化的必然要求。中国共产党是马克思主义性质的政党,自成立以来就将马克思主义作为自己的指导思想,马克思主义是中国共产党的灵魂和旗帜。当代中国是历史中国的延续,中华民族现代文明是五千多年中华文明的现代形式,中华文明包含着的智慧结晶和精华所在——中华优秀传统文化必然内嵌于当代中国人民和中华民族的血液和骨子

---

① 《党的二十大精神专题十二讲》,人民出版社2023年版,第78页。
② 《习近平在中共中央政治局第六次集体学习时强调 不断深化对党的理论创新的规律性认识 在新时代新征程上取得更为丰硕的理论创新成果》,《人民日报》2023年7月2日。

里。所以，要实现马克思主义的中国化，必然要解决如何处理马克思主义与中华传统文化关系的问题。

百余年中国共产党的发展历史和革命实践充分证明，马克思主义基本原理可以和中华优秀传统文化实现有机结合，这是由两者的内涵和特点决定的。2019年10月31日，习近平总书记指出："马克思主义传入中国后，科学社会主义的主张受到中国人民热烈欢迎，并最终扎根中国大地、开花结果，决不是偶然的，而是同我国传承了几千年的优秀历史文化和广大人民日用而不觉的价值观念融通的。"[1] 在文化传承发展座谈会上习近平总书记进一步指出："马克思主义和中华优秀传统文化来源不同，但彼此存在高度的契合性。相互契合才能有机结合。"[2] 从方法论的角度看，辩证思维、历史思维、战略思维都是中华传统思想的精华和突出特性，同时也是马克思主义最基本的原理理论；从价值追求的角度看，中华传统文化中的"大同""尚均""民本"等观念，也都是马克思主义的内在要求。

马克思主义基本原理与中华优秀传统文化相结合之所以可能，还在于中华文明突出的创新性与包容性。中华文明从来都不是故步自封的，而是以开放和包容的心态，在创新吸收各文明优点的基础上绵延发展。不论是汉魏时期佛教的传入及其中国化，还是隋唐时期世界各大古老文明在中国的交汇，抑或明清及近代以来的"西学东渐"，中华文明都学习借鉴、博采众长。中华文明的突出的创新性与包容性，决定了马克思主义能为中华文明所吸收，事实也是如此，马克思主义

---

[1] 《习近平谈治国理政》第3卷，外文出版社2020年版，第120页。
[2] 《习近平在文化传承发展座谈会上强调　担负起新的文化使命　努力建设中华民族现代文明》，《人民日报》2023年6月3日。

三 "两个结合"的思想内涵

在中国已经有了百余年的历史,已经成为中华文明的重要组成部分。同时,也决定了中华优秀传统文化中的思想观念、人文精神、道德规范可以与马克思主义基本原理相结合。

习近平总书记在二十届中共中央政治局第六次集体学习时深刻指出:"用马克思主义激活中华优秀传统文化中富有生命力的优秀因子并赋予新的时代内涵,将中华民族的伟大精神和丰富智慧更深层次地注入马克思主义,有效把马克思主义思想精髓同中华优秀传统文化精华贯通起来,聚变为新的理论优势,不断攀登新的思想高峰。"[①] 马克思主义一旦与中华优秀传统文化相结合,便能迸发出强大的思想伟力,同时互相成就,让马克思主义成为中国的,中华优秀传统文化成为现代的。马克思主义因为有了中华优秀传统文化的浸润,更能符合中国的历史和国情,得以春风化雨、深入人心。中华传统文化因为有了马克思主义的指导,方能取其精华、去其糟粕,从而发挥其现代价值。更重要的是,要在两者之间寻求契合点,探索面向未来的理论和制度创新,建设中国式现代化的文化形态——中华民族现代文明。

总之,"第二个结合"重要论断本质上是对"第一个结合"的丰富发展,充分肯定了中华优秀传统文化在马克思主义中国化进程中的地位与作用,廓清了百年来在这一问题上的各种模糊认识,表明中国共产党已经具备高度的文化自觉与文化自信,标志着马克思主义中国化进入了新的境界。

[①]《习近平在中共中央政治局第六次集体学习时强调 不断深化对党的理论创新的规律性认识 在新时代新征程上取得更为丰硕的理论创新成果》,《人民日报》2023年7月2日。

（二）"第二个结合"是建设中华民族现代文明的基础，为推动实现中华民族伟大复兴提供精神力量

习近平总书记提出了建设中华民族现代文明的文化使命，推动中华优秀传统文化创造性转化、创新性发展，实现中华优秀传统文化与马克思主义基本原理相结合，是建设中华民族现代文明的内在要求。习近平总书记强调："中国式现代化，深深植根于中华优秀传统文化。"[①] 中国式现代化赋予中华文明以现代力量，中华文明赋予中国式现代化以深厚底蕴。"第二个结合"为建设中华民族现代文明奠定了牢固的基础，继承和弘扬中华民族赖以生存和发展的精神和价值，让古老的东方文明再次焕发生机与活力。

文化是一个国家、一个民族的灵魂。当前中国正处于全面建成社会主义现代化强国，实现第二个百年奋斗目标，以中国式现代化全面推进中华民族伟大复兴的关键时期，面对日益激烈的国际竞争和纷繁复杂的世界局势，需要中华优秀传统文化维系民心、凝聚民力，为铸牢中华民族共同体意识、实现中华民族伟大复兴提供精神力量。习近平总书记2018年在全国宣传思想工作会议上的讲话中指出："中华优秀传统文化是中华民族的文化根脉。"[②] 他在中共中央政治局第三十九次集体学习时强调："中华优秀传统文化是中华民族的智慧结晶和精华所在，是中华民族的根和魂，是我们在世界文化激荡中站稳脚跟的根基。""中华文明源远流长、博大精深，是中华民族独特的精神标识，是当代中国文化的根基，是维系全世界华人的精神纽带，

[①] 中共中央宣传部：《习近平新时代中国特色社会主义思想学习纲要》，学习出版社、人民出版社2023年版，第204页。

[②] 习近平：《论党的宣传思想工作》，中央文献出版社2020年版，第342页。

三 "两个结合"的思想内涵

也是中国文化创新的宝藏。"① 深刻把握中华文明的起源、发展与演变,深刻理解中华优秀传统文化的内涵与特征,是我们历史自信、文化自信的来源,是实现中华民族文化复兴的精神基础。在实现中华民族伟大复兴的历史进程中,对内需要精神力量凝聚人心,对外需要增强中华民族文化标识、文化认同和文化软实力。只有深入挖掘中华优秀传统文化中蕴含的独特文化基因和精神,并将其与马克思主义基本原理相结合,在更广阔的文化空间中,充分运用中华优秀传统文化的宝贵资源,探索面向未来的理论和制度创新,才能在中国式现代化道路上构筑并不断发展中华文化的主体性,从而形成强国建设和民族复兴的强大动力。

(原载《光明日报》2023年10月23日第15版)

---

① 《习近平在中共中央政治局第三十九次集体学习时强调 把中国文明历史研究引向深入 推动增强历史自觉坚定文化自信》,《人民日报》2022年5月29日。

从"以人民为中心"看"第二个结合"

李广子[*]

2023年6月2日，习近平总书记在文化传承发展座谈会上强调，在五千多年中华文明深厚基础上开辟和发展中国特色社会主义，把马克思主义基本原理同中国具体实际、同中华优秀传统文化相结合是必由之路。"以人民为中心的发展思想"就是将马克思主义的人民立场与中国传统民本思想相结合的一个典范，实现了马克思主义基本原理同中华优秀传统文化的完美结合（即"第二个结合"）。

一 人民立场是马克思主义的根本立场

马克思主义中的"人民"概念包括无产者、小农和小资产者等，无产阶级是人民群众的核心组成部分。早在1848年，马克思和恩格斯在《共产党宣言》中便旗帜鲜明地指出："过去的一切运动都是少

---

[*] 李广子，中国社会科学院金融研究所研究员。

三 "两个结合"的思想内涵

数人的,或者为少数人谋利益的运动。无产阶级的运动是绝大多数人的,为绝大多数人谋利益的独立的运动。"① 这是马克思主义人民立场的集中体现。习近平总书记指出:"马克思主义是人民的理论,第一次创立了人民实现自身解放的思想体系。马克思主义博大精深,归根到底就是一句话,为人类求解放。在马克思之前,社会上占统治地位的理论都是为统治阶级服务的。马克思主义第一次站在人民的立场探求人类自由解放的道路,以科学的理论为最终建立一个没有压迫、没有剥削、人人平等、人人自由的理想社会指明了方向。"② 习近平总书记在党的二十大报告中进一步强调:"人民性是马克思主义的本质属性。"③

第一,历史唯物主义认为人民是历史的创造者。历史唯物主义是马克思主义哲学的重要组成部分,与剩余价值学说并称为马克思的两个伟大发现。19 世纪中叶,马克思、恩格斯创造性地把唯物主义运用到社会历史领域,创立了历史唯物主义。在 1859 年出版的《〈政治经济学批判〉序言》中,马克思系统阐述了历史唯物主义的基本观点。他认为,人们在自己生活的社会生产中发生一定的、必然的、不以他们的意志为转移的关系,即同他们的物质生产力的一定发展阶段相适应的生产关系。这些生产关系的总和构成社会的经济结构,即有法律的和政治的上层建筑树立其上并有一定的社会意识形态与之相适应的现实基础。物质生活的生产方式制约着整个社会生活、政治生

---

① 《马克思恩格斯文集》第 2 卷,人民出版社 2009 年版,第 42 页。
② 习近平:《在纪念马克思诞辰 200 周年大会上的讲话》,《人民日报》2018 年 5 月 5 日。
③ 习近平:《高举中国特色社会主义伟大旗帜 为全面建设社会主义现代化国家而团结奋斗——在中国共产党第二十次全国代表大会上的报告》,《求是》2022 年第 11 期。

活和精神生活的过程；社会存在决定社会意识，社会意识又可以塑造与改变社会存在；生产力和生产关系之间的矛盾、经济基础与上层建筑之间的矛盾，是研究社会发展的出发点。历史唯物主义认为源于社会物质生活资料生产方式之上的实践活动是推进社会进步和发展的根本动力，在此基础上从实践活动中形成的一切社会关系中去理解现实的人。历史唯物主义认为，人是自然界长期发展演化的产物，作为实践主体的人进行着改造客观世界和主观世界的实践活动，进行着变革现实的活动。因此，人民是历史的创造者，是历史活动的主体，群众是真正的英雄。创造历史的人不是抽象的人，而是现实的、活生生的人；不是英雄人物，而是人民群众。在人类历史上，历史唯物主义首次正确评价了人民群众在社会历史发展中的创造主体地位，凸显了马克思主义鲜明的人民立场。正如毛泽东同志所说："人民，只有人民，才是创造世界历史的动力。"[①]

第二，剩余价值学说对资本主义制度的批判贯穿了人民立场。马克思立足于所处的时代背景，站在无产阶级工人即人民群众的立场，描述了资本主义生产关系建立的过程。马克思在劳动价值论的基础上提出了剩余价值学说，科学地论证了剩余价值的来源、本质及其运动规律，深刻地揭示了资本家榨取工人剩余价值的秘密，揭露了资本主义制度的罪恶。剩余价值学说是马克思政治经济学理论的核心，是从理论层面对资本主义制度最深刻的批判，而人民立场贯穿于剩余价值学说的全部内容。马克思指出，工人阶级日益异化的劳动，资本主义生产关系的持续发展，造成了消灭资本主义制度的主观条件和客

[①] 《毛泽东选集》第3卷，人民出版社1991年版，第1031页。

三 "两个结合"的思想内涵

观条件。剩余价值学说为资本主义必然灭亡、社会主义必然胜利这"两个必然"奠定了基础。

第三,马克思主义以实现人的全面解放与自由发展为最终目标。马克思主义的最终目标是实现人的全面解放与自由发展,体现了马克思主义对人的终极关怀和人民立场。马克思认为,衡量人类进步的标准是人类个体的自由而全面的发展。马克思关于人的自由全面发展思想集中体现在《1844年经济学哲学手稿》《德意志意识形态》《共产党宣言》《资本论》等著作之中。马克思认为,人既是自然存在物,也是社会存在物。他把人的存在状态分为以下两种:异化的存在和自由全面发展的存在。其中,异化是人的一种生存状态,是受谋生劳动的控制、驾驭的状态,根源于生产力发展的一定水平及与此水平相适应的分工、私有制。在私有制条件下,人的劳动只能是一种"异化劳动",而人也只能是片面而不是"一个完整的人",无法"占有自己的全面的本质"。因此,要实现人的自由全面发展,就要废除私有制和资本主义制度,把人的劳动还之于"自由自觉的活动"这一本质。在生产力高度发达、彻底消灭分工和私有制的共产主义社会,人可以实现自由全面发展。马克思、恩格斯在《共产党宣言》中指出:"代替那存在着阶级和阶级对立的资产阶级旧社会的,将是这样一个联合体,在那里,每个人的自由发展是一切人的自由发展的条件。"①

---

① 《马克思恩格斯文集》第2卷,人民出版社2009年版,第53页。

二 中国传统民本思想发展脉络及其局限性

习近平总书记指出,中华文明具有突出的连续性。中国传统民本思想渊源深远,从先秦时期开始萌芽,历经几千年的发展,不断被阐发和创新,为"以人民为中心的发展思想"提供了思想源泉。

一般认为,中国传统的民本思想萌芽于先秦时期。在这一时期,部分先进的思想家从王朝和政权的更迭中看到了民众的强大力量,开始强调民众的重要性。其中,代表性的论述包括"皇祖有训:民可近,不可下。民惟邦本,本固邦宁"[①],"施实德于民"[②]等。一些政治家在治国理政中也强调关注民众的利益。西周周公提出"敬德保民,以德配天"思想,劝诫国君要做到"怀抱小民""用康保民"。

春秋战国时期,诸子百家从诸侯战争和动荡中看到政治兴亡的根本在于民心向背,纷纷提出重民、保民、利民、恤民等主张,对君民关系的认识更加深入,论述更加丰富,标志着民本思想的形成与成熟,其中儒家最具代表性。孔子深刻地论述了民与君的关系,认为:"民以君为心,君以民为体。心庄则体舒,心肃则容敬。心好之,身必安之;君好之,民必欲之。心以体全,亦以体伤;君以民存,亦以民亡。"[③] 孟子也看到了"民心"在政治兴亡中的重要性,提出"民

---

① (汉)孔安国传,(唐)孔颖达疏:《尚书正义》卷七《五子之歌》,载(清)阮元校刻《十三经注疏》第1册,中华书局2009年版,第330页。

② (汉)孔安国传,(唐)孔颖达疏:《尚书正义》卷九《盘庚》,载(清)阮元校刻《十三经注疏》第1册,中华书局2009年版,第358页。

③ (清)孙希旦撰,沈啸寰、王星贤点校:《礼记集解》中册卷五二《缁衣》,中华书局1989年版,第1329页。

三 "两个结合"的思想内涵

为贵,社稷次之,君为轻"①,"桀纣之失天下也,失其民也;失其民者,失其心也。得天下有道:得其民,斯得天下矣"②。荀子从多方面论证了君与民之间的关系,提出"水则载舟,水则覆舟"③,"天之生民,非为君也。天之立君,以为民也"④,将"民"提升到前所未有的高度。此外,荀子还提出了富国富民的思想,强调了民富对于国富的重要性,认为"下贫则上贫,下富则上富"⑤。除儒家以外,道家也注意到了民众在国家中的重要性。庄子提出"恃于民而不轻,因于物而不去"⑥。

汉唐时期民本思想逐步被融入正统意识形态。其中有代表性的包括:贾谊强调民是政治之本,对待民众不可简单粗暴,不可欺辱蒙骗,认为"故夫民者,至贱而不可简也,至愚而不可欺也。故自古至于今,与民为仇者,有迟有速,而民必胜之"⑦;要求官吏要关注民生,"闻之于政也,民无不为本也。国以为本,君以为本,吏以为本。故国以民为安危,君以民为威侮,吏以民为贵贱。此之谓民无不为本也"⑧。但他同时强调,民本非民以为本,而是需要借助于国、

---

① (宋)朱熹:《孟子集注》卷一四《尽心章句下》,《四书章句集注》,中华书局1983年版,第367页。
② 《孟子集注》卷七《离娄章句上》,《四书章句集注》,中华书局1983年版,第280页。
③ 梁启雄:《荀子简释·王制》,中华书局1983年版,第102页。
④ 梁启雄:《荀子简释·大略》,中华书局1983年版,第376页。
⑤ 梁启雄:《荀子简释·富国》,中华书局1983年版,第133页。
⑥ (清)王先谦撰,沈啸寰点校:《庄子集解》卷三《在宥》,中华书局1987年版,第98页。
⑦ (汉)贾谊撰,阎振益、锺夏校注:《新书校注》卷九《大政上》,中华书局2000年版,第339页。
⑧ (汉)贾谊撰,阎振益、锺夏校注:《新书校注》卷九《大政上》,中华书局2000年版,第338页。

君、吏方可实现。董仲舒也论述了民与君的关系，认为"民者，君之心也；民者，君之体也"①。在汉唐时期的政治家中，唐太宗是将民本思想运用于治国实践的典范。他吸取了隋朝失民亡国的教训，形成"君依于国，国依于民"的重民思想，强调"朕每日坐朝，欲出一言，即思此言于百姓有利益否，所以不敢多言"②，提出"为君之道，必须先存百姓。若损百姓以奉其身，犹割胫以啖腹，腹饱而身毙"③。

宋代以来，传统民本思想进一步发展并开始出现一定的民主因素。张载认为"民吾同胞，物吾与也"④，提倡"为天地立志，为生民立道，为去圣继绝学，为万世开太平"⑤，充分体现了儒家思想的家国情怀。同一时期的司马光认为国家必须以民为本，把国家与百姓的关系形象地比喻为"苗"和"田"的关系，提出"民者田也，国者苗也"⑥。宋代的程颐提出"为政之道，以顺民心为本，以厚民生为本，以安而不扰为本"⑦。需要说明的是，由于专制皇权的腐败和衰落，这一时期的汉族政权无法抵御北方少数民族的入侵，导致了政

---

① （汉）董仲舒撰，朱方舟整理，朱维铮审阅：《春秋繁露》卷一一《为人者天》，上海书店出版社2012年版，第164页。

② （唐）吴兢撰，谢保成集校：《贞观政要集校》卷六《慎言语》，中华书局2009年版，第335页。

③ （唐）吴兢撰，谢保成集校：《贞观政要集校》卷一《君道》，中华书局2009年版，第11页。

④ （宋）张载著，章锡琛点校：《张载集·正蒙》，中华书局1978年版，第62页。

⑤ （宋）张载著，章锡琛点校：《张载集·张子语录》，中华书局1978年版，第320页。

⑥ （宋）司马光《才德论》，曾枣庄、刘琳主编：《全宋文》卷一二二八，上海辞书出版社、安徽教育出版社2006年版，第56册，第142页。

⑦ （宋）程颢、程颐著，王孝鱼点校：《二程集》文集卷五《伊川先生文一·上书》，中华书局2004年版，第531页。

三 "两个结合"的思想内涵

权的灭亡。受此影响,一大批思想家开始反思君主专制的弊端,对封建皇权专制进行批判,试图摆脱传统民本思想中君为体、民为用的思维定式,将民众置于国家社稷的主体地位,民本思想中开始出现了民主因素。其中,黄宗羲提出,"天下之治乱,不在一姓之兴亡,而在万民之忧乐"[1],主张"天下为主,君为客"[2],对君主专制制度进行了批判。顾炎武更进一步提出要以分权来限制君主专制:"是以言莅事,而事权不在于郡县;言兴利,而利权不在于郡县;言治兵,而兵权不在于郡县,尚何以复论其国富裕民之道也哉?"[3] 王夫之对"公"与"私"进行了区分,提出"一姓之兴亡,私也,而生民之生死,公也"[4],"人无易天地、易父母,而有可易之君"[5]。

总体上看,中国传统民本思想发源于封建专制主义时代,受当时的生产力发展和社会结构的制约,不可避免地具有局限性,存在着内在的矛盾性。首先,传统民本思想主张以民为本,但民众权益的扩大必然会与专制皇权的利益产生冲突;其次,由于没有找到合适的民主方式,传统民本思想很难在实践中得到落实,在这种情况下,民众权益的实现只能借助于专制君主和皇权的权势来推行。

---

[1] 赵轶峰注说:《明夷待访录·原臣》,河南大学出版社2016年版,第129页。
[2] 赵轶峰注说:《明夷待访录·原君》,河南大学出版社2016年版,第124页。
[3] (明)顾炎武著,陈垣校注:《日知录》卷九《守令》上册,安徽大学出版社2020年版,第527页。
[4] (明)王夫之撰,舒士彦点校:《读通鉴论》卷一七《敬帝三》中册,中华书局1975年版,第515页。
[5] (明)王夫之著,王孝鱼点校:《尚书引义》卷四《泰誓上》,中华书局1962年版,第76页。

三　马克思主义人民立场与中国传统民本思想的结合

习近平总书记在党的二十大报告中把"坚持以人民为中心的发展思想"作为前进道路上必须牢牢把握的一项重大原则。强调要维护人民根本利益，增进民生福祉，不断实现发展为了人民、发展依靠人民、发展成果由人民共享，让现代化建设成果更多更公平惠及全体人民。这一思想将马克思主义的人民立场与中国传统民本思想相结合，运用马克思主义的立场、观点、方法对中国传统民本思想进行改造，在传承传统民本思想中的重民、爱民、顺民、养民、富民等积极思想的同时，克服了传统民本思想的局限性，实现了对中国传统民本思想的继承和超越，体现了中华文明所具有的连续性、创新性和包容性。

一是在对"民"的认知上实现超越。传统民本思想一般把"民"作为"子民"，是与"君""官"相对应的一种阶级概念。其中，"君""官"是统治阶级，"民"是被统治阶级。在这种情况下，虽然传统民本思想强调"君轻民贵"，但其出发点是维护君主专制统治，将重民、爱民、顺民、养民、富民等作为一种维护统治的手段，而不是为了民的利益。与之相比，"以人民为中心的发展思想"将历史唯物主义融入中国传统民本思想，彻底摒弃了"子民"的概念，将"人民"作为历史的创造者，把实现人民群众的利益作为目的而不是手段，实现了对"民"认知的超越。此时，"人民"是与"国家""社会"相对应的一种群体概念，两者只有分工不同，而没有阶级上的差异。

三 "两个结合"的思想内涵

二是在"民"的地位上实现超越。传统民本思想以君为主体，以民为客体。君是统治者，民是被统治者。统治者居于高高在上的地位，自上而下地"为民做主"，而民始终处于一种消极被动的下等地位。"以人民为中心的发展思想"将人民作为历史的创造者，人民群众在社会实践中始终处于主体地位。人民群众的社会实践是最普遍、最持久、最客观的基本实践，人民主体地位体现在社会的各个领域、社会生活的各个方面、社会历史的各个维度之中，体现为自下而上地"由民做主"。

三是在社会发展理念上的超越。传统民本思想归根到底是为阶级政治服务，成为统治集团安顿民心、维护既有统治秩序的工具。其核心是"统治"，是为了更有效地统治人民，维护专制皇权。与之相比，"以人民为中心的发展思想"建立在马克思主义基础上，认为全部社会生活本质上是人民的生活，发展的最终目标是实现人的全面解放与自由发展。因此，"以人民为中心的发展思想"的核心是"发展"，强调发展为了人民、发展依靠人民、发展成果由人民共享。

（原载《文学遗产》2023年第5期）

"第二个结合"与世界百年未有之大变局

龚 云[*]

时代是思想之母。恩格斯指出，每一个时代的理论思维"都是一种历史的产物，它在不同的时代具有完全不同的形式，同时具有完全不同的内容"。[①] 当今世界处于百年未有之大变局，人类文明存亡是必须面对的现实课题。马克思主义基本原理同中华优秀传统文化相结合，即"第二个结合"原则的提出和实践，是世界发展的历史必然和中华民族伟大复兴的时代要求，深刻影响着百年未有之大变局的演进。

一 "第二个结合"是中华民族伟大复兴的时代要求

中华民族伟大复兴，本质上是中华文明的复兴，是推动世界百年

---

[*] 龚云，中国社会科学院习近平新时代中国特色社会主义思想研究中心研究员，金融研究所党委书记、副所长。

[①] 《马克思恩格斯文集》第9卷，人民出版社2009年版，第436页。

三 "两个结合"的思想内涵

未有之大变局的主要变量。对传统文化的继承和超越，对西方文化的吸收和转化，是创造中华民族现代文明的重要途径。马克思主义基本原理同中华优秀传统文化相结合，是新时代实现中华民族伟大复兴的内在要求。

中华民族具有百万年的人类史、一万年的文化史、五千多年的文明史，中华文明是世界古代文明中唯一没有中断而延续至今的。在有史籍记载的多数时间里，中华民族在经济、科学、文化、艺术等诸多领域都走在世界前列，为人类文明进步作出过巨大贡献。习近平总书记在文化传承发展座谈会上指出，"中华优秀传统文化有很多重要元素……共同塑造出中华文明的突出特性"[①]。中华文明具有突出的连续性，从根本上决定了中华民族必然走自己的路；中华文明具有突出的创新性，从根本上决定了中华民族守正不守旧、尊古不复古的进取精神，决定了中华民族不惧新挑战、勇于接受新事物的无畏品格；中华文明具有突出的统一性，从根本上决定了中华民族各民族文化融为一体、即使遭遇重大挫折也牢固凝聚，决定了国土不可分、国家不可乱、民族不可散、文明不可断的共同信念，决定了国家统一永远是中国核心利益的核心，决定了一个坚强统一的国家是各族人民的命运所系；中华文明具有突出的包容性，从根本上决定了中华民族交往交流交融的历史取向，决定了中国各宗教信仰多元并存的和谐格局，决定了中华文化对世界文明兼收并蓄的开放胸怀；中华文明具有突出的和平性，从根本上决定了中国始终是世界和平的建设者、全球发展的贡献者、国际秩序的维护者，决定了中国不断追求文明交流互鉴而不搞

[①] 习近平：《在文化传承发展座谈会上的讲话》，《求是》2023年第17期。

文化霸权，决定了中国不会把自己的价值观念与政治体制强加于人，决定了中国坚持合作、不搞对抗，决不搞"党同伐异"的小圈子。

中华文明曾长期领先于世界。鸦片战争以后，在西方文明的冲击下，中华民族陷入落后挨打的境地，"创造了灿烂文明的中华民族遭遇到文明难以赓续的深重危机"[①]，致使文明蒙尘。中国迫切需要新的思想武器对自身加以改造，从而实现淬炼重生。而在人类思想史上，没有一种理论像马克思主义那样对人类文明进步产生了如此广泛、深刻的影响。"马克思主义和中华优秀传统文化来源不同，但彼此存在高度的契合性。"[②] 因而，马克思主义进入中国，为传承、发展中华优秀传统文化提供了思想武器，"引发了中华文明深刻变革"[③]，以真理力量激活了中华文明。中国共产党运用马克思主义，使古老的中华文明实现与时俱进，焕发出新的青春活力，放射出更加灿烂的光芒。"马克思主义把先进的思想理论带到中国，以真理之光激活了中华文明的基因，引领中国走进现代世界，推动了中华文明的生命更新和现代转型。从民本到民主，从九州共贯到中华民族共同体，从万物并育到人与自然和谐共生，从富民厚生到共同富裕，中华文明别开生面，实现了从传统到现代的跨越，发展出中华文明的现代形态。"[④]

每个国家和民族的历史传统、文化积淀、基本情况不同，其发展道路必然有着自己的特色。中华文明积淀着中华民族最深沉的精神追

[①]《中共中央关于党的百年奋斗重大成就和历史经验的决议》，人民出版社2021年版，第62页。
[②] 习近平：《在文化传承发展座谈会上的讲话》，《求是》2023年第17期。
[③]《习近平关于社会主义文化建设论述摘编》，中央文献出版社2017年版，第74页。
[④] 习近平：《在文化传承发展座谈会上的讲话》，《求是》2023年第17期。

三 "两个结合"的思想内涵

求,是中华民族生生不息、发展壮大的丰厚滋养。中国共产党在推进中华民族伟大复兴进程中,把马克思主义基本原理同中国具体实际相结合、同中华优秀传统文化相结合,在中华人民共和国成立特别是改革开放以来长期探索和实践基础上,经过党的十八大以来在理论和实践上的创新突破,成功推进和拓展了中国式现代化,以自强不息的决心和意志,筚路蓝缕,跋山涉水,走过了不同于世界其他文明体的发展历程。西方国家用两三百年的工业化进程创造了资本主义文明,中国用几十年的社会主义现代化建设创造了社会主义文明。习近平总书记指出:"我们坚持和发展中国特色社会主义,推动物质文明、政治文明、精神文明、社会文明、生态文明协调发展,创造了中国式现代化新道路,创造了人类文明新形态。"①

文化是一个国家、一个民族的灵魂。历史和现实都表明,一个抛弃或者背叛自己历史文化的民族,不仅不可能发展起来,而且很可能上演一幕幕历史悲剧。如果不从源远流长的历史连续性来认识中国,就不可能理解古代中国,也不可能理解现代中国,更不可能理解未来中国。优秀传统文化是一个国家、一个民族传承和发展的根本,如果丢掉了,就割断了精神命脉。只有全面深入了解中华文明的历史,才能更有效地推动中华优秀传统文化创造性转化、创新性发展,更有力地推进中国特色社会主义建设、推进中华民族伟大复兴。习近平总书记指出:"文化自信,是更基础、更广泛、更深厚的自信,是更基本、更深沉、更持久的力量。坚定文化自信,是事关国运兴衰、事关

---

① 《习近平谈治国理政》第4卷,外文出版社2022年版,第10页。

文化安全、事关民族精神独立性的大问题。"① 新时代十年，以习近平同志为核心的党中央在治国理政实践中，把文化建设摆在更加突出的重要位置，文化传承发展呈现出新气象、开创了新局面，社会主义文化强国建设迈出坚实步伐，深化了对文化建设的规律性认识，提出了一系列新思想新观点新论断，如提出坚定文化自信，并将其纳入中国特色社会主义"四个自信"；提出"两个结合"特别是"第二个结合"的重大论断；创立了习近平文化思想，使中国共产党对中华文明的认识更全面更深刻，"把马克思主义思想精髓同中华优秀传统文化精华贯通起来、同人民群众日用而不觉的共同价值观念融通起来"，② 让中华民族能够在更广阔的文化空间中，充分运用中华优秀传统文化的宝贵资源，探索面向未来的理论和制度创新，有力推动了马克思主义基本原理同中华优秀传统文化相结合的壮丽实践，有力支撑了中华民族伟大复兴进入不可逆转的历史进程。习近平文化思想，是习近平总书记立足于世界百年未有之大变局，把马克思主义文化理论同新时代中国具体实际、同中华优秀传统文化相结合的产物，是新时代中国共产党领导文化建设实践经验的理论总结，充分反映了习近平总书记关于文化建设理论成果的体系化学理化，丰富和发展了马克思主义文化理论，构成了习近平新时代中国特色社会主义思想的文化篇，标志着中国共产党对中国特色社会主义文化建设规律的认识达到新高度，表明中国共产党的历史自信、文化自信达到新高度，在中国共产党的宣传思想文化事业发展史上具有里程碑意义。

---

① 《习近平谈治国理政》第 2 卷，外文出版社 2017 年版，第 349 页。
② 《习近平著作选读》第 1 卷，人民出版社 2023 年版，第 15 页。

二 "第二个结合"是世界百年未有之大变局的历史必然

"第二个结合"的提出,具有宏阔的时代背景,是世界百年未有之大变局的历史必然。近代以来,人类历史从分散走向整体,向世界历史演变。马克思、恩格斯指出:"各个相互影响的活动范围在这个发展进程中越是扩大,各民族的原始封闭状态由于日益完善的生产方式、交往以及因交往而自然形成的不同民族之间的分工消灭得越是彻底,历史也就越是成为世界历史。"[①] 2017 年年末,习近平总书记指出:"放眼世界,我们面对的是百年未有之大变局。新世纪以来一大批新兴市场国家和发展中国家快速发展,世界多极化加速发展,国际格局日趋均衡,国际潮流大势不可逆转。"[②] 世界百年未有之大变局本质上是资本主义文明面临变局,呼唤马克思主义基本原理同各国优秀传统文化相结合,以发展马克思主义文明观,指导创造人类新文明。

新科技革命和全球产业变革兴起,推动人类文明格局发生深刻变化。科技兴则民族兴,科技强则国家强。科学是一种在人类文明历史上起推动作用的、革命的力量。自古以来,科学技术就以一种不可逆转、不可抗拒的力量推动人类文明向前发展。恩格斯 1853 年即指出,"在这个时代,蒸汽和风力、电力和印刷机、大炮和金矿的开发合在

[①] 《马克思恩格斯选集》第 1 卷,人民出版社 1995 年版,第 168 页。
[②] 中共中央党史和文献研究院编:《习近平关于中国特色大国外交论述摘编》,中央文献出版社 2020 年版,第 74 页。

一起在一年当中引起的变化和革命要多过以往整整一个世纪"①。16世纪以来,世界发生了多次科技革命,每一次都深刻影响了人类文明走向。"从某种意义上说,科技实力决定着世界政治经济力量对比的变化,也决定着各国各民族的前途命运。"② 当前,新一轮科技革命突飞猛进,科技创新广度显著加大、速度显著加快、精度显著加强,新技术突破带动产业加速变革,对世界经济结构和竞争格局产生重大影响。科技创新成为国际战略博弈主要战场,成为推动人类文明发展的强大动力,围绕科技制高点的竞争空前激烈。新科技革命和产业变革,正推动世界经历文艺复兴以来人类没有经历过的最伟大的、进步的变革,推动国际格局和国际体系发生深刻调整,推动新兴市场国家和发展中国家群体性崛起,推动人类文明中心向东方转移。

资本主义文明陷入困境,是世界百年未有之大变局的重要特征。资本主义在人类历史上发挥过重要作用,近代以来长期占据人类文明的主导地位。近代以来的世界历史,一定意义上讲就是资本主义文明向全球扩张的历史。《共产党宣言》指出:"资产阶级,由于一切生产工具的迅速改进,由于交通的极其便利,把一切民族甚至最野蛮的民族都卷到文明中来了。它的商品的低廉价格,是它用来摧毁一切万里长城、征服野蛮人最顽强的仇外心理的重炮。它迫使一切民族——如果它们不想灭亡的话——采用资产阶级的生产方式;它迫使它们在自己那里推行所谓的文明,即变成资产者。一句话,它按照自己的面貌为自己创造出一个世界。"③ 东欧剧变以后,一些人认为人类文明

---

① 《马克思恩格斯全集》第12卷,人民出版社1998年版,第40页。
② 习近平:《论科技自立自强》,中央文献出版社2023年版,第76页。
③ 《马克思恩格斯选集》第1卷,人民出版社1995年版,第404页。

三 "两个结合"的思想内涵

将终结于资本主义文明。然而进入 21 世纪,资本主义生产方式的内在矛盾加剧,国际金融危机、地缘政治矛盾纷至沓来,资本主义文明陷入前所未有的危机,深刻暴露了资本主义文明非人的本性。"为什么人的问题,是一个根本的问题,原则的问题。"① 虽然西方资本主义社会是现代文明的发起者,但受资本逻辑的束缚性规定和生产资料资产阶级私有制的影响,资本主义文明并没有真正发扬人的主体性和自觉性,而是奉行资本是"一种普照的光""一种特殊的以太"的观点,② 认为其具有支配一切的绝对权力,颠倒了人与物的关系,使人沦为物的手段,社会关系的物化随处可见。正如马克思所描述的,"这是一个着了魔的、颠倒的、倒立着的世界",③ 人的"自主活动表现为替他人活动和表现为他人的活动,生命的活跃表现为生命的牺牲,对象的生产表现为对象的丧失"。④ 文明多姿多彩、发展道路多元多样,才是世界应有的样子,人类历史不会终结于一种文明、一种制度。

建设人类新文明,是世界百年未有之大变局的发展要求。文明是历史的沉淀,是人类社会发展所积累的物质文明和精神文明的总和。现代化是人类文明从传统农业文明向现代工业文明转型的过程。当今世界,人类文明无论在物质还是精神层面都取得巨大进步,特别是物质的极大丰富,是古代世界完全不能想象的。同时,当代人类也面临许多突出难题,例如,贫富差距持续扩大、物欲追求奢华无度、个人

---

① 《毛泽东选集》第 3 卷,人民出版社 1991 年版,第 857 页。
② 《马克思恩格斯文集》第 8 卷,人民出版社 1961 年版,第 31 页。
③ 《马克思恩格斯文集》第 7 卷,人民出版社 1959 年版,第 940 页。
④ 《马克思恩格斯选集》第 1 卷,人民出版社 1995 年版,第 62 页。

主义恶性膨胀、社会诚信不断消减、伦理道德每况愈下、人与自然关系日趋紧张等。要解决这些难题，不仅需要运用人类今天的智慧和力量，而且需要运用人类历史上积累的智慧和力量。一方面，中华五千多年文明为建设人类新文明提供了重要借鉴。英国历史学家汤因比认为，在未来的岁月，中国能以自己的文明为核心，通过强行军在科技领域赶上西方，完全可能创建出一种不同于西方的新型现代文明，从而成为使世界走向大同的地理和文化的主轴。① 2014 年，习近平总书记指出，"世界上一些有识之士认为，包括儒家思想在内的中国优秀传统文化中蕴藏着解决当代人类面临的难题的重要启示"；"中国优秀传统文化的丰富哲学思想、人文精神、教化思想、道德理念等，可以为人们认识和改造世界提供有益启迪，可以为治国理政提供有益启示，也可以为道德建设提供有益启发"。② 社会主义为建构人类新文明奠定了基础。科学社会主义自诞生以来，经过近 180 年的发展，已经积淀为一种文明，成为人类文明的重要组成部分。日本共产党理论家不破哲三认为："关于对社会的这些认识，在马克思提出上述观点的那个时代，它具有着颠覆社会主流意识的划时代意义。而在 160 年后的今天，可以说它已经成了一种社会常识，成了一种理所当然的观点。"③ 中国共产党在革命、建设、改革的基础上，经过党的十八大以来在理论和实践上的创新突破，探索出中国式现代化，创造了人类文明新形态，使社会主义在人类文明史上焕发新的神采，为建构人类

---

① 参见郝侠君等主编《中西 500 年比较（修订本）》，中国工人出版社 1996 年版，第 875 页。
② 习近平：《在纪念孔子诞辰 2565 周年国际学术研讨会暨国际儒学联合会第五届会员大会开幕会上的讲话》，《人民日报》2014 年 9 月 25 日。
③ ［日］不破哲三：《马克思还活着》，有邻译，中共中央党校出版社 2017 年版，第 30 页。

三 "两个结合"的思想内涵

新文明奠定了重要基础。

发展21世纪马克思主义，是世界百年未有之大变局的现实呼唤。2017年9月29日，习近平总书记在主持十八届中共中央政治局第四十三次集体学习时指出："尽管我们所处的时代同马克思所处的时代相比发生了巨大而深刻的变化，但从世界社会主义500年的大视野来看，我们依然处在马克思主义所指明的历史时代。"[①] 这一重要论断再次证明马克思、恩格斯关于资本主义社会基本矛盾的分析没有过时，关于资本主义必然消亡、社会主义必然胜利的历史唯物主义观点没有过时。霍布斯鲍姆在2008年世界金融危机爆发后指出："当全球资本主义正在经历自20世纪30年代初以来最严重的动荡和危机时，马克思不可能退出公众的视野。"只有民族的才是世界的，只有引领时代才能走向世界。百年未有之大变局推动21世纪呈现与19世纪、20世纪不同的时代特点，决定了"21世纪的马克思几乎必然不同于20世纪的马克思"。[②] 马克思主义发展史表明，21世纪马克思主义不仅要时代化，立足时代特点，观察时代、解读时代、引领时代，真正搞懂面临的时代课题，深刻把握世界历史的脉络和走向，更好指导人类文明发展，而且需要同各国优秀传统文化相结合，植根各国、各民族历史文化沃土，赋予21世纪马克思主义鲜明的民族特色，才能不断夯实马克思主义本土化时代化的历史基础和群众基础，让马克思主义在各国牢牢扎根。

[①] 《习近平谈治国理政》第2卷，外文出版社2017年版，第66页。
[②] [英]埃里克·霍布斯鲍姆：《如何改变世界：马克思和马克思主义的传奇》，吕增奎译，中央编译出版社2014年版，第5—6页。

三 "第二个结合"深刻影响世界百年未有之大变局

"第二个结合"的提出和实践,实现了马克思主义中国化时代化新飞跃,回答了中国之问、世界之问、人民之问、时代之问,具有深远的世界历史影响。

"第二个结合"发展了马克思主义,为准确把握世界百年未有之大变局提供了理论指导。"第二个结合"的提出和实践,在马克思主义发展史上具有重大创新意义,开启了广阔的理论和实践空间。

从理论上讲,"第二个结合"拓宽了世界马克思主义的发展途径,丰富了马克思主义基本原理。马克思主义诞生后,各国在运用过程中一定程度上强调马克思主义基本原理同各国实践相结合,但缺乏把马克思主义基本原理同各国优秀传统文化相结合的理论自觉。马克思主义基本原理只有深植于各国的文化土壤中,才能夯实历史基础和群众基础,真正实现马克思主义大众化。从中国马克思主义发展史来看,马克思主义需要用中国文化来充实。马克思主义诞生时,由于历史的限制,对中国文化关注不够。作为拥有五千多年历史、唯一没有中断的中华文明,"将中华民族的伟大精神和丰富智慧更深层次地注入马克思主义",[①] 可以极大地丰富发展马克思主义,夯实马克思主义的文化支撑。党的十八大以后,以习近平同志为核心的党

---

① 《习近平在中共中央政治局第六次集体学习时强调 不断深化对党的理论创新的规律性认识 在新时代新征程上取得更为丰硕的理论创新成果》,《人民日报》2023 年 7 月 2 日。

三 "两个结合"的思想内涵

中央更加自觉实现"第二个结合",在总结中国共产党百年来探索马克思主义基本原理同中华优秀传统文化相结合的经验基础上,把"第二个结合"从实践上升为理论,作为推动马克思主义中国化时代化的根本途径之一。党的二十大报告深刻阐释了为什么要坚持"第二个结合"、怎样坚持"第二个结合"。"第二个结合"的提出,具有超出一国范围的普遍真理性,发展了马克思主义基本原理。毛泽东同志在《矛盾论》中指出,"普遍性即存在于特殊性之中","无个性即无共性"。[①]"第二个结合"不仅揭示了马克思主义中国化时代化的特殊规律,也揭示了世界马克思主义发展的普遍规律,即马克思主义基本原理同各国优秀传统文化相结合。这是对世界马克思主义发展的重大贡献。

从实践上讲,"第二个结合"把世界马克思主义发展到21世纪马克思主义阶段,即习近平新时代中国特色社会主义思想阶段。百年以来,中国共产党领导中国人民取得伟大胜利,使具有五千多年文明史的中华民族全面迈向现代化,让中华文明在现代化进程中焕发出新的蓬勃生机;使具有五百多年历史的社会主义主张在世界上人口最多的国家成功开辟出具有高度现实性和可行性的正确道路,让科学社会主义在21世纪焕发出新的蓬勃生机。中国式现代化的推进和拓展是由中国历史传承和文化传统决定的,深深植根于中华优秀传统文化。中国共产党人深切认识到:"'第二个结合'让我们掌握了思想和文化主动,并有力地作用于道路、理论和制度。""'第二个结合'让马克思主义成为中国的,中华优秀传统文化成为现代的,让经由'结

[①] 《毛泽东选集》第1卷,人民出版社1991年版,第318、320页。

合'而形成的新文化成为中国式现代化的文化形态。"① "第二个结合"让中华优秀传统文化充实了马克思主义的文化生命,推动马克思主义不断实现中国化时代化新飞跃,显示出日益鲜明的中国风格与中国气派。习近平新时代中国特色社会主义思想作为当代中国马克思主义、21世纪马克思主义以及中华文化和中国精神的时代精华,通过把马克思主义基本原理同中国具体实际相结合、同中华优秀传统文化相结合,有力彰显了中华文化的主体性,显示了马克思主义的强大生命力,扩大了马克思主义在世界的影响力,为准确把握世界百年未有之大变局提供了科学的理论指导。

"第二个结合"推动了世界社会主义发展,为应对百年未有之大变局注入强大力量。"中国特色社会主义道路是在马克思主义指导下走出来的,也是从五千多年中华文明史中走出来的;'第二个结合'让中国特色社会主义道路有了更加宏阔深远的历史纵深,拓展了中国特色社会主义道路的文化根基。"② 中国特色社会主义之所以能够生机勃勃、充满活力,关键就在于中国特色,在于"两个结合"。在五千多年中华文明深厚基础上开辟和发展中国特色社会主义,把马克思主义基本原理同中国具体实际、同中华优秀传统文化相结合是必由之路。这是中国共产党在探索中国特色社会主义道路中得出的规律性认识。如果没有中华五千年文明,哪里有什么中国特色?如果不是中国特色,哪有今天这么成功的中国特色社会主义道路?正是因为立足波澜壮阔的中华五千多年文明史,中国特色社会主义才具有历史必然、

---

① 习近平:《在文化传承发展座谈会上的讲话》,《求是》2023年第17期。
② 习近平:《在文化传承发展座谈会上的讲话》,《求是》2023年第17期。

三 "两个结合"的思想内涵

文化内涵与独特优势。历史正反两方面的经验表明,"两个结合"是中国共产党取得成功的最大法宝。党的十八大以来,中国特色社会主义取得举世瞩目的伟大成就,开创了中国特色社会主义新时代,开辟了世界现代化史上全新的社会主义现代化道路,创造了崭新的人类文明形态。中国特色社会主义道路越走越宽广,使科学社会主义在21世纪的中国焕发新的生机与活力,使世界上正视和相信马克思主义、社会主义的人多了起来,使世界范围内两种意识形态、两种制度的历史演进及其较量发生了有利于马克思主义、社会主义的重大转变,推动世界社会主义逐步走出低谷,迎来了世界社会主义的光明前景。有外国政党评价:习近平新时代中国特色社会主义思想是21世纪社会主义"最杰出"的代表,使中国步入了"人类自我解放"的新境界,使世界社会主义事业呈现勃勃生机。[①]

"第二个结合"打破了"西方中心论",展现了世界百年未有之大变局下人类文明新的前景。"'第二个结合'是又一次的思想解放,让我们能够在更广阔的文化空间中,充分运用中华优秀传统文化的宝贵资源,探索面向未来的理论和制度创新。"[②] 世界百年未有之大变局的文明前景,就是世界文明中心开始向东转移。人类文明发展到近代,由于资本主义兴起于欧洲、近代科技革命开始于欧洲、现代化起步于欧洲,世界文明中心长期处于欧美,由此形成了现代化等同于西方化甚至美国化的迷思、现代文明等同于西方文明的偏见。以西方为中心看待世界,就容易把非西方国家的历史视为停滞的,把来源于西

[①] 参见中共中央对外联络部《对人类文明进步的重大贡献——国外政党眼中的中国改革开放40年》,《求是》2019年第3期。

[②] 习近平:《在文化传承发展座谈会上的讲话》,《求是》2023年第17期。

方的知识当作人类普遍知识，把资本主义当作人类的最高理想，把西方的今天视为广大非西方国家的明天。面对西方的长期霸权，广大非西方国家陷入文化自卑状态，处于精神不自立境地。但世界历史表明，任何文化要立得住、行得远，有引领力、凝聚力、塑造力、辐射力，就必须有自己的主体性。中国近代以来的历史证明，"这一主体性是中国共产党带领中国人民在中国大地上建立起来的；是在创造性转化、创新性发展中华优秀传统文化，继承革命文化，发展社会主义先进文化的基础上，借鉴吸收人类一切优秀文明成果的基础上建立起来的；是通过把马克思主义基本原理同中国具体实际、同中华优秀传统文化相结合建立起来的"。[①] 创立习近平新时代中国特色社会主义思想就是中华民族文化主体性的最有力体现。有了这一文化主体性，中华民族就有了文化意义上坚定的自我，中华民族文化自信就有了根本依托，中国共产党就有了引领时代的强大文化力量，中华民族和中国人民就有了国家认同的坚实文化基础，中华文明就有了和世界其他文明交流互鉴的鲜明文化特性。习近平总书记指出："'第二个结合'，是我们党对马克思主义中国化时代化历史经验的深刻总结，是对中华文明发展规律的深刻把握，表明我们党对中国道路、理论、制度的认识达到了新高度，表明我们党的历史自信、文化自信达到了新高度，表明我们党在传承中华优秀传统文化中推进文化创新的自觉性达到了新高度。"[②]

"第二个结合"让中华文明赋予中国式现代化以深厚底蕴，让中

[①] 习近平：《在文化传承发展座谈会上的讲话》，《求是》2023年第17期。
[②] 习近平：《在文化传承发展座谈会上的讲话》，《求是》2023年第17期。

三 "两个结合"的思想内涵

国比以往任何一个时代都有条件破解世界现代化史上的"古今中外之争",推动中国式现代化成功创造了人类文明新形态。"第二个结合"是又一次思想解放,本着对人类命运的终极关怀,有力地推动广大发展中国家从"西方中心论"中跳脱出来,从对西方的仰视中站立起来,从各种教条中解放出来,以前所未有的坚定信念树立本民族的历史自信和文化自信,创造属于自己国家的新历史,创造自己民族的新文明,推动人类文明多姿多彩地发展。

(原载《历史研究》2023年第5期)

"第二个结合"与面向未来的传统文化创新

王宪昭[*]

中华民族具有百万年的人类史、一万年的文化史、五千多年的文明史。中华优秀传统文化是在特定历史条件下积淀形成的,具有鲜明的国家特色,体现了一个国家或民族的文化认同,并经过相当长的历史时期及社会实践的检验而被人民群众所接受的各种优秀文化的总和,是人类的重要文化遗产,也是人类文明的重要组成部分。"如果不从源远流长的历史连续性来认识中国,就不可能理解古代中国,也不可能理解现代中国,更不可能理解未来中国。"[①] 古为今用,将优秀传统文化与中国现代社会发展内在需要相结合,全面推进面向未来的传统文化创新,是中华文化振兴与推进中国式现代化进程的必然要求,也是新时代新的文化使命。

---

[*] 王宪昭,中国社会科学院民族文学研究所研究员,中国社会科学院研究生院教授。
[①] 习近平:《在文化传承发展座谈会上的讲话》,《求是》2023年第17期。

一　传统文化创新的前提与基础

中华传统文化创新有其理论依据。马克思主义认为，物质生产力的进步推动着社会的变革和演进，社会制度和意识形态会随之发生变化。任何文化都是时代的产物，一个时代的优秀文化的本质就是符合这个时代发展的要求。中华优秀传统文化的创造性转化和创新性发展，不仅体现出马克思主义的辩证方法论，也为我们更有力地推进中国特色社会主义文化建设、建构中华民族现代文明指明了方向。一方面，传统文化的"创造性转化"要求我们在科学分析传统文化的基础上，按照时代发展要求充分借鉴历史上的优秀文化成果，同时对那些不能与时俱进的陈旧内容或形式加以改造，使其具有新时代的内涵，在时代发展中充满生机活力；另一方面，"创新性发展"则要求我们以发展的眼光和更高的标准激发文化创新，对中华优秀传统文化原有的内涵进一步拓展、完善，进而增强其在时代发展中的影响力和感召力。

中华传统文化创新的实践基础扎根于中国社会历史发展进程中。《礼记·大学》记载："汤之《盘铭》曰：'苟日新，日日新，又日新。'"商朝开国之初就提倡在创新中发展的理念，中国社会历史的演进无一不印证了只有创新才能发展，反映出文化的传承创新是国家和民族发展振兴的重要精神动力。从马克思主义与中国革命具体实践相结合，到社会主义革命和社会主义建设的实践充分证明，马克思主义是发展的马克思主义，与中华优秀传统文化相结合是实现马克思主义中国化的需要。

二 传统文化创新中的辩证关系

（一）传承与发展的关系

"传承"是新时代文化发展的基础。中华文化传承造就了中华文明突出的连续性，使中华文明成为世界上唯一绵延不断且以国家形态发展至今的伟大文明。只有从源远流长的中华文化中认识中华民族发展史，在文化传承中汲取中华文明的精华，强化家国情怀与历史意识，积极培育自我发展、回应挑战、开创新局的文化主体性与旺盛生命力，才能更好地建设中华民族现代文明。实践证明，传承中华优秀传统文化不仅体现中华民族的历史自信和文化自信，而且也是古为今用、推陈出新的坚实的文化基础和实践基础。

"创新"是传承中华优秀传统文化的目的，也是传统文化价值实现的根本路径。建设中华民族现代文明必须坚持守正不守旧、尊古不复古。传承是为了发展，要发展就要创新。对传统文化的传承不是全盘接受，更不是照搬照抄地复古。即使是特定时期曾经被看作优秀的东西，随着时代的发展也会出现不适应性，所以传统文化只有创新才能更好地服务于现代社会发展。将传统文化自觉融入社会的持续发展中加以创新是文化发展的内在规律，也是我们传承传统文化的时代责任。

（二）分散性与系统性的关系

传统文化的产生具有特定的时代背景，其发挥作用的空间处于不

三 "两个结合"的思想内涵

同民族或地区,因而往往具有分散性,很多情况下需要与具体事象相结合。这就像很多非物质文化遗产需要借助特定物质载体来呈现一样,同一种传统文化或者一个具体的传统文化母题,往往会表现在不同的民俗活动、日常行为之中。这种特征要求我们在传统文化创新过程中,必须注意局部与细节,通过外在现象分析其内在本质。但这并不是说传统文化是零散而不成系统的,相反,我们必须清楚意识到个性中的共性,许多具体现象必然会具有内在的普遍性,体现出个性与共性的统一。一般而言,具有地域特色的传统文化都是建构在中华文化大背景下的,既是中华传统文化的具体反映,也是中华文化传统的构成部分,但只有蕴含着中华文化共性、符合社会发展规律的文化才是需要传承发展的传统文化。

以传统文化中的"孝文化"为例,人们对它的认知往往会结合一系列具体事例、行为,如每个时代每个民族或地区都有感人的孝文化案例。这些个案虽然具有时代烙印,但其核心价值却都体现出顺应社会发展的传统美德,同时在文献、传说以及相关其他文化载体中也保持了这种美德的一致性,并且其中的家国情怀也会被不断强调。这种系统性对中华孝文化传统的建构具有重要作用。因此,推进传统文化的体系化也是传统文化创新的内在要求和重要途径,在面向未来的传统文化创新中需要把看似分散的特定文化主题放在一个时空体系中去审视,进而保证中华优秀传统文化的方向性与体系性。

(三)叙事性与符号性的关系

传统文化需要通过叙事作为基本形式进行传承发展。传统文化的叙事可以分为许多类型，如口头叙事、文字叙事、图片叙事、文物叙事、民俗叙事，以及通过特定物叙事等。每一种类型又可以进一步细分，如民间口头叙事就包括神话、传说、故事、歌谣、史诗等，这些具体文学体裁各具特色，其传承的方式方法也会有所不同。传统文化必须通过特定文化载体的叙事才能得以呈现，这些载体既包括各类文学形式，也包括特定的实体或行为。要使中华优秀传统文化在整个叙事体系中得以传承与发展，就要对中华传统文化中积淀形成的文化基因进行全面分析与系统发掘，关注传统文化的符号性特征，如很多民族神话、传说、故事中经常出现的龙、凤、麒麟等形象以及图腾崇拜，往往都体现了中华民族的文化共识与审美共性。

以中华传统文化中的"龙"为例，不仅汉族的传统文化叙事中把盘古、伏羲、女娲、炎帝、黄帝等文化祖先或文化英雄的出生、特征、事迹与"龙"联系起来，而且白族、傣族、苗族、瑶族、彝族、壮族等民族文化叙事中也都呈现出与"龙"文化的密切关系。与"龙"图腾文化符号相关的文化现象还渗透到民族建筑装饰、雕塑、书法绘画、音乐舞蹈、器物工艺等日常生产生活中。一些民族或地区还对"龙"文化符号进行了创新。把握好传统文化的叙事性与符号性有助于把传统文化的传承创新推向纵深。

三 面向未来的传统文化创新的实践路径

第一，传统文化创新要把实践性放在突出位置。文化价值的实现就在于实践性。习近平总书记曾强调："用以观察时代、把握时代、引领时代的理论，必须反映时代的声音，绝不能脱离所在时代的实

三 "两个结合"的思想内涵

践，必须不断总结实践经验，将其凝结成时代的思想精华。"[①] 实践性首先表现为传统文化创新中的人民性。人民是创造历史的主体，当然也是文化创新的主体，不仅是物质财富，也是精神财富的创造者。在传统文化创新中必须始终坚持以人民为中心，这就需要人文社科工作者通过深入实际的调查研究，了解广大人民群众对传统文化的传承情况、接受情况、创新愿望和实践需求，在传统文化创新中作出实事求是的方法探讨。

马克思主义要求我们在实践中发现真理、发展真理，用实践来实现真理、检验真理。传统文化如何在面向未来的时代进程中实现传承发展，要在具体实践中具体分析。有时人们看到一些民俗现象，往往会对之作出迷信、落后等简单判断，而对这种现象为何长期流传，老百姓为何愿意参与等深层问题缺乏分析。例如，不少地方或民族中都出现过对地方性历史人物或祖先进行神化的现象，并产生出与之相关的超现实传说，有时还会出现相应的祭祀活动等。若能在传统文化创新中对这些文化现象作出正向引领，让人们真正理解个体与整体、局部与全局的辩证统一关系，就能使之向着积极的方向发展，成为培育家国情怀的有效渠道，有益于激发人们见贤思齐、建功立业、勇于担当的优秀品格。

第二，传统文化创新要体现中国化与时代化。从未间断的五千多年中华文明具有鲜明的中国特色。中华传统文化具有丰富内涵与完整体系结构，我们从世界观、人生观、价值观、哲学思想、人文精神、

[①] 《习近平在中共中央政治局第六次集体学习时强调　不断深化对党的理论创新的规律性认识　在新时代新征程上取得更为丰硕的理论创新成果》，《人民日报》2023年7月2日。

道德规范等方面都可以找到重要依据，诸如天下为公、天下大同，民为邦本、为政以德，九州共贯、多元一体，修齐治平、兴亡有责，厚德载物、明德弘道等，这些博大精深的中华优秀传统文化为我们解决当代和未来面临的许多难题都提供了重要启示，这也是人类发展进程中不可忽视的文化遗产和精神财富。只有做到传统文化创新中的中国化，才能更好地展现中华文化的中国精神、中国价值、中国力量。

传统文化创新的时代化是中华文明进程中的自然规律。历史上的许多实例为我们提供了很好的借鉴，如祭祀文化的演进中，奴隶社会时期活人殉葬非常普遍，但随着生产方式的改进，人们意识到这种祭祀活动过于血腥并且损害劳动力，就把牺牲品改为大型动物，后又逐渐改为小型动物或动物的某些肢体，最后改为雕刻物、手工艺品、面食等。这个变化的过程也是祭祀文化发展创新、不断走向文明的过程，既保留了祭祀的特有文化意义，又顺应了时代发展；既反映出人们共同的文化愿望，又发挥出规范行为的效果。

第三，传统文化创新需要内容与形式协同创新。传统文化创新中内容与形式并重才能达到相辅相成的效果。以往传统文化的传承与演变中，往往存在内容创新与形式创新顾此失彼、不相协调的情形。以节日传统中的节俗文化为例，现在有的地方过春节只看重过年团圆或享受美食的年味，却逐渐淡化了年节仪式中敬天礼地、长幼有序、邻里友好、张弛有度等规则建构或道德模塑，甚至一些与节俗传统本质不相适宜的消极观念也被带入到中华传统节日中，使很多节日失去了原有的教育意义和文化价值。造成这种情况的原因是多方面的，既与社会生产生活方式的变化有关，与时代发展中对节日传统文化的正向引导力度不足有关，也与人们对传统文化丰富内涵的认知与重视程度

三 "两个结合"的思想内涵

不够有关。特别是随着当今信息技术的日趋普及,与以往文化载体和传媒相比,人们对文化丰富性及其表现形式产生了更高需求,这就需要我们在面向未来的传统文化创新中充分利用新技术新手段,对中华优秀传统文化的内涵进行创新的同时,也积极推进形式创新,兼顾内容和形式两个方面,把守正与创新科学结合起来。

(原载《探索与争鸣》2023年第10期)

中国社会科学院"建设中华民族现代文明"专题文集

———— 下 册 ————

中国社会科学院科研局 编

中国社会科学出版社

下册目录

四 文化传承发展

党领导文化建设的光辉历程及深刻启示 …………… 夏春涛（311）

传统文化的继承和发展要坚持历史唯物主义 ………… 张建刚（335）

从新时代中国文化观看近代中国历史和文化的转型 …… 张海鹏（345）

谈谈我国历史上的廉洁文化 ……………………………… 卜宪群（358）

继承与创新中国古代文学精神的文化主体性 ………… 张政文（369）

中国古典政治文明的历史传承与现代发展 …………… 刘九勇（398）

以高度文化自觉担负起新的文化使命 ………………… 金民卿（425）

更好担负起新时代新的文化使命 ………………………… 辛向阳（433）

担负新的文化使命　着力推动文化产业

　　繁荣发展 ………………………………… 吴　田　胡乐明（439）

着力推动文化事业和文化产业繁荣发展 ……………… 冯颜利（446）

推动文化传承发展　促进各民族交往交流交融 ………… 邢广程（450）

讲好中国历史　向世界传播中华优秀传统文化 ………… 李国强（453）

繁荣发展文化产业　推动中华文化更好走向世界 ……… 崔乃文（461）

五　建设中华民族现代文明

建设中华民族现代文明的指路明灯 …………… 中国历史研究院（467）
系统把握中华民族现代文明的丰富内涵 ………………… 王　广（477）
厚植中华民族现代文明建设的历史底蕴 ………………… 卜宪群（483）
中国式现代化的文化形态
　　——基于唯物史观的考察 ………………………… 周　丹（490）
中华民族现代文明的国家形态之维 ……………………… 方　正（512）
中华文明赋予中国式现代化以深厚底蕴 ………………… 刘　仓（531）
"以中国式现代化推进中华民族伟大复兴"的历史考察
　　——基于中国共产党奋斗史视角 ………… 贺新元　左钰洁（536）
为建设中华民族现代文明贡献历史学力量 ……………… 赵庆云（566）
基于中国文化的发展范式转变 …………………………… 张永生（572）
以开放包容建设中华民族现代文明 ……………………… 罗文东（581）
建设中华民族现代文明的意义与路径 …………………… 安德明（597）
中华民族现代文明建设的三大问题 ……………………… 王延中（607）
植根优秀传统文化土壤的当代中国政治制度 …………… 柴宝勇（624）
"国家治理文明"与中华民族现代文明建构 ……………… 展　龙（631）
在中华优秀传统文化创造性转化和创新性发展中
　　建设中华民族现代文明 ………………………… 陈志刚（641）
在推进中国式现代化中建设中华民族现代文明 ………… 张继焦（660）
以人口高质量发展推进中华文明现代化 ………………… 都　阳（664）
论人类文明新形态格局中的中华民族现代文明 ………… 王　莹（673）
构建人类命运共同体　推动世界人权事业更好发展 …… 孙南翔（682）
推动建设更加美好的世界 ………………………………… 孙壮志（687）

四

文化传承发展

党领导文化建设的光辉历程及深刻启示

夏春涛[*]

在文化传承发展座谈会上，习近平总书记高度概括了中华文明的五个突出特性，连续性排列第一。连续性也是中国共产党领导文化建设的一个突出特性。2023年是中国共产党成立102周年。百余年来，党始终高度重视文化建设，在领导革命、建设和改革的光辉历程中，在开创中国特色社会主义新时代的伟大实践中，坚持以发展着的马克思主义为指导，作出一系列理论阐释和重大决策部署，相继致力于革命文化建设、社会主义先进文化建设，努力探索并不断拓展中国特色社会主义文化发展道路，明确以建设中华民族现代文明作为新时代新的文化使命，以文化建设引领前进方向、提供精神支撑、凝聚奋斗力量，进而将民族复兴伟业不断推向前进。这一历程波澜壮阔又极不平凡，给人以深刻启示。

---

[*] 夏春涛，中国社会科学院近代史研究所研究员，中国社会科学院大学教授。

四　文化传承发展

一　革命文化建设

　　1919 年的五四爱国运动是中国新民主主义革命的开端，以雷霆之势猛烈冲击了几千年来的封建旧礼教、旧文化，促进了马克思主义在中国的传播以及同中国工人运动的结合。两年后，中国共产党应运而生，中国历史从此掀开新篇章。所谓"革命文化"，即新民主主义文化，是中国共产党领导的人民大众的反帝反封建的文化。

　　革命文化形成于新民主主义革命时期，以"革命"为精神内核和价值取向。毛泽东思想是马克思主义中国化的第一次历史性飞跃，是革命文化建设的科学指南。毛泽东撰写的《新民主主义论》原题《新民主主义的政治与新民主主义的文化》，1940 年 2 月刊载于延安出版的《中国文化》创刊号。该文明确指出，中国共产党人多年奋斗，旨在建立一个新中国，包括建立中华民族的新文化，把一个被旧文化统治因而愚昧落后的中国，变为一个被新文化统治因而文明先进的中国。该文分析"中国文化革命的历史特点"，盛赞五四运动以后中国无产阶级和中国共产党登上政治舞台，成为文化生力军，"向着帝国主义文化和封建文化展开了英勇的进攻"，"其声势之浩大，威力之猛烈，简直是所向无敌的。其动员之广大，超过中国任何历史时代"。该文强调："文化革命是在观念形态上反映政治革命和经济革命，并为它们服务的。""民族的科学的大众的文化，就是人民大众反帝反封建的文化，就是新民主主义的文化，就是中华民族的新文化。"① 1942年5月，毛泽东在延安文艺座谈会上作进一步阐述，指出五四运动以来有文武两个战线，即文化战线和军事战线；这支文化军队"帮助了中国革命，使中国的封建文化和适应帝国主义侵略的买办文化的地盘逐渐缩小，其力量逐渐削弱"。他强调，我们的文艺是为人民的，要着重解决为什么人服务、如何去服务的问题；文学艺术的源泉是人民的生活。② 3年后，他又在党的七大上强调："民族压迫和封建压迫所给予中国人民的灾难中，包括着民族文化的灾难。……一切奴化的、封建主义的和法西斯主义的文化和教育，应当采取适当的坚决的步骤，加以扫除。"③

近代中国是农业大国，农民占人口绝大多数，是近代中国文化运动的主要对象。毛泽东在党的七大上就此分析指出："所谓扫除文盲，所谓普及教育，所谓大众文艺，所谓国民卫生，离开了三亿六千万农民，岂非大半成了空话？"④ 相应地，中共党员及人民军队均以农民为主体；一些党员组织上入了党，但在思想上还没有入党。⑤ 因此，"唤起民众"不易，提高党员和军队的文化素质、对其进行有效思想教育同样不易，推进革命文化建设极具挑战性和紧迫性。据毛泽

---

① 《毛泽东选集》第2卷，人民出版社1991年版，第663、697—699、708—709页。
② 《毛泽东选集》第3卷，人民出版社1991年版，第847、854—861页。
③ 《毛泽东选集》第3卷，人民出版社1991年版，第1082—1083页。
④ 《毛泽东选集》第3卷，人民出版社1991年版，第1078页。
⑤ 党的六届七中全会通过《关于若干历史问题的决议》，内有"以农民为主体的人民军队""使党内小资产阶级出身的分子也占了大多数"等表述，批评党内"左"倾路线的代表者"不了解中国资产阶级民主革命实质上是农民革命"（参见《毛泽东选集》第3卷，人民出版社1991年版，第975—976、991页）。刘少奇1959年撰写的《马克思列宁主义在中国的胜利》亦云："中国是一个落后的大国，它的农村人口占百分之八十以上，贫农和雇农又占农村人口的百分之七十，农民问题是我国民主革命的中心问题。"（中共中央文献研究室编：《建国以来重要文献选编》第12册，中央文献出版社2011年版，第471页）

四　文化传承发展

东1927年3月撰写的《湖南农民运动考察报告》，农民在农协领导下做了14件大事，其一便是"文化运动"，包括农民办夜学、提高文化程度。1944年10月，毛泽东在陕甘宁边区文教工作者会议上指出："没有文化的军队是愚蠢的军队，而愚蠢的军队是不能战胜敌人的。解放区的文化已经有了它的进步的方面，但是还有它的落后的方面。解放区已有人民的新文化，但是还有广大的封建遗迹。在一百五十万人口的陕甘宁边区内，还有一百多万文盲，两千个巫神，迷信思想还在影响广大的群众。……我们必须告诉群众，自己起来同自己的文盲、迷信和不卫生的习惯作斗争。"[①]

土地革命时期以中央苏区为中心的红色根据地建设，抗战时期以陕甘宁边区为中心的抗日根据地建设，以及解放战争时期的解放区建设，均涵盖文化建设，卓有成效。譬如，党在延安创办了不少学校，诸如延安马列学院、陕北公学、中国人民抗日军事政治大学、中共中央党校、延安大学鲁迅艺术学院、中国女子大学等。一首《抗大校歌》唱出所有热血青年的共同心声："黄河之滨，集合着一群中华民族优秀的子孙。人类解放、救国的责任，全靠我们自己来担承。同学们，努力学习，团结、紧张、严肃、活泼，我们的作风；同学们，积极工作，艰苦奋斗，英勇牺牲，我们的传统。像黄河之水汹涌澎湃，把日寇驱逐于国土之东，向着新社会前进，前进！我们是劳动者的先锋！"历时3年多的延安整风运动开创了在党内开展大规模集中教育的先河，影响深远。党内和人民军队内部原本就是一所大学校、一座大熔炉，充溢着崇高理想、严明纪律、优良作风，形成以伟大建党精

---

① 《毛泽东选集》第3卷，人民出版社1991年版，第1011页。

神为源头的诸多革命精神，突出体现为革命和拼命精神，严守纪律和自我牺牲精神，大公无私和先人后己精神，压倒一切敌人、压倒一切困难的精神，坚持革命乐观主义、排除万难去争取胜利的精神。其影响是潜移默化、深入骨髓的。

总之，在毛泽东思想指引下，党的革命文化建设最大限度地传播了新思想新文化新知识，进一步促成了中国人民和中华民族的全面觉醒，极大地推进了人们思想和精神上的解放，以反帝反封建旗帜汇聚起亿万人民的磅礴力量。

尤其是把众多农民和城市小资产阶级出身的新党员铸造成信仰坚定、纪律严明的先锋队战士，从而为新民主主义革命的胜利提供了强大支撑和有力保证。1949年9月16日，新华社发表毛泽东撰写的社论《六评白皮书》，对中国革命发生和胜利的原因进行分析，指出西方资产阶级文化一遇见中国人民学会了的马克思列宁主义的新文化，就要打败仗；"自从中国人学会了马克思列宁主义以后，中国人在精神上就由被动转入主动。从这时起，近代世界历史上那种看不起中国人，看不起中国文化的时代应当完结了。伟大的胜利的中国人民解放战争和人民大革命，已经复兴了并正在复兴着伟大的中国人民的文化"。[①] 不到半个月，新中国开国大典隆重揭幕，一个新时代开始了。

二　社会主义先进文化建设

1949年9月21日，毛泽东在中国人民政治协商会议第一届全体

[①] 该文编入《毛泽东选集》时，题为"唯心历史观的破产"，参见《毛泽东选集》第4卷，人民出版社1991年版，第1515—1516页。

四　文化传承发展

会议上致开幕词,郑重宣示:"随着经济建设的高潮的到来,不可避免地将要出现一个文化建设的高潮。中国人被人认为不文明的时代已经过去了,我们将以一个具有高度文化的民族出现于世界。"[1] 按照党先前制定的中国革命分两步走的方略,新中国的前途是社会主义,因此,新中国的文化建设是社会主义文化建设。基于具体国情,重点包括两个方面:一是改变文化落后现状,提高人民文化水平;二是进行思想改造、文化创新,用社会主义新思想新文化来取代旧思想旧文化。

旧中国一穷二白,经济、文化落后,后者突出表现为文盲多,而社会主义是不可能建立在大量文盲的基础之上的。毛泽东早在党的七大上便明确指出:"从百分之八十的人口中扫除文盲,是新中国的一项重要工作。"[2] 于是,扫盲、发展教育迫在眉睫,成为新中国文化建设的基础性工程。1949 年 12 月召开的第一次全国教育工作会议提出,争取从 1951 年开始,进行全国规模的识字运动。1950 年 8 月,中央人民政府人民革命军事委员会发布指示,鉴于军队官兵文化水平普遍太低的情况,决定在军队中实施文化教育,使军队形成一个巨大的学校。1953 年 12 月,中共中央专门发文,鉴于目前还有大量的工农干部文化水平很低,决定采取措施有效地提高其文化水平,以适应国家建设的需要。1955 年 6 月,国务院发布指示说,"农村的文化依然处在很落后的状态,文盲依然占农村人口的绝大多数","积极地开展农民业余文化教育,扫除文盲,克服我国农村文化落后状态,已

---

[1]《毛泽东文集》第 5 卷,人民出版社 1996 年版,第 345 页。
[2]《毛泽东选集》第 3 卷,人民出版社 1991 年版,第 1083 页。

成为当前一项重要的政治任务"①。1956年1月，中共中央就文字改革工作发文，决定推行简化汉字、推广普通话，以促进汉语达到完全统一。这客观上给群众学文化提供了便利。同年9月，刘少奇在党的八大上作政治报告，在总结文化教育工作时，将逐步扫除文盲、普及小学义务教育提到"文化革命"的高度。1958年9月，《中共中央、国务院关于教育工作的指示》亦云："随着工农业生产的大跃进，文化革命已经开始进入高潮，这主要表现在全国扫盲运动、教育事业和各种文化事业的迅速发展。"②据统计，从1949年到1958年，全国高等学校学生从11.7万人增加到66万人，增长4.6倍；中等专业学校学生从22.9万人增加到147万人，增长5.4倍；普通中学学生从104万人增加到852万人，增长7.2倍；小学生从2440万人增加到8600万人，增长2.5倍。城乡扫盲运动和业余文化学习也有很大发展。③

面对新中国文化教育事业出现的空前繁荣局面，党依然保持冷静，毫不沾沾自满。1957年3月，毛泽东郑重告诫全党："要使几亿人口的中国人生活得好，要把我们这个经济落后、文化落后的国家，建设成为富裕的、强盛的、具有高度文化的国家，这是一个很艰巨的任务。"④1962年3月，周恩来在政府工作报告中表示："现在，在我

---

① 《中华人民共和国国务院关于加强农民业余文化教育的指示》，载中共中央文献研究室编《建国以来重要文献选编》第6册，中央文献出版社1993年版，第225页。
② 《中共中央、国务院关于教育工作的指示》，载中共中央文献研究室编《建国以来重要文献选编》第11册，中央文献出版社1995年版，第424页。
③ 周恩来：《伟大的十年》，载中共中央文献研究室编《建国以来重要文献选编》第12册，中央文献出版社1996年版，第514页。
④ 毛泽东：《在中国共产党全国宣传工作会议上的讲话》，载中共中央文献研究室编《建国以来重要文献选编》第10册，中央文献出版社1994年版，第106页。

四 文化传承发展

国人民面前，还横着经济贫穷和文化落后这两座大山。我们要继续发扬'愚公移山'的精神，再用几十年时间，把这两座大山搬掉。我们一定能够把这两座大山搬掉。"[1] 新中国扫盲等工作是开辟草莱、为文化大厦奠基的浩大工程，其难度与成效之大均超乎想象。党改变文化落后面貌决心之大，令人感慨不已。

思想改造、文化创新工作同样不易。从旧社会进入新社会，必然要在思想文化层面破旧立新，把旧社会遗留下来的污毒洗干净。《关于建国以来党的若干历史问题的决议》在谈到"基本完成社会主义改造的七年"时指出，中华人民共和国成立后的头三年，"对旧中国的教育科学文化事业，进行了很有成效的改造"；"一九五六年一月党中央召开的知识分子问题会议和随后提出的'百花齐放、百家争鸣'方针，规定了对知识分子和教育科学文化工作的正确政策，促进了这方面事业的繁荣"[2]。这包括在广大知识分子中进行思想改造运动，使其摆脱旧社会影响，成为适应新社会需要的知识分子。同时，新中国经过十多年努力，培养出新一代知识分子，壮大了知识分子队伍。翻身做主的中国人民意气风发、精神振奋，爱国主义热情和民族自尊心、自信心不断增强。譬如，工人阶级以主人翁姿态积极投身社会主义建设，"铁人"王进喜发出"宁可少活二十年，拼命也要拿下大油田"的豪迈誓言；广大农村在文化层面发生几千年来最深刻的变革，移风易俗蔚然成风，集体主义、无私奉献等理念深入人心，演

---

[1] 周恩来：《国内形势和我们的任务》，载中共中央文献研究室编《建国以来重要文献选编》第15册，中央文献出版社1997年版，第264页。

[2] 《中国共产党中央委员会关于建国以来党的若干历史问题的决议》，载中共中央文献研究室编《三中全会以来重要文献选编》（下），人民出版社1982年版，第799、801—802页。

绎出红旗渠等改造山河的壮举。这种发奋图强、昂扬向上的精神面貌在旧社会旧中国是绝无可能出现的。广大文艺工作者坚持为人民服务、为社会主义服务的方向和百花齐放、百家争鸣的方针，纵情讴歌新社会、赞颂真善美，为新中国的发展进步鼓与呼，创作出《铁水奔流》《山乡巨变》《创业史》等优秀作品。群众文艺创作也掀起高潮。与文化相关的科学事业取得重大突破，"两弹一星"的成功研制便是例证。社会风气更是焕然一新，正如邓小平所说，"在全国解放以后，不到两三年的时间，我们就改变了旧社会那种极端腐败的社会风气，树立了具有优良道德品质的新的社会风气"[1]。这从精神层面折射了社会主义先进文化的鲜明品质。

相比较于封建主义落后文化、资本主义腐朽文化，社会主义文化无疑是先进、健康的文化。[2] 毛泽东基于探索与思考，围绕文化建设提出了一些独创性理论，如关于发展民族的、科学的、大众的文化，实行百花齐放、推陈出新、古为今用、洋为中用的方针等。新中国文化建设沿着这一正确方向前进，抵制和消除一切落后、腐朽的思想文化影响，不断创造出先进的健康的社会主义崭新文化，在破旧立新上取得巨大成就，为后来的文化建设打下坚实基础。但随着指导思想上"左"的错误愈益发展，片面强调"以阶级斗争为纲"，新中国的文

---

[1] 《邓小平文选》第1卷，人民出版社1994年版，第220页。

[2] 1960年7月，周扬在中国文学艺术工作者第三次代表大会上作报告，提出要继承和革新我国优秀文学艺术遗产，"使它们成为先进的社会主义文化的一部分"（周扬：《我国社会主义文学艺术的道路》，载中共中央文献研究室编《建国以来重要文献选编》第13册，中央文献出版社1996年版，第402页）。江泽民在党内最早明确提出"社会主义先进文化"概念，他集中全党智慧创立"三个代表"重要思想，提出党要始终代表中国先进文化的前进方向，发展面向现代化、面向世界、面向未来的，民族的科学的大众的社会主义先进文化。

四　文化传承发展

化建设也逐渐受到冲击,主要表现在对一些文艺作品、学术观点和文艺界学术界的代表人物进行错误的、过火的政治批判,并发展成为"文化大革命"的导火线。在"文化大革命"期间,"狠批封资修",对中国传统文化和西方文化不加辨别地一概加以排斥,使文化建设遭受挫折、走了弯路。

三　努力探索并不断拓展中国特色社会主义文化发展道路

中国共产党十一届三中全会开启了改革开放和社会主义现代化建设新时期,实现具有深远意义的伟大历史转折。中国特色社会主义文化、社会主义先进文化本质上是同一个概念。① 开创、坚持和发展中国特色社会主义是改革开放后历史发展的主线;党的十八大以来,中国特色社会主义进入新时代。从这个角度说,改革开放至今的文化建设又称中国特色社会主义文化建设,是中国特色社会主义事业总体布局的重要组成部分。概括地说,围绕探索并拓展中国特色社会主义文化发展新路,党中央与时俱进、乘势而上,理论创新不停歇,实践创新不止步,不断增强实现民族复兴的精神力量,不断提升国家文化软实力和中华文化影响力。

改革开放一开始,以邓小平同志为核心的党中央审时度势,明确

---

① 例如,中国共产党十七届六中全会通过《中共中央关于深化文化体制改革推动社会主义文化大发展大繁荣若干重大问题的决定》,在阐释"坚持中国特色社会主义文化发展道路,努力建设社会主义文化强国"时,强调"坚持社会主义先进文化前进方向","着力推动社会主义先进文化更加深入人心"。参见中共中央文献研究室编《十七大以来重要文献选编》(下),中央文献出版社2013年版,第562页。

提出社会主义物质文明、精神文明一起抓的战略方针。这主要出于两方面考虑：一是尽快消除"文化大革命"在精神方面造成的严重后果，扭转是非善恶美丑标准被搞乱了的现象；二是伴随着以经济建设为中心，"一切向钱看"、损人利己、损公肥私等歪风邪气逐渐滋蔓，严重败坏社会风气和党风，须尽快治理。党的十二大报告第三部分专门论述"努力建设高度的社会主义精神文明"，强调社会主义精神文明对物质文明的建设不但起到巨大的推动作用，而且保证它的正确的发展方向；社会主义精神文明是社会主义的重要特征，是社会主义制度优越性的重要表现。报告指出，社会主义精神文明的建设大体可分为文化建设、思想建设两个方面，"文化建设指的是教育、科学、文学艺术、新闻出版、广播电视、卫生体育、图书馆、博物馆等各项文化事业的发展和人民群众知识水平的提高"；思想建设决定着精神文明建设的社会主义性质，其最重要的内容就是革命的理想、道德和纪律。[①] 1986年9月，中国共产党十二届六中全会通过《中共中央关于社会主义精神文明建设指导方针的决议》，明确了精神文明建设的战略地位、根本任务和重大方针，强调改革开放赋予在社会主义基础上复兴中国文明以新的强大生机和活力。[②] 这对全党全国人民逐步深化认识、推进工作，具有指导意义。中国共产党十三届四中全会后，以江泽民同志为核心的党中央坚决纠正一手硬、一手软的状况，将精神文明建设推向前进。1996年10月，中国共产党十四届六中全会

[①] 胡耀邦：《全面开创社会主义现代化建设的新局面》，载中共中央文献研究室编《十二大以来重要文献选编》（上），人民出版社2011年版，第22、24—25页。

[②] 《中共中央关于社会主义精神文明建设指导方针的决议》，载中共中央文献研究室编《十二大以来重要文献选编》（下），人民出版社2011年版，第121—135页。

四　文化传承发展

作出《中共中央关于加强社会主义精神文明建设若干重要问题的决议》，确定了新形势下加强精神文明建设的指导思想、目标任务、基本方针和重要措施，是指导精神文明建设的纲领性文件。时至今日，精神文明建设方兴未艾，与物质文明、政治文明、社会文明、生态文明并列，对应着中国特色社会主义事业总体布局中的文化建设。①

文化建设的另一重大变化是明确了它在中国特色社会主义事业总体布局中的地位。前引《中共中央关于社会主义精神文明建设指导方针的决议》有云："我国社会主义现代化建设的总体布局是：以经济建设为中心，坚定不移地进行经济体制改革，坚定不移地进行政治体制改革，坚定不移地加强精神文明建设，并且使这几个方面互相配合，互相促进。"分别论及经济、政治、文化，是关于"三位一体"总体布局的最初表述。党的十五大报告首次按照经济、政治、文化的排序展开论述，分别为第五至第七部分，第七部分标题为"有中国特色社会主义的文化建设"。报告强调："只有经济、政治、文化协调发展，只有两个文明都搞好，才是有中国特色社会主义。"报告指出，文化建设的根本是在全社会形成共同理想和精神支柱，基础工程是发展教育和科学，重要内容是发展文学艺术、新闻出版、广播影视

---

① 党的十五大报告有云："有中国特色社会主义的文化，就其主要内容来说，同改革开放以来我们一贯倡导的社会主义精神文明是一致的。"（《江泽民文选》第 2 卷，人民出版社 2006 年版，第 32 页）又，2017 年 11 月，王沪宁指出，党的十八大以来，社会主义精神文明建设取得历史性成就、发生历史性变革，为党和国家事业开创新局面作出了重要贡献。他强调，精神文明建设进入新时代，要有新气象，更要有新作为。参见王沪宁《在全国精神文明建设表彰大会上的讲话》，载中共中央党史和文献研究院编《十九大以来重要文献选编》（上），中央文献出版社 2019 年版，第 88—107 页。

等事业，重要条件是营造良好的文化环境。① 党的十七大进一步从中国特色社会主义事业"四位一体"总体布局的高度，提出了兴起社会主义文化建设新高潮、推动社会主义文化大发展大繁荣的战略任务。党的八大提出建设生态文明，由此形成完整的中国特色社会主义事业总体布局，即经济建设、政治建设、文化建设、社会建设、生态文明建设"五位一体"。这体现了文化建设的战略地位和意义，体现了党对中国特色社会主义建设规律在实践和认识上的不断深化。

党的十六大是中国共产党在新世纪召开的第一次全国代表大会，也是文化建设打开新局面的一个新起点。随着改革不断深入，特别是1992年党的十四大明确建立社会主义市场经济体制之后，国内逐渐出现社会经济成分、组织形式、就业方式、利益关系和分配形式多样化，文化体制改革势在必行。党的十六大报告第六部分专论"文化建设和文化体制改革"，强调要积极发展文化事业和文化产业，始终把社会效益放在首位；适应社会主义市场经济发展的要求，深化文化体制改革。2003年6月，中央专门召开文化体制改革试点工作会议。会议分析指出，经过20多年的改革开放，文化赖以生存和发展的经济基础、体制环境、社会条件发生深刻变化，我们存在着诸多不适应，包括文化发展与人民群众日益增长的精神文化需要、与我国加入世界贸易组织的对外开放新形势不相适应，现行文化体制与社会主义市场经济体制不相适应，文化发展现状与数字技术应用、互联网普及带来的文化创新和传播领域的重大革命不相适应。会议强调，改变上

---

① 《江泽民文选》第2卷，人民出版社2006年版，第32—36页。

四　文化传承发展

述不适应状况的根本出路在改革，改则兴，不改则衰。[①] 2005年12月，《中共中央、国务院关于深化文化体制改革的若干意见》颁布。该文件阐明了文化体制改革的指导思想、原则要求和目标任务，针对市场经济发展引发的变化，强调坚持把社会效益放在首位、努力实现社会效益和经济效益的统一，坚持文化事业和文化产业协调发展。2010年4月，中共中央办公厅、国务院办公厅转发《中央宣传部关于党的十六大以来文化体制改革及文化事业文化产业发展情况和下一步工作意见》，对党的十六大以来文化体制改革工作进行总结，对下一步工作提出具体意见。次年10月，中国共产党十七届六中全会通过《中共中央关于深化文化体制改革　推动社会主义文化大发展大繁荣若干重大问题的决定》，科学阐述了中国特色社会主义文化发展道路，确立了建设社会主义文化强国的战略目标，提出了新形势下推进文化改革发展的指导思想、重要方针、目标任务、政策举措。[②]

将文化建设提到综合国力竞争的高度、提出建设社会主义文化强国，是进入21世纪党在认识和实践上的又一大飞跃。2001年12月，江泽民在中国文联七大、中国作协六大会议上分析指出："当今世界激烈的综合国力竞争，不仅包括经济实力、科技实力、国防实力等方面的竞争，也包括文化方面的竞争。……总体上处于弱势地位的广大

[①] 李长春：《在文化体制改革试点工作会议上的讲话》，载中共中央文献研究室编《十六大以来重要文献选编》（上），中央文献出版社2005年版，第337—340页。
[②] 《中共中央关于深化文化体制改革 推动社会主义文化大发展大繁荣若干重大问题的决定》，载中共中央文献研究室编《十七大以来重要文献选编》（下），中央文献出版社2009年版，第558—583页。按：2013年11月，中共十八届三中全会通过《中共中央关于全面深化改革若干重大问题的决定》，其第11部分专论"推进文化体制机制创新"。这体现了探索与实践的延续性。

发展中国家，不仅在经济发展上面临严峻挑战，在文化发展上也面临严峻挑战。"[1] 党的十六大报告亦云："当今世界，文化与经济和政治相互交融，在综合国力竞争中的地位和作用越来越突出。"[2] 中国共产党十七届六中全会正式提出建设社会主义文化强国这一长期战略目标，主要考虑到我国是文明古国、文化资源大国，但还算不上文化强国；"提高国家文化软实力、在日趋激烈的综合国力竞争中赢得主动，需要进一步从战略上研究部署文化改革发展"[3]。

综合国力竞争主要指与西方发达国家的竞争。经过长期努力，我国文化软实力不断增强，我国发展道路与发展模式得到越来越多国家的理解和认同；同时，世界范围内各种思想文化交流、交融、交锋更加频繁，国际思想文化领域斗争依然深刻而复杂。西方敌对势力一直对我实施西化、分化战略，凭借经济、科技等优势推行文化霸权，加大文化输出和思想价值观念渗透。从文化角度谈综合国力竞争，其深层含义是指抵御西方对我实施西化战略，防范其在意识形态领域进行渗透。在我国不断扩大对外开放特别是于2001年12月正式加入世界贸易组织的情形下，这种风险压力不断加大，而互联网已成为思想文化信息的集散地和社会舆论的放大器，一些有害社会思潮对网民特别是广大青少年造成冲击，客观上又增加了不确定不稳定因素。因此，

---

[1]《江泽民文选》第3卷，人民出版社2006年版，第399页。按：党的十五大报告指出："有中国特色社会主义的文化，是凝聚和激励全国各族人民的重要力量，是综合国力的重要标志。"（《江泽民文选》第2卷，人民出版社2006年版，第33页）已谈到这层意思。

[2]《江泽民文选》第3卷，人民出版社2006年版，第558页。

[3] 李长春：《关于〈中共中央关于深化文化体制改革　推动社会主义文化大发展大繁荣若干重大问题的决定〉的说明》，载中共中央文献研究室编《十七大以来重要文献选编》（下），中央文献出版社2009年版，第530、537页。

四　文化传承发展

亟须提高我国文化软实力、建设社会主义文化强国，以增强抵御能力。2005年12月，中央明确发文强调："坚持马克思主义在意识形态领域的指导地位，确保国家文化安全。"[①] 确保国家文化安全包含两个层面，立破并举：一是破，即揭批错误思潮，戳穿其画皮；二是立，即建设先进文化，推进理论创新与理论武装。中央于2004年启动的马克思主义理论研究和建设工程涵盖这两个层面，以后者为主。涉及文化的建设性工作还包括：建设社会主义核心价值体系；弘扬中华文化，建设中华民族共有精神家园；推进文化创新，解放和发展文化生产力，增强文化发展活力；加强对外文化交流，推动中华文化"走出去"，加快我国媒体境外落地步伐，推进海外中国文化中心和孔子学院建设。中央还在2012年年初提出大力实施哲学社会科学创新工程，努力走出一条哲学社会科学领域的自主创新之路；强调"这是文化自信的题中应有之义"。[②] 党的十八大报告也强调，要坚持社会主义先进文化前进方向，树立高度的文化自觉和文化自信。

概括地说，党的十六大以后的十年间，党中央多次专门就文化建设发文、作出部署，其力度是空前的。中国共产党十七届六中全会郑重宣布：改革开放特别是党的十六大以来，我们党推动文化建设不断取得新成就，走出了中国特色社会主义文化发展道路。[③] 胡锦涛明确

[①]《中共中央、国务院关于深化文化体制改革的若干意见》，载中共中央文献研究室编《十六大以来重要文献选编》（下），中央文献出版社2008年版，第128页。

[②] 李长春：《在中国特色社会主义伟大实践中谱写社会主义文化繁荣发展新篇章》，载中共中央文献研究室编《十七大以来重要文献选编》（下），中央文献出版社2009年版，第754页。

[③]《中共中央关于深化文化体制改革 推动社会主义文化大发展大繁荣若干重大问题的决定》，载中共中央文献研究室编《十七大以来重要文献选编》（下），中央文献出版社2009年版，第559页。

指出:"坚持以马克思主义为指导、以社会主义先进文化为引领,是中国特色社会主义文化最鲜明的特征,也是事关文化改革发展全局的根本问题。"①

党的十八大以来,以习近平同志为核心的党中央统筹把握中华民族伟大复兴战略全局和世界百年未有之大变局,带领全党全国人民攻坚克难、砥砺前行,积极进行具有许多新的历史特点的伟大斗争。习近平总书记对在新的历史起点上推进文化建设进行深邃思考,提出了一系列新理念新思想新战略,构成习近平新时代中国特色社会主义思想的重要组成部分。关于新时代文化建设取得的历史性成就、发生的历史性变革,《中共中央关于党的百年奋斗重大成就和历史经验的决议》以及党的二十大报告已作了很好的总结,此处不赘。下面择要谈几点学习体会。

一是坚定文化自信。习近平总书记首次将文化自信与其他三个自信并提,将"三个自信"扩展为"四个自信",把文化建设提到一个新高度。2016年7月1日在庆祝中国共产党成立95周年大会上的讲话中,习近平总书记强调"坚持不忘初心、继续前进,就要坚持中国特色社会主义道路自信、理论自信、制度自信、文化自信",强调"文化自信,是更基础、更广泛、更深厚的自信"②。同年5月17日在哲学社会科学工作座谈会上的讲话,11月30日在中国文联十大、中国作协九大开幕式上的讲话,习近平总书记也有类似表述:"我们说要坚定中国特色社会主义道路自信、理论自信、制度自信,说到底

---

① 《胡锦涛文选》第3卷,人民出版社2016年版,第563页。
② 习近平:《在庆祝中国共产党成立95周年大会上的讲话》,人民出版社2016年版,第12—13页。

四　文化传承发展

是要坚定文化自信。文化自信是更基本、更深沉、更持久的力量。"①"实现中华民族伟大复兴，必须坚定中国特色社会主义道路自信、理论自信、制度自信、文化自信。……文化自信，是更基础、更广泛、更深厚的自信，是更基本、更深沉、更持久的力量。"② 党的十九大报告第七部分题为"坚定文化自信，推动社会主义文化繁荣昌盛"，党的二十大报告第八部分题为"推进文化自信自强，铸就社会主义文化新辉煌"，在专论文化建设时均将文化自信写入标题。在新近召开的文化传承发展座谈会上，习近平总书记也一再强调要坚定文化自信。文化自信成为习近平文化建设重要论述中的一个核心概念。这有着深层次的战略思考：美西方一直对我软硬兼施，幻想中国改旗易帜、成为其附庸；中国越发展、国力越增强，美西方的敌意就越大，乃至歇斯底里地对我进行全方位遏制打压。国内也有人盲目推崇西方现代化理论，荒谬地将"全盘西化"等同于现代化，公然质疑、否定党的领导和中国特色社会主义道路。我国有一百万年人类史、一万年文化史、五千多年文明史，中华民族从古至今都是在走自己的发展道路，创造了源远流长、博大精深的古代文明，眼下正创造着伟大而崭新的现代文明，因此，我们有足够的理由和底气自信。试想，美国建国至今还不到 250 年，却试图将具有五千多年文明史的中国纳入其发展轨道，跟在它后面亦步亦趋，这不啻是痴人说梦。

"天若有情天亦老，人间正道是沧桑。"强调文化自信、历史自信，强调中华优秀传统文化是中华民族的根和魂，强调马克思主义基

---

① 《习近平谈治国理政》第 2 卷，外文出版社 2017 年版，第 339 页。
② 《习近平谈治国理政》第 2 卷，外文出版社 2017 年版，第 349 页。

本原理同中华优秀传统文化相结合的重大意义,说到底是强调对现实的自信。习近平精辟指出:"全党要坚定道路自信、理论自信、制度自信、文化自信。当今世界,要说哪个政党、哪个国家、哪个民族能够自信的话,那中国共产党、中华人民共和国、中华民族是最有理由自信的。有了'自信人生二百年,会当水击三千里'的勇气,我们就能毫无畏惧面对一切困难和挑战,就能坚定不移开辟新天地、创造新奇迹。"①"站立在960万平方公里的广袤土地上,吸吮着中华民族漫长奋斗积累的文化养分,拥有13亿中国人民聚合的磅礴之力,我们走自己的路,具有无比广阔的舞台,具有无比深厚的历史底蕴,具有无比强大的前进定力。"②

二是担负起新的文化使命,努力建设中华民族现代文明。这是习近平在文化传承发展座谈会上重要讲话的主旨。中华文明具有突出的连续性,一脉相承绵延不绝,其发展从未中断,历史底蕴无比深厚,必然会按照历史惯性,沿着自己的独特轨迹向前发展。从长时段看,中华文明又具有突出的创新性,重视顺应时势而有所调适。"苟日新,日日新,又日新。"文明倘若故步自封因循守旧,其生命力也就戛然而止了。中华文明之所以能延续发展五千多年,离不开吐故纳新的能力和与时俱进的品质。创新不是推倒重来另起炉灶,而是推陈出新革故鼎新,包括致力于推动中华优秀传统文化创造性转化、创新性发展,进而确保了发展的连续性、独立性。连续性,说明是动态而不是静止的,是进行时而不是完成时。所谓担负起新的文化使命、努

---

① 《习近平谈治国理政》第2卷,外文出版社2017年版,第36页。
② 《习近平谈治国理政》第2卷,外文出版社2017年版,第339页。

四　文化传承发展

力建设中华民族现代文明,与党的二十大关于中国式现代化的思考和部署是高度一致的:中国式现代化是物质文明和精神文明相协调的现代化,全面建成社会主义现代化强国包含建成文化强国和现代文明,总的战略安排是分两步走:到2035年基本实现社会主义现代化,建成文化强国,国家文化软实力显著增强;到本世纪中叶把我国建成富强民主文明和谐美丽的社会主义现代化强国,此处的"文明"特指中华民族现代文明。对历史最好的继承是创造新的历史,对人类文明最大的礼敬是创造人类文明新形态。这使我们对未来充满期盼。

三是旗帜鲜明反对历史虚无主义,营造清朗的网络空间。进入新时代,文化建设在取得巨大成就的同时,也存在突出问题,具体表现为拜金主义、享乐主义、极端个人主义和历史虚无主义等错误思潮不时出现,网络舆论乱象丛生,一些领导干部政治立场模糊、缺乏斗争精神,严重影响人们思想和社会舆论环境。[1] 历史虚无主义思潮是一种错误的政治思潮,危害更大,表面谈论历史、实质关注现实,表面谈论学术、实质指向政治,旨在否定党的领导和中国特色社会主义道路,属借题发挥、指桑骂槐。互联网覆盖面广、传播迅速,是新媒体也是自媒体,人人可以随时随地发声,且身份隐秘。借助互联网散布历史虚无主义言论遂成为一大新问题,影响极坏:有人否定马克思主义"五种社会形态"说,否定近代中国是半殖民地半封建社会,从而否定了中国共产党建党以及中国革命、中国道路的合法性;有人将历史主线模糊化、历史事实碎片化,以笼统的所谓人性、人情来代替

---

[1] 参见《中共中央关于党的百年奋斗重大成就和历史经验的决议》,人民出版社2021年版,第43页。

阶级分析，譬如，一味美化曾国藩、将洪秀全妖魔化，称颂张灵甫是抗日名将、谬称"内战无义战"，甚至到孟良崮战役烈士陵园祭奠张灵甫；有人以"戏说""水煮"等轻佻方式恶搞历史，借"解密"之名随意涂抹、肢解历史，例如，诬称刘胡兰慷慨赴死是"精神有问题"、邱少云在潜伏中烈火烧身纹丝不动"违背生理学"等。习近平总书记见微知著，强调互联网已成为意识形态斗争的主战场，过不了互联网这一关就过不了长期执政这一关；倡导共建网上美好精神家园。[1] 通过健全互联网领导和管理体制、坚持依法管网治网、广泛传播社会主义核心价值观、做强网上正面宣传，网络生态持续向好。

近40多年来，得益于持续深入的文化建设，我国社会一直保持着奋发向上的精神面貌。譬如，2008年"5·12"汶川大地震发生后，全国在很短时间内迅速动员和组织起来，形成万众一心守望相助的恢宏场面。"灾难无情，人间有爱""不抛弃，不放弃"成为大家共同的心声和信念。"无论你在哪里，我都要找到你，血脉能创造奇迹……生死不离，我数秒等你消息，相信生命不息……"这首名为"生死不离"的歌曲唱响全国，令人止不住潸然泪下。这相同一幕在近年新冠疫情防控中再度出现，令人无限感怀。

四　几点启示

党领导文化建设的伟大历程可歌可泣、发人深省，可以从许多方

---

[1] 中共中央宣传部：《习近平新时代中国特色社会主义思想学习纲要》，学习出版社、人民出版社2019年版，第151页；《习近平谈治国理政》第4卷，外文出版社2022年版，第319页。

四　文化传承发展

面进行总结，最深刻的启示可归纳为以下几点。

（一）实现中华民族伟大复兴必须毫不动摇地坚持党的领导

历史与现实雄辩地证明，没有中国共产党，就没有新中国，就没有中华民族伟大复兴。党领导文化建设的历程从侧面印证了这一点。百余年来，党始终走在时代前列，始终保持浩然正气、奋进锐气、蓬勃朝气，在领导文化建设上高瞻远瞩、殚精竭虑；党始终代表着中国先进文化的前进方向，确保文化建设始终沿着正确方向推进；党在文化建设上的思考和部署前后接续，既一脉相承又与时俱进，一张蓝图绘到底，避免了折腾和倒退；党秉持以人民为中心，始终与人民心连心、同呼吸、共命运，赢得民心，进而赢得主动、赢得未来。一句话，没有党的领导，中国文化建设绝无可能取得今天的成就，党的地位和作用是国内其他任何政治力量都无法替代的。西方肆意攻击党的领导，居心叵测。党的领导是中国特色社会主义最本质的特征、中国特色社会主义制度的最大优势，在这一点上，我们自己绝对不能含糊。以中国式现代化全面推进中华民族伟大复兴，必须毫不动摇地坚持党的领导，深刻领悟"两个确立"的决定性意义。

（二）与时俱进，用发展着的马克思主义指导新的实践

习近平总书记提出的"两个结合"是对马克思主义中国化时代化历史经验的深刻总结。中国化时代化的马克思主义之所以行，根本在于党吸取历史教训，没有把马克思主义教条化，而是将其基本原理同中国具体实际、同中华优秀传统文化相结合，运用马克思主义的立

场观点方法来解决中国具体问题，既不丢老祖宗，又努力讲出新话、讲好中国话，马克思主义因此得以在中国深深扎根、枝繁叶茂、沁人心脾，具有旺盛的生命力。从文化建设角度讲，在漫长的峥嵘岁月中，党实现了马克思主义中国化三次历史性飞跃，为文化建设提供了科学指南，使文化建设始终走在正确道路上，而丰富生动的崭新实践又转而推进了理论创新。担负起新的文化使命、努力建设中华民族现代文明，必须坚持以习近平新时代中国特色社会主义思想为指导。

（三）文化自信是更基本、更深沉、更持久的力量

党领导革命、建设和改革，无一不是披荆斩棘、爬坡闯关，前途光明而任重道远，因此，人的素质至关紧要。在近代来华的西方人笔下，中国社会愚昧守旧，似一潭死水；中国人拖辫子、裹小脚、吸鸦片、纳小妾，暮气沉沉。这些描述明显带有狭隘偏见和傲慢心理，但也道出了部分事实。旧中国文化落后，文盲占人口绝大多数，在封建文化、帝国主义文化毒害和桎梏下，不少人精神麻木、观念陈旧、思想保守。鲁迅先生当年弃医从文，正是从改变国民精神着眼的。鲁迅先生想做但没有做成的事，中国共产党做成了。党持之以恒领导文化建设，破旧立新、激浊扬清，以新文化育新人、树新风、走新路、建新功，其改造、建设之功惊天地泣鬼神。革命年代以军事为中心，建设与改革年代以经济建设为中心，而文化建设至关紧要、不可或缺。文化建设催生文化自信，使古老中华文明在社会主义基础上焕发青春，使中国人民在精神上由被动转入主动、发生脱胎换骨变化，为人民群众发挥积极性、主动性和首创精神开辟了广阔天地，为中华民族

伟大复兴提供了强大精神支撑。踏上全面建设社会主义现代化国家新征程，机遇与挑战并存、不确定难预料因素增多，必须继续推进文化自信自强，继续做好以文化人、以文铸魂的工作，丝毫懈怠不得。

(原载《近代史研究》2023 年第 4 期)

传统文化的继承和发展要坚持历史唯物主义

张建刚[*]

2023年6月2日,习近平总书记在中国历史研究院出席文化传承发展座谈会时强调:"中国文化源远流长,中华文明博大精深。只有全面深入了解中华文明的历史,才能更有效地推动中华优秀传统文化创造性转化、创新性发展,更有力地推进中国特色社会主义文化建设,建设中华民族现代文明。"[①] 文化是一个国家、一个民族的灵魂。文化的繁荣与昌盛既是一个国家、一个民族兴旺发达的反映,也是其不断发展的根本动力。对中华优秀传统文化的继承和发展,事关国运兴衰、文化安全、民族精神独立性以及中国特色社会主义道路成败。我们必须坚持历史唯物主义,站稳人民立场,促进文化为经济发展服务,吸收中华优秀传统文化的精华,坚决反对虚构历史、否定党、否定优秀传统的历史虚无主义,不断推进中华优秀传统文化的创造性转

---

[*] 张建刚,中国社会科学院马克思主义研究院研究员。
[①] 《习近平在文化传承发展座谈会上强调 担负起新的文化使命 努力建设中华民族现代文明》,《人民日报》2023年6月3日。

化、创新性发展，进一步坚定文化自信，为中华民族伟大复兴提供不竭的精神力量。

一 继承和发展中华优秀传统文化要始终坚持人民立场

为什么人服务的问题是文化的根本问题。历史唯物主义认为，人民群众是历史的创造者，是真正的英雄。中华优秀传统文化根植于我国各族人民的伟大历史实践，继承和发展中华优秀传统文化必须立足于为广大人民群众服务，立足于满足新时代人民群众的精神文化生活需要。源于人民、为了人民、属于人民，是继承和发展中华优秀传统文化必须坚持的根本立场，也是推动中华优秀传统文化不断繁荣、创新发展的动力所在。继承和发展中华优秀传统文化是中国共产党领导下的中国特色社会主义事业的重要组成部分，必须旗帜鲜明地回答为什么人服务的问题，必须始终坚持以人民为中心的根本立场，坚持为人民服务，为实现共同富裕服务，为推进中国式现代化建设服务。

中华优秀传统文化是人民幸福、民族复兴、国家富强的文化根基和精神源泉，而社会主义是实现中国共产党人的初心和使命——为中国人民谋幸福、为中华民族谋复兴的根本保障。因此继承和发展中华优秀传统文化必须坚持文化为社会主义服务的根本原则，为完善和发展中国特色社会主义制度服务，为加强党的领导服务，为巩固马克思主义在意识形态领域的指导地位服务。继承和发展中华优秀传统文化要有利于增强中国特色社会主义文化自信，有利于激发全民族文化创新活力，有利于增强实现中华民族伟大复兴的精神力量。

"人民既是历史的创造者、也是历史的见证者,既是历史的'剧中人'、也是历史的'剧作者'。"① 文化作品要反映人民改造世界的伟大历史实践,把满足人民群众精神文化需求作为创作的出发点和落脚点。文化作品只有顺应人民意愿、反映人民心声,才能永葆活力;文化事业只有植根现实生活、紧跟时代潮流,才能繁荣发展。继承和发展中华优秀传统文化,要充分尊重人民的历史主体地位和首创精神,紧紧依靠人民,发掘和创作更多为人民群众所喜闻乐见、反映新时代人民心声和时代要求的优秀作品,让人民群众精神文化生活不断迈上新台阶。

二 继承和发展中华优秀传统文化要有利于社会主义经济建设

文化来源于物质生产实践活动,是对人类的生产、生活过程的反映,主要包括传统习俗、生活方式、宗教信仰、伦理道德、法律制度、价值观念、审美情趣等内容。历史唯物主义认为,社会存在决定社会意识,社会意识反作用于社会存在。1883年,恩格斯在马克思墓前说:"正像达尔文发现有机界的发展规律一样,马克思发现了人类历史的发展规律,即历来为繁芜丛杂的意识形态所掩盖着的一个简单事实:人们首先必须吃、喝、住、穿,然后才能从事政治、科学、艺术、宗教等等;所以,直接的物质的生活资料的生产,从而一个民族或一个时代的一定的经济发展阶段,便构成基础,人们的国家设

---

① 《习近平谈治国理政》第2卷,外文出版社2017年版,第314页。

施、法的观点、艺术以至宗教观念,就是从这个基础上发展起来的,因而,也必须由这个基础来解释,而不是像过去那样做得相反。"①这段话十分精辟地阐明了历史唯物主义的基本内涵,深刻揭示了经济基础和上层建筑之间的关系。有什么样的物质生产,必然会有什么样的文化与之相适应。以蒸汽磨为主要工具进行生产的社会和以手工磨为主要工具进行生产的社会的文化必然是不同的。文化也不是一成不变的,会随着物质生产的变化而不断变化。中国传统文化是建立在农业社会基础之上的,尽管它也吸收了游牧文化等其他文化的优势,但总体是适应于农业社会的。所以,面对工业社会、信息社会,传统文化自然有很多地方不适应,必须加以创造性转化和创新性发展。

中华文化源远流长、博大深邃、影响深远,造就了中华文明的突出特性。中华文明历经绵绵几千年而不中断,具有突出的连续性;勇于接受新事物、敢于迎接新挑战,具有突出的创新性;崇尚团结互助、看重共融一体,具有突出的统一性;兼收并蓄、海纳百川,具有突出的包容性;热爱和平、追求共赢,具有突出的和平性。中华文明的这些突出特性,是我们保持文化自信的底气所在,是中华民族生生不息、拥有强大生命力的根源所在,是实现中国式现代化的依据所在。在新时代,继承和发展中华优秀传统文化就是要将其与社会主义相结合,形成中国特色社会主义文化,创造中华文化的先进形态,进一步彰显中华文明的突出特性。

历史唯物主义认为,社会意识可以反作用于社会存在,上层建筑可以影响经济基础。文化是上层建筑的重要组成部分,对社会经济建

---

① 《马克思恩格斯文集》第3卷,人民出版社2009年版,第601页。

设具有强大的影响力。中华优秀传统文化仍然具有强大的生命力，仍然对社会主义经济建设具有强大的促进作用。判断一个文化是否还具有活力的重要标准，是其是否能促进当前的经济建设，是否能改善人民群众的生活水平，是否能激发人民积极向上、奋发有为的精神斗志。继承和发展中华优秀传统文化，就是要保留那些能有效促进经济发展的先进文化，抛弃那些已不适应时代发展要求的落后文化；就是要大力发掘中华优秀传统文化关怀社会实际问题的实践精神，彰显其资政育人、以文化人的功能，推动其与现代社会相协调，充分发挥文化在促进经济发展中的作用。在新时代，一方面，我们要通过继承和发展中华优秀传统文化中的精华，提高人自身的素质，优化社会体制机制，创新价值理念，激发精神动力，为社会主义经济建设创造一个充满活力的外部环境。另一方面，我们要大力发展文化产业，健全现代文化产业体系和市场体系，实施重大产业项目带动战略；实施国家文化数字化战略，健全现代公共文化服务体系，创新实施文化惠民工程；坚持以文塑旅、以旅彰文，推进文化和旅游深度融合发展；加快文化力向经济力的转化，让文化成为推动经济发展的重要推动力。

三 继承和发展中华优秀传统文化要科学区分"精华"与"糟粕"

中华传统文化拥有五千多年的岁月积淀，底蕴深厚，内涵丰富，成就辉煌。中华优秀传统文化滋养了一代又一代中国人，拥有对世界文明兼收并蓄的开放胸怀，造就了中华民族守正不守旧、尊古不复古的进取精神，塑造了中华民族热爱和平、追求公平的民族性格，发挥

四　文化传承发展

了凝聚中华儿女力量形成强大合力的作用。历史唯物主义认为，社会存在决定社会意识，社会意识反映社会存在，社会是不断发展变化的，文化也必然随着社会的发展而不断发展。这就决定了中华传统文化必然随着时代发展而出现难以适应时代要求和社会发展的地方。如何正确对待中华传统文化，如何科学判断中华传统文化中的"精华"与"糟粕"，如何实现中华优秀传统文化与马克思主义基本原理相结合，是我们必须回答的重大问题。

对待传统文化不能简单地采取"拿来主义"的态度，而应该批判地继承。毛泽东同志对待传统文化的态度是我们学习的楷模，他认为，"学习我们的历史遗产，用马克思主义的方法给以批判的总结"[1]。他主张要对中国古代文化进行清理，取其精华，去其糟粕。他认为："清理古代文化的发展过程，剔除其封建性的糟粕，吸收其民主性的精华，是发展民族新文化提高民族自信心的必要条件。"[2] 毛泽东同志指出："我们中国有些人却崇拜旧的过时的思想，这些思想对于我们今天的中国不仅不适用而且有害。这样的东西必须抛弃。"[3] 我们必须尊重历史，"但是这种尊重，是给历史以一定的科学的地位，是尊重历史的辩证法的发展，而不是颂古非今，不是赞扬任何封建的毒素"[4]。对待中华优秀传统文化，我们要采取实事求是的态度，用马克思主义对其进行改造，坚持古为今用、以古鉴今，坚持有鉴别的对待、有扬弃的继承，努力实现传统文化的创造性转化、创

---

[1]《毛泽东选集》第 2 卷，人民出版社 1991 年版，第 533 页。
[2]《毛泽东选集》第 2 卷，人民出版社 1991 年版，第 707—708 页。
[3]《毛泽东文集》第 3 卷，人民出版社 1996 年版，第 191 页。
[4]《毛泽东选集》第 2 卷，人民出版社 1991 年版，第 708 页。

新性发展，使之能为社会主义建设事业服务。

科学判断中华传统文化中的"精华"与"糟粕"，是我们继承和发展中华优秀传统文化的前提。判断的标准就是看其是否站在劳动人民的立场上，是否适应时代发展的需要，是否真正追求真、善、美，是否促进了社会主义发展。传统文化中关于天下为公、大同世界的思想，关于以民为本、安民富民乐民的思想，关于苟日新日日新、革故鼎新、与时俱进的思想，关于仁者爱人、以德立人的思想，关于脚踏实地、实事求是的思想，关于自强不息、厚德载物的思想，为人们认识和改造世界提供了有益启迪，都是中华传统文化中的"精华"。孔子"君者舟也，庶人者水也。水则载舟，水则覆舟"[①]的思想，孟子"民为贵，社稷次之，君为轻"[②]的思想，都强调了人民群众的重要性，具有一定的真理性。而传统文化中，关于等级制度的思想、关于剥削劳动人民的思想、关于重男轻女的思想等带有明显的时代局限性，则是中华传统文化中的"糟粕"。传统文化中有一些陋习应该大加批判，比如缠足这一古代陋习，不仅严重影响了女性足部的正常发育，让人们形成了畸形的审美心理，还妨碍了女性正常参加社会工作而只能依附于男性。还比如，至今还有一些人热衷于看相、算命、卜卦、抽签、拆字、圆梦、降仙、看风水等封建迷信活动，企图通过这些改变命运，升官发财。这些封建迷信活动也是传统文化中的"糟粕"，都应该统统丢到历史的垃圾堆中。

[①] （清）王先谦撰，沈啸寰、王星贤点校：《荀子集解》卷二〇《哀公》，中华书局1988年版，第544页。

[②] （宋）朱熹：《孟子集注》卷一四《尽心章句下》，《四书章句集注》，中华书局1983年版，第367页。

四　文化传承发展

中华优秀传统文化只有与马克思主义相结合，才能焕发出新的生机，才能成为推动中华民族伟大复兴的不竭精神动力。中华优秀传统文化与马克思主义具有高度的契合性，能够互相成就，实现有机结合，形成中国式现代化的文化新形态。我们要善于把弘扬优秀传统文化和发展现实文化有机统一起来，紧密结合起来，在继承中发展，在发展中继承。我们要推动中华优秀传统文化创造性转化、创新性发展，促进中华优秀传统文化与社会主义社会相适应，拓展中国特色社会主义道路的文化根基，不断深化对文化建设的规律性认识，努力创造属于我们这个时代的新文化。

四　继承和发展中华优秀传统文化要旗帜鲜明反对历史虚无主义

"不忘历史才能开辟未来，善于继承才能善于创新。优秀传统文化是一个国家、一个民族传承和发展的根本，如果丢掉了，就割断了精神命脉。"[1] 历史唯物主义认为，任何一种思想文化、意识形态和社会意识形式都根植于一定的经济基础，都是由一定的社会存在决定的。很多文学作品来源于物质生产活动，反映了人们劳动生活的场景。《诗经·豳风·七月》："七月流火，九月授衣。春日载阳，有鸣仓庚。女执懿筐，遵彼微行，爰求柔桑。春日迟迟，采蘩祁祁。女心伤悲，殆及公子同归。"[2] 就反映了农夫艰辛劳作的场景。中华优秀

---

[1]《习近平谈治国理政》第2卷，外文出版社2017年版，第313页。
[2] 程俊英、蒋见元：《诗经注析》，中华书局1991年版，第409页。

传统文化是中华文明的智慧结晶和精华所在，是中华民族的根和魂。继承和发展中华优秀传统文化，要坚持历史的观点、辩证的观点、发展的观点，善于在历史的联系中把握历史，善于在矛盾分析中取其精华、去其糟粕，善于在守正中创新、在继承中发展，反对任何割裂历史、断章取义、孤立静止地看待传统文化的做法。

当代中国是历史中国的延续和发展，当代中国文化也是中国传统文化的传承和升华，丢掉了中华优秀传统文化，就割断了自己的精神命脉。近年来，在理论界、文化界出现了一些错误思潮，对我们党和国家的事业造成了严重危害，特别是其中的历史虚无主义和文化虚无主义，我们要坚决反对。历史虚无主义是一股以抹黑党的领袖、歪曲党的历史为主要表现的错误社会思潮。历史虚无主义妄图通过捏造事实、割裂联系、否定规律等手段篡改和丑化党的历史，集中表现为攻击和否定党的领袖和英雄人物，抹黑进而否定党领导人民进行的革命斗争和社会主义建设史，无限夸大社会主义改造和建设期间经历的曲折、出现的失误。历史虚无主义目的就是要否定中国共产党的领导，否定社会主义制度，否定马克思主义的指导地位，否定党和人民经过千辛万苦奋斗得来的中国道路。历史虚无主义思潮的传播和泛滥，会严重破坏当代中国团结和谐、安定有序的政治局面，阻碍中华民族伟大复兴的历史进程。对此，我们必须坚决反对，进行有力批驳。文化虚无主义是一股以彻底否定民族文化传统、主张全盘西化为特征的错误文化思潮。文化虚无主义对文化进行虚无，一是对我国优秀传统文化进行选择性虚无，污蔑历史英雄人物，抹杀他们的历史功绩，抹黑他们的正面形象，从而误导人们的历史观、价值观、文化观；二是对革命文化进行选择性虚无，非议革命领袖，丑化党的领导人，破坏革

四 文化传承发展

命英雄光辉形象，挑战主流意识形态；三是对社会主义先进文化进行选择性虚无，肆意侮辱英雄、模范，公然挑衅和蓄意背叛社会主义核心价值观。文化虚无主义通过矮化中华优秀传统文化、质疑革命文化、消解社会主义先进文化，企图达到动摇中华文化立场，销蚀社会主义核心价值观，兜售西方文化、西方价值、西方理念的目的。我们要揭露文化虚无主义的本质，正本清源、固本培元，引导人们树立正确的历史观、民族观、国家观和文化观，坚定中国特色社会主义文化自觉和文化自信。

任何事物都有两面性，都包含着各种各样的矛盾，中华传统文化既有积极向上的一面，也有消极落后的一面。为此，我们要坚持唯物辩证法，采取批判继承的科学态度，对传统文化进行分析、研究、甄别，摄取其精华，剔除其糟粕，在批判中继承，使其在现代化进程中焕发出新的蓬勃生机。我们要坚持"古为今用、以古鉴今"，坚持不忘本来、吸收外来、面向未来，在继承中转化，在学习中超越，让中华优秀传统文化成为助力中华民族伟大复兴的巨大宝藏。我们要善于从中华优秀传统文化宝库中萃取精华、汲取能量，保持对自身文化理想、文化价值的高度信心，保持对自身文化生命力、创造力的高度信心，不断深化对文化建设的规律性认识，努力创造属于我们这个时代的新文化。

（原载《文学遗产》2023年第4期）

从新时代中国文化观看近代中国历史和文化的转型

张海鹏[*]

2023年6月2日,习近平总书记在文化传承发展座谈会上从党和国家事业发展的战略高度,就新时代文化传承发展一系列重大理论问题作了全面、系统、深刻阐述,集中提出了创新中国文化的一系列新思想、新观点、新论断,我把这篇讲话概括为习近平新时代中国特色社会主义总体中国文化观,简略一点可以称为习近平新时代总体中国文化观。

一 对习近平总书记重要讲话的领会

讲话首先论述了中国历史文化的五个特性,即突出的连续性、突出的创新性、突出的统一性、突出的包容性和突出的和平性。有了五个特性,中国特色社会主义才有了深厚的文化根基。在这个论述的基

---

[*] 张海鹏,中国社会科学院学部委员、中国社会科学院近代史研究所研究员。

四　文化传承发展

础上，讲话提出要深刻理解"两个结合"的重大意义。

"两个结合"就是马克思主义与中国具体实际相结合，马克思主义与中国优秀传统文化相结合。"两个结合"是中国特色社会主义取得成功的最重要原因。在今天尤其要强调马克思主义与中国优秀传统文化相结合。马克思主义与中国优秀传统文化能够结合，是因为两者之间存在契合性。契合的结果是相互成就，不是拼盘，不是简单的物理反应，而是深刻的化学反应，造就了一个有机统一的新的文化生命体，让经由"结合"而形成的新文化成为中国式现代化的文化形态。中国特色社会主义的关键是"两个结合"。"结合"打开了创新空间，"结合"是又一次思想解放。"结合"本身就是创新，同时又开启了广阔的理论和实践创新空间，让我们掌握了思想和文化主动，并有力地作用于道路、理论和制度建设。让我们能够在更广阔的文化空间中，充分运用中华优秀传统文化的宝贵资源，探索面向未来的理论和制度创新。要深刻认识到，"结合"巩固了文化主体性。有了主体性就有了文化自信，国家认同就有了坚实的文化基础。

讲话的第三部分是更好担负起文化使命，发展、创造新时代中国的新文化。这是这篇讲话的重点及其鲜明的时代意义。习近平总书记一口气说了15个强调坚持，即强调坚持党对宣传文化工作的领导，强调坚持马克思主义在意识形态领域的指导，强调坚持文化自信推动社会主义文化繁荣兴盛，强调坚持社会主义核心价值，强调坚持构建中国特色社会主义哲学社会科学体系，以及强调坚持弘扬全人类共同价值等。我认为，这里提出的15个强调坚持，就是这次讲话的鲜明的时代意义，就是我们建构中国特色社会主义文化新形态的内容，就是对中国优秀传统文化进行创新性转化、创造性发展的结果，就是我们要建设的现代文明、现代文化强国的指向。

以上有关中国文化、中国文明特性、"两个结合"所产生的文化新形态，以及建设现代文明强国讲话，通篇逻辑严谨，步步深入，说理性深，说服力强，是对中国文化传承发展全新的论断，是对中国文化观系统的阐述，是新时代总体中国文化观，是新时代中国特色社会主义的中国文化观，是马克思主义中国化的中国文化观，是马克思主义中国化、时代化历史经验在文化领域的科学总结，是对中国文化发展的一种深刻的规律性的认识，它的内涵极为丰富，时代意义极强，需要我们不断深入领会，学术界、文化界要把这次讲话精神贯彻到学科建设中去，贯彻到社会实际生活中去。

我在现场聆听了习近平总书记的讲话，感觉犹如黄钟大吕，震撼良深，启发多多。

二 中国历史文化发展符合总体中国文化观

新时代总体中国文化观内涵极为丰富，我谨就中国悠久历史的连续性和中国文化突出的创新性，结合近现代中国历史的创造性转型谈一点个人体会。中华文明悠久历史是连续性的，从未中断；中华文明又具有突出的创新性，从根本上决定了中华民族守正不守旧、尊古不复古的进取精神，决定了中华民族不惧新挑战、勇于接受新事物的无畏品格。

守正不守旧、尊古不复古的进取精神，的确是中华文明连续性和创新性特征。中华文明源远流长、博大精深。自强不息、革故鼎新、与时俱进是中华文明永恒的精神气质，追求苟日新、日日新是中华文化的根脉。周代商后，周本来是一个统一的国家，因为周行分封制，造成了春秋、战国几百年的纷争和战乱。孔子说"吾从周"，所从的是周的礼制，意思是遵从周代开创的礼制文化，以此阻止礼崩乐坏，反映出他希望维护周的统一。秦扫六合，统一全国，实行皇帝制度，以三公九卿组成中央政府，地方实行郡县制，"书同文，车同轨"，"令黔首自实田"，使政治、经济、文化制度得以更新，成为中央集权的统一多民族封建国家。国家统一实现了，国家制度创新了，社会前进了。这是守正不守旧、尊古不复古的进取精神的典型表现。"汉承秦制"，西汉、东汉四百多年，基本上沿袭秦的政治经济制度，也有一些具体制度的改革，"文景之治"，与民休息，造成了社会经济的繁荣。最重要的是在思想文化领域尊崇儒术，儒家学说成为长期主导我国封建社会的主流意识形态。

隋唐时期三百多年的社会发展，出现了"贞观之治""开元盛世"。皇帝制度不变，中央政府形成三省六部制，进一步完善了国家政治体制。在人才制度上有了重大改革，以科举制取代了汉以后的察举制和九品中正制度。科举制是选拔人才上的重大进步，使出身中下层的士人可以通过相对公平的考试制度进入各级政权机构，扩大了统治基础，加强了中央集权，使中国封建社会形成了长期稳定的社会结构。这是一次重大的政治制度的改革，也是一次重大的文教体制的改革。

元明时期，为时约370年，除了维持皇帝制度不变，地方管理上形成、确立了行省制度，延续至今，是一项重大的国家治理体系的改革；中央层面，明朝废除了宰相制度，皇帝直接负责政府工作，开始形成君主专制。清朝267年，延续明朝制度，出现"康乾盛世"，实施对少数民族因俗而治的政策,加速了中国境内各民族之间交往、交流与交融,推进了中华民族的形成。①

鸦片战争后,资本主义列强侵略,领土主权沦丧,三千年未有之变局,中国成为半殖民地半封建社会,国家面临严重困难局面。面对这种局面,晚清时期国家出现了两种改革力量。一种是清政府层面,先是洋务活动,想借用西方的洋枪洋炮,以为"可以剿发逆,可以勤远略"②,未能成功,甲午一败,前功尽溃;接着是戊戌变法,试图借鉴西方国家制度改变国家困境,也未成功;1901年《辛丑条约》签订后,清政府实行新政,试图模仿西方政治制度,改行君主立宪,改革未能完成,革命派起来了。另一种改革力量就是革命派,是来自民间的改革力量。革命派认为清朝政府不足以扭转国家的困难局面,决定另起炉灶,推翻皇帝制度,建立了中国历史上也是亚洲历史上第一个"共和"政府,改采议会制度,试行政党政治。这个试行脱离了中国历史文化的根基,未能成功。这个时候,中国人向西方学习,接受了西方的政治文化学说,西化主张活跃于报刊,西化声音震庭盈耳。

这是对中国历史文化的极大挑战。中国人应该如何面对挑战,如何从根本上改变中国面貌、迎接新事物,在旧中国的基础上树立一个

---

① 参见雍正《大义觉迷录》:"且自古中国一统之世,幅员不能广远,其中有不向化者,则斥之为夷狄。如三代以上之有苗、荆楚、狯狁,即今湖南、湖北、山西之地也。在今日而目为夷狄可乎?至于汉、唐、宋全盛之时,北狄、西戎世为边患,从未能臣服而有其地,是以有此疆彼界之分。自我朝入主中土,君临天下,并蒙古极边诸部落俱归版图,是中国之疆土开拓广远,乃中国臣民之大幸,何得尚有华夷中外之分论哉!"载中国社会科学院历史研究所清史研究室编《清史资料》第4辑,中华书局1983年版,第5页。

② (清)曾国藩:《复陈购买外洋船炮折》(1861年8月23日),《曾国藩全集》第3册,岳麓书社2011年版,第186页。

四 文化传承发展

崭新的中国？

在西化声音震庭盈耳的同时，十月革命后，马克思主义传进了中国。面对辛亥革命后的社会乱象，一部分先进的知识分子接受了马克思主义。是马克思主义、共产主义学说救了中国。马克思主义是人类最先进的思想，中国自古就有天下大同的社会理想，有"大道之行也，天下为公"主张。马克思主义的基本原理，与中国优秀传统文化来源不同，但在一定意义上与大同理想、天下为公主张相契合，容易被中国人接受。中国共产党就是在采纳了马克思主义后成立的，就是在马克思主义指导下结合中国实际提出中国革命的路线及主张的，这个路线、主张就是在中国和世界严酷的斗争环境中逐渐成熟起来，形成了中国化的马克思主义。中国共产党坚持反帝反封建斗争，团结人民取得了革命的胜利，成立了中华人民共和国，在这个极大的挑战中站了起来，不仅赢得了过去，也赢得了未来。这个结果，是符合马克思主义的，是符合中国实际的，也是符合中国历史文化传统的。

毛泽东在新民主主义革命即将取得胜利的时候，在延安就说过，我们将来要走向城市，要工业化、机械化，"由农业基础到工业基础，正是我们革命的任务"；而且说"如果我们永远不能获得机器，我们就永远不能胜利，我们就要灭亡"[①]。这就是说，中国共产党领导人不仅提出了建立农村革命根据地、武装夺取全国政权的战略思想，而且想到了建立全国政权后要走工业化道路，要走社会主义道路。1949年3月党的七届二中全会就决定了成立中华人民共和国的基本策略和原则，提出了中国共产党历史上的第二个转折，就是把工

---

① 《毛泽东文集》第3卷，人民出版社1996年版，第207页。

作的重点从乡村转移到城市，由城市领导乡村。由此决定了中华人民共和国成立后中国走向社会主义的制度转变以及四个现代化方针的提出。中国由探索社会主义到中国特色社会主义，再到新时代中国特色社会主义和中国式现代化的实现，这是中国历史上最大的制度创新，从政治、经济到文化制度，真正做到了人民当家作主，带来了国家空前统一和强大，国内生产总值稳居全球第二，社会生活繁荣昌盛，人民福祉史所未见的提升。

为什么民国时期的议会制度、政党政治不能成功？因为它引进西方的三权分立制度，造成不同利益集团的政党政治的对立，国家分裂，不符合中国的历史和文化传统，脱离了人民。为什么新中国的人民代表大会制度、政治协商制度、民族区域制度、社会主义市场经济制度，能够在中国共产党的领导下获得极大的成功？因为这个制度保障了中国共产党的全面领导，因为中国共产党把马克思主义原理与中国具体实际相结合，与中国优秀传统文化相结合，产生了中国化、时代化的马克思主义，提出了符合中国历史文化实际的政策方针。从革命时期到建设时期，中国共产党极大地动员了人民群众，极大地团结了各阶级阶层人民，全心全意为人民谋福利，而不是为某一利益集团谋福利，赢得了民心。中国共产党是执政党，八个民主党派是参政党，执政党和参政党不是朝野关系，不是不同利益集团的关系，而是共同推进中国特色社会主义向前迈进的协力关系。民本观念即民为邦本，是中国优秀传统文化中的重要思想，经过马克思主义的转化，我们站得更高，懂得了人民是推动历史前进的主人，共产党的任务就是为人民服务，人民愿意跟着共产党走。我们的革命依靠人民取得了胜利，中国特色社会主义也是依靠人民取得了伟大的成功。中国特色社

四　文化传承发展

会主义的本质是中国共产党的领导,中国式现代化的本质也是中国共产党的领导。中国共产党赢得了民心,也是聚集民心的核心力量。

三　对国外有关中国历史文化中断的驳议

关于中国历史连续性问题,国外学术界有过讨论。有学者认为,关于中国1949年的断裂与连续是西方学界一个传统的议题。哈佛大学柯伟林(William C. Kirby)教授在一本讨论德国历史的著作中提出过中国历史连续性问题。[①] 1990年柯伟林发表文章,从工业及国民经济规划的角度,认为在这一领域,中国大陆和中国台湾在1949年前后都没有发生急剧的断裂。[②] 日本学术界也很关注并且展开过讨论[③],中国学术界也有反映。在这个讨论中,一些意见认为,1949年前后

[①] 柯伟林在所著《德国与中华民国》一书新中文版序言中接触到了这个话题。作者说,"清朝和民国(正如其后的中华人民共和国)拥有向其他相对'现代化'的国家学习经验的优势","现代中国一个本质的,也许是最为本质的特征,就是中国已经融入全球体系当中"。"被称之为'中国'的这个地方是一个伟大而古老文明的继承者,同时它在很多方面又是一个崭新的国家。"作者在该书"绪论"中指出:"中国旧有的政治和意识形态框架随着清王朝覆亡而同时崩溃,也由于它的社会结构在20世纪逐渐变得陈腐不堪,这就使得中国的政治家和思想家们面前树立着许多潜在的、可供从中选出适合本国环境的外国模式。如果终极目标是恢复中国往日的富裕与强盛,其学习外国模式的方法往往就是对他国经验简单的模仿与抄袭。"柯伟林写道,中国人引入外国模式的一种方法是将其作为"主义",即作为普遍适用的政治和哲学框架而引进的,"然而,在中国人信奉的诸多'主义'中,没有哪一种是直接取自它们各自的民族渊源"。引起人们关注的中国历史连续性问题,可能就来自这些含糊不清的概念。参见〔美〕柯伟林《德国与中华民国》,陈谦平等译,江苏人民出版社2006年版。

[②] William C. Kirby, "Continuity and Change in Modern China: Chinese Economic Planning on the Mainland and on Taiwan, 1943–1958", *Australian Journal of Chinese Affairs*, 1990, pp. 121–141.

[③] 我记得1996—1999年,我访问庆应义塾大学法学部时,与山田辰雄教授讨论过这个问题,山田教授表示他正在思考中国历史的连续性问题。他询问我的意见,我表示1949年前后的中国不存在历史断裂的问题,中国学者可能不会在这个问题上大费周章。

的中国历史中断了,不存在连续性了。大概是因为,1949年中华人民共和国成立后,中国共产党成为执政党,中国的社会性质、社会制度等与1949年前的中国完全不同,从中找不到历史的连续性。这种意见只是皮相之见,不了解中国的历史,不了解中国历史背后的文化支撑,是看不到中国历史的本质的。创新与改革是始终围绕中国历史进行的,中国历史、中华文明从来不是一成不变的。近现代中国的历史也是一样。

中国历史与欧洲历史相比,几千年来,中国的生产力发展、社会制度乃至国家治理都是领先的。中国历史社会和文化充分表现了自己的独特性。但到了17—18世纪发生了变化。在中国康乾盛世时期,欧洲的生产力发展水平超过了中国,那里的资本主义生产方式已经达到一定水平,在欧洲的主要大国,资产阶级已经登上政治舞台,国家政治中出现了民主因素。鸦片战争以前,欧洲主要国家已经完成了第一次工业革命。

鸦片战争以后半个多世纪,中国人在观察、思考、探索中国落后的原因,主要有两个。一个是西方列强有洋枪洋炮,有工业化,西方是资本主义生产方式,中国是小农经济,中国在生产力发展上落后了。列强总是拿着这个长处欺负中国,压迫中国。承认西方长处首先反映在鸦片战争后林则徐、魏源等提出的"师夷长技以制夷"[1]的思想,这一思想后来不断深化。早期改良派思想家提出了"以商富国""商战"[2]思想,这里的"商战"指发展工商业与西方国家竞争。这

---

[1] (清)魏源:《海国图志·叙》,陈华等点校注释,岳麓书社1998年版,第1页。
[2] 郑观应在《盛世危言》中专门写了商战篇,是商战思想代表作。

四　文化传承发展

就提出了如何认识中国落后以及如何赶上西方国家的设想。另一个是西方列强主导国家政治的是资产阶级，有议会，有民主，中国还是皇帝专制独裁，不能采纳人民意见。改变政治制度，兹事体大，直到清末新政才提出了君主立宪主张，朝廷决定"仿行宪政，大权统于朝廷，庶政公诸舆论，以立国家万年有道之基"[①]。这个决定距离人民要求很远。革命派认为朝廷是"洋人的朝廷"，不能等待了，非推翻不可。

这两点比较容易看到。还有一点即中国传统思想文化要不要改造？如何改造？这一点不大被人注意。后来的新文化运动和五四运动中，这个问题被人们强烈关注。这就是学习马克思主义的思想文化背景。

辛亥革命，尤其是中国共产党领导的新民主主义革命，正是针对上述三点做了努力。孙中山领导的革命派试图以西方资产阶级的思想政治学说改变中国，取得了一定成功，但未能获得革命胜利，中国的基本面貌未得到改变。中国共产党成立，建立了开天辟地的伟业。革命以马克思主义中国化为指导，为中国争得了独立主权，人民获得了解放。社会主义为中国开辟了实现工业化、现代化的路径，实现了中国式现代化的成功。中国从一个落后的农业大国转变为一个先进的工业化大国，从国内生产总值来说，2000 年中国达到 10 万亿元，超过意大利；2005 年达到 18 万亿元，超过法国；2006 年达到 22 万亿元，超过英国；2007 年达到 27 万亿元，超过德国；2010 年达到 40 万亿

[①] 中国第一历史档案馆编：《光绪宣统两朝上谕档》第 32 册，广西师范大学出版社 1996 年版，第 128 页。

元,超过日本,成为世界第二大经济体。2022年,我们的国内生产总值在三年新冠疫情冲击下还达到了121万亿元,把随后的日本、德国、法国和英国远远甩在后面。这个变化西方资本主义现代化用了几百年,中国只用了大约70年的时间就达到且超过了。这是中国共产党领导的成功,不仅是工业化、现代化的成功,还是中国式的民主政治取得的成功,更是马克思主义中国化时代化取得的成功,是"两个结合"的成功,是全体中国人努力的成功,是一个统一的中国取得的成功,是党中央集中统一领导下取得的成功,是中国特色社会主义的成功。中国还是那个中国,自强不息的文化基因推动了我们的制度创新、文化创新。

中国历史,从原始社会进入文明起源,历经奴隶社会、封建社会、半殖民地半封建社会,到社会主义社会,中国社会性质和社会制度是不断变化的,不是一成不变的。夏商周时期的社会性质与社会制度与秦汉时期是不同的。中国封建社会长期稳定,经历的时间很长,具体的社会制度如政治制度、土地制度、国家的组成方式,历朝也不尽完全相同。辛亥革命后建立的中华民国,它的社会制度与清朝以前也不同。中华人民共和国成立以后的社会性质、国家性质、社会制度、土地制度与历代不同,不需要大惊小怪,这是中国历史的正常发展,反映了中国历史文化的突出的创新性与历史连续性。

从封建社会到半殖民地半封建社会,到中国特色社会主义社会,是中国历史和文化的极大创新,不是中国历史和文化的断裂。这种制度创新寓于中国历史文化的连续性之中。我们看中国历史文化的连续性,要看是否保持了国家大一统局面,是否保持了中央集权制度,是否保持了各民族交往交流交融,是否保持了意识形态一致性,是否推

四　文化传承发展

动了社会发展进步，看是否提高了人民的福祉、人民群众是否满意。历代王朝，凡是做得好和比较好的，大都可以维持数百年；做得不好的，可能气运短些。背后的文化因素，就要看天下为公、天下大同、协和万邦、民为邦本、富民厚生、义利兼顾、自强不息等思想是否继承了，为万世开太平的主张是否传承了，先天下之忧而忧、后天下之乐而乐的理念是否创新发展了。中国共产党在新民主主义革命中就高度肯定了中国历史文化对人类的贡献，高度肯定了中国历史文化的连续性，始终坚守了文化自信，在文化自信的前提下，为创造中国现代文明作出了始终不渝的努力。

中华文明中的民本思想是可贵的，但主要是为封建社会服务。我们今天要继承这一思想，就要按照马克思主义，按照唯物史观作出创造性转化。我们确认的民本，是人民为主体，人民是历史前进的主人。人民是主人，就不存在"载舟覆舟"问题。毛泽东在延安的"窑洞对"，提出人民监督政府，才能跳出历史周期率，也是立足于人民主体。习近平总书记将党的"自我革命"历史经验上升到我党跳出治乱兴衰历史周期率第二个答案的高度，也是相信人民、依靠人民的表示。依靠人民推动历史前进，人民从历史前进中获得生活改善，获得文化素质的提升，人民有决定国家前途的话语权，人民真正成为历史的主人。中华人民共和国一成立，我们的国家就叫中华人民共和国，我们的国体就是人民民主专政，资产阶级的民主主义已经让位于人民民主主义，所以我们的制度叫人民代表大会制度，我们的《宪法》规定了中华人民共和国的一切权力属于人民，我们的政府叫人民政府，我们流通钞票叫人民币。中南海的南大门上镌刻着金晃晃的5个大字：为人民服务，表明了党和国家的宗旨。纵观上下五千年，横看亚欧非美四大洲，有哪一个国家是把人民放在这样崇高的地位呢？我们今天才是真正继承和发展了民本思想。

从几千年历史看，历朝历代，中华民族的确是具有守正不守旧、尊古不复古的进取精神，这种精神决定了中华民族不惧新挑战、勇于接受新事物的无畏品格。把这种品格融入中国共产党的精神谱系中，融入"两个结合"中，融入人民的血脉中，就能创造新的历史，创造新的文化，创造中国式现代化的文化新形态，创造人类文明新形态。

用新时代总体中国文化观看中国历史和文明，看中国近代历史，我以为应该得出这样的认识。

（原载《近代史研究》2023年第4期）

谈谈我国历史上的廉洁文化

卜宪群[*]

"要加强新时代廉洁文化建设"[①],是2024年1月8日习近平总书记在二十届中央纪委三次全会上提出的明确要求。

早在11年前,2013年4月19日,十八届中央政治局就我国历史上的反腐倡廉进行第五次集体学习,习近平总书记在主持学习时强调,"研究我国反腐倡廉历史,了解我国古代廉政文化,考察我国历史上反腐倡廉的成败得失,可以给人以深刻启迪,有利于我们运用历史智慧推进反腐倡廉建设"[②]。2022年2月,中共中央办公厅印发的《关于加强新时代廉洁文化建设的意见》指出,用中华优秀传统文化涵养克己奉公、清廉自守的精神境界。

---

[*] 卜宪群,中国社会科学院习近平新时代中国特色社会主义思想研究中心特约研究员,中国社会科学院古代史研究所研究员、所长。

[①] 《深入推进党的自我革命 坚决打赢反腐败斗争攻坚战持久战》,《光明日报》2024年1月9日。

[②] 《积极借鉴我国历史上优秀廉政文化 不断提高拒腐防变和抵御风险能力》,《光明日报》2013年4月21日。

廉的内涵是什么？《说文解字》曰："廉，仄也。"从字面上看，廉本义为"堂之边"，引申为"清也，俭也，严利也"。廉洁历来被视作为政的基石，廉正清白是对官声的褒奖。我们的祖先在数千年的政治文明发展史中，积累了丰厚的廉洁文化遗产，崇德尚廉、廉为政本、持廉守正等传统廉洁文化精华，值得我们深入思考与借鉴。

一

作为中华优秀传统文化的重要组成部分，廉洁文化是在中国社会与中华文明不断发展的基础上产生的。

相传尧舜时期，"贪""贿""侈"等现象已经出现，为政腐败的情况也已有之。史称缙云氏有个不成才的儿子，"贪于饮食，冒于货贿，侵欲崇侈，不可盈厌，聚敛积实，不知纪极，不分孤寡，不恤穷匮"，老百姓把他与氏族内部的"浑敦"（"掩义隐贼，好行凶德"）、"穷奇"（"毁信废忠，崇饰恶言"）、"梼杌"（"不可教训，不知话言"）"三凶"相比，冠之以"饕餮"之名，并称"四凶"。缙云氏是"炎帝之苗裔"，其子也应该不是普通的氏族成员。当时，辅佐尧的舜果断流放了这"四凶"。这个故事说明早在氏族社会晚期，就已经有了反贪腐的廉洁文化萌芽。

当历史进入夏商周时期，以贪婪无度、荒淫无耻、纵欲暴虐为主要表现的各种腐败现象屡有出现。面对这些腐败现象，重视廉洁与德政的呼声绵延不绝。中国自西周起逐渐摆脱了神本政治的束缚，重视人民在国家稳定中的作用，强调在国家治理中应当贯彻民本的理念，已经有了"政德"建设的宝贵思想。以周公为代表的周初思想家在

四　文化传承发展

对殷亡周兴等问题的追问和思考中得出了"皇天无亲，惟德是辅；民心无常，惟惠之怀"的结论，认为只有"敬德保民"，才能保持政权。这些具有变革性意义的思想观念，对我国历史上廉洁文化发展产生了广泛而深远的影响。

春秋战国时期，"周文疲敝""礼崩乐坏"。"《春秋》之中，弑君三十六，亡国五十二，诸侯奔走不得保其社稷者，不可胜数。"昏庸残暴、贪污受贿、颠倒黑白、权钱交易等腐败现象自上而下，不断出现。在兴亡变幻如走马灯般的形势下，如何保障政权的稳固性，是各国面临的重大现实问题。宋国国君宋闵公在灾害发生、人民遭受苦难时，首先检讨了自己的不足。对此，鲁国大夫臧文仲指出："宋其兴乎！禹、汤罪己，其兴也悖（勃）焉；桀、纣罪人，其亡也忽焉。"认为从自己身上寻找不足，是夏禹、商汤勃然兴盛的重要原因；把罪过推给别人，是夏桀、商纣快速灭亡的根源之一。臧文仲提出了如何从自我完善出发破解"其兴也悖（勃）焉""其亡也忽焉"的千古命题。春秋早期政治家管子把"礼义廉耻"视为"国有四维"，"廉"是其中之一，认为"一维绝则倾，二维绝则危，三维绝则覆，四维绝则灭"。这些都是对廉洁与否与王朝兴亡周期率关系的深入思考。

《周礼·天官冢宰·小宰》提出了考核官吏的六项标准："以听官府之六计，弊群吏之治。一曰廉善，二曰廉能，三曰廉敬，四曰廉正，五曰廉法，六曰廉辨"，这就是著名的"六廉"说。"六廉"说将"廉"作为为官者的基本要求放在首位。对此，东汉经学家郑玄说："既断以六事，又以廉为本。""六廉"说，把"廉"运用于政治考核领域，"廉""能"并重，得出了较为全面的评价官吏标准，成为中国传统社会官吏考核的基本思想与准则。

秦汉时期，在一个前所未有的大一统辽阔疆域内，如何保障中央政令贯彻执行，使庞大的官吏队伍高效廉洁，是主政者必须严肃思考的问题。1975年湖北省云梦县睡虎地发现的秦墓中，出土了大量竹简，其中有一篇名为"为吏之道"的文书，教育为官者"必精絜（洁）正直，慎谨坚固，审悉毋（无）私"，指出应当具备"五善"："一曰中（忠）信敬上，二曰精（清）廉毋谤，三曰举事审当，四曰喜为善行，五曰龚（恭）敬多让。"其中的"洁""正""慎""敬""让""无私""忠信""清廉""善行"等，都是廉洁文化的重要内容。无独有偶，岳麓书院藏秦简中的《为吏治官及黔首》和北京大学藏秦简中的《从政之经》中，也有"恭敬多让""兴徭勿擅""安静毋苛""除害兴利""安乐必戒"等与廉洁文化有关的内容。西汉被誉为"群儒之首"的董仲舒推崇"礼义廉让之行"，东汉思想家王符认为"清廉洁白"乃是"化之本也"的重要内容。继承先秦以来的传统，廉洁文化在国家、社会、家庭、个人各个层面受到全面重视。

及至隋唐时期，门阀士族势力逐渐衰弱，官吏队伍成分更新；最高统治集团的政治经验更为丰富，国家政权自我控制约束、自我调整适应的能力不断增强。正是在这样的背景下，以唐初最高统治集团为代表，吸纳了先朝政权盛衰兴亡的历史经验教训，探讨了如何实现王朝长治久安的规律性。廉洁是他们高度关注的内容之一。唐太宗教育臣下要珍惜生命，犹如不能用贵重的明珠"弹雀"一样，不能用珍贵的生命"博财物"。他说："且为主贪，必丧其国；为臣贪，必亡其身。"陆贽是唐德宗时期的宰相，他秉性贞刚，严于律己，跟下属和同僚交往的时候，坚决拒绝他们的馈赠。唐德宗专门给陆贽带话，告诉他清廉太过、拒绝他人馈赠的话，恐怕事情就办不成了。面对唐德宗的劝说，陆贽断然拒绝，在一份奏章里写道："贿道一开，展转滋甚。"意思是说，一旦开了受贿这个口子，必定胃口越来越大。隋唐时期，盛世的出现、皇权的加强、政局的稳定、官德的改进、效能的提高，均与当时廉洁文化盛行关系密切；反之，乱世的发生、政局的混乱、吏治的败坏，也都与廉洁文化不彰有关系。

宋元明清时期，封建专制制度进一步强化，民族矛盾、阶级矛盾错综复杂，但廉洁文化依然是封建统治者倡导和褒扬的文化，这从许多官员的自我约束中就可看出。宋代吕本中著有《官箴》，其中说："当官之法，唯有三事：曰清，曰慎，曰勤。"名臣包拯曾言："后世子孙仕宦，有犯赃者，不得放归本家，死不得葬大茔中。"元代张养浩在《庙堂忠告》中说："廉以律身，忠以事上，正以处事，恭慎以率百僚。"明代流传的官箴中有"吏不畏吾严，而畏吾廉""公生明，廉生威"等内容。名臣于谦"日夜分国忧，不问家产"，"所居仅蔽风雨"。清官海瑞历任高官，家中却"萧然不啻如寒生"。清代于成龙为官时曾定下《示亲民官自省六戒》，提出勤抚恤、慎刑法、绝贿赂、杜私派、严征收、崇节俭六条戒律。他在"绝贿赂"部分写道："夫受人钱而不与干事，则鬼神呵责，必为犬马报人；受人财而替人枉法，则法律森严，定当妻孥连累。清夜省此，不禁汗流。是不可不戒。"历史文献、文化经典、文物古迹中的廉洁思想，古圣先贤、清官廉吏的嘉言懿行，直观体现了我国历史上的廉洁文化，是中华优秀传统文化的重要组成部分。

回首历史，弘扬廉洁文化中蕴含的宝贵思想和文化资源，有助于党员、干部加强党性修养，筑牢思想防线、守住廉洁底线，营造新时代崇廉拒腐、风清气正的政治生态。

二

制度与文化互为依存、相融共进。我国历史上的廉洁文化建设，深刻体现在制度建设之中。《韩非子·外储说右下》记载，鲁相公仪休喜爱吃鱼，人们争相买鱼送他，他却坚辞不受。公仪休说，收了人家的鱼就要按人家的意思办事，难免枉法，如果被免职了还能吃上鱼吗？不收人家的鱼就不会被免职，这样就能"长自给鱼"。这则记载说明，早在春秋战国时期就已有廉政制度制约着官员的行为。公仪休之所以不敢受鱼，是因为制度的底线在约束着他。

选人用人制度上的公正公平是廉洁文化赖以存在的重要基础。秦汉时期，官吏选拔高度重视功劳、重视能力、重视社会评价。秦以军功爵制代替传统的世卿世禄制，杀敌立功，报效国家，可以获得土地与官职。在云梦睡虎地秦简中，有兄弟两人写给家里的两封书信，信中除了浓浓的亲情和乡情，还希望家里寄来钱和布，并询问自己所获得的爵位奖赏到家了没有。他们知道，虽然背井离乡、战场残酷，但通过努力可以改变自己和家庭的命运。"人臣孝则事君忠，处官廉"。汉代推行察举制，察举最重要的科目是孝廉。"孝"是孝悌，对父母孝敬，对兄弟友爱；"廉"是廉洁清白。两汉大批官员就是通过这个制度，走出乡里、报效国家、清廉为政。"少孤贫"的第五访，被举为孝廉，后任张掖太守。面对饥荒，不怕丢官，开仓赈济，自称"太守乐以一身救百姓"。隋唐时期推行科举制，通过考试选拔官吏，考生自由报名，布衣之士有了更多为官的机会。

在官吏管理与考核上，难免存在腐败发生的可能，也有德才关系处理上的两难境地。为保障选人用人的廉洁性，历代有很多制度化规定。秦汉时期就有官吏任用"试守"制度，试用合格者方可继续。官吏任用遵循着籍贯回避、亲属回避、师生回避等回避制度。在江苏连云港尹湾村发现的汉代东海郡官文书中，有一份《东海郡下辖长吏名籍》，详细记载了东海郡100多位主要官吏的籍贯，他们不仅不是本县人，甚至也不是本郡人，证明汉代籍贯回避制度在各地的严格执行。"才者，德之资也；德者，才之帅也。"官吏考核遵循着德先才后的原则。汉代以质朴、敦厚、逊让、有行"四行"来考察官吏品行，以户口垦田增减、钱谷出入、治安好坏等来考核官吏能力。唐代吏部设置考功司，以德义、清慎、公平、恪勤"四善"来考察官吏道德，以"二十七最"即根据各部门职掌之不同，分别提出不同要求来考核官吏能力。德能并重、以德为先，体现着廉洁文化在考核中的意义。历代对官吏日常行为要求也颇为严格。对官吏在职时的钱财物出入，出行时的接待消费，接受宴请馈赠，出入酒楼茶市，以及为官经商等，大多有详尽、具体的规定。

监察制度经历了悠久历史发展过程，在中国传统廉洁文化建设中的作用极为重要。秦统一以后，中央设御史大夫为最高监察长官，御史大夫下设御史中丞；设监郡御史，负责监督地方官吏。汉武帝时，划分全国为十三州部监察区，以部刺史为监察官，根据武帝手订的《刺史六条》，监察郡国守相二千石高官及其子弟和豪强的各种不法行为。唐朝正式确立了一台三院的监察体制，以御史台为中央最高监察机构，御史台以下分设台院、殿院、察院。宋朝在地方建立了监司、通判监察体系。监司是由皇帝派到路一级的负责监督地方军、政、财、刑的四个机构，彼此互不统属，直接对皇帝负责。通判是州的监察官，负责监察知州及所部官吏。明朝建立以后，改御史台为都察院，特别重视御史巡按地方，将全国划分为十三道监察区，定期或不定期派御史巡按监察。我国古代巡察官员代表中央，权威性极强，"御史出巡，地动山摇"，"八府巡按，手捧尚方宝剑，八面威风"。众所周知的狄仁杰等御史清官铁面无私、惩恶扬善，他们的故事至今传为美谈。清朝编成《钦定台规》，统一中央和地方的监察法规于其中，分为训典、宪纲、六科、各道、五城、稽察、巡察和通例八类，既是清朝最重要的一部监察法典，也是中国古代最完备的一部监察法典。

三

欲知大道，必先为史。从延续民族文化血脉中开拓前进，坚定历史自信、掌握历史主动，方能赢得光明的未来。

习近平总书记高度重视从中华优秀传统文化中汲取历史智慧，多次引用传统廉洁文化内容。2014年3月，在河南省兰考县委常委扩大会议上，习近平总书记提到张伯行的《却赠檄文》。张伯行历任福建巡抚、江苏巡抚、礼部尚书，为谢绝各方馈赠，专门写了一篇《却赠檄文》，其中说道："一丝一粒，我之名节；一厘一毫，民之脂膏。宽一分，民受赐不止一分；取一文，我为人不值一文。谁云交际之常，廉耻实伤；倘非不义之财，此物何来？"这警醒我们，小事小节是恪守廉洁的第一道防线，良好作风是在小事小节中建立起来的。

四　文化传承发展

2015年12月，在中央政治局"三严三实"专题民主生活会上，习近平总书记提到"康熙不取灵芝"的故事。有一次，广西巡抚陈元龙给康熙奏报，采到一枝高一尺余、状如云气的灵芝，并引用《神农经》中"王者慈仁则芝生"的话。康熙在其奏折上批道："史册所载祥异甚多，无益于国计民生。地方收成好、家给人足，即是莫大之祥瑞。"古代统治者也明白，各级官员不务实，老百姓活不好、活不下去，其封建统治是要垮台的。这警醒我们，要时刻把百姓放在心中最高位置。2016年1月，在十八届中央纪委六次全会上，习近平总书记提到"莫用三爷，废职亡家"的谚语。"三爷"是指三类关系密切的"至亲"："子为少爷，婿为姑爷，妻兄弟为舅爷。"这警醒我们，为官之人，切切不要对"三爷"这类至亲放纵，否则便可能导致丢官破家的结局。2017年1月，在十八届中央纪委七次全会上，习近平总书记提到"四知拒金"的典故。东汉王密为报杨震提携之情，晚上准备了金子送给杨震，并说："现在是深夜没有人知道。"杨震以"天知、地知、我知、你知"拒礼。这警醒我们，觉悟对一个人立身立业立言立德的重要意义。有觉悟方能辨是非、明公私，有觉悟方能养正气、祛邪气。这样的内容，习近平总书记讲了很多，从官德修养的"直而温，简而廉"，到家风建设坚决防止和反对"衙内腐败"；从防范小事小节的"不矜细行，终累大德"，到改进作风要"善禁者，先禁其身而后人"……提醒全党同志要清清白白为官、干干净净做事、老老实实做人，永葆共产党人清正廉洁的政治本色。

反对腐败、建设廉洁政治，是我们党一贯坚持的鲜明政治立场，是党自我革命必须长期抓好的重大政治任务。全面从严治党，既要靠治标，猛药去疴，重典治乱；也要靠治本，正心修身，涵养文化，守住为政之本。加强新时代廉洁文化建设，是建设廉洁政治、涵养风清气正的政治生态的内在要求。党的十八大以来，习近平总书记围绕新时代廉洁文化建设，发表一系列重要论述。关于为什么加强新时代廉洁文化建设，强调"思想纯洁是马克思主义政党保持纯洁性的根本，道德高尚是领导干部做到清正廉洁的基础"；"政治文化是政治生活的灵魂，对政治生态具有潜移默化的影响"；"政德是整个社会道德建设的风向标"。关于如何推进新时代廉洁文化建设，强调"领导干部特别是高级干部要带头落实关于加强新时代廉洁文化建设的意见"；"深入开展党性党风党纪教育，传承党的光荣传统和优良作风，激发共产党员崇高理想追求，把以权谋私、贪污腐败看成是极大的耻辱"；"要注重家庭家教家风，督促领导干部从严管好亲属子女"；"积极宣传廉洁理念、廉洁典型，营造崇廉拒腐的良好风尚"。关于党员、干部尤其是领导干部修身正己，强调"倡导和弘扬忠诚老实、光明坦荡、公道正派、实事求是、艰苦奋斗、清正廉洁等价值观"；"明大德、守公德、严私德"；"把干净和担当、勤政和廉政统一起来"；"用廉洁文化滋养身心"。习近平总书记的重要论述，充分彰显了我们党自我净化、自我完善、自我革新、自我提高的高度自觉，为新时代廉洁文化建设提供了强大思想武器和科学行动指南。

新时代以来，不断完备的制度体系、严格有效的监督体系，使新时代廉洁文化建设有章可循、有法可依。《中国共产党章程》把"清正廉洁"与"信念坚定、为民服务、勤政务实、敢于担当"一道，明确为党的各级领导干部的基本素质。《关于新形势下党内政治生活的若干准则》把"保持清正廉洁的政治本色"单列一款，强调"建设廉洁政治，坚决反对腐败，是加强和规范党内政治生活的重要任务"。《中国共产党廉洁自律准则》紧扣廉洁自律主题,为党员和党员领导干部树立了一个看得见、够得着的高标准。《关于加强新时代廉洁文化建设的意见》把加强廉洁文化建设作为一体推进不敢腐、不能腐、不想腐的基础性工程。2023年12月,修订后的《中国共产党纪律处分条例》全文发布,关于廉洁纪律增写1条、修改18条,进一步加强对党员、干部全方位管理和经常性监督。

习近平总书记关于新时代廉洁文化建设的重要论述和党章党规党纪的新阐释新规定,极大地丰富和拓展了新时代廉洁文化的内容,赋予其强烈的时代气息,指引推动新时代廉洁文化建设实起来、强起来,不断实现干部清正、政府清廉、政治清明、社会清朗。正如党的二十大报告对新时代全面从严治党伟大实践进行深刻总结时指出,"风清气正的党内政治生态不断形成和发展"[1]。

如何始终保持风清气正的政治生态,是我们这个大党必须解决的独有难题之一。新征程上,在以习近平同志为核心的党中央坚强领导下,在习近平新时代中国特色社会主义思想科学指引下,深入学习贯彻习近平总书记关于新时代廉洁文化建设的重要论述,从传统廉洁文化精华中汲取营养和智慧,锲而不舍建设新时代廉洁文化,持之以恒净化政治生态,就一定能为推进全面从严治党向纵深发展提供重要支撑。

(原载《求是》2024年第4期)

---

[1] 习近平:《高举中国特色社会主义伟大旗帜　为全面建设社会主义现代化国家而团结奋斗——在中国共产党第二十次全国代表大会上的报告》,《人民日报》2022年10月26日。

继承与创新中国古代文学精神的文化主体性

张政文[*]

习近平总书记在文化传承发展座谈会上对马克思主义与中华优秀传统文化相结合进行了系统的思想论述和深入的理论阐释,提出了中华文明的文化主体性重大论断,开辟了马克思主义基本原理同中华优秀传统文化相结合的新境界。文化主体性是中华文明的文化自主属性,是中华民族精神独立的标志,是中华民族文化的精神自我,是中华文明传承本土文化的自觉,也是中华文明创新中华文化的自愿。可以说,中华文明的文化主体性具有穿越时空的引领力、贯穿历史的凝聚力、影响文明的辐射力。在中华文化一脉相承的发展历程中,在中西文化相互参照的借鉴交融中,我们发现,中国古代文学精神生成、发展于中华文明的文化精神创制与艺术化语言书写中。在中华优秀传统文化中,中国古代文学精神源远流长、博大精深,具有独特、强大的文化主体性,概括地说,中国古代文学精神的文化主体性以高度的

---

[*] 张政文,中国社会科学院大学教授。

四 文化传承发展

理性化、自觉性、自主性和致用化为其基本规定性。习近平总书记强调："在新的起点上继续推动文化繁荣、建设文化强国、建设中华民族现代文明，是我们在新时代新的文化使命。"[①] 在延续民族文化血脉中开拓当代中国现代化建设和文明进步发展，就需要全面把握中国古代文学精神的文化主体性，深刻领悟中国古代文学精神的理性化特质、自觉性特征、自主性特性、致用化特点，在当代中国古代文学精神的创造性转化和创新性发展中不断巩固中华文化的优越性与影响力，这是我们在新时代造就当代中国式现代化文学精神的必由之路和使命担当。

一 中国古代文学精神文化主体性具有高度的理性化特质

理性化是中华文明的文化内在规定性，是中国古代文学精神文化主体性的特殊本质。中国古代文学精神文化主体性的理性化特质体现着中华文明独特的文化积淀、意识形态、民族心理、精神品质与国家体制，是中国古代文学精神文化主体性的根与脉。

中华文明的理性化文化内在规定性源于周礼。《礼记》云："夏道尊命，事鬼敬神而远之，近人而忠焉。……殷人尊神，率民以事神，先鬼而后礼。……周人尊礼尚施，事鬼敬神而远之，近人而忠

[①]《习近平在文化传承发展座谈会上强调 担负起新的文化使命 努力建设中华民族现代文明》，《人民日报》2023年6月3日。

焉。"① 殷人图存谋续,"谋及卜筮",人从神意,周人则"民之所欲,天必从之","天视自我民视,天听自我民听",中华民族在人与自然的对象性关系中,人以主体的姿态应对、操控、构建着自然,这一历史过程之中理性化的中华文化主体性孕育而生,"未能事人,焉能事鬼""祭如在,祭神如神在""子不语怪、力、乱、神",孔子的这些言行表明了中国祖先们认识客观世界、表达主观内心、书写精神印记的文化创制与符号书写是理性的社会行为,远离宗教神秘主义,所以鲁迅才称赞"孔丘先生确是伟大,生在巫鬼势力如此旺盛的时代,偏不肯随俗谈鬼神"②。德国存在主义哲学家雅斯贝尔斯在其晚期作品《大哲学家》中也感叹:"在中国,孔子乃是理性在其全范围与可能性之中首次闪烁出看得见的耀眼光芒。"③ 中国古代文学精神文化主体性在中华文明的文化内在规定性中生成。同时,中国古代文学精神的文化主体性理性化特质也共构了中华文明理性化文化内在规定性的精神性格。在漫长的历史进程中,历经公羊之说、谶纬之学、佛道之思的冲撞与渗透,高度理性化特质始终是中国古代文学精神文化主体性的基本立足点。正如张岱年先生所言:"与其他国家和民族形成鲜明对照的是:非宗教的具有浓厚理性主义和人文精神的儒家文化占据着统治地位。这是中国传统文化远远高出其他国家封建时代文化的突

---

① 李学勤主编:《十三经注疏·礼记正义》卷54《表记》,北京大学出版社1999年版,第3册,第1484—1486页。以下所引《十三经注疏》均为此版本。
② 《十三经注疏·尚书正义》卷11《泰誓上》,第274页;《十三经注疏·尚书正义》卷11《泰誓中》,第277页;《十三经注疏·论语注疏》卷11《先进》,第146页;《十三经注疏·论语注疏》卷3《八佾》,第35页;《十三经注疏·论语注疏》卷7《述而》,第92页;《鲁迅全集》第1册,花城出版社2021年版,第116页。
③ [德]卡尔·雅斯贝尔斯:《大哲学家》上册,李雪涛主译,社会科学文献出版社2005年版,第145页。

四　文化传承发展

出标志。"①

在中华传统文化中,儒家文学精神和审美追求最能展现中国古代文学精神文化主体性的理性化特质,聚焦在理论理性与实践理性两个方面。

就理论理性而言,中国古代文学精神文化主体性的理性化以文学的发乎情,到远之事君、近之事父,再到游于艺为理论逻辑,在真、善、美的思维演化中递进。孔子曰:"兴于《诗》,立于礼,成于乐。"② 这被后世称赞"求之有序"③。《礼记·孔子闲居》将此演进逻辑解释为"志之所至,诗亦至焉。诗之所至,礼亦至焉。礼之所至,乐亦至焉",并指出最终将到达超越"正明目而视之"与"倾耳而听之"的"志气塞乎天地"这一终极境界④。元代王充耘《四书经疑贯通》进一步提出"游于艺"之"游"不仅有别于"兴"与"立",也与"成于乐"之"成"不同,不再"专言学诗学礼",超越了单一领域的限制,彰显了审美境界的自由与圆融。由本于情性的"诗"开始,发展至道德和顺的"礼",最后抵达审美超越的"乐",是一种"随其学力之所至而告之"的从"学之初"到"学之中"再到"学之终"的"先后之叙",属于"千古之学规","兴于诗,非不学礼也,特不可谓之立;立于礼,非不知乐也,特不可谓之成……

---

① 张岱年、程宜山:《中国文化中的理性主义和人文精神》,《月读》2016 年第 5 期。
② 《十三经注疏·论语注疏》卷 8《泰伯》,第 104 页。
③ 范家相:《诗渖》卷 1,《景印文渊阁四库全书》,台湾商务印书馆 2008 年版,第 88 册,第 598 页,以下所引《景印文渊阁四库全书》均为此版本。
④ 《十三经注疏·礼记正义》卷 51《孔子闲居》,第 3 册,第 1393 页。

乐者，学之所终始也"，"未至于乐，不可以言学之成也"①。此即如王夫之所示，一旦"道之所自著，德之所自考"，则最终"必游于艺"②。

就实践理性而言，中国古代文学精神文化主体性的理性化以文学的自然人，到社会人，再到精神人为实践的逻辑，在自然、社会、精神的文明构建中进步。譬如在北宋理学大师谢良佐看来，中国古代文学的"兴""观""群""怨"观念绝非随意并列组合，而是彰显了此种文学实践的深层演进逻辑：文学首先肇端于"兴"，"吟咏情性，善感发人，使人易直子谅之心易以生"，由此令人"得情性之正，无所底滞"，明于"阅理"，抵达"观"的境界，获得知、情、意的充分发展，之后进入"群"的境界，在社会层面，"心平气和，于物无竞"，与人无争，和而不流地群居，最后升入"怨"的层面，达到超越"鄙倍心""虽怨而不怒"的"优游不迫"精神境界。③ 换言之，"思无邪"指的就是这种文学实践经历自然、社会而最终企及的最高精神境界，是中国古代文学精神主体性的理性化实践结晶。

中国古代文学精神文化主体性的理性化特质代代相传、跨越时

---

① （元）王充耘：《四书经疑贯通》卷3，《景印文渊阁四库全书》，第203册，第914页；（元）袁俊翁：《四书疑节》卷3，《景印文渊阁四库全书》，第203册，第774页；（清）李塨著，陈山榜等点校：《李塨集·大学辨业》卷2，人民出版社2014年版，第2册，第940页；（宋）陈祥道：《论语全解》卷4，《景印文渊阁四库全书》，第196册，第127页；（宋）王昭禹：《周礼详解》卷20，《景印文渊阁四库全书》，第91册，第416页。

② （明）王夫之：《船山全书·四书训义》卷11，岳麓书社2011年版，第7册，第484页，以下所引《船山全书》均为此版本。

③ （宋）吕祖谦：《吕祖谦全集·吕氏家塾读诗记》卷1，浙江古籍出版社2008年版，第4册，第2页。

四 文化传承发展

空、历久弥新,形成了完整的理性结构与体制。

在理性结构上,中国古代文学精神文化主体性形成了极为稳定的理性传统。譬如在儒家文学思想传统中,孔子提出"志于道,据于德,依于仁,游于艺"的基本逻辑,坚持"思无邪""乐而不淫,哀而不伤""文质彬彬"的文学标准;孟子提出"知其人……论其世"与"以意逆志"的理性批评方法;《礼记·经解》提出"温柔敦厚"的理性诗教观;《毛诗》强调"发乎情,止乎礼义"的理性逻辑;扬雄指出"实无华则野,华无实则贾,华实副则礼";王充提出"患言事增其实,著文垂辞,辞出溢其真,称美过其善,进恶没其罪",强调"虚妄之语不黜,则华文不见息;华文放流,则实事不见用";陆机将"文质彬彬"的理性结构具体化为"理扶质以立干,文垂条而结繁";挚虞主张"文章者,所以宣上下之象,明人伦之叙,穷理尽性,以究万物之宜者也"①;刘勰提出"因文而明道";唐代魏徵指出文学"大则经纬天地,作训垂范,次则风谣歌颂,匡主和民",白居易提出"文章合为时而著,歌诗合为事而作"的理性创作原

---

① 《十三经注疏·论语注疏》卷7《述而》,第85页;《十三经注疏·论语注疏》卷2《为政》,第14页;《十三经注疏·论语注疏》卷3《八佾》,第41页;《十三经注疏·论语注疏》卷6《雍也》,第78页;(宋)朱熹:《四书章句集注·孟子集注》卷10《万章章句下》,中华书局1983年版,第324页,以下所引《四书章句集注》均为此版本。《四书章句集注·孟子集注》卷9《万章章句上》,第306页;《十三经注疏·礼记正义》卷50《经解》,第3册,第1368页;《十三经注疏·毛诗正义》卷1《国风》,第1册,第15页;扬雄撰,汪荣宝疏,陈仲夫点校:《法言义疏》卷3《修身》,中华书局1987年版,第97页;(汉)王充著,黄晖校释:《论衡校释》卷8《艺增》,中华书局1990年版,第2册,第381页,以下所引《论衡校释》均为此版本。《论衡校释》卷29《对作》,第4册,第1179页;(晋)陆机著,金涛声点校:《陆机集》卷1《文赋并序》,中华书局1982年版,第2页,以下所引《陆机集》均为此版本。挚虞:《文章流别论》,载(清)严可均校辑《全上古三代秦汉三国六朝文》之《全晋文》卷77,中华书局1958年版,第2册,第1905页,以下所引《全上古三代秦汉三国六朝文》均为此版本。

则；宋代朱熹指出作文"但须明理。理精后，文字自典实"，"道者，文之根本；文者，道之枝叶。惟其根本乎道，所以发之于文，皆道也。三代圣贤文章，皆从此心写出，文便是道"，文学之道"非汲汲乎辞也，必其心有以自得之"；元代郝经强调"物感于我，我应之以理而辞之耳"；明代王夫之强调"诗达情，非达欲"，黄宗羲肯定"文以理为主"；清代沈德潜澄清"诗贵性情，亦须论法，乱杂而无章，非诗也"，李重华指出"情惬则理在其中，乃正藏体于用"，章学诚强调"文非情不深，而情贵于正"，不可"害义而违道"①。

在理性体制上，中国古代文学精神文化主体性在中国历朝历代的治国理政中成为国家文艺制度与政策的基本法理。先秦两汉设有采诗制度，使诗"闻于天子"，"天子听政，使公卿至于列士献诗"，"命大师陈诗，以观民风"，汉武帝"乃立乐府，采诗夜诵"，汉光武帝"广求民瘼，观纳风谣"，汉和帝"分遣使者，皆微服单行，各至州

---

① （南朝梁）刘勰著，黄叔琳注，李详补注，杨明照校注拾遗：《增订文心雕龙校注》卷1《原道》，中华书局2012年版，第2页，以下所引《增订文心雕龙校注》均为此版本。（唐）魏徵、令狐德棻：《隋书》卷76列传第41《文学》，中华书局1973年版，第6册，第1729页；（唐）白居易著，顾学颉点校《白居易集·与元九书》，中华书局1979年版，第3册，第962页，以下所引《白居易集》均为此版本。（唐）黎靖德编：《朱子语类》卷139《论文上》，中华书局1986年版，第8册，第3320、3319页，以下所引《朱子语类》均为此版本。（宋）朱熹撰，朱杰人、严佐之、刘永翔主编：《朱子全书》（修订本），第22册《晦庵先生朱文公集》第39卷，《答林峦》，上海古籍出版社、安徽教育出版社2010年版，第1726页。（元）郝经：《陵川集·文说送孟驾之》，山西古籍出版社2006年版，第4册，第779页；（明）王夫之著，王孝鱼点校：《诗广传》卷1《邶风》，中华书局1964年版，第22页，以下所引《诗广传》均为此版本。（清）黄宗羲著，陈乃乾编《黄梨洲文集·论文管见》，中华书局2009年版，第481页，以下所引《黄梨洲文集》均为此版本。（清）沈德潜撰，王宏林笺注：《说诗晬语笺注》，人民文学出版社2011年版，第18页；（清）李重华：《贞一斋诗说》，载丁福保编《清诗话》，上海古籍出版社1978年版，下册，第933页；（清）章学诚著，叶瑛校注：《文史通义校注》卷3《内篇》，中华书局1985年版，上册，第220页。

四 文化传承发展

县,观采风谣";魏文帝曹丕强调"文章经国之大业,不朽之盛事",据此制定施行文艺制度与政策,集聚文人,形塑文学实践;唐代完善科举制度,因试策考生"惟诵旧策,共相模拟,本无实才",故取士试诗赋,文学担负务实理性的政治使命,"于先世及当时事,直辞咏寄,略无避隐……而上之人亦不以为罪",不应"浮文而少实"。同时,唐代设置采诗制度,"太常卿采诗陈之,以观风俗";宋代理学的"文以载道"观念主导文艺政策,力图实现文道合一,恢复道统与文统;明清确立了以"润色鸿猷,黼文治"和"崇儒重道,稽古右文"为核心的文化政策,建立翰林制度。康乾两朝设立了博学鸿词科,主动开展文学批评、文学奖励等活动,影响文学创作的取向、文学流派的形成、文学理论的构建与文学作品的传播,引导文学发展,实现理性的教化功能。[①]

中国古代文学精神文化主体性的理性化特质对 18 世纪欧洲启蒙思想运动与文学思潮产生了深刻影响,法国启蒙思想家伏尔泰认为中国古代文学是理性化的主体文学,"毫无迷信,毫无荒诞不经的传

---

① (汉)班固:《汉书》卷 24 上《食货志上》,中华书局 1962 年版,第 4 册,第 1123 页,以下所引《汉书》均为此版本。徐元诰撰,王树民、沈长云点校:《国语集解》卷 1《周语上》,中华书局 2002 年版,第 11 页;《十三经注疏·礼记正义》卷 11《王制》,第 1 册,第 363 页;《汉书》卷 22《礼乐志》,第 4 册,第 1045 页;(南朝宋)范晔撰,(唐)李贤等注:《后汉书》卷 76《循吏列传》,中华书局 1965 年版,第 9 册,第 2457 页,以下所引《后汉书》均为此版本。《后汉书》卷 82《李郃传》,第 10 册,第 2717 页;(三国魏)曹丕撰,魏宏灿校注:《曹丕集校注》,安徽大学出版社 2009 年版,第 313 页,以下所引《曹丕集校注》均为此版本。(唐)李治:《严考试明经进士诏》,(清)董诰等编《全唐文》卷 13,中华书局 1983 年版,第 1 册,第 161 页;(宋)洪迈撰,孔凡礼点校:《容斋随笔·续笔》卷 2《唐诗无讳避》,中华书局 2005 年版,第 239 页;(宋)欧阳修、宋祁:《新唐书》卷 44《选举志上》,中华书局 1975 年版,第 4 册,第 1166 页,以下所引《新唐书》均为此版本。《新唐书》卷 14《礼乐志》,第 2 册,第 355 页;王红:《明清文化体制与文学关系研究》,巴蜀书社 2010 年版,第 53—55 页。

说，更没有那种蔑视理性和自然的教条"①，他希望借助中国古代理性化的主体文学清除欧洲专制的"神示宗教"，建立理性民主的精神文化。启蒙思想家狄德罗则相信中国古代文学的理性化精神证明了中国"只须以'理性'或'真理'便可以治国平天下"。而英国启蒙哲学家休谟十分赞赏中国古代文学与文化从自然人，到社会人，再到精神人的理性化实践逻辑，甚至做出"孔子的门徒，是天地间最纯正的自然神论的学徒"②的中国文化欧洲化的美好误判。不过，这种误读误判在跨文化比较视域中证明了中国古代文学与文化主体性的理性化特质对欧洲现代性文明的生成、发育曾起过特殊的启蒙作用。相较于西方文明，中华文明从未受宗教的哺育，中国古代文学也未受过宗教的庇荫，中华文明、中国古代文学的真正母亲是以儒家为正宗与法统的中国文化，正如梁漱溟在《理性与宗教之相违》一文中所言："中国以偌大民族，偌大地域，各方风土人情之异，语言之多隔，交通之不便，所以树立其文化之统一者，自必有为此一民族社会所共信共喻共涵生息之一精神中心在。唯以此中心，而后文化推广得出，民族生命扩延得久，异族迭入而先后同化不为碍。此中心在别处每为一大宗教者，在这里却谁都知道是孔子以来的教化。"③ 中华文化非宗教化的理性特质体现于中国古代文学精神文化主体性的原人性之道中，贯彻于中国古代文学精神文化主体性的征圣者之理中，灌注于中国古代文学精神文化主体性的宗经典之法中，原人性之道、征圣者之理、宗经典之法正是中国古代文学精神文化主体性的支点和主体性理性化特

---

① [法]伏尔泰：《哲学辞典》上册，王燕生译，商务印书馆1991年版，第331页。
② 康琼、姚登权：《从民族走向世界》，光明日报出版社2009年版，第108页。
③ 梁漱溟：《梁漱溟全集》第6册，山东人民出版社2005年版，第399页。

质的逻辑基点。

二 中国古代文学精神文化主体性具有高度的自觉性特征

高度的自觉性是中国古代文学精神文化主体性的基本特征，是中国古代文学精神主体性的灵与魂。费孝通先生指出："文化自觉只是指生活在一定文化中的人对其文化有'自知之明'，明白它的来历，形成过程，所具的特色和它发展的趋向，不带任何'文化回归'的意思，不是要'复旧'，同时也不主张'全盘西化'或'全盘他化'。自知之明是为了加强对文化转型的自主能力，取得决定适应新环境、新时代的文化选择的自主地位。"[①]

中国古代文学精神文化主体性的高度自觉性特征展现在文学自省与文学自新两方面。

中国古代文学精神文化主体性的文学自省专注于自觉地用文学审美性去观照世界、审视社会，用情感创制、形象书写去关怀生活、关注人生。先秦时代，文学被要求"能近取譬"，"其事不出于家国身世，其归不出于兴观群怨"；汉代王充强调"文由胸中而出，心以文为表。……外内表里，自相副称"；魏晋南北朝，左思强调"升高能赋者，颂其所见也，美物者贵依其本，赞事者宜本其实"，范晔提出"抽心呈貌"，刘勰主张"研阅以穷照"，"瞻言而见貌，即字而知

[①] 费孝通：《反思·对话·文化自觉》，《北京大学学报》（哲学社会科学版）1997 年第 3 期。

时"，钟嵘指出"凡斯种种，感荡心灵，非陈诗何以展其义？非长歌何以骋其情"，萧子显提出"蕴思含毫，游心内运，放言落纸，气韵天成"；唐代王昌龄《诗格》指出"搜求于象，入心于境，神会于物，因心而得"，必须"目击其物，便以心击之，深穿其境"，韩愈强调"若圣人之道不用文则已，用则必尚其能者；能者非他，能自树立，不因循者是也"①；明清时期，金圣叹强调文学是"人人心头舌尖所万不获已，必欲说出之一句说话耳"，而非"以生平烂读之万卷，因而与之裁之成章，润之成文"，必须"胸中有其别才，眉下有其别眼"，王夫之主张"达情以生文"，黄宗羲提出"文以理为主，然而情不至，则亦理之郛廓耳"，此正如《尚书·益稷》所云"屡省乃成"②。

中国古代文学精神文化主体性的文化自新突显在随着时代变迁，不断追求题材、体裁、风格等文学性方面求变、求新，"开辟新的疆土"③。在题材上，《诗经》的题材来自古代宫廷生活、贵族生活与民

---

① 《十三经注疏·论语注疏》卷6《雍也》，第83页；朱东润：《中国文学批评史大纲》，上海古籍出版社2001年版，第9页；《论衡校释》卷13《超奇》，第2册，第609页；左思：《三都赋序》，《全上古三代秦汉三国六朝文》之《全晋文》卷74，第2册，第1882页；《后汉书》卷80《祢衡传》，第9册，第2658页；《增订文心雕龙校注》卷6《神思》，中册，第365页；《文心雕龙校注》卷10《物色》，中册，第564页；（南朝梁）钟嵘著，周振甫译注：《诗品译注》，中华书局1998年版，第21页，以下所引《诗品译注》均为此版本。（南朝梁）萧子显：《南齐书》卷52《文学传论》，中华书局1972年版，第3册，第907页，以下所引《南齐书》均为此版本。胡问涛、罗琴校注：《王昌龄集编年校注》，巴蜀书社2000年版，第296、319页；（唐）韩愈著，阎琦校注：《韩昌黎文集注释》卷3《答刘正夫书》，三秦出版社2004年版，上册，第308页，以下所引《韩昌黎文集注释》均为此版本。

② （清）金圣叹：《金圣叹全集》，凤凰出版社2016年版，第1册，第100页，以下所引《金圣叹全集》均为此版本。《金圣叹全集》，第2册，第956页；《诗广传》卷1《召南》，第8页；《黄梨洲文集·论文管见》，第481页；《十三经注疏·尚书正义》卷5《益稷》，第130页。

③ 俞平伯：《俞平伯全集》第3册，花山文艺出版社1997年版，第565页，以下所引《俞平伯全集》均为此版本。

四　文化传承发展

间生活，楚辞取材烂漫想象，汉魏乐府关注人民的情感与疾苦，东晋六朝诗歌的题材由人事到玄言，再转向田园山水，后又转向闺阁艳情；词则如俞平伯先生所言，最初以专事描写闺阁，纯为艳曲，如《花间集》，至北宋，渐增对家国兴亡之感的寄托，在南宋，更多传达眷怀家国之情，故而"唐五代词精美，北宋之词大，南宋之词深"；小说从取材传说与古书走向得自日常生活，从神怪小说、历史小说，演进至世情小说。

在体裁上，先秦时代，中原风雅颂流行，南方的楚辞异军突起，诸子百家散文昌盛；汉代赋体宏丽，"晋后以清俊为快。宋人解散之，但以写意"①。汉末建安时期，四言诗变为五言诗，五言诗逐渐流行，并不断提纯，走向成熟，古诗十九首、曹氏父子诗作即为此中代表；南朝齐出现了永明体这样的新诗体；唐代，七言诗兴盛，绝句与律诗日臻化境，而诗歌之外，古文运动兴起，力戒骈文，讲求自然，摒除俳绮，"粗陈梗概"的六朝志怪则演变为"叙述婉转，文辞华艳"②的唐传奇；宋代，被视为诗余的词体大兴，由唐代曲子词、五代短调小令演进为慢词，词作为长短句，以杂言而非齐言为主"打破了历代诗与乐的传统形式，从整齐的句法中解放出来，从此五、七言不能'独霸'了"，而在词与歌的体裁关系上，北宋词"入乐可歌"，南宋词"脱离了乐的束缚"③。元代进入"以戏曲为主要的文学型式的一个黄金时代"，作为词余的戏曲、杂剧驰骋文坛，伟大的戏

---

① （明）方以智：《浮山文集》，华夏出版社2017年版，第72页。
② 鲁迅：《中国小说史略》，中华书局2014年版，第39页。
③ 胡小石：《胡小石论文集续编》，上海古籍出版社1991年版，第192页。

曲作家"像雨后春笋似的竞生于世"①。至明清,昆曲现世,汤显祖、沈璟、洪昇、孔尚任等奠立典范,"自有昆腔,余氏南戏始不复囿于地方剧。自有昆腔,于是南戏始不复终于乱弹而成为一种规则严肃、乐调雅正的歌剧",《牡丹亭》令戏曲与诗文"抗颜接席";小说经历志怪、传奇、变文、话本,在明清演进为长篇章回体小说,迎来了鼎盛时代。

在风格上,《诗经》与楚辞风格迥异;汉魏乐府南北相差极大;诗歌由四言体演变为五言体,风格从"古朴厚重"转向"凝练精悍",后衍生为七言体,"风格多是流利跌宕;它的字数是奇数,又比较多,在语法结构上,它可以多用附加语来加强表现力量,所以它显得最灵活,给人以摇曳生姿的感觉";宋诗风格经历了初期的西昆体后,"自梅尧臣以后开出一条新的道路,和唐诗的面目截然不同"②,譬如江西诗派、永嘉四灵;宋词风格以时代分,北宋词大,明白晓畅,南宋词深,曲晦雅致,而以流派分,大体有婉约派与豪放派,但又存在其他繁多风格;元代散曲风格各异,名家辈出;有明一代,"文风屡变,杂体并出,林林总总,蔚为大观",如前后七子与公安派、竟陵派之异,又如杂剧风格与元代迥异,"杂剧在元人手里是很通俗的,到明嘉靖以降,便变成文人所专有的文艺了;元杂剧的规律是很整严的,明代中年后便很少人遵守这些规律了"③。

---

① 郑振铎:《郑振铎全集》第6册,花山文艺出版社1998年版,第747页。
② 冯沅君:《冯沅君古典文学研究论文集》,载袁世硕、张可礼主编《陆侃如冯沅君合集》第14册,安徽教育出版社2011年版,第347页;朱东润:《朱东润文存》,上海古籍出版社2014年版,第248页。
③ 陆侃如、冯沅君:《中国文学史二十讲》,山东画报出版社2007年版,第127—128页。

四　文化传承发展

中国古代文学精神文化主体性的文化自新，正像习近平总书记所指出的那样："是始终深深植根于中国优秀传统文化沃土之中的，同时又是随着历史和时代前进而不断与日俱新、与时俱进的。"①

新时代亦如习近平总书记在文化传承发展座谈会上的重要讲话中强调那样："要坚持守正创新，以守正创新的正气和锐气，赓续历史文脉、谱写当代华章。"②在塑造当代中国文学精神中要"收百世之阙文，采千载之遗韵"③，要以古鉴今、古为今用，学古不泥古、破法不悖法的方略实现中国古代文学精神文化主体性的创造性转化、创新性发展，使之与新时代当下文学与文化相融相通，造就一个有机统一的中国式现代化的文学生命体。

三　中国古代文学精神文化主体性具有高度的自主性特性

德国哲学家恩斯特·卡西尔提出，文化精神史上最引人入胜的主题之一，就是去探究自主性和容受性这两个方面如何彼此交织并相互决定。④就中国古代文学精神文化主体性而言，自主性始终锚定文学本体，在文史哲融通融会的精神构架中坚持不同于哲学之思、道德之

---

① 习近平：《在纪念孔子诞辰2565周年国际学术研讨会暨国际儒学联合会第五届会员大会开幕会上的讲话》，人民出版社2014年版，第13页。
② 《习近平在文化传承发展座谈会上强调　担负起新的文化使命　努力建设中华民族现代文明》，《人民日报》2023年6月3日。
③ 《陆机集》卷1《文赋并序》，第2页。
④ ［德］恩斯特·卡西尔：《人文科学的逻辑》，关子尹译，上海译文出版社2004年版，第177页。

善的文学之美,中国古代文学精神文化主体性所具有的高度自主性特性是中国文学精神文化主体性的胆与识。

中国古代文学精神文化主体性的自主性特性体现为坚守文学的审美本体性和坚持文学的文化包容性两方面。中国古代文学精神文化主体性的自主性特征首先在于坚守文学的审美本体性。春秋的"赋比兴",战国的"发愤以抒情"[1],汉代的"发乎情""志之所至,诗亦至焉""感于哀乐"[2],魏晋的"文以气为主"[3],六朝的"诗缘情""情者文之经""为情而造文""情动而辞发""以情志为神明"(刘勰)[4]、"文者,维须绮縠纷披,宫徵靡曼,唇吻适会,情灵摇荡"(萧绎)[5],唐代的"兴象"(殷璠)、"诗境"(王昌龄)、"境象"(皎然)、"韵外之致""味外之旨"(司空图)[6],宋代的"美在咸酸之外""文理自然""诗画本一律"(苏轼)[7],金代的"诚"(元好

---

[1] 王泗原:《楚辞校释·九章》,中华书局2014年版,第153页,以下所引《楚辞校释》均为此版本。

[2] 《十三经注疏·毛诗正义》卷1《国风》,第1册,第15页;《十三经注疏·礼记正义》卷51《孔子闲居》,第3册,第1393页;《汉书》卷30《艺文志》,第6册,第1756页。

[3] 《曹丕集校注》之《典论·论文》,第313页。

[4] 《陆机集》卷1《文赋并序》,第2页;《增订文心雕龙校注》卷7《情采》,中册,第411—412页;《增订文心雕龙校注》卷10《知音》,中册,第589页;《增订文心雕龙校注》卷9《附会》,中册,第516页。

[5] (南朝梁)萧绎撰,许逸民校笺:《金楼子校笺》,中华书局2011年版,第2册,第966页。

[6] (唐)司空图:《司空表圣文集》卷2《与李生论诗书》,商务印书馆1936年版,第9—10页,以下所引《司空表圣文集》均为此版本。

[7] (宋)苏轼撰,茅维编,孔凡礼点校:《苏轼文集》卷67《书黄子思诗集后》,中华书局1986年版,第5册,第2125页,以下所引《苏轼文集》均为此版本;《苏轼文集》卷49《答谢民师推官书》,第4册,第1418页;(宋)苏轼撰,(清)王文诰辑注,孔凡礼点校:《苏轼诗集》卷29《书鄢陵王主簿所画折枝二首》其一,中华书局1982年版,第5册,第1525—1526页。

问)、元代的"格高"(方回)、"游"(戴表元)、"清空"(张炎),明代的"童心"(李贽)、"兴象风神"(胡应麟)[1]、"至情"(汤显祖)、"独抒性灵,不拘格套"(袁宏道)[2]、"抒吾意所欲言"(袁中道)[3]、"景中生情,情中含景"(王夫之)[4],清代的"贵幻"(袁于令)、"因文生事""神韵"(王士禛)、"格调"(沈德潜)、"性灵"(袁枚)、"肌理"(翁方纲),近代的"尊情"(龚自珍)、"诗为天人之合"(刘熙载)[5]、"境界""古雅"(王国维),坚守文学的审美本体性是中国古代文学精神文化主体性最鲜亮耀眼的自主性特征。

中国古代文学精神文化主体性的自主性特征还体现为文学的文化包容性。

文学与儒家共融。儒家思想渗透中国古代文学的肌理。汉代贾谊《旱云赋》展现出儒家的民重君轻思想,司马迁《报任少卿书》彰显了儒家知识分子的坚忍意志,不少汉赋体现了汉代儒家的天人感应宇宙观,并力图发挥儒家的"诗可以怨"传统;唐宋时代,在儒家思想的影响下,杜甫和陆游、范成大、辛弃疾等人的作品蕴含着深厚的忧国忧民的家国情怀,韩愈、柳宗元与欧阳修等人先后发起了唐宋古文运动,元稹与白居易开启了表现"诗可以怨"的新乐府运动;明清时代,"三言""二拍"发扬儒家的诗怨传统,《三国演义》《水浒

---

[1] (明)胡应麟:《诗薮·内编》卷5,上海古籍出版社1979年版,第100页。
[2] (明)袁宏道著,钱伯城笺校:《袁宏道集笺校》卷4《叙小修诗》,上海古籍出版社2018年版,第1册,第202页,以下所引《袁宏道集笺校》均为此版本。
[3] (明)袁中道著,钱伯城点校:《珂雪斋集》,上海古籍出版社1989年版,上册,第19页。
[4] 《船山全书·唐诗评选》卷4,第14册,第1083页。
[5] (清)刘熙载著,袁津琥笺释:《艺概笺释》,中华书局2019年版,上册,第243页。

传》《说岳全传》和蒋士铨等人秉持"风教思想和道德激情"[①]的戏曲作品彰显了儒家的忠孝节义，《鸣凤记》《清忠谱》等戏曲作品则展现了儒家视角下的忠奸斗争。

文学与道家同游。贾谊《鸟赋》、张衡《髑髅赋》《二京赋》《思玄赋》《归田赋》等汉赋透露出道家的无为思想；魏晋六朝，玄学进入文学，玄言诗赋表达了道家的思想观念，郭璞、孙绰等人的游仙之作揭示了道家的人生哲学与理想仙境，陶渊明的田园诗与谢灵运的山水诗渗透浓厚的道家情致，道家思想更不断滋养着这段时期的文学理论，"得意在忘象，得象在忘言"[②]即为典例，影响深远；唐代，王绩、卢照邻、陈子昂、李白、皮日休、陆龟蒙等文人深受道家思想的影响，或展现理想的宇宙境界，或呈现超逸的人生哲理，或表露不懈的求仙思想，或抒发个人的隐逸情怀；宋代，王禹偁、林逋、梅尧臣、苏轼、黄庭坚等人将道家思想融入诗文，而在江西诗派的诗论中，道家思想亦灼然可见；元代，象征道家隐逸志趣的"渔父"不仅是书画的常见主题（如吴镇《渔父图》），亦受文学家青睐，被反复书写；明清时代，《西游记》《红楼梦》《聊斋志异》显露出道家思想的影响，《封神传》《北游记》《南游记》《东游记》等神魔小说则脱胎于道教神话。

文学与释家结缘。佛教传入中国后，对中国文学的语言、题材、风格、文体、思想等各方面都产生了深刻影响。《维摩诘经》《法华

---

① 杜桂萍：《从"临川四梦"到〈临川梦〉——汤显祖与蒋士铨的精神映照和戏曲追求》，《文学遗产》2016年第4期。
② （三国魏）王弼著，楼宇烈校释：《王弼集校释·周易略例》，中华书局1980年版，下册，第609页。

四 文化传承发展

经》《百喻经》等佛典的翻译,创造了翻译文学这一独特体裁。六朝出现了众多佛教志怪故事,可见于刘义庆《幽明录》《宣验记》、颜之推《冤魂志》、王琰《冥祥记》、吴均《续齐谐记》等,同时,佛教进入诗歌,推动了山水诗的形成与发展,甚至影响了诗律的发展。此外,萧衍《净业赋》显现了佛教对六朝辞赋的影响;唐代,佛教变文、唱文,如《有相夫人升天曲》《目连缘起》,影响了后世的小说。佛教深刻形塑了皎然与司空图的文学理论,涵养了王维、白居易等文人,灵澈、贯休、寒山、拾得等诗僧名垂诗史;宋代苏轼、黄庭坚等文人在与佛教的互动切磋中吸收了禅语、禅理与禅趣,严羽更以禅喻诗,"论诗如论禅"[1],评断诗文;明清时代,佛教思想深刻影响了《西游记》《红楼梦》等古典小说和《王魁负桂英》《赵贞女蔡二郎》等戏曲作品。

中国古代文学精神文化主体性的自主性特征决定了中华民族必然走向不同于西方的文学之路。

在文学存在方式上:西方强调认知,中国主张表意。在西方,自柏拉图的模仿说、亚里士多德的表现说以来,文学被视作一种对客观世界与超验理念的认识与模仿的工具,注重符合(correspondence)的"自然之镜"(mirror of nature)[2]。而在中国,文学致力于"以最少媒介象征最多意义",强调含蓄而不尽,"书不尽言,言不尽意""言者所以在意,得意而忘言""得意在忘象,得象在忘言。故立象以尽意,而象可忘也""此中有真意,欲辨已忘言""张之于意,而

---

[1] 郑振铎:《郑振铎全集》,花山文艺出版社1998年版,第8册,第219页;(宋)严羽著,郭绍虞校释:《沧浪诗话校释·诗辨》,人民文学出版社1961年版,第11页。

[2] [美]理查德·罗蒂:《哲学和自然之镜》,李幼蒸译,商务印书馆2009年版。

思之于心,则得其真矣""缘境不尽""境生于象外""象外之象,景外之景""含不尽之意,见于言外""寄至味于淡泊""文字之设,要以达吾之意而已""含有余不尽之意""诗贵意""言征实则寡余味""寄言无限"[1]。

在文学创制与书写上,西方强调叙事,中国注重抒情。西方文学拥有悠久的叙事传统,起自荷马史诗《奥德赛》《伊利亚特》,经历中世纪民族史诗《贝奥武甫》《罗兰之歌》《熙德之歌》《伊戈尔远征纪》《尼伯龙根之歌》,再到但丁、薄伽丘、拉伯雷、塞万提斯等人逐渐奠定的现代叙事文体,时至今日,叙事依旧是西方文学的主要特征。与之相对,中国文学拥有深厚的抒情传统,主张"发愤以抒情""情动于中而形于言""吟咏情性""抒情素""泄哀乐之情"

---

[1] 唐君毅:《论中国艺术之特色》,《中心评论》1936年第2期;《十三经注疏·周易正义》卷7《系辞上》,第291页;(战国)庄子撰,(清)郭庆藩集释,王孝鱼点校:《庄子集释》卷9上《外物》,中华书局1961年版,第4册,第944页,以下所引《庄子集释》均为此版本。《王弼集校释·周易略例》,第609页;袁行霈:《陶渊明集笺注》,中华书局2003年版,第247页;胡问涛、罗琴校注:《王昌龄集编年校注》,巴蜀书社2000年版,第317页;(唐)皎然著,李壮鹰校注:《诗式校注》卷1"辩体有一十九字"条,人民文学出版社2003年版,第70页;(唐)刘禹锡著,陶敏、陶红雨校注:《刘禹锡全集编年校注》卷14《董氏武陵集纪》,中华书局2019年版,第4册,第1569页;《司空表圣文集》卷3《与极浦书》,第15页;(宋)欧阳修:《欧阳修全集》卷128《六一诗话》,中华书局2001年版,第6册,第1952页;《苏轼文集》卷67《书黄子思诗集后》,第5册,第2124页;《朱熹集》卷61《答曾景建》,第6册,第3203页;(宋)沈义父:《乐府指迷》,载唐圭璋编:《词话丛编》,中华书局2005年版,第1册,第277页;(明)李东阳著,李庆立校释:《怀麓堂诗话校释》,人民文学出版社2009年版,第12页;(明)王廷相著,王孝鱼点校:《王廷相集·王氏家藏集》卷28《与郭价夫学士论诗书》,中华书局1989年版,第3册,第503页,以下所引《王廷相集》均为此版本;(明)陆时雍:《诗镜总论》,载丁福保辑《历代诗话续编》,中华书局2006年版,第3册,第1420页。

四 文化传承发展

"为情而造文""情者文之经"①"每自属文,尤见其情。……诗缘情而绮靡""感荡心灵,非陈诗何以展其义?非长歌何以骋其情?""文章者,盖情性之风标""夫文者妙发性灵,独拔怀抱""因事有所激,因物兴以通""言志乃诗人之本意,咏物特诗人之余事""以尺纸之敬,抒中情之勤""感物道情,吟咏情性""歌以永言,言以阐义,因义抒情""情生诗歌""动人心窍""诗非他,人之性灵之所寄也"②"文者,情之动也;情者,文之机也。文乃性情之华""诗之为道,从性情而出""诗以道性情""泳游以体情""曲写心灵""修文以函情""达情""必有深情畜积于内,奇遇薄射于外""诗者,由情生者也。有必不可解之情,而后有必不可朽之诗""因情

---

① 《楚辞校释·九章》,第153页;《十三经注疏·毛诗正义》卷1《国风》,第1册,第6、15页;《汉书》卷64下《王褒传》,第9册,第2821页;(汉)王符著,汪继培笺,彭铎校正:《潜夫论笺校正》卷1《务本》,中华书局1985年版,第19页;《增订文心雕龙校注》卷7《情采》,中册,第411—412页。

② 《陆机集》卷1《文赋并序》,第1—2页;《诗品译注》,第21页;《南齐书》卷52《文学传论》,中华书局2010年版,第3册,第907页;(唐)姚思廉:《梁书》卷50《文学传论》,中华书局1973年版,第3册,第727页;朱东润选注:《梅尧臣诗选·答韩三子华韩五持国韩六玉汝见赠述诗》,人民文学出版社1997年版,第85页;(宋)张戒著,陈应鸾笺注:《岁寒堂诗话笺注》,四川大学出版社1990年版,第33页;(宋)杨万里撰,辛更儒笺校:《杨万里集笺校》卷108《与湖北陈提举》,中华书局2007年版,第8册,第4117页;《朱子语类》卷80《诗一》,第6册,第2076页;(明)李梦阳撰,郝润华校笺:《李梦阳集校笺·送杨希颜诗序》,中华书局2020年版,第4册,第1696页;(明)汤显祖著,徐朔方笺校:《汤显祖全集》卷31《耳伯麻姑游诗序》,北京古籍出版社1999年版,第2册,第1110页,以下所引《汤显祖全集》均为此版本。(明)董其昌著,印晓峰点校:《画禅室随笔》卷3,华东师范大学出版社2012年版,第124页;(明)焦竑撰,李剑雄点校:《澹园集》卷15《雅娱阁集序》,中华书局1999年版,上册,第155页,以下所引《澹园集》均为此版本。

敷句""诗无性情，不可谓诗""抒写性情"①。

在文学社会功能上，西方重视致思，中国推崇怡心，"诗语足以感心""览壮艺以悦观，聆和乐而怡心""荡夫忧心""使穷贱易安，幽居靡闷，莫尚于诗矣""感其心""和人心""读之者遗声利，冥得丧，如见东郭顺子，悠然意消""动物""儋荡人意""惊心而动魄""情至之语，自能感人，是谓真诗，可传也""令人读之，油油然有好善之心，有谦抑之心，有不欺人之心，有不自薄之心""恻恻动人"，动人四情、"生起四情"而"读者各以其情而自得""《诗》以和性情"②。

---

① （清）傅山著，尹协理主编：《傅山全书·文训》，山西人民出版社2016年版，第2册，第245页；《黄梨洲文集·序类》之《寒村诗稿序》，第351页；《船山全书·明诗评选》卷5，第14册，第1440页；《船山全书·四书训义》卷21，第7册，第915页；《船山全书·姜斋诗话》，第15册，第834页；《诗广传》卷1《召南》，第8页；《诗广传》卷1《邶风》，第22页；（清）钱谦益著，（清）钱曾笺注，钱仲联标校：《牧斋初学集》卷32《虞山诗约序》，上海古籍出版社1985年版，中册，第923页；（清）袁枚著，王英志编纂校点：《袁枚全集新编·小仓山房续文集》卷30《答程蕺园论诗书》，浙江古籍出版社2015年版，第7册，第595页，以下所引《袁枚全集新编》均为此版本；（清）叶燮著，蒋寅笺注：《原诗笺注》，上海古籍出版社2014年版，第97页；刘荣平校注：《赌棋山庄词话校注》卷5《报刘存仁书》，厦门大学出版社2013年版，第115页；（清）庞垲：《诗义固说》，郭绍虞编选，富寿荪点校：《清诗话续编》，上海古籍出版社1983年版，第739页。

② 《汉书》卷22《礼乐志》，第4册，第1038页；《陆机集》卷8《七征》，第103页；《后汉书》卷28下《冯衍传》，第4册，第988页；《诗品译注》，第21页；《十三经注疏·礼记正义》卷37《乐记》，第3册，第1077页；《梅尧臣诗选》之《见牧牛人隔江吹笛》，人民文学出版社1997年版，第118页；（宋）陆游著，钱仲联、马亚中主编：《陆游全集校注·渭南文集校注》卷15《〈曾裘父诗集〉序》，浙江古籍出版社2011年版，第9册，第392页；《王廷相集·王氏家藏集》卷28《与郭价夫学士论诗书》，第503页；《汤显祖全集》卷31《耳伯麻姑游诗序》，第2册，第1110页；《澹园集》卷15《雅娱阁集序》，第155页；《袁宏道集笺校》卷4《叙小修诗》，第203页；《金圣叹全集》卷71《圣叹外书》，第4册，第956页；《黄梨洲文集》之《论文管见》，第481页；《姜斋诗话》之《诗译》，第808页；（明）方以智：《浮山文集》，华夏出版社2017年版，第8页。

四 中国古代文学精神文化主体性
具有高度的致用化特点

中国古代文学精神文化主体性具有高度的致用化特点，致用化特点是中国文学精神文化主体性的劲与力。中华文明是实践的文明，与西方崇尚思辨的文化传统不同，中华文化始终高度关注社会现实、直面社会矛盾，重实用、重实践的致用化特点是中华民族的典型性格，"以天下为己任"的家国情怀，济世担当的文化意识锻造了中国古代文学精神文化主体性的致用化特点，文以载道、文以经世、文以安民、文以治国的文学观念代代承传，即便庄子"子非鱼，安知鱼之乐"①的出世逻辑也与世俗个体的人生修为息息相关，最终所向也是凡人在日常生活中"齐是非""齐贵贱""齐生死"，是实现"天地与我并生，而万物与我为一"②的个体人生最高致用境界。而孔子儒学更是中国独有的"入世"世界观、"致用"方法论，中国古代文学精神文化主体性具有高度的致用化特点，主动而有意地将文学的审美本质转换为美育教化功能，在美育中使文学成为人们实现修身、齐家、治国、平天下的教化。

中国古代文学精神文化主体性的致用化特点集中反映在主流文学观对文学"观""群""怨"作用的执着与创新上。中国古代文学精神文化主体性致用化中的"观"是中国古代文学把握社会生活的基

---

① 《庄子集释》卷6下《秋水》，第3册，第607页。
② 《庄子集释》卷1下《齐物论》，第1册，第79页。

本路径。《毛诗序》指出:"治世之音安以乐,其政和;乱世之音怨以怒,其政乖;亡国之音哀以思,其民困。"郑玄解释文学可以"观风俗之盛衰"[1];班固指出文学可以"别贤不肖而观盛衰""观风俗,知得失""观风俗,知薄厚",令人"不窥牖户而知天下";挚虞提出"文章者,所以宣上下之象,明人伦之叙";皇侃将《诗》"可以观"疏解为"《诗》有诸国之风,风俗盛衰,可以观览知之也";隋代王通指出文学"上明三纲,下达五常;于是征存亡,辩得失。……圣人采之以观其变";白居易主张文学可以"补察时政","国风之盛衰,由斯而见也;王政之得失,由斯而闻也;人情之哀乐,由斯而知也",皮日休提出文学可以"知国之利病,民之休戚者";苏辙指出"《诗》者……言上及于君臣父子、天下兴亡治乱之迹,而下及于饮食床笫、昆虫草木之类。盖其中无所不具",朱熹主张"观"指"考见得失","四方之风,天下之事,今古治乱得失之变,以至人情物态之微,皆可考而知也",不只限于"观众人之志""观众人之情""察事变""比物象类,有以极天下之赜";元代程文海曾言"《九歌》可以观楚俗之鬼,《天问》可以观楚祀之淫";明代李东阳肯定"观俗之美与人之贤者,必于诗",王夫之指出文学"褒刺以立义,可以观矣","于其词可以辨其贞邪,于其声音可以审其正变","知升降……知乱治",黄宗羲强调文学"言在耳目,赠寄八荒者,可以观也";清代崔述高度赞同孔子"《诗》可以观"的观点,称其为

---

[1] 《十三经注疏·毛诗正义》卷1《国风》,第1册,第8页。

四 文化传承发展

"治乱兴亡之大要"①。

中国古代文学精神主体性致用化中的"群"是中国古代文学构建公共意识的基本方式。俞平伯先生指出中国不存在毫无社会本能和同感情绪的文学家,正如庞朴先生所言,"只要是中国的文学和艺术,它就总是不脱离现实的人,不脱离人的社会性"。孔子指出诗可以群,"不学诗,无以言";汉代孔安国释"群"为"群居相切磋";《毛诗序》指出文学可以"经夫妇,成孝敬,厚人伦";钟嵘提出"嘉会寄诗以亲";张载指出"群而思无邪"②;范祖禹指出"可以群者,相勉以正也";吕大临强调"群居相语以《诗》则情易达";朱熹指出文学令人"和而不流";明代张居正主张"其叙述情好于和乐之中,不失夫庄敬之节。学之,则可以处群,虽和而不至于流矣";

---

① 《汉书》卷30《艺文志》,第6册,第1708、1756页;《汉书》卷24上《食货志上》,第4册,第1123页;(晋)挚虞:《文章流别论》,《全上古三代秦汉六朝文》,第2册,第1905页;(南朝梁)皇侃撰,高尚榘校点:《论语义疏》卷9《阳货》,中华书局2013年版,第455页;王通撰,张沛校注:《中说校注》卷2《天地》,中华书局2013年版,第43页;《白居易集》卷45《与元九书》,第3册,第960页;《白居易集》卷65《策林》,第4册,第1370页;(唐)皮日休著,萧涤非、郑庆笃整理:《皮子文薮》卷10《正乐府十篇并序》,上海古籍出版社2017年版,第126页;(宋)苏辙著,陈宏天、高秀芳点校:《苏辙集》卷4《诗论》,中华书局1990年版,第4册,第1273页;《论语集注》卷9《阳货》,《四书章句集注》,第178页;朱杰人、严佐之、刘永翔主编:《朱子全书》,上海古籍出版社、安徽教育出版社2002年版,第6册,第880页;(元)程钜夫著,张文澍校点:《程钜夫集》卷14《王寅夫诗序》,吉林文史出版社2009年版,第155页;(明)李东阳撰,周寅宾、钱振民校点:《李东阳集》卷2《玉城山人诗集序》,岳麓书社2008年版,第1册,第396页;(明)王夫之《四书训义》卷21,岳麓书社2011年版,第915页;《四书训义》卷7,第344页;《诗广传》卷4《大雅》,第144页;《黄梨洲文集》之《汪扶晨诗序》,第358页;(清)崔述:《读风偶识》卷4,商务印书馆1939年版,第73页。

② 《俞平伯全集》,第3册,第524—525页;庞朴:《庞朴学术文化随笔》,中国青年出版社1996年版,第137页;《十三经注疏·论语注疏》卷16《季氏》,第230页;《十三经注疏·论语注疏》卷17《阳货》,第237页;《十三经注疏·毛诗正义》卷1《国风》,第1册,第10页;《诗品译注》,第20页;《船山全书·张子正蒙注》卷8《乐器》,第12册,第316页。

黄宗羲强调"善于风人答赠者，可以群也"；王夫之主张"出其情以相示，可以群矣"；清代焦循指出"《诗》之教，温柔敦厚，学之则轻薄嫉忌之习消"①。

中国古代文学精神文化主体性致用化中的"怨"是中国古代文学调控公众民意的基本手段。孟子称："《小弁》之怨，亲亲也。亲亲，仁也。"② 司马迁强调"《诗》三百篇，大抵贤圣发愤之所为作也。此人皆意有所郁结，不得通其道也"；屈原"忧愁幽思而作《离骚》……盖自怨生也"；《毛诗序》论"怨"，立足政治美刺主义，主张"下以风刺上，主文而谲谏，言之者无罪，闻之者足以戒"；《礼记正义》亦将"怨"理解为"依违讽谏"；班固指出"男女有不得其所者，因相与歌咏，各言其伤"；钟嵘《诗品》对"怨"细致分类，除了"情兼雅怨"，亦涵括"清怨""哀怨""凄怨""典怨""孤怨"；刘勰融摄司马迁与《毛诗序》，主张"志思蓄愤，而吟咏情性，以讽其上"；唐代韩愈提出"不得其平则鸣……有不得已者而后言"。宋代诗怨观深蕴时代情绪，欧阳修提出"凡士之蕴其所有而不得施于世者……内有忧思感愤之郁积，其兴于怨刺，以道羁臣、寡妇之所叹，而写人情之难言，盖愈穷则愈工"；王安石指出"诗人况又多穷愁"；陆游主张"盖人之情，悲愤积于中而无言，始发为诗。……士

---

① 《四书或问》，《朱子全书》，第 5 册，第 577 页；《四书章句集注·论语集注》卷 9《阳货》，第 178 页；（明）张居正撰，王岚、英巍整理：《四书直解》，九州出版社 2010 年版，第 242 页；《黄梨洲文集》之《汪扶晨诗序》，第 358 页；《船山全书·四书训义》卷 21，第 7 册，第 915 页；（清）焦循著，陈居渊主编：《雕菰楼经学九种·论语补疏》卷下，凤凰出版社 2015 年版，上册，第 670 页。

② 《四书章句集注·孟子集注》卷 12《告子章句下》，第 340 页。

气抑而不伸,大抵窃寓于诗"①。明代李贽曰:"古之贤圣,不愤则不作矣。不愤而作,譬如不寒而颤,不病而呻吟也。"② 金圣叹指出由"庶人议"可知"天下无道"。黄宗羲表示"逮夫厄运危时,天地闭塞,元气鼓荡而出,拥勇遏郁,坌愤激讦,而后至文生焉"。王夫之将"怨"与"群"融为一体,指出"以其群者而怨,怨愈不忘;以其怨者而群,群乃益挚";清代沈德潜表示"诗之为道也,以微言通讽喻";蒲松龄自称"集腋为裘,妄续幽冥之录;浮白载笔,仅成孤愤之书,寄托如此,亦足悲矣"③。《聊斋志异》《儒林外史》《镜花缘》《野叟曝言》《钟馗全传》等文学作品发挥了诗怨的功能。

中国古代文学精神主体性致用化特点还反映在对文学教化作用的重视上。《周易》云:"观乎'人文',以化成天下。"④ 孔子指出:"子以四教:文,行,忠,信。"⑤《礼记·经解》云:"温柔敦厚,《诗》教也。"⑥《毛诗》指出"上以风化下""风以动之,教以化之""美教化,移风俗"⑦;王充《论衡》云:"圣人作经,艺者传记,匡济

---

① (汉)司马迁:《史记》卷130《太史公自序》,中华书局1982年版,第10册,第3300页;《史记》卷84《屈原列传》,第8册,第2482页;《十三经注疏·毛诗正义》卷1《国风》,第1册,第13页;《十三经注疏·礼记正义》卷50《经解》,第3册,第1368页;《汉书》卷24上《食货志上》,第4册,第1121页;《诗品译注》,第37、76、32、52、48、65页;《增订文心雕龙校注》卷7《情采》,中册,第412页;《韩昌黎文集注释》卷4《送孟东野序》,上册,第348页;《欧阳修全集》卷43《梅圣俞诗集序》,第3册,第612页;(宋)陆游:《陆游全集校注·渭南文集校注》卷15《〈澹斋居士诗〉序》,浙江古籍出版社2011年版,第9册,第385页。
② (明)李贽:《焚书·续焚书》卷3《忠义水浒传序》,中华书局2009年版,第109页。
③ 《船山全书·姜斋诗话》,第15册,第808页;(清)沈德潜著,潘务正、李言编辑点校:《沈德潜诗文集·施觉庵考功诗序》,人民文学出版社2011年版,第3册,第1314页;(清)蒲松龄著,任笃行辑校:《全校会注集评聊斋志异·聊斋自志》,齐鲁书社2000年版,第30页。
④ 《十三经注疏·周易正义》卷3《贲》,第105页。
⑤ 《十三经注疏·论语注疏》卷7《述而》,第93页。
⑥ 《十三经注疏·礼记正义》卷50《经解》,第3册,第1368页。
⑦ 《十三经注疏·毛诗正义》卷1《国风》,第1册,第13、6、10页。

薄俗，驱民使之归实诚也。案《六略》之书，万三千篇，增善消恶，割截横拓，驱役游慢，期便道善，归正道焉。"① 隋代李谔主张文学"褒德序贤，明勋证理"②。王通提出文学"必也贯乎道……必也济乎义"；唐代《北史·文苑传序》指出"经邦纬俗，藏用于百代"；魏徵称"文之为用，其大矣哉！上所以敷德教于下，下所以达情志于上"③；姚思廉主张"经礼乐而纬国家，通古今而述美恶，非文莫可也"；孔颖达指出文学令"闻之者足以塞违从正"，"以《诗》化民，虽用敦厚，能以义节之。欲使民虽敦厚，不至于愚，则是在上深达于《诗》之义理，能以《诗》教民也"；刘知几认为"夫观乎人文，以化成天下；观乎国风，以察兴亡。是知文之为用，远矣大矣"，韩愈提出"思修其辞以明其道"，柳宗元指出"文者以明道"，白居易强调文学"上可裨教化，舒之济万民"，使得"闻之者深诫也"；宋代王安石提出"文者，礼教治政……务为有补于世"，周敦颐主张"文所以载道也"，程颐指出"观人文以化成天下，天下成其礼俗"④。明

---

① 《论衡校释》卷29《对作》，第4册，第1177页。
② （唐）魏徵、令狐德棻《隋书》卷66《李谔传》，第5册，中华书局1973年版，第1544页。
③ 王通撰，张沛校注：《中说校注》卷2《天地》，中华书局2017年版，第45页；（唐）李延寿：《北史》卷83《文苑传序》，中华书局1974年版，第9册，第2777页；（唐）魏徵、令狐德棻：《隋书》卷76《文学传序》，中华书局1973年版，第6册，第1729页。
④ 《梁书》卷49《文学传序》，中华书局1973年版，第3册，第685页；《十三经注疏·毛诗正义》目录《毛诗正义序》，第3页；《十三经注疏·礼记正义》卷50《经解》，第3册，第1369页；（唐）刘知几撰，浦起龙释：《史通通释》卷5《载文》，上海古籍出版社1978年版，上册，第123页；《韩昌黎文集注释》卷2《争臣论》，上册，第171页；（唐）柳宗元：《柳宗元集》卷34《答韦中立论师道书》，中华书局1979年版，第4册，第873页；《白居易集》，第1册，第2页；《临川先生文集》卷77《上人书》，中华书局2018年版，第811页；（宋）周敦颐著，陈克明点校：《周敦颐集》卷4《通书·文辞》，中华书局1990年版，第35页；（宋）程颢、程颐著，王孝鱼点校：《二程集·周易程氏传》卷2《周易上经下》，中华书局2004年版，第808页。

代宋濂《文说》云:"明道之谓文,立教之谓文,可以辅俗化民之谓文。"①陆时雍指出:"夫温柔悱恻,诗教也。恺悌以悦之,婉娩以入之,故诗之道行。"袁枚云:"圣人教人,总在下学,而不在上达,故所雅言者,有《诗》《书》《礼》,而无《周易》,不肯以幽深玄远之言,自夸高妙。"②王夫之指出文学"有善者可以劝焉,有恶者可以鉴焉……《诗》非授人以必遵之矩也,非示人以从入之途也,其以移易人之性情而发起其功用"。中国古代文学精神文化主体性致用化的教化核心是"教",关键方法是"化",而以教化人、治国用世是中国古代文学精神文化主体性致用化目的。

五 结语

马克思曾指出,文化创制与书写是"通过油墨来向我们的心灵说话"。③ 习近平总书记也指出:"文明特别是思想文化是一个国家、一个民族的灵魂。无论哪一个国家、哪一个民族,如果不珍惜自己的思想文化,丢掉了思想文化这个灵魂,这个国家、这个民族是立不起来的。"④新时代,从建设中国式现代文明的角度审视中国古代文学精神文化主体性,对当下文学事业把握古今、守正创新意义非凡。马克思说过:"人们自己创造自己的历史,但是他们并不是随心所欲地创造,并不是在他们自己选定的条件下创造,而是在直接碰到的、既定

---

① (明)宋濂:《宋濂全集·文说》,浙江古籍出版社2014年版,第5册,第1761页。
② (清)袁枚:《牍外余言》,《袁枚全集新编》,第15册,第4页。
③ 《马克思恩格斯全集》第1卷,人民出版社1995年版,第192页。
④ 习近平:《在纪念孔子诞辰2565周年国际学术研讨会暨国际儒学联合会第五届会员大会开幕会上的讲话》,人民出版社2014年版,第9页。

的、从过去承继下来的条件下创造。"[①] 新征程上,习近平总书记从中华文明传承与创新的历史深度和中华民族伟大复兴的未来高度上提出:"要坚定文化自信、担当使命、奋发有为,共同努力创造属于我们这个时代的新文化,建设中华民族现代文明。"[②] 在马克思主义基本原理同中国具体实际、同中华优秀传统文化相结合中举旗帜、聚民心、育新人、兴文化,坚持文学为人民服务、为社会主义服务,坚持文学百花齐放、百家争鸣,坚持文学创造性转化、创新性发展,正像习近平总书记《在中国文联十大、中国作协九大开幕式上的讲话》中强调的那样:"文艺是铸造灵魂的工程,承担着以文化人、以文育人的职责,应该用独到的思想启迪、润物无声的艺术熏陶启迪人的心灵,传递向善向上的价值观。"[③] 所以,我们应更清醒而深刻地领悟与把握新时代中国特色社会主义当代文学精神根脉深植于中国古代文学精神文化主体性之中,马克思主义文学观与中国古代文学精神文化主体性的"互通互融""互相成就"是时代之需,只有继承中国古代文学精神文化主体性,创新中国古代文学精神文化主体性的理性化特质、自觉性特征、自主性特性、致用化特点,新时代中国特色社会主义文学精神才能真正成为引领当代中国的文化精神,成为影响世界的21世纪的文化精神。

(原载《文学遗产》2024年第2期)

---

① 《马克思恩格斯选集》第1卷,人民出版社1995年版,第585页。
② 《习近平在文化传承发展座谈会上强调 担负起新的文化使命 努力建设中华民族现代文明》,《人民日报》2023年6月3日。
③ 习近平:《在中国文联十大、中国作协九大开幕式上的讲话》,人民出版社2016年版,第17页。

中国古典政治文明的历史传承与现代发展

刘九勇[*]

在不断推进现代化的同时,当代中国对于优秀传统文化也越来越关注,现代文明与传统文化的关系成为一个重要的议题。对此,一种常见的论述是将某些古代文化要素与现代理念直接对照、简单类比,阐述其相似性或共通性。这类论述呈现出的传统文化往往散乱无章,如同"拼盘",看似丰富,实无体系,且对古今之变理解不足,难以说明传统文化的现代化之路。特别就关系到中国社会底层逻辑的政治文明而言,从传统政治文化整体结构出发,以历史的视角和思想史研究的方法,厘清其内在传承与发展的脉络,对于准确把握现代中国政治文明的特质尤为必要。其中最应着力探究的是明清以来至现代中国的思想变革。

有些研究注意到了明清传统与现代之间的内在关联,但为了更简捷地在二者之间建立继承关系,而拔高了王阳明至晚明清初部分思想

---

[*] 刘九勇,中国社会科学院政治学研究所副研究员,中国社会科学院大学政府管理学院副教授。

的所谓"现代性"——"资本主义萌芽"或"市民社会"说、"个人权利"或"启蒙思想"说等亦属此类——要么有意无意地曲解史实,要么认为清代(中期)是晚明清初和近代之间的断裂。① 这种解释本质上仍是(整体或部分地)借用欧洲的近代化模式,如以自由主义式的或教条化马克思主义式的历史模型,嵌套中国的古今之变,② 既有一定的洞见,也有明显的疑难。另一些研究聚焦明清时代的土地均平分配观念,认为与近代以来太平天国、孙中山、共产党人的土地政策和社会主义理想一脉相承。③ 这种观点触摸到了中国近代转型的某些特殊逻辑,但仍不够深入:一是均平土地之议并非明清特有,历代都不乏呼声,如何解释明清土地论的革新是一个问题;二是仅仅土地政策还不足以涵盖全部政治观念的近代转型。④ 总之,中国自明清以来的政治文明现代化历程,既与西方模式有共通之处,更有自身的内

---

① 该观点较有代表性的研究参见侯外庐主编《中国思想通史》第4卷(下册),人民出版社1998年版;侯外庐主编《中国思想通史》第5卷,人民出版社1956年版;[日]岛田虔次《中国近代思维的挫折》,江苏人民出版社2008年版;等等。

② 比如,狄百瑞(W. T. DeBary)认为从朱熹到王阳明、黄宗羲,存在着一个中国的自由主义和个人主义传统,参见[美]狄百瑞《中国的自由传统》,贵州人民出版社2009年版。金观涛、刘青峰则认为戴震的思想是"中国式自由主义的原型",参见金观涛、刘青峰《中国思想史十讲》(上卷),法律出版社2015年版,第340页。

③ 该观点最全面深入的论述来自沟口雄三。沟口雄三从中国革命的主流是土地革命这一观点出发,以土地问题阐释明清思想的演变逻辑:明末清初的新思想"以针对'王土'主张'民土'的形式呈现出来",后来颜元、戴震、龚自珍等人也都围绕"民土"问题发表议论,又经过太平天国的土地政策,直到孙中山"平均地权"的民生主义和共产党人的土地革命,以均平观念为核心的中国式近代性逐渐展开,参见[日]沟口雄三《中国前近代思想的屈折与展开》,生活·读书·新知三联书店2011年版,第94页。"从思想史的角度来看,中国的近代化过程就是'公'革命的过程,'公'在清初以降又是以'均''平'为主要内容。"参见[日]沟口雄三《作为方法的中国》,生活·读书·新知三联书店2011年版,第57页。

④ 略举一例,梁漱溟在中华人民共和国成立后参加西南土改工作时,准确而简练地概括道:"共产党着眼不在分田上,而在农民树其脊梁,昂起头来当家作主,意义甚深。"参见梁漱溟《梁漱溟全集》第6卷,山东人民出版社2005年版,第867页。

在逻辑与特质，需要进行系统性的解释。

一 政治体系的理论层面：公理传统与人民政治观

（一）古代天下之公政治观的理论化之路

中国古代思想家"一致而百虑，殊途而同归"，从不同的角度为"民本"或全体生民"相生相养"的天下之公政治观贡献思想，包括"礼治""德治""法治""仁政""兼爱""无为""名实之辩"等，并形成儒、墨、法、道等流派。但先秦两汉时期形成的传统政治思想是一个庞杂而松散的体系，其核心精神"天下之公"的观念弥散其中，很难找出一种囊括全部思想元素，且条理明晰、简洁精练的通贯性的理论概括。这使得古典政治观念体系在魏晋之后受到道教、佛教等"异端"的挑战。与此同时，受魏晋玄学及其之后的佛学的影响，抽象原理性、逻辑一贯性的思维逐渐在中国思想世界中扎根。这种新的思维方式最终在唐代中期之后开始逐渐地作用于古典政治思想，并使之，尤其是使作为其最重要组成部分的儒家思想走向了理论体系化和价值一元化的新阶段——理学时代。原则上，这将使古典政治观念的核心精神"天下之公"得到更大强度的呈现。

在庞杂的传统政治观念聚合中，儒家思想显然无论在观念的丰富性还是义理的逻辑性上都是最显著的组成部分。因此从中唐开始，对于传统政治观念的理论化努力就基本上确定在了儒家之道的范围之内。这一过程始于韩愈，韩愈的思想有强烈的经世取向，这是重建政治观念理论化、体系化的起点。他说"合仁与义言之"乃"天下之公言也"，天下之公言即道，即天下"相生相养之道"。① 韩愈认为，"文明的制度使人们能够用一种在社会意义上富有建设性的方式，来满足他们的愿望、要求和利益。仁义的优点就是由此所决定的"。② 在古代思想世界中，针对这套"相生相养之道"的政治理念提出的最为完整可行的方案，就是五经所载的儒家礼教——实际上是经典所记载的代表当时之人眼中人类文明最高水平的古代中国社会政治生活方式。

不过，由于处在政治观念理论化进程的起始阶段，韩愈还没有将理论一元化贯彻到底的自觉。理论上的一元性要求将同属于儒家义理的公共性政治观念与个体道德修养问题贯通起来，尤其是从个体德性的角度证明整个儒家义理在价值上的可信与实践上的可行。韩愈在这一点上的欠缺，成为宋代理学家继续推进的方向。进入宋代之后，儒家礼教文明的"理论理性开始强烈地追求其自律性"。③ 宋明理学在这条政治理论化之路上的贡献就是将既定的儒家礼义或公理归结为一种形而上的（而非宗教性的）世界原理——天理，进而摸索出一套在实践中呈现这一天理本体的道德心性论。于是，公私之辨在理学集中体现为义利之辨、理欲之辨。又因为义利相去之微，操舍之际容易错谬，为了谨饬义利之辨，才生发出关于纯化天理的性理学和居敬自持的工夫论。在道德形而上学贯通的政治理论框架中，政治问题在某种程度上转化为了个人道德实践的问题。理学的主要目的"是要按

---

① （唐）韩愈：《韩昌黎文集校注》，上海古籍出版社2021年版，第18—27页。
② ［美］包弼德：《斯文：唐宋思想的转型》，江苏人民出版社2017年版，第167页。
③ ［日］岛田虔次：《中国近代思维的挫折》，江苏人民出版社2008年版，第142页。

照这种理论改造或造就符合该社会根本利益的士大夫与官吏队伍"。[①]

这套将古典政治观念形而上学化的理论之集大成者，即朱熹；而进一步将这种形而上学化的天理彻底统合进心性之学的，是王阳明。如梁启超所说，道学的"大势所趋，总是倾向到明心见性一路，结果自然要像陆子静、王阳明的讲法，才能彻底的成一片段"。[②] 心学境界就其本身而言是关于道德的内在体悟，但其根源处仍然是经世的热情，是实现天下之公、万民生养的理想——只是在实现途径上更加依赖个人化、内在化的精神修为和境界，以至于某些末学肤受者因为走得太远而忘记了为什么出发，堕入禅道而失去了理学的初心。换言之，以形而上学宇宙论而非广义社会科学的方式构建传统政治观念的理论体系，最深层的问题是落脚于个体的道德境界与修养功夫，客观上偏离了传统政治观念公共性的初心。而道德哲学私人化发展到极端——如阳明后学左派[③]的思想，就似乎是物极必反般地开启了重建公共性的契机。因此，明清之际对理学的反思，一个内在的逻辑就是重建社会政治价值观的公共性。

（二）明清新公理观的转型与现代人民政治观的萌发

理学以等级身份、各安其位为全民相生相养的唯一的、不证自明

[①] 陈来：《朱子哲学研究》，华东师范大学出版社2000年版，第302页。
[②] 梁启超：《中国近三百年学术史（新校本）》，商务印书馆2011年版，第3页。
[③] 并指出："王学的发展过程，同时也就是它向左右两方面分化的过程。"参见嵇文甫《晚明思想史论》，北京出版社2014年版，第19页。冈田武彦划分王门为三派："现成派（左派）""归寂派（右派）""修证派（正统派）"，同样以"左""右"为名。参见［日］冈田武彦《王阳明与明末儒学》，重庆出版社2016年版。本文对阳明后学的左右两派区分，即以此为准。

的公理，或曰"定理"。这一论述在晚明至清代逐渐瓦解。首先，从程朱学到阳明学，本质上是"人"的道德主体性、自觉性不断高扬的过程。阳明学的流行意味着，礼教的担当主体从精英士大夫逐渐普及到愚夫愚妇。道德主体逐渐淡化了学而致知、格物穷理所赖的教育条件、经济条件等不平等的外在因素的影响，而凸显了"人"本身的决定性意义。阳明学认为，每个人都是生而知之，人人皆为尧舜，"满街人都是圣人"①。礼教在庶民阶层的普及要求"理"的知与行更加简易、可行，因此直接"致良知"就成为阳明学的主题。良知固然具有儒家义理的超越性意义，但同时也是经验性的人性之自然，或者说，良知即天理之定则溶解于心理之自然的状态，即阳明四句教的首句"无善无恶心之体"。

既而，王学左派沿着心之自然的方向不断强调天理良知的经验性基础，于是走上肯定私欲、解放人性的道路。如李贽曰："穿衣吃饭，即是人伦物理。"② 因此，有观点认为王学左派和李贽代表了中国的个人主义、自由主义思想萌芽，只可惜不幸夭折。③ 这是立足于西方近代思想演进的模式来观察中国，并不符合中国思想史的自身脉络。实际上，李贽固然高扬性情自然的旗帜，但并不以个性解放为价值的终点，其根本关切仍然是作为天下之公的社会政治之理。其革命性在于抛弃天理式的或形而上学式的理论路线，试图在人性自然或私欲的基础上为天下相生相养的社会政治公理建立一种新的理论模型。

---

① （明）王守仁：《王阳明全集》（上册），上海古籍出版社2012年版，第102页。
② （明）李贽：《焚书 续焚书》，中华书局2009年版，第4、16页。
③ 参见［日］岛田虔次《中国近代思维的挫折》，江苏人民出版社2008年版。

四　文化传承发展

李贽曰："夫以率性之真，推而扩之，与天下为公，乃谓之道。"① 而且，李贽开辟的道路并未夭折。自明末至清代，"尊情达欲""通情遂欲"逐渐成为讨论义理不可忽视的前提。明清之际顾炎武等人主张的"合私以为公"是对这一新的公理构型的继续探索。清代的戴震则通过翻转理—欲关系完成了公理观的转型。戴震曰："欲，其物；理，其则也"；"一人之欲，天下人之同欲也"；"理在事情，于心之所同然"；"善，以言乎天下之大共也"。② 即戴震认为，理不是先于人欲的天降定理，而是基于人欲内在关系的相应规则，这一规则的内容是人欲相通、人人如一，因此必须共同实现。这样，从韩愈开始的天下之公的社会政治观念理论化进程，在宋明理学的模式臻于极致而实现内部突破之后，产生一个新的模式。戴震固然批判"天理杀人"，但他如李贽一样，并非所谓中国自由主义思想的代表，而是继续坚持"理"的信念，继续恪守儒家伦常礼秩作为"理"的内涵。其革命性在于为这套社会政治理念提供了一种新的、世俗性的论证模式。

始于李贽、成于戴震的理论模型，即从人人如一的物质欲求可以推导出儒家伦常礼秩作为满足全体之人同等欲求的公理。然而，这一理论模型包含着内在的张力。即全体之人的同等欲求必须通过等级式的儒家伦常礼秩来实现吗？从逻辑上讲，人人如一的物质欲求所对应的应该是人人平等、互利共通而达成全体公利的秩序理念。但戴震的新义理构想，既没有表现出理论的彻底性，也没有表现出社会影响的

---

① （明）李贽：《焚书　续焚书》，中华书局2009年版，第4、16页。
② （清）戴震：《戴震集》，上海古籍出版社1980年版，第273、266、269、332页。

主动性,"总之那是一种吞吞吐吐的思想文化"①。反倒是随着明清社会平民化和"民"的意识不断发展,太平天国代表的民间力量率先突破儒家名教藩篱及地缘、血缘隔阂,②透露出以物欲层面"处处平匀,人人饱暖"为基础的"天下大家"③或新的天下之公价值观方向——只是缺少足够的理论化自觉,又在客观上被宗教、迷信等因素所濡染。晚清谭嗣同仁学、康有为大同说本质上正是将戴震理论模型的内在逻辑贯彻到底得出的结果。即真正符合李贽—戴震理论模型之逻辑前提的结论,不可能继续坚持等级式的儒家礼教,而必须"冲决网罗",揭示一种以平等和公利为主题的新公理观。康有为说:"天下为公,一切皆本公理而已。公者,人人如一之谓。"④梁启超等人进一步将谭、康的新公理观应用于具体的政治体范围内,便阐发了人民共和、社会主义的新式政治理念。这些概念其形式固然来自西学东渐,但其内涵却有着源远流长的内生逻辑。人民政治观作为新公理在内容上是对传统等级礼秩公理观的反叛,但在逻辑上却是对唐宋以来天下之公政治理念一贯追求的理论化进程的继承与深化。

贯穿古今之变的思想线索是天下之公的理想。明清之后至近现代中国的政治思想演进之所以不是沿着西方式的自由主义道路,而是走

---

① [日]岛田虔次:《中国思想史研究》,上海古籍出版社2009年版,第362页。
② 洪秀全《原道醒世训》批判现世伦理"所爱所憎,一出于私。……同乡同里同姓则爱之,异乡异里异姓则憎之",主张"何分此民彼民……何得存此疆彼界之私"。参见中国史学会主编《太平天国》第1册,上海人民出版社1957年版,第91—92页。这是太平天国超出传统以均贫富为口号的农民运动之处,也由此开始显露出超乎土地平均主张之上的新型公理观或政治观之萌芽。但这一观念毕竟缺少足够的理论根基和集体自觉,因而在太平天国运动期间,私人性的许官赐爵、等级性的伦常礼教等封建主义元素始终存在,至后期尤炽,如言必称"爷哥朕幼永作主""父子公孙永作主"云云。
③ 中国史学会主编:《太平天国》第1册,上海人民出版社1957年版,第322页。
④ 康有为:《孟子微 中庸注 礼运注》,中华书局1987年版,第240页。

出了一条中国式的人民政治发展道路，原因在于中国思想传统始终追求全体之人相生相养的天下之公：在个人私欲和人性自然尚不能被充分地理论化处理之时，便选择一种固定的公理模式（儒家伦常礼秩）作为天下之公的实现方案，并构建一套形而上学（宋明理学）为之论证；当理学内部的发展逐渐凸显人性自然和私欲合法性之时，天下之公便获得了新的、更具现实性的论证基础；而在人欲平等的基础上重新阐释的天下之公理念，落在具体国家范围内实际上就是现代中国的人民政治观。

（三）现代人民政治观的发展与马克思主义的中国化

基于内在的思想演进逻辑，现代中国的人民政治观是两个维度的统一：一是具体的、现实的个人或众人之利益诉求的反映——来自人性自然之观念的传统，一是抽象的、价值性的全体民众利益的聚合与条理——来自公理观念的传统。

清末民初思想界和舆论界所言称之"民"虽然在理念上是指普遍的人民大众，但由于缺少对民众内部差异的意识和区分，因此在谈及各项具体话题时，如"君民共治""民主政治""藏富于民""导民生财"等，实际上大多是指被视为人民之代表的士绅精英阶层，因此有"士民""商民"等特定称谓。而随着晚清新公理观所包含的平等主义思潮不断深化，特别揭举下层社会之利害苦乐开始成为理解全体公利和人民概念的抓手，进而在"五四"前后，"劳工神圣"的观念开始流行。这促使现代中国人民观从笼统、混沌的民之整体概念，展开对社会结构之不平等的反思，剖析民众间的利益关系和相对地位，进而找出公利不兴、民生不振的根本症结，找到最接近、最贴合全体公利的群体利益，以更加精确地把握人民概念的具体内涵。对劳工阶层的辨识和强调表面上看似是对共同体的割裂，实质上是对共同体之本质即人民公利的深层而具体的揭露。马克思主义的阶级分析方法恰好符合这一人民观自我完善的内在要求，因此在中国广泛传播。"五四"之后，被认为最能代表人民的"无产阶级"成了时髦标签。

中国的早期共产主义者对阶级的理解从一开始就不是教条的马克思主义，而是一定程度上中国本土化的，即一定程度上出于自身的公理观传统或天下之公的价值关切，并非全然来自政治经济学的理论分析，或者毋宁说是二者的结合。中国的无产阶级革命之必要性与可能性不取决于本国资本主义是否充分发展、工人阶级是否足够壮大，而是植根于广大人民追求生存的价值关怀足够强烈。因此，在现代中国，无产阶级革命与民主主义革命是一体的、不可分的。中国的革命既是阶级性的，也是人民性的。这就是毛泽东的"新民主主义论"——既是马克思主义的中国化，也是以新的形式对中国政治思想传统及其发展逻辑的回归。这是一种与正统马克思主义和苏联革命理论不同的政治思维。[①] 毛泽东思想及其所形塑的中国现代政治观念的根源在于，"他对中国人民大众，特别是农民——这些占中国人口绝大多数的贫穷饥饿、受剥削、不识字，但又宽厚大度、勇敢无畏、如今还敢于造反的人们——的迫切要求作了综合和表达，达到了不可思

---

① 有件小事虽属无意却极具象征性地折射出两种思维的差异：党的六大召开前，有代表出于通俗的目的，提议放弃"苏维埃"政权的提法，直接称之为"人民"政权，共产国际领导人却对此不屑一顾。参见杨奎松《"中间地带"的革命：国际大背景下看中共成功之道》，山西人民出版社2020年版，第194页。

四　文化传承发展

议的程度"。① 既吸取了马克思主义的理论教益又扎根于中国传统政治理念演进逻辑的人民政治观,是毛泽东思想最核心的成果。

在现代中国政治文化中,统一战线理论是另一个更加直接地反映传统天下之公思维、体现现代人民理念及马克思主义中国化的维度。在对人民的结构塑造上,阶级斗争和统一战线是一体之两面。人民的内核当然是最广大的劳动阶级,但单纯的阶级性不等于人民的全部。人民的外延要求对社会全体公利的代表,它在特定历史和社会条件下是有弹性、会变动的,统一战线正契合了人民概念的自我调适。实际上,中国共产党对于人民概念的广泛使用正是始于抗战前夕提出的"人民统一战线"口号。统一战线在共产国际和中国革命早期主要是一种特殊策略,而在毛泽东思想形塑的现代中国政治观念中成为一项基本原则。

基于人民观的内在逻辑,当代中国的人民民主发展需要兼顾两个问题:一是按照明清新公理观转型所指示的方向,尊重世俗的、具体的、多元的自然人性和利益诉求,同时参考曾经为呈现民众利益结构而发挥重要作用的阶级分析方法,根据特定时代的具体社会现实,探索更加科学、准确的方式呈现民情物欲;二是按照新公理观所继承的公理思维或天下之公理念,为民情物欲提供一种聚合式或公利式的理论表达,也即在辨析人民阶级性的同时还要超越阶级、保持人民的统一,继续推进马克思主义的中国化。在当代中国政治文化中,前者意味着各种选举民主、协商民主、基层民主的创新实践;后者则意味着公意型政党的领导——表现为理想信念和公意性的纲领、路线、方

---

① [美]埃德加·斯诺:《红星照耀中国》,董乐山译,东方出版社2010年版,第71页。

针。二者的统一正是人民民主的内涵。

二 政治主体的精神层面：从士人伦理到革命道德

（一）古典伦理体系的政治规范意义

儒家思想的中心关切在于塑造政治人格，尤其是塑造作为政治主体的士大夫的政治人格，形成了中国古典政治文明强调政治主体精神属性的独特传统。儒家观念中的政治主体不仅是君主，更是君子或士人的群体。君主作为政治主体的合法性也是由其符合儒家伦理规范和精神属性，即作为圣贤君子序列中的一员而被决定的。因此，政治主体的资格归根结底在于某种德性。这一传统在宋代发展到一个高峰，首先体现为士大夫"以天下为己任"、与君主"同治天下"[①]的自觉意识空前高涨。王安石变法即在此精神的激励下发生。既而，针对新法施行中的党争之弊，理学家开始反思士大夫的政治主体精神不是空洞的责任担当，更不是单纯的参与政治、一味的权力竞争，而是具体表现为士大夫修身立德的实践，即《大学》"八条目"中的治国、平天下等政治担当"壹是皆以修身为本"。这是因为，儒家伦理教义本身就是古典政治生活顺畅运行所内在要求的规范。古典政治的基本理念是通过"定分止争""明分使群"（《荀子·富国》）以实现"相生相养"，儒家礼义就是旨在"定分""明分"的一套规范，而且需要落实在政治主体的精神修养之中。因此，宋代理学开发出一套精细严密的心性之学以提高士人的修养水平。这一努力至明代后期的阳明学

---

① （宋）程颢、程颐：《二程集》，中华书局1981年版，第1035页。

四 文化传承发展

逐渐圆融成熟。阳明学以"万物一体之仁"将政治主体关切民生疾苦、参与天下治乱乃至宇宙化生的精神境界表达得淋漓尽致：

> 天下之人，熙熙皥皥，皆相视如一家之亲。其才质之下者，则安其农工商贾之分，各勤其业，以相生相养……各效其能，若一家之务。……盖其心学纯明，而有以全其万物一体之仁，故其精神流贯，志气通达，而无有乎人己之分。①

有学者认为古代士人的天下担当精神"相当于一种'公民'意识"②，或者代表着中国的"宪制"传统。③ 实际上，儒家道德观的现代价值需要从两方面辨析。一方面，通过养成政治主体的精神属性来使伦理体系发挥政治规范作用，作为一种政治文明的形式确实具有某种普遍价值——虽然未必称之为"宪制"。但另一方面，不能将上述形式抽离出历史实情。儒家构想的政治主体精神属性在道德内容上必须以等级性的伦常礼秩为归依，这样才能落实其政治规范作用。形式上的普遍意义或"现代性"与内容上的特定价值指向即礼教本位，在传统政治观念中是不可分割的一个整体。例如，王阳明的"万物一体"境界论，在具体内涵上仍然是纲常礼教式的关切："圣人之求尽其心也，以天地万物为一体也。……故于是有纪纲政事之设焉，有礼乐教化之施焉。"④

---

① （明）王守仁：《王阳明全集》（上册），上海古籍出版社2012年版，第48页。
② 狄百瑞所谓"中国的自由主义传统"也是从宋明士大夫自任于天下的责任感引申出来的，参见［美］狄百瑞《中国的自由传统》，贵州人民出版社2009年版。
③ 参见任锋《立国思想家与治体代兴》，中国社会科学出版社2019年版。
④ （明）王守仁：《王阳明全集》（上册），上海古籍出版社2012年版，第216页。

实际上，为了抵制晚明王学左派或泰州学派和李贽引领的解放情欲、放任自然的思潮，保卫儒家伦理体系对社会政治秩序的规范性作用，更加谨饬人格修养的"道德严格主义"反而成为明清之际的思想主流，①进一步推进儒家伦理平民化、普及化的"礼下庶人"运动也成为清代政治文化的突出现象。②其中，晚明批判王学左派或泰州学派最力者，首推被普遍视作进步力量的东林党人。换言之，对于明代士人政治主体精神最为昭彰的东林党人来说，严肃道德、谨遵礼义是承担政治责任毋庸置疑的前提。进而在清代，与哲学上的公理观革新并行，在士人的道德修养上却出现了理学的复兴。

（二）明清道德观的规训化与现代公德主义革命精神

明清之际的道德严格主义思潮及其后继的清代理学复兴现象看似反动，好像是要维护"吃人的礼教"，与近代化的潮流南辕北辙。但实际上，其对现代中国仁人志士的革命精神产生了重要影响。比如，曾国藩、胡林翼是晚清理学名臣。青年毛泽东对曾氏以修身励节而建事功的榜样极为推崇，并借用胡氏的号"润芝"为自己的字以自策。因此，厘清明清之际以来传统道德观念的动向与现代革命精神之间的关系，对于理解现代中国政治文化的某些特质具有至关重要的意义。

阳明学在晚明的发展有两个分支：左派走向情欲自然主义，右派倾向道德严格主义。右派认为，左派的放任自然对于成德修身来

---

① 参见王汎森《晚明清初思想十论》（增订版），北京师范大学出版社2020年版。
② 参见张寿安《十八世纪礼学考证的思想活力：礼教论争与礼秩重省》，北京大学出版社2005年版。

四　文化传承发展

说是"脱略功夫",不能立住人格,因此强调驾驭血气、磨炼意志的工夫,培养自律的精神,这样才能坚实可靠地遵行儒家伦常礼义。对于实践伦理内容之前先行强化精神意志的侧重,使得修身工夫可以作为一种调控身心、变化气质的精神锻炼方法本身,从而获得某种相对独立的道德意义和理论地位,比如罗洪先"收摄保聚""归寂""主静"之说、刘宗周的"慎独"之学。由此建立的"心体"或养成的人格,更多的是一种单纯自律的意志。这使得作为独立任务的修身之事可以获得某种专门化的技术性设计和操练,也就是自我规训的方法。规训方法的丰富与细致正是明末至清代道德严格主义的重要特征。比如,组织"省过会",会友之间互相彰善纠过;作省过、改过书,或曰"道德生活日记",[①] 既用来个人自省,也彼此交换参阅;在书院中建立纪律性会约,使学生的全部生活、功课、言行举止都有章程规范等。在这样的文化中,日记不是私人情感的隐秘角落,而与省过会或规过会一起,是士人砥砺德行、"批评与自我批评"的"公共领域"。晚清倭仁、曾国藩等常被称为理学人物,他们写日记或"日课",彼此传阅、相互批评的修德砺行方式,正是对这一传统的继承。曾氏对近现代很多人物的影响不在于其政治立场上服膺纲常名教、反对太平天国运动代表的新公理观趋向(及其预示的人民观),而是以日记、力行实践、质朴生活等为标志的严格的德行修养方式。

这一道德观演进的革命性在于:士人的修身工夫作为一种精神训练

[①] 王汎森:《权力的毛细管作用:清代的思想、学术与心态》(修订版),北京大学出版社2015年版,第208页。

的形式固然是为更好地践行儒家礼义这一伦理内容服务的，但在形式层面的强化，客观上反而弱化了其与特定伦理内容的绑定。它可以更好地致力于儒家伦常定理之发用，但理论上也可以服务于其他价值目标。曾国藩等人利用修身工夫和精神意志的力量完成一番事业（且不论这种事业的内容为何）的例子便是对这一可能性的最初演示，因此赢得了同样致力于某项事业的现代革命者的广泛学习——即使这些革命者属于不同的阵营。

与此同时，新的价值目标和事业理想也随着晚清新公理观的转型而浮现。基于谭嗣同、康有为揭示的新公理，梁启超及新文化运动诸将阐发了相应的新道德，即以"群"或人民公利为本位、以"尚公"或"公德"为名目、以爱群或爱国为具体要求的新型价值规范。于是，致力于人民公共利益或改造社会、振兴国家的新价值与新事业就取代了遵行伦常礼教、"致君尧舜上，再使风俗淳"的旧价值与旧事业，与已经获得一定独立性的修身工夫或道德规训方法重新结合起来，进而形成了现代中国的革命精神。比如，"清末在各地有不少肩负政治社会使命的修身团体"，而"在近代自我锻炼的思潮中，理学的省心日记产生过相当大的影响"。① 从刘宗周《人谱》在清末民初的流行，到倭仁的修身日记在清末之后被广泛模仿——如湖南新民学会、武昌互助社等诸人的立日记和相互批阅，到大学中以理学资源湔消习心、陶冶人格之风的盛行，到个人或集体有严格纪律之生活方式

---

① 王汎森：《中国近代思想与学术的系谱》，吉林出版集团有限责任公司2011年版，第139页。

四　文化传承发展

的普遍，尤其是无政府主义者的工读互助团体①和共产党人的个人自律与集体生活更将这一传统发扬光大。陈独秀说："我之爱国主义……在笃行自好之士，为国家惜名誉，为国家弭乱源，为国家增实力。……吾之所谓持续的治本的爱国主义者"，"曰勤""曰俭""曰廉""曰洁""曰诚""曰信"。②青年毛泽东曾"立自修学社"，自省道："我因易被感情驱使，总难厉行规则的生活"，"脑子不能入静，工夫难得持久"，并指出"以发达吾人身心之能力至于极高为义务也"，"天下之心皆动，天下之事有不能为者乎？"③这些传统的道德自律方法和境界所服务的已经是一种新的、现代性的公共事业。

总之，儒家传统思想的演变有两条线索：一是与新公理观和人民共和政治理想相伴而生的公德精神在晚清以来的勃兴；二是明末至清代的道德严格主义思潮催生了独立于伦常价值内容之外的、强调精神意志与自我规训的道德观，并在近现代与新的价值内容即公德主义结合形成了为人民事业艰苦奋斗、舍生忘死的革命道德。明乎此，才能理解传统士大夫的政治主体精神是在何种意义上、以何种方式、经历了怎样的过程被现代中国政治文化所继承和发展的。

---

① 现代中国无政府主义组织的一大特征是严格的道德纪律和自我规训。例如，1912年，刘师复成立晦鸣学社，后改为"心社"，发表《社约》十二条：不食肉、不饮酒、不吸烟、不用仆役、不坐轿及人力车、不婚姻等。同年，吴稚晖、李石曾、蔡元培组织"进德会"，"持不赌、不嫖、不娶妾三戒者，为甲等会员；加以不作官吏、不吸烟、不饮酒三戒，为乙等会员；又加以不作议员、不食肉，为丙等会员"。参见蔡元培《纪事·北京大学之进德会》，《北京大学日刊》第50号，1918年1月19日。后蔡元培、宋教仁等人又组织"六不会"，即有六条戒约。1918年，蔡元培等人在北大再次发起成立"进德会"，旨趣与前次的戒约相似。
② 陈独秀：《我之爱国主义》，《新青年》第2卷第2号，1916年10月1日。
③ 中共中央文献研究室、中共湖南省委《毛泽东早期文稿》编辑组编：《毛泽东早期文稿》，湖南人民出版社2008年版，第73、210、431—432页。

(三) 现代意义的化民成俗与政治主体的扩大

通过民主革命建立共和国家是近现代中国的历史课题，成败的关键在于能否塑造足够多的具有革命精神的政治主体，从而发动广大人民参与到共同事业之中。以道德规训助力现代国家建设在世界历史上并非特例。戈尔斯基（Philip S. Gorski）在军事革命、资产阶级革命之外对欧洲现代国家构建提出了第三种解释维度：宗教改革所引发的规训革命。基于苦行主义的新教伦理，尤其是"加尔文主义不仅包含了工作伦理，还蕴含了一种自我规训的伦理。对于信徒个人来说，规训不只是一个神学问题，还是一个实践问题；为了实现这一点，加尔文主义者发明了大量的技巧：定期阅读《圣经》，每天记日记、功过簿以及严格控制时间"，"每个人不仅要对自己的行为负责，还有责任监督其他会众，劝谏那些偏离正道的人"，从而"建立起掩盖一切的道德和社会纪律体系，也就是一场规训革命"。[①] 抛开伦理内容的不同，新教的道德规训形式与明清之际以来中国传统道德观的规训化动向可谓不谋而合。只不过，由于社会经济条件不同，规训革命或精神力量对于中国现代国家诞生的意义比欧洲国家更加显著。而且，中国的现代道德规训指向的是完全世俗性的人民价值观。按照传统话语，这可以说是一种现代意义的己立立人和化民成俗。

国共两党都以谨饬自律的修身精神坚定意志，同时期望将公德主义的自我规训启蒙群众、塑造更多的革命者或国家公民。20 世纪 30

[①] [美] 菲利普·S. 戈尔斯基：《规训革命：加尔文主义与近代早期欧洲国家的兴起》，李钧鹏、李腾译，北京师范大学出版社 2021 年版，第 34—36 页。

年代，蒋介石发起"新生活运动"，要求全体国民的生活实行军事化的"整齐、清洁、简单、朴素"，但由于复活了不少礼教沉渣，与人民性、公德性的价值方向自相冲突，结果其道德规训的努力在国民党内、军内尚且归于无效，遑论对全体国民的教育改造。相比之下，共产党人无疑是最能标定合乎时代性的价值方向、从而贯彻严格的规训精神，最终培育出足够广大而"团结、紧张、严肃、活泼"的政治主体（既包括革命者群体也包括人民群众）的进步组织。在革命者自身的道德自律与人格砥砺方面，刘少奇《论共产党员的修养》作了全面总结。在民众之自律、自立和自治方面，共产党人在军队和乡村组织集体生活，培养民众公德精神和主人翁意识，并从根据地扩展到全国范围，为现代国家的建立奠定了社会基础。中华人民共和国成立后，梁漱溟思考中国共产党为何能够成功。通过到各地方考察，他发现共产党人成功的关键是在基层社会用新式的团体生活代替了传统的伦理组织。"过去我最恨的是不关心公共事、国家事，散漫消极"，而如今"每人自己精神上心理上空前的变更。抬起头来，站起身来，并且会组织起来办事情"，[①]"多数人都表现了他们的积极性和创造性"。[②]梁氏长期希望通过革新礼俗、养成自律人格来重建乡村，通过乡村建设为建国创造条件，而中国共产党完成了他想做却始终未能做到的事。现代中国之所以在社会经济条件成熟之前就先行建成一个政治上的现代国家，相当程度上有赖于从政党到政府、从工厂到农村、从社会生活到学校教育，各个领域普遍存在的、人们早已日用而

---

① 梁漱溟：《梁漱溟全集》第6卷，山东人民出版社2005年版，第852页。
② 梁漱溟：《梁漱溟全集》第6卷，山东人民出版社2005年版，第876页。

不知的纪律精神。这一切的由来不得不追溯到从明末至近代、历经三百年终于掀起大潮洪流的道德规训革命。

沿着从道德革命到国家建设的路线，当代中国在公德主义的基本价值指引下，与时俱进、不断丰富和完善社会主义核心价值体系，继续为培养符合政治先进性的党员干部，尤其是符合人民民主与共和国精神的公民，而开展各种普及全民的道德教育运动，以造就既有权利意识、也有责任担当和道德意志的政治主体。这样的政治主体性理念在形式上看似是古代士人伦理政治观的再生，但却是经过了长期演进、经历了否定之否定后的更高阶段，已不可简单比拟。

三 政治行动的方法层面：经世致用的智慧新生

（一）明清经世论的实学传统与现代实践论

经世致用和格物致知是传统思想世界中固有的元素。经世致用作为一般性的、弥漫性的政治文化，长期以来在整个思想版图中并未得到特别的凸显和理论化提升。格物致知虽然在宋明理学中成为核心议题之一，但其内涵被限定在性理之学的层面，而非对客观世界的研究。明清之际，出于对宋明理学凌空蹈虚、玄谈性理的反思，传统思想的演进开始由"虚"入"实"。清代之学可以一言以蔽之，曰"实学"，其包含几个层次：一是民生取向的经世之学，二是实事求是的经史研究，三是朴素谨严的习行道德，四是世俗性的新公理哲学。清代"实学"各分支都对近现代中国的转型有不可磨灭之贡献。三、四两点的展开与影响已在本文第一、二节分别论述，这里专论一、二

四 文化传承发展

两点。

经世观念在明清时代发展到高峰，在传统思想版图中的地位也空前提升，成为统摄其他学术和文化元素的"题眼"，从而被概括为一种可以论辩、可以实践、可以总结提炼的"学"——经世之学。这尤其表现为晚明开始出现的专门性的"经世文编"，至清代中后期更是蔚为大观。① 明清经世之学无论在参与者范围，还是在论题广度上都明显超轶前代。这些"经世文编"所收录的文献涉及经、史、子、集及义理、考据、辞章等诸多领域，只要与经世济民有关者都被整理归纳。甚至晚清的多种经世文编越来越多地将西学各科的知识也容纳在内。这就等于以经世致用为原则和线索梳理出了一个囊括古今中外全部学术的知识体系，蕴含着一种以民生实用为价值归依的知识观和方法论。与此同时，格物致知的实学化表现为清代经学的训诂考据，进而由"六经皆史"说将经学转向史学化，其共同的旗号即"实事求是"。钱大昕曰："通儒之学，必自实事求是始。"② 于是，传统的、偏于主观的义理心性之学转向了客观的、辨正真伪是非之学。胡适称之为"清代汉学家的科学方法"，③ 还有学者称之为"儒家智识主义"（Confucian Intellectualism）的兴起。虽然这种方法在清人只是用于经史文献的研究，但其求真求实的精神成为近代以来接受新式科学的必

---

① 明代尤其是万历之后大量出现的各种经世文编，其超越传统政书之处，一是收录范围除了官方诏令奏疏之外，还有士大夫私人著作乃至书信等资料；二是内容更加贴近现实问题研究，涉及国家庶务、社会风俗、经济民生、军政边防等方方面面。其中影响最著者为陈子龙等复社诸子选编的《明经世文编》。清代经世文编的编纂更胜前朝，仅从晚清贺长龄、魏源《清经世文编》至清末，就有十余种之多。
② （清）钱大昕：《嘉定钱大昕全集》第9册，江苏古籍出版社1997年版，第403页。
③ 胡适：《清代汉学家的科学方法》，《北京大学月刊》第1卷第5期，1919年11月。

要条件。

在清代实学之风的影响下,清季以来"尚实"成为与"尚公"并列的国民教育准则。伴随各种"重实践""实利主义"的主张,"五四"之后兴起了调查研究现实问题的风潮,通过研究社会经济问题以"改造社会"成为一时的流行口号。社会革命的情绪由此酝酿。比如1920年之后,以《新青年》为首,随后《少年中国》《少年世界》等杂志开始大量发表有关社会经济调查和劳工问题研究的文章,成为培养和引导马克思主义信仰者的重要载体。更重要的是,经世致用与实事求是两种实学精神的融合,即在经世的实用领域有客观知识的支撑、在客观研究中有经世的价值关怀,形成了近现代中国思想的基本结构,并为以我为主地吸纳西学,尤其是为接受马克思主义并使之中国化奠定了基础。马克思主义既不是片面的实证主义科学,也不是单纯的目的论价值哲学,而是二者的统一。这样的思想结构与清代实学传统所塑造的中国式知识观若合符契。

毛泽东深受近代"尚实"之风和早年研究社会问题之经历[①]的影响,在革命的各个阶段都始终强调调查研究和实践的重要性。"实践论"是毛泽东思想的核心内容,"实事求是"是其核心理念。毛泽东在《实践论》的最后一句说:"这就是辩证唯物论的知行统一观。"[②]"知行合一"是中国传统思想的经典命题,先是在阳明学中指心性论层面的体知与发用的合一;后在清代实学的语境中与"理气合一""道器合一"等判断,都意味着经世致用与实事求是的合一。毛泽东

[①] 毛泽东等人曾于1919年成立"问题研究会",并亲自撰写章程,提出当时中国需要研究的71项大大小小共144个问题。

[②]《毛泽东选集》第1卷,人民出版社1991年版,第297页。

运用马克思主义哲学的概念，赋予了传统智慧新的生命。这既是马克思主义唯物论哲学的中国化概括，也是对中国传统思想尤其是清代以来实学传统的继承和发扬。基于经世致用与实事求是相融合的观念底色，马克思主义哲学中国化成果的适用领域，相对于自然科学研究，实际上主要是政治行动或革命、建设与国家治理的政治事业，以及相关的社会科学研究。中国共产党表现出强大的改造社会的能力，有赖于其"是一个具有高度理论和政策自觉的政党，其贯彻机制的背后有强大的政治文化的支撑"，即"对经验的总结、提升并由此形成规律性指导意见的能力"十分卓越。① 这种政治文化的基本原理之一就是在认识世界和改造世界相统一的人类解放事业中，坚持实事求是的方法论。

这一政治行动的方法论指南贯穿中国共产党人完成新民主主义革命、开展社会主义革命和建设、走向改革开放和在中国特色社会主义新时代推进国家治理现代化的整个历史过程。尤其是面对官僚主义、形式主义等中国政治文化中历史悠久的沉疴痼疾，继承自传统经世之学与尚实之风、又经马克思主义哲学概念加以理论化提炼的实践论，及其统摄的一系列工作方法，如群众路线、调查研究、试点示范、科学考核、注意经验的总结与提升并形成规律性认识和规范性指导意见，等等，仍然是当代中国政治文化的重要组成部分。

（二）古典朴素辩证法与作为普遍方法的矛盾论

张岱年在20世纪30年代首次提出理学、心学、气学三分的哲学

---

① 黄道炫：《如何落实：抗战时期中共的贯彻机制》，《近代史研究》2019年第5期。

史框架，认为气学代表了中国思想史上的"唯物论"传统。① 传统气的概念与现代哲学的物质概念毕竟不同，但气学世界观中却有着丰富的朴素辩证法思维。如果说理学传统演化出新公理观，进而通向人民政治观；心学传统演化出道德规训主义，进而通向革命精神和公民道德；那么，气学传统的演进同样对现代中国的政治文化产生深刻影响。阴阳气论在先秦主要由道家、兵家、阴阳家等所阐发，中国古代以"反者道之动"（《老子》第四十章，即运动中的对立项相互转化）为精神的朴素辩证法思想也大多渊源于此。宋明理学统治思想界后，气被置于永恒不变的天理宰制之下。明代之后，在解决理气二元论的努力中，气学重新独立，并达到新的思辨高度，成为近现代中国思辨哲学的重要渊源。比如，王夫之扬弃传统的"阳动阴静"二元说，曰："静即含动，动不舍静"②；"动静皆动也。由动之静，亦动也。"③ 毛泽东也认为："天地盖惟有动而已。"④ 谭嗣同继承了明清气学宇宙论，并将传统的"气"置换为更接近物质概念的"以太"。而"谭嗣同《仁学》中强调冲破网罗、主动反静、相对主义等等"思想则直接反映在毛泽东《〈伦理学原理〉批语》中。⑤ 李大钊以气学的辩证思维阐释"群演之道"（即社会进化规律）："一成一毁者，天之道也。一阴一阳者，易之道也"⑥，此"道"即"二体以上，

---

① 张岱年：《张岱年文集》第 2 卷，清华大学出版社 1990 年版，第 24 页。
② （清）王夫之：《思问录 俟解 黄书 噩梦》，中华书局 2009 年版，第 35 页。
③ （清）王夫之：《读四书大全说》，中华书局 1975 年版，第 661 页。
④ 中共中央文献研究室、中共湖南省委《毛泽东早期文稿》编辑组编：《毛泽东早期文稿》，湖南人民出版社 2008 年版，第 59 页。
⑤ 李泽厚：《中国现代思想史论》，生活·读书·新知三联书店 2008 年版，第 145—146 页。
⑥ 李大钊：《青春》，《新青年》第 2 卷第 1 号，1916 年 9 月 1 日。

四　文化传承发展

互争为存"①，这已经很接近唯物辩证法的矛盾对立统一规律了。毛泽东处于与李大钊同样的古典思想发展脉络中，这一脉络是中国知识分子接受马克思主义哲学的前提，也蕴含着马克思主义哲学中国化的预定范式。

笼统而言，气学世界观的一阴一阳、相反相成的基本模型与毛泽东认为事物"一分为二""对立统一"的矛盾论具有某种相似性，一气流行、生化不息也合乎事物是发展变化的原理。李泽厚认为毛泽东的唯物辩证法思想来自先秦的"兵家辩证法"。②《老子》《孙子兵法》固然是其远源，从王夫之到谭嗣同的明清气论哲学更是其近亲。中国古典的气论哲学并非西方式的自然哲学，其朴素辩证法也不同于西方辩证法的思辨理性，而是主要作为一种社会人生的智慧或经验理性。基于这一传统，中国化的马克思主义哲学也主要作为社会实践的理论指导，并借助马克思主义哲学表述将传统辩证法的社会人生智慧提升到宏观的政治实践方法层面。毛泽东"抓住关键的矛盾的思维方式和用以直接指导行动的实用特色的兵家辩证法"最初表现在军事领域，之后"由军事而扩展用于政治，成为他的重要的哲学思想……构成了比较完备的辩证法"。③ 统一战线及其中的独立自主、又斗争又联合、"团结—批评—团结"等都是毛泽东辩证法思想在政治领域的具体应用。因此也可以说，"马克思主义的唯物论和辩证法结合中国实际（农民革命战争）和传统（兵家辩证法）而中国化

---

① 李大钊：《李大钊全集》第 2 卷，人民出版社 2013 年版，第 49 页。
② 关于"兵家辩证法"，参见李泽厚《中国古代思想史论》，生活·读书·新知三联书店 2008 年版，第 77—96 页。
③ 李泽厚：《中国现代思想史论》，生活·读书·新知三联书店 2008 年版，第 143、181 页。

了"。①

总之,在借用马克思主义哲学概念之后,从古典哲学到毛泽东的中国辩证法思想获得了更高的理论普遍性和更广的实践适用性,其中最为典型的矛盾分析方法已经被广泛运用到新中国社会经济公共事务各种问题的分析与处理之中,辩证思维也成为现代中国政治思维的基本方式之一。正是在这样的思想传承之下,与矛盾论具有相似逻辑结构,或者说属于中国式辩证思想具体表达方式的更多优秀传统文化元素,如"革故鼎新""忧患意识""执两用中"等被越来越频繁地提及,并被赋予更多的时代性、政治性意义,进而被纳入当代中国政治文化的方法论之中。这实际上正是毛泽东矛盾论所开辟的将传统的朴素辩证法智慧与马克思主义哲学原理相结合,进而创造新的政治行动方法论这一现代中国政治文化建构路径的继续延伸。实践方法论和政治文化的创新发展也是现代中国从革命、建设到国家治理现代化所面临的实践环境越来越复杂在客观上提出的必然要求和结果。

四 结语

中国的传统政治文化是一个有机的整体,在漫长的历史演化中具有内在的生命力,包含着某些具有普遍价值的思想维度和自我革新的动力。它的发展既是某些革新性元素(如公理观、工夫论、经世学等)局部突破、逐渐生长的过程,又以其内在的体系性而彼此呼应、相互连接,最终重建了新的现代政治文化体系。同时,马克思主义也

---

① 李泽厚:《中国现代思想史论》,生活·读书·新知三联书店2008年版,第143、181页。

与之结合，提供理论引导，并发挥了更加显性的作用。而这也使其成为一个复杂的过程，明线与暗线交织其中。因此，今天讨论继承和发展优秀传统文化，不是要把传统文化从"博物馆"中请回来——似乎它一度是个死物，如今要把它复活；而是要识别出它客观上一直都在，它不断演化，构成了现代中国政治文明生长的底色和暗线。只是过去我们对此认识不够清晰、不够自觉，现在需要更加明确地理解传统与现代的连贯与革新，辨识现代中国的政治理念对于传统思想扬弃了什么，延续了什么，又发展了什么。这样，建立在可靠的学术研究基础上的策论才能更好地执行"取其精华，去其糟粕"的方针，有原则、有方向地对待优秀传统文化的复兴，以更加自觉、更加理性地推动中国政治文明的继续进步。

（原载《政治学研究》2023 年第 6 期）

以高度文化自觉担负起新的文化使命

金民卿[*]

党的十八大以来，在以习近平同志为核心的党中央坚强领导下，在习近平新时代中国特色社会主义思想科学指引下，宣传思想文化工作取得历史性成就、发生历史性变革。习近平总书记在新时代文化建设方面提出了一系列新思想新观点新论断，形成了习近平文化思想，为做好新时代新征程宣传思想文化工作、担负起新的文化使命提供了强大思想武器和科学行动指南。2023年6月2日，习近平总书记在文化传承发展座谈会上提出，"在新的起点上继续推动文化繁荣、建设文化强国、建设中华民族现代文明，是我们在新时代新的文化使命"[①]。习近平总书记对宣传思想文化工作作出重要指示，再次突出强调"围绕在新的历史起点上继续推动文化繁荣、建设文化强国、建设中华民族现代文明这一新的文化使命，坚定文化自信，秉持开放包

---

[*] 金民卿，中国社会科学院习近平新时代中国特色社会主义思想研究中心研究员，中国社会科学院近代史研究所党委书记、研究员。

[①] 《习近平在文化传承发展座谈会上强调　担负起新的文化使命　努力建设中华民族现代文明》，《人民日报》2023年6月3日。

四　文化传承发展

容,坚持守正创新"①。新征程上,我们要深入学习贯彻习近平文化思想,把握新时代新的文化使命的科学内涵,明晰新时代文化建设的目标与要求,创新文化建设的路径和方法,更有力地推进中华民族现代文明建设,以高度文化自觉担负起新的文化使命。

一　基于时代要求的高度文化自觉和责任担当

中国共产党人的重大理论判断和战略决策,都是建立在客观的时代依据和现实基础之上的,新时代新的文化使命也是如此。习近平总书记指出:"新时代新征程,世界百年未有之大变局加速演进,中华民族伟大复兴进入关键时期,战略机遇和风险挑战并存,宣传思想文化工作面临新形势新任务,必须要有新气象新作为。"② 这一重要论断深刻阐明了新时代新的文化使命是基于中国特色社会主义新时代的任务要求而产生的,是基于世界百年未有之大变局加速演进和中华民族伟大复兴进入关键时期的现实基础而提出的。

新时代新的文化使命同新时代的历史方位及其任务要求直接相关。中国特色社会主义进入新时代,是对党和人民事业具有重大现实意义和深远历史意义的大事。在这个新时代,要继续夺取中国特色社会主义伟大胜利、全面建成社会主义现代化强国、逐步实现全体人民共同富裕、奋力实现中华民族伟大复兴、不断为人类作出更大贡献,

---

① 《习近平在文化传承发展座谈会上强调　担负起新的文化使命　努力建设中华民族现代文明》,《人民日报》2023年6月3日。
② 《坚定文化自信秉持开放包容坚持守正创新 为全面建设社会主义现代化国家全面推进中华民族伟大复兴提供坚强思想保证强大精神力量有利文化条件》,《光明日报》2023年10月9日。

其中每一项任务的完成都离不开文化建设。新时代我国社会主要矛盾已经转化为人民日益增长的美好生活需要和不平衡不充分的发展之间的矛盾，人民对美好生活的追求也包含着精神文化等方面的内容。现实情况是，在公共文化资源的供给和满足、物质文明和精神文明的协调发展等方面，不平衡不充分发展的问题还较为突出，这就要求必须高度重视新时代文化建设，更好地推动人的全面发展和社会全面进步。

当前，世界百年未有之大变局正在加速演进，世界政治经济格局发生深刻变化，世界多极化、经济全球化、社会信息化、文化多样化深入发展，世界范围内思想文化相互激荡，给我国的意识形态和文化安全带来诸多风险与挑战。这就要求我们必须以创造性的、科学的思想理论和重大文化成果，从战略高度和思想深度上去应对各种不确定性因素，回答各种新的世界之问、时代之问。

同时，中华民族伟大复兴进入关键时期。党的二十大报告指出，"从现在起，中国共产党的中心任务就是团结带领全国各族人民全面建成社会主义现代化强国、实现第二个百年奋斗目标，以中国式现代化全面推进中华民族伟大复兴"。[①]实现中华民族伟大复兴的中国梦，就是要实现国家富强、民族振兴、人民幸福，这就对文化建设提出了更多新的任务和要求。中国式现代化不仅要实现人民物质生活富裕而且要实现人民精神生活富裕，不仅要创造雄厚的物质财富而且要创造宝贵的精神财富，这都离不开文化的繁荣发展。

---

① 习近平：《高举中国特色社会主义伟大旗帜　为全面建设社会主义现代化国家而团结奋斗——在中国共产党第二十次全国代表大会上的报告》，《人民日报》2022年10月26日。

四　文化传承发展

时代提出了新问题和新要求，能否自觉把握这些问题和要求，制定正确的战略对策来完成任务，是对新时代中国共产党人的重大考验。习近平总书记顺应历史发展大势，把握时代进步脉搏，明确提出"在新的历史起点上继续推动文化繁荣、建设文化强国、建设中华民族现代文明"[①]，充分体现了新时代中国共产党人的高度文化自觉和责任担当。

二　完成好建设中华民族现代文明的目标任务

习近平总书记强调，"要坚定文化自信、担当使命、奋发有为，共同努力创造属于我们这个时代的新文化，建设中华民族现代文明"[①]。我们要深入学习贯彻习近平文化思想，深刻把握中华文明的突出特性，坚持"两个结合"，担负起新时代新的文化使命，完成好建设中华民族现代文明的目标任务。

建设中华民族现代文明，必须牢牢坚持马克思主义指导地位，坚持以习近平新时代中国特色社会主义思想为指导，这是中华民族现代文明的魂脉。离开了这一点，中华民族现代文明就会失去正确方向。习近平新时代中国特色社会主义思想是当代中国马克思主义、21世纪马克思主义，是中华文化和中国精神的时代精华，实现了马克思主义中国化时代化新的飞跃，为建设中华民族现代文明提供了科学指南

[①]《习近平在文化传承发展座谈会上强调　担负起新的文化使命　努力建设中华民族现代文明》，《人民日报》2023年6月3日。
[①]《习近平在文化传承发展座谈会上强调　担负起新的文化使命　努力建设中华民族现代文明》，《人民日报》2023年6月3日。

和根本遵循，能够使其始终沿着正确方向发展。

建设中华民族现代文明，必须传承赓续中华优秀传统文化这个根脉。中华民族现代文明不是凭空产生的，而是深植于中华文明的丰沃土壤之中。中华优秀传统文化有很多重要元素，共同塑造出中华文明突出的连续性、创新性、统一性、包容性、和平性，为中华民族现代文明积淀了深厚文化根基、提供了丰富智慧滋养。中国文化源远流长，中华文明博大精深。习近平总书记指出，"只有全面深入了解中华文明的历史，才能更有效地推动中华优秀传统文化创造性转化、创新性发展，更有力地推进中国特色社会主义文化建设，建设中华民族现代文明"[①]。我们建设中华民族现代文明，就要做中华优秀传统文化的忠实继承者和弘扬者，推动中华优秀传统文化焕发出新的生机活力，实现中华文明在新时代的传承发展。

建设中华民族现代文明，既要充分传承弘扬中华优秀传统文化的精华，又要充分吸收人类一切优秀文明成果，既贯通古今，又融汇中外，从而彰显高度的文化自信自强品质和强大生命力传播力。

三 探索建设中华民族现代文明的方法路径

习近平总书记在对宣传思想文化工作作出的重要指示中强调，"着力加强党对宣传思想文化工作的领导，着力建设具有强大凝聚力和引领力的社会主义意识形态，着力培育和践行社会主义核心价值

[①] 《习近平在文化传承发展座谈会上强调 担负起新的文化使命 努力建设中华民族现代文明》，《人民日报》2023年6月3日。

四 文化传承发展

观,着力提升新闻舆论传播力、引导力、影响力、公信力,着力赓续中华文脉、推动中华优秀传统文化创造性转化和创新性发展,着力推动文化事业和文化产业繁荣发展,着力加强国际传播能力建设、促进文明交流互鉴"[1]。可以说,这"七个着力"规划了建设中华民族现代文明的方法路径。

在文化传承发展座谈会上,习近平总书记深刻阐释"两个结合"的重大意义,指出"两个结合"是我们取得成功的最大法宝。"第二个结合",是我们党对马克思主义中国化时代化历史经验的深刻总结,是对中华文明发展规律的深刻把握,表明我们党在传承中华优秀传统文化中推进文化创新的自觉性达到了新高度。在新时代新征程上担负起新的文化使命,尤其要运用好"第二个结合",充分发掘马克思主义和中华优秀传统文化的契合性,推动马克思主义与中华优秀传统文化在有机结合的过程中互相成就;让马克思主义成为中国的,中华优秀传统文化成为现代的,使中华民族现代文明获得更加有力的思想指导、更加深厚的文化根基;开拓更加广阔的文化空间,获得更加丰富的文化资源,创造更多的文化创新成果;形成更加突出、更加巩固的文化主体性,获得更加坚定的历史自信、文化自信、文化自觉。

担负起新时代新的文化使命,必须遵循文化发展内在要求,坚定文化自信、秉持开放包容、坚持守正创新。坚定文化自信,就是要坚持自信自立,实现精神上的独立自主,坚定不移地走自己的路,坚持

---

[1] 《坚定文化自信秉持开放包容坚持守正创新 为全面建设社会主义现代化国家全面推进中华民族伟大复兴提供坚强思想保证强大精神力量有利文化条件》,《光明日报》2023年10月9日。

和发展中国特色社会主义。要增强道路自信、理论自信、制度自信、文化自信，增强历史自信和历史主动，以高度的文化主体性形成自主性的理论体系，建构中国特色哲学社会科学话语体系。要大力弘扬伟大斗争精神，勇于同各种外来势力干扰进行坚决斗争。秉持开放包容，就是要传承发展中华优秀传统文化，促进外来文化本土化，不断培育和创造新时代中国特色社会主义文化。中华文明具有突出的包容性特征，这种包容性从根本上决定了中华民族交往交流交融的历史取向和兼收并蓄的开放胸怀。马克思主义中国化时代化，就是尊重差异性、发掘契合性基础上的有机结合，即马克思主义基本原理同中国具体实际、同中华优秀传统文化的结合。新时代文化繁荣发展要传承宝贵经验，以开放包容的态度贯通古今中外文明、创造新的文明形态。坚持守正创新，就是要突出新时代中国共产党人的强大定力，坚持马克思主义在意识形态领域指导地位的根本制度，坚持"两个结合"的根本要求，坚持党对文化建设的全面领导，坚持中华民族的文化主体性；充分发挥新时代中国共产党人的创新精神，在文化建设中开拓新实践、形成新思路、提炼新观点、探索新机制、创造新成就，坚持辩证取舍，做到推陈出新，开辟中华文明发展的新境界。

担负起新时代新的文化使命，必须继续推动文化繁荣、建设文化强国。要坚持用党的创新理论武装全党、教育人民，增强中华民族和中国人民的文化自信，围绕举旗帜、聚民心、育新人、兴文化、展形象建设社会主义文化强国，发展面向现代化、面向世界、面向未来的，民族的科学的大众的社会主义文化，激发全民族文化创新创造活力，增强实现中华民族伟大复兴的精神力量。要坚持和加强党对宣传思想文化工作的全面领导，坚持马克思主义在意识形态领域指导地位

四　文化传承发展

的根本制度，推进马克思主义中国化时代化，建设具有强大凝聚力和引领力的社会主义意识形态；坚持为人民服务、为社会主义服务，坚持百花齐放、百家争鸣，坚持创造性转化、创新性发展；坚持以社会主义核心价值观为引领，使全体人民在理想信念、价值理念、道德观念上紧紧团结在一起，提高全社会文明程度；发展社会主义先进文化，弘扬革命文化，传承中华优秀传统文化，加强文物保护利用和文化遗产保护传承，守护好中华文脉，让中华文化展现出永久魅力和时代风采；加快构建中国特色哲学社会科学，以我国实际为研究起点，阐释中国道路、解读中国实践、构建中国理论；提高新闻舆论传播力、引导力、影响力、公信力，弘扬主旋律、传播正能量，巩固壮大奋进新时代的主流思想舆论；坚持以人民为中心，繁荣发展文化事业和文化产业，满足人民日益增长的精神文化需求，巩固全党全国各族人民团结奋斗的共同思想基础，铸牢中华民族共同体意识，建设中华民族共有精神家园；不断提升国家文化软实力和中华文化影响力，加强国际传播能力建设，讲好中国故事，推动中华文化更好走向世界；弘扬全人类共同价值，推动文明交流互鉴，丰富世界文明百花园。

总之，在新时代新征程上，我们必须坚持以习近平文化思想为指导，遵循文化发展规律，总结历史经验，反映时代要求，着眼未来发展，建设中华民族现代文明，为全面建设社会主义现代化国家、全面推进中华民族伟大复兴提供坚强思想保证、强大精神力量、有利文化条件。

（原载《经济日报》2023年10月23日第12版）

更好担负起新时代新的文化使命

辛向阳[*]

习近平总书记在文化传承发展座谈会上,从党和国家事业发展全局战略高度,对中华文化传承发展的一系列重大理论和现实问题作了全面系统深入阐述,强调"在新的起点上继续推动文化繁荣、建设文化强国、建设中华民族现代文明,是我们在新时代新的文化使命""要坚定文化自信、担当使命、奋发有为,共同努力创造属于我们这个时代的新文化,建设中华民族现代文明"。这为坚定文化自信自强,更好担负起新时代新的文化使命,扎实推进中华民族现代文明和社会主义文化强国建设,指明了前进方向、提供了根本遵循。

一 继续推动文化繁荣

文化兴则国家兴,文化强则民族强。党的十八大以来,我们党把

---

[*] 辛向阳,中国社会科学院习近平新时代中国特色社会主义思想研究中心执行主任,中国社会科学院马克思主义研究院党委书记、院长。

四　文化传承发展

文化建设提升到一个新的历史高度。习近平总书记指出，统筹推进"五位一体"总体布局、协调推进"四个全面"战略布局，文化是重要内容；推动高质量发展，文化是重要支点；满足人民日益增长的美好生活需要，文化是重要因素；战胜前进道路上各种风险挑战，文化是重要力量源泉。这些重要论述系统阐明了文化繁荣发展的极端重要性。

新的文化使命内含实现人民对美好生活向往的任务，这就要求创造出更多的精神财富以满足人民日益增长的文化需要。我们党一直重视文化事业与文化产业的发展，坚持把社会效益放在首位、坚持社会效益和经济效益相统一，推进文化事业和文化产业全面发展，繁荣文艺创作，完善公共文化服务体系，为人民提供了更多更好的精神食粮。新时代人民的文化需求旺盛增长，2022年全国规模以上文化及相关产业企业实现营业收入超过12万亿元。这为发展更高水平更高质量的文化事业和文化产业提供了动力和活力。

新的文化使命内含以文化繁荣发展推进中国式现代化的任务。没有社会主义文化繁荣发展，就没有社会主义现代化。党的二十大报告强调，中国式现代化是物质文明和精神文明相协调的现代化。物质富足、精神富有是社会主义现代化的根本要求。物质贫困不是社会主义，精神贫乏也不是社会主义。一个民族的复兴需要强大的物质力量，也需要强大的精神力量。更好担负起新时代新的文化使命，要求我们大力发展社会主义先进文化，加强理想信念教育，传承中华文明，促进物的全面丰富和人的全面发展，使社会主义中国处处充满着昂扬向上的力量。

二　建设文化强国

一个国家是否强盛，文化强不强是一个重要方面。在五千多年文明发展进程中，中华民族创造了高度发达的文明，我们的先人们发明了造纸术、火药、印刷术、指南针，在天文、算学、医学、农学等多个领域创造了累累硕果，为世界贡献了无数科技创新成果，对世界文明进步影响深远、贡献巨大，也使我国长期居于世界强国之列。几千年来，中华民族不仅产生了老子、孔子等闻名于世的伟大思想巨匠，而且创作了很多伟大的文艺作品。实践证明，文化兴盛始终是国家强盛的重要条件。中华民族要实现伟大复兴，既需要强大的物质力量，也需要强大的精神力量。

党的二十大报告把"建成教育强国、科技强国、人才强国、文化强国、体育强国、健康中国，国家文化软实力显著增强"作为到2035年我国发展的总体目标之一。我们要建设的文化强国既有一般文化强国的共同特征，又有基于自身国情的显著特色。就共同特征而言，文化强国具有文化供给能力强、文化产品质量高、公共文化服务完善、文化制度健全、文化法治体系运转良好等因素。就鲜明特征而言，文化强国是社会主义性质的，是以马克思主义为指导的，文化是生机勃勃的，是体现普惠性、公平性的。

推进文化强国建设要把握好三个方面的工作。一是要增强公共文化建设能力。公共文化是事关文化强国建设的基础工程。应大力优化城乡文化资源配置，加大各方面人力、物力、财力投入，推进城乡公共文化服务体系一体建设。实施文化惠民工程，推进公共图书馆、文化馆、美术馆、博物馆等公共文化场馆免费开放和数字化发展，提升基层综合性文化服务中心功能，广泛开展群众性文化活动。二是要增强优质文化产品供给能力。推动文化产业高质量发展，以更多的高质量文化产品供给增强人们的文化获得感。在这一过程中，要健全现代文化产业体系和市场体系，深入实施国家文化数字化战略，加快发展新型文化消费模式等，改造提升传统文化业态，发展数字创意、网络视听、数字出版、数字娱乐、线上演播等产业，推动文化产业全面转型升级，提高质量效益和核心竞争力。三是要提高全社会文明程度。要把提高社会文明程度作为建设社会主义文化强国的重大任务，坚持重在建设、以立为本，坚持久久为功、持之以恒，努力推动形成适应新时代要求的思想观念、精神面貌、文明风尚、行为规范。新时代新征程，要实施公民道德建设工程，统筹推动文明培育、文明实践、文明创建，推进城乡精神文明建设融合发展，整体提高全社会文明程度。

文化是一个国家、一个民族的灵魂和最深沉的力量，文化的影响力也是国家软实力的重要标志。建设文化强国，要发挥文化对经济社会各个领域的渗透力、影响力、引领力，使文化建设与各个领域的工作紧密结合，打开新的发展空间。

三 建设中华民族现代文明

文明是现代化国家的显著标志。中国共产党人用马克思主义的真理力量激活了中华民族历经几千年创造的伟大文明，使中华文明再次迸发出强大精神力量。建设中华民族现代文明，成为新时代新的文化使命的重要内涵。

第一,坚定文化自信。建设中华民族现代文明,必须坚持走自己的路,立足中华民族伟大历史实践和当代实践,用中国道理总结好中国经验,把中国经验提升为中国理论,实现精神上的独立自主。党的二十大报告提出,到2035年,基本实现新型工业化、信息化、城镇化、农业现代化。在这几个方面,我们都有很大进展。例如,历史悠久的农耕文明是我们建设农业强国不可多得的历史馈赠和宝贵财富。我们在加快建设具有中国特色的农业强国过程中,要善于从农耕文明中汲取养分,同时又通过建设农业强国赓续农耕文明,让文明乡风、良好家风、淳朴民风润泽乡土大地,实现乡村物质文明与精神文明协调发展、农耕文明与城市文明交相辉映,建设和美乡村。

第二,更加充分地激发亿万人民群众的文明创造力。中国人民是有伟大创造精神的人民。中华人民共和国成立后特别是改革开放后,中国人民焕发出前所未有的积极性、主动性、创造性,在社会主义现代化建设中展现出气吞山河的强大力量。人民用自己的聪明才智不仅改造着大自然的地貌,使板结的土壤变肥沃、沙漠变绿洲,而且改造着经济社会的地貌,使贫瘠的山村变成振兴的乡村。在新时代,14亿多人追逐现代化的动能澎湃,14亿多人实现美好生活的愿望强烈,这一切让中国社会每天都发生着美好的变化。可以说,人民群众不仅是物质文明发展的主体,也是精神文明发展的主体,更是创造先进文化和先进生产方式的主体。

第三,秉持开放包容,在吸收借鉴中培育现代文明。世界文明历史揭示了一个规律,任何一种文明都要与时偕行,不断吸纳时代精华。中华文明自古就以开放包容闻名于世,张骞出使西域、玄奘西行天竺、郑和七下西洋，中华文明在同其他文明的一次次交流互鉴中不断焕发新的生命力。中华文明五千多年发展史充分说明，无论是物种、技术，还是资源、人群，甚至于思想、文化，都是在不断传播、交流、互动中得以发展、得以进步的。中华文明是历史的也是当代的，是民族的也是世界的。在新的历史起点上继续推动文化繁荣、建设文化强国、建设中华民族现代文明，要坚持马克思主义中国化时代化，传承发展中华优秀传统文化，促进外来文化本土化，不断培育和创造新时代中国特色社会主义文化。古往今来，文明因交流而多彩，文明因互鉴而丰富。过去，我们在开放包容中涵养了中华文明；未来，我们必能以更加开放包容的姿态与胸怀，建设中华民族现代文明。这是对历史最好的继承，也是对人类文明最大的礼敬。

（原载《经济日报》2023年7月27日第10版）

担负新的文化使命 着力推动文化产业繁荣发展

吴 田 胡乐明[*]

文化兴则国运兴，文化强则民族强。习近平总书记近日对宣传思想文化工作作出重要指示强调，着力推动文化事业和文化产业繁荣发展。文化产业的繁荣发展是满足人民精神文化生活新期待的重要途径，是提升国家文化软实力和中华文化影响力的关键支撑，对于全面建设社会主义现代化国家、全面推进中华民族伟大复兴具有深远意义。实现文化产业繁荣发展是坚定文化自信、担负新的文化使命的具体表现，是加强高质量文化供给从而满足人们日益增长的精神文化需要的迫切要求，是培育新的支柱产业以助力中国式现代化的重要举措。新时代新征程，文化产业迎来重大发展机遇，促进文化产业繁荣发展，必将更加有效推动中华优秀传统文化创造性转化和创新性发展，更加有力推进中国特色社会主义文化建设，更加坚实助力中华民族现代文明建设。

---

[*] 吴田、胡乐明，中国社会科学院习近平新时代中国特色社会主义思想研究中心特约研究员，分别系中国社会科学评价研究院副研究员、副院长。

四 文化传承发展

一 整合优质资源,提升文化产业吸引力

优质的资源、环境和产品是提升文化产业吸引力的重要依托,挖掘整合文化资源、推陈出新文化场景、精心打造文化产品,是推动文化产业繁荣发展的重要路径。

深度挖掘、统筹整合文化资源。提升文化产业吸引力,应全面统筹整合文化遗产、文旅资源,摸清文化家底。习近平总书记强调,"要加强对中华优秀传统文化的挖掘和阐发,使中华民族最基本的文化基因与当代文化相适应、与现代社会相协调"。迄今为止,全国共有5630.43万件文物藏品,5058处重点文物保护单位,10万余项非遗代表性项目,1557项国家级非物质文化遗产代表性项目,244处国家级风景名胜区,这些都是可供深度挖掘的优质文化资源。与此同时,传统文化形态与新兴数字文化形态多维呈现。2021年全国共出版图书、杂志、报纸、音像制品和电子出版物426.65亿册(份、盒、张),2022年中国仅数字图书馆资源建设总量已超1.9万TB,这些数据背后蕴藏的是中华民族优秀文化资源的源远流长和博大精深。在此基础上,应加快构建准确权威、开放共享的文化资源数据平台,编制重点文化资源名录,为文化产业发展提供更丰富、精准的文化资源基础供给。

以人为本,创新升级文化体验。文化产业的繁荣发展以满足人民精神文化生活新期待为导向,提升文化产业吸引力应不断创新文化环境,不断优化文化服务体验。随着互联网时代到来,人们的文化需求发生新的变化,更具个性、参与性和互动性的文化体验活动越来越受

欢迎，对文化环境的要求也随之提升。近年来，江苏南京、四川成都、河南洛阳等多地景区推出文化体验新模式，以本地景区为文化场景，将景区内的特色资源、特色文化、特色项目与剧本场景相串联，同时融入数字技术、智能科技，不断创新升级文化体验场景。从进一步优化文化体验、提升文化产业吸引力层面看，全国文化环境的打造仍有较大迭代升级空间，尤其需要在锚定需求、加强设计、优化体验等方面下功夫，力求打造形式更多元、设计更精良、体验更丰富、审美更高雅、意蕴更深厚的优质文化环境。

神形兼备，不断增强文化认同。文化产品是人们感悟中华文化、提升文化自信、增强文化认同的重要载体。推出高质量文化产品对于繁荣发展文化产业，提升广大人民群众的生活品质具有重大意义。文化产品的精心打造必须坚持以社会主义核心价值观为导向，守正创新挖掘中华优秀传统文化、革命文化和社会主义先进文化深层肌理，用开放的思维推动产品种类创新，用先进的科技手段带动产品提质升级。近年来，方兴未艾的沉浸式博物馆、沉浸式体验馆、沉浸式展览正是科技赋能文化产品的典型代表，将产品融入现代美学和最新科技，使其更具当代感和未来感。文化产品的精心打造要用更贴合大众的呈现方式，开发兼具艺术性和实用性、适应现代生活需要、符合市场消费需求的产品，以更好满足人们日益增长的精神文化需求，提升文化获得感、幸福感、体验感。通过文化产品的创新创造让中华优秀传统文化"活起来"，飞入寻常百姓家，不断扩大优质文化产品供给，提升广大人民群众的文化认同感和自豪感。

二 协同多元主体，提升文化产业管理能力

文化产业的繁荣发展离不开多元主体的协同聚力，应从健全政策支撑、规范机构设置、精准金融服务、培育人才队伍等多个维度促进多主体实现统筹协同，形成合力，不断提升文化产业管理能力。

强化顶层设计，健全政策支撑。党的二十大报告强调坚持把社会效益放在首位、社会效益和经济效益相统一，深化文化体制改革，完善文化经济政策。提升文化产业管理能力，需要在体制机制、文化政策、文化工程等方面做好顶层设计，不断完善以高质量发展为导向的文化经济政策，为文化产业繁荣发展提供坚强保障。逐步建立完善党委统一领导、党政齐抓共管的文化产业发展工作机制，形成多部门分工协作的工作模式，群策群力制定文化产业发展总体战略规划、具体实施办法等政策文件，共同推动文化产业政策落地实施。

规范园区建设，提升集聚效益。文化产业园区是文化产业发展的重要平台。应充分依托各类文化资源，科学制定园区的布局规划，重点建设文化产业特色区域，培育壮大特色产业集群；按照业态丰富、要素集聚、功能配套、带动明显的标准，推动建立一批高起点、高规模、高水平的文化产业园区；鼓励改造利用好老旧厂区、老旧厂房、老旧设施发展文化创意产业园，通过保护性开发、创新性改造工业遗址等形成一批具有带动性、影响力的文化产品和服务品牌；建立一批提供研发设计、信息咨询、生产制作、合作交流的公共文化服务平台，全方位优化文化产业园区建设的发展环境，实现园区健康有序发展。

精准金融服务，激发产业活力。找准金融服务文化产业的着力点和发力点，激发社会投资活力，形成金融支持文化产业高质量发展的合力。推动设立文化产业投资基金，以股权投资等方式重点支持有创新能力、有发展潜力、有社会效益的文化企业；创新融资方式，支持金融机构建立服务于文化产业发展的专营机构；以"政府授权＋市场运营"模式打造融资平台，搭建集股权融资、债券融资、第三方服务、财政扶持资金申请等功能于一体的金融在线服务平台，为文化企业提供差异化、一站式金融服务。

培育人才队伍，增强内生动能。培育一批高素质人才队伍是繁荣文化事业、发展文化产业的关键支撑，也是提升文化产业管理能力、实现产业繁荣发展的迫切需要。培育一批有影响力的文化产业专业领域领军人物、一批懂经营善管理的复合型人才、一批掌握现代传播技术的专门人才，共同推动文化产业发展。持续优化文化人才发展环境，推动文化产业相关学科和专业的发展，加大对文化技术人才和技能人才的培养，发挥职业教育在文化传承创新中的重要作用。不断建立完善文化人才激励制度，加大核心人才、重点领域专门人才、高技能人才和国际化人才的培养和扶持力度，建立健全符合文化产业特点的人才使用、流动、评价和激励体系。

三 聚力创新创造，扩大文化产业影响力

近年来，中国文化产业规模持续扩大，利润平稳增长，结构不断优化，文化产业增加值在国民经济中的占比逐年提高，数字文化产业等新业态带动作用进一步增强，国内外影响力持续攀升。在增强文化

四　文化传承发展

产业吸引力和管理力的基础上，文化产业实现繁荣发展还需要通过优化文化产业结构、创新文化消费模式、拓宽文化贸易渠道来有效扩大文化产业影响力。

数字赋能文化产业新业态。习近平总书记指出，"文化和科技融合，既催生了新的文化业态、延伸了文化产业链，又集聚了大量创新人才，是朝阳产业，大有前途"。近年来，以数字为特征的文化产业营收规模占比超过40%，已成为推动文化产业繁荣发展的重要支撑。数字文化新业态是数字技术赋能文化发展而形成的以数字化、网络化、智能化为主要特征的新型文化资源。互联网、大数据、云计算、人工智能、区块链等技术的快速发展为文化产业创新发展提供了技术支撑和广阔舞台。数字赋能文化产业新业态，必须植根中华优秀传统文化，不断融入新的文化成果、技术成果，实现创新发展。加快建成国家文化大数据体系，把数字技术和文化产业有机融合；推动数字科技深度赋能文化产业创新，用好文化数据服务平台，大力推进理念、内容、技术、形式、管理等方面创新；推动数字文化新业态支撑文化产业繁荣发展，不断推动产业转型升级和结构优化。

释放文化消费新潜能。近年来，中国文化产业的消费主导趋势日益凸显，互联网的迅猛发展更将文化消费推向新高度，创新文化消费模式已成为新时代推动文化产业繁荣发展的必然要求。从文化消费供给侧出发，应加强优质文化供给，同时不断创造新的供给，广泛激发人们潜在的文化消费需求，构建全方位、多样化、高质量的文化供给体系，形成供给创造需求的良性循环。从文化消费新场景出发，应顺应数字化发展趋势，加速推动传统文化消费向数字化文化消费转型升级，促进文化与科技深度融合，完善虚拟化的文化消费场景，发展文旅融合、夜间经济等创新性文化消费场景，丰富文化消费体验模式。从文化消费的市场环境出发，应加快完善文化市场制度，构建有利于文化产业长效发展的制度环境，促进文化消费质量提升。

探索文化贸易新路径。2021年中国对外文化贸易额首次突破2000亿美元，同比增长38.7%。进一步促进文化贸易发展，在政策方面，应大力支持扩大优质文化产品和服务进出口，建立顺应数字化发展趋势、符合高质量发展要求、聚焦对外文化贸易发展目标的政策体系。在机构设置方面，重点推进国家文化出口基地建设，搭建文化贸易公共服务平台，设立市场化运作的海外文化贸易促进中心，发挥基地聚集、引领和示范作用，为文化企业走出去提供市场信息、法律咨询等专业化服务。在技术应用方面，促进大数据、云计算、社交媒体、人工智能、物联网、区块链等技术在文化贸易领域深度运用，着力探索文化贸易创新发展路径。

（原载《光明日报》2023年10月23日第6版）

着力推动文化事业和文化产业繁荣发展

冯颜利[*]

近日,习近平总书记对全国宣传思想文化工作作出重要指示,明确提出"七个着力",其中就有"着力推动文化事业和文化产业繁荣发展"。同时,全国宣传思想文化工作会议也强调,要"促进文化事业和文化产业繁荣发展,推动中华优秀传统文化保护传承"。

文化是一个国家、一个民族的灵魂。文化建设是培根铸魂、凝神聚力的重要事业。繁荣发展文化事业和文化产业,有助于发展社会主义文化,更好满足人民群众对精神文化的需求、对美好生活的向往和期待;有助于培育和弘扬社会主义核心价值观,增强实现中华民族伟大复兴的精神力量;有助于推动中华民族现代文明建设,提升国家文化软实力和中华文化影响力。党的十八大以来,以习近平同志为核心的党中央高度重视文化建设,紧紧围绕社会主义文化强国目标,提出了一系列新理念新思想新战略,推动文化建设取

---

[*] 冯颜利,中国社会科学院习近平新时代中国特色社会主义思想研究中心特约研究员,中国社会科学院哲学研究所研究员。

得历史性成就、发生历史性变革,引领新时代文化事业和文化产业谱写出华彩篇章。

文化兴则国运兴,文化强则民族强。文化因应相承,越是在历史演进的关键阶段,越要激发文化的强大支撑力和感染力。正如习近平总书记所指出,"我们要建设的社会主义现代化强国,不仅要在物质上强,更要在精神上强。精神上强,才是更持久、更深沉、更有力量的"。当前,我们正处在中华民族伟大复兴战略全局和百年未有之大变局交织激荡的历史时期,开拓中国式现代化新道路,创造人类文明新形态,都迫切需要我们以高度的文化自觉和强烈的文化自信,推动文化事业全面繁荣、文化产业快速发展,不断丰富人民精神世界、增强人民精神力量。

健全现代公共文化服务体系。发展公共文化服务,是保障人民文化权益、改善人民生活品质、补齐文化发展短板的重要途径。近年来,中央办公厅、国务院办公厅相继印发《关于加快构建现代公共文化服务体系的意见》《国家基本公共文化服务指导标准(2015—2020年)》《关于推进实施国家文化数字化战略的意见》等文件,公共文化服务"有没有"的问题总体上得到解决,但在优质化、标准化、均等化方面仍有很大发展空间。对此,要立足城乡特点,打造更有特色、更高品质的公共文化空间,扩大公共文化服务覆盖面,增强实效性,不断满足人们多样化、多层次、多维度的精神文化需求。

推动文化产业快速发展。要把握文化产业发展的特点与规律,促进形成文化产业发展新格局。顺应数字产业化和产业数字化发展趋势,加快发展新型文化产业,改造提升传统文化产业,让更多文化服

四　文化传承发展

务"线上开花",不断提高质量效益和核心力。值得注意的是,文化产业必须坚持以社会主义核心价值观为引领,确保文化产业始终沿着正确方向发展。习近平总书记指出:"衡量文化产业发展质量和水平,最重要的不是看经济效益,而是看能不能提供更多既能满足人民文化需求、又能增强人民精神力量的文化产品。"[①] 要坚持把社会效益放在首位、让社会效益和经济效益相统一,深化改革完善文化产业规划和政策,不断提供更多更好既能满足人民文化需求,又能增强人民精神力量的文化产品。

促进文化旅游融合发展。文化是旅游的灵魂,旅游是文化的载体,二者密不可分、互相促进。坚持以文塑旅、以旅彰文,有利于破解文化资源与旅游资源分离,文旅融合形式化、浅层化的发展困境,推动文化和旅游在更广范围、更深层次、更高水平上实现融合发展。当前,推动"非遗+旅游""文化+旅游""博物馆+旅游""节庆会展+旅游"等旅游发展模式创新,能不断促进旅游业态提质升级,进而提升旅游产业的文化内驱力。着力培育和壮大文旅融合市场主体,让龙头企业带动文旅产业链和上下游相关产业发展,同时优化布局文旅融合项目,更有利于完善各方面各层次政策支撑体系,推动文旅产业高质量发展。

观乎天文,以察时变;观乎人文,以化成天下。文化是人的存在方式。文化事业和文化产业的繁荣发展,事关一个民族、一个国家的发展进步。奋进新时代新征程,更应当勇担使命、扎根人民、守正创新,在更高起点和更高水平上推动文化事业和文化产业繁荣发展,更

[①] 《习近平关于社会主义精神文明建设论述摘编》,中央文献出版社2022年版,第262页。

好满足人民日益增长的精神文化需求，不断提升中华文化软实力，在建设文化强国、建设中华民族现代文明的新征程上谱写新的辉煌篇章。

（原载《光明日报》2023年10月31日第2版）

推动文化传承发展
促进各民族交往交流交融

邢广程[*]

促进各民族交往交流交融是党治国理政的重要理念，推动文化传承发展是促进各民族交往交流交融的重要途径。

一 爱国主义是促进各民族交往交流交融的核心价值

中国是统一的多民族国家，在漫长历史进程中逐渐形成了多元一体的格局，即中国各民族你中有我、我中有你、谁也离不开谁。中国的少数民族多居住在边疆地区，各民族在边疆地区交错杂居，交融互依，逐渐形成了水乳交融的关系。伟大祖国是中国各民族共同家园，各民族多元一体是老祖宗留给我们的极其珍贵的财富。中华民族自古就有爱国主义优良传统，全力维护各民族共同家园。一部近代史就是

---

[*] 邢广程，中国社会科学院学部委员，中国社会科学院中国边疆研究所所长。

中华民族共同抗击外敌入侵和救国图存的历史。实现中国式现代化需要高举爱国主义旗帜，边疆民族地区建设更需要按照新时代的特点和要求赋予爱国主义以新的现代表达形式，更需要通过弘扬爱国主义来促进各民族交往交流交融。

二 民族团结是中华民族共同体得以巩固和壮大的基石

维护民族团结是中华优秀传统文化的重要内涵。历史表明，我国各民族不断进行交往交流交融，逐步形成了休戚与共、荣辱与共、生死与共、命运与共的共同体，这个共同体就是中华民族共同体。对中华民族共同体的认同在中华民族的形成和发展进程中起到了决定性作用。历史上中华民族共同体处于最危急时刻也没有分崩离析，得益于对中华民族共同体的认同，得益于各民族交往交流交融，得益于各民族团结。在实现中华民族伟大复兴的重要历史时期更应推动中华民族成为认同度更高、凝聚力更强的命运共同体，使各民族像石榴籽一样紧紧抱在一起。因此，加强民族团结、促进各民族交往交流交融是稳边固边的基础。

三 文化认同是中华民族大团结的根与魂

增强文化认同是促进各民族交往交流交融的重要路径，各民族共有精神家园是建立在文化认同基础上的。习近平总书记指出："中华文化是各民族文化的集大成。"在列入联合国教科文组织人类非物质

四　文化传承发展

文化遗产代表作名录的中国项目中，少数民族的占到1/3。各民族对中华文化的形成和发展都作出了贡献。在我国边疆民族地区建设中应正确把握中华文化和各民族文化的关系，中华文化是主干，各民族文化是枝叶，坚持我国宗教中国化方向，不断加深文化认同，不断促进各民族交往交流交融。

（原载《人民日报》2023年6月4日第5版）

讲好中国历史 向世界传播中华优秀传统文化

李国强[*]

2023年6月2日,中共中央总书记、国家主席、中央军委主席习近平在中国历史研究院出席了文化传承发展座谈会并发表重要讲话,从党和国家事业发展全局战略高度,对中华文化传承发展的一系列重大理论和现实问题作了全面系统深入阐述,具有很强的政治性、思想性、战略性、指导性。

习近平总书记指出,中国文化源远流长,中华文明博大精深。只有全面深入了解中华文明的历史,才能更有效地推动中华优秀传统文化创造性转化、创新性发展,更有力地推进中国特色社会主义文化建设,建设中华民族现代文明。

在中华民族五千多年文明发展史中,中华民族创造的伟大文明绵延传承。内聚的地理环境、广阔的疆域和众多人口,是中华文化传承的外在条件。持续沿用的汉字以其广泛适用性、文化附加功能、高度

---

[*] 李国强,中国社会科学院中国历史研究院副院长、研究员,中国社会科学院大学历史学院院长、教授。

四　文化传承发展

组词能力、形音义一体功能、文化固化功能等，是中华文化持久传承的坚固载体。农耕文明与游牧文明、海洋文明的水乳交融，丰富了中华文化的形式和内涵。中央集权的政治制度，以儒家学说为主导的意识形态，为文化发展繁荣创造了条件。丰富的、多层次的教化体系，为文化传承提供了持续稳定的保障机制。独特的史学传统，铸就了赓续延绵的历史文化传承意识。中华民族沿着适合自身特点的道路不断前行，生生不息、薪火相传。凝结中华民族思想智慧的《论语》《道德经》《孙子兵法》等典籍，向其他国家和民族展现了独到的中国理念和中国价值；丝绸、瓷器和茶叶，千百年来源源不断地输往各国，成为独具代表性的中国文化符号。

在与世界不同文明的交流对话中，中华民族牢牢坚守着本民族的文化特性，以鲜明的特色、风格和气派标识出何以中国、何以中华民族，从而使中华文明屹立在世界文明之林。中华民族现代文明是古老中华文明的延续，是中华文明的全新形态。建设中华民族现代文明，首要在于传承好中华文明，关键在于发展好中华文明。在传承中发展，在发展中创新，有效推动中华优秀传统文化创造性转化、创新性发展，赋予古老的中华文明更加鲜活、更加富有生命力的时代特征，从而为人类文明进步事业提供中国方案、贡献中国智慧。

只有民族的，才是世界的。在世界原生文明中，唯有中华文明经久不衰，始终充满勃勃生机。数千年前，中华民族的先民们秉持"周虽旧邦，其命维新"的精神，开启了缔造中华文明的伟大历程。中华文明在继承创新中不断丰富，在应时处变中不断升华，不仅深刻影响和改变了东亚世界文化格局，而且对世界文明进程产生了重要影响。

人类文明多样性是世界的基本特征，也是人类进步的源泉。"文明因多样而交流，因交流而互鉴，因互鉴而发展。"事实上，在文明发展史上，中外文明的双向互动始终相伴。中华文明海纳百川，既汲收外来文化的精华，滋补本民族文化血脉，还在与外来文化的交流中，传递出灿烂的"智慧之光"。在中华文明内部，各民族文化相互融会、相互浸染；在与外部世界交往中，中华文明先后融摄中亚游牧文明、波斯文明、印度佛教文明、阿拉伯文明、欧洲文明等。中华文明正是在与外来文明交流互鉴的动态过程中，兼收并蓄各国、各民族优秀文明成果，不断注入新的能量、不断焕发新的生命力，从而对人类文明发展贡献卓著。

和平、和睦、和谐思想是中华文明的重要内核，中华民族历来崇尚"以和邦国""和而不同""以和为贵"，和平、和睦、和谐早已融入中华民族血脉中。中华民族所传承和追求的和平、和睦、和谐理念历久弥新，导引着中华民族以"天下大同"为理想，以"万物并育而不相害，道并行而不相悖""求同存异""和谐共生"为世界相处之道，以侵犯他人、谋求霸权为耻，以实现世界和平、和睦、和谐为荣，不仅使中华民族始终行进在历史正确的一边，而且彰显了人类应有的道德取向、价值追求和前进方向，为人类文明的进步与发展、为世界的和平和睦和谐与繁荣提供了正确的精神指引。中华民族的天下观，是构建人类命运共同体的思想之源、行动之脉，为实现世界持久和平与发展、为开创人类文明新形态提供了丰厚历史滋养。推动构建人类命运共同体，是中华文明在新时代对世界的又一重大贡献。

建设中华民族现代文明，既是中华文明五千多年历史发展的必然结果，也是中华民族走出自身文明成长发展道路的必然归宿，同时是促进世界其他国家和民族探求自身文明进步之路、推动人类文明进步

四　文化传承发展

事业繁荣发展的客观要求，充分表明在新时代中华民族勇于承担起推动人类社会发展和世界文明进步的使命，中华民族勇于以更大的勇气和志向建设持久和平、普遍安全、共同繁荣、开放包容、清洁美丽的新世界。建设中华民族现代文明，不仅将造福全体中华儿女，而且必将为实现世界和平和睦和谐注入新元素、开辟新路径、注入新活力。

习近平总书记指出，在新的起点上继续推动文化繁荣、建设文化强国、建设中华民族现代文明，是我们在新时代新的文化使命。

历史研究是一切社会科学的基础。在新时代建设中华民族现代文明的伟大实践中，历史研究不能缺席，也不会缺席。

对中华民族现代文明进行多学科、多角度、全方位的研究阐释，为国际传播提供具有强大解释力的学理支撑。中华民族现代文明具有独特的内涵和精神标识，集中展现了我们这个时代中华民族的思想观念和价值理念。我们将精心组织《（新编）中国通史》(《中华民族史》)纂修工程，大力实施国家社科基金中国历史研究院重大历史问题研究专项，组织全国史学工作者展开中华民族现代文明学术研究，立足中华民族伟大历史实践和当代实践，用中国道理总结好中国经验，把中国经验提升为中国理论，为国际传播提供更多、更丰富、更加鲜活的传播素材。同时，通过学术研究进一步深入挖掘中华文明蕴含的世界价值，着力打造出融通中外的新概念、新范畴、新表述，为推动中华民族现代文明国际传播提供有力的学术支撑和话语支撑。

主动设置有关中华民族现代文明的理论议题，引导国际学术界展开有思想深度的对话。学术交流对于增进不同文明互学互鉴具有独特意义。我们将围绕中华民族现代文明这个主题主线，以现实问题为导向，从历史深处回望中华民族五千多年文明成长历程，回答好什么是中华民族现代文明、建设怎样的中华民族现代文明、如何建设中华民族现代文明，引领国际学术界从世界文明的历史演进中，科学、客观地审视中华民族现代文明的世界意义和当代价值，以学术会议、论坛、座谈会等方式，加强国际交流和对话，从而在将中华民族现代文明国际传播引向深入的同时，有效增强中华民族现代文明的国际传播力和影响力。

以多种渠道、多元方式增强中华民族现代文明对外传播的时度效。在国际传播移动化、社交化、可视化的趋势之下，更加积极地将大数据、人工智能等技术应用于中华民族现代文明国际传播，不断更新和丰富传播手段、传播形式，以多模态的方式呈现中华文明、中华民族现代文明，活化文物、文献等各类文化遗产，使海内外受众真切体味中华文明的魅力。以乐于接受和易于理解的方式，展现历史中国、文物中国、文明中国，使海内外受众实实在在地感知中华文明的发展脉络与突出特性。

充分发挥海外侨胞的作用，拓展中华民族现代文明的国际传播渠道。遍布世界近200个国家和地区的6000多万海外侨胞，是传承和发展中华文明不可或缺的重要力量，是建设中华民族现代文明的重要力量，在促进中华文化与住在国文化交流、互动中具有独特的桥梁纽带作用，在讲好中国故事中具有独特优势。要充分调动海外侨胞的主动性、积极性，使中华文明更广泛、更持久地在海外传播，为建设中华民族现代文明营造更加良好的氛围和更加坚实的基础。

习近平总书记指出，中国历史研究院成立4年多来，组织开展一系列国家级重大科研项目和学术工程，取得了一批高质量成果，值得肯定。希望你们继承优良传统，团结凝聚全国广大历史研究工作者，

四　文化传承发展

不断提高研究水平，为中国式现代化建设贡献更多中国史学的智慧和力量。

成立中国历史研究院，是以习近平同志为核心的党中央作出的重大决策。中国历史研究院的主要职责是统筹指导全国历史研究工作，整合资源和力量制定新时代中国历史研究规划，组织实施国家史学重大学术项目。

2019年1月3日，中国历史研究院正式成立。成立4年多来，中国历史研究院组织开展一系列国家级重大科研项目和学术工程，取得了一批高质量成果。

努力推出代表中国史学最高水平的成果。2020年6月，由中国历史研究院组织实施的《（新编）中国通史》纂修工程正式启动。2020年以来，组织实施"国家社科基金中国历史研究院重大历史问题研究专项"，设立10个专题，立项160多个项目，覆盖中华文明起源、历代国家治理、各民族交往交流交融、古代丝绸之路等重大理论问题。

致力于传承中华优秀传统文化，推动史学学术成果创造性转化、创新性发展。"习近平论历史科学""中国传统文化中的现代元素""清代国家统一史""中国历代治理体系研究""中华民族复兴史"等一批重大学术项目相继完成。《中国考古学百年史》（12卷）、《今注本24史》（已出版170多册）、《中华民族抗日战争军事资料集》（100册）、《中国近代思想通史》（8卷本）、《中国抗日战争史》（8卷本）、《世界简史：人类文明的演进历程》《十件文物里的中国故事》等一批优秀学术成果相继出版。"学术出版资助项目"和"集刊资助项目"得到史学界广泛好评，已有两批30多种150多册史学著作付梓面世，受资助的史学类集刊达到12种。

努力构建统筹指导全国历史研究的机制。2019年9月，组建了由全国58位著名史学家组成的学术委员会和学术咨询委员会，我国历史学科权威的学术指导、学术评价、学术鉴定和学术咨询机构应运而生。2019年5月，组建了"全国主要史学研究与教学机构联席会议"，包括广东省社会科学院、中国人民大学等在内的首批32个成员单位团结协作，全国史学形成"一盘棋"的良好氛围。2019年6月，组建了"海外中国历史文献研究中心""中华文明与世界古文明比较研究中心""甲骨学研究中心""近代以来中国历史学知识体系研究中心""中国历史学学科体系学术体系话语体系研究中心"5个全国性、跨学科非实体研究中心。2021年5月、11月，与澳门科技大学、河南大学分别共建的"中国历史研究院澳门历史研究中心"和"黄河文化研究院"相继成立或签约，在政学联合、科教融合上发挥了重要的示范引领作用。

努力打造高层次马克思主义史学人才队伍。2019年组建完成中国历史研究院院部机关和历史理论研究所，历史院所属6个研究所共有62个研究室，现有科研人员500余人。形成了考古学、中国史、世界史3个一级学科和20多个二级学科的完整学科布局。

努力建设传播新时代中国历史正声的平台。讲好中国历史、传播中国优秀历史文化，是中国历史研究院的神圣使命。在建设好国家级文化客厅——中国考古博物馆的同时，中国历史研究院连续主办公益性历史学讲坛"兰台讲堂"，先后举办"庆祝中华人民共和国成立70周年史学成就展""民族复兴的百年旗帜——中国历史研究院征集海外中共珍稀文献展"等。参与制作《典籍里的中国》《中国考古大会》等大型历史文化类节目。主办《历史研究》，创办《历史评论》《中国历史研究院集刊》，与《考古学报》《中国史研究》等 30 多种刊物，共同组成历史研究院史学期刊集群。2019 年 8 月，推出的官方微博、微信、网站等新媒体方阵成为传播中华优秀传统文化的生力军。

[原载《人民日报》（海外版）2023 年 7 月 12 日第 5 版]

繁荣发展文化产业
推动中华文化更好走向世界

崔乃文[*]

文化是民族生存和发展的重要力量。人类社会每一次跃进，人类文明每一次升华，无不伴随着文化的历史性进步。习近平总书记在文化传承发展座谈会上强调，在新的起点上继续推动文化繁荣、建设文化强国、建设中华民族现代文明，是我们在新时代新的文化使命。习近平总书记的重要论述对更有效地推动中华优秀传统文化创造性转化、创新性发展，更有力地推进中国特色社会主义文化建设，提出了更高要求，也为进一步繁荣发展文化产业带来新的动力。

一般来说，文化产业就是把文化的内容进行产业化的生产、交换和消费。文化产业和文化产品在一定程度上反映着一个国家的文化创造能力和水平。发展文化产业，既是推动中国经济高质量发展的题中应有之义，也是推动中华文化更好走向世界的重要途径。

一是要深刻认识文化产业的国际传播能力。人们消费文化产品的

---

[*] 崔乃文，中国社会科学院习近平新时代中国特色社会主义思想研究中心特约研究员。

四　文化传承发展

过程即是感知、理解文化的过程。国外民众对中国文化产品的消费，就是在感知和理解中国文化。优秀的文化产品蕴含当代中国价值观念、体现中华文化精神、反映中国人审美追求，能够吸引、引导、启迪人们，不同的文化产品能够向国外民众展现出中华文化的不同侧面。一部小说，一篇散文，一首诗，一幅画，一张照片，一部电影，一部电视剧，一曲音乐，都能给外国人了解中国提供一个独特的视角，都能以各自的魅力去吸引人、感染人、打动人。京剧、民乐、书法、国画等都是中国文化瑰宝，都是外国人了解中国的重要途径。高水平的文化产业和文化产品具备较强的国际传播能力，有助于推动中华文化走出去。

二是要注重建构中国文化产品的符号标识体系。人类以符号为基础开始认知活动，通过将感知的事物与符号勾连的累积形成意义，不同的符号化方式形成了不同的文化。中国文化源远流长，中华文明博大精深。中华文明具有突出的连续性，要从中国的历史、文化出发提炼中华民族独特的精神标识，传播更多承载中华文化、中国精神的价值符号和文化产品，凸显中华民族精神标识的当代价值和世界意义，将其与促进个人成长、社会发展、人类文明进步的积极意义联系起来，加快构建中国话语和中国叙事体系，讲好中国故事、传播好中国声音，在展现可信、可爱、可敬的中国形象的同时，形成同中国综合国力和国际地位相匹配的国际话语权。构建中国的符号标识和文化品牌，要到中华优秀传统文化中去汲取养分，着力提高中国文化产品的质量，推动形成具有吸引力、公信力的文化品牌。

三是着力提升中国文化产品对外贸易竞争力。不同区域、不同国家、不同群体受众的文化背景、文化偏好、消费习惯等有所不同，要注重分众化传播，采用贴近不同区域、不同国家、不同群体受众的精准传播方式，推进中国故事和中国声音的全球化表达、区域化表达、分众化表达。要培养中国文化产业相关企业及从业者的国际传播意识，推出符合国际传播规律、适应国际市场需求的文化产品；要注重与外国企业等团队的合作传播，提升中国文化产品对不同国家和地区文化消费者的贴近性，增强国际传播亲和力；要看到技术快速发展对文化产品生产与传播产生的重大影响，中国文化产业需抓住新一轮科技革命和产业变革的契机，紧跟科技前沿，利用新技术创新发展文化产品，提升文化产品吸引力，全面提升中国文化产品对外贸易竞争力。

四是积极拓展中国文化产业的海外市场。新技术催生了新的文化产业领域，数字化成为文化传播发展的重要方向，为文化产业更好发展提供了技术保障、拓宽了发展空间。下一阶段，需注重开拓文化产业的国际新兴领域，积极发展新兴文化产品。要重视发展中国家和新兴国家市场，培养中国文化产品消费群体，通过文化与技术援助开拓文化产业市场，探索差异化发展路径；鼓励中国文化机构积极参与各类展会，搭建各类交流平台，增进中外文化机构的相互交流，丰富文化产业贸易渠道；通过强化内容、质量、市场的提升拓展，繁荣发展文化产业，向世界宣传推介中国优秀文化艺术，让国外民众充分感受中华文化的魅力，加深对中华文化的认识和理解，推动中华文化更好走向世界。

（原载《经济日报》2023年7月13日第2版）

五

建设中华民族现代文明

建设中华民族现代文明的指路明灯

中国历史研究院

北京中轴线北延长线上,中国历史研究院建筑似鼎如尊,气势恢宏。成立中国历史研究院,是以习近平同志为核心的党中央作出的重大决策,在中国史学发展史上具有重要意义。2023年6月2日,习近平总书记走进院内的中国考古博物馆,先后参观文明起源和宅兹中国专题展,了解新石器时代和夏商周时期重大考古发现,并不时询问相关研究工作进展。随后,习近平总书记察看了中国历史研究院部分馆藏珍贵古籍和文献档案,并在中国历史研究院科研工作成果展前听取了有关情况汇报。习近平总书记强调,认识中华文明的悠久历史、感知中华文化的博大精深,离不开考古学。要实施好"中华文明起源与早期发展综合研究""考古中国"等重大项目,做好中华文明起源的研究和阐释。

考察结束后,习近平总书记在中国历史研究院出席文化传承发展座谈会并发表重要讲话,深刻阐述了中华文化传承发展的一系列重大理论和现实问题,向全党全国人民发出了建设中华民族现代文明的伟

五　建设中华民族现代文明

大号召。习近平总书记的重要讲话，视通万里、融通古今，为强国复兴谋深虑远，为创造人类文明新形态举旗定向，充满了马克思主义政治家、思想家、战略家的巨大政治勇气和创新精神，展现了大党大国领袖的坚定使命担当和战略气魄，是建设中华民族现代文明和社会主义文化强国的行动指南，在中华民族文化发展史上具有极其重要的里程碑意义。

一　深刻回答"中华文明何以伟大"的重大课题

新石器时代"7000岁"的陶人面像、朱书文字陶扁壶、彩绘龙纹陶盘，夏代二里头遗址绿松石龙形器，商代象牙杯，周代铜牺尊……一件件精美的出土文物，生动展现了中华民族先民筚路蓝缕、以启山林的历史足迹。"4000多年前的东西这么精致""这个技术在那时是很先进的""真漂亮！制作工艺太精湛了"……在中国考古博物馆，习近平总书记边走边看，由衷赞叹中国古人的聪明才智、中国古代的灿烂文明。

中华文明源远流长、博大精深，是中华民族独特的精神标识，是当代中国文化的根基，是维系全世界华人的精神纽带，也是中国文化创新的宝藏。中华文明有什么特殊之处？中华文明究竟何以伟大？在这次座谈会上，习近平总书记开宗明义地对这个事关中华文明前途命运的重大历史课题作出深刻阐释。他强调："只有全面深入了解中华文明的历史，才能更有效地推动中华优秀传统文化创造性转化、创新性发展，更有力地推进中国特色社会主义文化建设，建设中华民族现代文明。"① 习近平总书记坚持用大历史观观察和审视我们民族发展的历程，精准概括出中华文明的突出特性，清晰标注出中华文明在人类文明史上独特而重要的历史地位，用科学理论夯实了文化自信的历史根基。

在历史流变中，中华民族沿着适合自己特点的道路生生不息、薪火相传，培育和发展了独具特色、博大精深的中华文化。习近平总书记系统阐述了中华优秀传统文化的重要元素，揭示了中华民族的独特精神品格和价值追求。比如，天下为公、天下大同的社会理想，民为邦本、为政以德的治理思想，九州共贯、多元一体的大一统传统，修齐治平、兴亡有责的家国情怀，厚德载物、明德弘道的精神追求，富民厚生、义利兼顾的经济伦理，天人合一、万物并育的生态理念，实事求是、知行合一的哲学思想，执两用中、守中致和的思维方法，讲信修睦、亲仁善邻的交往之道等。习近平总书记强调，这些元素共同塑造出中华文明突出的连续性、创新性、统一性、包容性、和平性。②"五个突出特性"的提出，既清晰展示了中华文明的整体面貌，又深刻揭示了中华文明的特殊优势，是坚定文化自信的历史支撑。

"突出的连续性"，意味着中华文明是贯通古今、唯一没有中断过的人类文明。古代中国和现代中国一以贯之、一脉相承，这是世界文明的奇迹。这就从根本上决定了中华民族必然走自己的路。如果不从源远流长的历史连续性来认识中国，就不可能理解古代中国，也不可能理解现代中国，更不可能理解未来中国。

---

① 习近平：《在文化传承发展座谈会上的讲话》，人民出版社2023年版，第1页。
② 《习近平在文化传承发展座谈会上强调　担负起新的文化使命　努力建设中华民族现代文明》，《人民日报》2023年6月3日。

五　建设中华民族现代文明

"突出的创新性",意味着中华文明是充满活力、敢于创造的人类文明。自古以来,中华民族就生发出"苟日新,日日新,又日新"的精神追求,阐发出"穷则变,变则通,通则久"的思想哲理,孕育出"治世不一道,便国不法古"的改革政论。这就从根本上决定了中华民族守正不守旧、尊古不复古的进取精神,决定了中华民族不惧新挑战、勇于接受新事物的无畏品格。

"突出的统一性",意味着中华文明是保持稳定、具有强大向心力的人类文明。我国历史上的大一统理念,滋养着中华民族的情感,凝聚着中华民族的人心,强化着中华民族的认同,为铸牢中华民族共同体意识不断注入精神力量。这就从根本上决定了中华民族各民族文化融为一体、即使遭遇重大挫折也牢固凝聚,决定了国土不可分、国家不可乱、民族不可散、文明不可断的共同信念,决定了国家统一永远是中国核心利益中的核心,决定了一个坚强统一的国家是各族人民的命运所系。

"突出的包容性",意味着中华文明是兼容并蓄、多姿多彩的人类文明。中华民族历来以"天无私覆,地无私载,日月无私照"为理念,展现出海纳百川、有容乃大的胸襟。这就从根本上决定了中华民族交往交流交融的历史取向,决定了中国各宗教信仰多元并存的和谐格局,决定了中华文化对世界文明兼收并蓄的开放胸怀。

"突出的和平性",意味着中华文明是坚持求同存异、追求公平正义的人类文明。中华民族历来以"君子和而不同"为信条,以"百姓昭明,协和万邦"为追求,以"天下大同,声教远被"为志向,凝练出"以和为贵""和衷共济、和合共生"的品格。这就从根本上决定了中国始终是世界和平的建设者、全球发展的贡献者、国际秩序的维护者，决定了中国不断追求文明交流互鉴而不搞文化霸权，决定了中国不会把自己的价值观念与政治体制强加于人，决定了中国坚持合作、不搞对抗，决不搞"党同伐异"的小圈子。

习近平总书记关于中华文明突出特性的重要论述，以中华民族五千多年文明史为深厚基础，以世界其他文明的发展历程为参考观照，深刻诠释了中华文明的伟大之处，阐明了中华文明绵延永续的根本原因，体现出深刻的哲理性、强大的思辨力和科学的指导性，为赓续中华文脉、创造面向未来的中华民族现代文明打下了牢固的思想根基。

二 深入阐释"两个结合"的重大意义

"合生万物。""结合"是中华民族一贯提倡的科学方法和政治智慧。

习近平总书记指出："在五千多年中华文明深厚基础上开辟和发展中国特色社会主义，把马克思主义基本原理同中国具体实际、同中华优秀传统文化相结合是必由之路。这是我们在探索中国特色社会主义道路中得出的规律性的认识"[①]。我们一直强调把马克思主义基本原理同中国具体实际相结合，现在我们又明确提出"第二个结合"。

马克思主义同中国"结合"，是一个决定中华民族前途命运的大事件。中国共产党作为中华优秀传统文化的忠实继承者和弘扬者，熟练掌握和运用"结合"这个传统政治智慧，坚持用马克思主义之

---

① 《习近平在文化传承发展座谈会上强调 担负起新的文化使命 努力建设中华民族现代文明》，《人民日报》2023年6月3日。

五　建设中华民族现代文明

"矢"射中国之"的"，成功解决了中国革命、建设、改革的一系列重大理论和实践问题。马克思主义这个来自欧洲的思想，为何能在万里之遥的中国扎根、开花、结果，建设中国特色社会主义事业，成为20世纪以来人类历史上最伟大的文明创造？其奥秘就在于中国共产党科学掌握了"结合"的精髓要义，不断推进马克思主义中国化时代化，不仅深刻改变了中国，也极大丰富和发展了马克思主义。

党的十八大以来，习近平总书记对中华文明与中国特色社会主义的内在联系进行了深邃思考，创造性提出"马克思主义基本原理同中华优秀传统文化相结合"的理论命题。"第二个结合"，是我们党对马克思主义中国化时代化历史经验的深刻总结，是对中华文明发展规律的深刻把握，是又一次的思想解放，表明我们党对中国道路、理论、制度的认识达到了新高度，表明我们党的历史自信、文化自信达到了新高度，表明我们党在传承中华优秀传统文化中推进文化创新的自觉性达到了新高度。

新时代继续做好坚持和发展中国特色社会主义这篇大文章，关键要在"结合"上下功夫，尤其是"第二个结合"。在这次座谈会上，习近平总书记进一步阐明了"两个结合"的重大意义，深刻回答了马克思主义与中华优秀传统文化"为什么能结合、怎样结合"的重大问题。"结合"的前提是彼此契合，相互契合才能有机结合；"结合"的结果是互相成就，造就了一个有机统一的新的文化生命体，"第二个结合"让马克思主义成为中国的，中华优秀传统文化成为现代的，让经由"结合"而形成的新文化成为中国式现代化的文化形态；"结合"筑牢了道路根基，"第二个结合"让中国特色社会主义道路有了更加宏阔深远的历史纵深，拓展了中国特色社会主义道路的文化根基;"结合"打开了创新空间,"第二个结合"让我们掌握了思想和文化主动,并有力地作用于道路、理论和制度;"结合"巩固了文化主体性,创立习近平新时代中国特色社会主义思想就是这一文化主体性的最有力体现。习近平新时代中国特色社会主义思想,坚持把马克思主义基本原理同中国具体实际相结合、同中华优秀传统文化相结合,从五千多年璀璨文明中承继人文精神、道德价值、历史智慧的精华养分,把马克思主义思想精髓同中华优秀传统文化精华贯通起来、同人民群众日用而不觉的共同价值观念融通起来,是中华文化和中国精神的时代精华,实现了马克思主义中国化时代化新的飞跃。

习近平总书记强调:"我们的社会主义为什么不一样?为什么能够生机勃勃、充满活力?关键就在于中国特色。中国特色的关键就在于'两个结合'。"[1] 吸吮着中华民族漫长奋斗积累的文化养分,感悟和把握马克思主义真理力量,将中华文明的精华与马克思主义立场观点方法结合起来,在延续民族文化血脉中开拓前进,我们就一定能焕发更为主动的精神力量,在强国建设、民族复兴的新征程上踔厉奋发、一往无前。

三 科学指引"建设中华民族现代文明"的重大任务

"创造属于我们这个时代的新文化,建设中华民族现代文明"[2],

---

[1] 习近平:《在文化传承发展座谈会上的讲话》,人民出版社2023年版,第7页。
[2] 《习近平在文化传承发展座谈会上强调 担负起新的文化使命 努力建设中华民族现代文明》,《人民日报》2023年6月3日。

五　建设中华民族现代文明

是习近平总书记念兹在兹的大事，也是这次座谈会发出的最清晰、最响亮的时代强音。早在河北正定工作时，他就深情指出："一个热爱中华大地的人，他一定会爱她的每一条溪流，每一寸土地，每一页光辉的历史。"[1] 一路走来，习近平总书记对中华民族光辉历史和灿烂文化的热爱与致敬，始终如一、愈加深厚。

在这次座谈会上，习近平总书记开篇即指出："文化关乎国本、国运。这段时间，我一直在思考推进中国特色社会主义文化建设、建设中华民族现代文明这个重大问题。"[2] 习近平总书记郑重提出："在新的起点上继续推动文化繁荣、建设文化强国、建设中华民族现代文明，是我们在新时代新的文化使命。"[3] 建设中华民族现代文明，是时代的呼唤、党和国家的需要、中华民族的期盼。在强国建设、民族复兴的新征程上，明确提出这个使命任务，充分展现了习近平总书记作为马克思主义政治家、思想家、战略家的宏阔历史视野和思接千载的历史眼光。习近平总书记强调必须坚定文化自信、秉持开放包容、坚持守正创新，科学回答了如何建设中华民族现代文明这一重大历史和时代课题。

建设中华民族现代文明，必须坚定文化自信，坚持走自己的路。坚定中国特色社会主义道路自信、理论自信、制度自信，说到底是要坚定文化自信，文化自信是一个国家、一个民族发展中最基本、最深沉、最持久的力量。在漫长的历史进程中，中华民族以自强不息的决

---

[1] 习近平：《知之深　爱之切》，《中国青年》1984年第5期。
[2] 习近平：《在文化传承发展座谈会上的讲话》，人民出版社2023年版，第1页。
[3]《习近平在文化传承发展座谈会上强调　担负起新的文化使命　努力建设中华民族现代文明》，《人民日报》2023年6月3日。

心和意志，走过了不同于世界其他文明体的发展历程，创造了独树一帜的灿烂文化。独特的文化传统，独特的历史命运，独特的基本国情，注定了我们必然要走适合自己特点的发展道路。习近平总书记指出："有文化自信的民族，才能立得住、站得稳、行得远。"[①] 自信才能自强，我们必须立足中华民族伟大历史实践和当代实践，用中国道理总结好中国经验，把中国经验提升为中国理论，实现精神上的独立自主，沿着"强国建设、民族复兴的唯一正确道路"坚定向前，在推进中国式现代化进程中建设中华民族现代文明。

建设中华民族现代文明，必须秉持开放包容，更加积极主动地学习借鉴人类创造的一切优秀文明成果。"和羹之美，在于合异。"习近平总书记指出："开放包容始终是文明发展的活力来源，也是文化自信的显著标志。"[②] 中华优秀传统文化在开放中成长，在包容中发展，在借鉴中丰富，为中华文明保持旺盛生命力注入了不竭动力。今天，我们比以往任何一个时代都更有条件破解"古今中西之争"，也比以往任何一个时代都更迫切需要一批熔铸古今、会通中西的文化成果，为理论和制度创新奠定更加坚实的文化基础。秉持开放包容，以文明交流超越文明隔阂、文明互鉴超越文明冲突、文明包容超越文明优越，以海纳百川的宽阔胸襟借鉴吸收人类一切优秀文明成果，我们就能不断铸就中华文化新辉煌。

建设中华民族现代文明，必须坚持守正创新，赓续历史文脉、谱写当代华章。习近平总书记指出："对文化建设来说，守正才能不迷

[①] 习近平：《在文化传承发展座谈会上的讲话》，人民出版社 2023 年版，第 10 页。
[②] 习近平：《在文化传承发展座谈会上的讲话》，人民出版社 2023 年版，第 10 页。

失自我、不迷失方向，创新才能把握时代、引领时代。"① 面对世界百年未有之大变局，我们要建设中国式现代化、创造人类文明新形态，需要总结历史经验，寻找中华优秀传统文化实现创造性转化、创新性发展的源泉、动力和路径。要始终坚守马克思主义在意识形态领域指导地位的根本制度，坚守"两个结合"的根本要求，坚守中国共产党的文化领导权和中华民族的文化主体性。同时，要固本开新、勇于开拓，不断提出新思路、新话语、新机制、新形式，实现传统与现代的有机衔接，更好构筑中国精神、中国价值、中国力量，激发全民族文化创新创造活力，增强实现中华民族伟大复兴的精神力量。

"对历史最好的继承就是创造新的历史，对人类文明最大的礼敬就是创造人类文明新形态。"中华民族是创造了高度文明、为人类作出重大贡献的伟大民族，中国共产党是具有高度文化自觉、深厚文化情怀的伟大政党。新时代中国共产党一定能够担负起新的文化使命，在推进中国式现代化进程中建设中华民族现代文明，让伟大的中华民族以更加昂扬的姿态屹立于世界民族之林！

（原载《求是》2023年第17期）

---

① 习近平：《在文化传承发展座谈会上的讲话》，人民出版社2023年版，第11页。

系统把握中华民族现代文明的丰富内涵

王　广[*]

建设中华民族现代文明的新使命新要求，为在世界民族之林充分彰显文化主体性、谱写中华文明新篇章指明了前进方向。中华民族现代文明是中华文明的现代形态，是中国式现代化创造的人类文明新形态，体现着传统与现代的交融、批判与建构的统一、民族性与世界性的交汇，需要我们运用辩证思维全面系统地把握其丰富而深刻的历史内涵。

一　传统与现代的交融

人类文明发展的历史表明，文明如同参天巨木，扎根传统愈深则发展愈盛。习近平总书记强调："只有全面深入了解中华文明的历史，才能更有效地推动中华优秀传统文化创造性转化、创新性发展，

---

[*] 王广，中国社会科学院习近平新时代中国特色社会主义思想研究中心特约研究员、历史理论研究所研究员。

五　建设中华民族现代文明

更有力地推进中国特色社会主义文化建设，建设中华民族现代文明。"① 这一重要论述以贯通古今的历史眼光和宏大气魄，深刻揭示了承继中华优秀传统文化与建设中华民族现代文明的内在关联。

一个伟大的民族，总能塑造伟大的文明。中华民族现代文明是源远流长的中华文明的现代形态，既内蕴着中华优秀传统文化的底色，又闪烁着现代文明的光彩。这里的关键词之一是"现代"，但现代并不意味着对传统的舍弃，恰恰相反，正是传统与现代二者的水乳交融、氤氲化生，共同成就了中华文明弦歌不辍、日新又新的新形态。丢弃传统的现代，缺乏厚重的依托；拒绝现代的传统，没有光明的未来。中华先民通过一代代接续奋斗，使得中华文明成为世界上唯一未曾中断、绵延至今的文明。中华文明体现出的连续性、创新性、统一性、包容性、和平性这五大突出特性，既形成了一种刚健圆融的文明机体和价值体系，又为文明的接续发展、革故鼎新提供了深厚的历史渊源和内在支撑。

习近平总书记指出："如果没有中华五千年文明，哪里有什么中国特色？如果不是中国特色，哪有我们今天这么成功的中国特色社会主义道路？只有立足波澜壮阔的中华五千多年文明史，才能真正理解中国道路的历史必然、文化内涵与独特优势。"② 对五千多年中华文明史的通透理解，揭示了中国道路从古至今的发展密码和深层逻辑，体现了马克思主义唯物辩证法关于事物发展的源泉和动力主要在于内因的真理性认识。马克思主义是中华民族现代文明的魂脉，我们所实

---

① 习近平：《在文化传承发展座谈会上的讲话》，人民出版社2023年版，第1页。
② 习近平：《在文化传承发展座谈会上的讲话》，人民出版社2023年版，第5页。

现的传统与现代交融并不是毫无章法的杂糅拼凑,而是在马克思主义指导下通过"两个结合"实现的。"第二个结合",即马克思主义基本原理同中华优秀传统文化相结合,是在当代中国坚持和发展马克思主义、开辟马克思主义中国化时代化新境界的必由之路,也是在新时代传承发展中华优秀传统文化、建设中华民族现代文明的必由之路。

二 批判与建构的统一

马克思曾说,"文明的果实"是"已经获得的生产力"。没有强大的生产力作支撑,所谓的文明就是干瘪的空壳。中华民族现代文明,是中国式现代化的文化形态,是深入反思、批判资本主义文明既有模式和建构人类文明新形态的高度统一,代表了文明发展的新方向。

习近平总书记在党的二十大报告中指出:"我国不走一些国家通过战争、殖民、掠夺等方式实现现代化的老路,那种损人利己、充满血腥罪恶的老路给广大发展中国家人民带来深重苦难。"[1] 历史和现实不断表明,西方发达国家在资本主义私有制下所创造的文明形态,尽管曾斩断封建枷锁,创造了庞大的物质财富,发挥出巨大的历史作用,但归根结底是为了更自由更广泛地剥削人民。资本对利润的追逐是无止境的,为了满足资本的剥削欲望,这些国家可以贩卖奴隶、走私鸦片、剿灭原住民、发动战争甚至伪造历史。马克思在批判英国对印度的殖民统治时写道:"当我们把目光从资产阶级文明的故乡转向

---

[1] 《习近平著作选读》第 1 卷,人民出版社 2023 年版,第 19 页。

殖民地的时候，资产阶级文明的极端伪善和它的野蛮本性就赤裸裸地呈现在我们面前。"近代以来，非洲、美洲被殖民和侵略的历史，以及半殖民地半封建的近代中国遭受的"国家蒙辱、人民蒙难、文明蒙尘"的悲惨经历，都充分证明了这一点。作为中国人，我们尤其不应忘记，从鸦片战争、第二次鸦片战争到八国联军侵华战争，这一系列侵略战争都是在"文明"的幌子下进行的，以致马克思斥责发动鸦片战争的英国政府是"摆出一副基督教伪善面孔、标榜文明的英国政府"。恩格斯则将发动第二次鸦片战争的英法侵略者称为"把炽热的炮弹射向毫无防御的城市、杀人又强奸妇女的文明贩子们"。西方现代化充满战争、贩奴、殖民、掠夺等血腥罪恶，给广大发展中国家带来深重苦难。

随着世界上一切进步力量的发展，通过剥削人民、掠夺他国所形成的资本主义文明形态正在成为明日黄花。从中华大地生长出来的中国式现代化，坚决摒弃西方发达国家在文明外壳下隐藏的资本逻辑和野蛮本质，始终坚持以人民为中心，始终坚持文明交流互鉴，创造了人类文明新形态，为促进人类文明进步提供了中国方案，贡献了中国智慧。习近平总书记指出："中国式现代化是中华民族的旧邦新命，必将推动中华文明重焕荣光。"[1] 反观世界文明史，那些不顾本国国情和历史文化传统，完全另起炉灶的国家或民族，往往陷入发展困境，行之不远。这也从侧面印证了社会主义中国坚持中国式现代化、建设中华民族现代文明的道路和选择是完全正确的。

---

[1] 习近平：《在文化传承发展座谈会上的讲话》，人民出版社2023年版，第7页。

三　民族性与世界性的交汇

习近平总书记指出:"只有充满自信的文明,才会在保持自己民族特色的同时包容、借鉴、吸收各种不同文明。"[1] 中华民族现代文明体现了中华民族的文化主体性,彰显了高度的文化自信,它不仅属于中国和中国人民,而且属于世界和世界人民,生动展现了民族性与世界性的交汇融通。

文明因交流而多彩,因互鉴而丰富。如今,有200多个国家和地区、2500多个民族、80多亿人口共同居住在我们这颗星球上。要求如此之多的国家、民族只能有某一种文明形态的想法,是不切实际的。认为自身的文明高级、先进而其他文明低级落后的文明优越论,更是充满了文化沙文主义的偏狭和谬误。中国传统典籍《孟子》中有言:"夫物之不齐,物之情也……子比而同之,是乱天下也。"人类只有坚持文明交流互鉴才能取长补短、互学并进,只有做到美人之美、美美与共,才能实现共同进步和繁荣。因而,以文明交流超越文明隔阂、文明互鉴超越文明冲突、文明共存超越文明优越,是全人类的唯一正确选择。

人们常说,越是民族的就越是世界的,同样重要的是,越是以开放包容的态度面向世界就越能展现民族性。习近平总书记指出:"中国式现代化作为人类文明新形态,与全球其他文明相互借鉴,必将极

---

[1] 习近平:《论党的宣传思想工作》,中央文献出版社2020年版,第406页。

五　建设中华民族现代文明

大丰富世界文明百花园。"[①] 中华民族现代文明是中国人民所创造的具有鲜明民族特色和现代特质的文明形态,充分体现了中华民族的文化主体性,使中华文明有了和世界其他文明交流互鉴的鲜明文化特性;同时又彰显了包容天下的世界胸怀,体现了中华民族追求协和万邦、天下大同的高远理想和恢宏气度。

（原载《光明日报》2024 年 4 月 1 日第 15 版）

[①] 习近平:《携手同行现代化之路——在中国共产党与世界政党高层对话会上的主旨讲话》,人民出版社 2023 年版,第 7 页。

厚植中华民族现代文明建设的历史底蕴

卜宪群[*]

文化关乎国本、国运。习近平总书记在文化传承发展座谈会上的重要讲话中指出："只有全面深入了解中华文明的历史，才能更有效地推动中华优秀传统文化创造性转化、创新性发展，更有力地推进中国特色社会主义文化建设，建设中华民族现代文明。"[①] 欲知大道，必先为史。深入考察中华民族文明建设的演进历程和历史特点，有助于我们以史为鉴，从中汲取智慧和力量，厚植中华民族现代文明建设的历史底蕴，更好地担负起新时代新的文化使命，在新的起点上继续推动文化繁荣、建设文化强国、建设中华民族现代文明。

一 中华民族历来重视文明建设

中华民族的历史，也是一部中华文明的建设史。自从五千多年前

---

[*] 卜宪群，中国社会科学院习近平新时代中国特色社会主义思想研究中心特约研究员，中国社会科学院古代史研究所研究员、所长。

[①] 习近平：《在文化传承发展座谈会上的讲话》，《求是》2023年第17期。

五　建设中华民族现代文明

开始进入文明社会以来，中华文明从未中断、延续至今。中华文明是中华民族在漫长的历史进程中不断进行文明建设所取得的伟大文明成果。文明传承与文明建设不可分割。中国经历过数种不同的社会形态，也经历过众多王朝的更替或各民族政权的并存，但始终保持着文明的连续不断，根本原因就在于五千多年来中华民族进行文明建设的核心理念、制度构建的本质特征既一脉相承又与时俱进。

夏商周三代是中华文明建设的初创时期，中华先祖不仅创造出丰厚的物质文明，也创造出灿烂的制度文明和精神文明。夏朝的建立表明中国进入了以国家制度形态传承文明的新的历史时期，结束了因邦国林立而缺乏政治核心的状况，奠定了中华民族多元一体政治格局的雏形。商朝国家结构进一步发展，内外服制的国家结构制度构建，大大扩展了商朝的政治影响力与政治凝聚力。周朝推行宗法制与分封制，将血缘关系与政治权力分配相结合，并以礼乐文明巩固维护这一制度，国家结构更加严密完善。夏商周三代是中华民族精神文明建设的奠基时期。经过漫长的演化，作为中华文明传承最重要载体的甲骨文形成并成熟。甲骨文包含祭祀、天象、田猎、农业、战争等许多内容，反映了商人的精神世界。周朝的精神文明突出表现在民本思想的觉醒。从夏商王朝灭亡的教训中，周人总结出要重视民众的历史经验，提出了"人无于水监，当于民监"的著名论断，出现了"明德""慎罚""保民"的德治思想。民本德治思想从此在中国传统政治文明中占据一席之地，具有重大进步意义。

秦汉至明清的中国传统社会是中华民族文明建设波澜壮阔的时期。秦汉王朝所创立的中央集权君主专制制度、郡县制度、官僚制度、军事制度、经济制度、法律制度、监察制度、文书制度等，奠定了中国历史上大一统王朝制度文明的基本形态。此后历经魏晋南北朝、隋唐、宋元、明清各个时期，制度文明不断发展完善，其总体方向与趋势是维护统一多民族国家的大一统政治形态。与制度文明建设并驾齐驱，秦汉以降的精神文明建设蔚为壮观。虽然儒家思想长期居于主导地位，但始终和其他学说处于和而不同的局面之中。包括儒家思想在内的中国传统思想文化，与社会大众日常价值观相融通，在总结历史经验基础上形成了天下为公、民为邦本、天人合一、厚德载物、修齐治平、选贤任能、讲信修睦、亲仁善邻、革故鼎新、六合同风、允执厥中、彝伦攸叙等理念，并贯彻在历代治国理政的政治实践中，成为中华民族文明建设连续不断的思想基础。

二　中华民族文明建设的历史特点

中华民族数千年来走着一条不同于其他文明的独特道路，其中最显著的特点就是文化的一脉相承，这决定了中华文明建设的高度同质性。但同质不是停滞，是在继往开来进程中的不断创新，其根本原因是文化基因没有改变。

重视大一统内聚性的制度建构。国家是文明的载体，国家形态体现着文明建设的核心理念。大一统是中国传统国家形态的典型特征，是中华制度文明的核心。自先秦时期开始，中国就形成了中央集权的大一统政治理念，秦汉以后全面转化为政治实践。一是高度重视中央权威。中央的统摄地位和中央在国家制度总体安排上的权威是大一统的首要特质，数千年的单一制国家政治传统也因此形成。二是高度重视国家统一。国家统一是历代王朝不懈追求的目标。中国历史上分裂

五　建设中华民族现代文明

的主要原因在于中央集权的涣散等，而不是经济、文化、宗教方面的因素，因此无论怎样的分裂，最终还是走向统一。这是中国历史的一个鲜明特点。三是高度重视治理体系和治理能力的提升。中国历史上的中央权威不仅表现在权力集中上，还体现在对国家事务的统领与治理上。朝廷制度、郡县制度、文书制度、选拔制度、监察制度等不断完善，极大提高了行政效率，展现出强大的政治凝聚力、民族凝聚力与行政执行力。

重视以民为本的治理理念。中国自西周起逐渐摆脱了神本政治的束缚，重视人民在国家稳定中的作用，强调在国家治理中应当贯彻以民为本的理念。《尚书》中说："民可近，不可下。民惟邦本，本固邦宁。"意指为政要亲近人民，不能轻视与低看人民；人民是国家的根基，根基牢固了，国家才能安定。管子说："政之所兴，在顺民心；政之所废，在逆民心。"孔子和孟子主张"仁"与"仁政"，寓含着丰富的"民本"内容。关于民本思想的论述数千年来史不绝书，其核心是积极主张国家应当保民、重民、爱民。中国传统国家治理中调整土地关系、平均财富、打击豪强、整顿吏治等措施，都是落实民本思想的具体办法。

重视德主刑辅的法治观念。《荀子》中说："法者，治之端也。"中国传统国家制度体系中包含着对法治重要性、公平公正性的丰富认识。人们从秦朝的速亡中得出"徒法不能以自行"的历史教训。自汉武帝开始，儒家思想被吸收到法律体系中，体现在立法、司法领域，形成德主刑辅特色。德主刑辅以儒家的德治思想为治理社会的主要方式，而把以制裁为主的刑罚放在次要位置，强调明德慎罚，不滥施刑罚。中国古代疑难案件逐级上报的奏谳制度、疑罪从轻制度、录囚制度，特别是死刑判决的多层次复审制度等，都是明德慎罚的具体体现。

重视选贤任能的选拔制度。《吕氏春秋》中说："身定、国安、天下治，必贤人。"中华文明高度重视人才的选拔使用，形成了独具特色的人才选拔制度。一是注重民意。中国古代的察举制、九品中正制、科举制三大选官制度，前两者在制度设计初衷上与听取民意有直接关系。二是维护公平。以科举为代表的考试选官制度在隋唐时确立。士人自由报考，没有身份、地位、财产限制，受到社会中下阶层的广泛欢迎。三是德先才后。"才者，德之资也；德者，才之帅也。"在官员选拔、考核时将儒家思想所强调的德作为第一位的标准，将才作为第二位的标准。

重视协和万邦的开放包容精神。《礼记》中说："大道之行也，天下为公。"中华民族主张天下为公，希望天下平等公道。具体来看，一是追求和而不同。《论语》中孔子用"和而不同"比喻"君子"的高尚品格，《国语》中史伯提出"和实生物，同则不继"的论断，体现了中国人认为美好事物理应共生共荣的理念。二是追求怀远以德。往圣先贤主张用"仁政"而非"相攻"的方式处理对外关系，"招携以礼，怀远以德"是中国历代中原王朝处理与民族政权、周边国家关系的重要模式。三是追求对外开放。中华文明绝不是封闭的文明，以陆上和海上丝绸之路为代表的经济文化交流，促进了包括中国在内的相关国家社会发展与互利共赢。

三　中华民族现代文明建设的历史借鉴

在进行文明建设的五千多年中，无论盛世如歌还是风雨如晦，中华民族始终保持着坚定的文化自信和文化定力，以自身深厚的历史底蕴不断实现着文明更新。今天，建设中华民族现代文明，要深入贯彻落实习近平总书记"全面深入了解中华文明的历史"的重要要求，以丰沛的历史资源厚植中华民族现代文明建设的历史底蕴。

中华民族现代文明建设离不开深厚历史底蕴。习近平总书记指出："如果不从源远流长的历史连续性来认识中国，就不可能理解古代中国，也不可能理解现代中国，更不可能理解未来中国。"[1] 贾谊在《过秦论》中写道："'前事之不忘，后事之师也。'是以君子为国，观之上古，验之当世，参之人事，察盛衰之理，审权势之宜，去就有序，变化因时，故旷日长久而社稷安矣。"从古今结合的角度汲取治国理政的智慧，是中华民族的一条重要历史经验。中华民族现代文明是马克思主义基本原理同中国具体实际、同中华优秀传统文化相结合的结果，是从五千多年的文明史中走出来的文明。建设中华民族现代文明绝不是中断、消灭中华民族的古老文明，而是在中国共产党领导下让古老文明在内生性演化中不断赓续更新，在深厚历史底蕴基础上实现创新发展。

科学借鉴中华文明建设的历史智慧。中华优秀传统文化中包含着很多中华民族现代文明建设可以汲取的历史智慧。比如，从制度文化

---

[1] 习近平：《在文化传承发展座谈会上的讲话》，《求是》2023年第17期。

上看，统一多民族国家的单一制制度形态就是历史留给我们的宝贵遗产，是中华民族现代文明建设的制度根基所在；民本思想影响下的历代中央政权的治理措施、议政方式、决策过程、施政形式，也有可取的制度因素。再如，从思想文化上看，中华优秀传统文化中所包含的民本、大同、公平、平等、自由、和合等思想理念，可以为现代文明建设提供丰厚滋养。建设中华民族现代文明，需要坚持古为今用、推陈出新，"以古人之规矩，开自己之生面"。

认真做好中华优秀传统文化的传承与研究工作。中华优秀传统文化是中华文明的智慧结晶和精华所在，蕴含着我们今天建设现代文明所需要的诸多元素。建设中华民族现代文明，需要推动中华优秀传统文化创造性转化、创新性发展。我们必须坚持以马克思主义为指导，本着科学的态度，认真做好中华优秀传统文化的传承与研究工作，不断深化对中华文明发展规律的认识。我们要立足中华民族伟大历史实践和当代实践，用中国道理总结好中国经验，把中国经验提升为中国理论，不断深化对中华民族现代文明建设的规律性认识、历史性认识。

（原载《人民日报》2023年9月25日第13版）

中国式现代化的文化形态

——基于唯物史观的考察

周 丹[*]

唯物史观认为，文化是经济社会发展的产物，受政治条件的制约。物质资料的生产方式决定文化的产生和发展，文化的实质体现社会实践的发展程度。党的二十大报告明确指出，"以中国式现代化全面推进中华民族伟大复兴"。[①] 中国式现代化是当代中国的最大实践，是当今社会物质资料的生产方式的最集中体现。中国式现代化的文化形态是中国式现代化实践经验在思想观念上的凝练和升华。系统阐释中国式现代化的文化形态，必然要求回答以下问题：首先，从时代背景来说，为什么提出中国式现代化的文化形态；其次，从基本内涵来说，中国式现代化的文化形态是什么；再次，从实践原则来说，如何建设中国式现代化的文化形态；最后，从未来发展来说，中国式现代化的文化形态具有何种突出意义。本文尝试就此作出初步理解和解答。

---

[*] 周丹，中国社会科学院大学哲学院教授。
[①] 习近平：《高举中国特色社会主义伟大旗帜　为全面建设社会主义现代化国家而团结奋斗——在中国共产党第二十次全国代表大会上的报告》，人民出版社2022年版，第21页。

一　中国式现代化的文化形态的时代背景

中国式现代化不仅是中国共产党团结带领中国人民奋力实现民族复兴的伟大实践，而且也是不断推进文化繁荣发展、丰富现代化文明形态的伟大创造。习近平总书记指出："'第二个结合'让马克思主义成为中国的，中华优秀传统文化成为现代的，让经由'结合'而形成的新文化成为中国式现代化的文化形态。"[①] 这表明，塑造经由"结合"而形成的新文化，不仅是中国式现代化建设的题中之义，而且也是实现文化再造、文明重生的必然要求。因此，我们在回答为什么提出中国式现代化的文化形态时，必须基于事实和价值的双重逻辑。一方面，长期以来特别是新时代以来，中国经济社会发展和中国式现代化不断向前推进，客观地催生和形成中国式现代化的文化形态；另一方面，面对世界百年未有之大变局，中华民族顺势而为，从来没有像今天这样接近实现民族复兴的目标，需要中国式现代化的文化形态不断提供更为强劲的精神动力。

（一）中国式现代化进程中经济与文化协调发展的必然要求

读懂中国，关键是读懂中国式现代化。读懂中国式现代化，需要科学的思维方法。由马克思恩格斯创立的唯物史观不仅构成了中国式现代化能够取得一系列重大历史性成就的理论基础，同时也构成了科学理解和把握中国式现代化的思想前提。通过对德国古典哲学乃至全

---

① 习近平：《在文化传承发展座谈会上的讲话》，人民出版社2023年版，第6页。

五　建设中华民族现代文明

部近代哲学的批判性反省，马克思认识到："物质生活的生产方式制约着整个社会生活、政治生活和精神生活的过程。不是人们的意识决定人们的存在，相反，是人们的社会存在决定人们的意识。"① 正是由于忽视了物质生活的生产方式这一人类现实历史的不可回避的基本前提，因而尽管黑格尔已经通过辩证法赋予其理论体系以厚重的"历史感"，但归根到底"辩证法在黑格尔手中神秘化了"，②"在'现实'中作为'本质'或'必然性'起作用的东西，却被归结为理念"。③

在唯物史观看来，文化归根到底是经济和政治在观念上的反映。中国式现代化的发展始终强调物的现代化和人的现代化相协调，即物质文明与精神文明之间实现相互协调、共同发展。从中国式现代化的内在结构看，文化形态内嵌于中国式现代化的经济形态、政治形态、社会形态、生态文明形态之中，"五位一体"的中国式现代化建设总体布局要求实现政治、经济、文化、社会、生态"五大文明"协调发展，但归根结底中国式现代化的经济形态决定着文化形态的范围、程度和发展速度。经济与文化辩证运动的发展规律决定，在实现物质富足的同时，也需要实现精神的富有，不断满足人民群众日益增长的美好生活需要，从而也就需要从文化的角度总结中国式现代化发展的实践经验，把握中国式现代化的文化形态。

---

① 《马克思恩格斯选集》第 2 卷，人民出版社 2012 年版，第 2 页。
② 《马克思恩格斯选集》第 2 卷，人民出版社 2012 年版，第 94 页。
③ 吴晓明：《唯物史观的具体化定向与历史科学》，《马克思主义与现实》2022 年第 5 期。

（二）建设人类文明新形态和中华民族现代文明的需要

建设中国式现代化的文化形态的目标是提高全社会文明程度，释放文化优势，增强现代化发展的精神动力。虽然人类的政治生活和社会生活等方面归根到底受物质生活的生产方式的制约，但正如毛泽东所指出的，"一定的文化（当作观念形态的文化）是一定社会的政治和经济的反映，又给予伟大影响和作用于一定社会的政治和经济"，[①] 各种社会意识也具有相对独立性，能够以自己的方式对社会发展起到独特作用。中国式现代化作为"五位一体"协调发展的现代化，不仅文化形态的发展本身就是中国式现代化不断推进的一个重要方面，而且文化形态的发展也是促进包括政治、经济在内的全部其他方面协调发展、不断进步的重要推动力。一个国家、一个民族的文化体现了该国家、该民族在价值观念、信仰追求、思维方式、心理习惯等方面的共性，因而能够在本国家、本民族当中产生强烈的共鸣和认同，进而形成强大合力。文化塑造了人类的精神家园。一方面，构建人类文明新形态和中华民族现代文明，是中国式现代化的文化形态的标志性文化使命和建设工程；另一方面，提炼、总结和把握中国式现代化的文化形态，也构成探索人类文明新形态和建设中华民族现代文明的内在需要。

（三）推进文化自信自强的需要

中国式现代化的文化形态反映了中国式现代化的文化底蕴，为摆

[①] 《毛泽东选集》第 2 卷，人民出版社 1991 年版，第 663—664 页。

脱文化自卑、增强文化自信、促进文化自强提供了精神支撑。回顾历史我们就会看到，中国的现代化首先是在由西方文明所主导的现代化浪潮中被裹挟前行的，正如马克思所指出的那样，"它使未开化和半开化的国家从属于文明的国家，使农民的民族从属于资产阶级的民族，使东方从属于西方"。① 在中国共产党领导下，中国人民实现了从站起来、富起来到强起来的历史性飞跃，根本性地改变了"东方从属于西方"的历史境遇，这不仅为人民的幸福生活奠定了坚实的物质基础，同时也极大地增强了中华民族的文化自信。

事实上，文化自信是对中国式现代化作为"现代化的另一幅图景"的自信，代表着一种社会意义上的群体性文化自觉，即自觉意识到自身文化的科学性、先进性，并积极将自身文化的优势转化为对自身文化的信心。文化自强则要求在文化自信的基础上，进一步增强文化的影响力、传播力、感召力，发挥先进文化对社会发展的引领作用。因此，在中国式现代化所取得的实践成就的基础上，不断推进文化自信自强，必然要求发挥中国式现代化的文化形态的功能和作用。

二　中国式现代化的文化形态的基本内涵

"中国式现代化的文化形态"从概念组成结构看，包括"中国式现代化"和"文化形态"两部分。作为一个总体性概念，"中国式现代化"我们可以通约化理解为"五位一体"的现代化，即包括经济

---

① 《马克思恩格斯选集》第1卷，人民出版社2012年版，第405页。

现代化、政治现代化、文化现代化、社会现代化和生态现代化。那么如何理解"文化形态"？这里有必要澄清"文化"与"文化形态"的关系，进而把握中国式现代化的文化形态的具体内容。

（一）文化与文化形态的关系

在唯物史观视域中，文化与文化形态作为社会生活的组成部分，在本质上都是社会实践的产物。马克思指出："全部社会生活在本质上是实践的。"[①] 文化是经济和政治在观念上的反映，文化形态也由经济形态和政治形态所规定，二者都与生产力和生产方式的发展有关，一定的生产力和生产方式决定一定的文化和文化形态。但就二者的区别来说，文化形态是作为文化在不同时空条件下的社会历史体现，是作为整体的文化的具体组成部分，二者是整体与部分、普遍与具体、内容与形式的关系。换言之，文化作为人化的结果，有人类社会就有文化，然而不一定具有明确的文化形态，就更不用说具有明确的关于某种现代化的文化形态了。

提出文化形态，意味着文化自觉。从文化到文化形态的概念划分，表明我们对自身文化的认识从自在走向自为。不同文化的内在机理和演进脉络形成了不同的文化形态，不同的文化形态影响了不同的现代化道路选择。中国式现代化的文化形态是在马克思主义中国化时代化、中华文明现代化的基础上形成的文化形态。因此，中国式现代化的文化形态具有突出的"中国属性"和"现代属性"。

---

① 《马克思恩格斯文集》第1卷，人民出版社2009年版，第501页。

（二）中国式现代化的文化形态的根本目标

文化的"尽头"是文明，任何一种文化形态的使命都是锻造一种文明，正如社会主义核心价值观在国家层面用文明来标注社会主义文化建设的目标一样。作为概念化、体系化的中国式现代化的文化形态，始终围绕着一个根本目标，即建设中华民族现代文明。一方面，中华民族现代文明囊括经济、政治、文化、社会、生态等各方面各领域的文明，是以中国式现代化为具体实践方式向前推进的文明；另一方面，作为文化形态的中国式现代化、作为文明体系的中华民族现代文明，则是中国特色社会主义文化建设的主要内容，成为我们在新时代新的文化使命之必然。换言之，中华民族现代文明在中国式现代化的文化形态的理论体系中居于核心位置。

（三）中国式现代化的文化形态的本质要求

具体来说，文化是人类的精神生产活动及其产物，文化建设是正在发展的文明，中国式现代化的文化形态是中国特色社会主义文化建设的必然结晶。因此，中国式现代化的文化形态的基本内涵必然包括对中国特色社会主义文化建设的规律性认识和本质性规定，这集中体现为习近平总书记对宣传思想文化工作作出的"七个着力"重要指示。"七个着力"是一个有机整体，明体达用、体用贯通，构成了中国式现代化的文化形态的本质要求。

首先，着力加强党对宣传思想文化工作的领导是中国式现代化的文化形态的根本前提。

中国共产党是中国特色社会主义事业的领导核心。中国共产党领导是中国特色社会主义的最本质特征，也是最显著优势。办好中国的事情，关键在党。习近平总书记强调："党中央是大脑和中枢，党中央必须有定于一尊、一锤定音的权威，这样才能'如身使臂，如臂使指，叱咤变化，无有留难，则天下之势一矣'。"① 宣传思想文化工作是一项极端重要的工作，事关大局和长远，事关国家和民族的治乱兴衰。文化是一个国家、一个民族的灵魂；在"五位一体"总体布局中，文化建设是灵魂。对于这样一项培根铸魂的工作来说，坚持和加强党的领导既是根本前提，也是根本保证，要在确保中国特色社会主义文化发展方向的基础上，铸就社会主义文化发展的新辉煌。

其次，着力建设具有强大凝聚力和引领力的社会主义意识形态是中国式现代化的文化形态的内在要求。

文化和文化形态具有鲜明的意识形态属性。意识形态表现为阶级的意识形态，一个社会的意识形态表现为统治阶级的意识形态。马克思恩格斯认为："一个阶级是社会上占统治地位的物质力量，同时也是社会上占统治地位的精神力量。"② 中国式现代化是中国共产党领导的社会主义现代化，中国式现代化的文化形态是中国共产党领导的社会主义性质的文化形态，具有鲜明的社会主义意识形态属性，表现为党性与人民性的统一。在宣传思想文化工作中，坚持和巩固马克思主义指导地位，传承中华优秀传统文化，弘扬革命文化，发展社会主义先进文化，丰富人民精神世界，满足人民精神需求，真正引领社会

---

① 《习近平谈治国理政》第3卷，外文出版社2020年版，第86页。
② 《马克思恩格斯文集》第1卷，人民出版社2009年版，第550页。

五 建设中华民族现代文明

风尚和时代潮流。

最后，着力培育和践行社会主义核心价值观，着力提升新闻舆论传播力引导力影响力公信力，着力赓续中华文脉、推动中华优秀传统文化创造性转化和创新性发展，着力推动文化事业和文化产业繁荣发展，着力加强国际传播能力建设、促进文明交流互鉴是中国式现代化的文化形态的实现路径。

从凝心聚力来说，要着力培育和践行社会主义核心价值观。中国特色社会主义进入新时代，这是中国经济社会发展的必然结果，也是社会主要矛盾运动、变化的必然结果，同时在社会意识和价值观念层面呼唤一种与新时代相契合的新的价值观，即社会主义核心价值观。习近平总书记指出："社会主义核心价值观是当代中国精神的集中体现，凝结着全体人民共同的价值追求。"[1] 国家层面"富强、民主、文明、和谐"的价值目标是社会和个人价值追求的总方向；社会层面"自由、平等、公正、法治"的价值取向是沟通国家价值目标和个人价值准则的必然环节；个人层面"爱国、敬业、诚信、友善"的价值准则是国家价值目标和社会价值取向得以实现的现实基础。个人的价值准则、社会的价值取向、国家的价值目标，三者虽各有侧重，但内在一致。在文化建设中，要始终做到以社会主义核心价值观为引领，团结全体人民意志，形成"最大公约数"，画出"最大同心圆"。

从新闻舆论工作来说，要着力提升传播力引导力影响力公信力。新闻舆论工作是党的事业的重要组成部分，在党和国家事业发展中具

---

[1] 习近平：《决胜全面建成小康社会 夺取新时代中国特色社会主义伟大胜利——在中国共产党第十九次全国代表大会上的报告》，人民出版社2017年版，第42页。

有特殊的地位和作用。马克思认为,"真正的报刊即人民报刊""和谐地融合了人民精神的一切真正要素"。[1] 强调人民立场、强调党性和人民性的统一是马克思主义新闻观的重要内涵。习近平总书记指出,"要坚持党性和人民性相统一,把党的理论和路线方针政策变成人民群众的自觉行动,及时把人民群众创造的经验和面临的实际情况反映出来,丰富人民精神世界,增强人民精神力量"。[2] 面对世界媒体格局、舆论生态、传播形式的新变化,习近平总书记高度重视传播手段建设和创新,创造性提出"传播力、引导力、影响力、公信力"的新闻舆论"四力说"。可以说,"四力"是衡量新闻舆论传播效果的重要标准。[3]

从传承发展中华文化来说,要着力赓续中华文脉、推动中华优秀传统文化创造性转化和创新性发展。习近平总书记指出:"中华文明是世界上唯一绵延不断且以国家形态发展至今的伟大文明。"[4] 我们展开中华学术思想史的长卷,三代王官之学、先秦子学、两汉经学、魏晋玄学、隋唐佛学、宋明理学、清代朴学,始终守其元而开生面。不仅学术思想是这样,农耕生产、典章制度、文学艺术、工匠技艺等莫不如此。譬如就文学发展来说,诗经、楚辞、汉赋、唐诗、宋词、元曲、明清小说,始终载其道而合乎时。[5] 新时代文化建设的重要任务就是夯实文明根基、赓续中华文脉。推动中华优秀传统文化创造性转化和创新性发展,将中华文化所具有的永久魅力和时代风采都充分

---

[1] 《马克思恩格斯全集》第1卷,人民出版社1995年版,第352、397页。
[2] 《习近平谈治国理政》第2卷,外文出版社2017年版,第332页。
[3] 参见赵剑英《论习近平文化思想的基本内涵》,《世界社会科学》2023年第6期。
[4] 习近平:《在文化传承发展座谈会上的讲话》,人民出版社2023年版,第2页。
[5] 参见周丹《关于中华民族现代文明的答问》,国家行政学院出版社2023年版,第12—18页。

五 建设中华民族现代文明

地展现出来,从而积极创造中华文明的现代形态。

从文化事业和文化产业来说,要着力推动二者协调发展、共同繁荣。党的十八大以来,习近平总书记将文化建设摆在治国理政的突出位置,着力推动文化事业和文化产业繁荣发展。坚持文化事业和文化产业协调发展,让人民享有更加充实、更为丰富、更高质量的精神文化生活;坚持社会效益第一、社会效益和经济效益相统一的原则,为新时代以来中国文化体制改革、公共文化服务、文化产业发展确立了遵循和标准。[1] 文化事业和文化产业各有侧重:文化事业具有公益性、公共性的特征,要促进基本公共文化服务标准化、均等化,同时要提高质量和水平,不断满足人民群众日益多样化的精神文化需要;文化产业具有经营性、市场性的特征,要推动文化产业结构优化升级,扩大和引导符合社会主义风尚的文化消费,加快发展现代文化产业。[2]

从对外传播交往来说,要着力加强国际传播能力建设、促进文明交流互鉴。"硬实力"使一个国家强大,"软实力"使一个国家伟大。要加强国际传播能力建设,具体包括传播当代中国价值观念、展现中华文化独特魅力、塑造良好国家形象、提高国际话语权等内容,不断提高影响国际舆论、改变世界格局的文化能力。[3] 文明因交流而多彩,文明因互鉴而丰富。要更加广泛深入地开展世界文明对话,落实全球文明倡议,弘扬全人类共同价值,为构建人类命运共同体提供充沛持久的文化力量。

---

[1] 参见中国社会科学院课题组《新时代中国文化发展报告:走向全面繁荣的中华民族现代文明》,社会科学文献出版社 2024 年版,第 167 页。
[2] 参见赵剑英《论习近平文化思想的基本内涵》,《世界社会科学》2023 年第 6 期。
[3] 参见周丹《关于中华民族现代文明的答问》,国家行政学院出版社 2023 年版,第 108 页。

（四）中国式现代化的文化形态的哲学理念

文化是人们在社会实践中所创造的、社会化的产物。文化的特殊属性和功能决定了中国式现代化的文化形态，既是对中国式现代化的文化建设内容的观念反映，也是对中国式现代化的"五位一体"建设内容的观念反映。中国式现代化的文化形态既是中国特色社会主义文化建设的结果，同时也蕴含在物质文明、政治文明、精神文明、社会文明、生态文明当中。

哲学是文化的活的灵魂。作为中国式现代化实践经验在思想观念上的凝练和升华，中国式现代化的文化形态与中国式现代化的中国特色、本质要求、重大原则相贯通，与中国式现代化的核心理念、价值追求、发展目标相贯通。更进一步说，中国式现代化的文化形态的哲学理念就集中体现为中国式现代化蕴含的独特世界观、价值观、历史观、文明观、民主观、生态观。这独特"六观"既是理论、思想，也是文化、哲学，从中国式现代化的伟大实践中来，既反映在"五位一体"建设的全部内容中，也是中国式现代化的文化形态的哲学理念的主要内容。

从世界观看，中国式现代化的文化形态集中表现为"六个必须坚持"。党的二十大报告指出："在新中国成立特别是改革开放以来长期探索和实践基础上，经过十八大以来在理论和实践上的创新突破，我们党成功推进和拓展了中国式现代化。"[①] 从一般意义的现代化看，

---

① 习近平：《高举中国特色社会主义伟大旗帜　为全面建设社会主义现代化国家而团结奋斗——在中国共产党第二十次全国代表大会上的报告》，人民出版社2022年版，第22页。

五　建设中华民族现代文明

中国的现代化经历了一个较长时期；从既有各国现代化的共同特征，更有基于自己国情的中国特色的现代化看，中国式现代化在党的十八大以来得到极大推进和拓展。习近平总书记明确指出："概括提出并深入阐述中国式现代化理论，是党的二十大的一个重大理论创新，是科学社会主义的最新重大成果。"[①] 这表明，正式确立和形成中国式现代化理论是从党的二十大开始的，也意味着对中国式现代化实践的高度理论自觉。同样，在党的二十大报告中明确指出以"六个必须坚持"为主要内容的习近平新时代中国特色社会主义思想的世界观和方法论。马克思主义哲学认为，世界观和方法论是一体的，世界观是对世界的根本看法，用以指导实践就是方法论。以"六个必须坚持"为主要内容的习近平新时代中国特色社会主义思想的世界观和方法论是指导中国式现代化的科学世界观和方法论，因此"六个必须坚持"是中国式现代化的文化形态在世界观方面的集中体现。

从价值观看，中国式现代化的文化形态集中表现为人民至上。哲学意义上的真、善、美是内在统一的，人们持有何种对世界的根本看法，也就必然会形成与之相应的价值选择和行为准则，马克思主义的科学世界观内在蕴含着真理观与价值观的有机统一。从这一角度来说，中国式现代化的文化形态具有何种世界观，也就必然形成何种价值观。"六个必须坚持"的第一条"必须坚持人民至上"鲜明地体现了这一点。坚持人民至上是中国式现代化的根本价值立场。习近平总书记强调："我们要坚守人民至上理念，突出现代化方向的人民性。"[②] 这是

[①] 《正确理解和大力推进中国式现代化》，《人民日报》2023年2月8日。
[②] 习近平：《携手同行现代化之路——在中国共产党与世界政党高层对话会上的主旨讲话》，《人民日报》2023年3月16日。

中国式现代化价值观的明确表达，也是中国式现代化的根本价值遵循。从根本价值旨趣看，中国式现代化就是以人民为中心的现代化；从国内国际看，中国式现代化不仅为中国人民谋幸福，而且为世界人民谋进步。面对世界百年未有之大变局，我们要从全人类整体利益出发，秉持利益共生、权利共享、责任共担，推动构建人类命运共同体。

从历史观看，中国式现代化的文化形态集中表现为大历史观。习近平总书记指出："树立大历史观，从历史长河、时代大潮、全球风云中分析演变机理、探究历史规律，提出因应的战略策略，增强工作的系统性、预见性、创造性。"[1] 要立足40多年的改革开放实践史、70多年的中华人民共和国发展史、100多年的中国共产党奋斗史、180多年的中国人民近代抗争史、500多年的世界社会主义史、5000多年的中华文明史来看待我们的事业、实践和发展趋势。以中国式现代化全面推进中华民族伟大复兴，就是我们的伟大事业、伟大实践和伟大发展趋势，这必然要求中国式现代化的文化形态具备这种大历史观。

从文明观看，中国式现代化的文化形态集中表现为"五大文明"相协调。所谓文明，是人类在历史发展过程中所积累下来的，包括物质文明和精神文明成果在内的，一切人文精神和发明创造的总和，展现了人们逐渐认识和适应客观世界，探寻可被人接受和认可的精神追求的历史活动和历史过程。"中国式现代化是物质文明和精神文明相协调的现代化。"[2] 更加具体地说，中国式现代化是物质文明、政治

---

[1] 《习近平著作选读》第2卷，人民出版社2023年版，第420页。
[2] 习近平：《高举中国特色社会主义伟大旗帜 为全面建设社会主义现代化国家而团结奋斗——在中国共产党第二十次全国代表大会上的报告》，人民出版社2022年版，第22页。

五　建设中华民族现代文明

文明、精神文明、社会文明、生态文明协调发展的现代化。同时，在现代化和现代性语境中，我们秉持文明协调论，反对西方中心论、文化优越论、文明冲突论。

从民主观看，中国式现代化的文化形态集中表现为全过程人民民主。从政治建设看，中国式现代化的本质要求是发展全过程人民民主。坚持人民主体地位，维护人民民主权利。"全过程人民民主是社会主义民主政治的本质属性，是最广泛、最真实、最管用的民主。"①

从生态观看，中国式现代化的文化形态集中表现为人与自然和谐共生。从生态文明建设看，中国式现代化的本质要求是促进人与自然和谐共生。习近平总书记指出："自然是生命之母，人与自然是生命共同体。"② 天人关系是中国传统哲学的一对核心范畴，天人合一意在解决人与宇宙的关系，"天"和"人"是内在统一的，皆以"仁"为性。我们要尊重自然规律，置自己于天地万物之中，进而达到"人与天地参"的境界。

三　中国式现代化的文化形态的建设原则

中国式现代化的文化形态的塑造与中国式现代化的发展内在契合，在文化形态塑造的全过程中都需要彰显中国式现代化的文化主体性。一方面要坚持以"两个结合"特别是"第二个结合"为根本路径，处理好"根脉"与"魂脉"的辩证关系；另一方面要坚持自主

---

① 习近平：《高举中国特色社会主义伟大旗帜　为全面建设社会主义现代化国家而团结奋斗——在中国共产党第二十次全国代表大会上的报告》，人民出版社2022年版，第37页。
② 《习近平著作选读》第2卷，人民出版社2023年版，第165页。

发展和开放发展的辩证统一，既保持精神上的独立自主，又在世界文明的交流互鉴中建设和发展文化形态，从而在保持中华民族特色与具备世界普遍原理的一致性中塑造中国式现代化的文化形态。

（一）"两个结合"为建设中国式现代化的文化形态提供了根本路径

习近平总书记在文化传承发展座谈会上的讲话中明确指出，"两个结合"是开辟和发展中国特色社会主义的"必由之路"和"最大法宝"。[①] 事实上，建设中国式现代化的文化形态也是如此，"两个结合"特别是"第二个结合"为建设中国式现代化的文化形态提供了根本路径。马克思主义不是书斋里的学问，而是在与实践的持续性关联中不断推进实践发展和实现自身理论创新的理论，把马克思主义基本原理同中国具体实际相结合既是马克思主义本身的特殊理论品性之所在，同时也是坚持和发展马克思主义，不断推进马克思主义中国化时代化的重要方面。与此同时，拥有5000多年优秀传统文化是中国的历史实际，是中国式现代化的文化根基，马克思主义的传入使中国人"在精神上就由被动转入主动"，[②] 让我们逐渐摆脱了近代以来探索现代化过程中的迷茫，获得了精神上的主心骨。因此，马克思主义为中华民族提供了科学理论指导，马克思主义是中国式现代化的文化发展动力。

更进一步说，中华优秀传统文化和马克思主义虽然诞生在不同的历史时空，但中华优秀传统文化的精神实质与马克思主义的理论特质

---

① 参见习近平《在文化传承发展座谈会上的讲话》，人民出版社2023年版，第5页。
② 《毛泽东选集》第4卷，人民出版社1991年版，第1516页。

五　建设中华民族现代文明

之间存在着高度的契合性,这种彼此契合是"结合"的前提,而"结合"的成果则实现了二者的相互成就。中华传统文化中的优秀因子被马克思主义激活,并形成了新的时代内涵,这促进了中华文明迸发出强大的精神力量。而中华优秀传统文化作为中国式现代化的文化根基,则具有涵养现代化的进步意义,从而充实了马克思主义的文化生命,为马克思主义中国化时代化提供了丰厚的历史文化滋养。建设中国式现代化的文化形态,要坚守马克思主义"魂脉"和中华优秀传统文化"根脉"。由"两个结合"特别是"第二个结合"所指明的在马克思主义与中华优秀传统文化的交互式接触中所创造出的新的文化传承发展路径,能够极大地提高文化的自我更新和引导能力,提供建设中国式现代化的文化形态的根本路径。

(二) 精神上的独立自主是建设中国式现代化的文化形态的根本前提

精神上的独立自主是一个政党、国家、民族自立自强的脊梁,是我们党坚定道路自信、理论自信、制度自信、文化自信的精神基础。事实上,中国式现代化道路的开辟就源于我们坚持走自己的路,中国式现代化的不断推进也源于我们坚持独立自主的发展方向,独立自主与走自己的路内在同一。

建设中国式现代化的文化形态,必须以精神上的独立自主为根本前提。在这里需要说明的是,坚持独立自主不是文化民族主义、文化保守主义,而是坚持建设具有民族特色的文明新样态。坚持解放思想、实事求是是实现精神上独立自主的前提,坚持中国共产党的文化领导权则是实现精神上独立自主的根本保证。只有坚持守正创新,立时代之潮头、通古今之变化、发思想之先声,用中国道路总结好中国经验,把中国经验提升为中国理论,既不盲从各种教条,也不照搬外国理论,而是在推进中国式现代化的过程中立足中华民族伟大历史实践和当代实践,始终掌握思想文化主动,实现精神上的独立自主,才能真正推动中国式现代化的文化形态的建设与发展。

(三) 文明互鉴为丰富中国式现代化的文化形态提供有益补充

文化产生于主体与客体之间的对象性活动、人与人之间的交往活动,文化的交往属性和流动特性要求文化形态在动态塑造过程中保持世界文化实践场域内的交流对话。从大历史观看,"'现代化'的过程就是人类社会从传统的农业社会向现代的工业社会转变的过程,是'历史向世界历史的转变'过程"。[1] 随着生产力的不断发展,过去以地理空间区隔为基础的旧的交往方式被打破,资产阶级通过开拓全球市场,创建了建立在资本逻辑基础上的普遍交往模式,将全世界都卷入到了"历史转变为世界历史"这一不可逆的历史进程中来。正如马克思恩格斯意识到的那样,"人们的世界历史性的而不是地域性的存在同时已经是经验的存在了",[2] 这也就意味着,对任何一个国家和民族的理解,都不能脱离历史转变为世界历史和世界性的普遍交往已经形成这一经验事实。

在现代社会,人的世界历史属性规定了作为人类活动的文化的世界历史性,现代文化随着生产力和生产方式的发展早已超出了地域性

---

[1] 孙正聿:《从大历史观看中国式现代化》,《哲学研究》2022年第1期。
[2] 《马克思恩格斯选集》第1卷,人民出版社2012年版,第166页。

的存在，成为经验事实意义上的世界性文化。在这一历史和时代背景下，秉持开放包容的基本态度，在世界文明交流互鉴中丰富和发展中国式现代化的文化形态，必然是肩负新的文化使命，促进中华文明与中华文化发展的重要方面。习近平总书记指出："交流互鉴是文明发展的本质要求。"① 丰富中国式现代化的文化形态，必然要求在文明共存的基础上积极推进文明互鉴。

四　中国式现代化的文化形态的突出意义

随着"第二个结合"让经由"结合"而形成的新文化成为中国式现代化的文化形态，"我们比以往任何一个时代都更有条件破解'古今中西之争'"，这也标志着中华民族进入"创造属于我们这个时代的新文化，建设中华民族现代文明"②的新阶段。建设中国式现代化的文化形态的突出意义不仅在于能够彰显中国式现代化的文化主体性、能够引领中华优秀传统文化的不断发展，同时也与建构中华民族现代文明的文明体系相互贯通。总的来说，中国式现代化的文化形态是中国式现代化走得更宽、走得更久、走得更坚定的精神力量。

（一）彰显中国式现代化的文化主体性

文化主体性一方面是文化生命体自我意识的觉醒，是文化生命体成就自身的前提；另一方面又是文化生命体自我意识觉醒的结果，是

---

① 《习近平谈治国理政》第3卷，外文出版社2020年版，第469页。
② 习近平：《在文化传承发展座谈会上的讲话》，人民出版社2023年版，第11、12页。

文化生命体继续成长壮大的动力。[①] 有了文化主体性，就有了文化意义上的坚定自我。随着中国式现代化的不断推进，我们在经济社会发展方面取得了举世瞩目的历史性成就，确立了国家的独立自主地位和精神上的独立自主，进而能够确立中国式现代化的文化主体性。

"中国"和"中华"不仅是一个地理指称，更是一个历史文化概念，随着"第二个结合"的深入推进，中国式现代化的文化主体性不再表现为遭遇外来文化主体性时的被动应对，而是表现为逐渐摆脱其长期所处的"学徒状态"，主动走向世界，在世界舞台上自信展现中国理论与实践的自我主张，并在世界文化的交流激荡中不断巩固文化主体性。因此，建设中国式现代化的文化形态，充分彰显了中国式现代化的文化主体性。

（二）引领中华优秀传统文化的创造性转化和创新性发展

中华民族之所以在5000多年间历经磨难仍能生生不息、返本开新、蓬勃发展，离不开中华优秀传统文化的涵养和支撑。新时代推进中国特色社会主义文化建设，离不开对中华文明之历史的全面了解，离不开对中华优秀传统文化的创造性转化和创新性发展。"创造性转化"重在"古为今用"的重新语境化，使之与时代语境相契合，展现时代风采。"创新性发展"重在创新，旨在把传统文化和美学精神融入新的文化创造活动中，塑造出一种新的文化样态、文化形象、审美旨趣和文化追求。

所以我们可以看到，建设中国式现代化的文化形态，能够引领中

[①] 参见张志强《深刻理解"第二个结合"的首创性意义》，《哲学研究》2023年第8期。

华优秀传统文化的创造性转化和创新性发展。"第二个结合"以马克思主义基本原理实现了对中华优秀传统文化的持续激活,既充分挖掘中华历史文化的时代价值,又在新起点上建设中华文明的现代形态。具体来说,中国共产党领导、人民至上、共同富裕等核心原则以及中国式现代化路径的持续推进,实现了对中华文明中"大一统"的政治传统、天地之德与天道理想、"大群一体""家国天下"的集体主义人格等文化要素的创造性转化和创新性发展。中国式现代化的文化形态作为新的文化生命体,意味着中华文明"再度青春化"。

(三) 建构中华民族现代文明的文明体系

中华民族现代文明是物质文明、政治文明、精神文明、社会文明、生态文明相协调,促进人的全面发展和社会全面进步的文明。建设中华民族现代文明是一个系统工程,涉及"五位一体"建设的全部内容,必须坚持系统观念,抓住事物普遍联系、发展变化的规律,把握社会有机体矛盾及其转化的内在机理,从而形成一种内在关联的文明体系,即中华民族现代文明的文明体系。一方面,文化以观念的形式表征了现实的社会发展;另一方面,中国式现代化的文化形态作为文化形态,而非某种特殊的文化现象或文化表现,其关键就在于文化形态实现了从自在到自为的跃迁,它不再是对现实存在的单个具体文化现象的简单反映或抽象表达,而是在自为的层面上对诸文化现象、其内在关联及其所构成的文化生命体形成清晰的理论自觉,从而在"全体的自由性"与"环节的必然性"相统一的理论高度形成对中国式现代化的概念性、总体性把握。

中国式现代化的文化形态作为社会文化领域状况的理论化、系统化表达，所表征的实际上就是整个社会在经济、政治等诸领域的基本特征及其内在关系，文化形态以文化生命体的方式表征着社会有机体。更进一步说，建设中国式现代化的文化形态，实际上就是在不断建设和完善中国式现代化进程中所生成的文化生命体，并以建设文化生命体的方式建设社会有机体，从而建构中华民族现代文明的文明体系。这一文明体系，既为中国式现代化建设赋能，又为人类文明进步提供中国智慧。

（原载《中国社会科学》2024年第5期）

中华民族现代文明的国家形态之维

方 正[*]

习近平总书记在文化传承发展座谈会上的重要讲话中指出:"中华文明是世界上唯一绵延不断且以国家形态发展至今的伟大文明。"[①] 这一重要论述站在历史和时代制高点,将"中华文明"与"国家形态"首次并列,将以中华民族为主体的中华文明的突出特性赋予中国这一历史实践主体,将5000多年来的古代中国、近代中国、现代中国、当代中国与未来中国一以贯之,展现了中华民族和中国人民大一统的精神追求,实现了中华文明突出特性在国家层面上的高度结合,不仅产生了具有历史性、国际性的理论超越,而且有力反击并彻底击破了西方关于中国历史断代断层的错误论调,为研究中华优秀传统文化、中华文明和中华民族现代文明等前沿理论课题开辟了国家形态的新视角与新方向。

---

[*] 方正,中国社会科学院习近平新时代中国特色社会主义思想研究中心特约研究员,中国社会科学院哲学研究所助理研究员。

① 习近平:《在文化传承发展座谈会上的讲话》,人民出版社2023年版,第2页。

一 文明源于文化，国家是文明的载体

文化和文明是人文社会科学领域的重要范畴，也是学术界长期研究和争论的一对概念，学者们基于不同社会背景、学科领域和观点立场，对二者的内涵与关系进行比较阐释，达成了一定共识，但也存在诸多分歧，主要集中在内涵的狭义广义之分、实践的共时历时之别。习近平总书记指出："中华民族具有百万年的人类史、一万年的文化史、五千多年的文明史。"[①] 这一重要论述不仅是对中华民族和中华文明的独特发展历程的准确概括，也揭示了人类社会文化、文明产生和发展的普遍规律，有助于厘清文化文明接续发展的历史脉络。

基于历史唯物主义的立场观点，分别从中国语境和西方语境对文化与文明进行考察，可以看出文化的出场先于文明，文明是文化发展到一定阶段的产物，"文明是人类文化和社会发展的高级阶段"[②]。在中国语境下，文化与文明的区别之一体现在人的教化过程，反映为以"人"为尺度的语义考察："观乎人文，以化成天下"（《易经·贲卦象传》），指明"文化即人化"，重在"化"。一方面，人是进行文化创造的实践主体，人的存在与实践是文化产生的先决条件；另一方面，文化强调对人的教化，在于"化"人。人的教化是文化不断发展的必要条件。"浚哲文明，温恭允塞"（《尚书·舜典》）、"情深而

[①] 习近平：《在文化传承发展座谈会上的讲话》，人民出版社2023年版，第1页。
[②] 王巍：《中华文明探源研究主要成果及启示》，《求是》2022年第14期。

五　建设中华民族现代文明

文明，气盛而化神"（《礼记·乐记》）、"文明以止，人文也"（《易经·贲卦象传》）、"见龙在田，天下文明"（《易经·乾卦文言》）指明"文明即德明"，重在"明"。一方面，在文化的基础上，文明指向人的教化或开化水平，是对"人化"更高阶段的要求；另一方面，"经天纬地曰文，照临四方曰明"[①]，文明要求人的修养德性如日月一般"照临四方"。在西方语境下，文化和文明的区别之一体现在生产生活方式的历史变迁，反映为以"物"为尺度的词源考察：文化（culture）是相对于自然（nature）而言的，文化的词根（cult）本义为耕作，指向改变自然的生产活动，即原始的农耕生活；文明（civilization）则是相对于野蛮（savage 或 uncivilized）或原始（primitive 或 original）而言的，文明的词根（civis 或 civilis）本义为城市居民，引申为公民身份，指向等级化特殊化的生活方式，即城市生活。由此来看，不论是从人的自由解放程度，还是从社会生产力和生产方式的发展过程进行考察，文化和文明都表现出了明显的先后顺序，也就是说，文明源于文化。

马克思主义指明，经济是文化的基础，"一定的文化是一定社会的政治和经济在观念形态上的反映"[②]。文化则是文明的基础。文化既包括积极的、有利于人类进步的内容，也包括消极的、不利于人类进步的因素。文明是文化中积极的、进步的部分。文化需要经历长时间的扬弃发展，达到一定阶段才能产生文明。随着民族历史进程的推进，新的文化内容不断产生，有利于社会生产力进步的部分被保留下

[①] 杜泽逊主编：《十三经注疏汇校·尚书注疏汇校》第2册，中华书局2018年版，第2页。
[②] 《毛泽东选集》第2卷，人民出版社1991年版，第694页。

来，成为该民族文明的组成部分，并促进了该民族文明的丰富完善。因此，每一个时代的文明都是人类社会进步的象征。

"国家是文明社会的概括。"① 从人类社会的发展历程来看，社会与文化、国家与文明的发展具有高度的关联性与协同性。社会是"人们交互活动的产物"②。社会的形成促进了人们广泛深入地进行文化创造，极大地丰富了文化内容和文化产品，为文明起源奠定了文化基础、积累了文明因素，但这并不意味着文明形成。"文明起源与文明形成既有联系又有区别，两者是文明社会孕育和产生的不同阶段，先有文明因素量的积累，后有社会质的变化。"③ "文明因素量的积累"就是在人类社会的生产力水平得到极大发展的基础上，出现了剩余产品、社会分工、阶级分化、制度典章等现象，反映为人类社会物质、精神和制度文化的极大进步。"国家是社会在一定发展阶段上的产物"④，"社会质的变化"就是指国家的出现。

"国家的出现是文明形成的标志。"⑤ 国家与文明相互依存、相互促进。一方面，文明为国家铸牢根脉。国家形成的过程就是在广袤的土地上，使处于不同地貌气候环境、采取不同生产方式、具备不同文化传统的人们在长期的交往磨合中，最大限度地达成文化共识，共建国家制度、共担国家责任、共享国家发展，最终形成鲜明突出的文明特征，从而区别于其他国家与文明，并使本国人民产生强大的凝聚力、向心力、自豪感、认同感，为国家发展提供强大精神动力。另一

---

① 《马克思恩格斯文集》第 4 卷，人民出版社 2009 年版，第 195 页。
② 《马克思恩格斯文集》第 10 卷，人民出版社 2009 年版，第 42 页。
③ 王巍：《中华文明探源研究主要成果及启示》，《求是》2022 年第 14 期。
④ 《马克思恩格斯文集》第 4 卷，人民出版社 2009 年版，第 189 页。
⑤ 王巍：《中华文明探源研究主要成果及启示》，《求是》2022 年第 14 期。

五 建设中华民族现代文明

方面，国家为文明提供保障。国家以其典章制度等对内凝聚共识、维持稳定，以其军队外交等对外获取支持、保障安全，为以生产力为代表的经济社会持续发展奠定基础，从而保障文明绵延不断、持续发展。

国家是文明的载体，对文明发展具有决定作用。人类历史已经证明：国家强大，文明强盛；国家衰落，文明消亡。正如梁启超先生在《论中国学术思想变迁之大势》中所讲："西人称世界文明之祖国有五：曰中华，曰印度，曰安息，曰埃及，曰墨西哥。然彼四地者，其国亡，其文明与之俱亡……而我中华者，屹然独立，继继绳绳，增长光大，以迄今日。"[1] 中国是中华文明的载体。中华民族历经一万多年文化史、五千多年文明史，创造了人类文明史上的伟大奇迹。但辉煌如中华文明，也经历了跌宕起伏和至暗时刻。从夏商周的领先发展，到秦统一中国睥睨世界东方，再到唐宋时期中国文化远播欧洲，西方世界对中华文明趋之若鹜，引发中国热潮。而近代以来，随着国力日衰，西方世界对中华文明的态度迅速转变，极尽诋毁贬低。但是，十月革命一声炮响给中国送来了马克思列宁主义，中国共产党团结带领中华民族和中国人民经过百余年艰苦奋斗，尤其是 40 余年改革开放，创造了世所罕见的经济快速发展奇迹和社会长期稳定奇迹，中国成为世界第二大经济体，并前所未有地走近世界舞台中央。在世界百年未有之大变局和中华民族伟大复兴的时代背景下，世界期待倾听中国声音和中国方案，渴望了解中国价值和中国智慧及其蕴含的中国文化与中华文明。西方世界对中华文明态度的转变，正是由于中国国力变化所致。

---

[1] 夏晓虹编：《梁启超文选》下，福建教育出版社 2020 年版，第 161—162 页。

二 中华文明突出特性推动中国国家形态
延续发展与现代转型

习近平总书记指出，中华优秀传统文化的重要元素共同塑造了中华文明突出的连续性、创新性、统一性、包容性、和平性。马克思主义指明，物质决定意识，意识对物质具有能动的反作用。从国家与文明的关系来看，国家所代表的经济政治、国防外交等综合国力是物质基础，而文明则是更加深沉的精神意识和上层建筑。国家是文明的载体，决定文明的命运。与此同时，文明的特性能够对国家的绵延发展起到能动的反作用。中华文明能够成为世界上唯一绵延不断且以国家形态发展至今的伟大文明，固然有中国独特的地理资源、气候环境等众多客观因素的外在作用，更为重要的是中华文明突出特性的内在作用。中华文明五大突出特性紧密关联、辩证统一，是对中华文明根本属性的深刻思考和精辟总结，不仅充分表现了中国国家形态的绵延不断的历史成就，而且深刻反映了中华文明实现历史成就的原因动力；不仅为中国国家形态的延续提供了根本保障，而且赋予中国式现代化深厚底蕴，为传统中国的现代转型注入精神力量，推动新时代中国建设中华民族现代文明。

（一）突出的连续性反映了中国国家形态绵延发展的历史成就

"中华文明具有自我发展、回应挑战、开创新局的文化主体性与

五　建设中华民族现代文明

旺盛生命力。"[①] 不论是柳诒徵在《中国文化史》中提出的"世界开化最早之国，曰巴比伦、曰埃及、曰印度、曰中国。比而观之，中国独寿"[②]，还是西方学界提出的"五大古代文明"，中国都位列其中。古巴比伦、古埃及、古印度、古希腊都消失在人类历史的长河中，唯有中国走过5000多年激荡风云，成为世界上唯一绵延不断且以国家形态发展至今的伟大文明。尽管埃及、印度、希腊等名称得到沿用，但与其所代指的文明已相去甚远。埃及、印度、希腊等古文明遭遇断代或毁灭，已是学界共识。而中国历史文化的连续或中断，则是国外学界的传统议题。近年来，西方学界又不断出现中华文明中断的谬论。针对这一情况，中国学界从历史理论、考古发现等角度进行了富有成效的理论斗争和有力回击。钱穆先生在综述唐代制度时已指明："罗马帝国亡了，以后就再没有罗马。唐室覆亡以后，依然有中国，有宋有明有现代，还是如唐代般，一样是中国。这是中国历史最有价值最堪研寻的一个大题目。这也便是唐代之伟大远超罗马的所在，更是它远超过世界其他一切以往的伟大国家之所在。"[③]

近代以来，国家的存在方式受到了资本主义冲击，旧的国家形态在世界地理大发现、殖民主义、帝国主义的历史进程中不断被摧毁。鸦片战争以后，中国面临"三千年未有之大变局"，并在强烈抗争的过程中被迫加入资本主义世界历史，逐渐沦为半殖民地半封建社会。国家蒙辱、人民蒙难、文明蒙尘，中国人民和中华民族遭受了前所未有的劫难。尽管如此，伟大的中华民族在百年屈辱挫折中仍自强不

[①] 习近平：《在文化传承发展座谈会上的讲话》，人民出版社2023年版，第2页。
[②] 柳诒徵：《中国文化史》上，吉林人民出版社2021年版，第9页。
[③] 钱穆：《中国历代政治得失》，生活·读书·新知三联书店2012年版，第74—75页。

息，无数仁人志士艰苦探索救国图存之路。十月革命一声炮响，为中国送来了马克思列宁主义。马克思主义基本原理与中华文明内在基因相互契合，又能够行之有效地分析中国革命实际，指导中国革命实践，最终形成了中国化的马克思主义，使中华民族找到了正确的道路，避免了许多古文明被毁灭和旧的国家形态被解体的命运，中国的文化得以传承，文明得以延续，国家得以绵延。习近平总书记指出："中华文明的连续性，从根本上决定了中华民族必然走自己的路。如果不从源远流长的历史连续性来认识中国，就不可能理解古代中国，也不可能理解现代中国，更不可能理解未来中国。"[①]

（二）突出的创新性与统一性是中国国家形态绵延发展的决定性因素

从夏商周到汉唐再到明清，中华文明历经数个朝代以至今日中国，不仅使"中国之名"得以延续，而且使"中国之实"得以传承。中华文明之所以能够创造"依然有中国""一样是中国"的人类国家历史奇迹，在于中华文明突出的创新性和统一性始终发挥决定性作用，不断巩固中华文化主体性，使中国国家形态在广袤辽阔的空间维度和漫长悠久的时间维度达到"名实一体"。

周虽旧邦，其命维新。"连续不是停滞、更不是僵化，而是以创新为支撑的历史进步过程。"[②] 创新是中华民族的文化基因和精神特质。在5000多年的文明史中，中华民族以突出的创新精神不断创造属于自己的文明，为国家形态的延续发展提供了先进且适应时代需要

---

① 习近平：《在文化传承发展座谈会上的讲话》，人民出版社2023年版，第2—3页。
② 习近平：《在文化传承发展座谈会上的讲话》，人民出版社2023年版，第3页。

的制度保障。从礼乐制度到独尊儒术，从诸侯林立到中央集权，从分封制到皇帝制，从郡县制到行省制，从井田制到摊丁入亩，从察举制到科举制……政治、经济、文化、教育等各方面制度不断推陈出新，中国古代国家制度不断走向完善，统一多民族的中央集权国家维持了长期稳定结构。与此同时，中华民族守正不守旧、尊古不复古。鸦片战争后，中国沦为半殖民地半封建社会，国家制度遭遇困难，国家形态面临危机。但中华文明的创新性展现出的进取精神，决定了中华民族不畏惧新挑战、勇于接受新事物。"创新与改革是始终围绕中国历史进行的，中国历史、中华文明从来不是一成不变的。近现代中国的历史也是一样。"[1] 近代以来，中华民族无数仁人志士积极探索各种思想方法，力图创造能够救亡图存的政治制度。直至中国共产党将马克思主义与中国具体实际进行创造性结合，才使得古老中国走上了民族解放复兴的正确道路，引领古老中国走向现代，创造性地制定了人民代表大会制度、政治协商制度等国家政治制度，使中国国家形态焕然一新，结束了几千年古老中国封建政治历史，一扫近代以来的百年阴霾，在朝气蓬勃中走向现代。在中国共产党 100 余年历史和中华人民共和国 70 多年历史中，政治、经济、文化等各方面的体制创新与改革从未止步，其中最为重要的就是进行改革开放。改革开放开创了人类历史上社会主义市场经济的伟大实践，使中国的社会主义国家形态得到极大巩固，在中国历史、世界历史、社会主义发展史和人类国家历史上都具有里程碑意义，是中华文明突出创新性在当代的重要体现。

---

[1] 张海鹏：《中华文明的连续性和创新性——兼对国外有关中国历史文化中断的驳议》，《北京日报》2023 年 9 月 25 日。

中华文明突出的创新性与统一性相辅相成、相互作用。从国家形态视角来看，统一是创新所守之"正"，国家制度的创新始终指向维护国家统一繁荣的目标；创新是统一所需之"法"，大一统的精神与现实追求则促使国家制度不断创新，从而适应统一多民族国家延续发展的现实需要。"'向内凝聚'的统一性追求，是文明连续的前提，也是文明连续的结果。"[1] 在古代中国历史中，接续王朝对覆灭王朝政治得失的总结评判，以及对其政治制度的继承改革，如汉承秦郡县制，但罢黜百家、独尊儒术，促进思想统一；明承元行省制，但废除宰相，加强中央集权等，这些就是中华文明突出的创新性与统一性辩证关系的历史呈现。创新是方法，统一是目的。中华民族用血的代价换来的宝贵经验教训证明，团结统一是福，分裂动荡是祸，凡是背离统一性的行为，都会导致严重后果，如周代实行分封制，导致了春秋战国500余年的战乱动荡；五代十国的大分裂严重阻碍了社会进步和文明发展。但即便是春秋战国和五代十国的分裂时期，诸侯王国、地方政权也秉持着逐鹿中原、一统天下的目标愿望。"中华文明的统一性，从根本上决定了中华民族各民族文化融为一体、即使遭遇重大挫折也牢固凝聚，决定了国土不可分、国家不可乱、民族不可散、文明不可断的共同信念，决定了国家统一永远是中国核心利益的核心，决定了一个坚强统一的国家是各族人民的命运所系。"[2] 因此，中国历史上不论是中原民族改朝换代，还是边疆民族入主中原，其目的和结果都不是另起炉灶，成为其他文明，而是通过不断改善国家制度，巩固中华民族大一统。

---

[1] 习近平：《在文化传承发展座谈会上的讲话》，人民出版社2023年版，第3页。
[2] 习近平：《在文化传承发展座谈会上的讲话》，人民出版社2023年版，第3—4页。

五　建设中华民族现代文明

（三）突出的包容性与和平性是中国国家形态绵延发展的重要保障

中国从古至今都是幅员辽阔、民族众多的统一国家，然而正是由于地理和人文环境丰富多样，也形成了极大的内部差异，这对中国国家形态的绵延发展造成了不利影响。在世界历史上，由于地理环境差异、民族宗教不同导致国家形态瓦解消亡的例子比比皆是，欧洲民族主义导致的国家分裂仍在继续。时至今日，由于民族宗教问题造成的国家内部动荡冲突时有发生，导致相关国家的国家形态面临严峻挑战。然而反观中国历史，即便遭遇动荡也能够确保国家形态完整延续，并不断焕发生机活力。"中国思想的基本能力不仅仅在于它能够因时而'变'，更在于它什么都能够'化'之。"[1] 实现这种反差的原因，一方面是大一统精神基因是中华民族具有超越地域乡土、血缘世系、宗教信仰的强大向心力，另一方面是中华文明突出的包容性与和平性发挥了重要作用。

"中华文明从来不用单一文化代替多元文化，而是由多元文化汇聚成共同文化，化解冲突，凝聚共识。"[2] 一方面，在统一性的前提与目标下，国家形态内部各民族的文化在和平、平等的交流学习中，形成了"你中有我、我中有你"的文化格局和包容统一的中华文化共同体。各族人民也在对中华文化的认同中，巩固了中华文明的主体性，形成了多元一体的中华民族共同体，保障了国家形态的长期统一延续。"越包容，就越是得到认同和维护，就越会绵延不断。"[3] 另一

---

[1] 赵汀阳：《天下体系：世界制度哲学导论》，中国人民大学出版社2011年版，第6—7页。
[2] 习近平：《在文化传承发展座谈会上的讲话》，人民出版社2023年版，第4页。
[3] 习近平：《在文化传承发展座谈会上的讲话》，人民出版社2023年版，第4页。

方面，中华民族爱好和平、崇尚和合，始终追求文明交流互鉴，反对文化霸权主义。这使得中华文明能够在和平条件下，以兼收并蓄的开放胸怀，不断吸收世界各国家各民族优秀文化内容和文明因素，并通过创造性转化，将这些优秀文化内容和文明因素包容到中华文明之中，从而推动中国国家形态不断进步。

（四）中华文明突出特性为中国国家形态的现代转型强根铸魂

文明代表着进步，现代化是文明进步的显著标志，是优秀文明绵延发展的必经之路。在世界历史向现代转型的过程中，有的国家抢占先发优势，率先实现现代化；有的国家落入历史尘埃，一蹶不振。中国在这个波澜壮阔的历史进程中，虽短暂落后，但奋起直追，用几十年的时间走过了西方发达国家几百年的现代化历程，实现了跨越式发展、取得了历史性成就。

从古代中国领先世界，到近代中国风雨飘摇，再到现代中国引领世界，中华文明突出特性贯穿始终，不仅使得中国国家形态绵延发展，快速实现了现代转型，而且起到了强根铸魂的重要作用，为马克思主义基本原理同中国具体实际相结合、同中华优秀传统文化相结合奠定了思想基础和文明前提。一方面，中华文明突出的连续性、创新性、统一性使得中国国家形态在现代转型的过程中自信自强、守正创新，始终坚持中华文明的主体性，以中华优秀传统文化为"根"，即便是在最迷茫困难的时候，吸收了马克思主义的先进理论，走出了一条中国特色社会主义道路，创造了中国式现代化道路和人类文明新形态，实现了人类国家历史上的"两大奇迹"；另一方面，中华民族突出的包容性与和平性使

五　建设中华民族现代文明

中国在现代转型中始终开放包容，不仅能够吸收借鉴世界各国实现现代转型的成功经验与有效举措，而且走出了一条和平发展的现代化道路，为世界提供了国家形态现代转型的成功案例。

三　建设中华民族现代文明体现了对马克思主义国家学说的坚持与发展

马克思恩格斯以唯物史观分析人类社会的发展规律，对国家的起源、形式、本质、类型、消亡等进行了严谨科学的判断，形成了马克思主义国家学说。"文明"是马克思主义的重要概念，在马克思主义经典文献中，文明一般有三种含义：其一，通常为"落后""愚昧""野蛮"的对立面，表达进步含义；其二，"资本不过是文明的另一名称"[1]，指代资产阶级生产方式或资本主义国家；其三，"文明中的野蛮"[2]，表达对资产阶级文明或资本主义国家本质的批评讽刺。社会（国家）形态、对资本主义生产方式的批判和人的全面自由解放等是马克思主义国家学说的重要内容。

（一）中国式现代化奠定了中华民族现代文明的物质基础，破解了资本主义国家形态"文明中的野蛮"

在马克思恩格斯生活的时代，资本主义作为一种先进的社会制度，代表着先进生产力，是"文明国家"的象征。但马克思恩格斯

---

[1]《马克思恩格斯全集》第30卷，人民出版社1995年版，第587页。
[2]《马克思恩格斯全集》第2卷，人民出版社1957年版，第69页。

深刻地批判了资本主义的固有缺陷和其对外殖民掠夺的野蛮行径，"资本来到世间，从头到脚，每个毛孔都滴着血和肮脏的东西"。"一旦有适当的利润，资本就胆大起来。如果有10%的利润，它就保证到处被使用；有20%的利润，它就活跃起来；有50%的利润，它就铤而走险；为了100%的利润，它就敢践踏一切人间法律；有300%的利润，它就敢犯任何罪行，甚至冒绞首的危险。如果动乱和纷争能带来利润，它就会鼓励动乱和纷争。走私和贩卖奴隶就是证明。"[1] 马克思恩格斯在《神圣家族》中提出了"文明中的野蛮"概念，将其视为"文明世界的根本缺陷"[2]。

物质基础决定上层建筑。生产力进步与文明发展有着本质联系。中国共产党团结带领中华民族和中国人民经过百余年披荆斩棘、艰苦奋斗，创造了世所罕见的经济快速发展奇迹和社会长期稳定奇迹，中华民族迎来了从站起来、富起来到强起来的伟大飞跃。习近平总书记在庆祝中国共产党成立100周年大会上的重要讲话中指出："我们坚持和发展中国特色社会主义，推动物质文明、政治文明、精神文明、社会文明、生态文明协调发展，创造了中国式现代化新道路，创造了人类文明新形态。"[3] 这是人类历史上第一次不依靠发动战争、殖民掠夺、压迫剥削实现的现代化，走出了一条不同于西方现代化殖民掠夺、国强必霸的新路，破解了资本主义国家形态"文明中的野蛮"。这就为中国共产党带领中华民族在新时代中国继续繁荣发展中华文明奠定了坚实的物质基础，为新时代中国以建设中华民族现代文明拓展

---

[1]《马克思恩格斯文集》第5卷，人民出版社2009年版，第871页。
[2]《马克思恩格斯全集》第2卷，人民出版社1957年版，第107页。
[3]《习近平著作选读》第2卷，人民出版社2023年版，第483页。

马克思主义国家学说提供了实践力证。

（二）人类文明新形态跨越资本主义"卡夫丁峡谷"，以人民立场超越资本逻辑，推动人的全面自由发展

习近平总书记指出："对历史最好的继承就是创造新的历史，对人类文明最大的礼敬就是创造人类文明新形态。"[1] 随着社会生产力水平的提升，人类社会文明形态由低级向高级发展，依次经历原始社会、奴隶社会、封建社会、资本主义社会和社会主义社会。马克思借用"卡夫丁峡谷"指在资本主义文明阶段，资本主义生产方式不可调和的内在矛盾，以及与资本主义生产方式必然联系的经济危机和社会灾难。马克思晚年提出了不发达国家在特殊的历史条件下走非资本主义发展道路的跨越设想，即跨越"卡夫丁峡谷"，其内容主要包括"落后国家的革命能动性和发达国家生产力的互补可以使前者避免资本主义的常规道路""这种互补关系的主导条件是发达地带的社会主义革命"[2]。列宁在《论我国革命》中提出，可以先夺取政权，然后利用无产阶级政权创造社会主义所需要的客观条件。列宁的这一思想是对马克思跨越资本主义"卡夫丁峡谷"的扬弃，具有重大的理论与实践意义，为包括中国在内的许多落后国家走上社会主义道路提供了思想指导与经验借鉴，"对一个多世纪来世界各国社会主义实践产生了重大影响"[3]。

---

[1] 习近平：《在文化传承发展座谈会上的讲话》，人民出版社2023年版，第12页。
[2] 宋朝龙：《列宁对马克思跨越"卡夫丁峡谷"思想的扬弃》，《马克思主义研究》2007年第3期。
[3] 安启念：《论列宁的〈论我国革命〉》，《北京行政学院学报》2022年第4期。

马克思恩格斯对近代中国进行过专门研究，恩格斯在《波斯和中国》中认为中国革命是"整个亚洲新纪元的曙光"[①]。但由于时代限制，马克思恩格斯并未预见到社会主义中国的光辉未来。在近代中国这样的国土面积辽阔、人口规模巨大、经济社会落后、内忧外患严峻的古老东方大国建立社会主义制度、建设社会主义现代化强国，从而构建社会主义文明的国家形态，马克思主义经典作家没有相关论述，社会主义发展史上也没有可以参考的案例，是马克思主义国家学说面临的新课题，也是中国共产党团结带领中国人民和中华民族开启建设中国社会主义文明的新篇章。中国共产党带领中国人民坚持中国特色社会主义道路，推动"五位一体"协调发展，实现了举世瞩目的伟大成就，开创了人类文明新形态。人类文明新形态不仅实现了马克思恩格斯关于中国革命是"整个亚洲新纪元的曙光"的科学预言，而且成为社会主义发展史上，落后国家实现跨越发展成功建成社会主义的典范。

"历史是人民创造的，但在旧戏舞台上……人民却成了渣滓，由老爷太太少爷小姐们统治着舞台，这种历史的颠倒，现在由你们再颠倒过来，恢复了历史的面目。"[②] 在社会主义文明之前的历史中，各文明形态均以生产资料私有制和少数人对多数人进行阶级统治为基础。在资本主义文明逻辑中，劳动被异化，创造社会文明的劳动者不仅不能充分享受文明的成果，反而越来越被"工具化"，人最终成了"单面人"。恩格斯指出，只有"社会占有了生产资料"，个体生存的斗争才能停止，人才能成为"真正的人"，"这是人类从必然王国进入自由王国的飞

[①]《马克思恩格斯文集》第2卷，人民出版社2009年版，第628页。
[②]《毛泽东书信选集》，中央文献出版社2003年版，第199页。

跃"①。人类文明新形态之所以能够跨越资本主义文明"卡夫丁峡谷"，其重要原因就是消灭了资本主义生产资料私有制，建立起社会主义制度，始终坚持人民立场，以实现人的解放和人的自由全面发展为最高价值目标。

（三）中华民族现代文明是中华传统文明经由"两个结合"进行创造性转化、创新性发展的文明成果，是社会主义文明的最新实践成果

党的二十大报告强调，创造人类文明新形态是中国式现代化的本质要求之一。习近平总书记在学习贯彻党的二十大精神研讨班开班式上发表重要讲话指出，"中国式现代化，深深植根于中华优秀传统文化，体现科学社会主义的先进本质，借鉴吸收一切人类优秀文明成果，代表人类文明进步的发展方向，展现了不同于西方现代化模式的新图景，是一种全新的人类文明形态。中国式现代化，打破了'现代化＝西方化'的迷思，展现了现代化的另一幅图景，拓展了发展中国家走向现代化的路径选择，为人类对更好社会制度的探索提供了中国方案。中国式现代化蕴含的独特世界观、价值观、历史观、文明观、民主观、生态观等及其伟大实践，是对世界现代化理论和实践的重大创新。中国式现代化为广大发展中国家独立自主迈向现代化树立了典范，为其提供了全新选择"②。习近平总书记这一重要论述科学阐释了"中国式现代化"与"人类文明新形态"在思想、理念、文化、制度等具体层面的理论关联和内涵相通。

---

① 《马克思恩格斯文集》第9卷，人民出版社2009年版，第300页。
② 《正确理解和大力推进中国式现代化》，《人民日报》2023年2月8日。

习近平总书记在文化传承发展座谈会上的重要讲话进一步将"中国式现代化""人类文明新形态"和"中华文明"进行理论结合与创新发展,"中国式现代化赋予中华文明以现代力量,中华文明赋予中国式现代化以深厚底蕴"①。经由"结合"而形成的新文化就是中国式现代化的文化形态。中国式现代化是赓续古老文明的现代化,是从中国大地长出来的,是文明更新的结果。中国式现代化是中华民族的旧邦新命,必将推动中华文明重焕荣光。理论创新指向实践要求,"建设中华民族现代文明,是我们在新时代新的文化使命"②。从这个意义上讲,中华民族现代文明就是"中国式现代化"和"人类文明新形态"经由"第二个结合"进行创造性转化、创新性发展的文明成果。马克思主义国家哲学指明,社会主义文明形态是未来文明形态和最先进的文明形态。"尽管我们所处的时代同马克思所处的时代相比发生了巨大而深刻的变化,但从世界社会主义500年的大视野来看,我们依然处在马克思主义所指明的历史时代。"③ 与此同时,"中国特色社会主义是社会主义,不是别的什么主义"④。从这个意义上讲,人类文明新形态依然从属于社会主义文明形态,中华民族现代文明是社会主义文明的最新实践成果。

四 结语

文化关乎国本、国运。中华文化的凝聚力和感召力、中华文明的传

---

① 习近平:《在文化传承发展座谈会上的讲话》,人民出版社2023年版,第7页。
② 习近平:《在文化传承发展座谈会上的讲话》,人民出版社2023年版,第10页。
③ 《习近平谈治国理政》第2卷,外文出版社2017年版,第66页。
④ 《习近平著作选读》第1卷,人民出版社2023年版,第75页。

播力和影响力，与中国的国家形态紧密相连。中华民族伟大复兴就是中国的伟大复兴和中华文明的伟大复兴。近代以来，中华民族经历了由文化自卑到文化自省，再到文化自信的心理历程，中华民族的文化主体性也经历了冲击、重建与巩固的实践过程。从中华民族复兴史来看，建设社会主义现代化强国是建设中华民族现代文明的基础，建设中华民族现代文明是建设社会主义现代化强国的题中之义。建设中华民族现代文明与建设社会主义现代化强国辩证统一于中国共产党领导。中国共产党诞生之后，尤其是中华人民共和国成立75年和改革开放40多年来，中国的国家形态迅速实现了现代转型，中华文明也在这一过程中走向现代和复兴。

在以习近平同志为核心的党中央的坚强领导下，中国特色社会主义实现了历史性变革、取得了历史性成就，新时代中国踏上了向第二个百年奋斗目标迈进的新征程，中华文明的传承与发展也迎来了新使命。从国家形态的视角来看，建设中华民族现代文明要不断坚持和创新发展马克思主义国家理论，要始终做到将马克思主义基本原理同中国具体实际、同中华优秀传统文化相结合，更为重要的是，要准确把握中国共产党是中国特色社会主义事业领导核心这一最大优势。只有坚持党的全面领导，中国特色社会主义伟大事业、中国式现代化伟大创造和中华民族现代文明伟大使命才有光明前途，才能确保中华民族现代文明与新时代中国一道走向全面繁荣。

（原载《马克思主义研究》2024年第2期）

中华文明赋予中国式现代化以深厚底蕴

刘 仓[*]

习近平总书记在文化传承发展座谈会上强调,"中国式现代化赋予中华文明以现代力量,中华文明赋予中国式现代化以深厚底蕴"。[①]这一重要论断深刻阐释了中国式现代化与中华文明的传承创新关系,指明了古代中国、现代中国和未来中国的历史延续,为在五千多年中华文明深厚基础上开辟和发展中国特色社会主义、推进中国式现代化提供了理论指引。

中华文明具有突出的连续性,赋予中国式现代化一脉相承的深厚滋养。中华文明是人类历史上绵延至今未曾中断的灿烂文明,有着独特的起源、形成、发展的历史脉络。中华民族积淀的一脉相承的精神追求、精神特质、精神脉络,是中华文明在历史长河中延续至今的精神纽带。中华文明突出的连续性,从根本上决定了中华民族必然走自

---

[*] 刘仓,中国社会科学院习近平新时代中国特色社会主义思想研究中心特约研究员,中国社会科学院当代中国研究所研究员。

[①] 习近平:《在文化传承发展座谈会上的讲话》,人民出版社2023年版,第7页。

五　建设中华民族现代文明

己的路。中国式现代化深深植根于中华优秀传统文化。中华民族的团结奋斗和生产生活实践，是中国式现代化形成的历史根基；中华民族创造的物质、制度和文化等方面的文明成果，是中国式现代化形成的丰厚养分。中国共产党是中华优秀传统文化的继承者和弘扬者，中国式现代化是中国共产党领导的社会主义现代化，既有马克思主义的科学指引，又包含中华文明的价值导引，还彰显着现代科技和社会创新的实践牵引。必须从源远流长的历史连续性来认识中华文化，认识中国式现代化，守好中国式现代化的本和源、根和魂，毫不动摇坚持中国式现代化的中国特色、本质要求、重大原则，确保中国式现代化的正确方向。

中华文明具有突出的创新性，赋予中国式现代化守正创新的精神品格。中华文明生生不息、绵延至今，是一个不断创新、持续进步的过程。在几千年的历史上，中华民族涌现出孔子、老子等享誉世界的思想巨匠，创造了以四大发明为代表的科技成果，修建了长城、京杭大运河、都江堰等伟大工程，为中华文明树立了独具特色的标识，对世界文明进步影响深远。中华文明在继承创新中不断发展，在应时处变中不断升华，积淀着革故鼎新、辉光日新的品格，体现着自强不息、厚德载物的精神。中华文明突出的创新性，从根本上决定了中华民族守正不守旧、尊古不复古的进取精神，决定了中华民族不惧新挑战、勇于接受新事物的无畏品格。中国共产党把马克思主义基本原理同中国具体实际相结合、同中华优秀传统文化相结合，不断推进理论创新、实践创新、制度创新、文化创新，领导人民成功走出中国式现代化道路，创造了人类文明新形态。中国式现代化是赓续古老文明的现代化，展现了不同于西方现代化模式的新图景，是一种全新的人类文明形态。中国式现代化蕴含的独特世界观、价值观、历史观、文明观、民主观、生态观等及其伟大实践，是对世界现代化理论和实践的重大创新，为广大发展中国家独立自主迈向现代化树立了典范，为其提供了全新选择。

中华文明具有突出的统一性，赋予中国式现代化强大的凝聚力。一部中国史，就是一部各民族交融汇聚成多元一体中华民族的历史，就是各民族共同缔造、发展、巩固统一的伟大祖国的历史。中华民族具有维护国家统一的优良传统。早在先秦时期，我国就逐渐形成了以炎黄华夏为凝聚核心、"五方之民"共天下的交融格局。国家统一、民族团结、情感相亲是中华民族的重要优势，中华民族多元一体是我国的一个显著特征。中华文明突出的统一性，从根本上决定了中华民族各民族文化融为一体、即使遭遇重大挫折也牢固凝聚，决定了国土不可分、国家不可乱、民族不可散、文明不可断的共同信念，决定了国家统一永远是中国核心利益的核心，决定了一个坚强统一的国家是各族人民的命运所系。中国式现代化是物质文明和精神文明相协调的现代化。物质富足、精神富有是社会主义现代化的根本要求。我们不断厚植现代化的物质基础，不断夯实人民幸福生活的物质条件，同时大力发展社会主义先进文化，加强理想信念教育，传承中华文明，促进物的全面丰富和人的全面发展。

中华文明具有突出的包容性，赋予中国式现代化开放包容的宽阔胸襟。文明因多样而交流，因交流而互鉴，因互鉴而发展。从历史上的佛教东传、"伊儒会通"，到近代以来的"西学东渐"、新文化运动、马克思主义和社会主义思想传入中国，再到改革开放以来全方位对外开放，中华文明始终在兼收并蓄中历久弥新，形成了海纳百川、和而不同、求同存异的智慧，奉行"万物并育而不相害，道并行而不相悖"的理念。中华文明突出的包容性，从根本上决定了中华民族交往交流交融的历史取向，决定了中国各宗教信仰多元并存的和谐格局，决定了中华文化对世界文明兼收并蓄的开放胸怀。中国式现代化立足中国的具体实际，结合马克思主义基本原理和中华优秀传统文化，是在开放包容中形成的。中国式现代化借鉴吸收人类一切优秀文明成果，超越了西方固有的单一线性、渐次发展的现代化模式，为解决人类社会面临的共同挑战提供了中国方案，不断为人类文明进步作出新的贡献。

中华文明具有突出的和平性，赋予中国式现代化走和平发展道路的显著特征。中华民族是爱好和平的民族，和平、和睦、和谐的追求深深植根于中华民族的精神世界之中。中国曾经长期是世界上最强大的国家之一，但没有留下殖民和侵略他国的记录。张骞出使西域，完成促进文明交流的"凿空之旅"；郑和下西洋，带去的不是枪炮和战争，而是茶叶、丝绸和瓷器。中国自古就有"国虽大，好战必亡"的和平箴言，推崇"协和万邦""亲仁善邻，国之宝也""四海之内皆兄弟也""以和为贵"的和睦思想，奉行"化干戈为玉帛""天下太平""天下大同"的和谐理念。中华文明突出的和平性，从根本上决定了中国始终是世界和平的建设者、全球发展的贡献者、国际秩序的维护者，决定了中国不断追求文明交流互鉴而不搞文化霸权，决定了中国不会把自己的价值观念与政治体制强加于人，决定了中国坚持合作、不搞对抗，决不搞"党同伐异"的小圈子。中国式现代化是走和平发展道路的现代化，是对几千年来中华民族热爱和平的文化传统的继承和发扬。中国不走一些国家通过战争、殖民、掠夺等方式实现现代化的老路，坚定站在历史正确的一边、站在人类文明进步的一边，高举和平、发展、合作、共赢旗帜，在坚定维护世界和平与发展中谋求自身发展，又以自身发展更好维护世界和平与发展。

中华文明赋予中国式现代化以深厚底蕴。只有立足五千多年波澜壮阔的中华文明史，才能真正理解中国道路的历史必然、文化内涵与独特优势，才能真正理解中国式现代化的中国特色、科学内涵，走好全面建成社会主义现代化强国、实现中华民族伟大复兴的康庄大道。

（原载《经济日报》2023年6月29日第10版）

"以中国式现代化推进中华民族伟大复兴"的历史考察

——基于中国共产党奋斗史视角

贺新元 左钰洁[*]

2012年11月29日,习近平总书记参观《复兴之路》展览时第一次指出:"实现中华民族伟大复兴,就是中华民族近代以来最伟大的梦想。"[①] 之后,他在不同时期、不同场合以不同方式都强调和延伸这一观点。2021年7月1日,习近平总书记在庆祝中国共产党成立100周年大会上的重要讲话中指出,"中国共产党团结带领中国人民进行的一切奋斗、一切牺牲、一切创造,归结起来就是一个主题:实现中华民族伟大复兴";[②] 新民主主义革命、社会主义革命和建设、改革开放和社会主义现代化建设、新时代中国特色社会主义的伟大成

---

[*] 贺新元、左钰洁,分别系中国社会科学院马克思主义研究院研究员、中国社会科学院大学教授,中国社会科学院大学马克思主义学院硕士研究生。

[①] 习近平:《实现中华民族伟大复兴是中华民族近代以来最伟大的梦想》,《习近平著作选读》第1卷,人民出版社2023年版,第63页。

[②] 习近平:《在庆祝中国共产党成立100周年大会上的讲话》,人民出版社2021年版,第3页。

就，分别为实现中华民族伟大复兴创造了根本社会条件，奠定了根本政治前提和制度基础，提供了充满新的活力的体制保证和快速发展的物质条件，提供了更为完善的制度保证、更为坚实的物质基础、更为主动的精神力量。① 2021年11月11日，党的十九届六中全会通过的《中共中央关于党的百年奋斗重大成就和历史经验的决议》首次提出"以中国式现代化推进中华民族伟大复兴"② 这一重大政治论断。这是党中央第一次把中华民族伟大复兴与现代化融合为一个整体概念提出，结合理论与实践总结了党和国家的奋斗目标与实现路径的一体化。"以中国式现代化推进中华民族伟大复兴"，是以习近平同志为核心的党中央坚持大历史观和党史观，认真回看和体味"走过的路"，反复比较"别人的路"，远眺和规划"前行的路"，把"我们从哪儿来、往哪儿去"弄得清清楚楚、明明白白之后，精准把握和得出的一个重要的历史结论和重大的政治论断。它是对中国共产党坚持以现代化推进民族复兴历史经验的科学总结，是对新发展阶段完成第二个百年奋斗目标的一个战略性构想和原则性规制。"以中国式现代化推进中华民族伟大复兴"重大战略判断的提出，充分体现了中国共产党人从党的百年奋斗成就中生长出来的历史自信、道路自信和民族自信，充分体现对未来发展的历史主动。2022年7月26日，习近平总书记在省部级主要领导干部"学习习近平总书记重要讲话精神，迎接党的二十大"专题研讨班上进一步强调，在新发展阶段，我们必

---

① 习近平：《在庆祝中国共产党成立100周年大会上的讲话》，人民出版社2021年版，第4—7页。
② 《中共中央关于党的百年奋斗重大成就和历史经验的决议》，人民出版社2021年版，第24页。

五　建设中华民族现代文明

须坚持以中国式现代化推进中华民族伟大复兴。[①] 2022 年 10 月 16 日，在党的二十大报告阐述新时代新征程中国共产党的使命任务时，再次宣告要"以中国式现代化全面推进中华民族伟大复兴"。[②]

为了更清晰明了地廓清现代化与中华民族伟大复兴之间的内在一致性，2023 年 2 月 7 日，习近平总书记在学习贯彻党的二十大精神研讨班开班式上的重要讲话中专门强调，"实现中华民族伟大复兴是近代以来中国人民的共同梦想，无数仁人志士为此苦苦求索、进行各种尝试，但都以失败告终。探索中国现代化道路的重任，历史地落在了中国共产党身上"；[③] 新民主主义革命时期的伟大成就为实现现代化创造了根本社会条件，社会主义革命和建设时期的伟大成就为现代化建设奠定根本政治前提和宝贵经验、理论准备、物质基础，改革开放和社会主义建设新时期的伟大成就为中国式现代化提供了充满新的活力的体制保证和快速发展的物质条件，新时代中国特色社会主义的伟大成就为中国式现代化提供了更为完善的制度保证、更为坚实的物质基础、更为主动的精神力量。[④] 这一概括将中国式现代化与中华民族伟大复兴合二为一地有机融合进中国共产党的百年发展历史进程中，并把中国现代化、中华民族伟大复兴与中国共产党领导的伟大社会革命紧密地融为一体。

[①]《高举中国特色社会主义伟大旗帜　奋力谱写全面建设社会主义现代化国家崭新篇章》，《人民日报》2022 年 7 月 28 日。

[②] 习近平：《高举中国特色社会主义伟大旗帜　为全面建设社会主义现代化国家而团结奋斗——在中国共产党第二十次全国代表大会上的报告》，人民出版社 2022 年版，第 21 页。

[③]《习近平在学习贯彻党的二十大精神研讨班开班式上发表重要讲话强调　正确理解和大力推进中国式现代化》，《人民日报》2023 年 2 月 8 日。

[④]《习近平在学习贯彻党的二十大精神研讨班开班式上发表重要讲话强调　正确理解和大力推进中国式现代化》，《人民日报》2023 年 2 月 8 日。

"以中国式现代化推进中华民族伟大复兴"这一重大政治论断的提出并非凭空产生,而是有着客观的历史发展进程和内在的发展规律,通过考察其历史缘起,梳理其历史发展脉络,将"以中国式现代化推进中华民族伟大复兴"背后深刻的历史逻辑较为立体地展示出来,有助于进一步理解"以中国式现代化推进中华民族伟大复兴"这一重大政治论断的历史必然性及其现实意义。

一 "以中国式现代化推进中华民族伟大复兴"的历史缘起

探究"以中国式现代化推进中华民族伟大复兴"的历史逻辑,有必要考察其历史缘起。具体来讲,就是通过回溯历史,追问中国"现代化"与"民族复兴"问题的产生,分析近代早期现代化探索失败的原因,理解中国共产党所承担的历史使命,以此来把握中国共产党开启"以中国式现代化推进中华民族伟大复兴"百年探索与实践的逻辑必然。

(一)中国"现代化"与"民族复兴"问题的产生

中国"现代化"与"民族复兴"问题的产生,是世界历史发展的普遍规律与中国历史发展的客观进程交汇的结果。18世纪的工业革命掀起了西方现代化浪潮,带来了前所未有的生产力提高和经济发展进步,使进行工业革命的国家完成了广泛而深刻的社会革命,以轰轰烈烈之势步入现代工业文明。马克思、恩格斯指出,资本主义工业

五　建设中华民族现代文明

文明的建立与发展，催生"世界历史"的形成："资产阶级，由于一切生产工具的迅速改进，由于交通的极其便利，把一切民族甚至最野蛮的民族都卷到文明中来了"[①]；所有自给自足和闭关自守的国家的生产和消费都转变成世界性的了，而这种向世界性的转变，实质上是一切民族在资本主义的迫使下，"采用资产阶级的生产方式""在自己那里推行所谓的文明"的过程，是资本主义"按照自己的面貌为自己创造出一个世界"的过程。[②] 任何一个国家和民族最终都不得不参与到工业化、现代化的世界浪潮中来，这是世界历史发展的普遍规律和必然趋势，正如马克思指出，"工业较发达的国家向工业较不发达的国家所显示的，只是后者未来的景象"。[③]

18世纪中后期至19世纪中期英国率先进行的工业革命造成世界历史深刻变动，同时期的清王朝仍沉睡在稳固的小农经济和自信的"天朝上国"的迷梦中。尽管直到1820年，中国的国内生产总值以占世界生产总值32.9%的水平仍处于世界领先地位，[④] 但与拥有现代化工业的西方国家相比，此时的中国在历史发展进程上已经属于相对落后的一方了。在资本主义的扩张逻辑之下，中国被迫卷入了西方主导的世界资本主义体系和世界殖民体系中，与西方的大炮和资本正面相撞。1840年发生的鸦片战争标志着中国近代史的开端，此后，中国一步步沦为半殖民地半封建社会，曾经创造辉煌文明、长时间走在世界前列、为人类文明和历史进步作出巨大贡献的中华民族逐渐走向

[①] 《马克思恩格斯选集》第1卷，人民出版社1995年版，第276页。
[②] 《马克思恩格斯文集》第2卷，人民出版社2009年版，第35—36页。
[③] 《马克思恩格斯文集》第5卷，人民出版社2009年版，第8页。
[④] ［英］安格斯·麦迪森：《世界经济千年史》，伍晓鹰等译，北京大学出版社2003年版，第261页。

衰落，国家蒙辱、人民蒙难、文明蒙尘，以致当时的士大夫发出了"数三千年来未有之大变局"[①]的感叹。在这样的历史境遇中，追赶西方以实现国家富强、民族复兴便成为近代中国的历史主题。中国的"现代化"和"民族复兴"问题正是在西方现代化逻辑下近代中国由辉煌走向衰落的历史原点中共生而出的。

（二）早期现代化改良与革命未能探索出民族复兴的中国式现代化道路

实现现代化和民族复兴，是近代以来中国人民的历史主题。自19世纪60年代起的半个世纪里，先进的仁人志士先后进行了以洋务运动、戊戌变法和辛亥革命为代表的以现代化求民族复兴的探索和尝试。洋务运动是中国早期现代化的开端，期望在不触动旧的封建制度的前提下进行器物和技术的现代化，以此追求民族"自强"和国家"富裕"，但最终在甲午战争的惨烈失败中宣告破产。洋务运动没有实现中国的现代化，中华民族的苦难并未结束，反而在半殖民地化步步加深中日益深重。以康有为、梁启超为代表的一批维新志士"以爱国相砥砺，以救亡为己任"，[②] 寄希望于改良旧制度，以图实现制度的现代化，来挽救民族危亡，但他们的维新变法仅仅艰难维持了103天，最终在守旧派的遏制镇压中草草收场。1911年辛亥革命爆发，资产阶级革命派要求全面变革中国的社会制度以"亟拯斯民于水火，切扶大厦之将倾""振兴中华"。[③] 然而，辛亥革命虽推翻了统治中国

[①]（清）李鸿章：《筹议海防折》，载顾廷龙、戴逸主编《李鸿章全集》第6册，安徽教育出版社2008年版，第159页。

[②] 梁启超：《变法通议》，《梁启超全集》，北京出版社1999年版，第249页。

[③] 孙中山：《檀香山兴中会章程》，《孙中山全集》第一卷，中华书局1981年版，第19页。

五　建设中华民族现代文明

几千年的君主专制制度，建立了资产阶级民主共和国，但由于各种主客观原因，"没有改变旧中国半殖民地半封建的社会性质和中国人民的悲惨境遇，没有完成实现民族独立、人民解放的历史任务"。[①] 无论是以"器物"现代化为核心的洋务运动，还是以制度现代化为核心的戊戌变法和辛亥革命，最终皆以失败告终，国家富强和民族复兴的美好愿景没有实现。

深究中国早期现代化探索失败的原因，其一，在于没有找到科学的理论来指导现代化和民族复兴的探索。封建统治阶级为自救而发起的洋务运动所提出的"中体西用"的指导思想，幻想"取西人器数之学，以卫吾尧、舜、禹、汤、文、武、周、孔之道"，[②] 在思想层面仍然固守着封建传统文化。然而，现代化所指涉的是对生产方式、生活方式和思维观念的全方位变革，是从本质上对传统的极大突破和革新。洋务运动期望以封建的传统思想来指导国家的现代化变革，以先进的现代化的"器物"来维护和适应落后的腐朽的社会制度，本身就是逆历史潮流而动，从一开始就注定不可能取得成功。到了戊戌变法时，资产阶级改良主义者在指导思想上仍然没有取得突破性进展。由于资产阶级改良主义者力量过于弱小，在变法时，他们以"三世说""托古改制"为核心理念与思想基础，不断用传统文化，尤其是儒学的语言和框架来为现代化过程中的制度和文化革新进行辩护，将现代化诉求与传统思想进行生硬的结合以创造改制的合法性依据。因而，以康有为、梁启超为代表的维新派的指导思想仍具有很强的不

[①] 习近平：《在纪念辛亥革命110周年大会上的讲话》，人民出版社2021年版，第4页。
[②] （清）薛福成：《筹洋刍议》，《薛福成选集》，上海人民出版社1987年版，第556页。

彻底性和软弱性。在处理现代化与传统关系这点上，资产阶级革命派的指导思想相对彻底。相比洋务运动的"中体西用"和戊戌变法的"托古改制"，孙中山提出的"三民主义"是较为成熟的资产阶级革命纲领。在此纲领指导下，资产阶级革命派要求推翻清王朝的封建统治，建立资产阶级民主共和国。但因中国资产阶级自身发展不足及其固有的阶级立场，"三民主义"仍具有没有正确认识中国社会性质，没有提出"反帝"要求，将外来思想进行简单移植，脱离人民群众等诸多局限性，无法成为指引中国人民实现现代化和民族复兴的科学理论。因此，缺少彻底的、完备的、科学的思想理论和世界观指导，是造成中国早期现代化和民族复兴探索失败的重要原因。其二，在于没有坚强的领导者和领导组织。中国现代化的启动是后发的外源性的，与内源性现代化不同，后发的外源性现代化通常没有良好的内部基础，其"变革的总趋势是自上而下"并以"有组织的社会力量扮演主导力量"。[①] 这便要求主导现代化和民族复兴的社会力量能够以坚强的领导带动广泛的社会变革，以敏锐的时代感知、强劲的社会动员、高效的政策执行带领后发的国家和民族奋起直追，实现国家富强和民族复兴。然而，"孤零零的单项表演"、地方"各自为政"[②] 的洋务运动，"离不开封建地主阶级"的"软弱的资产阶级改良主义者"[③] 进行的维新变法，"敌人的力量太强"而"自己的力量太弱"[④] 的辛

---

① 罗荣渠：《现代化新论——世界与中国的现代化进程》，商务印书馆2004年版，第184页。
② 罗荣渠：《中国早期现代化的延误——一项比较现代化研究》，《近代史研究》1991年第1期。
③ 胡绳：《从鸦片战争到五四运动》，人民出版社1981年版，第536页。
④ 《毛泽东选集》第2卷，人民出版社1991年版，第564页。

五　建设中华民族现代文明

亥革命，都难以作为坚强有力的社会力量推进中国的现代化以实现民族复兴。其三，中国早期现代化和民族复兴的探索都没有找到适合中国的正确道路。中国早期现代化的探索，无论是"器物"的现代化也好，制度的现代化也罢，本质上是跟在西方后面亦步亦趋地简单借用和机械模仿，"只要是西方的新道理，什么书也看""要救国，只有维新，要维新，只有学外国""日本人向西方学习有成效，中国人也想向日本人学"。但最终，"帝国主义的侵略打破了中国人学西方的迷梦"，[1] 证明了学西方以求民富国强的现代化之路是走不通的、不适合中国的。其四，中国早期现代化和民族复兴的失败也在于没有激发起亿万人民群众主动的精神力量。近代的中国人民，一方面长期以来遭受封建礼教束缚禁锢，另一方面承受着帝国主义列强"麻醉中国人民的精神"的"文化侵略政策"，[2] 思想上麻木僵硬，精神上自卑自愧。然而，无论是封建统治者的自救运动，还是资产阶级的改良运动和革命运动，都受制于阶级局限性，他们不可能也不敢于把最广大人民群众发动起来、组织起来，也做不到用先进的思想理论启发民智。在人民群众还处在"一盘散沙"的状况下，在人民群众的精神还处在不自信、不独立、不主动的状况下，光凭上层少数人的努力而要在人口众多、国土面积广阔、经济文化落后、社会发育程度低下的半殖民地半封建社会性质的中国推动实现现代化和民族复兴这样的历史巨变，自然是难以做到的。总之，中国早期追求现代化和民族复兴的系列失败证明当时的中国需要更科学的主义、更坚强的现代化领

---

[1]《毛泽东选集》第4卷，人民出版社1991年版，第1469—1470页。
[2]《毛泽东选集》第2卷，人民出版社1991年版，第629—630页。

导者、更适合的现代化道路和更主动的精神力量，"中国迫切需要新的思想引领救亡运动，迫切需要新的组织凝聚革命力量"。①

(三) 实现现代化和中华民族伟大复兴的历史使命落在中国共产党身上

近代早期现代化和民族复兴的探索皆以失败告终，历史迫切地呼唤着新思想和新力量的"出场"。"在中国人民和中华民族的伟大觉醒中，在马克思列宁主义同中国工人运动的紧密结合中，中国共产党应运而生。"② 从此，中国共产党就把中国现代化和中华民族伟大复兴的历史使命自觉地扛在肩上，"近代以后中华民族发展的方向和进程""中国人民和中华民族的前途和命运"③ 开始得到深刻改变。为什么说中国共产党肩负起实现中国现代化和中华民族伟大复兴的历史使命？其一，这源于中国共产党崇高的理想信念和高度的历史责任感。作为一个马克思主义政党，崇高的理想信念是中国共产党人的政治灵魂，早在中国共产党第一次代表大会讨论并通过的《中国共产党第一个纲领》中，便以"阶级斗争结束""消灭社会的阶级区分"作为自己的理想追求，并把"实行社会革命"作为根本政治目的。④ 同时，我们党也以高度的历史责任感认识到，不实现民族独立和人民解放，没有国家的现代化和民族复兴，是无法实现共产主义这一远大

---

① 《中共中央关于党的百年奋斗重大成就和历史经验的决议》，人民出版社 2021 年版，第 4 页。
② 习近平：《在庆祝中国共产党成立 100 周年大会上的讲话》，人民出版社 2021 年版，第 3 页。
③ 习近平：《在庆祝中国共产党成立 100 周年大会上的讲话》，人民出版社 2021 年版，第 3 页。
④ 中央档案馆编：《中共中央文件选集（1921—1925）》，中共中央党校出版社 1982 年版，第 5 页。

五　建设中华民族现代文明

的最高理想的。党的二大制定了党的最低纲领和最高纲领，指出党的最高纲领是："用阶级斗争的手段，建立劳农专政的政治，铲除私有财产制度，渐次达到一个共产主义的社会"；最低纲领主要是"消除内乱，打倒军阀，建设国内和平""推翻国际帝国主义的压迫，达到中华民族完全独立""统一中国本部为真正民主共和国"。[①] 因此，实现中国现代化和中华民族伟大复兴是中国共产党这一马克思主义政党的奋斗实践的题中应有之义。其二，这源于中国共产党的人民立场这一根本立场。近代以来，中华民族遭受了前所未有的劫难，山河破碎、生灵涂炭，中国人民在"三座大山"的压迫下承受着物质上和精神上的极端困苦，由此，实现中华民族伟大复兴成为中华民族近代以来最伟大的梦想。中国共产党，作为一个代表最广大人民群众根本利益的政党，以"为人民谋幸福、为民族谋复兴"为自己的初心使命，把实现中国现代化和中华民族伟大复兴作为自己的不懈追求。

百年来，中国共产党在革命、建设、改革过程中，深刻把握社会历史发展规律、主动承担历史责任，领导人民成功走出了一条中国现代化和中华民族伟大复兴齐头并进、合轨而行的中国发展道路。习近平总书记把党对现代化和民族复兴之路的百年探寻和百年奋斗集中凝结为"以中国式现代化推进中华民族伟大复兴"这一重大命题。

[①] 中央档案馆编：《中共中央文件选集（1921—1925）》，中共中央党校出版社1989年版，第115页。

二 "以中国式现代化推进中华民族伟大复兴"历史内容的演进

以实现中国现代化和中华民族伟大复兴相互融合为党的伟大历史使命,中国共产党的奋斗史展开为一部"以中国式现代化推进中华民族伟大复兴"的探索和实践史。中国共产党用百年奋斗,为实现中国式现代化和中华民族伟大复兴创造了根本社会条件,奠定了根本政治前提和制度基础,提供了充满新的活力的体制保证和快速发展的物质条件,以及提供了更为完善的制度保证、更为坚实的物质基础、更为主动的精神力量,进而使"以中国式现代化推进中华民族伟大复兴"进入了不可逆转的历史进程。

(一) 新民主主义革命为其创造根本社会条件

作为以"为人类求解放"为根本价值追求的思想理论体系,追求民族独立和民族解放是马克思主义天然的内在议题,正如恩格斯指出,"一个大民族,只要还没有实现民族独立,历史地看,就甚至不能比较严肃地讨论任何内政问题"。[①] 对于尚处在被压迫奴役境地的民族,实现民族独立是进行一切社会建设和发展的前提条件。中国共产党以马克思主义为科学理论指导,深刻地意识到,要想在一个还是半殖民地半封建社会性质的中国实现现代化和民族复兴是不可能的,正如毛泽东同志指出,"没有独立、自由、民主和统一,不可能建设

[①] 《马克思恩格斯文集》第10卷,人民出版社2009年版,第471页。

真正大规模的工业。没有工业，便没有巩固的国防，便没有人民的福利，便没有国家的富强"。① 近代以来，那些幻想在半殖民地半封建社会的中国发展工业，实现国家富强的努力和尝试，"一概幻灭了"；②那些"先进的人们，为了使国家复兴，不惜艰苦奋斗""一切别的东西都试过了，都失败了"。③ 由此，实现民族独立、人民解放，建立一个崭新的独立的现代民族国家成为中国共产党在新民主主义革命时期的不懈追求。经过 28 年艰苦卓绝的革命斗争，中国共产党领导人民"使中华民族来一个大翻身""使中国人民来一个大解放"，④推翻了帝国主义、封建主义和官僚资本主义对中华民族和中国人民的多重奴役与压迫，打破了近代以来现代化探索"屡战屡败、屡败屡战"的死循环，彻底改变了中国半殖民地半封建社会的社会性质，建立了以中华民族为主体的、中国人民当家作主的新中国，"造成由农业国变为工业国的先决条件，造成由人剥削人的社会向着社会主义社会发展的可能性"。⑤ 这为实现中国现代化和中华民族伟大复兴创造了根本社会条件，从此，开启了世界上人口规模最大的发展中国家实现现代化和民族复兴的新纪元，中华民族伟大复兴和中国现代化的实现将会深刻影响世界历史发展进程，改写人类现代化的世界版图。

（二）社会主义革命与建设奠定了根本政治前提和制度基础

中华人民共和国成立后，在国家百废待兴的状况下，中国共产党

---

① 《毛泽东选集》第 3 卷，人民出版社 1991 年版，第 1080 页。
② 《毛泽东选集》第 3 卷，人民出版社 1991 年版，第 1080 页。
③ 《毛泽东选集》第 4 卷，人民出版社 1991 年版，第 1469、1471 页。
④ 《毛泽东选集》第 4 卷，人民出版社 1991 年版，第 1375 页。
⑤ 《毛泽东选集》第 4 卷，人民出版社 1991 年版，第 1375 页。

采取了一系列措施恢复国民经济、改善人民生活水平、巩固新生政权，不断完成新民主主义革命遗留的任务。在国民经济总体恢复，基本条件已然成熟的情况下，中国共产党于1953年正式提出了过渡时期的总路线：逐步实现国家的社会主义工业化和国家对农业、手工业、资本主义工商业的社会主义改造，概括起来就是"一化三改"。被比作"一体两翼"的社会主义工业化和社会主义改造，二者之间是相互联系、不可分离的关系。一方面，"社会主义工业是对整个国民经济实行社会主义改造的物质基础"，[①] 是由农业国转变为工业国、实现近代以来国家工业化和现代化的百年梦想的必然要求；另一方面，实行社会主义改造要解决的是进行国家工业化、建立现代工业国家走什么路的根本问题，是由新民主主义社会转变为社会主义社会，实现中国共产党带领人民追求的社会主义和共产主义信仰的必然要求。在"一体两翼"的协同发展、同向共行中，党团结带领人民自力更生、发愤图强，基本确立社会主义制度。社会主义制度的建立，使拥有数千年封建史、百年半殖民地半封建社会史的中国第一次消灭了人剥削人的旧制度，使中国迎来了广泛而深刻的社会变革，"为实现中华民族伟大复兴奠定根本政治前提和制度基础"。[②] 从此，党正式开启了在社会主义现代化道路上实现中华民族伟大复兴的历史征程，"党提出努力把我国逐步建设成为一个具有现代农业、现代工业、现代国防和现代科学技术的社会主义强国，领导人民开展全面的

[①] 《中华人民共和国简史》，人民出版社、当代中国出版社2021年版，第48页。
[②] 《中共中央关于党的百年奋斗重大成就和历史经验的决议》，人民出版社2021年版，第9页。

大规模的社会主义建设"[1] 的"四个现代化"目标和"两步走"战略步骤[2]并积极探索践行。这一时期，建立起独立的比较完整的国民经济体系和工业体系，取得的独创性的理论和实践成就，为人民当家作主提供了坚实制度保证，为现代化和中华民族伟大复兴的实现奠定了根本政治前提，提供了宝贵经验、理论准备、物质基础。

（三）改革开放与社会主义现代化建设为其提供体制保证和物质条件

1978年召开的十一届三中全会开启了改革开放的宏伟篇章，全党的工作重心转移到了经济建设上来。在这一时期，一面是"文化大革命"带来的深刻教训和遗留的思想困惑，一面是进行改革开放、社会主义现代化建设的中心任务和时代要求，究竟要走一条怎样的现代化道路作为一个必须回答的时代之问摆在了党和人民面前。对此，邓小平同志在深刻总结社会主义建设正反两方面历史经验和对时代潮流的深刻洞察基础上，坚持将马克思主义基本原理同中国具体实际相结合，创造性地提出了"和平和发展是当代世界的两大问题"的论断，强调当前以及今后相当长一个历史时期的主要任务就是"搞现代化建设"，提出"中国式的现代化"的概念，指出："过去搞民主革命，要适合中国情况，走毛泽东同志开辟的农村包围城市的道路。

---

[1]《中共中央关于党的百年奋斗重大成就和历史经验的决议》，人民出版社2021年版，第11页。

[2] 1964年12月21日，周恩来总理在第三届全国人民代表大会第一次会议上作《政府工作报告》，提出实现"四个现代化""两步走"战略：从第三个五年计划开始，第一步，经过三个五年计划时期，建立一个独立的、比较完整的工业体系和国民经济体系；第二步，全面实现农业、工业、国防和科学技术的现代化，使中国经济走在世界前列。

现在搞建设，也要适合中国情况，走出一条中国式的现代化道路。"① 1979年12月，邓小平同志在会见时任日本首相大平正芳时指出："我们要实现的四个现代化，是中国式的四个现代化。我们的四个现代化的概念，不是像你们那样的现代化的概念，而是'小康之家'。"② 从而首次将"小康"作为"中国式的现代化"概念的内涵提出，并制定了"三步走"战略。③ 以"中国式的现代化"作为社会主义现代化建设的指导思想，经过以邓小平同志、江泽民同志、胡锦涛同志为主要代表的中国共产党人的接续努力，在实践基础上大力推进理论、制度、文化创新以及其他各方面的创新，实行社会主义市场经济体制，成功地探索、开创、践行和完善中国特色社会主义现代化道路，创造了经济快速发展和社会长期稳定的中国奇迹，并把中华民族伟大复兴推进到不可逆转的历史进程。若以1978年国内生产总值（按不变价格计算）指数为100.0来比较，到21世纪初的2000年为760.2，较1978年增长了6倍多，到2012年为2449.6，仅仅过了12年，较2000年增长了2倍多，较之34年前的1978年增长了23倍多，1978—2012年，中国国内生产总值年均增长9%以上。④ 在和

---

① 《邓小平文选》第2卷，人民出版社1994年版，第163页。

② 《邓小平文选》第2卷，人民出版社1994年版，第237页。

③ 党的十三大报告指出："党的十一届三中全会以后，我国经济建设的战略部署大体分三步走。第一步，实现国民生产总值比一九八〇年翻一番，解决人民的温饱问题。这个任务已经基本实现。第二步，到本世纪末，使国民生产总值再增长一倍，人民生活达到小康水平。第三步，到下个世纪中叶，人均国民生产总值达到中等发达国家水平，人民生活比较富裕，基本实现现代化。"参见中共中央文献研究室编《十三大以来重要文献选编》（上），人民出版社1991年版，第14页。

④ 根据《中国国内生产总值历史数据汇编（1952—2021）》数据计算所得。参见国家统计局国民经济核算司编《中国国内生产总值历史数据汇编（1952—2021）》，中国统计出版社2022年版，第20页。

五 建设中华民族现代文明

平发展道路上,实现中国人民从站起来到富起来伟大飞跃的过程中,2010年,我国实现了从生产力相对落后的状况到国内生产总值超过日本,而成为世界第二大经济体的历史性突破。中国特色社会主义现代化道路使物质现代化取得历史性跨越的同时,精神现代化也取得长足发展,中国人民和中华民族迎来了从小康到总体小康再到向全面建成小康社会第一个百年奋斗目标的伟大飞跃。这一时期的伟大成就,"为实现中华民族伟大复兴提供充满新的活力的体制保证和快速发展的物质条件",[①] 从而赋予中华民族伟大复兴新的强大生机,中华民族伟大复兴展现出灿烂的前景。

(四)中国特色社会主义新时代 10 年的伟大变革为其提供了更为完善的制度保证、更为坚实的物质基础、更为主动的精神力量

中国特色社会主义进入新时代,我国社会主要矛盾发生历史性转变,国情世情有了较大变化。中华民族伟大复兴战略全局和百年未有之大变局交汇融合,发展机遇与风险挑战并存,社会主义现代化建设进入新的历史方位,面临新的历史任务。以习近平同志为核心的党中央在中华人民共和国成立,特别是在改革开放以来长期探索和实践基础上,深刻总结我国社会主义现代化建设的历史经验,继承和发展前人的现代化思想理论,坚持将马克思主义基本原理同中国具体实际相结合、同中华优秀传统文化相结合,在理论和实践上实现了双重创新突破,形成了一系列治国理政新理念新思想新战略,"成功推进和拓

[①] 《中共中央关于党的百年奋斗重大成就和历史经验的决议》,人民出版社 2021 年版,第 15 页。

展了中国式现代化",① 并清晰地勾勒出一幅中国式现代化图景,擘画出一幅以中国式现代化全面推进中华民族伟大复兴的蓝图。

2013年11月,党的十八届三中全会通过的《中共中央关于全面深化改革若干重大问题的决定》明确指出:"全面深化改革的总目标是完善和发展中国特色社会主义制度,推进国家治理体系和治理能力现代化。"② 这是党首次将国家治理现代化作为全面深化改革的总目标提上议事日程,被认为是继"四个现代化"之后"第五个现代化"。2017年10月,党的十九大报告指出:"明确坚持和发展中国特色社会主义,总任务是实现社会主义现代化和中华民族伟大复兴",并对社会主义现代化建设之路作出"两步走"战略安排:"在全面建成小康社会的基础上,分两步走在本世纪中叶建成富强民主文明和谐美丽的社会主义现代化强国。"③ 2020年10月,在深入分析研判国内外发展态势的基础上,党中央在十九届五中全会明确提出到2035年基本实现现代化的远景目标。党的十八大以来,在党的现代化战略部署和安排下,我国的现代化在经济现代化、政治现代化、社会现代化、生态文明现代化、教育现代化、文化现代化、国防现代化等多领域协同展开,蓬勃发展,成效显著。2021年7月1日,习近平总书记在庆祝中国共产党成立100周年大会上指出:"我们坚持和发展中国特色社会主义,推动物质文明、政治文明、精神文明、社会文明、生

---

① 习近平:《高举中国特色社会主义伟大旗帜 为全面建设社会主义现代化国家而团结奋斗——在中国共产党第二十次全国代表大会上的报告》,人民出版社2022年版,第22页。

② 中共中央文献研究室编:《十八大以来重要文献选编》(上),中央文献出版社2014年版,第512页。

③ 习近平:《决胜全面建成小康社会 夺取新时代中国特色社会主义伟大胜利——在中国共产党第十九次全国代表大会上的报告》,人民出版社2017年版,第19页。

态文明协调发展，创造了中国式现代化新道路，创造了人类文明新形态。"① 站在实现第二个百年奋斗目标继续奋进的历史节点，党的二十大报告再次明确指出，要"以中国式现代化全面推进中华民族伟大复兴"，② 并阐述了中国式现代化的科学内涵、中国特色、本质要求和实践遵循。一幅中国式现代化的图景和以中国式现代化全面推进中华民族伟大复兴的蓝图，以"工笔画"的形式在中国大地上清晰地描绘出来并正在积极展开实施。新时代以来，以习近平同志为核心的党中央对中国式现代化的推进、拓展和取得的伟大变革与成就，为实现中华民族伟大复兴和中国式现代化"提供了更为完善的制度保证、更为坚实的物质基础、更为主动的精神力量"③。

一百多年来，中国共产党团结带领人民追求民族独立和人民解放，建立了一个崭新的现代民族国家，中华民族站了起来；进行社会主义革命和建设，"实现了中华民族有史以来最为广泛而深刻的社会变革"，④ 积累了社会主义现代化建设的宝贵经验；进行改革开放和社会主义现代化建设，开创了中国特色社会主义现代化道路，中华民族富了起来；在新时代，不断推进和拓展中国式现代化，中华民族强了起来。在这个过程中，中华民族伟大复兴的百年夙愿稳步推进、步步实现，形成了百年来"更为坚强的党的领导、更为强

---

① 习近平：《在庆祝中国共产党成立100周年大会上的讲话》，人民出版社2021年版，第13—14页。

② 习近平：《高举中国特色社会主义伟大旗帜　为全面建设社会主义现代化国家而团结奋斗——在中国共产党第二十次全国代表大会上的报告》，人民出版社2022年版，第22页。

③ 《中共中央关于党的百年奋斗重大成就和历史经验的决议》，人民出版社2021年版，第61页。

④ 《中共中央关于党的百年奋斗重大成就和历史经验的决议》，人民出版社2021年版，第14页。

大的人民力量、更为坚实的物质基础、更为主动的精神力量以及更为坚定的'四个自信'"。[①] 中国人民和中华民族实现现代化和迈向中华民族伟大复兴的步伐不可阻挡,以中国式现代化推进中华民族伟大复兴进入了不可逆转的历史进程。

三 "以中国式现代化推进中华民族伟大复兴"重大政治论断生成的原因分析

通过对"以中国式现代化推进中华民族伟大复兴"历史脉络和历史逻辑的梳理,能够清晰地认识到"以中国式现代化推进中华民族伟大复兴"这一重大政治论断,是在中国共产党的领导和一以贯之、坚持不懈追求中国现代化和民族复兴的百年奋斗中必然生成的,是在"走自己的路"实现民族复兴的百年探索中必然生成的,是在对社会主义现代化规律和中华民族伟大复兴规律认识不断深化中必然生成的,是在回答人类文明发展面临何去何从之问中必然生成的。

(一)在中国共产党的领导下必然生成

中国共产党的成立和领导,是找到中国现代化道路和推进中华民族伟大复兴历史进程的根本所在。中国近现代历史发展证明,没有共产党,就没有中国式现代化,就没有中华民族伟大复兴的顺利推进,"党的领导是党和国家的根本所在、命脉所在,是全国各族人民的利

[①] 贺新元:《中华民族伟大复兴主题的百年历程与逻辑进路》,《马克思主义研究》2021年第10期。

五　建设中华民族现代文明

益所系、命运所系"。① 中国式现代化和中华民族伟大复兴的推进离不开中国共产党的领导，进入新时代新征程，要实现第二个百年奋斗目标同样离不开中国共产党的领导。

党的领导直接关系中国式现代化、中华民族伟大复兴的根本方向、前途命运、最终成败。一百多年来，中国共产党一直致力于追求现代化和民族复兴。从党的七大到党的二十大，几乎所有党的代表大会的报告都一以贯之地强调现代化建设和民族复兴问题，而且有明确的战略目标、有清晰的战略步骤、有效的制度安排。这就从理论和实践上双重保证了现代化和民族复兴的正确方向和成效。

正是毫不动摇地坚持党的领导，我们的现代化和中华民族伟大复兴的推进才没有偏离航向，才没有犯颠覆性错误。正是党的领导确保着我们一以贯之、一代一代地坚持以中国式现代化推进中华民族伟大复兴这一奋斗目标行稳致远，并取得了举世瞩目、彪炳史册的辉煌业绩。正是在党的领导下，我们坚持党的群众路线，坚持以人民为中心的发展思想，发展全过程人民民主，充分激发全体人民的主人翁精神；我们勇于改革创新，不断破除各方面体制机制弊端，不断地为建设中国式现代化和推进中华民族伟大复兴注入不竭动力，凝聚起磅礴力量，以中国式现代化推进中华民族伟大复兴才能获取源源不断的强劲动力。

（二）在"走自己的路"的百年探索中必然生成

如果说迈向现代化是所有国家和民族都无法抗拒阻挡的历史大势

---

① 《中共中央关于党的百年奋斗重大成就和历史经验的决议》，人民出版社2021年版，第27页。

和客观规律，那么走什么样的道路来实现现代化则为人们作出能动选择留下了巨大空间。可以说，走一条怎样的现代化发展道路，怎样走好这条现代化发展道路，深刻影响着这个国家的历史发展进程，对实现现代化和国家富强、民族复兴至关重要。中国近代引进技术和器物的洋务运动，效法西制的戊戌变法，要求建立共和政体的辛亥革命，在一定程度上都顺应了必须进行现代化的历史潮流，并作出了相应的探索，但他们都没有找到实现现代化以推动国家富强、民族复兴的正确道路。从根本上讲，他们走的现代化道路都是对西方的模仿和复刻，最终都只能落寞退场，正如习近平总书记所指出的，"古今中外的历史都告诉我们，世界上没有一个民族能够亦步亦趋走别人的道路实现自己的发展振兴，也没有一种一成不变的道路可以引导所有民族实现发展振兴；一切成功发展振兴的民族，都是找到了适合自己实际的道路的民族"。[①]

对道路的探寻和践行是中国共产党百年奋斗历史发展的逻辑主线。在新民主主义革命时期，党团结带领人民开辟出了一条农村包围城市、武装夺取政权的中国式革命斗争道路。这条道路符合近代中国半殖民地半封建社会的实际，沿着这条正确的革命道路，经过28年的浴血奋战，党领导人民夺取了新民主主义革命伟大胜利，成立了中华人民共和国；中华人民共和国成立后，以苏为鉴，"在过渡时期中，我们党创造性地开辟了一条适合中国特点的社会主义改造的道路"，[②] 在中华大地上

[①] 习近平：《在纪念孙中山先生诞辰150周年大会上的讲话》，人民出版社2016年版，第5页。

[②] 中共中央文献研究室编：《三中全会以来重要文献选编》（下），人民出版社1982年版，第800页。

五　建设中华民族现代文明

建立了社会主义制度,在此过程中成功开启了社会主义现代化建设,中华民族伟大复兴从此迈上社会主义的新征程;在改革开放和社会主义建设新时期,党团结带领人民开辟、坚持和发展中国特色社会主义道路,使中华民族伟大复兴在充满活力的体制保证和快速发展的物质条件中大步向前;在新时代,党团结带领人民不断推进、深化和拓展中国特色社会主义道路,使中华民族迎来了从站起来、富起来到强起来的伟大飞跃,中国人民和中华民族正以前所未有的信心和底气迈向中华民族伟大复兴。一百多年来,我们党团结带领人民"走自己的路"开辟中国式革命道路,探索中国式社会主义改造道路,开创和发展中国特色社会主义道路,正是在这个过程中,一条中国式现代化道路历史性地生成了,中华民族伟大复兴历史性地推进了。

(三) 在不断深化对社会主义现代化规律和中华民族伟大复兴规律认识中必然生成

对社会主义现代化的探索和追寻的过程,同时也是对现代化规律认识逐步深化,不断创新现代化理论的过程。1945 年 4 月,毛泽东同志在党的七大政治报告中就已经指出:"中国工人阶级的任务,不但是为着建立新民主主义的国家而斗争,而且是为着中国的工业化和农业近代化而斗争。"[①] 在党的七届二中全会上,毛泽东同志进一步指出,革命胜利后要"使中国稳步地由农业国转变为工业国",[②] 从而将工业化作为国家现代化的核心,为中华人民共和国成立后进行的

[①] 《毛泽东选集》第 3 卷,人民出版社 1991 年版,第 1081 页。
[②] 《毛泽东选集》第 4 卷,人民出版社 1991 年版,第 1437 页。

大规模工业化建设奠定了思想基础。中华人民共和国成立后，党领导人民将社会制度变革和现代化建设这"两种革命"[①]结合在一起，进行了如火如荼的社会主义改造和社会主义工业化建设。随着对社会主义现代化建设规律认识的深化，1957年3月，在中国共产党全国宣传工作会议上，毛泽东同志明确提出，"建设一个具有现代工业、现代农业和现代科学文化的社会主义国家"，[②]将现代化的要求从工业领域拓展到了农业和科学文化领域。到了20世纪60年代初，毛泽东同志进一步将其扩充，指出"建设社会主义，原来要求是工业现代化，农业现代化，科学文化现代化，现在要加上国防现代化"，[③]从而完整地表述了"四个现代化"思想。1964年，在第三届全国人民代表大会第一次会议上，周恩来同志在《政府工作报告》中首次提出"四个现代化"目标，将实现中国的现代化明确为"把我国建设成为一个具有现代农业、现代工业、现代国防和现代科学技术的社会主义强国"。[④]"四个现代化"思想的形成和提出，是以毛泽东同志为主要代表的中国共产党人探索社会主义现代化规律所取得的重大成果，反映了党进行社会主义现代化建设高度的实践自觉。中国共产党对工业化和"四个现代化"的探索与实践，有成就也有曲折，"它对社会主义现代化宏伟蓝图的描绘，为改革开放进程中现代化的推进提供了理论依据"。[⑤]

[①]《毛泽东文集》第6卷，人民出版社1999年版，第432页。
[②]《毛泽东文集》第7卷，人民出版社1999年版，第268页。
[③]《毛泽东文集》第8卷，人民出版社1999年版，第116页。
[④]《周恩来选集》下卷，人民出版社1984年版，第439页。
[⑤] 张雷声：《从现代化走向中国特色社会主义现代化——中国共产党的百年探索》，《马克思主义理论学科研究》2021年第5期。

五 建设中华民族现代文明

实践的发展总是引起人们对规律认识的深化。改革开放新时期，以邓小平同志为主要代表的中国共产党人深刻总结中华人民共和国成立以来现代化建设各方面经验，牢固把握时代脉搏和人民呼唤，继续探索中国的现代化，提出了"中国式的现代化"，并引入"小康"的概念丰富了现代化的内涵。党的十二大明确提出党在新的历史时期的总任务是"逐步实现工业、农业、国防和科学技术现代化，把我国建设成为高度文明、高度民主的社会主义国家"。[①] 这不仅要求实现经济层面的现代化，还要求实现文化现代化和政治现代化，拓展了现代化的外延。党的十三大报告首次使用"中华民族伟大复兴"命题，并将社会主义初级阶段、中华民族伟大复兴、现代化建设统一起来了。报告提出，社会主义初级阶段，是逐步变为"现代化的工业国的阶段"，是"实现中华民族伟大复兴的阶段"，为此，"必须集中力量进行现代化建设"，同时制定了"基本实现现代化"的"三步走"战略安排。[②] 在此战略安排下，以江泽民同志和以胡锦涛同志为主要代表的中国共产党人继续探索和深化"中国式的现代化"。党的十四大正式确立了建立社会主义市场经济体制的改革目标，在经济现代化上迈出了坚实的一步；党的十五大正式提出的依法治国基本方略，将社会主义民主法治建设纳入社会主义政治现代化；党的十六大首次从顶层设计上把"社会更加和谐"作为全面建设小康社会的重要目标，拓展了社会主义现代化建设的内涵；党的十七大进一步提出社会主义

[①] 中共中央文献研究室编：《十二大以来重要文献选编》（上），人民出版社1986年版，第13页。

[②] 中共中央文献研究室编：《十三大以来重要文献选编》（上），人民出版社1991年版，第13页。

现代化建设的奋斗目标是"建设富强民主文明和谐的社会主义现代化国家"。[①] 党的十八大报告首次提出，建设中国特色社会主义，"总任务是实现社会主义现代化和中华民族伟大复兴"，[②] 这是党首次将"社会主义现代化"和"中华民族伟大复兴"作为中国特色社会主义总任务并列起来，意味着"中华民族伟大复兴"不仅是党带领人民实现社会主义现代化过程中持有的自觉的理想信念和行动指向，更是与"社会主义现代化"一道成为建设中国特色社会主义的顶层设计和制度性要求。在改革开放和社会主义现代化建设新时期，中国共产党对社会主义现代化建设和中华民族伟大复兴的实践探索和规律性认识取得了众多成果和长足发展。党的十八大以来，以习近平同志为核心的党中央在科学总结社会主义现代化建设经验，在统筹"两个大局"的基础上，进一步从战略的高度丰富了对社会主义现代化规律和中华民族伟大复兴规律的认识。党的十九大进一步明确和重申"实现社会主义现代化和中华民族伟大复兴"是新时代坚持和发展中国特色社会主义的总任务，并将社会主义现代化建设的总目标拓展成了"建成富强民主文明和谐美丽的社会主义现代化强国"，[③] 形成了"五维"的社会主义现代化建设总目标，描画了中华民族伟大复兴的光明景象。在总结十年来的新时代中国特色社会主义现代化建设成就，回望百年来探索现代化建设以实现中华民族伟大复兴历程的基础

---

① 中共中央文献研究室编：《十七大以来重要文献选编》（上），中央文献出版社2009年版，第9页。

② 中共中央文献研究室编：《十八大以来重要文献选编》（上），中央文献出版社2014年版，第10页。

③ 习近平：《决胜全面建成小康社会 夺取新时代中国特色社会主义伟大胜利——在中国共产党第十九次全国代表大会上的报告》，人民出版社2017年版，第19页。

上,党的二十大报告从理论高度概括了"中国式现代化"的科学内涵,将"中国式现代化"概括为人口规模巨大的、全体人民共同富裕的、物质文明和精神文明相协调的、人与自然和谐共生的、走和平发展道路的现代化,并首次指出了"中国式现代化""九个方面"的本质要求和新时代新征程上必须牢牢把握的"五个方面"的重大原则,提出完成新时代新征程党的伟大的使命任务,必须"以中国式现代化全面推进中华民族伟大复兴"。这一系列重要论述,标志着党对社会主义现代化建设规律和中华民族伟大复兴规律认识的成熟,这是党百年来对通过现代化来实现民族复兴之路探索的理论结晶。

从以工业化为核心的现代化认识,到"四个现代化"思想的提出,以及改革开放后正式把"中华民族伟大复兴"与"现代化"关联,进而到物质文明、精神文明、政治文明、生态文明、社会文明等多领域、多层次的现代化展开,再到新时代"中国式现代化"理论的形成和"以中国式现代化推进中华民族伟大复兴"的重大政治论断的提出,标志着党对社会主义现代化规律和中华民族伟大复兴规律的认识已经上升到新的高度,即把这"两大规律"化为理论和实践相结合的"以中国式现代化推进中华民族伟大复兴"的重大政治论断。这一政治论断正是在对"两大规律"认识不断深化的过程中必然生成的。

(四)在试图解答人类文明发展面临何去何从之问中必然生成

对于资本主义现代文明的反思、批判和调适,几乎伴随着资本主义现代文明的萌芽、产生和发展的全过程。在理论层面,有空想社主义对资本主义弊端的初步批判和对理想社会的初步构想，有科学社会主义及其国别化和时代化成果对资本主义文明发展规律的深刻揭露及其提出的消灭资本主义私有制的诉求，也有西方马克思主义和后现代主义对现代性的批判与"反叛"。在实践层面，有资本主义对自身的调适和改革，有苏联等国家对社会主义的实践探索。然而，一方面是资本主义文明自产生以来其所进行的所有自我调适和变革都没有也无法从根本上解决其内在的矛盾，资本主义文明所带来的经济危机、贫富差距、自然破坏、种族歧视、世界动荡、精神空虚、道德崩塌至今仍在困扰着人类。另一方面是苏联对社会主义文明探索到后期弊端频现，最终走向了失败，人类仍然面临着何去何从的重大问题，世界急需一种新理论、新道路来创造出一种新文明指引人类前进。中国共产党从诞生起就看到了资本主义现代文明所带来的各种矛盾和问题，在反思和批判资本主义文明固有弊端的过程中，选择了一条与资本主义完全不同的现代化探索之路，在不断总结自身的实践经验和苏联社会主义建设的历史经验过程中，在"走自己的路"的历史自觉中，最终探索出了一条既能够回答"中华文明"何去何从的历史之问，也能够回答"人类文明"何去何从的世界之问的具有超越性的现代化发展道路，创造了人类文明新形态。"以中国式现代化推进中华民族伟大复兴"正是在此过程中必然生成的。从历史考察来看，中国共产党追寻探索的现代化和民族复兴基本上是一个创造新的文明和寻求新的文明秩序的历史过程。

在回答人类文明何去何从之问过程中形成的中国式现代化道路及其创造出的人类文明新形态，具有重大的世界意义。对全世界，尤其对后发国家来说，"中国式现代化"所提供的不是现成的模板和公式,而是视野的提升、思维的转换和精神的提振。对于后发国家来说,要想追求现代化以实现国家富强和民族复兴,通过以血腥暴力的手段进行对外掠夺的老路已不可能存在,那是否意味着只能通过出卖主权、依附霸权来换取夹缝中的发展机会?中国共产党百年来的探索和实践成就历史性地证明,对于后发国家来说,是能走出符合自身实际的、和平的、高效的现代化之路的。对全人类来说,中国式现代化道路创造的人类文明新形态,向世界展示出一种全然不同的现代化图景。这幅图景证明,人类是既能够在实现社会主义现代化的同时又克服资本主义现代化及其文明所固有的弊端,实现对资本主义现代化及其文明的全面超越。总之,中国共产党"以中国式现代化推进中华民族伟大复兴"的百年探索和实践,使中国式现代化的未来越来越呈现人类新文明形态的要求和趋势,使中国这个曾经在历史上熠熠生辉几千年之久的古老国家,能以更崭新的形象、更自信的姿态、更强大的智慧、更先进的文明,为人类文明作出更大贡献。

四 结语

1840年以来,中华民族在资本主义全球扩张导致的"世界千年未有之大变局"中走向衰落而谋求复兴;中国在西方现代化的世界扩张中相遭遇而探求自己的现代化,追求民族复兴和现代化在时间上和空间上具有高度重合性,在历史逻辑上具有高度同质同向性。中国共产党自成立以来,一直在探寻以中国的现代化推进民族复兴为己任。中国共产党百年来对中国式现代化和实现中华民族伟大复兴的一切努力探寻,都集中凝结在"以中国式现代化推进中华民族伟大复兴"这一重大政治论断中，这既是对百年探寻以中国式现代化推进民族复兴经验的总结和历史结论，也是对新征程实现党的第二个百年奋斗目标的一个宏大战略思想。历史和实践已经表明，中国共产党领导的中国式现代化是实现中华民族伟大复兴的必由之路，以中国式现代化推进中华民族伟大复兴已进入了不可逆转的历史进程。历史和实践将继续证明，这一战略思想将会转化为我们党和全国各族人民强大的战略意志、战略精神以及战略行动，到本世纪中叶，把我国建设成为综合国力和国际影响力领先的社会主义现代化强国，全面实现中华民族伟大复兴。

（原载《民族研究》2023年第3期）

为建设中华民族现代文明贡献历史学力量

赵庆云[*]

习近平总书记在文化传承发展座谈会上的重要讲话,从历史的高度出发深刻阐明了中华文明的突出特性,深刻回答了马克思主义基本原理如何同中华优秀传统文化相结合的时代命题,对于我们不断深化对文化建设的规律性认识,始终坚定文化自信自强,建设中华民族现代文明,具有重要指导意义。深入学习贯彻习近平总书记重要讲话精神,就要从学理上阐明中华优秀传统文化的丰富内涵和根本特质,深刻揭示中华历史文化与中国特色社会主义道路的内在紧密关联以及对凝聚民族力量、筑牢精神根基的重要作用,进一步推进中国历史文化研究、繁荣发展新时代中国历史学。

一

中华优秀传统文化是中华民族的根和魂,是中华儿女团结凝聚、

---

[*] 赵庆云,中国社会科学院历史理论研究所研究员。

心灵相系的共同精神家园，是中华民族历经沧桑而百折不挠的精神支撑，是涵养社会主义核心价值观的重要源泉，也是我们在世界文化激荡中站稳脚跟的坚实根基。习近平总书记强调，文化自信是更基础、更广泛、更深厚的自信，是一个国家、一个民族发展中最基本、最深沉、最持久的力量。[①] 在五千多年中华文明深厚基础上开辟和发展中国特色社会主义，把马克思主义基本原理同中国具体实际、同中华优秀传统文化相结合是必由之路。当代中国的每一次重大创新创造，都根植于深厚的中华传统文化土壤，都是五千多年文明历史的自我更化、革故鼎新。中华优秀传统文化为中华民族确立明确的历史坐标，激发强大的历史主动，提供无可替代的精神资源。增强传承、弘扬中华优秀传统文化的历史自觉，推进中华历史文化研究，就要从历史的最深处汲取自信和力量。

一个民族的文化与历史密切相关，文化是在历史发展过程中不断显示其全部内容的。文化源于历史积淀，史学亦为文化之产物。"出乎史，入乎道，欲知大道，必先为史"，中华民族具有极为深厚的历史意识、极为悠久的史学传统。中华文明薪火不断，深厚而坚实的史学传统是极其重要的文脉支撑。浩繁的历史典籍不仅是中华传统文化的大宗，也是中华民族繁衍发展历程的自觉记述，是传承中华文化的重要载体，是中华文明延续的重要纽带，蕴含着中华文化的基因密码。

中国步入阶级社会时血缘纽带解体尚不充分，从而形成了独特的

---

① 中共中央宣传部：《习近平新时代中国特色社会主义思想学习纲要》，学习出版社、人民出版社2023年版，第185页。

五　建设中华民族现代文明

宗法制度；源于宗法社会结构，中国很早就有了高度重视祖先史迹的历史意识。先秦各家如儒、墨、道、法等都从不同角度表现了这种历史意识。到荀子、《易传》，则将这种历史意识进一步提升为贯古今通天人的世界观。在中国文化构型中，史官与史家具有特殊地位。夏朝就设置了史官——太史令；商、周进一步发展形成史官制度。史官与史官制度的出现，标志着人们历史意识的自觉，视修史为不朽之事业。春秋末期孔子撰成《春秋》，首开私人修史之风。至汉代，与民族融合、文化整合、国家一统相适应，出现更为恢宏的《史记》，在"大一统"的思想基础之上将中国各族群的渊源上溯至黄帝的统一谱系，通过历史编纂实现文化整合与民族凝聚。此后，由官方设官修史成为惯例；从唐代开始，专设史馆修史，且由宰相监修成为定制。为前朝和当世修史是彰显本朝统治合法性的必要手段，也是治国理政的重要方式。修史强化了中华文化的赓续和传承。此后每个王朝都有断代史著作，不断造就独树一帜的史学品格，陶铸绵延不衰的文化传统。

在漫长的历史长河中，中国史学产生了极为深厚的积淀，形成了求真、求是、经世致用等史学传统，形成了"究天人之际，通古今之变，成一家之言"的宏伟抱负。史学传统使中华民族始终秉持强烈的历史文化传承意识。历史书写不仅是对中华民族历史发展的记载，也通过其所承载的传统文化参与现实政治，激发人们的国家民族自豪感，增进文化认同，实现人心的凝聚和社会秩序的建构。中华文化通过浩瀚的史学典籍积淀在整个民族的血脉之中，产生强大的文化凝聚力与延续力。

近代以来，由于西方列强的侵略，中国社会正常发展进程被打断，中华文化虽然根脉不绝，精神不倒，但国人对自身历史文化的自信遭到无情摧残。即便积淀极为深厚的历史学也曾面临挑战，一些中国学者落入"西方中心论"难以自拔；对中国传统史学遗产缺乏客观公允的审视，中国历史学在西方话语的笼罩之下一度失去了自身的光彩。中华人民共和国成立以来，在马克思主义指导下，我国历史学逐渐恢复发展并取得了重要成就。随着中华民族伟大复兴进入不可逆转的历史进程，中国人民的文化自信愈益坚定，以往曾被奉为圭臬的西方理论在解释中国历史和现实时，日益显现捉襟见肘的困窘。因此，在新时代繁荣发展中国历史学研究，彻底摆脱近代以来西方历史理论的羁绊，是建设中华民族现代文明对新时代史学工作者的必然要求。

二

历史研究是一切社会科学的基础。历史科学的发展水平，既是科学进步、文明成熟的标志，也是综合国力的象征、文化自信的体现。"新时代坚持和发展中国特色社会主义，更加需要系统研究中国历史和文化，更加需要深刻把握人类发展历史规律，在对历史的深入思考中汲取智慧、走向未来。"[①] 习近平总书记发出建设中华民族现代文明的伟大号召，给中国历史学提出了重要的使命和任务，也给中国历史学繁荣发展带来前所未有的机遇。我们要认真学习贯彻习近平新时代中国特色社会主义思想，全面把握这一思想的世界观、方法论和贯

---

① 《习近平关于社会主义精神文明建设论述摘编》，中央文献出版社2022年版，第227页。

五　建设中华民族现代文明

穿其中的立场观点方法，深入发掘蕴含其中的历史思维、科学内涵和精神实质，融会贯通，将其内化于史学研究实践。

辉煌灿烂的历史文化与一脉相承的史学传统，是我们坚定历史自信的底气所在，也是我们走向未来的基础和前提。习近平总书记强调，中国文化源远流长，中华文明博大精深。只有全面深入了解中华文明的历史，才能更有效地推动中华优秀传统文化创造性转化、创新性发展，更有力地推进文化强国建设，建设中华民族现代文明。建设新时代中国史学，必须全面系统总结、整理、继承历代先贤留下的丰厚史学遗产，并运用唯物史观的观点方法为其注入新的时代内涵，实现民族性与时代性的有机结合。我们要立足中华民族发展演进的历史实践，加强对中华历史文化的研究阐发，深入考察中华文化对不同历史时期政治经济发展的深远影响，提炼总结中华优秀传统文化中蕴含的治国理政的理念和智慧；深入探讨优秀传统文化贯通古今的历史继承性；深刻阐释优秀传统文化是中国屹立于世界、彰显强大文化软实力的鲜明价值标识；深刻揭示中国特色社会主义的"中国特色"所植根的历史文化土壤，并在整个人类历史进程中把握中华民族现代文明的继承性与开创性。

从近代中国史学发展历程来看，中国马克思主义史学正是在回应时代关切中应运而生的，它创生于20世纪初民族觉醒救亡图存的时代洪流之中，体现出革命性与科学性、时代性与民族性、继承性与创造性的辩证统一。中华人民共和国成立以后，马克思主义史学体系居于完全主导地位，在通史、断代史和专史研究方面均取得了丰硕成果，其影响也远远超出了史学领域。马克思主义史学的百年发展留下了极其丰厚的学术遗产，是未来我们推进史学研究重要的学术资源。

加快构建中国特色历史学学科体系、学术体系、话语体系，必须在史学发展脉络中找到本土源头，必须基于对百年来中国马克思主义史学发展的系统梳理与深刻总结，同时融合对时代潮流和伟大社会实践的深刻洞察体悟。

当今时代，世界之变、时代之变、历史之变重新激起各国人民对人类命运与未来的忧思。历史的规律、动力、主体、走向等问题受到史学等相关学科的重视，从宏观上把握历史进程和规律成为历史学的一项重要学术旨趣。在实现强国复兴的征程上，历史学决不能缺席，历史研究者决不能旁观，必须立时代之潮头，通古今之变化，发思想之先声。新时代繁荣发展中国历史学研究，要在"建设中华民族现代文明"这一伟大号召的指引下，从历史长河中全面考察历史之"变"，深入探究历史之"理"，清晰、坚定、响亮地发出新时代中国史学工作者的声音，为中国式现代化提供历史滋养，为中华文明厚植历史根脉，为强国复兴夯实历史根基。

（原载《光明日报》2023年10月13日第6版）

基于中国文化的发展范式转变

张永生[*]

2023年10月，全国宣传思想文化工作会议正式提出并系统阐述了习近平文化思想，坚持把马克思主义基本原理同中国具体实际相结合、同中华优秀传统文化相结合，回答了关于建设文化强国的一系列重大问题，为建设中华民族现代文明这一新的文化使命提供了科学指南。建设中华民族现代文明，实质是推进中国式现代化。中国式现代化是对工业革命后建立的传统现代化模式的反思和重新定义，需要发展范式的根本转变。中华民族在几千年历史积淀中形成的优秀传统文化，为发展范式转变提供了坚实的基础。

一 文化在中国式现代化中的新使命

文化是一套价值观和信仰体系，决定着人们的行为方式和社会组

---

[*] 张永生，中国社会科学院生态文明研究所所长、研究员。

织方式，同时后者又对前者产生影响，二者相互作用不断演进。不同的现代化模式有着不同的文化基础。中国式现代化代表新的文明形态。为这个新的文明形态提供支持，就成为中国文化新的使命。

（一）文化如何影响经济发展

文化对经济发展起着至关重要的作用。但是，由于文化具有"日用而不觉"的属性，其作用往往容易被忽略。中华人民共和国成立后特别是改革开放后，中国的现代化建设取得了人类历史上前所未有的成就。诚然，学习西方经验是成功的重要原因。但是，几乎所有后发国家都在学习西方并追求现代化目标，为什么只有少数国家的经济发展获得了成功？中国成功的背后，一定有被人忽视的文化因素。理解文化如何影响经济发展的具体机制，对于实现中国式现代化目标就尤其重要。

一是文化影响人们的价值观念和行为方式，进而对经济绩效产生影响。比如，不同的文化对应不同的消费者偏好和消费函数的消费倾向，以及不同的生产组织效率。这些又会影响经济内容和经济效率。行为经济学的大量研究显示，不同的经济绩效在很大程度上是由文化决定的。

二是文化本身是"美好生活"不可或缺的组成部分，也可以成为经济发展的重要内容。由于文化具有无形的特征，相比于有形的物质产品，其可交易性差，难以被市场化。这样，只有少部分可交易性强的文化内容可以直接市场化（比如艺术市场、图书市场等），还有一部分文化内容则通过迂回的方式间接市场化（即通过将无形文化价值附着在可交易性强的有形产品上进行市场化），或由政府作为公共产品提供。此外，还有大量难以由市场提供而政府也无力提供的文化内容，其供给就出现短缺。

这就是为什么现代经济越来越朝着物质化的方向演进，而文化需求的满足滞后于物质需求满足的原因。这种物质需求与文化需求的满足"不平衡不充分"的发展，在很大程度上影响了"美好生活"的实现，也带来了不可持续的生态环境后果。这些弊端是以物质财富生产和消费为中心的传统工业化模式的必然结果。

（二）传统工业文明的文化基础及其后果

工业革命后形成的传统工业化模式，有其历史和文化根源。欧洲文艺复兴、宗教改革、启蒙运动后，人类中心主义、物质主义、理性主义等的兴起，形成了传统工业化模式的哲学与文化基础。尤其是传统工业化模式以物质财富的大规模生产和消费为中心，消费主义文化由此成为现代经济增长的基石。在全球化的进程中，这种消费主义文化就从少数发达国家扩散到全球范围。

关于发展目标：发展的根本目的是提高人的福祉，但在物质主义下，人们将物质消费作为发展的目标，商品消费多多益善。这在标准经济学中表现得尤为明显。消费者效用被假定为商品消费的函数，商品消费越多，效用就被认为越高。

关于发展方式：在人类中心主义下，人类凌驾于自然之上，无节制地从自然界攫取物质资源，进行大规模生产和消费，并将大自然当作污染和排放的场所。

这种发展范式的确带来了物质财富前所未有的增长，但经济增长却同福祉目标相背离，且不可避免地带来不可持续的危机。应对危机的典型做法是，冀望通过技术进步解决危机。但这种复杂的系统性危机，无法仅靠技术进步和人的有限理性来解决，只能依靠更高的文明形态来事前避免危机。这个更高的文明形态，就是在应对危机中诞生的生态文明。

在以物质财富大规模生产和消费为中心的传统工业化模式中，不仅文化资源的价值难以被认识和实现，文化更是受到严重冲击。作为传统文化存在基础的传统生产生活方式，在工业化过程中也发生系统性转变，很多传统文化也随之消失，或成为"非物质文化遗产"。尤其是文化具有非竞争性（nonrival）的特性，很多文化资源本可以成为经济增长和福祉增进的重要来源。这就需要文化在中国式现代化中担负起新的使命。

二 发展范式转变与优秀传统文化的复兴

在传统工业化模式下，中国文化更多的是在"用"的层面提高经济效率，并取得了中国经济发展的奇迹。当传统工业化模式因为其内在局限而引发全球不可持续危机时，发展范式的转变就成为必须。此时，作为中国文化之"体"的底层核心价值就成为解决危机的大智慧。

（一）发展范式转变与文化复兴

走出不可持续危机，必须转变工业革命后建立的发展范式。中国文化具有突出的包容性。在不同发展阶段，中国文化均发挥着重要作用，只是发挥作用的方式不同。如果以新发展理念为标准进行划分，则中国经济经历了两个不同的发展阶段，前者是传统工业化模式阶段，后者是正在转型中的绿色发展阶段。

在传统工业化阶段，中国文化的很多方面正好暗合了工业化的内在要求。比如，集体主义和儒家伦理秩序符合工业生产组织效率的要求、节俭的文化传统带来高储蓄等。但是，由于中国过去的经济发展仍然是基于工业革命后建立的传统工业化模式，经济增长也不可避免地引发了不可持续的生态环境危机。

同其他所有国家一样，中国必须从不可持续的传统工业化模式转变到绿色发展新范式。党的十八大后中国提出的不忘初心以及新发展理念、新发展阶段、新发展格局等概念，意味着在新的发展阶段要有发展理念和发展范式的转变。这就要求复兴中国文化的核心价值。

（二）中国文化为发展范式转变提供大智慧

走出传统工业文明的不可持续危机需要大智慧。大道至简，这个大智慧就是回归发展的初心，并敬畏自然。在发展目标上，从GDP导向回归到以人民福祉或"美好生活"这个发展的初心；在发展方式上，从过去的人类凌驾于自然之上，转变到尊重自然、顺应自然，将经济活动置于大自然的安全边界之内。

工业文明将人类凌驾于自然之上，通过强大技术力量征服自然，不可避免地导致生态环境危机，然后试图用新的技术去解决危机，但人的有限理性却不足以解决如此复杂的全球性和系统性危机。生态文明则谦卑地对待自然，看似不如工业文明征服自然那般强大，但却是避免触发危机的更高智慧。从作为中国哲学总源头的《易经》到中国传统哲学与文化的演进，天人合一、修齐治平等思想一以贯之，分别对应发展方式和"美好生活"等现代发展概念。这正是实现人与自然和谐共生现代化的文化基础和方法论。

从工业文明到生态文明，从传统工业化模式到绿色发展，意味着文明形态的转变和发展范式的转变。其中，中国文化扮演着决定性作用。某种意义上，建设中华民族现代文明颇似一场新时代中国式的文艺复兴，在全球化的冲击下重新找回中华优秀传统文化的核心价值。从前文文化对经济的影响机制可以看出，克服传统发展模式的内在局限，必须重新审视全球化对自身价值观的影响，在自身文化基础上树立中国式现代化的价值观和文化自信。这不仅包括让发展回归"美好生活"这一发展的根本目的，亦要用中国文化的价值观对"美好生活"概念进行重新定义，使之摆脱商业力量的过度操纵。与此同时，还必须建立符合文化属性的新型商业模式、体制和政策体系，以促进文化资源、生态环境资源等成为重要的经济增长来源。

历史地看，工业革命后形成的西方中心论，很大程度上正是建立在其率先建立的传统工业化模式短期成功的基础之上。这种基于高资源消耗和高环境破坏的模式，可以让少数发达国家实现物质丰裕的现代化，但一旦扩大到更多国家，就不可避免地引发包括气候变化等在内的生态环境危机。目前全球范围的生态环境危机背后是发展方式和传统现代化模式的危机，根源则是背后的哲学和文化。中国文化的连续性和包容性，使其不仅可以适应传统工业化模式，也能为解决传统工业化危机提供大智慧。

三　构建中华民族现代文明的标识性概念和知识体系

建设文化强国，必须加快构建中国特色哲学社会科学学科体系、学术体系和话语体系。人类社会经历了原始文明、农业文明和工业文明，目前正进入生态文明这一新的人类文明形态。新的文明形态需要新的发展范式、科学范式及其知识体系。目前的"现代"哲学社会科学知识体系，很大程度上是在传统工业时代建立并为其服务的，难以为建设中华民族现代文明、中国式现代化，以及解决目前全球不可持续危机提供足够的支持。

（一）生态文明是中华民族现代文明的标识性概念

作为建设中华民族现代文明的重要标识性概念，生态文明建设尤其需要新的知识体系。构建自主知识体系，不是简单地在现有知识体系中加上中国特色，而是从文明形态转变的高度对发展的基本问题进行深刻反思，以重构传统工业时代知识体系的底层架构。自主知识体系不是只适用于本国的特殊国别知识体系，而是为新的文明形态构建目前缺乏的新的一般知识体系，必须具有全球普适性。

目前，包括经济学在内的现代知识体系，在很大程度上也是在传统工业时代建立并为其服务的。由于传统工业化模式不可持续，相应的知识体系无法满足生态文明这一新的文明形态的内在要求。不幸的是，由于我们是在工业时代的知识体系下接受的训练，往往难以摆脱柏拉图洞穴寓言式的思维困境。这种困境极大地妨碍了我们对新知识的创造能力。

生态文明学科体系建设，不是简单地将传统工业文明下形成的标准新古典经济学理论体系应用于生态环境问题，而是从生态环境危机出发，对包括为什么发展、发展什么、如何发展，以及发展的普适性等基本问题及其文化哲学基础进行深刻反思，推动发展范式和研究范式的转变，并应用现代分析方法和工具进行严格的学理构建，为生态文明建设提供原创性知识体系。

（二）构建自主知识体系需要处理的相关问题

构建自主知识体系不是抛弃既有知识体系另起炉灶，而是对现有知识体系的继承与发展。自主知识体系构建是一个非常高的目标，有相当高的门槛，不能滥用而使其沦为空洞的口号。构建自主知识体系不只是在原有理论体系和框架下进行边际意义上的创新，更是在新的文明形态和研究范式下进行"0→1"的知识创造。新的知识体系并不意味着对现有知识体系的放弃，而是在新的范式下创造新的知识，并尽量将现有知识体系纳入新的范式，共同形成新的知识体系。

传统工业时代对文化价值重要性的忽视，同既有学科体系和学术体系格局有很大关系。一方面，所谓现代经济学在很大程度上是在传统工业时代产生并为其服务的，其哲学基础隐含着对福祉和可持续等目标的背离。在此基础上形成的传统工业化模式，不仅忽视文化和社会的价值，而且还对传统文化形成很大冲击。另一方面，经济学在社会科学中居于显学地位，在政策制定中亦占据主导，客观上导致其他人文社会科学难以发挥应有的作用。

总之，中国式现代化提出了新的文化使命，不仅经济学要有新的研究范式，而且非经济学的人文社会科学及其在政策中的角色也应越来越重要。某种程度上，建设中华民族现代文明类似一场中国式的文艺复兴，将中华优秀文化传统的核心价值发扬光大，为中国式现代化和新的绿色发展范式提供文化基础。

（原载《财贸经济》2023年第12期）

以开放包容建设中华民族现代文明

罗文东[*]

文化关乎国本、国运,文明驱散蒙昧野蛮。人类的进步、世界的发展,离不开文化的支撑和文明的指引。习近平总书记在文化传承发展座谈会上发表的重要讲话和对宣传思想文化工作作出的重要指示,从党和国家事业发展全局战略高度,全面系统深入阐述了中华文明的突出特性和"两个结合"的重大意义,发出更好担负起新的文化使命的伟大号召,强调坚定文化自信,秉持开放包容,坚持守正创新,共同努力创造属于我们这个时代的新文化,建设中华民族现代文明,为全面建设社会主义现代化国家、全面推进中华民族伟大复兴提供坚强思想保证、强大精神力量、有利文化条件。全国宣传思想文化工作会议正式提出和系统阐述习近平文化思想,为做好新时代新征程宣传思想文化工作提供了强大思想武器和科学行动指南。习近平文化思想"明体达用、体用贯通,明确了新时代文化建设的路线图和任务书,

---

[*] 罗文东,中国历史研究院世界历史研究所研究员,中国社会科学院大学教授。

五　建设中华民族现代文明

标志着我们党对中国特色社会主义文化建设规律的认识达到了新高度",[①] 对马克思主义文明理论作出了原创性贡献,为推进中华民族现代文明和社会主义文化强国建设提供了根本遵循,在中华民族发展史、世界文明发展史上具有里程碑意义。

一　开放包容是文明发展的本质要求和正确道路

文明是指人类改造自然、改造社会、改造自身所取得的积极成果,是指人类社会达到较高的开化、进步状态,在此之前人类经历了数百万年的蒙昧时代和野蛮时代。文明作为历史发展的产物和客观的社会存在,比"文明"概念和理论的形成要早。中国是人类文明的重要发祥地,也是最早使用"文明"概念和话语的国度。《周易·大有》曰:"其德刚健而文明,应乎天而时行,是以元亨。"《周易·系辞下》云:"天下何思何虑?日往则月来,月往则日来,日月相推而明生焉","精义入神,以致用也。利用安身,以崇德也。过此以往,未之或知也。穷神知化,德之盛也"。[②]《尚书·尧典》说:"钦明文思安安。"[③] 晋檀道济憧憬"文明之世",[④] 唐睿宗以"文明"为年号,清李渔主张"辟草昧而致文明"。[⑤] 这些都表明,中华民族在梁

[①]《深入学习贯彻习近平文化思想——论贯彻落实全国宣传思想文化工作会议精神》,《人民日报》2023年10月11日。
[②]《周易正义》,载(清)阮元校刻《十三经注疏》,中华书局2009年版,第59、182页。
[③]《尚书正义》,载(清)阮元校刻《十三经注疏》,中华书局2009年版,第249页。
[④]《南史》卷75《隐逸上·陶潜传》,中华书局1975年版,第1857页。
[⑤](清)李渔:《冲场》,《李笠翁曲话》,中华书局2019年版,第155页。

启超所说"自发达、自竞争、自团结"①的历史进程中,始终不渝地追求和创造"人文化成""光明普照"等意义上的优秀文化成果和社会进步状态。

"文明"概念的出现在西方比中国晚得多,而且在内涵和外延方面既有相同之处,也有显著差别。在西方,"'文明'最初是指于罗马法或'公民'法之下的生活,而到了文艺复兴时期则指与野蛮相对立的一种生活方式和法律制度。它包括禁止凶杀、乱伦和食人,肯定人的创造力,尊重私有财产和法律契约,此外还有婚姻、友谊和家庭等基本社会规范"。直到18世纪中叶,"civilisation"(文明)一词才出现于法国。"civilisé 最初意指建立一个好政府,即 policé,但 civilisation 一词很快便不再仅用来指称一种特殊的政府形式了,它指的是把人从古老的习惯、规范及物质生活方式中解放出来,转向一种更为复杂的、或称为'文明的'生活方式。"②法国历史学家基佐明确提出:"'文明'一词天然含义是进步、发展的概念,它是以运动着的人民为前提的。这就是公民生活和社会关系的完善化,这就是在所有成员间进行最公正的力量和幸福的分配。"③在基佐看来,文明主要包含两方面:一是社会状态和精神状态的进展;二是人的外部条件和一般条件的进展,以及人的内部性质和个人性质的进展。总而言

---

① 梁启超:《中国史叙论》,载汤志钧、汤仁泽编《梁启超全集》第2集,中国人民大学出版社2018年版,第319页。
② [美]阿瑟·赫尔曼:《文明衰落论:西方文化悲观主义的形成与演变》,张爱平等译,上海人民出版社2007年版,第22—23页。
③ 转引自孙进己、干志耿《文明论:人类文明的形成发展与前景》,人民出版社2011年版,第14页。

五　建设中华民族现代文明

之，是社会和人类的完善。①

从起源上讲，文明滥觞于原始社会，是随着人类与动物界逐步分离，摆脱纯自然、本能的蛮荒状态而孕育产生的积极成果和历史阶段。人类在用自己的力量改造自然、满足需要的过程中，逐渐联合和成熟起来，在创造物质文明和精神文明的同时，也形成了阶级、国家等社会组织结构，创造了相应的制度文明。1877年，美国人类学家摩尔根把人类社会从低级到高级的发展过程，分为蒙昧期、野蛮期、文明期三个阶段，并且把"文明社会分为古代文明社会和近代文明社会"。②摩尔根所说的古代文明社会，大致包括奴隶社会和封建社会，而近代文明社会主要是指资本主义社会。恩格斯将摩尔根关于人类历史的分期概括为："蒙昧时代是以获取现成的天然产物为主的时期；人工产品主要是用做获取天然产物的辅助工具。野蛮时代是学会畜牧和农耕的时期，是学会靠人的活动来增加天然产物生产的方法的时期。文明时代是学会对天然产物进一步加工的时期，是真正的工业和艺术的时期。"③人类进入文明时代的前提条件是分工，由分工而产生的交换，以及把这两个过程结合起来的商品生产得到充分发展，逐步改变了先前孤立落后、茹毛饮血的生产生活条件和血亲复仇、杀死俘虏等野蛮社会状况。

从本质上说，文明源于实践的创造，体现社会的素质，是生产力发展水平及社会交往方式的表征，是评判人的活动和社会制度等是否

---

① 参见［法］基佐《法国文明史》第1卷，沅芷等译，商务印书馆1993年版，第9页。
② ［美］路易斯·亨利·摩尔根：《古代社会》，杨东莼等译，中央编译出版社2007年版，第3、8页。
③ 《马克思恩格斯文集》第4卷，人民出版社2009年版，第38页。

先进合理的标尺。与卢梭等启蒙思想家主张文明是从人类的罪恶中产生、文明的进步导致人性堕落和人与人之间不平等的悲观主义不同，马克思主义唯物史观强调，"文明是实践的事情，是社会的素质"，①"为了不致丧失已经取得的成果，为了不致失掉文明的果实，人们在他们的交往［commerce］方式不再适合于既得的生产力时，就不得不改变他们继承下来的一切社会形式"。② 人类文明不仅通过不同民族、不同地区生产力的创造、积累，而且通过社会交往的扩大、加强以及随之而来的社会经济基础和上层建筑变革才获得加速发展。虽然战争与征服等暴力、血腥手段充当了文明之间联系互动的不自觉的工具，但商业贸易和文化传播等开放包容方式在文明交流互鉴中发挥着更重要的作用。一位德国学者指出："'文明'这一概念所涉及到的是完全不同的东西：技术水准、礼仪规范、宗教思想、风俗习惯以及科学知识的发展等等；它既可以指居住状况或男女共同生活的方式，也可以指法律惩处或食品烹调；仔细观察的话，几乎每一件事都是以'文明'或'不文明'的方式进行的。"③ 无论从促进生产力发展，还是从扩大社会交往等方面看，开放包容都站在历史正确的一边，占据道义制高点，符合人类文明进步的根本要求。

从过程上看，在数千年的人类文明史上，不同时期和地方、不同民族和国家的文明相互联系、相互作用，上演着起伏跌宕、盛衰兴亡的悲喜剧——有的文明在封闭僵化中走向衰落，有些文明遭外族入侵

---

① 《马克思恩格斯文集》第1卷，人民出版社2009年版，第97页。
② 《马克思恩格斯文集》第10卷，人民出版社2009年版，第43—44页。
③ ［德］诺贝特·埃利亚斯：《文明的进程——文明的社会起源和心理起源的研究》第1卷，王佩莉译，生活·读书·新知三联书店1998年版，第61页。

五 建设中华民族现代文明

而中断消亡，更多的文明在开放包容、交流互鉴中发展进步。例如，美洲玛雅文明消失可能有多方面原因，但有一个原因不能否认，那就是它自身生存发展的相对封闭性及其与外部文明交流互动的欠缺。又如，由于腓尼基人先后受到希腊人、波斯人、罗马人等的入侵和征服，他们建立的城市如推罗、西顿、迦太基等被彻底摧毁甚至被烧光，其大部分发明就长期失传了。再如，欧洲中世纪的玻璃绘画术也有同样遭遇。而丝绸之路的开辟，遣唐使大批来华、玄奘西行取经、郑和七下西洋等，则是中外文明交流互鉴、促进文明延续进步的生动事例。尤其是近现代以来，"新的工业的建立已经成为一切文明民族的生命攸关的问题"，[①] 因为大工业"把世界各国人民互相联系起来，把所有地方性的小市场联合成为一个世界市场，到处为文明和进步做好了准备，使各文明国家里发生的一切必然影响到其余各国"。[②]

文明因交流而多彩，因互鉴而丰富。任何一种文明，不管它生长在哪个国家、哪个民族的社会土壤中，都应该是开放包容的，这是文明传播和发展的一条基本规律。即使在人类文明早期，不同地域文明成果的交流互鉴也没有因为地理和交通限制而被完全阻隔。距今4000年前后，冶铜、麦类、黄牛、山羊等外来技术和物种在中华大地渐次传播，而稻米被东南亚先民引种栽培，粟黍则陆续向西远播东欧和中欧。马克思说过："某一个地域创造出来的生产力，特别是发明，在往后的发展中是否会失传，完全取决于交往扩展的情况。当交往只限于毗邻地区的时候，每一种发明在每一个地域都必须单独进

---

① 《马克思恩格斯文集》第2卷，人民出版社2009年版，第35页。
② 《马克思恩格斯文集》第1卷，人民出版社2009年版，第680页。

行；一些纯粹偶然的事件，例如蛮族的入侵，甚至是通常的战争，都足以使一个具有发达生产力和有高度需求的国家陷入一切都必须从头开始的境地。"特别是大工业"首次开创了世界历史，因为它使每个文明国家以及这些国家中的每一个人的需要的满足都依赖于整个世界，因为它消灭了各国以往自然形成的闭关自守的状态"，① 使各文明国家或各文明民族之间的普遍交往、紧密联系和深度合作成为时代潮流。历史和实践反复证明，开放包容是文明发展的必然要求和正确道路，而封闭对抗往往会引起文明的衰落甚至毁灭。

二 中华文明的开放包容及其重要意义

中国是世界公认的"四大文明古国"之一，有文字记载的文明史就长达五千多年。中华民族在历史长河中，艰苦卓绝、革故鼎新，开创了以文治教化为主旨的文化传统，造就了世界上唯一绵延不断且以国家形态发展至今的伟大文明。早在两三千年前，我国诸多典籍就记载了独特的文化和文明概念。《周易·贲》说："文明以止，人文也。观乎天文，以察时变。观乎人文，以化成天下。"《周易·乾》云："见龙在田，天下文明。"②《尚书·舜典》曰："濬哲文明，温恭允塞。"③ 西汉刘向在《说苑·指武》中说："圣人之治天下也，先文德而后武力。凡武之兴为不服也，文化不改，然后加诛。"④ 唐代

---

① 《马克思恩格斯文集》第1卷，人民出版社2009年版，第559—560、566页。
② 《周易正义》，载（清）阮元校刻《十三经注疏》，人民出版社2009年版，第75、29页。
③ 《尚书正义》，载（清）阮元校刻《十三经注疏》，人民出版社2009年版，第264页。
④ 向宗鲁校证：《说苑校证》卷15《指武》，中华书局1987年版，第380页。

五　建设中华民族现代文明

孔颖达有言："经纬天地曰文，照临四方曰明。"[①] "天下文明者，阳气在田，始生万物，故天下有文章而光明也。"[②] 司马迁在《史记》中评论六经，以揭示中华文化和文明的特点及意义："《礼》以节人，《乐》以发和，《书》以道事，《诗》以达意，《易》以道化，《春秋》以道义。拨乱世反之正，莫近于《春秋》。"[③] 中华民族这种联通天人、涵盖天下、崇尚文德、爱好和平的文化和文明观念，对中国乃至世界文明的发展产生了广泛而深远的影响。

中国是世界上独一无二的历史悠久、人口众多、幅员辽阔、民族融合的大一统文明型国家。中华文化并非局限于中原地域的单一的汉民族文化，而是有机融合境内各民族、各地域乃至境外多种异域文化而形成的内涵丰富的文化体系。例如，鲜卑、契丹、蒙、满、回、藏等民族的文化，都融合为中华文化的重要组成部分；来自印度的佛教、阿拉伯的伊斯兰教和西方的基督教，也融入中华文化的血脉中。春秋战国时期儒家与道家、墨家、法家、阴阳家等在争鸣交锋中彼此吸收借鉴，共同造就了我国文化发展史上的"轴心时代"。史伯提出"和实生物，同则不继"；[④] 孔子主张"君子和而不同"；[⑤]《周易》倡导"天行健，君子以自强不息；地势坤，君子以厚德载物"；[⑥]《中庸》讲"万物并育而不相害，道并行而不相悖"，

[①]《尚书正义》，载（清）阮元校刻《十三经注疏》，中华书局2009年版，第264页。
[②]《周易正义》，载（清）阮元校刻《十三经注疏》，中华书局2009年版，第29页。
[③]《史记》卷130《太史公自序》，中华书局1959年版，第3297页。
[④] 徐元诰撰，王树民、沈长云点校：《国语集解》，中华书局2002年版，第470页。
[⑤]（宋）朱熹：《论语集注》卷7《子路第十三》，《四书章句集注》，中华书局1983年版，第147页。
[⑥]《周易正义》，载（清）阮元校刻《十三经注疏》，中华书局2009年版，第24、32页。

"中也者，天下之大本也；和也者，天下之达道也。致中和，天地位焉，万物育焉"。① 这些精辟论述集中体现了我国多元一体、求同存异、守中致和等思想精髓和价值追求。

正是中华文化的开放包容，才使其饱受磨难但历久弥新、生机勃勃，成为中华民族独特的精神标识，为中华民族生生不息、发展壮大提供了丰厚滋养，是我们在世界文化激荡中屹立不倒的精神支柱。习近平总书记指出："中华优秀传统文化有很多重要元素，比如，天下为公、天下大同的社会理想，民为邦本、为政以德的治理思想，九州共贯、多元一体的大一统传统，修齐治平、兴亡有责的家国情怀，厚德载物、明德弘道的精神追求，富民厚生、义利兼顾的经济伦理，天人合一、万物并育的生态理念，实事求是、知行合一的哲学思想，执两用中、守中致和的思维方法，讲信修睦、亲仁善邻的交往之道等，共同塑造出中华文明的突出特性。"② 正因为中华优秀传统文化塑造了源远流长、博大精深的中华文明，为当代中国发展和人类文明进步提供了强大支撑，我们必须全面深入了解中华文明的历史，深刻把握中华文明具有连续性、创新性、统一性、包容性、和平性等突出特性，更有效地推动中华优秀传统文化创造性转化、创新性发展，从而更有力地建设中华民族现代文明。

中华文明自古以来就在应时处变、开放包容中得到发展进步，并且在相当长的历史时期里走在世界前列。一方面，大量吸收融合外来文明成果，使中华文明集千古之智、采万邦之长，保持旺盛的生命

---

① 《礼记正义》，载（清）阮元校刻《十三经注疏》，中华书局 2009 年版，第 3547、3527 页。

② 习近平：《在文化传承发展座谈会上的讲话》，《求是》2023 年第 17 期。

力；另一方面，积极向外传播文明成果，使中华文明泽被天下、光耀千秋。从赵武灵王胡服骑射到北魏孝文帝汉化改革，从"洛阳家家学胡乐"到"万里羌人尽汉歌"，从"万国衣冠拜冕旒"到"七下西洋睦远邦"，都彰显了文化的交流融通。鲁迅说过，汉唐虽然也有边患，但魄力究竟雄大，有一种"放开度量，大胆地，无畏地，将新文化尽量地吸收"的气魄。①"那时我们的祖先们，对于自己的文化抱有极坚强的把握，决不轻易动摇他们的自信力；同时对于别系的文化抱有极恢廓的胸襟与极精严的抉择，决不轻易地崇拜或轻易地唾弃。"② 我国各族人民创作的诗经、楚辞、汉赋、唐诗、宋词、元曲、明清小说等伟大作品，建造的万里长城、大运河、布达拉宫、坎儿井等伟大工程，都展现了中华文明的博大精深。正如习近平总书记所强调的："中华文明自古就以开放包容闻名于世，在同其他文明的交流互鉴中不断焕发新的生命力。中华文明五千多年发展史充分说明，无论是物种、技术，还是资源、人群，甚至于思想、文化，都是在不断传播、交流、互动中得以发展、得以进步的。"③

中华文明的博大气象，得益于中华民族开放的姿态、包容的胸怀。从古代的佛教传入、中学西传、"伊儒会通"，到近代的西学东渐、新文化运动，再到改革开放以来全方位对外开放，中华文明在中外双向交流互鉴中不断丰富升华，并且对世界文明作出了巨大贡献。尤其是中国的造纸术、火药、印刷术、指南针和学术思想传到西方，

---

① 《鲁迅全集》第1卷，人民文学出版社2005年版，第211页。
② 孙伏园：《鲁迅先生二三事》，中国文史出版社2020年版，第26页。
③ 习近平：《把中国文明历史研究引向深入 增强历史自觉坚定文化自信》，《求是》2022年第14期。

推动了欧洲文艺复兴、启蒙运动等世界近现代的社会变革。德国哲学家莱布尼茨说："中国是一个大国，它在版图上不次于文明的欧洲，并且在人数上和国家的治理上远胜于文明的欧洲。在中国，在某种意义上，有一个极其令人赞佩的道德，再加上有一个哲学学说，或者有一个自然神论，因其古老而受到尊敬。这种哲学学说或自然神论是从约三千年以来建立的、并富有权威，远在希腊人的哲学很久很久之前……我们这些后来者，刚刚脱离野蛮状态就想谴责一种古老的学说，理由只是因为这种学说似乎首先和我们普通的经院哲学概念不相符合，这真是狂妄至极！"① 随着利玛窦翻译"四书"、金尼阁翻译"五经"等，中国学术传向西方，不仅促进了欧洲的中国学（Sinology）研究，而且推动了16—18世纪风靡欧洲的"中国热"。正因为中华文明具有突出的包容性，才"从根本上决定了中华民族交往交流交融的历史取向，决定了中国各宗教信仰多元并存的和谐格局，决定了中华文化对世界文明兼收并蓄的开放胸怀"。② 我国有大量优秀文明成果被联合国教科文组织列入世界文化遗产、世界非物质文化遗产、世界记忆遗产名录，充分体现了中华文明跨越时空、超越国度的永恒魅力和世界意义。

三 融汇古今中外优秀成果建设中华民族现代文明

作为人类文化和文明的重要发源地，中国在波澜壮阔的历史进程

---

① 转引自焦树安《谈莱布尼茨论中国哲学》，《中国哲学史》1981年第3期。
② 习近平：《在文化传承发展座谈会上的讲话》，《求是》2023年第17期。

五　建设中华民族现代文明

中，为人类保存着最丰厚的文化遗产和最壮美的文明图谱。100多年来，中国共产党以"为世界进文明，为人类造幸福"为己任，把马克思主义基本原理同中国具体实际相结合、同中华优秀传统文化相结合，成功推动中华文明从传统向现代转型。新民主主义革命时期，党提出"把一个被旧文化统治因而愚昧落后的中国，变为一个被新文化统治因而文明先进的中国"，[①] 领导人民建设民族的科学的大众的新民主主义文化，夺取新民主主义革命伟大胜利，为中华民族现代文明创造政治前提和社会条件。

中华人民共和国成立后，党领导社会主义革命和建设，扫除旧中国留下来的贫困和愚昧，建立独立的工业体系和国民经济体系，大力发展社会主义文化，为中华民族现代文明提供了制度保障和物质文化基础。毛泽东豪迈地说："中国人被人认为不文明的时代已经过去了，我们将以一个具有高度文化的民族出现于世界。"[②] 十一届三中全会后，党作出实行改革开放的历史性决策，提出在建设高度物质文明的同时，建设高度的社会主义精神文明，发展社会主义政治文明，"大胆吸收和借鉴人类社会创造的一切文明成果"，[③] 成功开创和发展中国特色社会主义，为建设中华民族现代文明提供充满新的活力的体制保证和快速发展的物质条件。党的十八大以来，中国特色社会主义进入新时代，党统筹推进"五位一体"总体布局，协调推进"四个全面"战略布局，实行更加积极主动的开放战略，推动共建"一带一路"高质量发展，培育积极健康、向上向善的网络文化，提升国家

[①] 《毛泽东选集》第2卷，人民出版社1991年版，第663页。
[②] 《毛泽东文集》第5卷，人民出版社1996年版，第345页。
[③] 《邓小平文选》第3卷，人民出版社1993年版，第373页。

文化软实力和中华文化影响力，弘扬全人类共同价值，落实全球文明倡议，推动文明交流互鉴，为中华民族现代文明提供了更为完善的制度保证、更为坚实的物质基础、更为主动的精神力量。正如《中共中央关于党的百年奋斗重大成就和历史经验的决议》所说："党领导人民成功走出中国式现代化道路，创造了人类文明新形态，拓展了发展中国家走向现代化的途径，给世界上那些既希望加快发展又希望保持自身独立性的国家和民族提供了全新选择。"[①] 中国式现代化所创造的人类文明新形态，实质上就是中华民族现代文明，它不仅是实现中华民族伟大复兴的目标任务，推动人类文明进步的重要力量，而且为人类对更好社会制度的探索提供了中国方案，为建设共同繁荣、开放包容的美好世界贡献了中国智慧。

在人类没有彻底实现自由解放之前，文明时代总是存在阶级对立、剥削压迫、战争掠夺等矛盾甚至对抗，存在着文明与野蛮、进步与落后的斗争。随着社会生产力的高度发展和生产关系的彻底变革、阶级的消灭和国家的消亡，人类文明才能过渡到一个消灭私有制、超越阶级社会的共产主义新阶段或新形态，才能在社会关系方面把人从其余的动物中提升出来，正像一般生产曾经在物种关系方面把人从其余的动物中提升出来一样。恩格斯指出："奴隶制是古希腊罗马时代世界所固有的第一个剥削形式；继之而来的是中世纪的农奴制和近代的雇佣劳动制。这就是文明时代的三大时期所特有的三大奴役形式；公开的而近来是隐蔽的奴隶制始终伴随着文明时代。"恩格斯还引用

[①]《中共中央关于党的百年奋斗重大成就和历史经验的决议》，人民出版社2021年版，第64页。

五　建设中华民族现代文明

摩尔根对文明时代的评断来阐述人类文明必然走向共产主义的趋势和前景:"管理上的民主,社会中的博爱,权利的平等,教育的普及,将揭开社会的下一个更高的阶段,经验、理智和科学正在不断向这个阶段努力。这将是古代氏族的自由、平等和博爱的复活,但却是在更高级形式上的复活。"① 资本主义虽然在"自由""平等""民主""文明"的道路上迈出了具有世界历史意义的一步,使一切国家的生产和消费都成为世界性的了,将"资本传播文明的作用表现得特别明显",② 但始终没有克服和消除其弱肉强食、两极分化、侵略扩张等野蛮的本性。正如马克思所说:"资本的文明面之一是,它榨取这种剩余劳动的方式和条件,同以前的奴隶制、农奴制等形式相比,都更有利于生产力的发展,有利于社会关系的发展,有利于更高级的新形态的各种要素的创造。"③

只有马克思主义才能给无产阶级指明摆脱精神奴役的出路,只有共产主义(社会主义是其初级阶段)才能达到高度的文明。从本质特征和发展趋势上看,作为对中国古代文明和西方近代文明的继承、扬弃和超越,中华民族现代文明是中国共产党领导全国各族人民共同创造的社会主义文明,是物质与精神辩证互动、人与自然和谐共生的文明,是促进全体人民共同富裕、实现人的自由全面发展的文明,是维护世界和平与共同发展、构建人类命运共同体的文明。这种新型文明破解人类社会发展的诸多难题,展现不同于西方文明模式的新图景;遵循人类文明发展的普遍规律,具有基于自己

---

① 《马克思恩格斯文集》第4卷,人民出版社2009年版,第195、198页。
② 《马克思恩格斯全集》第30卷,人民出版社1995年版,第528页。
③ 《马克思恩格斯文集》第7卷,人民出版社2009年版,第927—928页。

国情和时代特征的民族特色和时代价值；体现科学社会主义先进本质，代表人类文明发展方向，具有广阔的发展空间和美好的发展前景。

在新的历史起点上建设中华民族现代文明，要秉持开放包容，更加积极主动地学习借鉴人类创造的一切文明成果。不忘本来才能开辟未来，善于继承才能更好创新。在建设中华民族现代文明的伟大实践中，马克思主义及其中国化时代化的理论创新成果是科学指南，中华优秀传统文化是重要根脉，外国优秀文明成果是必要资源。只有在马克思主义指导下真正做到古为今用、洋为中用、辩证取舍、推陈出新，才能顺利完成中华文明从传统向现代的转型。我们不是封闭论者，而是开放论者，闭关自守终究落后挨打；我们不是冲突论者，而是包容论者，冲突对抗导致文明衰亡；我们不是终结论者，而是发展论者，人类文明不断前进，永远不会终结。必须坚持马克思主义这个立党立国、兴党兴国之本不动摇，不断推进马克思主义中国化时代化，自觉以习近平新时代中国特色社会主义思想武装头脑、指导实践，传承发展中华优秀传统文化，促进外来文化本土化，不断培育和创造新时代中国特色社会主义文化，为建设中华民族现代文明提供思想保证和精神支柱。

建设中华民族现代文明是一个长期的历史过程，是一项艰巨的伟大事业。不管是提升中华文化的凝聚力感召力，还是增强中华文明的传播力影响力，都亟须贯通古今、融通中外，兼收并蓄、慎施去取，在"人类知识的总和"中汲取一切有价值的优秀成果建设中华民族新文化，创造人类文明新形态。鲁迅说得好："明哲之士，必洞达世界之大势，权衡校量，去其偏颇，得其神明，施之国中，翕合无间。

外之既不后于世界之思潮,内之仍弗失固有之血脉。"[1] 我们要深刻洞察世界和平与发展大势,深入探索人类文明本质规律,始终坚持平等、互鉴、对话、包容的文明观,谋求开放创新、包容互惠的发展前景,促进和而不同、兼收并蓄的文明交流,对人类创造的各种文明都采取学习借鉴的态度,取长补短、择善而从,努力建设中华民族现代文明,共同绘就世界文明美好画卷。

(原载《历史研究》2023年第5期)

---

[1] 《鲁迅全集》第1卷,人民文学出版社2005年版,第57页。

建设中华民族现代文明的意义与路径

安德明[*]

党的十八大以来,习近平总书记在一系列讲话中,把中华优秀传统文化定位为巩固和发展中国特色社会主义的根基,为新时代坚定民族文化自信、赓续民族血脉、坚持中国道路发挥了重要指导作用。2023年6月2日,习近平总书记出席文化传承发展座谈会并发表重要讲话(以下简称"讲话"),体现了国家领导人对传统文化前所未有的重视。"讲话"集中系统地展示了习近平新时代中国特色社会主义思想的文化观,全面深刻地论述了中国文化和中华文明的基本特征与发展规律。其中有关中华文明具有突出的连续性、创新性、统一性、包容性、和平性五个特性的概括[①],为全面认识和理解中国文化传统的内在属性,提供了崭新视角。它不仅有助于我们更加深入地认识中华文明与中国文化自身的丰富性、多样性,对于文化研究的理论

---

[*] 安德明,中国社会科学院文学研究所研究员。
[①] 《习近平在文化传承发展座谈会上强调　担负起新的文化使命　努力建设中华民族现代文明》,《人民日报》2023年6月3日。

五　建设中华民族现代文明

与方法也具有极大的拓展和深化作用。"讲话"所发出的建设中华民族现代文明的倡议，是围绕新时代文化建设的使命提出的新要求，需要文化研究者作出积极有效的回应。

发掘和揭示中华文明与中国传统文化的特性，一方面是为了更加全面正确地认识我们所持文化传统的伟大，增强和坚定中华民族的文化自信。"讲话"所概括的中华文明五个突出特性，作为相辅相成的五个有机要素，对我们认识中华优秀传统文化中以往未曾看到，或因某种西方中心主义视角影响而受到遮蔽的许多重要面向，具有重要的启发意义。例如，受近年来盛行的区域研究、个案研究影响，中国文化的统一性问题被不少学科忽略，甚至遭到排斥，取而代之的是对地方性、差异性话题的热烈讨论。这样的研究，在深入揭示地方文化的内在属性，展现中国文化的多样性、丰富性等方面，取得了一定的成绩；但如果结合对中华民族文化统一性特征的强调来思考，我们又会发现，这些研究某种程度上也可能会导致弱化文化统一性乃至民族共同体意识的危险，值得从学理上进行认真反思。又如，对于中国传统戏曲、小说及民间故事中最常见的大团圆结局，过去研究者更多地会以"落入俗套"来批评，但如果结合中华文明和平性的特征来理解这类叙事大量存在且广受欢迎的现象，我们会认识到，这类情节实际上表达着一代又一代中国人对和平与幸福的永恒追求。可以说，在有关五个特性的概括所体现的新视角下，我们能够更加准确恰当地看到各种具体的传统文化事项的全貌，能够对这些文化得出更加公正、客观的评价，进而能够从根本上改变自己对于民族文化的态度，增强文化自信心。

另一方面，发掘和揭示中华文明与中国传统文化的特性，更是为了朝向未来，给新时代文化建设事业提炼和积累更有力的资源，更好地建设中华民族现代文明，进而为解决国际社会面临的种种难题、推进构建人类命运共同体作出切实有力的贡献。进入21世纪以来，国际社会面临的挑战与危机日趋复杂，诸如全球经济增长动能不足，发展鸿沟日益显著，恐怖主义、网络安全、重大传染性疾病等非传统安全威胁持续蔓延等难题，都对人类社会的和平与发展带来了严重威胁。这客观上也表明，当前主要以西方价值观为主导确立的国际关系理念，亟须进行新的调整、补充和完善。在这种形势下，提出建设中华民族现代文明，其意义就在于通过建设、发展和繁荣符合新时代要求的先进文化，在促进中华民族伟大复兴的同时，为解决当今世界面临的挑战贡献中国智慧和中国方案。

建设中华民族现代文明，必须坚持马克思主义基本原理同中国具体实际、同中华优秀传统文化相结合。清楚认识传统文化的特性，坚定文化自信，是进一步传承、发扬中华民族文化传统，推动其转化为现代文明建设资源的前提。而这些丰厚的传统文化资源，要实现自身的现代化，要转化为现代文明的有机组成，必须经历创造性转化和创新性发展的过程。促成这种转化和发展的力量，就是马克思主义。"讲话"指出："在五千多年中华文明深厚基础上开辟和发展中国特色社会主义，把马克思主义基本原理同中国具体实际、同中华优秀传统文化相结合是必由之路。"[①] 而其中的"第二个结合"，尤其具有"又一次的思想解放"的意义，它"造就了一个有机统一的新的文化

[①] 《习近平在文化传承发展座谈会上强调 担负起新的文化使命 努力建设中华民族现代文明》，《人民日报》2023年6月3日。

生命体，让马克思主义成为中国的，中华优秀传统文化成为现代的，让经由'结合'而形成的新文化成为中国式现代化的文化形态"[1]。

我们经常说，中华文化源远流长，生生不息。但在承认文化传统的连续性的同时，又必须认识到，这些文化之所以能够绵延不绝地传承，同它始终保持着"革故鼎新"的内在精神直接相关。早在先秦时期，"天行健，君子以自强不息""苟日新，日日新，又日新"的思想就已逐渐普及，并形成了对"刻舟求剑""故步自封"的警惕和批评。这种强调变化、注重革新的精神，是保证中国文化具有持续活力和生机的动力，也是保障近现代以来中华民族自觉接受马克思主义的重要基础，更是"讲话"指出的马克思主义和中华优秀传统文化之间"高度契合性"的体现。简言之，从世界观方法论的角度来说，中国传统文化中，自古就包含着从发展、运动的视角来看待和处理天人关系和社会关系的唯物辩证法理念，同马克思主义的基本立场有着高度的一致性。

建设中华民族现代文明，又必须同中国式现代化的发展道路相协调、相结合。有关"中国式现代化"的系统论述，构成了党的二十大报告最为核心的理论之一。作为区别于西方现代化的崭新道路，中国式现代化新道路"筑就了人类文明新形态的道路基石，而人类文明新形态突破了西方资本至上、自由主义和西方中心论的局限，是中国式现代化新道路的实践成果"[2]。可以说，"讲话"中提出的建设中华民族现代文明的目标，同构建人类文明新形态，实际上是一而二、

---

[1] 《习近平在文化传承发展座谈会上强调　担负起新的文化使命　努力建设中华民族现代文明》，《人民日报》2023年6月3日。

[2] 夏一璞：《中国式现代化新道路：开启人类文明新形态》，《今日中国》2021年第9期。

二而一的关系。它们既是朝向当下、朝向中国自身的目标，是推动实现中华民族伟大复兴的重要基础，又是面向世界、面向未来的任务，是为解决当前人类社会面临的种种难题而提供的新方案。而它们的实施和完善，都必须以中国式现代化道路为根基。中国式现代化，是中国共产党领导的社会主义现代化，既有各国现代化的共同特征，更有基于自己国情的中国特色。是人口规模巨大的现代化，是全体人民共同富裕的现代化，是物质文明和精神文明相协调的现代化，是人与自然和谐共生的现代化，是走和平发展道路的现代化。[①] 这种概括和论述，既立足于对包括中国在内世界各国上百年来的现代化历程的全面总结与比较，又融会了中国近十年来更加自觉的理论反思与实践探索，对于全面建设社会主义现代化国家，具有重要的理论引领和实践指导价值。这些价值主要体现在以下几个方面。

第一，中国式现代化的理念，立足于丰富而卓有成就的中国经验，以高度的历史自信与自立自强精神，纠正了世界许多发展中国家，以及我国近现代以来较长一段时期内存在的错误认识与相应实践。在这种认识和实践中，现代化通常被简单地理解为全盘西化，与本土的传统处于严重对立的状态。过去很长一段时期，学术界出现了大量讨论传统与现代关系的论著。这些著作中，相比于从传承与变异、继承与创新等历时性角度所做的一般探讨，发展中国家研究者的论述，往往多了一种基于横向比较的焦虑，乃至趋于文化自卑的心理倾向。这种情况的产生，同上述偏颇认识的影响直接相关，我国"五

[①] 习近平：《高举中国特色社会主义伟大旗帜　为全面建设社会主义现代化国家而团结奋斗——在中国共产党第二十次全国代表大会上的报告》，《人民日报》2022年10月26日。

五　建设中华民族现代文明

四"时期一些学者的极端主张和行动,就是这方面的典型例子。有关"中国式现代化"概念的提炼和系统阐释,对纠正把现代化与本土化、民族化截然对立的偏颇认识,并解决相关实践难题,具有重要作用。它有力地证明,发展中国家完全可以探索和构建一条既有国际共性又保持鲜明民族个性的现代化道路。

第二,中国式现代化的理念,是通过对国内外现代化历程的全面总结与反思而提出的,体现了整体考察和把握中外相关实践的全局观,具有突出的系统性、整体性特征。其对共同富裕、物质文明与精神文明协调发展、人与自然和谐共生及和平发展等事实和观念的强调,既是以中国近十年来自觉反思并主动纠正以往国内外现代化进程中多方面失误为基础以及对"五位一体"协调发展所取得成就的总结,又是对今后更加健康有效地推进现代化作出的系统规划。这些规划,对于缓解或避免许多发达国家出现的贫富差距加大、生态恶化、社会关系失范等"现代化恶果"[1] 提供了重要的解决方案,也有助于从整体上解决中国自改革开放以来长期困扰社会各界的物质文明与精神文明顾此失彼、难以两全的难题。

第三,中国式现代化的理念,体现着强烈的"胸怀天下"的气魄和视域。它的提出,既以中国实践及党的十八大以来的成功经验为基础,又保持着与世界各国现代化实践的积极比较,包含自觉的"文明互鉴"意识。因此,它必然能够起到促进与国际社会的交流、合作,并帮助不同国家解决现代化过程中面临的相关难题的作用。也正

---

[1] Barbro Klein, "Cultural Heritage, the Swedish Folklife Sphere, and the Others", *Cultural Analysis*, Vol. 5, 2006, pp. 57–80.

是在这个意义上，党的二十大报告同时指出，中国式现代化也是推进构建相互理解、相互尊重、共同发展的人类命运共同体，创造人类文明新形态的重要路径。

第四，中国式现代化的理念，深化了人类文明互鉴的互为主体的交流原则，为建设更加合理的国际交流秩序提供了重要参考准则。十多年以前的中国，主要是以一种被动接受发达国家经验、模式的方式来实施现代化，但随着我国综合国力的提高，尤其是新时代以来，随着国家从制度层面对"四个自信"的高度重视和广泛宣传，中国日益从现代化的被动接受者变成主动参与者，中国社会各界以更加坚定的民族自信，以更加自觉的历史主动和主体能动性，推进了中国自身现代化的长足发展，为整个世界的全面现代化发挥了重要作用。由此积累的中国式现代化经验，对于改善东西方关系、建设新时代的国际秩序，也将提供重要的启示。

第五，中国式现代化的理念，始终坚持以人民为中心的根本立场。它强调"共同富裕"原则，在总结过去、规划未来的过程中又始终不忘"人口规模巨大"的国情，这些都体现了我国在现代化进程中始终立足于人民、始终坚持发展为了人民的根本出发点。这种以保障广大人民的基本权益、促进社会公平正义为目标的现代化，可以说既是中国式现代化赖以完成的基础，也是使得它与西方资本主义现代化卓尔不同的根本原因。

从以上五个方面可以看出，"中国式现代化"理念在历史总结、理论创造与方法论创新等方面都体现出了重要价值。它以坚定的历史自信和历史主动，以开阔的国际眼光与世界情怀，对改革开放以来尤其是进入新时代以来，中国特色社会主义建设取得的辉煌成就做了深

五　建设中华民族现代文明

刻全面的总结，并以过去的实践为基础，系统深入地阐释了现代化的新思路、新方向。对于中华民族现代文明建设而言，它能够为我们更好地处理实践与理论、本土与国际、历史与现实等之间的关系问题，提供重要的启发。

建设中华民族现代文明，必须坚持系统观念，推动文化事业的整体发展。系统观念，是贯穿在习近平新时代中国特色社会主义思想中的世界观、方法论的重要内容，它注重从整体、联系、发展的角度来认识事物和解决问题。这方面的内容，鲜明体现在文化发展传承座谈会的讲话中，不仅有效增强了"讲话"的说服力和指导意义，也为文化研究者提供了具有方法论意义的启发。对于当前的文学研究而言，尤其能够起到加强大文学观建设、促进文学事业整体繁荣的引导作用。

大文学观，"指的是以文化整体的眼光来认识文学现象、总结文学发展规律、探索文学基本属性并推动文学研究学科建设的观点和方法"[1]。从古至今，文学的内容和类型总是处在不断拓展的状态，有关文学的理解，也必然要适应对象的发展规律，不断突破狭义的领域而向更广阔的范围发展，唯此方能保证认识和结论的全面性、有效性。从这个角度来认识和理解文学及文学史，是"五四"以来新文学观念的一个重要特征。后来经过延安新文艺运动的进一步丰富和充实，特别是在中华人民共和国成立之后，由于中华人民共和国文化制度的保障，这种可以用"大文学观"来概括的文学思想，在文学研

---

[1] 安德明：《发展新时代大文学观　建设中华民族现代文明》，《中国社会科学报》2023年6月15日。

究所首任领导郑振铎、何其芳，以及钟敬文等学者的共同推动下，得到了长足的发展。它不仅为确立和发展新中国文学创作、传承与研究的基本格局奠定了基础，也为作为现代民族国家的社会主义中国的建设和完善贡献了不容忽视的智力支持。这种大文学观，既朝向本土又胸怀天下，既坚持汉族文学传统又维护和发展各少数民族文学事业，既观照上层文人大传统又注重民间小传统，同时着力揭示和促进大小传统的积极互动与动态交流，从而为使小说、戏曲、歌谣、神话等按照以往墨守成规的狭义文学观念根本无法进入文学殿堂的诸多内容，登堂入室成为文学研究领域不可或缺的对象，为从多民族文学与文化多样性的角度丰富中华民族文学武库、巩固中华民族多元一体格局，为从世界文学的眼光来认识自我、从中国文学的立场来繁荣世界文学，发挥了至关重要的引领作用。

我国文学研究领域设立的各个二级学科，特别是少数民族文学和民间文学，可以说都是这种大文学观影响下的产物。受这种大文学观的影响，在中国社会科学院文学研究所一代又一代的研究者中，始终有人保持着对新生文学现象的敏感。一批同人在较早时期就对网络文学予以持续关注，并以此为基础促成文学所网络文学研究室的成立，就是这方面的一个鲜明例证。除了强调对文学对象的兼容并蓄，这种大文学观还尤其注重把文学具体问题视为整体文学文化系统的组成部分，从综合、比较的角度予以观照，从而为更加全面完整地认识和揭示具体对象的内在属性奠定了基础。

然而遗憾的是，随着文学研究领域各个学科的不断发展完善，学科之间的界限、隔阂也日趋严重，有时甚至出现了各自为政、敝帚自珍、相互轻视的状况。这不仅有悖于大文学观的基本理念，而且严重制约了当前学术研究的发展潜力和创新活力。

通过对"讲话"的学习，特别是通过结合其中体现的系统观、整体观来重新思考大文学观，我们可以更加清楚地看到当前各学科之间壁垒分明的弊端及其危害，也能够增强进一步发展和推广以整体、融合、比较为特征的新时代大文学观的动力和决心。在这种大文学观的引领下，研究者必将更加准确、全面地认识不同民族、不同国家、不同类型的文学实践及其多样性，以及文学实践主体的多元性，进而促成基于广泛主体间性的相互理解；必然更加自觉地把文学理解为复杂文化有机体的重要组成部分，从文化史、社会史的角度来理解文学，反过来又从文学的角度进一步认识和理解文化的完整性。最终，它必将有助于推动文学创作与文学研究适应新的历史条件并结合时代需要不断焕发勃勃生机。

总之，习近平总书记在文化传承发展座谈会上的讲话，不仅为新时代切实推进文化领域的各项工作提供了指南，也为广大文化工作者和人文社会科学研究者从本土文化传承与创新的优秀实践经验出发，积极探索既朝向民族内部又面向全球的文明新形态建设，提供了指导性的理论框架。在这种框架引领下，自觉总结和反思文学研究领域的成绩与挑战，既是有效推进文学研究三大体系建设的重要举措，也是从文学文化研究的角度为建设中华民族现代文明贡献力量的积极行动。

（原载《文学遗产》2023年第6期）

中华民族现代文明建设的三大问题

王延中[*]

习近平总书记在党的二十大报告中发出"以中国式现代化全面推进中华民族伟大复兴"[①]的号召,并阐述了中国式现代化的五大中国特色、本质要求和重大原则。在2021年中央民族工作会议上,习近平总书记提出"党的民族工作创新发展……要正确把握中华文化和各民族文化的关系"[②]。在2023年6月的文化传承发展座谈会上,习近平总书记鲜明提出中华文化主体性的重大论断,深刻阐释了中华文明的五大基本特性,指出当代文化建设的重要目标就是推进中华民族现代文明的发展。本文基于对上述重要论述的学习,提出需要处理好三大关系,明确中华民族现代文明建设的三大原则。在分析中华文化和各民族文化的关系时,要准确把握中华文化的主干性;在分

---

[*] 王延中,中国社会科学院学部委员,中国社会科学院民族学与人类学研究所所长、研究员。

[①] 习近平:《高举中国特色社会主义伟大旗帜 为全面建设社会主义现代化国家而团结奋斗——在中国共产党第二十次全国代表大会上的报告》,人民出版社2022年版,第21页。

[②] 《习近平谈治国理政》第4卷,外文出版社2022年版,第246页。

五　建设中华民族现代文明

析中华文明与世界其他文明的关系时，要始终坚持中华文化的主体性；在分析中国式现代化与推进中华民族现代文明的关系时，要提升中华文化的时代性。

一　坚持中华文化在各民族文化中的主干性

中华民族和56个民族的多元一体格局决定了正确处理中华文化与各民族文化的关系是中国民族工作的重要内容。习近平总书记强调："各民族优秀传统文化都是中华文化的组成部分，中华文化是主干，各民族文化是枝叶，根深干壮才能枝繁叶茂。"[1] 这是从马克思主义唯物辩证法的角度深刻阐释了中华文化与各民族文化的关系，对于保护和传承各民族优秀传统文化、丰富发展中华文化的内涵与外延、建设中华民族共有精神家园具有重大指导意义。在2022年3月5日参加十三届全国人大五次会议内蒙古代表团审议时，习近平总书记进一步强调："要把铸牢中华民族共同体意识的工作要求贯彻落实到全区历史文化宣传教育、公共文化设施建设、城市标志性建筑建设、旅游景观陈列等相关方面，正确处理中华文化和本民族文化的关系，为铸牢中华民族共同体意识夯实思想文化基础。"[2] 这些论述为我们正确处理中华文化与各民族文化的关系提供了重要遵循。

中华文化与各民族文化的内涵与外延是不同的。中华文化作为更

---

[1]《习近平在中央民族工作会议上强调　以铸牢中华民族共同体意识为主线　推动新时代党的民族工作高质量发展》，《人民日报》2021年8月29日。

[2]《习近平在参加内蒙古代表团审议时强调　不断巩固中华民族共同体思想基础　共同建设伟大祖国　共同创造美好生活》，《人民日报》2022年3月6日。

大范围、更高层次、更具引领功能的各民族共享的文化，包括与国家政权紧密结合在一起的政治文化、意识形态、价值理念、法律规范等，超越了各民族文化的范畴，成为各民族文化之上、代表整个中华民族文化精神的国家文化，引领并规范着各民族文化的发展方向。由此可见，吸纳汇聚各民族文化的中华文化，其内涵与外延与各民族文化不尽相同。

中华文化与各民族文化的层次是不同的。费孝通先生把各民族与中华民族的关系区分为下层与上层的关系，而且指出下层又可以区分为更多的层次。由此推论，各民族文化与中华文化的关系也是下层与上层的关系，其中各民族文化又可以区分为更多的层次。如果把文化的层次与中国不断细分的地理单元相比较，这个特点更加鲜明。如同不同层级的地理单元具有不同的行政级别一样，中华文化在不同层级的地理单元也形成了不同的圈层。越接近国家权力的中心，越接近文化的上层与核心层；越到底层的地理单元，越接近文化的基层。

中华文化与各民族文化既是不同文化层次之间的关系，也是整体与局部的关系。中华文化往往涉及中国整个地域，与国家政权倡导的主流价值观和主流文化结合在一起，是整体文化、国家文化；各民族文化属于地方文化或者区域文化，是局部文化，从属于整体文化和国家文化。从这个意义上说，中华民族的多元一体格局也体现为中华文化的多元一体特征。各民族文化作为局部文化，既是中华文化的有机组成部分，又受中华文化规范和制约。

中华文化与各民族文化的形成机理和作用范围也是不同的。各民族文化作为中华文化的重要组成部分，其根源在于各民族是中华民族共同体的组成部分。早在中华民族共同体的自在阶段，各民族文化交融发展，为中华文化的形成和发展提供了源源不竭的动力。费孝通先生指出："在中华文化的发展过程中，多元的文化形态在相互接触中相互影响、相互吸收、相互融合。共同形成中华民族'和而不同'的传统文化。"[①] 在中国历史上，各民族结合主要聚居区的自然环境，形成了一套与各民族具体生产生活实践相适应的民族文化。各民族文化在处理人与自然、人与人、人与社会之间的关系等方面形成了一套相对完整的文化内容，例如信仰、服饰、饮食、语言文字、建筑风格、美学图案等。这些内容，一方面反映了各民族生产力和生产关系的状况，另一方面也是各民族文化相互学习借鉴的结果。各民族的交往交流交融，共同推动着各民族文化不断发展和繁荣。在这个过程中，中华文化作为各民族优秀传统文化的集大成，在各民族文化的发展繁荣中起着主导作用，推动着各民族文化持续深入的交流互动。同时，受益于各民族文化的持续交流互动，中华文化的内涵不断丰富，主流价值观等主导性内容不断适应时代需要，更好地反映时代诉求，引领时代发展潮流。作为整体的中华文化所具备的诸多共性特征，不仅为各民族提供了共同文化的基础和土壤，也引领着各民族的共有精神家园建设，成为各民族共享的中华民族精神的时代体现。

二　坚持中华文化和中华文明的主体性

中华民族有五千多年的文明史。在近代以前，伟大的中华民族不仅创造了灿烂辉煌的古代文明，在相当长的时间内中华文化都处于世

[①]《费孝通文集》第14卷，群言出版社1999年版，第407—408页。

界领先地位。但是,"1840年鸦片战争以后,中国逐步成为半殖民地半封建社会,国家蒙辱、人民蒙难、文明蒙尘,中华民族遭受了前所未有的劫难"[①]。由于近代以来中国在国际竞争中的落伍,关于中华传统文化能否继续成为推进中华民族争取独立和现代化发展的主导性精神力量,引发了诸多的争论。不论是洋务运动时期的"中学""西学"之争,还是新文化运动时期的各种"主义"论战,都说明中华传统文化到了必须彻底变革的境地。

在中国共产党的领导下,通过把马克思主义基本原理同中国具体实际相结合、同中华优秀传统文化相结合,实现了中华传统文化的精神再造。这种改革不仅深刻改变了中华文化的走向,而且深刻改变了中国人民和中华民族的前途和命运,甚至深刻改变了世界发展的趋势和格局。在庆祝中国共产党成立100周年大会上的讲话和关于中国共产党百年历史的第三个历史决议中,习近平总书记总结了中国共产党带领中国人民和中华民族取得的重大成就:1921—1949年取得了新民主主义革命的胜利,建立了人民当家作主的中华人民共和国,实现了民族独立、人民解放;1949—1977年进行社会主义革命,推动社会主义建设,创造了社会主义革命和建设的伟大成就;1978—2012年经过改革开放,开创、坚持、捍卫、发展中国特色社会主义,中国大踏步赶上了时代,创造了社会主义现代化建设的伟大成就;党的十八大以来,中国特色社会主义进入新时代,实现第一个百年奋斗目标,明确实现第二个百年奋斗目标的战略安排,创造了新时代中国特

[①] 习近平:《在庆祝中国共产党成立100周年大会上的讲话》,人民出版社2021年版,第2页。

五　建设中华民族现代文明

色社会主义的新成就，中华民族迎来了从站起来、富起来到强起来的伟大飞跃，实现中华民族伟大复兴进入了不可逆转的历史进程。

从全球看，肇始于近代西方的现代化是改变人类历史进程的全面变革乃至革命。自那时起，实现现代化成为人类社会发展与世界历史进程的基本逻辑，也是中国共产党百年来一以贯之的历史使命与责任担当。

中国式现代化是以习近平同志为核心的党中央对中国共产党百年来领导现代化实践经验的系统总结，更是对"什么是中国式现代化道路、如何拓展中国式现代化道路"等重要理论与实践课题的创造性回答。党的二十大报告系统总结归纳了中国式现代化的五大基本特征。中国式现代化是人口规模巨大的现代化、是全体人民共同富裕的现代化、是物质文明和精神文明相协调的现代化、是人与自然和谐共生的现代化、是走和平发展道路的现代化。中国式现代化既坚持了现代化道路的一般规律，符合现代化普遍标准，又坚持了科学社会主义的基本原则和发展方向，体现出中国式现代化道路的社会主义性质。中华儿女之所以能够扭转近代以后中国的历史命运，取得今天的伟大成就，最根本的就是始终坚持中国共产党的领导。只有认识和把握坚持中国共产党的领导这一中国式现代化的根本要求，才能全面理解中国式现代化的五重维度与深刻内涵，才能充分认识中国式现代化如何打破现代化模式的西方窠臼、实现对西方式现代化模式的超越，提振以中国式现代化全面推进中华民族伟大复兴的信心和决心。

在中国共产党领导下，中国新民主主义革命、社会主义革命和建设、改革开放和中国特色社会主义事业的成功，极大提升了中国人民和中华民族的自豪感，也消除了近代以来压在中国人民心头的中国文化无法实现现代化的阴霾,提升了整个民族对中华文化的信心。党的十八大以来,习近平总书记在"道路自信、理论自信、制度自信"的基础上提出了"文化自信"。在党的二十大报告中,习近平总书记对文化自信作了进一步的阐述:"确立和坚持马克思主义在意识形态领域指导地位的根本制度,新时代党的创新理论深入人心,社会主义核心价值观广泛传播,中华优秀传统文化得到创造性转化、创新性发展,文化事业日益繁荣,网络生态持续向好,意识形态领域形势发生全局性、根本性转变。全党全国各族人民文化自信明显增强、精神面貌更加奋发昂扬。"[①] 这一切都说明,在不断取得发展进步的现代化进程中,中华优秀传统文化经过创造性转化和创新性发展已经大踏步地跟上了时代,中华文化的主体性进一步彰显。

习近平总书记在党的二十大报告中把中华文化自信提高到能否坚持和发展马克思主义的高度来认识。他指出:"坚持和发展马克思主义,必须同中华优秀传统文化相结合。只有植根本国、本民族历史文化沃土,马克思主义真理之树才能根深叶茂。""我们必须坚定历史自信、文化自信,坚持古为今用、推陈出新,把马克思主义思想精髓同中华优秀传统文化精华贯通起来、同人民群众日用而不觉的共同价值观念融通起来,不断赋予科学理论鲜明的中国特色,不断夯实马克思主义中国化时代化的历史基础和群众基础,让马克思主义在中国牢牢扎根。"[②] 这是从政治和意识形态的高度论述了中华文化的主

[①] 习近平:《高举中国特色社会主义伟大旗帜 为全面建设社会主义现代化国家而团结奋斗——在中国共产党第二十次全国代表大会上的报告》,人民出版社2022年版,第18页。

[②] 习近平:《高举中国特色社会主义伟大旗帜 为全面建设社会主义现代化国家而团结奋斗——在中国共产党第二十次全国代表大会上的报告》,人民出版社2022年版,第18页。

五　建设中华民族现代文明

体价值，是推进中国式现代化的精神力量。

深入学习党的二十大关于文化自信自强问题的论述，不仅有如何看待传统文化的问题，还有如何看待中华文化与世界各国文化的关系、中华文化在世界文化格局中的地位的问题。在对待传统文化问题上，由于近代以来中国的衰落和沉沦，思想界、文化界长期存在着反思甚至否定传统文化价值的思潮。在五四运动之后的100年中，社会各界对于传统文化的态度大相径庭。中国共产党运用马克思主义的唯物辩证法看待中华传统文化，坚持用"取其精华、去其糟粕"的态度对传统文化进行创造性转化和创新性发展。中国特色社会主义进入新时代，我们党在坚持"道路自信、理论自信、制度自信"的基础上进一步提出了坚持"文化自信"，使"三个自信"变为"四个自信"。这充分说明，文化自信已经纳入我国主流意识形态体系，成为实现中华民族伟大复兴的精神力量。李书磊在阐述党的二十大报告精神时认为，一个民族的复兴需要强大的物质力量，也需要强大的精神力量。实现中华民族伟大复兴必然要求中华文化繁荣兴盛，全面建成社会主义现代化强国必然要求建设社会主义文化强国，满足人民日益增长的美好生活需要必然要求不断满足人民的精神文化需求，推动构建人类命运共同体必然要求不断提升中华文化影响力。[①]

中国共产党带领中华民族历经艰难险阻迎来了从站起来、富起来到强起来的百年奋斗历程，增强了整个中华民族的自信，包括文化上的自信。但是，在美西方的极力打压遏制下，我们在国际舆论上被动挨骂甚至被"围剿"的局面尚未根本改观，中国的声音在国际上传

---

① 《党的二十大报告辅导读本》，人民出版社2022年版，第401—403页。

播不出去或者传播出去也传不远、影响不大的问题依然存在。面对至今仍然处于强势地位的西方文化，中华文化如何坚持主体性的问题成为我们面临的重大问题。北京师范大学资深教授黄会林先生提出了把中华文化打造成世界"第三极文化"①的设想，并进行了深入的论证。其实，不论是20世纪末费孝通先生提出的文化反思或文化自觉，还是我们今天强调的文化自信和文化建设，都是强调中华文化本身就具有主体性，这不仅仅是数千年连绵不断的中华文明具有坚实的历史根脉决定的，也是中国在近代以来始终坚持中国本土特色的独立发展道路所决定的。在中国共产党的领导下，在"两个结合"的过程中，中国探索出一条既符合世界现代化规律，又具有中国特色的社会主义道路和中国式现代化之路。这是基于中国国情特别是中华文化五大鲜明特色的客观选择，呈现出中华文化一脉相承的主体性。

三 准确把握中华民族现代文明建设的时代性

在党的二十大上，习近平总书记指出要"以中国式现代化全面推进中华民族伟大复兴"②，深刻论述了中国式现代化的五大特征与根本保证。推进中国式现代化必须坚持"四个自信"，尤其是"文化自信"。我们应当坚信在五千多年历史中从未中断的中华文明，不仅一

---

① 黄会林教授认为，与欧洲文化、美国文化鼎立的"第三极文化"已经形成，即当代中国文化。参见黄会林《守住民族文化本性 创造不可替代的"第三极文化"》，《山西大学学报》（哲学社会科学版）2010年第5期；黄会林《世界文明格局中的中国文明主体性》，《中外艺术研究》2020年第1期。

② 习近平：《高举中国特色社会主义伟大旗帜 为全面建设社会主义现代化国家而团结奋斗——在中国共产党第二十次全国代表大会上的报告》，人民出版社2022年版，第21页。

五　建设中华民族现代文明

直以来都是世界文化体系中占重要地位的主体性文化，而且在近代以来中国经济社会沉沦的过程中也没有被强势的西方文化和西方文明所击倒。恰恰相反，历经磨难的中华民族和中国人民在吸收借鉴外来文化的过程中，始终坚守着中华文化的立场和传统。在中国共产党的领导下，中华文化立场和传统再次焕发勃勃生机活力，不仅成为支撑中国站起来、富起来、强起来的精神支柱，而且成为继续推动中国式现代化和建设人类文明新形态的精神力量。随着中国式现代化的不断发展和我国综合国力的进一步增强，中华文化的吸引力、传播力、影响力将进一步提高，中华文化的主体性将进一步彰显，成为世界"第三极文化"将不仅仅是愿望，而且是可以预见的现实。

中国式现代化必须坚守中华文化立场，坚持走中国特色的社会主义现代化建设之路，同时推进文化的创新发展，创造与中国式现代化道路相适应的社会主义新文化。肯定中华优秀传统文化的价值是我们在世界文化激荡中站稳脚跟的根基，但不是全部，也不是决定性的，还必须坚持"不忘本来、吸收外来、面向未来，在继承中转化、在学习中超越，不断推动文化创新创造"，"在文化强国建设中铸就社会主义文化新辉煌"[①]。党的二十大报告提出了五个方面的具体任务：一是建设具有强大凝聚力和引领力的社会主义意识形态；二是广泛践行社会主义核心价值观；三是提高全社会文明程度；四是繁荣发展文化事业和文化产业；五是增强中华文明传播力影响力。

习近平总书记关于中华文明连续性、创新性、统一性、包容性和和平性的论述，揭示了当代中华文化建设的方向。当前理论界一个重

---

① 《党的二十大报告辅导读本》，人民出版社2022年版，第405页。

大任务，就是全面阐述中华文明五大突出特性的理论价值与现代意义。五大特性充分体现了中华优秀传统文化的精神实质和精髓要义，既是坚持"两个结合"阐释中华文明重大理论成果的典范，也对当前以铸牢中华民族共同体意识为主线推进新时代党的民族工作高质量发展、推进中华民族共同体和中华民族现代文明建设具有实践意义。

"中华文明具有突出的连续性，从根本上决定了中华民族必然走自己的路。如果不从源远流长的历史连续性来认识中国，就不可能理解古代中国，也不可能理解现代中国，更不可能理解未来中国。"①在五千多年的文明史中，中国人民创造了璀璨夺目的中华文明，为人类文明进步事业作出了重大贡献。我们的祖先在几千年前创造的文字至今仍在使用，今天我们使用的汉字同甲骨文没有根本区别。尽管"中国"一词在古代和近现代有不同的内涵，但谁也无法否认中华文明是世界上唯一绵延不断且以国家形态发展至今的伟大文明。今日中国是历史中国的自然延续，中国是全体中国人的中国，也是中华民族赖以生存和发展的共同家园。铸牢中华民族共同体意识就是要求各民族继续发扬"爱我中华"的伟大爱国主义精神，共同团结奋斗，共同走向社会主义现代化，共同致力于中华民族伟大复兴。

建设中华民族现代文明，需要传承中华优秀传统文化，但更需要对中华优秀传统文化进行创造性转化、创新性发展，这是中华文明的创新性在新时代的新要求。"中华文明具有突出的创新性，从根本上决定了中华民族守正不守旧、尊古不复古的进取精神，决定了中华民

---

① 《习近平在文化传承发展座谈会上强调　担负起新的文化使命　努力建设中华民族现代文明》，《人民日报》2023年6月3日。

族不惧新挑战、勇于接受新事物的无畏品格。"[1] 铸牢中华民族共同体意识在强调各民族共同维护、赓续中华文明连续性的同时，还要求各民族发扬"锐意进取、与时俱进"的精神财富，面对新挑战、新困难不气馁、不妥协，敢于斗争、善于斗争，不断进行创新创造，在创新实践中开辟新的发展空间。

铸牢中华民族共同体意识是中华文明统一性根本追求在新时代的集中体现，开辟了各民族共同维护祖国统一、促进中华民族大团结的新境界。"中华文明具有突出的统一性，从根本上决定了中华民族各民族文化融为一体、即使遭遇重大挫折也牢固凝聚，决定了国土不可分、国家不可乱、民族不可散、文明不可断的共同信念，决定了国家统一永远是中国核心利益的核心，决定了一个坚强统一的国家是各族人民的命运所系。"[2] 铸牢中华民族共同体意识就是中华优秀传统文化中"大一统思想"在进入现代民族国家时代之后的体现，强调各民族在国民身份上的一致性，进而形成维护祖国统一、共同团结奋斗的思想认同、理论认同、心理认同和情感认同。中华文明的统一性，从根本上决定了中华民族是"四个与共"共同体理念凝聚起来的大家庭，决定了各民族文化融为一体的中华文化是在延续中华文明的根和脉，决定了国家统一的重要性以及各民族共同维护坚强统一的国家的必然性。中华文化使中华文明具有超强的内聚力，承继九州共贯、六合同风、四海一家的大一统传统，成为中华民族"向内凝聚、多元

---

[1] 《习近平在文化传承发展座谈会上强调　担负起新的文化使命　努力建设中华民族现代文明》，《人民日报》2023年6月3日。

[2] 《习近平在文化传承发展座谈会上强调　担负起新的文化使命　努力建设中华民族现代文明》，《人民日报》2023年6月3日。

一体"的历史发展大趋势的重要体现。

中华文明的包容性涵养了中华民族海纳百川、兼收并蓄、万物并立、和谐相处的开放胸怀和共生理念，为中华民族现代文明的建设奠定了坚实根基。"中华文明具有突出的包容性，从根本上决定了中华民族交往交流交融的历史取向，决定了中国各宗教信仰多元并存的和谐格局，决定了中华文化对世界文明兼收并蓄的开放胸怀。"[①] 铸牢中华民族共同体意识倡导各民族牢固树立"四个与共"共同体理念，是中华民族团结和谐共同发展的历史主流趋势在新时代的体现。中华文化注重"和而不同"，在数千年的交往交流交融过程中，各民族汇聚成多元一体的中华民族，最终建设成你离不开我、我离不开你、血脉相连、命运与共的中华民族共同体。同时，包容性也决定了中华民族对于不同宗教秉持开放包容的态度，但又坚持"政主教从、多元通和"的治理原则，确保各种宗教被纳入中华文化的体系框架，并立并存，相互包容，和谐相处。在对待外来文化时，包容性决定了中华民族海纳百川、接纳世界文明尤其是其他国家先进文化的宽广胸怀。中华民族强调万物并育，辩证统一，在博采众长、兼收并蓄中和谐共生。

中华文明的和平性彰显了中华民族"协和万邦、天下一家"的人类命运共同体理念，是引领世界和平的精神力量。"中华文明具有突出的和平性，从根本上决定了中国始终是世界和平的建设者、全球发展的贡献者、国际秩序的维护者，决定了中国不断追求文明交流互鉴而不搞文化霸权，决定了中国不会把自己的价值观念与政治体制强

[①] 《习近平在文化传承发展座谈会上强调　担负起新的文化使命　努力建设中华民族现代文明》，《人民日报》2023年6月3日。

五　建设中华民族现代文明

加于人，决定了中国坚持合作、不搞对抗，决不搞'党同伐异'的小圈子。"① 铸牢中华民族共同体意识，强调中华民族大团结、中华儿女大团结，并不是强调"大中华主义""泛中华主义"，而是追求和平的文化基因的体现。几千年来，中国作为一个地域广袤、人口众多、物产丰饶的大国，崇尚礼尚往来、和谐相处，从不扩张、殖民，也不推行霸权。追求和平的历史传统和文化基因，也是中华大地上各民族最终凝聚为中华民族的根本原因，因为这种文化把各民族聚在一起，具有化解族群冲突、内向凝聚的"大家庭"传统，这就是取长补短、相互帮助。随着社会主义民族关系的确立，我们又把这些历史文化传统发展为"平等、团结、互助、和谐"的基本理念。这与西方难以化解族群冲突最终不得不靠各自的民族主义，建立"一族一国"的民族国家路径大相径庭。中国式现代化决不走西方"国强必霸"的老路，而是走和平发展的新路。"我国不走一些国家通过战争、殖民、掠夺等方式实现现代化的老路，那种损人利己、充满血腥罪恶的老路给广大发展中国家人民带来深重苦难。我们坚定站在历史正确的一边、站在人类文明进步的一边，高举和平、发展、合作、共赢旗帜，在坚定维护世界和平与发展中谋求自身发展，又以自身发展更好维护世界和平与发展。"② 这是习近平总书记在党的二十大报告中提出的中国式现代化的新逻辑，也是中华文化在世界文化体系中的新定位。正如中国式现代化引领人类文明新形态一样，中国必须在世

---

① 《习近平在文化传承发展座谈会上强调　担负起新的文化使命　努力建设中华民族现代文明》，《人民日报》2023 年 6 月 3 日。
② 习近平：《高举中国特色社会主义伟大旗帜　为全面建设社会主义现代化国家而团结奋斗——在中国共产党第二十次全国代表大会上的报告》，人民出版社 2022 年版，第 23 页。

界文化体系中坚持中华文化的主体性，坚持提升中华文化的国际传播力和影响力，但是这种传播力和影响力的提升，并不是像主导西方文明的西方文化体系所主张的"普世价值"那样，要求甚至强制别的国家接受。恰恰相反，中华文化强调"己所不欲、勿施于人"，通过自己的言行、礼仪、道德和文明修养潜移默化地产生影响，发挥创造人类文明新形态、构建人类命运共同体的建设作用。中国主张共商共建共享的全人类共同价值，而不是强人所难、损人利己、适者生存的丛林法则和所谓的"普世价值"。正是在这一点上，中华文化的主体性更加增添了其所具有的世界性文化的价值理念和核心特征。坚持中华文化的主体性，建设中华民族现代文明，为建设人类文明新形态、推动构建人类命运共同体提供了中国智慧。

这些宝贵的历史文化特点，决定了中华文明能够生生不息、传承至今而且根深叶茂、具有光明前景。铸牢中华民族共同体意识，不仅仅针对民族工作，而且服务于中华民族伟大复兴战略全局的重大决策部署。这是把马克思主义民族理论同中国民族工作具体实际相结合、同中华优秀传统文化相结合，是习近平新时代中国特色社会主义思想民族篇的核心要义。

建设中华民族现代文明，必须大力加强新时代文化强国建设，也就是建设具有时代特色、引领时代潮流、体现中国乃至全球文化建设方向的先进文化，体现文化与文明的时代性。坚持中华文化的主体性，并不是抱残守缺，把中华文化仅仅等同于中华传统文化。因为任何文化都是时代的文化，都必须时代化，都必须不断在创造和创新中发展。哪怕是那些被视为优秀传统文化的内容，也需要在传承中进行创新和创造。因为这种传承不是简单地照搬照抄，而是必须使文化的

五　建设中华民族现代文明

主体内容与时代精神和时代要求相一致。像中国共产党人始终坚持马克思主义的中国化时代化一样，对传统文化也需要进行创造性转化和创新性发展，并把这种"双创"作为建设当代中华文化的基本遵循和根本路径。当代中华文化集中华优秀传统文化、革命文化、社会主义先进文化于一体，是各民族优秀文化的集大成。在漫长的历史长河中形成和发展起来的各民族优秀传统文化，是建设当代中华文化的土壤和基础。但是，传统文化并不都是精华，甚至还有一些是糟粕。有些文化内容在当时可能是适当的，但是在历史发展进程中可能因无法跟上时代步伐和满足人民群众需要而不得不进行改变。事实上，任何文化都必须随着时代的发展进步不断进行有机更新和推陈出新。这种更新过程也是一个去粗取精、扬弃发展的过程。

党的十八大以来，习近平总书记高度重视文化自信和文化建设，不仅把文化建设纳入中国特色社会主义事业总体布局，而且反复强调文化自信、文化建设对于国家治理体系和治理能力现代化的重要意义。2021年，习近平总书记在福建考察时强调，"要推动中华优秀传统文化创造性转化、创新性发展，以时代精神激活中华优秀传统文化的生命力。要把坚持马克思主义同弘扬中华优秀传统文化有机结合起来，坚定不移走中国特色社会主义道路"[①]。同年，习近平总书记在陕西榆林考察时指出："要坚持以社会主义核心价值观为引领，坚持创造性转化、创新性发展，找到传统文化和现代生活的连接点，不断

[①] 习近平：《高举中国特色社会主义伟大旗帜　为全面建设社会主义现代化国家而团结奋斗——在中国共产党第二十次全国代表大会上的报告》，人民出版社2022年版。

满足人民日益增长的美好生活需要。"① 习近平总书记在党的二十大报告中指出："全面建设社会主义现代化国家，必须坚持中国特色社会主义文化发展道路，增强文化自信，围绕举旗帜、聚民心、育新人、兴文化、展形象建设社会主义文化强国，发展面向现代化、面向世界、面向未来的，民族的科学的大众的社会主义文化，激发全民族文化创新创造活力，增强实现中华民族伟大复兴的精神力量。"②"要坚持马克思主义在意识形态领域指导地位的根本制度，坚持为人民服务、为社会主义服务，坚持百花齐放、百家争鸣，坚持创造性转化、创新性发展，以社会主义核心价值观为引领，发展社会主义先进文化，弘扬革命文化，传承中华优秀传统文化，满足人民日益增长的精神文化需求，巩固全党全国各族人民团结奋斗的共同思想基础，不断提升国家文化软实力和中华文化影响力。"③ 这些重要论述是新时代推进我国文化强国建设的理论指南和行动纲领，也是在世界文化体系中坚持中华文化主体性的体现，对推进全民族的文化自信自强、铸就社会主义文化新辉煌意义深远。

（原载《马克思主义研究》2023 年第 8 期）

---

① 《习近平在陕西榆林考察时强调　解放思想改革创新再接再厉　谱写陕西高质量发展新篇章》，《人民日报》2021 年 9 月 16 日。
② 《高举中国特色社会主义伟大旗帜　为全面建设社会主义现代化国家而团结奋斗——习近平同志代表第十九届中央委员会向大会作的报告摘登》，《人民日报》2022 年 10 月 17 日。
③ 习近平：《高举中国特色社会主义伟大旗帜　为全面建设社会主义现代化国家而团结奋斗——在中国共产党第二十次全国代表大会上的报告》，人民出版社 2022 年版。

植根优秀传统文化土壤的当代中国政治制度

柴宝勇[*]

习近平总书记在文化传承发展座谈会上指出,"第二个结合"是又一次的思想解放,让我们能够在更广阔的文化空间中,充分运用中华优秀传统文化的宝贵资源,探索面向未来的理论和制度创新。政治制度是现代国家治理体系的核心组成部分,集中体现一个国家的根本性质。中国特色社会主义政治制度是中国共产党领导广大人民群众创建的先进政治制度,已经被实践证明具有强大优势。习近平总书记指出:"中国特色社会主义政治制度之所以行得通、有生命力、有效率,就是因为它是从中国的社会土壤中生长起来的。"[①] 社会土壤既包括历史、国情等因素,也涵括与历史、国情等因素相互浸染、影响的文化因素。中华优秀传统文化蕴含的一些价值追求、精神品质、道德规范等,经过创造性转化和创新性发展,为塑造当代中国政治制度

---

[*] 柴宝勇,中国社会科学院习近平新时代中国特色社会主义思想研究中心研究员,中国社会科学院大学政府管理学院教授。

[①] 《习近平著作选读》第1卷,人民出版社2023年版,第263页。

的比较优势提供了丰富滋养。

一 传统文化是影响政治制度建构与运转的重要因素

文化属于当代政治制度建构无法脱离、不易言表但又非常重要的社会历史条件。习近平总书记指出："中国有坚定的道路自信、理论自信、制度自信，其本质是建立在5000多年文明传承基础上的文化自信。"[1] 他在文化传承发展座谈会上强调："'结合'打开了创新空间，让我们掌握了思想和文化主动，并有力地作用于道路、理论和制度。"[2] 任何一个国家或地区政治制度的建构不可能凭空而生，而要以特定的文化元素为价值内核。传统文化作为一个国家和民族思想理念长期积淀的产物，是经济社会发展和国家制度赖以维系的基础，深刻影响着一国政治制度的形成。我们看到，即便都是资本主义国家，不同国家的文化传统也形塑了不同的政治制度和政党制度。同样是竞争性的政党制度，法兰西民族追求浪漫的民族性格影响了法国独特的变动频仍而又对抗激烈的政党两极化态势；日本民族"菊"与"刀"的双重性格催生了日本独特的一党独大但党中有派的政党格局。

传统文化也影响政治制度的实际运转与制度效能。制度的生命力在于执行与运转，而使制度运转起来的一个重要基础是具有与制度结构相适应的政治文化，因为政治制度不是抽象的政治规范和政治原则，它需要通过广大社会成员的共同遵守和贯彻执行才能在政治实践

---

[1] 《习近平谈治国理政》第4卷，外文出版社2022年版，第312页。
[2] 《习近平在文化传承发展座谈会上强调　担负起新的文化使命　努力建设中华民族现代文明》，《人民日报》2023年6月3日。

中持续释放出强大的制度效能，而这种政治文化深刻影响着广大社会成员的与这种制度所蕴含的价值相匹配的认知判断和行动策略，这也就解释了为什么制度的盲目移植会导致与传统文化不适应进而带来政治动荡与制度断裂，也就不难理解为什么基于文化延续而进行的一致性、渐进性制度变革具有稳定性和生命力。

传统文化影响政治制度的生成、运转与效能背后的逻辑机理在于：制度作为政治上层建筑的重要组成部分，其生成与经济基础相适应、相匹配、相契合。同时，制度的演进也深受观念上层建筑的影响和制约。每个国家的历史传统、文化积淀各不相同，其制度建构也都各具特色。文化的内涵因时而变，那些具有包容性、创新性特征的优秀传统文化，在新的时代条件下通过创造性转化、创新性发展实现自我超越，能够为当代政治制度建设提供文化滋养。这是优秀传统文化对当代政治制度发展演进具有长远深刻影响的内在机理。

二 中华优秀传统文化塑造当代中国政治制度的显著优势与文明特征

政治制度是用来调节政治关系、建立政治秩序、推动国家发展、维护国家稳定的，是长期历史传承和现实问题意识的有机统一。中国政治制度不是"飞来峰"，既是中国共产党人以马克思主义为指导，对马克思主义政治理论和国家学说进行创新发展的结果；又立足中华文明独特历史文化传统，继承和发展中华民族几千年历史演进中形成的国家制度和国家治理的丰富思想。从中国政治制度的发展视角看，中华优秀传统文化赋予了中国政治制度深厚的历史文化底蕴，其中如

"多元一体""天下为公""民为贵""和而不同"等要素对中国政治制度的生成、运转与未来发展产生的影响深远持久。

"多元一体"与当代中国政治制度的统一性。中华民族的"多元一体"格局与"大一统"思想紧密相关，其本质是多元性和一致性的辩证协调。"多元中的统一"与"统一中的多元"，这对矛盾主导着中华民族的历史进程，也塑造了中国式文化观念与制度架构。《公羊传》首次提出"大一统"，《汉书》解之以"六合同风，九州共贯"，其中内含中国古代国家结构、礼仪风俗与政令教化等方面的统一，塑造了中国政治的稳定性和连续性。在新的历史语境下，当代中国政治制度的设计和运行更加强调民主和集中、多元和一致、表达和共识等的有机协调，囊括了国家统一、法制统一、政令统一、市场统一的方方面面。中国共产党在面对利益多元、思想多样的复杂治理局面时，围绕各族各界人民群众的生产生活实际，建立起系统完备的政治制度体系，形成强大的制度凝聚力，确保国家各项政治制度安排要素齐全、环节完整。

"天下为公"与当代中国政治制度的公正性。《吕氏春秋》把"天下为公"解作天下为天下人共有之意，《礼记》则从选贤任能、公共秩序、社会救济及道德教养等方面构想了"天下为公"的大同社会图景，表现出鲜明的公益性。毛泽东同志明确提出"大同者，吾人之鹄也"。在新的历史语境下，中国共产党始终代表最广大人民根本利益，从来不是任何利益集团、任何权势团体、任何特权阶层的代言人，确立起"立党为公，执政为民"的根本政治原则。以此为出发点，当代中国政治制度设计更加注重公心、公利、公制，运行更加强调公平、公正、公开；在党的领导、人民当家作主、干部选贤任能、国家公权力行使等方方面面建立起周全的制度安排和健康的政治生态，为实现中国式现代化和中华民族伟大复兴奠定了坚实的制度基础。

"民为贵"与当代中国政治制度的人民性。《孟子》提出"民为贵，社稷次之，君为轻"的政治思想，使儒家"仁者爱人"的仁政理念更加具象化，古代中国卓有作为的政治家、改革家无不以"先忧后乐""民为国本"为情怀和追求。在新的历史语境下，中国共产党同样坚持"我将无我，不负人民"，形成了依靠人民、为了人民、成果由全体人民共享的中国式现代化道路。以此为基点，中国共产党坚持为人民服务，走群众路线，着力完善全过程人民民主、服务型政府建设、共同富裕与第三次分配等各项制度设计和运行，意在充分实现物质和精神共同富裕、人的自由全面发展。

"和而不同"与当代中国政治制度的包容性。中华民族是一个尚和、厌斗的民族，强调包容与合作、发展与共存。中国政党制度、民主制度等将这种文化传统付诸政治实践，把各个政党和无党派人士紧密团结起来、为着共同目标奋斗，通过制度化、程序化、规范化的制度安排集中各种意见和建议、推动决策科学化民主化，有效避免了一些西方国家"否决政治""极化政治"引发的社会分裂对立。中国始终是世界和平的建设者、全球发展的贡献者、国际秩序的维护者，不断追求文明交流互鉴而不搞文化霸权，不把自己的价值观念与政治体制强加于人，推动构建人类命运共同体，坚持走合作发展道路。

三 从理论、话语等角度为增强制度自信提供强大文化支撑

马克思主义基本原理同中华优秀传统文化相结合，为巩固当代中国政治制度一系列显著优势提供了潜力巨大的理论基础和博大精深的话语资源。面向未来，一方面，要在马克思主义科学理论指导下，将中华优秀传统文化中具有时代价值的价值追求和道德规范，转化为推动当代中国政治制度理论创新和实践创新的宝贵资源。习近平总书记指出，"'结合'的结果是互相成就，造就了一个有机统一的新的文化生命体，让马克思主义成为中国的，中华优秀传统文化成为现代的，让经由'结合'而形成的新文化成为中国式现代化的文化形态"。① 只有在准确把握中华优秀传统政治文化的现代意蕴和内在结构的基础上，才能更加令人信服地揭示文化如何对政治主体的观念和行为产生影响，论证深受文化影响的政治主体如何在相应的经济结构之上创设、推动政治制度的形成与运转，进而找准在马克思主义指导下，以中华优秀传统文化资源推进当代中国政治制度创新的有效路径。

另一方面，要提炼中华优秀传统文化中体现中国精神和中国力量的价值话语，夯实当代中国政治制度创新发展的共同话语基础。习近平总书记指出："要善于提炼标识性概念，打造易于为国际社会

---

① 《习近平在文化传承发展座谈会上强调 担负起新的文化使命 努力建设中华民族现代文明》，《人民日报》2023年6月3日。

所理解和接受的新概念、新范畴、新表述,引导国际学术界展开研究和讨论。"① 作为当代中国政治制度话语资源的新概念、新范畴、新表述,既要从中国丰富多彩的政治实践中来,也要从博大精深的中华优秀传统文化中来。"讲仁爱、重民本、守诚信、崇正义、尚和合、求大同"等中华优秀传统文化,"家国一体"的理念、"革故鼎新"的思想、"天下为公"的担当等都是建构当代中国政治制度话语的重要理论来源和文化支撑。汲取中华优秀传统文化中历久弥新的思想精华,有助于集中表达当代中国政治制度的价值主张及道义优势,丰富当代中国政治制度的话语内容,使当代中国政治制度的价值标识更加隽永悠长、鲜活鲜明。

文化自信,是更基础、更广泛、更深厚的自信,是一个国家、一个民族发展中最基本、最深沉、最持久的力量。中国政治制度在实践中释放出强大制度效能,充分彰显了"两个结合"的伟大现实意义,其中蕴含的精神力量是强化政治制度自信的重要源泉。要善于从中华文明宝库中获取丰厚滋养,使广大人民群众深刻认识到当代中国政治制度深厚的文化底蕴,领悟当代中国政治制度一系列显著特质和比较优势得以塑造的历史渊源,在此基础上引导广大人民群众自觉坚定对当代中国政治制度的文化自信。

(原载《理论导报》2023年第7期)

---

① 《习近平著作选读》第1卷,人民出版社2023年版,第486页。

"国家治理文明"与中华民族现代文明建构

展 龙[*]

国家治理文明是历代国家治理的实践结果和智慧结晶,集中反映了历代国家治理基本理念、制度要素、能力水平的演进历程和进步状态,是中华文明中最具统筹性、根本性和全局性的文明形态,一定程度上决定了中华文明的性质、方向和地位,是中华文明得以传承发展的根本政治前提、制度基础和体制保障。新时代扎实推进中华民族现代文明建构,就要充分结合中华优秀传统文化,正确认识历代国家治理的文明程度,深刻把握历代国家治理的发展规律。唯有这样,现代国家治理体系才能与历代国家治理文明交相辉映,并在生生不息的传承发展中赋予中国式现代化以深厚底蕴,为人类治理文明注入中国智慧,贡献中国力量。

---

[*] 展龙,中国社会科学院历史理论研究所研究员,中国社会科学院大学历史学院教授。

五　建设中华民族现代文明

一　"国家治理文明"的认识维度及核心问题

中国国家治理文明源远流长、博大精深，包含着历史时期国家治理生成起源、传承发展、转型转化的理论逻辑、历史经验和实践路径，体系完整、特色鲜明，包含着历史时期国家治理的制度设计、运作机制和治理模式。中国国家治理文明的实践和实现，需要通过历史视角，从治理属性、治理主体、治理客体、治理思想、治理策略、治理效能等维度加以理解。

一是治理属性。阶级性、社会性和政治性是历代国家治理的本质属性，代表统治阶级的根本利益，体现统治阶级的共同意志，维护统治阶级的核心权力。只有认清国家治理的本质属性，才能更加客观地认识历代国家治理体系的设计原则和运作机制，才能更加准确地判断历代国家治理的实际效益和经验教训。历史时期的国家治理属性，取决于治理主体的身份特性、价值取向和政治立场，也即治理主体的属性决定了国家治理的属性。据此，历史时期的国家治理可分为政府治理、社会治理以及由官方、社会互动合作、协同参与的综合治理。

二是治理主体。治理主体既指能够参与治理的个体或群体，也指由治理个体构成的机构、组织等。在中国古代，治理主体虽有不同，但大体不出"官—士—民"这一总体结构，角色包括皇帝、官员、士人、庶民及其组成的政府或组织。在一般性国家治理中，治理主体角色各异，其中，处于主导地位的是君官及官方机构，而处于基础地位却又缺乏主体地位的，则是最具社会广泛性的士民，他们的治理行为除了有限的"自治"，更多的是在官方引导下参与的国家治理。这一点正与现代国家以人民为中心、以人民为主体的治理模式有所区别。

三是治理客体。国家治理客体是指国家治理的对象及其范围，它受制于实际的治理需要，也取决于客观的社会存在。国家治理客体实际是构成"国家"的各个要素，涵盖政治、经济、社会、文化、生态等多个领域。中国古代国家治理客体也涵盖了这些领域，但因其治理属性、治理宗旨缺乏现代意义上的民主性和公众性，因而作为治理主体的官员、士民，也同时成为国家治理的客体。换言之，历史时期国家对各个领域的治理，实际上是通过治理官员、士民而实现的，因而在古代话语体系中，才会出现治国、治官、治民，以及"治国即治吏""治国必先富民"等独特表述。

四是治理思想。在中国古代，那些超前性、批判性、建设性治理思想的生产者、主导者和传播者，往往具有修齐治平、笃信道统、无畏权势、崇尚民意的精神气质、人文气节和思想气度。作为国家治理的主体，他们所发出的治理呼声，提出的治理见解，总结的治理经验，时常蕴含着匡世辅政、依经立义、知人论世、直言敢谏、重儒明道、改革创新的济世情怀、忧患意识和批评精神。因而，判断一个时代、一个王朝的国家治理能力和水平，不仅要观察其治理过程、策略和效果，还要观察其治理观念、思想和认识。

五是治理策略。治理策略本质上是阶级利益观念化、主体化和实践化的反映。在中国古代，国家治理策略因时而异，因地制宜，可分为面向"朝廷"、面向"民众"及介于二者之间的"中间"治理策略。其中，面向"朝廷"的治理策略一般是对涉及官方利益的国家、社会的综合治理，凸显君臣及官方的权力结构、制度运作和政治秩序。面向"民众"的治理策略一般是对涉及民众利益的土地、赋税、户籍、教育、灾荒等社会问题的治理，凸显国家治理的"问题"意识和"向下"原则。"中间"治理策略主要表现为官方引导民众参与国家治理，凸显以实现共同目标为导向的国家"共治"模式。

六是治理效能。判断历代国家治理的程度和效能，需要紧扣王朝的盛衰周期、时代的治乱轨迹，并采取定量和定性相结合的分析路径。如此，历代国家治理的效能大体有两种截然相反的结论：一是国家治理推进了国家发展，实现了治理目标，这种"正向"治理效能留给后世的多是值得借鉴的治理经验；二是国家治理阻碍了国家发展，破坏了治理目标，这种"负向"治理效能留给后世的大多是需要反思的治理教训。两种治理效能的发展方向不同，最终结局不同，但治理启示却如出一辙，即要提升国家治理效能，实现国家治理目标，就须坚持革新治理理念，优化治理机制，创新治理策略，整合治理资源，提升治理能力，这是古往今来确保国家治理效能的普遍路径。

千百年来，中华民族创造了灿烂的国家治理文明，形成了丰富的国家治理思想，构成现代中国国家治理体系的思想基础和文化基因。如"要在中央"的治国体制，强调大国之治，集中领导；"民为邦本"的治国之基，强调为治之本，务在安民；"六合同风"的一统格局，强调多元一体，大势使然；"革故鼎新"的改良精神，强调穷变通久，变法自强；"德法合治"的治国要道，强调以德为本，以法为辅；"无为而治"的治国良策，强调顺其自然，顺势而为；"大同世界"的治国目标，强调众生平等，人民安居……这些治国思想和智慧，为当今中国国家治理体系提供了丰富的思想资源。

二 "国家治理文明"的突出特性及深层意义

中国现代国家治理体系，生长于中国现代社会土壤，植根于中华文化传统，形成于中国治理实践，是中华民族现代文明的核心主体，也是中国国家治理文明的现代转化。中国国家治理现代化是中华文明发展的历史必然和最终选择。国家治理体系的形成发展，由特定历史、文化等因素所决定，赋予中华民族现代文明以深厚底蕴，彰显出属于中华文明的突出特性。

一是连续性。历代王朝在治国实践中，逐步建立了一套运行缜密、行之有效的国家治理体系，展现出独具特色、赓续不绝的国家制度体系。周代创设的礼乐制度，保证了周朝八百载绵长国运。秦汉建立的封建制度，奠定了"海内为郡县，法令由一统"的制度体系。此后，无论王朝如何更替，国家治理体系的"超稳定"结构长期延续。如以王权为核心的集权制度，以三公九卿、三省六部为架构的中枢机构，以郡县为主流的行政区划，以血缘为纽带的宗族制度，以羁縻为主调的民族政策，以文官为主体的官僚制度，以五刑为核心的法律制度等。这些制度因时而设，因势而变，但主旨相承，要义未改，持续保障了国家权力的有效运转，长期维系了国家统治的基本秩序，逐渐形成国家治理的"制度文明"。

二是创新性。中国国家治理文明的连续性，是通过不断创新、应时变革而实现的，并呈现出从原创到实践，从实践到革新，从革新到发展的生成逻辑。春秋战国时期百家争鸣的繁荣局面，造就了中华文化的"轴心时代"，催生了内圣外王、仁政待民、天下大同、无为而治、德刑并举、人定胜天、重农抑商、因俗而治等一系列原创性治理思想。从此,历代王朝的治国思想迭代日新,因时而变,经历了从黄老无为到独尊儒术,从玄理名教到扬儒抑佛,从三教合流到理学大成,从尊崇理学到独述程朱,从民主启蒙到理学复兴,最终在长期的传承创新中,形成具有中国特色的国家治理思想。

三是统一性。千百年来,"大一统"是贯穿国家治理和思想文化的一条主线。从尧舜时的天下咸服,到商周时的封邦建国,从孔子恢复王道的理想追求,到秦始皇统一寰宇的成功实践。统一的历史进程和一统的政治格局,逐渐衍生出政治、文化、疆域、民族等方面的统一观念。一统思想传衍不绝,成为中华民族高于一切的政治理想和精神追求。从此,统一王朝的大国之治成为中国历史的主流,历史亦一再证明,统一是维护国家完整、凝聚民族团结的现实动力,一统是增强中华民族文化认同、国家认同的精神纽带。

四是包容性。中华文明的突出包容性,从根本上决定了历代国家治理的包容取向和道路方向。一方面,历代王朝"包容性"的治理机制,长期维系了国家治理的政治秩序。例如在国家议政决策过程中,古代王朝建立了君臣集议、朝臣廷议、百官众议等多重议政决策制度,同时鼓励民众上书言事,甚至诣阙奏事。这种包容不同政见的治国模式,一定程度上保证了国家政治决策的客观性、有效性,从而实现了君臣共治、官民共治的治理生态。另一方面,历代王朝推行的"包容性"民族政策和文化政策,促进了各民族交往交流交融,促进了外来文化的中国化进程,最终促成中华民族多元一体的民族格局和文化格局。

五是和平性。中国国家治理文明中蕴含着和平、和睦、和谐的价值追求。从"和而不同"的处世原则到"天下太平"的社会理想，从"强不执弱"的担当到"化干戈为玉帛"的智慧……中国"和"文化意蕴深长。一方面是坚持和平外交政策。如汉代张骞出使西域，用"驼队"谱写了互利合作的篇章；明代郑和七下西洋，用"宝船"留下了和平友好的佳话。另一方面是坚持和平军事政策。中华民族倡导非攻止戈的军事思想，坚持和平防御的军事政策。如秦朝修筑长城，汉代征伐匈奴，明代防御蒙古、援朝抗倭、击败西寇，清代平定边乱、收复台湾、抗击沙俄，皆为维护地区和平和边疆安宁作出了重要贡献。历代王朝的和平治国理念，从历史传统、文化基因上决定了当今中国依然是世界和平的建设者、全球发展的贡献者和国际秩序的维护者。

中国国家治理文明，是一种王朝更替而道路不绝的文明，是一种思想争鸣而理论渐熟的文明；是一种体制多变而制度日新的文明，是一种文化多元而格局趋同的文明。道路是方向，理论是指导，制度是保障，文化是力量，中国国家治理文明的突出特性，积淀着中华民族最深沉的精神底色，代表着中华民族独特的精神标识，构成了中华民族现代文明的深厚历史底蕴。

三 "国家治理文明"的架构体系及现代转化可能

国家治理文明是国家治理体系的文化传统，国家治理体系是国家治理文明的历史传承。源远流长的中华文明，赋予国家治理文明以政治、经济、社会、文化、生态的特殊架构体系；光明宏远的中国式现代化道路，赋予中华民族现代文明以政治、经济、社会、文化、生态的特定建设体系。两个体系彼此融通，是历史与现实的创造性耦合，并为国家治理文明提供了系统完整的体系架构和创新转化的现代力量。

一是政治治理。在中国历史上，政治治理以政治权力为基础，以君主专制为先导，约肇始于殷周，争鸣于春秋战国，建制于秦汉，发展于隋唐，成熟于宋明，式微于晚清。其中，集权、郡县、宰相、三省、六部、行省、铨选、考察、法律等制度，德、礼、法相互补充的治理模式，权力制衡、民为邦本、得人为先、穷则思变、共享大同等治理理念，都是政治治理"文明"的集中体现和支撑要素。

二是经济治理。经济治理是国家治理体系和治理能力的关键体现，也是国家治理文明中最为"物质"的文明。历史上，中国长期是世界经济大国，古代经济的治理政策、治理理念、制度设计，不仅深契中国国情，且有自身独特优势。历代王朝在治理经济过程中，逐渐总结出公共公正、节约节制、互利共赢、富国富民等经济治理思想；逐渐建立了较为完善的经济管理制度；逐渐摸索出重农抑商、奖励耕战、轻徭薄赋、劝课农桑等经济调控措施。然而，相对于政治治理，历代王朝的经济治理能力略显脆弱，经济治理过程略显粗放，经济治理效果略显滞后，以致未能解决好财政赤字、通货膨胀、土地兼并等经济问题。

三是社会治理。社会治理是国家治理中最具广泛性、基础性的治理，时刻考验着一个国家的治理能力和水平。中国古代在社会治理实践中，逐渐形成较为成熟、完备的治理体系。其一，社会治理对象既有社会结构、社会关系、社会变迁、社会组织等"常规性"社会问题，也有社会变革、社会危机、社会动乱等"问题式"社会问题。

其二，通过户籍制度、基层组织、民间力量、传统习俗等治理路径，形成上下结合、官民共治的社会治理模式。其三，坚持以"治民"为中心的社会治理目标，旨在规范社会行为，协调社会关系，解决社会问题，维持社会秩序，等等。

四是文化治理。国家治理如何实现"文明"，需要以文化治理来支撑和体现。中国古代倡导以文立国，重视文化建设，并围绕文化主体、文化教育、文化传播、文化产品、文化资源、文化活动等，实施了一系列利用"先进"文化压制"异端"文化的政策，编纂了浩如烟海、绵延不绝的文化典籍，造就了大批立心立命、治国安民的文化精英。历代王朝赓续不断的文化治理实践及其取得的丰富文化成果，是历代"精神文明"建设的集中反映，构成了中华民族的文化根脉。

五是生态治理。中华民族向来尊重自然、热爱自然，追求人与自然和谐共生，并积淀了丰富的生态智慧和生态文化，如"天人合一""道法自然"的哲理思想，"节用水火材物"的节能观念，"斧斤不入山林"的护林意识，"钓而不纲，弋不射宿"的渔猎主张，"顺天时，量地利"的农耕经验等。同时，为了保护生态环境，古代采取了一系列生态治理措施。其一，设置环保部门，如虞衡、都水司、街道司、农师等，负责川泽、山林、陂池、桥道、园囿、猎捕、水利等事；其二，颁布环保法令，如夏代"禹之令"、周代"伐崇令"、秦代"田律"、汉代"贼律"，皆是中国早期的环保法令；其三，建立自然特区，如汉唐时，山林川泽、苑囿打猎、污水排放、郊祠神坛等都有专门官员管理。

总之，国家治理的历史形态，就是国家治理文明；中国国家治理体系的历史形态，就是中国国家治理文明。新时代，只有客观、辩证地认识、理解国家治理文明，才能从不同角度窥知国家治理文明的历史本真，才能从不同维度审视国家治理文明的现代意义。只有从博大精深的国家治理文明中汲取历史智慧，总结历史经验，揭示历史规律，才能更加有效地推动国家治理体系和国家治理能力现代化，更加有力地推进中国特色社会主义文化建设，在中国式现代化的伟大实践中建设中华民族现代文明。

（原载《探索与争鸣》2023 年第 10 期）

在中华优秀传统文化创造性转化和创新性发展中建设中华民族现代文明

陈志刚[*]

党的十八大以来,习近平总书记立足新时代的伟大实践,深刻把握中华文明的历史和突出特性,以高度的文化自觉和文化自信,坚持把马克思主义基本原理同中华优秀传统文化相结合,不断推进中华优秀传统文化创造性转化和创新性发展,为建设中华民族现代文明指明了方向。特别是在价值观、人文精神、国家治理、修身理念、文明观等方面,习近平总书记充分吸取中华优秀传统文化的思想精髓,提出了一系列新观点新思想,使中华文明在新时代治国理政及引领人类文明发展中再次迸发出耀眼的光芒。

---

[*] 陈志刚,中国社会科学院马克思主义研究院研究员,中国社会科学院大学马克思主义学院教授。

五　建设中华民族现代文明

一　深刻把握中华文明的突出连续性，挖掘中华优秀传统文化讲仁爱、重民本、守诚信、崇正义、尚和合、求大同的时代价值，不断涵养社会主义核心价值观

中华文明具有突出的连续性，是世界上唯一没有中断过的文明。中华民族在悠久历史中形成的讲仁爱、重民本、守诚信、崇正义、尚和合、求大同的价值观念，在今天依然具有重要的时代价值，是"涵养社会主义核心价值观的重要源泉"[1]。习近平总书记指出："核心价值观是一个国家的重要稳定器，能否构建具有强大感召力的核心价值观，关系社会和谐稳定，关系国家长治久安。"[2] 我们倡导的社会主义核心价值观，是立足中国特色社会主义伟大实践而形成的道德规范和价值追求。它既充分体现了对中华优秀传统文化的传承和升华，也体现了革命先烈的理想，寄托着各族人民对美好生活的向往，为中国特色社会主义事业提供源源不断的精神动力和道德滋养。

一方面，中华民族传统的道德规范、价值理念与社会主义核心价值观具有高度契合性，这是前者能够为后者提供丰富养分的前提；另一方面，传统的道德规范和价值理念并不直接就是社会主义核心价值观，二者也存在很大的差异，甚至在有些方面存在天壤之别，并不能把传统的道德规范简单搬用到现代社会。我们必须站在马克思主义的

---

[1] 《习近平关于社会主义文化建设论述摘编》，中央文献出版社2017年版，第141页。
[2] 《习近平关于社会主义文化建设论述摘编》，中央文献出版社2017年版，第106页。

真理制高点和人民至上的价值制高点上，立足时代需要和实践发展，对传统的道德规范和价值理念进行创造性转化和创新性发展，赋予其新的内涵。例如，传统文化有深厚的富民思想，管子提出"凡治国之道，必先富民"，墨子主张"节用利民"，但从整体上是重农抑商、重义轻利的，崇尚均贫富；我们现在所主张的共同富裕，则是高质量发展基础上的全体人民共同富裕，是分阶段促进的共同富裕。传统文化的民本思想，主张"民为邦本""民贵君轻"，实质上是为了更好地实现皇权统治，广大人民依然处于被剥削被统治的地位；中国特色社会主义民主是全过程人民民主，强调人民至上，是真正的人民当家作主。传统文化中主流的治理思想，虽然也主张德治和法治相结合，但总体上是德主刑辅，并没有把法治放在与德治同等重要的位置，具有浓厚的人治色彩；中国特色社会主义法治建设则坚持党的领导、依法治国与人民当家作主的有机统一，坚持法治和德治并重。传统文化的和谐思想，虽然主张"和而不同""和睦相处"，但本质上维护的是以三纲五常为基础的等级秩序的和谐；中国特色社会主义所主张的和谐，则是各族人民平等相处基础上的社会和谐。

简言之，百余年来，马克思主义基本原理同中华优秀传统文化相结合，把中华传统文化的朴素辩证法思想提升到唯物辩证法的高度，为中国人民认识世界、改造世界提供了强大的思想武器；提升了中华文明的人文传统、民本思想，强调人民群众对历史发展的重要作用，强调江山就是人民、人民就是江山，凝聚了改造世界的磅礴力量；提升了中华文明的经世致用传统和义利兼顾的思想，强调物质文明和精神文明协调发展，使中华文明容纳了工业文明，走上了文明发展的快车道。

二 深刻把握中华文明的突出创新性,弘扬中华优秀传统文化所蕴含的人文精神,铸就中国共产党人的精神谱系,提升中华民族的精神境界

精神是文化的沉淀,是文化中最持久的力量。在悠久的历史中,中华民族形成了独特的人文精神,铸就了独特的精神标识。习近平总书记指出:"为什么中华民族能够在几千年的历史长河中顽强生存和不断发展呢?很重要的一个原因,是我们民族有一脉相承的精神追求、精神特质、精神脉络。"[①] "中国人民在长期奋斗中培育、继承、发展起来的伟大民族精神",包括伟大创造精神、伟大奋斗精神、伟大团结精神、伟大梦想精神,"为中国发展和人类文明进步提供了强大精神动力"[②]。

在习近平总书记所概括的中华民族伟大精神中,伟大创造精神居于首位,这体现了中华文明具有突出的创新性。中华文明之所以能够长期引领世界,创造精神、创新精神至关重要。"创新精神是中华民族最鲜明的禀赋。在5000多年文明发展进程中,中华民族创造了高度发达的文明,我们的先人们发明了造纸术、火药、印刷术、指南针,在天文、算学、医学、农学等多个领域创造了累累硕果,为世界贡献了无数科技创新成果,对世界文明进步影响深远、贡献巨大,也

[①] 《习近平关于社会主义文化建设论述摘编》,中央文献出版社2017年版,第119页。
[②] 习近平:《在第十三届全国人民代表大会第一次会议上的讲话》,人民出版社2018年版,第2页。

使我国长期居于世界强国之列。"①但是，到了近代以后，受西方工业文明的冲击，"创造了灿烂文明的中华民族遭遇到文明难以赓续的深重危机"②。梁漱溟曾指出："中国文化到了清代已僵腐，内容很不行，完全失掉了中心信仰——人类精神；因之礼教成了硬壳，硬固的虚假，对于自己的真精神没有把握，胸中无主。"③孙中山先生也认为，中国之所以从"世界独强"沉沦为"次殖民地"，其原因在于我们失去了民族的精神，"中国的人只有家族和宗族的团体，没有民族的精神，所以虽有四万万人结合成一个中国，实在是一片散沙"。因此，孙中山先生强调"我们要挽救这种危亡，便要提倡民族主义，用民族精神来救国"④。但如何恢复中华民族的精神，如何找到中华民族复兴的道路，鸦片战争以来无数仁人志士进行了探索，从太平天国运动、洋务运动、戊戌变法、义和团运动，到孙中山先生领导的辛亥革命，但都以失败而告终，没有能够改变中国人民和中华民族的悲惨命运。

十月革命一声炮响，给中国送来了马克思列宁主义，让中国先进分子在重重黑暗中看到了希望。马克思列宁主义的唯物精神、斗争精神、革命精神，弥补了中华传统文化柔弱有余而刚强不足、重视个体心性修养而忽视人群整合的缺陷⑤，使"中国人在精神上就由被动转

---

① 习近平：《在中国科学院第十七次院士大会、中国工程院第十二次院士大会上的讲话》，人民出版社2014年版，第3—4页。
② 《中共中央关于党的百年奋斗重大成就和历史经验的决议》，人民出版社2021年版，第62页。
③ 《梁漱溟全集》第2卷，山东人民出版社2005年版，第96页。
④ 《孙中山全集》第9卷，中华书局1986年版，第188、189页。
⑤ 吴新文：《再造文明：马克思主义与中国》，上海人民出版社2017年版，第119页。

五　建设中华民族现代文明

入主动"①，由自卑走向自信。马克思主义的真理力量激活了中华民族的伟大精神，扭转了近代以来的精神颓势，实现了中华民族精神的跃升。

中国共产党人作为中华民族的脊梁，在革命、建设和改革的伟大实践和艰苦奋斗中，"坚持性质宗旨，坚持理想信念，坚守初心使命，勇于自我革命，在生死斗争和艰苦奋斗中经受住各种风险考验、付出巨大牺牲，锤炼出鲜明政治品格，形成了以伟大建党精神为源头的精神谱系"②。以坚持真理、坚守理想，践行初心、担当使命，不怕牺牲、英勇斗争，对党忠诚、不负人民为基本内涵的伟大建党精神，既体现了马克思主义政党的性质宗旨、理想信念，也深深植根于中华优秀传统文化之中，极大地弘扬、升华了中华民族的伟大创造精神、伟大奋斗精神、伟大团结精神、伟大梦想精神。百余年来，在伟大建党精神的滋养下，中国共产党在革命、建设和改革中塑造了一座又一座精神丰碑，团结带领人民创造了一系列奇迹，迎来了从站起来、富起来到强起来的伟大飞跃，使中华民族抛弃了"东亚病夫"的帽子，重新屹立于世界民族之林。特别是改革开放的伟大实践，大力弘扬了中华五千多年文明一直贯穿的"天行健，君子以自强不息""地势坤，君子以厚德载物"的变革和开放精神，铸就了"伟大改革开放精神，极大丰富了民族精神内涵，成为当代中国人民最鲜明的精神标识"③。

---

① 《毛泽东选集》第4卷，人民出版社1991年版，第1516页。
② 《中共中央关于党的百年奋斗重大成就和历史经验的决议》，人民出版社2021年版，第64页。
③ 习近平：《在庆祝改革开放40周年大会上的讲话》，人民出版社2018年版，第14页。

伟大事业需要伟大精神,伟大精神引领伟大事业。恩格斯曾说:"一个知道自己的目的,也知道怎样达到这个目的的政党,一个真正想达到这个目的并且具有达到这个目的所必不可缺的顽强精神的政党,——这样的政党将是不可战胜的。"[①] 百余年来,中国共产党大力弘扬以爱国主义为核心的民族精神、以伟大建党精神为源头的革命精神、以改革创新为核心的时代精神,重新塑造了中华民族的精神面貌,提升了中华文明的精神境界,使中华民族创造了一个又一个奇迹。这些精神,也为我们在新征程上全面推进中华民族伟大复兴提供了不竭动力,铸就了战胜一切风险挑战的必胜信心。

三 深刻把握中华文明的突出统一性,弘扬中华优秀传统文化的国家治理思想和制度传承,不断完善中国特色社会主义国家制度和国家治理体系

制度是文化的凝聚。中华文明具有突出的统一性,在长期的实践中不仅大一统思想占据主流,而且探索出了一系列维护中央集权统一的制度安排。中华优秀传统文化包含丰富的国家治理思想和智慧,"自古以来逐步形成了一整套包括朝廷制度、郡县制度、土地制度、税赋制度、科举制度、监察制度、军事制度等各方面制度在内的国家制度和国家治理体系,为周边国家和民族所学习和模仿"[②]。实践证明,中华文明所具有的突出统一性蕴含着重要的治国理政智慧,对于

[①] 《马克思恩格斯全集》第39卷,人民出版社1974年版,第139页。
[②] 《习近平谈治国理政》第3卷,外文出版社2020年版,第120页。

五　建设中华民族现代文明

维护中华文明的突出连续性具有重要作用，也为我们今天治国理政提供了重要的借鉴。

以农耕文明为基础的传统中国，为了集中人力、物力、财力兴修水利设施、抵御自然灾害和外敌入侵，建立了强有力的中央集权制度，也使得大一统思想成为主流。"大一统"的观念在中国文化传统中由来已久。几千年来，中华民族在长期的发展中，不同文化、不同民族互相交流融合，不但形成了以儒家文化为主体的多元一体的文化认同格局，也形成了以汉族为主体的、各民族大杂居小聚居的中华民族共同体。特别是文字的统一、郡县制以及后来的科举制等的实行，为促进文化认同、民族认同发挥了重要作用。"一部中国史，就是一部各民族交融汇聚成多元一体中华民族的历史，就是各民族共同缔造、发展、巩固统一的伟大祖国的历史。各民族之所以团结融合，多元之所以聚为一体，源自各民族文化上的兼收并蓄、经济上的相互依存、情感上的相互亲近，源自中华民族追求团结统一的内生动力。"①"基于这种认识，各族人民都把维护国家统一看作天经地义、义不容辞的神圣使命与责任。尽管在一些历史时期也曾出现过分裂局面，但统一始终是主流。而且不论分裂的时间有多长、分裂的局面有多严重，最终都会重新走向统一。"② 近代以来，在拯救民族危亡的伟大斗争中，各族人民血流到了一起、心聚在了一起，共同体意识空前增强，中华民族实现了从自在到自觉的伟大转变。在血与火的抗争中，各族人民深刻认识到，中华民族是一个命运共同体，一荣俱荣、一损

---

① 习近平：《在全国民族团结进步表彰大会上的讲话》，人民出版社 2019 年版，第 7 页。
② 习近平：《领导干部要读点历史——在中央党校 2011 年秋季学期开学典礼上的讲话》，《党建研究》2011 年第 10 期。

俱损；各民族只有在中国共产党的领导下，把自己的命运同中华民族的命运紧紧连接在一起，才有前途，才有希望。历史证明，大一统思想对于维护民族团结、政治稳定、文明延续具有重要意义。

习近平总书记指出："一个国家选择什么样的国家制度和国家治理体系，是由这个国家的历史文化、社会性质、经济发展水平决定的。"①"独特的文化传统，独特的历史命运，独特的基本国情，注定了我们必然要走适合自己特点的发展道路。"② 中华人民共和国成立以来，几代中国共产党人在马克思主义指导下，立足中国实际，深刻把握深厚的中华文化根基，特别是继承源远流长的大一统传统，不断完善发展中国特色社会主义国家制度和国家治理体系，创造了中国之治的奇迹。

首先，弘扬"六合同风，九州共贯""事在四方，要在中央"的治国智慧，不断健全党的全面领导制度，坚决维护党中央权威和集中统一领导。没有共产党，就没有新中国，就没有中国特色社会主义，就没有中华民族的伟大复兴。中国共产党的领导是中国特色社会主义的最本质特征，是中国特色社会主义制度的最大优势。党的十八大以来，针对有一段时间落实党的领导弱化、虚化、淡化、边缘化的问题，我们把加强党的集中统一领导作为全党共同的政治责任，不断完善党的全面领导制度体系，坚决维护习近平总书记党中央的核心、全党的核心地位，坚决维护党中央权威和集中统一领导，使全党思想上更加统一、政治上更加团结、行动上更加一致。③ 坚持"两个维护"，

---

① 《习近平谈治国理政》第3卷，外文出版社2020年版，第119页。
② 习近平：《论党的宣传思想工作》，中央文献出版社2020年版，第17页。
③ 《习近平谈治国理政》第4卷，外文出版社2022年版，第50页。

五 建设中华民族现代文明

既是对大一统思想和传统中央集权制度的扬弃，也是对马克思主义建党原则——民主集中制——的贯彻，以及对党百年奋斗成功经验的总结。习近平总书记明确指出，"历史反复证明，党的团结统一是党的生命，党中央坚强有力领导是我们战胜一切困难和风险的根本保证"[1]，也是我们党能够成为百年大党、创造世纪伟业的关键所在。只有坚持党的集中统一领导，我们才能集中一切力量办大事、办难事，在革命时期力量比较弱小的时候可以做到以弱胜强；在社会主义建设时期能够在一穷二白的基础上建立独立的、比较完整的工业体系和国民经济体系；在改革开放时期能够创造经济快速发展和社会长期稳定的奇迹；在新时代能够推进党和国家事业取得历史性成就、发生历史性变革，创造新的奇迹。百年党史给我们的一个重要启示就是，坚决维护党中央的核心、全党的核心是党在重大时刻凝聚共识、果断抉择的关键，是党团结统一、胜利前进的重要保证。当前，改革发展稳定任务之重、风险矛盾挑战之多、治国理政考验之大前所未有，世界百年未有之大变局深刻变化前所未有，要治理好我们这个世界上最大的政党和人口最多的国家，在发展全过程人民民主的同时，必须始终确保党的团结统一，深刻把握"两个确立"的决定性意义，坚决做到"两个维护"。

其次，弘扬中华优秀传统文化倡导的天下为公、兼容并蓄、求同存异等思想理念，不断完善中国共产党领导的多党合作和政治协商制度。辛亥革命后，我们一度照搬西方的多党制，300多个政党雨后春

---

[1] 习近平：《全面从严治党探索出依靠党的自我革命跳出历史周期率的成功路径》，《求是》2023年第3期。

笋般成立，但绝大多数昙花一现，各种政治主张"你方唱罢我登场"，"各种政治力量反复较量，但中国依然是山河破碎、积贫积弱，列强依然在中国横行霸道，中国人民依然生活在苦难和屈辱之中"①。实践证明，西方的多党制、两党制不符合中国的国情。中华人民共和国成立后，我们立足中华民族长期形成的天下为公、兼容并蓄、求同存异的独特优秀文化传承，以及革命时期的独特实践，在马克思主义政党理论的指导下，建立并不断完善中国共产党领导的多党合作和政治协商制度。习近平总书记明确指出，中国共产党领导的多党合作和政治协商制度，是中国共产党和中国人民的伟大创造，是从中国土壤中生长出来的新型政党制度。这一制度具有广泛代表性，始终代表最广大人民的根本利益，有效避免了旧式政党制度代表少数人、少数利益集团的弊端；具有既民主监督又团结合作的科学机制，能够把各个政党和无党派人士紧密团结起来、为着共同目标而奋斗，有效避免了一党缺乏监督或者多党轮流坐庄、恶性竞争的弊端；具有显著的实践成效，能够通过制度化、程序化、规范化的安排集中各种意见和建议、推动决策科学化民主化，有效避免了旧式政党制度囿于党派利益、阶级利益、区域和集团利益决策施政导致社会撕裂的弊端。②

最后，坚持多元一体、团结互助，铸牢中华民族共同体意识，不断完善民族区域自治制度。中华人民共和国成立以来，中国共产党立足中华民族的大杂居、小聚居的特点，坚持以马克思主义民族理论为指导，深刻把握近代以来各民族在共同御敌中强化的中华民族共同体

---

① 习近平：《以史为鉴、开创未来，埋头苦干、勇毅前行》，《求是》2022年第1期。
② 习近平：《论坚持党对一切工作的领导》，中央文献出版社2019年版，第242页。

基础，建立和完善了单一制国家结构形式下的民族区域自治制度，走出了一条中国特色的解决民族问题的正确道路。特别是党的十八大以来，以习近平同志为核心的党中央明确提出了铸牢中华民族共同体意识以及"五个认同"的重要理念，形成了党关于加强和改进民族工作的重要思想。习近平总书记强调，要不断增强各族人民对伟大祖国、中华民族、中华文化、中国共产党、中国特色社会主义的认同，牢固树立休戚与共、荣辱与共、生死与共、命运与共的共同体理念。这不但升华了传统文化的大一统思想，而且丰富发展了党的民族理论和民族政策，为新时代做好民族工作提供了根本遵循。

同时，我们也借鉴传统的巡视制度、监察制度等，不断健全党统一领导、权威高效的党内监督体系，不断完善权力配置和运行的制约机制，破解了自我监督的世界难题。当前，中国特色社会主义国家制度和国家治理体系已经展示了显著的优势，对人类政治文明作出了巨大的贡献。它之所以行得通、有生命力、有效率，就是因为它是在马克思主义指导下从中国的社会土壤中生长起来的，而不是全盘西化搬来的"飞来峰"。

四 深刻挖掘中华优秀传统文化的修身理念，为党员干部修身为政提供丰富养分，不断推动自我革命，构建共产党人的"心学"

国无德不兴，人无德不立。中华传统文化高度重视思想道德建设，蕴含着非常丰富的修身理念，把"立德"置于"立功""立言"

之先，强调"君子为政之道，以修身为本"，由修身而齐家，然后治国平天下。钱穆曾把中华传统文化的要义概括为："以教人做一好人，即做天地间一完人，为其文化之基本精神者。"①《论语·宪问》主张"修己以敬""修己以安人""修己以安百姓"。《礼记·大学》提出了"修身齐家治国平天下"的人生指南和最高理想。明代王阳明提出了"致良知"和"知行合一"的心学。几千年以来，中华优秀传统文化在心灵滋养、修身立命、精神提升方面积累了深厚思想和丰富智慧。

马克思主义强调物质和意识、认识和实践的辩证法，主张在实践的基础上理解环境的改变和人的改变的一致性，高度重视理想信念、思想教育的重要作用。中国共产党所从事的是伟大事业，高度重视党员干部个人的党性修养。刘少奇在《论共产党员的修养》中明确强调，共产党员在革命斗争中既要改造世界、改造社会，同时也要不断改造自己。"共产党员是要担负历史上空前未有的改造世界的'大任'的，所以更必须注意在革命斗争中的锻炼和修养"，"要在这种斗争中求得自己的进步，提高自己革命的品质和能力"②。

改革开放40多年来，由于经济体制深刻变革、社会结构深刻变动、利益格局深刻调整、思想观念深刻变化，社会失序、行为失范、道德式微的问题日益突出。如何在现代化的转型中建立社会道德秩序，如何在动荡变革的社会中使心灵获得安顿，如何在物欲横流中保持本心，很多人把目光转向中华优秀传统文化。中华优秀传统文化的

---

① 钱穆：《人生十论》，广西师范大学出版社2004年版，第40页。
② 刘少奇：《论共产党员的修养》，人民出版社2018年版，第8、4页。

五　建设中华民族现代文明

宝库已经成了现代人待人、处世、律己的主要资源，与外来文化相比，传统文化的生活规范、德行价值及文化归属感在稳定人心方面发挥着其他文化要素不能替代的作用。①

党的十八大以来，习近平总书记明确指出，"古人所推崇的修身齐家、治国平天下，修身是第一位的。我们共产党人更应该强化自我修炼、自我约束、自我塑造，在廉洁自律上作出表率"②。习近平总书记提出的全面从严治党的战略部署和自我革命的战略思想，就蕴含着传统文化的丰富养分。比如，强调打铁必须自身硬、坚持以上率下，体现了古人"善禁者，先禁其身而后人"，"其身正，不令而行；其身不正，虽令不从"的训诫；强调领导干部要讲政德，体现了"为政以德""厚德载物"的思想；强调批评和自我批评，体现了"吾日三省吾身""闻过则喜""反听之谓聪，内视之谓明，自胜之谓强"的品格；提出自我革命，不断增强党自我净化、自我完善、自我革新、自我提高能力，则体现了对"日新之谓盛德，生生之谓易""苟日新，日日新，又日新"的弘扬和升华；强调以党的伟大自我革命引领伟大社会革命，则明确体现了"修身齐家治国平天下"的内在要求。

另外，在党性修养问题上，习近平总书记还借鉴扬弃了"阳明心学"，创造性地提出了共产党人的"心学"的新概念。他明确指出："党性教育是共产党人修身养性的必修课，也是共产党人的'心

---

① 陈来：《中华文明的核心价值：国学流变与传统价值观》，生活·读书·新知三联书店2015年版，第114—115页。
② 《习近平关于党风廉政建设和反腐败斗争论述摘编》，中国方正出版社、中央文献出版社2015年版，第145页。

学'。"①不过，与阳明心学的唯心史观解释不同，共产党人的"心学"被赋予了马克思主义的丰富内涵。从内容上看，阳明心学所强调的"天理""良知"是植根于内心的，而共产党人的"心学"强调的"理"是建立在历史发展客观规律基础之上的共产主义必然胜利的大道理，其"心"则是为中国人民谋幸福、为中华民族谋复兴的初心，这是确保党永不变质、不变色、不变味的思想基础。"坚定理想信念，坚守共产党人精神追求，始终是共产党人安身立命的根本。对马克思主义的信仰，对社会主义和共产主义的信念，是共产党人的政治灵魂，是共产党人经受住任何考验的精神支柱。"②从实践要求来说，阳明心学所主张的知行合一主要是道德层面的践行，而共产党人的"心学"所主张的知行合一。不仅要求在道德层面明大德、守公德、严私德，而且要求党员干部将共产主义的理想信念切切实实地转化为全面推进中国式现代化的实践行动。从总体上说，习近平总书记强调党员干部不忘初心、牢记使命，坚持忠诚干净担当，反对政治上的"两面人"，等等，深刻体现了共产党人"心学"的根本要求。

在修身方法上，习近平总书记还多次引用"吾日三省吾身""见贤思齐焉，见不贤而内自省也""见善如不及，见不善如探汤"等中华优秀传统文化的经典名句，强调党员干部"要牢记'堤溃蚁孔，气泄针芒'的古训，坚持从小事小节上加强修养，从一点一滴中完善自己，严以修身，正心明道，防微杜渐，时刻保持人民公仆本色"③。

---

① 习近平：《在全国党校工作会议上的讲话》，人民出版社 2016 年版，第 17 页。
② 《习近平关于党风廉政建设和反腐败斗争论述摘编》，中央文献出版社、中国方正出版社 2015 年版，第 137 页。
③ 《习近平关于"不忘初心、牢记使命"论述摘编》，中央文献出版社、党建读物出版社 2019 年版，第 173 页。

五　弘扬中华文明突出的和平性、包容性，积极推动构建人类命运共同体，为全球治理提供中国智慧、中国方案、中国力量

中华文明具有突出的和平性，蕴含着独特的天下观，主张"四海之内皆兄弟""睦邻友好"，崇尚"以和邦国""和而不同""以和为贵""天下为公"。"亲仁善邻、协和万邦是中华文明一贯的处世之道"[①]。几千年来，和平观念深深地融入了中华民族的血脉中，刻进了中国人民的基因里。虽然中国曾长期处于世界领先地位，但即使在国家强盛到国内生产总值占世界总额的30%的时候，也从未对外侵略扩张，未主动发起过战争。

在文明观上，中华文明崇尚兼收并蓄，具有突出的包容性。中华文明是在中国大地上产生的文明，既是中国各民族文化交流互鉴而形成的文明，也是同其他文明不断交流互鉴而形成的文明。自西汉张骞出使西域，主张在守正创新基础上推进文明交流互鉴的观点一直在中国历史上占据主导地位。习近平总书记明确指出："中华民族是守正创新的民族。中华文明绵延传承至今从未中断，从不具有排他性，而是在包容并蓄中不断衍生发展。通过古丝绸之路的交流，古希腊文明、古罗马文明、地中海文明以及佛教、伊斯兰教、

[①] 习近平：《深化文明交流互鉴　共建亚洲命运共同体——在亚洲文明对话大会开幕式上的主旨演讲》，人民出版社2019年版，第9页。

基督教都相继进入中国,与中华文明融合共生,实现本土化,从来没有产生过文明冲突和宗教战争。"① 所以,以数千年大历史观之,变革和开放是中国历史的常态。

近代以来,西方各种思想不断传入中国,特别是马克思主义传入中国,"引发了中华文明深刻变革"②,实现了中华文明的再造和新生。改革开放以来的全方位对外开放,更是使得中华文明有更多的机会广泛吸收人类文明的优秀成果,在兼收并蓄中焕发出新的魅力、新的活力。

党的十八大以来,以习近平同志为核心的党中央深刻把握全球和平赤字、发展赤字、安全赤字、治理赤字加重的困境,提出了人类命运共同体的理念,为站在历史十字路口的世界指明了方向。在世界多极化、经济全球化、社会信息化、文化多样化的时代,人类只有一个地球,各国共处一个世界,国际社会日益成为一个你中有我、我中有你的"命运共同体",面对世界经济的复杂形势和全球性问题,任何国家都不可能独善其身,世界各国的命运日益休戚与共。中国共产党积极推动构建人类命运共同体,"坚持弘扬平等、互鉴、对话、包容的文明观,以宽广胸怀理解不同文明对价值内涵的认识,尊重不同国家人民对自身发展道路的探索,以文明交流超越文明隔阂,以文明互鉴超越文明冲突,以文明共存超越文明优越,弘扬中华文明蕴含的全人类共同价值"③,为全球治理提供了中国智慧、中国方案、中国

---

① 《习近平同希腊总统帕夫洛普洛斯会谈》,《人民日报》2019年5月15日。
② 习近平:《在哲学社会科学工作座谈会上的讲话》,人民出版社2016年版,第9页。
③ 习近平:《把中国文明历史研究引向深入 增强历史自觉坚定文化自信》,《求是》2022年第14期。

五 建设中华民族现代文明

力量。

历史表明,"文明的繁盛、人类的进步,离不开求同存异、开放包容,离不开文明交流、互学互鉴。历史呼唤着人类文明同放异彩,不同文明应该和谐共生、相得益彰,共同为人类发展提供精神力量"①。人类命运共同体理念,站在人类历史发展高度,以人类福祉为价值取向,超越了民族国家中心主义、西方中心主义,是习近平总书记在坚持马克思的世界历史理论和共同体思想基础上,对中华优秀传统文化所主张的天下大同、协和万邦的天下观和开放包容的文明观的创造性发展,是解决全球治理难题的中国智慧、中国方案。"推动构建人类命运共同体,不是以一种制度代替另一种制度,不是以一种文明代替另一种文明,而是不同社会制度、不同意识形态、不同历史文化、不同发展水平的国家在国际事务中利益共生、权利共享、责任共担,形成共建美好世界的最大公约数。"② 推动构建人类命运共同体,是对人类文明发展规律的总结,是中华文明对人类文明发展的新贡献。

总之,中华优秀传统文化博大精深,是中华文明的智慧结晶和精华所在,是中华民族的根和魂,是我们在世界文化激荡中站稳脚跟的根基,是我们的独特优势。强调把马克思主义基本原理同中华优秀传统文化相结合,"是我们党对马克思主义中国化时代化历史经验的深刻总结,是对中华文明发展规律的深刻把握,表明我们党对中国道

---

① 习近平:《携手建设更加美好的世界——在中国共产党与世界政党高层对话会上的主旨讲话》,人民出版社2017年版,第6页。
② 习近平:《在中华人民共和国恢复联合国合法席位50周年纪念会议上的讲话》,人民出版社2021年版,第6页。

路、理论、制度的认识达到了新高度,表明我们党的历史自信、文化自信达到了新高度,表明我们党在传承中华优秀传统文化中推进文化创新的自觉性达到了新高度"[①]。但是,强调"第二个结合"并不意味着要搞复古主义。近代以来的历史证明,没有马克思主义的指导或离开马克思主义的指导搞所谓的文化复古主义,只能误国误民。中华传统文化有精华,也有糟粕,只有在马克思主义的指导下,用马克思主义的立场观点方法才能加以科学鉴别。只有推动中华优秀传统文化创造性转化和创新性发展,使中华民族最基本的文化基因与当代文化相适应、与现代社会相协调,把跨越时空、超越国界、富有永恒魅力、具有当代价值的文化精神弘扬起来,努力建设中华民族现代文明,才能引领人类文明的新发展。质言之,马克思主义基本原理同中华优秀传统文化相结合的过程,本质上就是中华文化和中国精神的时代精华的发掘、弘扬、升华过程,是文化先进性和文化主体性建设的过程。正是在这个意义上说,习近平新时代中国特色社会主义思想是中华文化和中国精神的时代精华,标注了中华思想发展的新高度。

(原载《马克思主义研究》2023 年第 6 期)

[①] 习近平:《在文化传承发展座谈会上的讲话》,人民出版社 2023 年版,第 9 页。

在推进中国式现代化中建设中华民族现代文明

张继焦[*]

党的二十大报告擘画了全面建成社会主义现代化强国、以中国式现代化全面推进中华民族伟大复兴的宏伟蓝图，概括了中国式现代化的本质要求，其中包括"创造人类文明新形态"。人类文明新形态是在对中华文明的创造性转化、创新性发展中创造和不断丰富发展的。习近平总书记指出："建设中华民族现代文明，是推进中国式现代化的必然要求"，[①]"中国式现代化是中华民族的旧邦新命，必将推动中华文明重焕荣光"。[②] 这为我们在新征程上不断丰富和发展人类文明新形态、建设中华民族现代文明指明了前进方向。

中华文明源远流长、博大精深，历经五千多年绵延发展，焕发新的生机活力。中华优秀传统文化是中华文明的智慧结晶和精华所在，

---

[*] 张继焦，中国社会科学院民族学与人类学研究所研究员。
[①]《在推进中国式现代化中走在前做示范 谱写"强富美高"新江苏现代化建设新篇章》，《光明日报》2023年7月8日。
[②]《在推进中国式现代化中走在前做示范 谱写"强富美高"新江苏现代化建设新篇章》，《光明日报》2023年7月8日。

是中华民族的根和魂。中华优秀传统文化有很多重要元素，共同塑造出中华文明突出的连续性、创新性、统一性、包容性、和平性。毛泽东同志指出："今天的中国是历史的中国的一个发展；我们是马克思主义的历史主义者，我们不应当割断历史。"[①] 中国式现代化深深植根于中华优秀传统文化，是赓续古老文明的现代化，而不是消灭古老文明的现代化。我们党用马克思主义的真理力量激活了中华民族历经几千年创造的伟大文明，使中华文明再次绽放出夺目光彩，赋予中国式现代化以深厚底蕴。新征程上，贯彻落实习近平总书记重要讲话和党的二十大精神，必须深刻把握中华文明发展规律，传承发展中华优秀传统文化，建设中华民族现代文明。

建设中华民族现代文明，为强国建设、民族复兴注入强大精神力量。推进中国式现代化是一项开创性事业，还有许多未知领域需要在实践中大胆探索。人民是中国式现代化的主体。紧紧依靠人民，尊重人民创造精神，汇集全体人民的智慧和力量，才能推动中国式现代化不断向前发展。建设中华民族现代文明，以时代精神激活中华优秀传统文化的生命力，努力从中华民族世世代代形成和积累的优秀传统文化中汲取营养和智慧，把传承和弘扬中华优秀传统文化同培育和践行社会主义核心价值观统一起来，既有利于不断增强中华民族的归属感、认同感、尊严感、荣誉感，让全体人民始终拥有团结奋斗的思想基础、开拓进取的主动精神、健康向上的价值追求；又有利于激发全民族文化创新创造活力，为推进中国式现代化提供强大精神力量。

建设中华民族现代文明，将有力推动社会主义精神文明建设。中

[①]《毛泽东思想年编（一九二一——一九七五）》，中央文献出版社2011年版，第210页。

五　建设中华民族现代文明

华民族生生不息绵延发展、饱受挫折又不断浴火重生，都离不开中华文化的有力支撑。实现中华民族伟大复兴，需要物质文明极大发展，也需要精神文明极大发展。建设中华民族现代文明，挖掘中华文明中的精华，推动中华优秀传统文化创造性转化、创新性发展，使中华民族最基本的文化基因与当代文化相适应、与现代社会相协调，把跨越时空、超越国界、富有永恒魅力、具有当代价值的文化精神弘扬起来，不断融入中国现代文化体系之中，有利于引导人民树立和坚持正确的历史观、民族观、国家观、文化观，滋养当代中国人的精神世界；有利于繁荣发展文化事业和文化产业，发挥文化引领风尚、教育人民、服务社会、推动发展的作用。

建设中华民族现代文明，有利于促进人类文明交流互鉴。长期以来，中华文明同世界其他文明互通有无、交流互鉴，向世界贡献了深刻的思想体系、丰富的科技文化艺术成果、独特的制度创造，既为人类文明进步作出了突出贡献，也展示了中华民族以和为贵的和平性格、海纳百川的包容特质、天下一家的大国气度。建设中华民族现代文明，传承和发扬中华文明开放包容的精神，以文明交流超越文明隔阂、文明互鉴超越文明冲突、文明包容超越文明优越，既有利于中华文化在海纳百川、博采众长、兼收并蓄中不断焕发新的生命力，推动中华文化更好走向世界，也有利于丰富世界文明百花园，推动构建人类命运共同体。

在新的历史起点上更好担负起新的文化使命、建设中华民族现代文明，要坚定历史自信、文化自信，坚持把国家和民族发展放在自己力量的基点上、把中国发展进步的命运牢牢掌握在自己手中，立足中华民族伟大历史实践和当代实践，用中国道理总结好中国经验，把中国经验提升为中国理论；秉持开放包容，坚守好马克思主义这个魂脉和中华优秀传统文化这个根脉，不断推进马克思主义中国化时代化，有效把马克思主义思想精髓同中华优秀传统文化精华贯通起来，同时以海纳百川的开放胸襟学习和借鉴人类社会一切优秀文明成果，不断培育和创造新时代中国特色社会主义文化；坚持守正创新，守好中国式现代化的本和源、根和魂，毫不动摇坚持中国式现代化的中国特色、本质要求和重大原则，同时把创新摆在国家发展全局的突出位置，顺应时代发展要求，着眼于解决重大理论和实践问题，积极识变应变求变，谱写中华文明的当代华章。

（原载《人民日报》2023年8月25日第9版）

以人口高质量发展推进中华文明现代化

都 阳[*]

人口是文明的载体。在中国五千多年灿烂文明的发展进程中，人口因素与文明的演进互为因果，相互促进。新时代建设现代化的中华文明，人口因素同样居于重要地位，尤其需要通过人口的高质量发展支撑和推进文明现代化的进程。

一 中华文明的延续伴随着人口发展

中华文明绵延不绝，成为世界上唯一以国家形态延续至今的伟大文明。文明的连续性与人口的发展息息相关。在工业革命以前的马尔萨斯经济时代，人口规模涨落与文明兴衰有着互为因果的关联。中华文明在其漫长的发展进程中，一直高度重视人口发展的问题，在发展的早期就注重人口统计，大量的历史文献包含人口发展的各种丰富信

---

[*] 都阳，中国社会科学院人口与劳动经济研究所所长、研究员。

息。从中华文明与其他文明的比较来看，这一特征也尤为明显，中华民族更加重视人口因素在经济发展和社会治理中的重要作用，较之其他文明，有更全面的历史人口信息，较早开始人口调查并记录人口发展结果，这些做法都是很好的例证。

有史以来，中国的人口规模一直处于世界前列。中国最早的、准确的全国性人口统计始于西汉时期，公元2年全国人口约为5959万人。以此为起点计算，一直到1900年，中国人口规模占世界人口规模的比重保持在20%—30%。① 图1显示了中国和西欧在历史上的人口规模变化，可以看到，以人口数量计，中国的人口规模一直在欧亚大陆居于前列，16世纪时的人口已经超过1亿人。

欧亚大陆上各个文明的发展都对人类文明的发展有着重要的贡献，中国巨大的人口规模在文明发展进程中发挥了巨大作用。在现代经济统计体系出现以前，很难精确度量经济规模，也难以反映各个文明在经济上的相对贡献。在这种情况下，人口规模本身就是反映经济规模和经济治理能力的重要指标。当一个文明的人口达到较大规模，不仅说明该文明具有供养大规模人口的食物供给能力，也反映了更强的经济生产能力和经济管理能力。一般而言，人口规模越大，经济体系中各种生产关系也越复杂，对经济资源的组织和配置能力的要求也越高。此外，人口规模越大对应的社会关系也越复杂，对社会治理体系的完备性和治理能力的要求也越高。因此，中国一直以来拥有的巨大人口规模本身就已经表明，中华文明在工业

---

① 葛剑雄：《中国人口史：导论、先秦至南北朝时期》（第一卷），复旦大学出版社2002年版。

五　建设中华民族现代文明

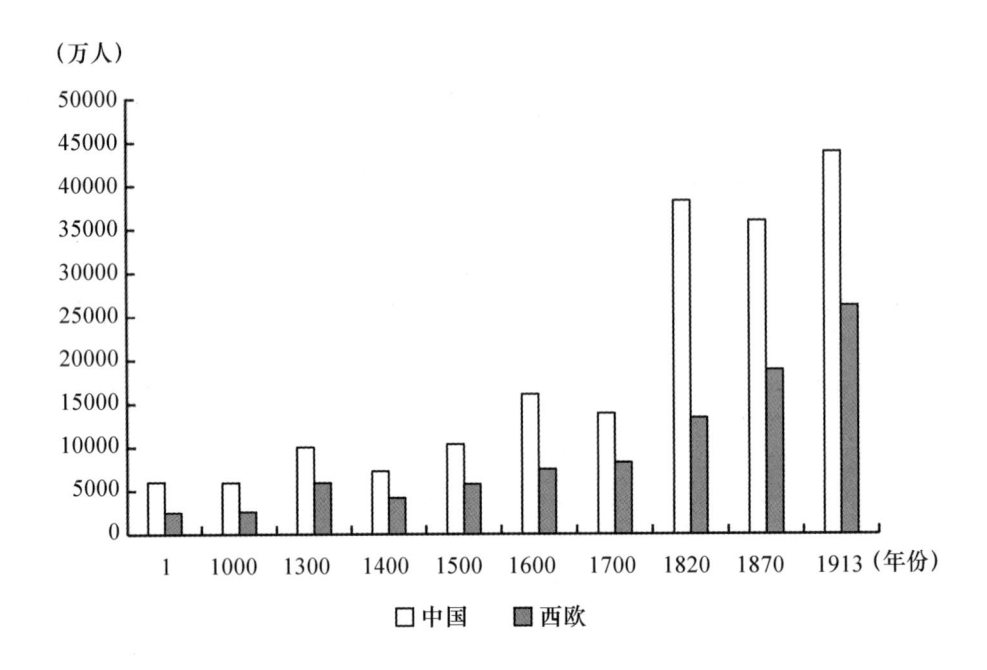

图1　中国与西欧的历史人口

资料来源：［英］安格斯·麦迪森：《世界经济千年史》，伍晓鹰等译，北京大学出版社2003年版。

革命以前相当长的历史时期都处于世界文明前列。

人类历史上人口因素在知识生产和创新中也发挥着至关重要的作用。人类历史数千年的经验佐证了更快速的技术进步与更大的人口规模存在正向的相关关系。[①] 知识和技术的扩散可以促进全社会各个生产要素发挥更大的作用，有明显的正外部性，是推动经济发展和文明进步的原生动力。在工业革命以前，人口规模甚至是知识生产和技术创新最重要的决定力量。有学者认为，中国一直保持巨大的人口规模是创新发明的数量和种类在很长的历史时期位居世界

---

① Michael Kremer, "Population Growth and Technological Change: One Million B. C. to 1990", *The Quarterly Journal of Economics*, Vol. 108, No. 3, 1993, pp. 681–716.

前沿的关键因素。① 正是得益于巨大的人口规模，中国在 16 世纪以前的数千年时间里，一直居于世界创新的前沿和中心。铸铁、深钻技术、马具、火药、罗盘、纸张、活字印刷、船尾舵等技术的发明不仅大大推动了中国生产力的进步，这些技术的传播也成为推动世界文明进步的重要力量。②

二 人口高质量发展是推进文明现代化的关键

推进中华文明的现代化是中国式现代化的重要组成部分，而中国式现代化首先是人口规模巨大的现代化。人口高质量发展是支撑中国式现代化的关键，也是中华文明现代化建设的重要途径。

建设现代化的中华文明离不开经济的更高质量发展，人口高质量发展是推动经济更好、更快发展的关键。从经济发展动力来看，随着经济发展进入新阶段，依靠生产要素投入推动经济增长的模式难以为继。其中一个重要的原因就是中国快速的人口转变，使劳动年龄人口规模开始下降。中国 16—59 岁的劳动年龄人口在 2012 年达峰后，至 2022 年累计减少了 4642 万人，对劳动供给产生了直接的负面影响。在劳动力市场规模难以持续扩大的情况下，资本投入的回报必然受边际报酬递减规律的制约。因此，转变经济增长方式，更好地发挥全要素生产率在经济增长中的决定性作用，是经济发展新阶段的重要使

---

① 林毅夫：《李约瑟之谜：工业革命为什么没有发源于中国》，《制度、技术与中国农业发展》，上海三联书店、上海人民出版社 1994 年版，第 244—278 页。
② Joseph Needham, *Science and Civilizationin China*, Cambridge：Cambridge University Press, 1954.

命。要达到这一目标，必须通过人口的高质量发展，提高劳动供给的质量，实现高技能劳动力与蕴含创新的资本要素的互补，进而提高全要素生产率，推动经济增长方式的现代化。

人口高质量发展也是推进共同富裕的重要前提。追求共同富裕是中国传统文化中早已存在的价值取向，实现共同富裕是中华文明达到新高度的重要标志，也是中国式现代化的重要特征之一。实现共同富裕是一个长期的系统工程，促进人口高质量发展是实现共同富裕必不可少的关键环节。既往的实践表明，不同人群之间的收入差距是总体收入差距的重要组成部分，而缩小个体间的收入差距则是实现共同富裕的重要途径。大量研究结果表明，个体人力资本差异是引致收入差距的主要原因，而通过改善营养和健康状况、提升教育水平、扩展工作技能等手段进行的人力资本投资，既是人文发展的重要目标和人口高质量发展的重要内容，也是缩小收入差距的有效手段。

人口高质量发展是实现物质文明和精神文明统一的重要途径。文明的现代化既包括物质的丰富，也包括精神文明的高度发达。精神富有是人口高质量发展的重要体现，也是社会主义现代化的根本要求和文明水平达到新高度的重要标志之一。在传承中华文明的基础上，大力发展社会主义先进文化，将有助于实现人的全面发展和人口高质量发展，在更高层次上推动中华文明现代化的进程。

三　在全生命周期推进人口高质量发展

建设现代化的中华文明是一个长期的、动态的过程，也是一项系统工程，人口高质量发展贯穿其中。在新的发展阶段，需要结合文明现代化建设的总体目标和中国人口发展的具体特点制定相应的发展方略。从人口的队列效应（Cohort Effect）来看，人的发展经历了各个生命周期，其发展过程在各阶段产生了不同的人口高质量发展的需求。即使是静态地观察人口发展问题，由于存在处于不同生命周期的人口队列，也需要以系统观念制定总体的人口高质量发展规划。当前，从全生命周期推进人口高质量发展需要注意以下三个方面的问题。

（一）尽可能提升生育率

中华文明的现代化离不开人口规模的适度增长。经济增长理论的最新研究成果表明，技术进步的速率内生于人口规模，无论是基于内生增长模型还是半内生增长（Semi-Endogenous Growth）模型，人口负增长都将使技术进步和人均收入收敛至稳态水平，出现增长停滞。[1] 换言之，人口规模的适度增长会对经济增长产生不可或缺的正外部性。

从世界范围来看，人口转变的速度越来越快。中国的人口转变更有其自身的特点，突出体现为人口转变的结果大大超前于经济发展自发达到的人口结果。例如，生育率和死亡率的下降、劳动年龄人口达峰和人口红利消失、未富先老和人口快速老龄化、总人口达峰及随之而来的人口负增长等都体现了上述特征。中国人口转变较世界平均水平更快，且产生超越经济发展水平的人口结果的根本原

---

[1] Charles Jones, "The End of Economic Growth? Unintended Consequences of Declining Population", *American Economic Review*, Vol. 112, No. 11, 2022, pp. 3489–3527.

因在于生育率的过快下降。根据第七次全国人口普查数据，2022年，中国育龄妇女总和生育率已经低至1.3。根据联合国发布的《世界人口展望2022》数据，中等收入国家育龄妇女的总和生育率平均为2.16，中国以外的中上收入国家育龄妇女总和生育率平均为1.90，高收入国家育龄妇女总和生育率平均为1.56。可见，低生育率已经成为中国人口发展中的突出问题，提升生育水平是今后实现人口高质量发展的重要前提。

要把提升生育率作为人口均衡发展的核心，抓住制约生育率提升的主要因素，实施针对性的政策，努力提升生育率水平，以下两方面的政策有着突出重要的作用。一是要解决生育行为与女性参与劳动力市场的冲突，有效提升生育意愿。综合使用生育补贴、所得税抵扣等手段，在提升育龄女性劳动力市场竞争力的同时，鼓励其生育行为。二是加大0—3岁婴幼儿照料的社会化服务体系建设，通过增加公共服务的有效供给降低生育、养育的成本，提升生育率。通过有效提升生育率促进人口均衡发展，在保持人口规模适度增长的同时，优化人口结构，为建设现代化的中华文明创造良好的条件。

（二）加强全生命周期的人力资本积累

不断提升全民的人力资本水平是人口高质量发展的重要基础，也是推进中华文明现代化的根本保证。国民教育体系当然是人力资本积累体系最重要的组成部分，但随着人口形势的变化，人力资本积累不再仅仅与特定生命周期相关，而是应该在全生命周期予以关注。随着经济发展水平不断提高，人力资本积累体系建设的形式、内容和难度都在不断变化，人口高质量发展对人力资本积累也提出了新的要求。正如"赫克曼曲线"所揭示的，0—3岁的人力资本开发对于终身的人力资本形成有着至关重要的影响，而人力资本公共投资的回报率随着年龄的增长而递减。因此，加大对0—3岁年龄段人力资本的公共投资，不仅有助于提升育龄女性的生育意愿，也能对提高全民素质产生更有效的影响。

随着人口老龄化进程的快速发展，人力资本投资在生命周期后期阶段的作用也越来越重要。提升老年人口健康水平，不仅是发展的重要目标，也是人口高质量发展的重要体现。健康余命的延长，可以增加老年人口的劳动供给，有利于扩大劳动力市场规模，促进经济增长，缓解应对人口老龄化经济资源不足的压力。

（三）统筹协调各阶段的政策体系

伴随着经济的快速发展，与人口高质量发展相关的各个方面的政策逐步形成。但由于政策体系的设计总是针对特定阶段、由不同的政府职能部门组织实施，生命周期不同阶段的人口发展政策难免存在衔接不畅、统筹不足的情况。当前，推进人口高质量发展的关键，并不在于扩大增量资源投入，而在于加强各个阶段政策体系的衔接，提高现有资源投入的产出效率。

人口高质量发展政策体系的统筹协调主要包括以下三个方面：一是要做好婴幼儿照护体系与国民教育体系的统筹与协调。从人力资本积累的生命周期来看，婴幼儿照护体系本身可以成为人力资本积累体系的重要组成部分。以系统观念统筹协调二者的关系，可以使人力资本的公共投资更有效率，获得更好的回报。二是要做好教育体系与积极就业政策体系的协调。加强高等教育与劳动力市场之间的联结，更好地利用劳动力市场信号配置人力资本投资，是解决目前存在的结构性失业的重要手段，这需要不同部门在政策设计和执行过程中加强统筹。三是处理好积极应对人口老龄化与扩大就业的关系。既要不断提高就业的质量，促进劳动生产率的增长，从而为积极应对人口老龄化提供更充实的经济资源，也需要建立更具弹性的养老金申领体系，使老年人力资源得到更充分的利用。

（原载《中国工业经济》2023年第7期）

论人类文明新形态格局中的中华民族现代文明

王 莹[*]

2023年6月2日,习近平总书记出席文化传承发展座谈会并发表重要讲话。这次讲话,为广大文化工作者指明了新时代新征程赶考之路上的方向,也标志着新的文化使命的庄严确立。习近平总书记这样说道:"在新的起点上继续推动文化繁荣、建设文化强国、建设中华民族现代文明,是我们在新时代新的文化使命。希望大家担当使命、奋发有为,共同努力创造属于我们这个时代的新文化,建设中华民族现代文明。""中华文明具有突出的创新性,从根本上决定了中华民族守正不守旧、尊古不复古的进取精神,决定了中华民族不惧新挑战、勇于接受新事物的无畏品格。"[①] 因此,"中华民族现代文明"的提出,本身就彰显着中国共产党一贯守正创新、踔厉奋发、勇毅前行的无畏品格,也顺应和体现了中华文明演进过程中自身发展的必然规

---

[*] 王莹,中国社会科学院文学研究所研究员。
[①] 《习近平在文化传承发展座谈会上强调 担负起新的文化使命 努力建设中华民族现代文明》,《人民日报》2023年6月3日。

律，中华民族现代文明将成为人类文明新形态的重要组成部分。习近平总书记的这次重要讲话，为新征程上的文化传承发展提供了极具远见卓识的高屋建瓴的顶层设计，意义重大。

一 用"结合"开启创新"四个自信"多向耦合

习近平总书记在文化传承发展座谈会上的重要讲话中指出："中国文化源远流长，中华文明博大精深。只有全面深入了解中华文明的历史，才能更有效地推动中华优秀传统文化创造性转化、创新性发展，更有力地推进中国特色社会主义文化建设，建设中华民族现代文明。"[①]

优秀传统文化是一个国家和民族共有的精神家园，是一个国家、一个民族传承和发展的重中之重。而中华优秀传统文化作为中华民族的文化根脉，其中蕴含着最具中华民族精神标识的思想智慧、道德规范、文化内涵、品格风骨，应大力发掘其中最能凸显中华优秀传统文化特色的经典性元素和标志性符号，提炼和展示其中的当代价值和世界意义，追求传承传播效果的最优化和最大化。特别是在全球化语境下传承和传播中华优秀传统文化，建设中华民族现代文明，也将为解决全人类共同的问题提供中国智慧独具特色的思想资源支持。

新时代中国特色社会主义文化建设离不开中华优秀传统文化的滋养和支撑，中华优秀传统文化的内涵为当代文艺创作提供了强大的道

[①]《习近平在文化传承发展座谈会上强调　担负起新的文化使命　努力建设中华民族现代文明》，《人民日报》2023年6月3日。

德教化力和感召力，而优秀的当代文艺作品又弘扬了中华优秀传统文化中"厚人伦，美教化，移风俗"的精神价值，呈现着我们中华民族铮铮铁骨的凛然正气，蕴含着将生命引入崇高壮美境界，牵系于伟大光明事业的高尚情操。在习近平总书记文化传承发展座谈会上的重要讲话的指引下，我们更需要做到在"结合"中建设中华民族现代文明。

（一）将艺术创造力和中华优秀传统文化价值相融合

创新是艺术的生命。中华优秀传统文化极其丰富、极其博大、极其精深，为新时代中国特色社会主义文化建设提供了宝贵的精神资源。我们应以创新来引导继承，在继承的基础上实现创造性转化和创新性发展，只要我们坚持古为今用、推陈出新、服务当代、面向未来的原则，就能激活中华文化的生命力，建设起中华民族现代文明，让收藏在博物馆的文物、陈列在全国各地的遗产、书写在古籍里的文字活起来、动起来，为当下社会主义文化事业的繁荣提供精神底蕴。中华优秀传统文化为文艺创作提供了宝贵的精神资源、价值引领，我们应以创新来引导传承，在传承基础上实现创造性转化和创新性发展，赋予中华优秀传统文化新境界、新释义。

（二）将中华美学精神和当代审美追求相统一

中华美学讲求托物言志、寓理于情，讲求言简意赅、凝练节制，讲求形神兼备、意境深远，强调知、情、意、行相统一。中华美学精神是中华优秀传统文化在美学方面的重要体现，蕴含着中华民族对中

五　建设中华民族现代文明

华文化独特的美学经验、理论创造和实践总结。它深刻影响了从古至今的审美创造，涵养培育了中国人的审美情趣、审美习惯和价值取向。当代社会主义文化建设应从中华美学精神中汲取营养，努力将中华美学精神与当代审美追求相统一，学习借鉴世界优秀文化成果，坚持洋为中用、中西合璧、融会贯通，为人民创造出更多富有中华文化底蕴、气韵、神韵的优秀作品，传递出新时代积极向上的中国精神、中国风格、中国气派。

习近平总书记在文化传承发展座谈会上的重要讲话中还谈道："'第二个结合'，是我们党对马克思主义中国化时代化历史经验的深刻总结，是对中华文明发展规律的深刻把握，表明我们党对中国道路、理论、制度的认识达到了新高度，表明我们党的历史自信、文化自信达到了新高度，表明我们党在传承中华优秀传统文化中推进文化创新的自觉性达到了新高度""'结合'打开了创新空间，让我们掌握了思想和文化主动，并有力地作用于道路、理论和制度"。[①] 从中我们可以看到以中华优秀传统文化作为文化自信的基石，为"四个自信"共同迈向新高度发挥了无可替代的作用。而文化自信作为"四个自信"中最深沉、最持久的自信，新时代新征程，正在日益迸发出与其他三个自信多向耦合、联动发力的巨大效能，"四个自信"交互作用激发的强大力量，也让其成为习近平新时代中国特色社会主义思想中最具活力的代表性元素之一，在新时代中国特色社会主义文化创新推进的历史进程中，产生着深刻的影响。

[①] 《习近平在文化传承发展座谈会上强调　担负起新的文化使命　努力建设中华民族现代文明》，《人民日报》2023年6月3日。

新时代新征程，我们应充分认识中华优秀传统文化在建设中华民族现代文明中的重要作用，提炼其中能够获得最广泛人类共鸣的、永不过时的道德价值和伟大情感，通过创新文艺形式，弘扬中华美学精神，不断彰显中华优秀传统文化动人的精神内核，不断强化人民对于中华文化生命力和美丽中国形象的普遍认同和情感共鸣，让中华优秀传统文化在传承中激活，在创新中永生，让广大人民以高度的文化自信为第二个百年奋斗目标和中华民族伟大复兴的实现携手共建，团结奋进，大力推动中华民族现代文明成为人类文明新形态的重要组成部分。

二 以志气骨气底气在国际舞台传播好中国声音

在文化传承发展座谈会上，习近平总书记指出："在五千多年中华文明深厚基础上开辟和发展中国特色社会主义，把马克思主义基本原理同中国具体实际、同中华优秀传统文化相结合是必由之路""这是我们在探索中国特色社会主义道路中得出的规律性的认识，是我们取得成功的最大法宝"。[①] 这一经验总结，体现了习近平总书记对于实践探索得出的正确结论的价值体认。同时也体现了习近平新时代中国特色社会主义思想始终立足于中国的历史和当下，去规划和发展未来的宏阔境界。

习近平总书记还指出：在新的起点上继续推动文化繁荣、建设文

---

① 《习近平在文化传承发展座谈会上强调 担负起新的文化使命 努力建设中华民族现代文明》，《人民日报》2023年6月3日。

五　建设中华民族现代文明

化强国、建设中华民族现代文明，是我们在新时代的文化使命；坚定文化自信，就是坚持走自己的路；坚定文化自信的首要任务，就是立足中华民族伟大历史实践和当代实践，用中国道理总结好中国经验，把中国经验提升为中国理论，实现精神上的独立自主；秉持开放包容，坚持马克思主义中国化时代化，传承发展中华优秀传统文化，促进外来文化本土化，不断培育和创造新时代中国特色社会主义文化。① 这也体现了习近平新时代中国特色社会主义思想有着一以贯之的精神脉络，始终具备独立自主、守正创新的理论品格。

在新的历史起点上建设文化强国、建设中华民族现代文明，离不开在坚定的文化自信下，对于中国文化软实力和中华文化影响力的提升。习近平总书记这些新的论述对应到方法论层面，就链接到了他在党的二十大报告中强调的："坚守中华文化立场，提炼展示中华文明的精神标识和文化精髓，加快构建中国话语和中国叙事体系，讲好中国故事、传播好中国声音，展现可信、可爱、可敬的中国形象。加强国际传播能力建设，全面提升国际传播效能，形成同我国综合国力和国际地位相匹配的国际话语权。深化文明交流互鉴，推动中华文化更好走向世界。"② 这是建设社会主义文化强国的重要内容。要在国际舞台正面展现新时代的大国气象，让国际社会对于中国真实面貌有客观正确的认知，消弭曲解和偏见，就必须要提升传播能力，实现有效交流。讲好中国故事、传播好中国声音是其中的必由之路。在建设中华民族现代文明的过程中，国家形象的国际建构至关重要，也是新时

---

① 参见习近平《在文化传承发展座谈会上的讲话》，人民出版社2023年版。
② 习近平：《高举中国特色社会主义伟大旗帜　为全面建设社会主义现代化国家而团结奋斗——在中国共产党第二十次全国代表大会上的报告》，《人民日报》2022年10月26日。

代社会主义文化建设的重中之重。

而从哪些方面着力，党的二十大报告也同样给出了答案：要"增强全党全国各族人民的志气、骨气、底气"[1]。"志气""骨气""底气"三个关键词在中国代表着悠远绵长的文化传统，不仅是中华民族的精神标识，也是从古至今贯穿于中华文明的精神支撑。志气、骨气、底气这三个关键词分别对应的是三种中华民族精神。

志气，来自我们中华民族古来形成的"天行健，君子以自强不息"[2]的冲天豪气。骨气，来自我们中华民族亘古不变的"贫贱不能移，威武不能屈"[3]。底气，来自我们的辉煌历史和巨大成就，悠久传统和美好文明，我们先天拥有的庞大精神遗产，就是我们每个中国人的底气。

我们应着力将对外讲好彰显中国人的志气、骨气、底气的中国故事，与塑造可信、可敬、可爱的中国的外宣目标相对接，更好地明确、理解和把握中华优秀传统文化对外传播的方向和内容，提取其中跨越古今、贯通中西的最具穿透力和共情性的优质因子，唤起世界各国人民对于中国形象的普遍认同和情感共鸣，推动构建人类命运共同体，使之发挥出其作为建设中华民族现代文明、实现中华民族伟大复兴的精神支柱的必要作用。

习近平总书记在文化传承发展座谈会上的重要讲话坚持独立自主统摄下的"中国道理—中国经验—中国理论"的三级递进，不仅为

---

[1] 习近平：《高举中国特色社会主义伟大旗帜　为全面建设社会主义现代化国家而团结奋斗——在中国共产党第二十次全国代表大会上的报告》，《人民日报》2022年10月26日。
[2] （三国）王弼撰，楼宇烈校释：《周易注》，中华书局2011年版，第3页。
[3] （宋）朱熹：《孟子集注》卷六《滕文公章句下》，《四书章句集注》，中华书局1983年版，第266页。

五　建设中华民族现代文明

第二个百年新征程上中华文化的国际传播在实践层面的推进指明了方法和方向，也为我们指明了在国际传播中运用好"两个结合"这一最大法宝须遵循的原则，那就是：中国立场，世界表达。

我们在中华优秀传统文化的国际传播中必须认真思考外国民众喜爱的传播模式，从而达到我们理想的传播接受度，但这并不意味着我们要一味迎合西方主流价值观，放弃中国立场。我们的视角和价值观，任何时候都必须坚守中国立场，以传播昂扬向上的中国话语、中国故事、中国思想为核心要义，不可为引起关注而强行附会西方价值观中与中华优秀传统文化核心价值观相违背的部分。我们只有时刻坚守独立自主的中国立场，才能在国际传播中始终保持我们中华优秀传统文化的瑰丽色彩、彰显出我们中华文化独具特色的魅力，才是真正在世界范围内润物无声地令中华优秀传统文化发扬光大的正确途径，才是立足国际视野、胸怀天下、建设中华民族现代文明应有的政治站位。

而世界表达，则意味着我们在中华优秀传统文化的对外传播中，必须不断探索能让最广大的外国民众所接受的、效果最佳的方式方法。习近平总书记指出："打造融通中外的新概念、新范畴、新表述，更加充分、更加鲜明地展现中国故事及其背后的思想力量和精神力量。"[①] 这需要我们的传播者，必须从自身做起，提升知识储备和专业素养，时刻把握国际政治、经济、文化、生态文明等多领域前沿动态，从世界各国文明互鉴的视角探寻融通中外的新概念、新范畴、新表述，使之可以精辟而精练地提取概括出中华优秀传统文化中的闪

[①]《习近平谈治国理政》第4卷，外文出版社2022年版，第317页。

光点，同时又能在宣传推广时做到浅显易懂，令外国民众喜闻乐见。

因此，中华民族现代文明的建设，必须将中华优秀传统文化的国际传播纳入其理论体系和实践路径，必须通过不断探索、优化宣传模式，在中华民族现代文明的建设中体现出党的二十大报告中提出的"六个必须坚持"，特别是第六条"必须坚持胸怀天下"。以海纳百川的胸怀和气魄，本着对人类前途命运高度负责的态度，做全人类共同价值的倡导者，积极为人类发展进步作出应有的贡献。让建设中华民族现代文明积极参与到构建人类命运共同体的伟业中去，大力推动中华民族现代文明在国际舞台上创造出彰显可信、可爱、可敬的中国形象，推动世界文明互鉴，促进全球文明共荣的历史功绩。

习近平总书记在文化传承发展座谈会上的重要讲话，提出了建设中华民族现代文明的新表述，确立了新的文化使命，从中我们可以看到习近平总书记在新征程上胸怀天下，秉承中国共产党的初心使命，放眼世界，积极为新时代中国文化的自信自强凝心聚力，为中华文明的当代内涵强心铸魂，为构建人类命运共同体提供中国智慧和中国方案，大力推动中华民族现代文明成为人类文明新形态的重要组成部分，以文明互鉴、海纳百川的气魄胸襟，引领当代中国以迈向新高度的文化自信和中国式现代化屹立于世界民族之林，中华民族现代文明也必将参与到世界文明融通、整合、创新、重构的历史进程中去，并发挥出无可估量的巨大影响力和推动力。

（原载《文学遗产》2023年第4期）

构建人类命运共同体
推动世界人权事业更好发展

孙南翔[*]

党的二十大报告提出,坚持走中国人权发展道路,积极参与全球人权治理,推动人权事业全面发展。2023年9月19日,《为了全人类共同的价值和尊严——中国参与全球人权治理的实践与贡献》智库报告(以下简称"报告")发布,报告全面系统深刻阐述了中国参与全球人权治理的历史经验、核心理念与未来前景,对深入理解中国以人类命运共同体理念推动完善全球人权治理具有重大现实意义,更对未来进一步推动世界人权事业的共同发展具有启示价值。

一 全球人权治理与构建人类命运共同体同频共振

人是一切社会关系的总和。当今人类社会的互通性和整体性特征日益凸显,亟须以人类整体主义为视角,破解人类发展和世界前途面

---

[*] 孙南翔,中国社会科学院习近平新时代中国特色社会主义思想研究中心研究员。

临的难题。2013年，中国创造性地提出构建人类命运共同体理念。人类命运共同体理念着眼于人类长远共同发展，坚持奉行人民至上，旨在建设一个持久和平、普遍安全、共同繁荣、开放包容、清洁美丽的世界。本质上，全球人权治理与构建人类命运共同体同频共振，全球人权治理的高级目标在于推进人类命运共同体建设，人类命运共同体理念为中国参与全球人权治理提供了方法论指导。

2023年是中国提出构建人类命运共同体理念10周年。这一理念被十余次纳入联合国人权理事会决议，成为国际人权话语体系的重要组成部分。2017年3月，联合国人权理事会第34次会议通过关于"经济、社会、文化权利"和"粮食权"两个决议，决议明确表示要"构建人类命运共同体"。

实践表明，在推进世界人权事业发展的进程中，中国不是局外人，而是不断参与其中的行动派，在推动构建人类命运共同体的进程中发挥着越来越重要的作用，成为影响和推进世界人权事业发展的重要力量，为推动世界人权事业发展贡献了中国智慧、提供了中国方案。

二 推动人权事业发展，不让任何一个国家、任何一个人掉队

"万物之中，以人为贵。"中国始终坚持以人民为中心的发展思想，在推进中国式现代化进程中努力推动实现人的现代化。2021年2月25日，在全国脱贫攻坚总结表彰大会上，习近平总书记庄严宣告，中国脱贫攻坚战取得了全面胜利，现行标准下9899万农村贫困人口

五　建设中华民族现代文明

全部脱贫，832个贫困县全部摘帽，12.8万个贫困村全部出列，区域性整体贫困得到解决，完成了消除绝对贫困的艰巨任务，创造了又一个彪炳史册的人间奇迹！

中国历史性地解决了困扰中华民族几千年的绝对贫困问题，通过全面脱贫攻坚，增强脱贫地区和脱贫群众内生发展动力，使人真正成为发展的主体，成为人权事业发展的真正受益者。

中国自古有"天下为公""天下大同"的社会理想。中华文明始终对人类前途命运怀有深切关怀。当代中国在实现自身人权事业发展的前提下，不断为其他国家提供经济发展和减贫扶贫的成功经验，倡导携手构建人类命运共同体。例如，"一带一路"倡议提出10年来取得丰硕成果，拉动近万亿美元投资规模，达成数千个合作项目，为共建国创造了大量工作岗位，使数以千万计的当地民众摆脱贫困。"一带一路"倡议搭建起世界互联互通的桥梁，推动中国和世界合作共赢、共同发展，各领域的深化合作取得一系列务实成果，为各国民众带来实实在在的获得感。

在人类命运共同体理念的引领下，中国以实际行动促进全球人权事业健康发展，中国的人权事业发展成果不仅惠及自身，更实实在在地增进了人类共同福祉。

三　人类命运共同体理念指引世界人权事业发展新航向

当今世界经济正面临通胀高企、需求转弱、地缘冲突以及能源粮食安全等挑战，全球不稳定不确定因素明显增加。全球共同面临着治理问题、信任问题、发展问题以及和平问题等，建设一个更加美好世界的任务依然艰巨。面对新形势新任务，中国践行真正的多边主义，弘扬和平、发展、公平、正义、民主、自由的全人类共同价值。从全球发展倡议到全球安全倡议，再到全球文明倡议，构建人类命运共同体的思想内涵和实践路径得到不断丰富和拓展。

报告指出，中国主张以安全守护人权，尊重各国主权和领土完整，同走和平发展道路，践行全球安全倡议，为实现人权创造安宁的环境；以发展促进人权，践行全球发展倡议，提高发展的包容性、普惠性和可持续性，以各具特色的现代化之路保障各国人民公平享有人权；以合作推进人权，相互尊重，平等相待，践行全球文明倡议，加强文明交流互鉴，通过对话凝聚共识，共同推动人权文明发展进步。

与中国提出以国际合作推动全球人权治理的理念不同，极个别国家仍痴迷于大国对抗和地缘政治斗争，热衷"污名化"行径，实行单边主义、保护主义和霸权主义，成为破坏和平与发展国际环境以及阻碍世界人权事业发展的最主要因素。然而，历史长河滚滚向前，站在人类发展的对立面，无异于螳臂当车。与其形成鲜明对比的是，中国提出的全球人权治理方案得到越来越多国家和民众的支持和拥护。联合国秘书长古特雷斯用"正当其时"形容全球发展倡议，表示联合国愿与中国就此开展合作，同各国一道推进落实。

"大道之行，天下为公。"2023年是《世界人权宣言》通过75周年。20世纪40年代，时任联合国人权委员会中国代表张彭春将"仁"的理念引入《世界人权宣言》。75年后，中国立足中华民族在人权领域的历史实践和当代实践，坚定以构建人类命运共同体为引领，用中国道理总结好中国经验，把中国经验提升为中国理论，让中国理论走向世界，成为中国推动完善全球人权治理的生动实践和崭新贡献。

（原载《光明日报》2023年9月27日第4版）

推动建设更加美好的世界

孙壮志[*]

党的二十大报告把"推动构建人类命运共同体"作为中国式现代化的本质要求之一。中国式现代化是强国建设、民族复兴的康庄大道,也是中国谋求人类进步、世界大同的必由之路。在推进现代化建设中,我们始终高举人类命运共同体旗帜,把中国发展置于人类发展进步的时代潮流之中,以中国发展新成就不断为世界发展提供新机遇,与世界良性互动、共同进步,既为中国式现代化创造有利条件、营造良好环境,又为人类和平与发展的崇高事业作出重大贡献。

一 体现中国式现代化的鲜明特色和本质属性

中国式现代化是中国共产党领导的社会主义现代化,走和平发展道路是其鲜明特色。新时代以来,中国外交以服务民族复兴、促进人

---

[*] 孙壮志,中国社会科学院习近平新时代中国特色社会主义思想研究中心研究员,俄罗斯东欧中亚研究所所长。

类进步为主线,推动构建人类命运共同体,携手各国建设一个持久和平、普遍安全、共同繁荣、开放包容、绿色低碳的世界。这反映了中国式现代化的世界愿景,体现了中国式现代化的鲜明特色和本质属性。

体现中国共产党一以贯之的初心使命。中国共产党是为中国人民谋幸福、为中华民族谋复兴的党,也是为人类谋进步、为世界谋大同的党。中国共产党的领导决定中国式现代化的根本性质,党的初心使命决定中国式现代化既造福中国人民,也促进世界共同发展。从领导人民在世界反法西斯战争中浴血奋战,到中华人民共和国成立后倡导和坚持和平共处五项原则、推动建立国际政治经济新秩序,中国共产党始终以世界眼光关注人类前途命运,从人类发展大潮流、世界变化大格局、中国发展大历史正确认识和处理同外部世界关系。新时代,我们党把握我国发展新的历史方位,推动构建人类命运共同体,不断彰显造福中国人民和促进世界共同发展的使命担当,在推进中国式现代化建设中为人类作出更大贡献,携手世界一切进步力量推动历史车轮向着光明前途前进。

体现科学社会主义的基本原则和崇高追求。中国式现代化是社会主义现代化,而不是别的什么现代化。科学社会主义站在人民的立场探求人类自由解放的道路,为人类建立一个没有压迫、没有剥削、人人平等、人人自由的理想社会指明了方向。中国式现代化推动构建人类命运共同体,积极回应各国人民求和平、谋发展、促合作的共同诉求,这是科学社会主义基本原则、崇高追求在新的历史条件下的生动彰显。西方资本主义现代化建立在对外殖民掠夺、对内剥削人民的原始积累基础上,给广大发展中国家人民带来深重苦难。中国式现代化始终坚持社会主义目标和方向，摒弃损人利己、殖民掠夺的老路，在坚定维护世界和平与发展中谋求自身发展，又以自身发展更好维护世界和平与发展。中国以和平方式取得现代化巨大成就，创造了人类现代化史上的奇迹，也展现了科学社会主义的先进本质。

体现中华优秀传统文化的天下情怀。中国式现代化赓续古老中华文明，是从中华大地长出来的现代化，传承着中华优秀传统文化的精神和思想基因。中华优秀传统文化有着天下为公、天下大同的社会理想，民为邦本、为政以德的治理思想，奉行讲信修睦、亲仁善邻的交往之道。这塑造了中国式现代化独特的世界观、文明观，赋予中国式现代化"兼济天下"的博大胸怀。新时代以来，中国对世界经济增长的贡献率连续多年超过30％，成为拉动世界经济增长的重要引擎。中国积极参与联合国维和、亚丁湾护航等行动，积极建设开放型世界经济，高质量共建"一带一路"，有力维护世界和平、促进共同发展。中国推进现代化的进程，也是传承弘扬天下情怀、不断贡献世界的过程。

二　为中国式现代化营造良好环境

今天，伴随着经济全球化发展和科学技术进步，世界越来越成为一个整体。任何一个国家追求现代化，都不可能仅仅依靠自己、在封闭条件下实现。中国式现代化，是我们党团结带领人民通过独立自主的艰辛探索开辟的，也是在扩大对外开放、与其他国家进行良性互动的过程中不断推进的。推动构建人类命运共同体，把中国的命运与世界的发展紧密联系在一起，能够为中国式现代化的顺利推进创造有利

五　建设中华民族现代文明

条件、营造良好环境。

倡导践行共同、综合、合作、可持续的安全观，为中国式现代化营造良好安全环境。安全是发展的前提。推进中国式现代化，需要一个和平稳定的环境。和平需要各国共同维护，只有各国都走和平发展道路，国与国才能和平相处、共同发展。中国推动构建人类命运共同体，倡导各国秉持相互尊重、公平正义、合作共赢的原则，走对话不对抗、结伴不结盟的国与国交往新路；倡导人类是不可分割的安全共同体，各国应坚持共同、综合、合作、可持续的安全观，重视他国合理安全关切，通过对话协商解决国家间分歧和争端。中国在和平共处五项原则基础上同各国发展友好合作，向世界郑重承诺永远不称霸、永远不搞扩张，同时坚决维护自身主权、安全、发展利益。积极参与国际安全治理，在全球热点问题解决中发挥建设性作用。中国的一系列行动举措赢得国际社会赞誉，也为自身现代化建设营造了良好安全环境。

倡导践行开放、融通、互利、共赢的合作观，为中国式现代化营造良好发展环境。发展是第一要务，中国式现代化一切美好愿景的实现都建立在经济社会不断发展的基础之上。经济全球化使世界经济连为一体，你中有我、我中有你，各国需要加强互联互通才能共同发展。中国推动构建人类命运共同体，倡导开放、融通、互利、共赢的合作观，主张合作共赢应该成为各国处理国际事务的基本政策取向；通过引导经济全球化向正确方向发展，更多释放其正面效应，让发展成果惠及世界各国。中国坚持对外开放基本国策，积极推进双边、区域和多边合作，不断扩大与各国利益的汇合点。推动共建"一带一路"，推动达成《区域全面经济伙伴关系协定》，连续 5 年举办进博会……在与世界各国的广泛合作中，中国对外开放能力得到持续提升，中国式现代化发展空间不断拓展。

倡导践行平等、互鉴、对话、包容的文明观，为中国式现代化营造良好人文环境。中国式现代化既遵循现代化一般规律，又立足本国国情，具有鲜明中国特色。作为人类文明新形态，中国式现代化不断与人类社会各种文明交流互鉴。今天，不少发展中国家还在现代化道路上艰辛探索。一些人错误地将西方现代化道路作为实现现代化的唯一道路，把现代化上"先发"与"后发"的原因归结为文明的优劣，甚至渲染"文明冲突论"，给世界和平与发展蒙上阴影。中国推动构建人类命运共同体，倡导坚持平等、互鉴、对话、包容的文明观，不同国家应尊重彼此历史、国情和发展道路，进行交流互鉴，实现和谐共生。中国提出全球文明倡议，致力于推动文明交流互鉴，加强国际人文交流合作，促进各国人民相知相亲。这为中国式现代化在与其他文明的交流互鉴中取长补短、不断推进创造了有利条件。

倡导践行共商共建共享的全球治理观，为中国式现代化营造良好秩序环境。近年来，随着国际经济力量对比深刻调整，国际社会要求变革全球治理体系，使之更适应变化了的世界政治经济秩序的呼声越来越高。中国推动构建人类命运共同体，主张坚持共商共建共享的全球治理观，各国共同书写国际规则、共同治理全球事务、共同分享发展成果，推动全球治理体系向着更加公正合理的方向发展。中国坚持真正的多边主义，坚定支持加强联合国作用，反对一切形式的单边主义。积极参与全球治理变革，增强全球治理的代表性、包容性、有效性，推动全球治理体系更好反映广大发展中国家的正当权益和合理诉求，从而既维护国际公平正义，又为中国式现代化营造有利的外部环境。

三 携手向着构建人类命运共同体的方向前行

习近平总书记指出,构建人类命运共同体是世界各国人民前途所在。经过十年的丰富发展,构建人类命运共同体已经形成既有总目标、总布局,又有具体路径、实践平台的完整思想体系。中国将始终坚持维护世界和平、促进共同发展的外交政策宗旨,与各国携手向着构建人类命运共同体的方向前行。

以推动构建新型国际关系为根本路径,深化拓展全球伙伴关系。中国推动构建新型国际关系,深化拓展平等、开放、合作的全球伙伴关系。推动构建和平共处、总体稳定、均衡发展的大国关系格局,促进大国协调和良性互动。始终将周边置于外交全局的首要位置,不断深化同周边国家友好互信和利益融合,打造周边命运共同体。秉持真实亲诚理念和正确义利观,加强同发展中国家团结合作,维护发展中国家共同利益。

以全人类共同价值为价值追求,深化文明交流互鉴。构建人类命运共同体需要凝聚价值共识、夯实价值认同。倡导弘扬和平、发展、公平、正义、民主、自由的全人类共同价值,以宽广胸怀理解不同文明对价值内涵的认识,尊重不同国家人民对价值实现路径的探索。推动不同文明包容共存、交流互鉴,反对将自己的价值观和模式强加于人,不搞意识形态对抗。

以共建"一带一路"为实践平台,促进世界共同发展。以共建"一带一路"为实践平台推动构建人类命运共同体,是着眼于中国改革开放和长远发展提出来的,顺应时代要求和各国加快发展的愿望。

在各方共同努力下，共建"一带一路"给参与国家和地区带来了实实在在的利益。要坚持开放、绿色、廉洁理念，以高标准、可持续、惠民生为目标，正确把握新形势，不断夯实发展根基，拓展合作新领域，推动共建"一带一路"高质量发展。

以"三大全球倡议"为重要依托，推动构建人类命运共同体走深走实。全球发展倡议、全球安全倡议、全球文明倡议，为推动构建人类命运共同体提供了坚实支撑。倡导各国坚持发展优先，促进全球平衡、协调、包容发展，以更务实有效举措推动共同发展。积极参与全球安全规则制定，加强国际安全合作，构建均衡、有效、可持续的安全架构。坚持文明平等、互鉴、对话、包容，推动构建全球文明对话合作网络，丰富交流内容，拓展合作渠道，与国际社会一道共同开创世界各国人文交流、文化交融、民心相通新局面。"三大全球倡议"的落实落地，必将推动构建人类命运共同体不断走深走实。

（原载《人民日报》2023年8月18日第9版）